Bruno Bettelheim:
Erziehung zum Überleben
Zur Psychologie der Extremsituation

Aus dem Amerikanischen von
Edwin Ortmann, Rudolf Hermstein
und Brigitte Weitbrecht

Deutscher
Taschenbuch
Verlag

dtv

Von Bruno Bettelheim
sind im Deutschen Taschenbuch Verlag erschienen:
Kinder brauchen Bücher (15000)
So können sie nicht leben (15007)
Kinder brauchen Märchen (15010)
Freud und die Seele des Menschen (15026)
Der Weg aus dem Labyrinth (15051)

Ungekürzte Ausgabe
September 1982
4. Auflage Mai 1990
Deutscher Taschenbuch Verlag GmbH & Co. KG, München

Titel der Originalausgabe:
Surviving and Other Essays
Alfred A. Knopf, New York, 1979
Mit Zustimmung des Autors wurden folgende
Essays nicht in die deutsche Ausgabe übernommen:
Growing Up Female, Obsolete Youth, About the Sexual Revolution,
Portnoy Psychoanalyzed, Art and Art Education: A Personal Vision

ISBN 3-421-01962-2
Umschlaggestaltung: Boris Sokolow
Umschlagfoto Rückseite: Jerry Bauer
Gesamtherstellung: C. H. Beck'sche Buchdruckerei, Nördlingen
Printed in Germany · ISBN 3-423-15056-4

Inhalt

Teil I

Teil II

Teil III

Für Trude, Ruth, Naomi und Eric

Teil I

Die äußerste Grenze*

Der Tod ist die äußerste Grenze aller Dinge.
(Mors ultima linea rerum est.)
Horaz, Episteln I

In Zeiten, in denen alles seinen annehmbaren Gang geht, nimmt der Mensch, der keine philosophischen Neigungen verspürt, das Leben so wie es kommt, das heißt, er zieht es vor, den beunruhigenden Fragen nach dem Sinn und Zweck dieses Lebens aus dem Weg zu gehen. Zwar sind wir, intellektuell gesehen, gern bereit anzuerkennen, daß der Mensch kaum mehr als das Zufallsprodukt einer langen und langwierigen Evolution ist und daß wir selbst infolge des Fortpflanzungstriebes unserer Eltern und – hoffentlich auch – ihres Wunsches, *uns* als Kind zu haben, ins Leben getreten sind, doch bezweifle ich, ob uns diese rationale Erklärung auch gefühlsmäßig befriedigen kann. Von Zeit zu Zeit kommen wir nicht darum herum, uns zu fragen, was für einen Sinn das Leben für den Menschen hat, ja ob es überhaupt einen solchen Sinn gibt. Freilich ist das kein Problem, das uns, wenn alles normal läuft, großes Kopfzerbrechen bereitet.
In Krisenzeiten jedoch drängt dieses Problem, diese Frage nach dem Sinn des Lebens, in unser Bewußtsein. Je größer unsere Not, desto dringlicher wird diese Frage. Es ist, psychologisch gesehen, nur zu verständlich, daß wir erst dann nach dem Sinn unseres Lebens fragen, wenn wir bereits mitten in den Prüfungen und Leiden stecken, denn dann hat unsere Suche nach Antworten einen Zweck und ein Ziel. Wenn wir den tieferen Sinn des Lebens begreifen würden, dann, so scheint es, könnten wir auch die wahre Bedeutung unserer Leiden – und damit auch der Leiden anderer – ergründen, und das würde auch die brennende Frage beantworten, warum wir diese Leiden erdulden müssen und weshalb sie über uns gekommen sind. Wenn wir unsere Leiden im Lichte eines Lebensplanes so verstehen können, daß ihnen ein Sinn innewohnt oder daß sie zumindest einen notwendigen Teil dieses

---

* Eingearbeitet in den ersten Teil dieser Arbeit wurden die ersten drei Seiten eines anderen Essays mit dem gleichen Titel, der sich mit dem Los der Überlebenden von Hiroshima auseinandersetzte. Diese Arbeit erschien in *Midway 9* (Herbst 1968), Seite 3–25.

Planes bilden, dann werden unsere Leiden als integraler Bestandteil des größeren Entwurfes namens Leben sinnvoll und infolgedessen erträglicher. Die Schmerzen mögen groß sein, doch sie sind leichter zu ertragen, wenn man in der Überzeugung lebt, man werde die Krankheit, die diese Leiden verursacht, überleben und schließlich gesunden. Das schlimmste Unglück wird erträglich, wenn man sein Ende abzusehen glaubt. Der schrecklichste Schmerz wird gelindert, sobald man glaubt, daß er beseitigt werden wird. Nur der Tod ist absolut, unwiderruflich, endgültig; das gilt zuerst und vor allem für unseren eigenen Tod, aber danach auch für den Tod der anderen. Hier liegt der Grund, weshalb die Todesangst, die nicht durch einen festen Glauben an ein Leben danach gemildert wird, alle anderen Ängste übersteigt. Der Tod, diese äußerste Verneinung des Lebens, wirft ganz akut die Frage nach dem Sinn dieses Lebens auf.

So eng und dicht sind der Sinn des Lebens und des Todes ineinander verwoben, daß der Selbstmord, wenn das Leben jeglichen Sinn verloren zu haben scheint, sich als unausweichliche Lösung anbietet. Selbstmordversuche erhellen diesen Zusammenhang. Nur sehr wenige Selbstmorde sind auf den Wunsch zurückzuführen, unerträglichen Schmerzen, die jede Freude am Leben abtöten, ein Ende zu machen. Wesentlich häufiger sind Selbstmorde die Folge der festen Überzeugung, daß das eigene Leben unwiderruflich und ganz und gar jeglichen Sinn verloren hat. Meine Erfahrungen mit Menschen, die Selbstmord zu begehen versuchten, haben mich dahingehend überzeugt, daß es sich bei den meisten Selbstmorden um Versuche handelt, ausgeführt in dem Wunsch, man möge sie verhindern, nur daß eben dieser Wunsch unglücklicherweise unerfüllt blieb.

Die meisten Selbstmordversuche sind verzweifelte Hilferufe, hinter denen sich der Wunsch verbirgt, durch dritte zum Weiterleben befähigt zu werden. Solche Selbstmordversuche sind ernstzunehmen, da der Mensch, wenn er keine Hilfe erfährt, seinem Leben tatsächlich ein Ende machen kann. Der selbstmordgefährdete Mensch braucht eines, um weiterleben zu können: sein Leben muß wieder einen Sinn erhalten. In diese Richtung zielen seine Fragen, aus dieser Richtung erhofft er sich Antworten.

Ein Selbstmordversuch ist also meistens eine völlig verzweifelte Forderung, die sich an eine reale oder eingebildete, aber stets emotional entscheidende Person richtet. Die Reaktion der angesprochenen Person auf den Selbstmordversuch sollte ein klarer, eindringlicher und zweifelsfreier Beweis dafür sein, daß das Leben – im Gegensatz zu den Ängsten der Selbstmordperson – einen Sinn hat. Die mehr oder weniger spezifische Forderung, die dem Selbstmordversuch innewohnt, besteht gewöhnlich darin, daß die angesprochene Person durch ihr Handeln klar beweisen soll, nicht daß sie den Selbstmord zu verhindern hat, wie oft angenommen wird, sondern daß sie selbst unter großen Schwierigkeiten bereit ist, dem Betroffenen einen neuen Lebenssinn zu vermitteln, indem sie ihm zeigt, daß sein Leben einen einzigartigen Wert für sie besitzt. Der selbstmordgefährdete Mensch lebt in dem Glauben, sein Leben könne nur dadurch wieder einen Sinn erhalten, daß er im tiefsten Grunde fühlt, wie einzigartig wichtig er für die angesprochene Person ist. Dadurch, daß er diese tiefe Bedeutung seines eigenen Lebens in den Augen eines anderen erfährt, kann er dieses Leben wieder als sinnvoll begreifen, und so hört der Tod auf, eine willkommene Alternative für dieses Leben zu sein.

Einen Sinn im Leben zu entdecken ist also das einzige sichere Gegenmittel gegen das gezielte Aufsuchen des Todes. Zugleich aber ist es auf eine seltsam dialektische Weise der Tod selbst, der dem Leben seinen tiefsten, seinen einzigartigsten Sinn verleiht.

Wir können uns nicht so recht vorstellen, wie das Leben beschaffen wäre, wenn es kein Ende hätte, wie wir uns in ihm fühlen, wie wir es leben würden, was seinen Sinn ausmachen würde. Die Kulturen, die an aufeinanderfolgende Reinkarnationen glauben, ersehnen am stärksten, daß diese Folge ein Ende haben möge; das Endziel all dieser Reinkarnationen ist ihre Beendigung, so wie auch jede Einzelexistenz seinen definitiven Abschluß hat. Die Kulturen, die ein Leben ohne Ende als wünschenswert ansahen, konnten sich ein solches Leben offenbar nur als eine ewige Wiederholung der gleichen alltäglichen und altbekannten Abläufe oder als ein Dasein vorstellen, das keine Probleme, Herausforderungen und Veränderungen kennt. Sogar den Dichtern fiel es schwer, sich ein paradiesisches Leben auszumalen, das mehr zu bieten hat als nur ewige Glückseligkeit. Wie immer die Lebenserfahrung für die Leute ausgesehen haben mag, die an ein Leben ohne Ende glaubten, und wie immer ihre Vorstellungen von einem Leben nach dem Tode geartet gewesen sein mögen, für uns heutige Menschen steht fest, daß ein Leben, in dem sich nichts ändert, völlig uninteressant ist. So ist es also unsere Endlichkeit, die dem Leben seine Einzigartigkeit verleiht und den Wunsch in uns entstehen läßt, jeden Augenblick bis zur Neige auszukosten, auch wenn wir davor zurückscheuen, über diese Endlichkeit und die Angst vor dem Ende nachzudenken.

Durch das Ringen des Menschen um den Sinn des Lebens, durch die Endlichkeit dieses Lebens und durch den Versuch des Menschen, die eigene Angst vor dem Tod zu bewältigen, definiert sich nicht nur seine Religion, sondern auch ein Großteil der besten Leistungen, die er im Rahmen seiner Kultur und seines persönlichen Lebensstiles erbracht hat. Der Mensch hat sich mit der Unausweichlichkeit des Todes im wesentlichen auf dreierlei Weise auseinandergesetzt: entweder er hat den Tod resignierend akzeptiert und sein ganzes Leben als eine Art Vorbereitung auf den Tod und auf das Leben danach geführt; oder er hat den Tod verleugnet; oder aber er hat zumindest zeitweise versucht, das Todesproblem zu bewältigen.

In den Jahrhunderten, in denen der christliche Glaube das Leben des abendländischen Menschen prägte, versuchte dieser Mensch den Tod zugleich anzunehmen und zu verleugnen. Dieses Annehmen wurde großenteils erst durch die Verleugnung möglich, denn nur der Glaube an ein ewiges Leben im Jenseits befähigte den Menschen zu der Erkenntnis, daß wir in dieser Welt sogar »inmitten des Lebens noch vom Tode umgeben sind«. Später, als sich ein rational-wissenschaftliches Weltbild abzuzeichnen begann, verfiel der Glaube an das Jenseits zusehends. Das Annehmen des Todes und die Resignation ihm gegenüber schwanden als Möglichkeiten dahin, weil sie beide von Anfang an den Mechanismus der Verleugnung zur Basis gehabt hatten. Im Geiste dieses neuen Zeitalters der Vernunft, das sich dem Leben hier und jetzt und nicht irgendeinem Jenseits verpflichtet fühlte, glaubte man, ein annehmbares Leben in dieser Welt durch sozialen, wirtschaftlichen und wissenschaftlichen Fortschritt verwirklichen zu können.

So aber erfuhr der weitverbreitete Glaube, wonach das eigentliche Ziel des Lebens in der Erlösung und im ewigen Leben danach zu suchen sei, einen radikalen Wandel: es wurde der Kampf um den Fortschritt daraus – um einen Fortschritt, den man für unbegrenzt hielt und der das Leben mit einem tieferen Sinn ausstatten sollte. Das ist die faustische Lösung des rätselhaften Sinnes dieser Welt. Sie findet ihren großartigsten und genauesten Ausdruck am Ende von Goethes Dichtung, als Faust seine Todesangst dadurch bewältigt, daß er an seine eigenen Bemühungen, die Welt zu verbessern, denkt. Aufgrund dieser Verbesserungen war Faust, dieser Archetypus abendländischer Neuzeit, überzeugt von dem Diktum:

> Es kann die Spur von meinen Erdetagen
> nicht in Aeonen untergehn.

Doch die gewaltige Verbesserung, von der Faust glaubte, er habe sie der Welt hinterlassen, und von der er überzeugt war, daß sie den ständigen Fortbestand wenn nicht seiner Person, so doch seines Lebenswerkes gewährleisten werde, diese Vorstellung ist eine Täuschung, ein Trugschluß. Dadurch, daß der Mensch sein ganzes Vertrauen in die Möglichkeiten des Fortschritts setzte, versuchte er sich immer mehr von den Schrecken seiner eigenen Endlichkeit, seines Todes zu befreien. Die Wissenschaft sollte die Krankheit besiegen, die Lebensdauer verlängern und das Leben selbst befriedigender, sicherer und weniger schmerzhaft gestalten. Da die Glaubensmöglichkeiten verfielen, wurde auch das Argument der Verleugnung des Todes durch die Hoffnung auf ein ewiges Leben zu einem dürftigen Erklärungsversuch, und an seine Stelle trat das verstärkte Bemühen, den Tod hinauszuschieben. Der Mensch kann sich zur gleichen Zeit nicht wegen zu vieler Dinge Sorgen machen, und so ersetzt eine Angst leicht die andere. Dadurch, daß der Mensch seine Aufmerksamkeit und seine Ängste zum Beispiel auf den Krebs und die Ursachen dieser Krankheit, auf die Umweltverschmutzung usw. richtet, gelingt es ihm, die Todesangst so weit in den Hintergrund seines Denkens und Fühlens zu drängen, daß er sie praktisch verleugnet.

Da es vernünftig ist anzunehmen, daß man eine Lösung des Krebsproblems finden wird, scheint der Fortschrittsglaube das Vermögen des Menschen, mit seiner Angst vor dem Tod fertigzuwerden, unter Beweis zu stellen. Dadurch aber, daß das ganze Schwergewicht auf dem Kampf gegen den Krebs liegt, beschäftigt man sich kaum mit der Frage, woran die Menschen, die heute an Krebs sterben, denn dann sterben werden.

Zahllose Marotten und Modetorheiten, die alle mit der Gesundheit zu tun haben, erfüllen den gleichen Zweck: sie versuchen die Angst vor dem Tod dadurch zu verdrängen, daß der Mensch seine geistigen – und oft auch körperlichen – Energien vor allem zum Ziel der eigenen Lebensverlängerung einsetzt, was zur Folge hat, daß die Angst vor dem Tod keine Gelegenheit zur Bewußtwerdung erhält.

Im übrigen hat sich der abendländische Mensch bemüht, seine heftige Todesangst hinter wissenschaftlich beruhigenden und weniger bedrohlichen Euphemismen zu verbergen. Da wir es bei der Angst mit einem psychologischen Phänomen zu tun haben, betrachtete man die Angst vor dem Tod schließlich als eine besondere Ausprägung der »Trennungs«- oder »Verlassensangst«. Derartige Begriffe, entstanden aus der grenzenlosen Fortschrittsgläubigkeit, suggerieren die Vorstellung, wonach eines Tages auch Mittel gegen diese Art von Ängsten gefunden werden könnten. Natürlich können Mittel gegen das Angstgefühl, das durch zeitweise Trennungen bedingt ist, gefunden werden, aber gegen die letzte, die äußerste Trennung gibt es kein derartiges Mittel. Nur wird eben dadurch, daß der Angstbegriff auf abwendbare wie unabwendbare Ereignisse gleichermaßen angewandt wird, also auf Gefühle, die einerseits ein temporäres und andererseits das letzte, das »tödliche« Im-Stich-Gelassen-Werden beinhalten, der Eindruck erweckt, als sei das unabwendbare Ereignis dem abwendbaren ähnlich.

Doch wie die psychologischen Abwehrmechanismen gegen die Todesangst auch immer beschaffen waren, sie sind stets zusammengebrochen, wenn es zu einer Katastrophe kam und in kürzester Zeit völlig unerwartet eine große Anzahl von Menschen ums Leben kam. Das erste große Unglück dieser Art, für das wir reichlich Belege haben, ist wahrscheinlich der Schwarze Tod im 14. Jahrhundert. Die Pest erzeugte die Vorstellung vom Leben als einem ständigen Tanz mit dem Tod – ein visuelles und poetisches Bild von der Todesangst, die damals das Abendland heimsuchte.

Das Erdbeben, das im Jahr 1755 Lissabon zerstörte und zahlreiche Todesopfer forderte, wurde von vielen Menschen als ein verheerendes Ereignis erfahren, durch das die Weisheit und Güte Gottes ernstlich in Frage gestellt wurden. Diese Zweifel haben den Menschen seines Glaubens beraubt, doch war es gerade dieser Glaube gewesen, mit dem er sich seiner Todesangst erwehrt und der seinem vergänglichen Erdendasein einen Sinn gegeben hatte. Ähnliches stieß dem jungen Goethe zu, er beschreibt diese Erfahrung ein Lebensalter später in seiner Autobiographie[1]; es ist durchaus denkbar, daß es diese vernichtende Erfahrung zu Beginn seiner bewußten Existenz war, die Goethe schließlich veranlaßte, sich die weiter oben angesprochene faustische Lösung zu eigen zu machen.

In der Vergangenheit waren es hauptsächlich Naturkatastrophen (also Erdbeben, Überschwemmungen, Seuchen, Hungersnöte, gewaltige Brandschatzungen usw.), die den Glauben des Menschen erschütterten, wobei es gerade dieser Glaube war, der seinem Leben einen tieferen Sinn verlieh und ihm zugleich als ein Abwehrmechanismus gegen die Angst vor dem Tod diente. Wenn ein Krieg damals Städte auslöschte und ganze Länder verwüstete, dann war das die Geißel, die Strafe Gottes, genauso wie Naturkatastrophen eine solche Strafe waren. Die Folge waren in religiösen Zeiten erneute Bemühungen, durch vermehrte Frömmigkeit Gottes Willen zu erfüllen und seinen Zorn zu besänftigen.

Das alles hat sich in unserem Jahrhundert geändert. Im 20. Jahrhundert lernte der Mensch effektiver denn je Naturkatastrophen zu verhindern oder zu bewältigen. Doch zur gleichen Zeit fiel er von ihm selbst verursachten Katastrophen zum Opfer, die noch verheerender waren als die Naturkatastrophen, die ihn in den Jahrhunderten davor immer wieder in panische Todesangst gestürzt hatten. Aber noch schlimmer war, daß sich der wissenschaftliche Fortschritt und die rationale Gestaltung der Gesellschaft, von denen der Mensch geglaubt hatte, sie seien der bislang beste Abwehrmechanismus gegen die Angst vor dem Tod und würden seinem Leben einen neuen Sinn geben, als Werkzeuge erwiesen, die dann der rücksichtslosesten Zerstörung von Leben dienten.

Die moderne Form der Abwehr gegen die Angst vor dem Tod – also der unbegrenzte Glaube an die Segnungen des Fortschritts – wurde durch den Ersten Weltkrieg und seine Folgen stark erschüttert. Dieser Krieg ließ Freud erkennen, daß der Tod in unserem Innenleben eine genauso mächtige Kraft ist wie unsere Liebe zum Leben, das heißt, er beeinflußt in einem ganz ähnlichen Maße unsere Handlungen. Leider faßte Freud diese wertvolle Erkenntnis in einer Hypothese zusammen, die seinem früheren Konzept von der Libido (also dem Sexualtrieb oder den Lebenstrieben) parallel lief: er entwickelte die Theorie vom Todestrieb. Doch ist es in Wirklichkeit nicht der Kampf zwischen den Lebens- und Todestrieben, der das Leben des Menschen beherrscht, sondern der Kampf der Lebenstriebe, die sich von der Angst vor dem Tod nicht überwältigen lassen wollen. Kurzum: es existiert eine allgegenwärtige Angst vor der Vernichtung der eigenen Person, die auf eine zerstörerische Weise stets dann überhandnimmt, wenn sie durch unseren festen Glauben an den positiven Wert des Lebens nicht erfolgreich unter Kontrolle gehalten wird.

Die volle Wucht dieser Erkenntnis traf den Menschen weniger durch den Zweiten Weltkrieg als durch die Konzentrationslager mit ihren Gaskammern und durch die Atombombe.

Diese beiden Ereignisse konfrontierten uns mit der nackten Realität des übermächtigen Todes – aber weniger mit der Realität des eigenen Todes (dem muß sich jeder von uns früher oder später selber stellen, was die meisten auch ganz gut schaffen) als vielmehr mit der Realität des unnötigen und verfrühten Todes von Millionen anderer Menschen. Das sinnlose Massenmorden in den Gaskammern, der Genozid, die völlige Zerstörung einer ganzen Stadt durch eine einzige Bombe – das waren die Indikatoren für die Unwirksamkeit der Abwehrmechanismen, die unsere Zivilisation gegen die Realität des Todes entwickelt hatte. Der Fortschritt versagte nicht nur darin, Leben zu erhalten, er hat sogar Millionen von Leben vernichtet, und das so gründlich wie nie zuvor.

Vor Jahren schrieb Freud über die drei großen Erschütterungen des menschlichen Narzißmus durch die Entdeckungen der Wissenschaft. Die erste Entdeckung war die Kopernikanische Revolution, die offenbarte, daß die Erde, also des Menschen Zuhause, nicht der Mittelpunkt des Universums ist. Die zweite Entdeckung hat Darwin gemacht, der den Menschen von seinem Thron herunterholte und ihn ohne viel Federlesens in die Tierwelt einordnete. Die dritte Entdeckung war die Freudsche Revolution, die belegte, daß sich der Mensch keineswegs ständig seiner Motivationen bewußt ist, weshalb er häufig in einer Weise handelt, die er selbst nicht versteht.[2]

Zusätzlich zu diesen drei schweren Erschütterungen, denen die ichorientierte Welt des Menschen ausgesetzt war, mußte er allein in diesem Jahrhundert drei weitere vernichtende Schläge einstecken. Die erste Krise war der Erste Weltkrieg, der den Glauben zerstörte, daß der Fortschritt alle unsere Probleme lösen, unserem Leben einen Sinn geben und uns dabei helfen könne, unsere existentielle Angst, also die Angst vor dem Tod, zu bewältigen. Diese Krise zwang uns zu der Erkenntnis, daß der Mensch ungeachtet der gewaltigen wissenschaftlichen, technologischen und intellektuellen Fortschritte immer noch das Opfer von irrationalen Kräften wird, die ihn zu Gewalt und Zerstörung treiben.

Im Zweiten Weltkrieg haben Auschwitz und Hiroschima klar gezeigt, daß der technologische Fortschritt die destruktiven Triebkräfte des Menschen auf eine unglaubliche, weil noch nie dagewesene Weise gesteigert hatte. Es war der Fortschritt hin auf eine allmächtige soziale Organisation, die Auschwitz – diesen eklatanten Beweis der organisierten Grausamkeit »von Mensch zu Mensch« – möglich machte. Und die Atombombe stellte das destruktive Potential der Wissenschaft unter Beweis und ließ die sogenannten Früchte des wissenschaftlichen Fortschritts in einem äußerst fragwürdigen Licht erscheinen.

Da die großen Katastrophen der Vergangenheit als Gottes Wille galten, mußten sie als solche hingenommen werden. Und da Seine Ratschlüsse unergründlich waren, glaubten die Menschen, die Katastrophe sei eine von ihm ausgesprochene Warnung, damit sie umkehrten auf ihrem Weg, so lange noch Zeit war, und damit sie nicht in der Hölle endeten, sondern der Erlösung teilhaftig würden. Obwohl also das, was geschah, schrecklich war, erschütterte es weder ihren Glauben an den Zweck und Sinn des Lebens, noch zerstörte es das persönliche Glaubenssystem des einzelnen, so daß auch dessen Persönlichkeit keinen Schaden nahm. Obgleich das Ereignis schrecklich war, stand es doch im Einklang mit der herrschenden Vorstellung von der Ordnung der Dinge. Das von Gott verhängte Leid zu tragen, ohne sich dagegen aufzulehnen, galt als ein Beweis der Glaubensstärke des Betroffenen und somit der Festigkeit seiner Integration. Die Katastrophe änderte weder etwas am Ziel des Lebens – es hieß: Erlösung, noch am Sinn des Lebens – der hieß: Gottes Wille erfüllen; noch auch an der Art und Weise, wie beides zu verwirklichen war – durch Frömmigkeit nämlich. Weit davon entfernt, dem Betroffenen Zweifel an seinen Abwehrmechanismen gegen die Angst vor dem Tod einzugeben, bestärkte die Katastrophe den Menschen noch in seinem religiösen Eifer. Auch wurde auf diese Weise die Widerstandskraft seiner Integration gefördert, da diese ja auf einem System von religiösen Glaubensüberzeugungen basierte.

Genau das Gegenteil gilt für die Katastrophen der Neuzeit. Weit davon entfernt, in unser Weltbild oder in unsere Idealvorstellung vom Menschen integriert werden zu können, wirken sie sich auf beide ganz und gar zerstörerisch aus. Da wir erkennen, daß diese Massenmorde Menschenwerk sind, können wir sie mit keinem tieferen Sinn ausstatten, obwohl gerade ein solcher Sinn für die Überlebenden eine Hilfe sein könnte.

Bekümmert haben wir feststellen müssen, daß sich die Dinge, die der vernunftbegabte Mensch als lebensfördernd betrachtete, auch als lebenszerstörend erwiesen. Zwar hat uns der wissenschaftliche und technologische Fortschritt so manche Vorteile gebracht, doch er hat auch zur Kernspaltung und zur Katastrophe von Hiroschima geführt. Die soziale Organisation, von der wir glaubten, sie würde größere Sicherheit und größeres Wohlergehen mit sich bringen, wurde in Auschwitz zur effizienten Ermordung von Millionen Menschen benutzt. Die Neugestaltung der russischen Gesellschaft, mit dem Ziel, bessere Sozialstrukturen zu entwickeln, führte zum Tod von Millionen Menschen.

Es wirkt sich auf einen Menschen – und bei vielen Menschen schließlich auf die ganze Kultur – höchst zerstörerisch aus, wenn sich die Glaubensüberzeugungen, die bislang für das Leben richtungsweisend gewesen sind, als unzuverlässig erweisen und wenn sich herausstellt, daß auf die psychologischen Abwehrmechanismen, die unser physisches und psychisches Wohl gewährleisten und uns gegen die Angst vor dem Tod schützen sollen, daß also auf diese Strukturen, die in ihrer Gesamtheit unsere Persönlichkeit bilden, ebenfalls kein Verlaß mehr ist. Diese Erfahrung genügt, um eine Persönlichkeit, für die diese Glaubensüberzeugungen grundlegend sind, zu desintegrieren.

Völlig erschüttert wird der Mensch in seiner Integration dann, wenn ihn seine Glaubensüberzeugungen, die bislang für seine Integration sorgten und seiner Angst vor dem Tod entgegenwirkten, nicht nur im Stich lassen, sondern physisch und psychisch auch noch zerstören. Dann scheint es nichts mehr zu geben, was ihn schützen könnte. Dazu kommt noch, daß wir von jetzt an glauben, nie wieder mit Sicherheit sagen zu können, worauf wir vertrauen und wogegen wir uns wehren müssen.

So sind also die Abwehrmechanismen, die der faustische Mensch der Moderne gegen die Angst vor dem Tod entwickelt hat, sogar unter normalen Umständen fragwürdig geworden, und das gleiche gilt für die Glaubensüberzeugung (Arbeiten für den Fortschritt, wenn auch ohne ein bestimmtes Ziel), die seinem Leben bislang einen Sinn gegeben hat. Es ist nicht nur die Aussicht, daß wir sterben müssen, die uns bedrängt, sondern auch die Angst, die uns dann überkommt, wenn die sozialen Strukturen, die wir ge-

schaffen haben, um uns vor dem Verlassenwerden zu schützen, zusammenbrechen, oder wenn sich die Persönlichkeitsstruktur, die wir zum gleichen Zweck errichtet haben auflöst.
Zwar können beide Schutzmaßnahmen, die persönliche wie die soziale, in Zeiten starker Belastung zusammenbrechen, doch kann der Mensch sie, wenn das Leben wieder seinen normalen Lauf nimmt, bald wiederherstellen, es sei denn, er wird geisteskrank oder unwiderruflich senil. Die Sache sieht freilich anders aus, wenn sich das Vertrauen, das wir in den Menschen und in die Gesellschaft gesetzt haben, nicht nur als eine Illusion herausstellt, sondern wenn wir darüberhinaus auch noch entdecken müssen, daß unsere Persönlichkeitsstruktur nicht mehr in der Lage ist, uns vor einer Verlassensangst zu schützen. Noch schlimmer wird die Situation nur dann, wenn wir tatsächlich verlassen werden und unser unmittelbarer Tod möglich, ja wahrscheinlich ist, obwohl wir diesen effektiv für verfrüht halten. Dann sind die Auswirkungen katastrophal. Der gleichzeitige plötzliche Zusammenbruch all dieser Abwehrmechanismen, die gegen die Angst vor dem Tod errichtet worden sind, bringt uns in eine Lage, der ich vor etwa 35 Jahren, da mir kein anderer Begriff zur Verfügung stand, den Namen *Extremsituation* gegeben habe.

Extremsituationen

Wir befinden uns dann in einer Extremsituation, wenn wir in eine Lage hineinkatapultiert werden, in der unsere alten Anpassungsmechanismen und Wertvorstellungen nicht mehr helfen, ja wo sogar einige von ihnen unser Leben gefährden, anstatt es wie früher zu schützen. In dieser Situation werden wir sozusagen unseres ganzen Abwehrsystems beraubt, und wir werden so weit zurückgeworfen, daß wir – der Situation gemäß – neue Einstellungen, Lebensweisen und Wertvorstellungen entwickeln müssen. Das ist mir (zusammen mit Tausenden von anderen) passiert, als ich im Frühjahr 1938, unmittelbar nach dem Einmarsch der Deutschen in Österreich, verhaftet wurde und meinen Reisepaß abgeben mußte, so daß eine ordnungsgemäße Emigration nicht mehr möglich war; wenige Wochen später wurde ich für einige Tage eingesperrt und danach ging mein Transport in das Konzentrationslager Dachau. Von dem gleichen Vorgehen waren Zehntausende von Menschen im November desselben Jahres betroffen, als die Nazis als Reaktion auf die Ermordung Ernst vom Raths[3] einen gewaltigen Pogrom veranstalteten, und in den Kriegsjahren waren es dann Millionen von Menschen, die ebenfalls in die Vernichtungslager geschickt wurden.

In mancher Hinsicht war ich besser vorbereitet auf den Schock dieser »Extremerfahrung« als viele meiner Mithäftlinge, denn durch mein politisches Interesse hatte ich Einblick erhalten in die wenigen Berichte, die man aus dem Dritten Reich herausgeschmuggelt hatte und die das Leben in diesen Lagern schilderten. Darüberhinaus war ich durch die Lehren der Psychoanalyse auch mit den Schattenseiten des Menschen vertraut geworden – mit seinen Haßgefühlen und seinen Zerstörungswünschen, das heißt mit dem mächtigen Einfluß jener Kräfte, die Freud unter dem Begriff »Todestrieb« zusammengefaßt hatte.
Auch hatte ich in gewisser Hinsicht Glück. Während des Transports war ich körperlich hinreichend verletzt worden, so daß ich am Tag nach meiner Ankunft in Dachau von einem SS-Arzt untersucht wurde. Dieser Mann verordnete mir drei Tage völlige Ruhe und anschließend eine Woche Schonung.[4] Das gab mir Gelegenheit, mich einigermaßen zu erholen. Was mir, auf Dauer gesehen, noch mehr geholfen haben dürfte, war, daß ich nun Gelegenheit hatte, diese ganze Erfahrung zu überprüfen und mir Gedanken darüber zu machen, wie diese Zwangslage sich auf mich und meine Kameraden auswirkte und wie die Gefangenen, die bereits mehrere Lagerjahre hinter sich hatten, mit dieser Erfahrung fertig geworden waren.
Hier aber erwies sich die Gültigkeit dessen, was ich im Verlauf meiner Psychoanalyse gelernt hatte – ich hatte gelernt, daß der Versuch, die eigenen geistig-seelischen Reaktionen auf eine Erfahrung zu verstehen, psychologisch äußerst konstruktiv sein kann, und daß es für einen selbst überaus hilfreich sein kann, wenn man auszuloten versucht, was im Inneren derjenigen vor sich geht, die der gleichen Erfahrung ausgesetzt sind. Diese Bemühung um ein zumindest begrenztes Bewußtsein ließ mich wahrscheinlich glauben, daß ich einen Teil meines alten Systems der Wirklichkeitsbewältigung retten könnte, und daß mir einige Aspekte der rationalen Überprüfung – wie ich sie durch die Psychoanalyse gelernt hatte – selbst unter diesen radikal veränderten Lebensbedingungen helfen könnten. Wäre ich – wie meine Kameraden – sofort in die schrecklich zerstörerische Maschinerie aus tödlichen Mißhandlungen und schwerster Sklavenarbeit hineingeraten, ich wüßte nicht, ob es mir im gleichen Maße gelungen wäre, einige Mechanismen meines psychischen Schutzsystems wiederherzustellen.
Natürlich lag mir damals nichts ferner als einen Teil meines alten Abwehrsystems zu retten. Mein ganzes Denken, meine ganzen Energien konzentrierten sich auf den verzweifelten Kampf, den Tag zu überleben, und darauf, depressive Stimmungen abzuwehren, den Widerstandsgeist lebendig zu halten, winzige Vorteile zu ergattern, die das eigene Überleben ein bißchen wahrscheinlicher machten. Außerdem mußten wir uns ständig gegen

die gnadenlosen SS-Männer wehren, die den Lebenswillen der Gefangenen zu brechen versuchten. Wenn ich von all diesen Bemühungen nicht zu erschöpft oder zu niedergedrückt war, versuchte ich zu begreifen, was in mir und in den anderen vor sich ging, denn das interessierte mich und war eine der wenigen Befriedigungen, die die SS-Leute mir nicht verbieten konnten. Erst nach einigen Monaten begann mir langsam zu dämmern, daß ich durch mein natürliches Eingehen auf die Situation, das nichts mit bewußter Planung zu tun hatte, einen unbewußten Weg gefunden hatte, um »das Individuum vor der Desintegration seiner Persönlichkeit zu bewahren« (wie ich es im vierten Essay dieses Buches genannt habe). Doch war diese zuversichtliche Formulierung am Ende nur rückblickend möglich, denn im Lager selbst war ich ja letztlich nur einer, der sich im Dunkeln pfeifend Mut zu machen und seine Lage positiv zu sehen versuchte. Aber ich sah meine Lage eben so, und sei es nur, um der lauernden Angst zu begegnen, daß die SS-Männer bei mir schaffen könnten, was sie bei allen Gefangenen versuchten: meine Persönlichkeit noch weiter zu zerstören.

Ich begann die Niederschrift meiner Arbeit »Individuelles und Massenverhalten in Extremsituationen« im Jahr 1940, also ein Jahr nachdem ich freigelassen und in die Vereinigten Staaten gegangen war.[5] Sowie ich in diesem Land anlangte, erzählte ich jedem, der zuhören wollte und vielen, die das nicht wollten, von den Lagern. Das war zwar wegen der damit verbundenen Erinnerungen sehr schmerzhaft, aber ich tat es trotzdem, denn diese Erfahrung war so übermächtig, daß ich sie nicht in mir wegschließen konnte. Und ich tat es deshalb, weil ich so vielen Menschen wie möglich bewußt machen wollte, was da im Nazi-Deutschland vor sich ging, und ich tat es aus meiner Verpflichtung jenen gegenüber heraus, die in den Lagern immer noch gequält wurden. Doch das Echo auf meine Bemühungen war gering.
Zu jener Zeit wußte man in den USA nichts über die Lager, und so wurde meine Geschichte stark angezweifelt. Bevor die USA in den Krieg hineingezogen wurden, wollte man dort einfach nicht glauben, daß die Deutschen solche Grausamkeiten verüben könnten. Ich wurde beschuldigt, ich würde mich von meinem Haß auf die Nazis hinreißen lassen und mich paranoiden Verzerrungen hingeben. Man warnte mich, solche Lügen in die Welt zu setzen. Gleichzeitig kritisierte man mich von einem ganz anderen Standpunkt aus: Man warf mir vor, ich würde die SS allzu schwarz malen und für viel zu intelligent halten, denn jedermann wüßte doch, daß das dumme Verrückte seien, völlig unfähig, ein so teuflisches System zu entwickeln und systematisch in die Praxis umzusetzen.[6]
Solche Reaktionen überzeugten mich um so mehr von der Notwendigkeit,

den Menschen die Realität der Lager, das, was in ihnen geschah und den schändlichen Zweck, dem sie dienten, bewußt zu machen. Ich hoffte, daß die Veröffentlichung einer Arbeit, die so objektiv wie möglich geschrieben war, um der Anschuldigung vorzubeugen, ich würde Tatsachen aus persönlichem Haß heraus verzerren, die Leute im Hinblick auf das, was ich zu sagen hatte, aufhorchen lassen würde. Das genau war meine Absicht bei der Abfassung des Aufsatzes »Individuelles und Massenverhalten in Extremsituationen«, eine Arbeit, die ich 1942 abschloß.

Leider wurde diese Abhandlung ein gutes Jahr lang von allen psychiatrischen und psychoanalytischen Zeitschriften abgelehnt, obwohl ich davon ausgegangen war, daß gerade sie bereit sein müßten, meine Arbeit abzudrucken. Die Gründe für die Ablehnung waren unterschiedlich. Manche Herausgeber kamen mit dem Einwand, daß ich in den Lagern keine schriftlichen Aufzeichnungen gemacht hätte, womit sie implizierten, daß sie selbst kein Wort von dem glaubten, was ich über die Lebensbedingungen in den Lagern geschrieben hatte. Andere lehnten meine Arbeit ab, weil die in ihr enthaltenen Angaben nicht verifizierbar waren oder weil meine Befunde nicht repliziert werden konnten. Wieder andere erklärten mir unumwunden, daß sie die von mir angeführten Tatsachen und meine Schlußfolgerungen daraus für die reinste Übertreibung hielten. Und manche fügten hinzu, daß dieser Artikel für ihre Leserschaft unzumutbar sei, womit sie – das belegten meine eigenen persönlichen Gespräche mit Fachleuten – wahrscheinlich recht hatten. Aber ich hatte meine Gründe für die Veröffentlichung dieses Essays, und da an ein Aufgeben nicht zu denken war, wurde er am Ende doch veröffentlicht.[7]

Die Niederschrift dieses Essays erwies sich, vom intellektuellen Standpunkt aus gesehen, als ziemlich schwierig, da das psychologische Denken damals noch nicht jenes Begriffssystem entwickelt hatte, das zur Behandlung dieser Probleme nötig ist. So mußte ich mich also mit diesem Essay allein herumschlagen. Aber noch schwieriger war die Auseinandersetzung mit den angsterzeugenden und mich immer wieder tief aufwühlenden Erinnerungen, die mich bedrängten und eine objektive Behandlung der Lager erschwerten. Der Versuch zur Objektivität diente mir als intellektuelle Abwehr der Gefahr, von all diesen beunruhigenden, verwirrenden Gefühlen überrollt zu werden. Bewußt fühlte ich den Drang in mir, über die Konzentrationslager zu schreiben, und ich wollte so über sie schreiben, daß andere sich gezwungen sehen sollten, darüber nachzudenken, daß sie wirklich begreifen sollten, was in diesen Lagern passiert war. Es war ein Bedürfnis, das viele Jahre später in der Literatur über die Überlebenden als der »innere Zwang, Zeugnis abzulegen« bezeichnet wurde. Mein Wunsch, die Leute

zum Begreifen zu bringen, erhielt einen entscheidenden Antrieb durch mein Bedürfnis, selbst zu ergründen, was mit mir in den Lagern geschehen war, denn nur so konnte ich diese Erfahrung intellektuell bewältigen.
Unbewußt jedoch, und das habe ich damals nicht erkannt, stellten meine Bemühungen den Versuch dar, diese niederschmetternde Erfahrung nicht bloß intellektuell, sondern auch emotional zu bewältigen, denn ich war nach wie vor – und viel mehr als ich mir bewußt eingestehen wollte – der Gefangene dieser Erfahrung. Trotz der Alpträume, die ich damals Nacht für Nacht von den Lagern hatte, trotz der großen Angst, die mich Tag für Tag überfiel, wenn ich an das Schicksal der anderen dachte, denen in den Lagern die Folter, der Hunger und der Tod drohte (eine Tatsache, der ich mir durchaus bewußt war), versuchte ich mir einzureden, daß die Tatsache, als Häftling in einem KZ gewesen zu sein, keine bleibenden psychischen Folgewirkungen haben würde. Erleichtert wurde mir diese Selbsttäuschung durch die Tatsache, daß ich selbst freigekommen war, und daß auch die Menschen, die mir am liebsten waren, die deutschen Grenzen sicher hinter sich gebracht hatten. Unbewußt hoffte ich wahrscheinlich, daß ich als Folge auf die Niederschrift und Veröffentlichung dieses Artikels in der Lage sein würde, die Lagererfahrung hinter mich zu bringen, um mich dann emotional weniger belastenden Themen zuzuwenden.
Vielleicht war es zu der Zeit, als ich den Artikel schrieb, einfacher für mich zu glauben, daß diese Art einer endgültigen Bewältigung möglich sei, denn damals gab es zwar die Lager, doch die systematische Ausrottung gab es noch nicht – die »Endlösung« der jüdischen Frage in den Gaskammern war noch nicht in Angriff genommen worden.
Obgleich wir heute kaum mehr daran glauben können, daß das Leben ein bestimmtes Ziel hat und obgleich wir uns statt dessen mit dem zufrieden geben müssen, was wir für den richtigen Weg halten, enthebt uns das nicht der Notwendigkeit, den Kampf um die Integration unserer Persönlichkeit fortzusetzen und schwierige Erfahrungen zu bewältigen. Wir können nicht hoffen, diese schwer faßbaren Ziele ein für allemal zu erreichen. Das gilt allgemein, und es gilt ganz besonders für die entscheidenden und vor allem die extremen Erfahrungen, die wir machen. Und solche Extremerfahrungen sind um so komplizierter zu bewältigen, wenn sie mit dem zentralen Problem unserer Zeit zusammenhängen: mit den potentiell zerstörerischen Aspekten des Fortschritts.
Wir sprechen hier theoretisch über einen Problemkreis, der für den überlebenden KZ-Häftling ein unmittelbares persönliches Problem war und zum Teil immer noch ist. Der Gefangene, dem es gelungen ist, zu überleben, hat sein Problem auf der einen Ebene zwar gelöst, doch gibt es noch eine zweite

Ebene, wo er sich diesem Problem stellen muß. Das traf auf mich und es traf auf viele andere Überlebende zu, die ihre Lagererfahrungen in ihre Persönlichkeit zu integrieren versuchten. Der Prozeß, ein solches Problem anzugehen und zu lösen, bildet ein Thema dieses Buches und seiner verschiedenen Aufsätze.

Nachdem der Artikel »Individuelles und Massenverhalten in Extremsituationen« veröffentlicht worden war, glaubte ich, ich hätte mich mehr oder weniger direkt mit einem wesentlichen Aspekt des Menschen auseinandergesetzt, der das KZ überlebt hat, und so wandte ich mich nun wesentlich harmloseren Problemen zu. Doch nach einiger Zeit blieb mir nichts anderes übrig, als mich denkend und oft auch schreibend noch einmal mit Problemen des Überlebens auseinanderzusetzen.

Bei den nun folgenden Artikeln wäre es einfach gewesen, einen Trennungsstrich zu ziehen zwischen den Essays, die sich mit dem Problem des Überlebens und seinen direkten Folgen befassen, und jenen Arbeiten, die offensichtlich völlig andere Probleme zum Gegenstand haben, doch würde sich in einer so glatten Anordnung meine geistig-seelische Entwicklung nicht widerspiegeln. Und genauso wenig würde sie aufzeigen, wie ich durch meine Bemühungen, mich mit dem Problem des Überlebens auseinanderzusetzen, zu gewissen Einstellungen gelangt bin. Ich hoffe, daß ersichtlich wird, wie die Anordnung dieser Essays und ihre Auseinandersetzung mit so unterschiedlichen Themen wie Erziehung, oder Privatsphäre ein und dasselbe Bemühen um Integration auf verschiedenen Ebenen sind.[8]

Deutsch von Edwin Ortmann

1 *Dichtung und Wahrheit,* Teil I, Erstes Buch.

2 »Eine Schwierigkeit auf dem Weg der Psychoanalyse«, *Sigmund Freuds Gesammelte Werke,* Band XVII. (Frankfurt: S. Fischer Verlag 1960).

3 Am 7. November 1938 suchte Herschel Grynszpan, ein junger polnischer Jude, der empört war über die Judenverfolgung in Deutschland, die Deutsche Botschaft in Paris auf, wo er Ernst vom Rath, den dritten Botschaftssekretär, niederschoß, so daß dieser zwei Tage später starb. Das war die Entschuldigung für einen schrecklichen Pogrom in Deutschland, bei dem Tausende von Juden ermordet und Zehntausende in die KZs gesteckt wurden.

4 Auf der Zugfahrt von Wien nach Dachau, die eine Nacht und einen guten halben Tag dauerte, wurden alle Gefangenen schwer mißhandelt. Von den 700 bis 800 Gefangenen dieses Transports wurden in der Nacht mindestens 20 getötet. Fast niemand blieb unverletzt, und viele wurden schwer verwundet. Im Vergleich zu ihnen hatte ich noch verhältnismäßig Glück, denn ich trug keinen bleibenden Schaden davon, obwohl ich mehrere heftige Schläge auf den Kopf erhielt, dazu einige andere kleinere Wunden. Die Hornbrille, die ich bei meiner Verhaftung zufällig getragen hatte, stempelte mich in den Augen der SS zum Intellektuellen, und so erregte diese Brille vor allen anderen Dingen ihre Feindseligkeit, was wohl auch die Schläge auf den Kopf, deren erster die Brille zerschmetterte, erklärt.

Bei meiner Ankunft in Dachau war mein Zustand – vor allem wegen des Blutverlustes – hinreichend besorgniserregend, so daß mich der Häftling, der unsere Baracke unter sich hatte (das war der *Blockälteste*) unter den wenigen einreihte, die er ins Krankenrevier brachte. Dort wurde ich von dem diensthabenden SS-Mann zu der Gruppe abkommandiert, die der SS-Arzt untersuchen sollte. Dieser Arzt verordnete mir einige Tage Ruhe. Da meine Brille kaputt war und da ich ohne Brille beinahe nichts sehe, gestattete es mir der Arzt, um Ersatz nach Hause zu schreiben. Doch ich hatte einen Teil meiner Lektion bereits gelernt und bat um das einfachste und billigste Brillenmodell, das es gab. Obwohl ich diese Brille dann auch bekam, zog ich es doch vor, sie immer dann zu verstecken und ohne sie auszukommen, wenn die SS-Männer herumwüteten. Auf diese Weise war ich weniger gefährdet. Das war nur eine unter den vielen Vorsichtsmaßnahmen, die der Gefangene lernen mußte, wenn er seine Überlebenschancen erhöhen wollte.

5 Wie wir noch sehen werden, wurde der Terror in den Konzentrationslagern noch durch die willkürliche Art verstärkt, in der die Gestapo manche Leute gefangensetzte und andere freiließ. Keiner vermochte zu sagen, weshalb der eine Gefangene nach einigen Monaten und ein anderer Gefangener mit dem gleichen Status erst nach einigen Jahren freigelassen wurde, während ein dritter Gefangener das Lager nie wieder verlassen sollte. Ich habe also nicht die geringste Ahnung, wieso ich unter den Glücklichen war, die entlassen wurden. Dazu beigetragen haben könnte, daß sich eine der prominentesten Erscheinungen der amerikanischen Öffentlichkeit persönlich für mich einsetzte und daß auch die amerikanische Delegation für mich eintrat. Dieses Interesse an meiner Person rührte von der Tatsache her, daß ich bei mir zu Hause viele Jahre lang ein autistisches Kind gepflegt und zu behandeln versucht hatte, und dieses Kind stammte aus einer alten angesehenen amerikanischen Familie. Andererseits ist es durchaus möglich, daß meine Entlassung dadurch verzögert wurde, denn es gab einige Häftlinge, die zwar in einer ähnlichen Lage waren wie ich, aber früher freigelassen wurden. Wie solche Interventionen das glatte Gegenteil erreichen konnten, kann das Schicksal eines sehr guten Freundes veranschaulichen. Ein Angehöriger einer Königlichen Familie forderte wiederholt und ganz entschieden die Freilassung dieses Menschen. Trotzdem blieb dieser Freund den ganzen Krieg über in Buchenwald, und er gewann erst dann seine Freiheit zurück, als die amerikanische Armee das Lager befreite. Die Gefahr bei einer Intervention sehr prominenter Personen für einen bestimmten Gefangenen bestand darin, daß die Gestapo die Möglichkeit sah, eben diesen Gefangenen später als Geisel zu benutzen.

Bis zum Beginn des Krieges wurden praktisch jede Woche – und manchmal sogar jeden Tag – einige Gefangene freigelassen. In den Jahren 1938 und 1939 waren darunter eine ganze Anzahl jüdischer Häftlinge, die allerdings nur dann entlassen wurden, wenn sie ihr ganzes Hab und Gut – und darüber hinaus häufig auch noch hohe Geldsummen, die ihre Verwandten für sie aufzubringen hatten – den Nazis überließen, und wenn sie nachweisen konnten, daß sie Deutschland sofort nach ihrer Freilassung verlassen würden. Diese Bedingungen waren in meinem Fall erfüllt, aber es dauerte noch Monate, bis ich tatsächlich entlassen wurde. In diesem Jahr hat man unter dieser Voraussetzung viele jüdische Häftlinge entlassen, im Verhältnis zu den anderen Gefangenen so viele, daß unter den nichtjüdischen Insassen der Spruch kursierte: »Es gibt nur zwei Wege, aus dem Lager zu kommen: wenn man mit den Füßen voran (also im Sarg) oder Jude ist.« Doch der zuvor erwähnte Freund war Jude, wurde aber nicht entlassen, obwohl seine Familie und deren Freund aus dem Königshaus durchaus bereit waren, für seine Freilassung eine hohe Summe zu bezahlen, und für seine sofortige Emigration war auch bereits gesorgt.

Um die Unsicherheit und damit die Angst der Familienangehörigen ins Unerträgliche zu steigern, spielte die Gestapo mit diesen Menschen eine Art Katz-und-Maus-Spiel. So bekamen zum Beispiel Verwandte von mir, die sich im Gestapo-Hauptquartier in Wien und auch in Berlin regelmäßig für meine Freilassung einsetzten, zweimal die Auskunft, daß ich bereits entlassen sei und daß sie nach Hause eilen sollten, denn wahrscheinlich sei ich schon daheim. Ein anderes Mal wurde ihnen erklärt, sie sollten einen Emissär (einen Nazi-Anwalt) nach Weimar schicken – das war die Buchenwald nächstgelegene Stadt –, der mich dort in Empfang nehmen könnte; das taten sie natürlich, aber ohne Erfolg. All diese Dinge passierten einige Monate bevor ich schließlich doch entlassen wurde.

6 Das bewußte Widerstreben der amerikanischen Regierung und großer Teile der amerikanischen Bevölkerung, sogar noch in den Jahren 1942 bis 1944, an die Nazi-Grausamkeiten zu glauben, ist in einigen Büchern behandelt worden, zum Beispiel in Arthur D. Morses *While Six Millions Died: A Chronicle of American Apathy* (New York: Random House, 1967).

7 Ich bin in diesem Zusammenhang zwei Menschen zu Dank verpflichtet: Gordon Allport, dem Herausgeber des *Journal of Abnormal and Social Psychology,* der diese Abhandlung eines unbekannten Autors nicht nur annahm, sondern auch noch als Leitartikel in seinem *Journal* (Oktober-Nummer 1943) veröffentlichte; sowie Dwight MacDonald, der meine Arbeit in der Zeitschrift *Politics* im August 1944 nachdruckte.
Wie wenig über die wahre Natur der Konzentrationslager sogar noch am Ende des Krieges bekannt war, ersieht man aus der Tatsache, daß damals General Eisenhower diesen Essay für alle Offiziere der US-Militärregierung in Deutschland zur Pflichtlektüre machte. Nur daß eben diese Erkenntnis den Millionen, die in den Lagern ermordet worden waren, auch nichts mehr half.

8 Der Leser, der sich nur für die Essays interessiert, die sich ganz unmittelbar mit den Konzentrationslagern und dem Problem des Überlebens befassen, könnte bei seiner Lektüre in folgender Reihenfolge vorgehen: »Trauma und Reintegration«, »Deutsche Konzentrationslager«, »Individuelles und Massenverhalten in Extremsituationen«, »Unbewußte Beiträge zur eigenen Vernichtung«, »Die psychische Korruption durch den Totalitarismus«, »Anne Frank – eine verpaßte Lektion«, »Eichmann: Das System und die Opfer«, »Überleben« und »Der Holocaust – eine Generation später«.
Zusätzlich zu diesen Aufsätzen und zu meinem Buch *Aufstand gegen die Masse* habe ich folgende Arbeiten und Buchkritiken, die sich mit den Konzentrationslagern und verwandten Themen befaßten, veröffentlicht: »The Helpless and the Guilty«, *Common Sense 14* (Juli 1945), Seite 25–28; »War Trials and German Reeducation«, *Politics 2* (Dezember 1945), Seite 368–69; »The Dynamism of Anti-Semitism in Gentile and Jew«, *Journal of Abnormal and Social Behavior 42* (1947), Seite 153–168; »The Concentration Camp as a Class State«, *Modern Review 1* (Oktober 1947, Seite 628–637; »Exodus 1947«, *Politics 5* (Winter 1948), Seite 16–18; »The Victim's Image of the Anti-Semite«, *Commentary 5* (Februar 1948), Seite 173–179; »Doctors of Infamy – The Story of the Nazi Medical Crimes«, *American Journal of Sociology 55* (1949), Seite 214–215; »Returning to Dachau«, *Commentary 21* (Februar 1956), Seite 144–151; »A Note on the Concentration Camps«, *Chicago Review,* August 1959, Seite 113–114; »Vorwort« zu Dr. Miklos Nyiszlis *Auschwitz – A Doctor's Eyewitness Account* (New York: Frederick Fell, 1960, Seite V–XVIII; »Freedom from Ghetto Thinking«, *Midstream 8* (Frühjahr 1962), Seite 16–25; »Survival of the Jews«, *New Republic,* Juli 1967, Seite 23–30.

Trauma und Reintegration

Aus den Veröffentlichungen eines ganzen Lebens diejenigen auszuwählen, die es wert sein mögen, in Buchform erhalten zu bleiben, ist ein gewagtes Unterfangen. Wenn man durchsieht, was man vor zwanzig oder dreißig Jahren geschrieben hat, entdeckt man, daß manche Artikel, die einst neues Licht auf bestimmte Fragen zu werfen und Verbesserungen vorzuschlagen schienen oder deren Ideen ihrer Zeit voraus waren, heute hoffnungslos veraltet sind, banal wirken und mit Unzulänglichkeiten behaftet sind, die ein im Lauf der Jahre oder aus den Veröffentlichungen anderer gewonnenes besseres Verständnis nur zu deutlich zutage treten läßt.
Deshalb stand ich der Anregung, einen Band mit gesammelten Aufsätzen vorzubereiten, zuerst zögernd gegenüber. Zwar war ich nicht unempfindlich für den Reiz dieser Methode, die Eitelkeit zu befriedigen, doch befürchtete ich, ein solches Unternehmen werde keineswegs mein Ich stärken, sondern ihm möglicherweise einen schweren Schlag zufügen. Diese Angst drückte sich in dem ablenkenden Gedanken aus, ich würde meine Zeit besser darauf verwenden, mich mit neuen Problemen zu befassen, statt sie damit zu vergeuden, daß ich alte Schriften durchging, entschied, welche noch Wert hatten, und sie nötigenfalls auf den neuesten Stand brachte.
Schließlich mußte ich jedoch einsehen, daß der Gedanke, es sei vorzuziehen, etwas Neues zu schreiben, eine Ausflucht war, um der Gefahr, bei der Durchsicht meiner Veröffentlichungen zu entdecken, daß sie nicht der Mühe wert gewesen waren, aus dem Wege zu gehen. Wenn nicht wenigstens einige meiner alten Aufsätze auch heute noch lesenswert waren, bestand kaum Aussicht, daß etwas Neues größere Vorzüge besitzen würde. Als mir dies klar geworden war, konnte ich mich der Aufgabe, alte Abhandlungen aus heutiger Sicht zu überprüfen, nicht länger entziehen.

Der Anstoß, über einen Gegenstand zu schreiben, kann von außen oder von innen kommen; meist rührt er wahrscheinlich aus beiden Bereichen her.

Soweit mir damals bewußt war und heute bewußt ist, war das unmittelbare Motiv zum Abfassen der Aufsätze, die jetzt gesammelt erscheinen, der persönliche Wunsch, größere Klarheit über ein dringliches Problem zu gewinnen oder die Antwort auf eine mir wichtig gewordene Frage zu finden. Da ich in all den Jahren mit der Leitung einer psychiatrischen Einrichtung für Kinder voll ausgelastet und meist überbeansprucht war, konnten äußere Anregungen mich nur dann dazu veranlassen, Zeit und Energie auf das Schreiben zu verwenden, wenn ein innerer Druck vorhanden war, der die äußere Motivierung zum Anlaß nahm, um sich erkennbar zu machen und – mit Glück – Entspannung zu finden.

Wenn dann meine schriftlichen Überlegungen ihren Zweck, mir selbst die Dinge verständlicher werden zu lassen, erfüllt hatten, erhob sich die Frage: Wohin mit diesen Gedanken? In den Papierkorb? Dorthin wanderten die meisten Notizen, denn was ich erarbeitet hatte, war zwar stets nützlich für mich, erschien mir aber für andere kaum interessant.

Wenn ich bei anderen ähnliches Verständnis wecken wollte und dabei hoffte, dies werde ihre Einstellung zu wichtigen Fragen ändern, hielt ich es für statthaft, solche Schriften zu veröffentlichen. Die tiefste Ursache für die Veröffentlichung eines Artikels war also der Wunsch, Veränderungen im Denken oder Handeln herbeizuführen, die im gegebenen Zeitpunkt wünschenswert erschienen.

Das vorliegende Buch hat als äußere Ursachen zwei zufällige Ereignisse, ohne die es wohl kaum entstanden wäre, obgleich die zugrunde liegende Motivation sowohl für das Schreiben der Aufsätze als auch jetzt für ihre Zusammenstellung mich ungefähr seit vierzig Jahren beschäftigt und meine privaten Gedanken und Gefühle in dieser ganzen Zeit beherrscht hat. Die tiefste Ursache der Veröffentlichung ist der Wunsch, Verständnis für die Natur dieser inneren Motivation zu wecken, die zwar durchaus persönlich ist, aber doch uns alle angeht. Zuerst einige Worte über die äußeren Ursachen für das Buch.

Seit einiger Zeit gehe ich nur mehr selten ins Kino. Lina Wertmüllers Filme *Love and Anarchy* und *The Seduction of Mimi* interessierten mich jedoch so sehr, daß ich sie mir ansah, denn der erstere handelt vom Schicksal des einzelnen im Faschismus und der letztere von der menschlichen Existenz in der modernen Massengesellschaft. Die zwei Filme weisen zwar einige Parallelen auf, doch die Geschicke der beiden Helden (vom gleichen Schauspieler dargestellt) sind ganz unterschiedlich: In *Love and Anarchy* ist es moralischer Sieg und körperlicher Tod, in *The Seduction of Mimi* moralischer Tod und körperliches Überleben – das eine Schicksal ist jedoch als so sinnlos wie das andere geschildert. In diesen Filmen stellt Lina Wertmüller die Frage nach dem Sinn des Lebens und nach dem Sinn des Kampfes um persönliche Autonomie, also Fragen, die für viele ein wichtiges Anliegen waren und sind. Sie kommt jedoch zu Schlüssen, die denen, die mir annehmbar erscheinen, gerade entgegengesetzt sind.

In *Love and Anarchy* läßt sich der Held von seinem privaten Verlangen nach Liebe mitreißen und versäumt die langgesuchte Gelegenheit, Mussolini zu ermorden. Aus Schuld und Selbstverachtung, weil er die Möglichkeit, den Kampf des Einzelnen gegen den faschistischen Staat erfolgreich fortzuführen, vorübergehen ließ, provoziert er eine objektiv bedeutungslose Auseinandersetzung mit der Polizei und kommt dabei ums Leben. Es ist somit die Geschichte eines Menschen, der – wenigstens unter der Herrschaft des Faschismus – seine Autonomie nur dadurch bestätigen kann, daß er mit dem Tod spielt. Die Aussage des Films ist zweideutig: Die Hauptfigur ist töricht und heroisch, ihre Handlungen sind bewundernswert und sinnlos.

Der Film *The Seduction of Mimi* befaßt sich ebenfalls mit dem Problem der individuellen Autonomie, dieses Mal in der Massengesellschaft. Er spielt im heutigen Italien lange nach Mussolinis Untergang. Das Ende des Films läßt darauf schließen, daß der durchschnittliche Mensch unter den gegebenen gesellschaftlichen Verhältnissen dem Autonomiestreben absagen muß, wenn er überleben will. Beide Filme sind fesselnd, weil sie die brennende Frage stellen, wie man Autonomie erringt. Sie vermögen diese Frage jedoch nicht zu beantworten und sagen eher aus, daß das Problem keine Lösung kennt. Die Bemühung um Autonomie wird somit als sehr gut verständlich, möglicherweise unausweichlich, aber vollkommen sinnlos dargestellt.

Kurz nachdem ich diese Filme gesehen hatte, wurde ich vom Herausgeber einer bekannten Wochenzeitschrift gebeten, etwas über Lina Wertmüllers Film *Seven Beauties* zu schreiben, der in New York gerade Schlagzeilen zu machen begann. Der Herausgeber hatte an mich gedacht, weil Kernszenen des neuen Films in einem deutschen Konzentrationslager spielten. Obwohl ich einwandte, ich sei kein Filmkritiker, ging der Herausgeber nicht von seiner Ansicht ab, ich sei geeignet, diesen Film zu würdigen, weil ich mich in einigen meiner Schriften eingehend mit den Problemen der Konzentrationslager beschäftigt hätte.

Da ich von einigen Filmen, die den Lagerterror als Nervenkitzel eingebaut hatten, gelesen und dies alarmierend und empörend gefunden hatte und da ich die beiden anderen beeindruckenden Filme von Lina Wertmüller gesehen hatte, war ich neugierig, wie sie diese Szenen wohl behandelt hatte. Unter der Voraussetzung, daß ich mich kaum imstande fühlen würde, darüber zu schreiben, sagte ich zu, einer Vorführung des Films beizuwohnen.

Der Film wühlte mich zutiefst auf, und ich erklärte dem Herausgeber, ich könne den gewünschten Artikel nicht schreiben. Er bat mich jedoch, es mir nochmals zu überlegen, und der Filmverleiher regte eine zweite Vorführung an. Wochenlanges Nachdenken über den Film schwächte seine verstörende Wirkung nicht ab, und es erschien mir um so dringlicher, Ursache und Art meiner Reaktionen zu begreifen. Ich willigte deshalb ein, den Film nochmals anzusehen, und fand ihn jetzt, da ich weitaus besser vorbereitet war, sogar noch bestürzender als beim ersten Mal; allerdings wurden mir die Gründe dafür auch bedeutend klarer. Einige wenige aufgeschlossene, intelligente Kritiker waren bei der zweiten Vorstellung mit dabei; sie waren von dem Film sehr stark beeindruckt, wenn auch in ganz anderer Weise als ich. Anschließend sprachen ein paar von ihnen mit mir über den Film und ihre Eindrücke. Ich war verblüfft, in welchem Maß diese Kritiker das im Film völlig verzerrte Bild des deutschen Konzentrationslagers als den Tatsachen entsprechend hinnahmen und wie bereit sie waren, sich Lina Wertmüllers Schilderung der Lager, der Erfordernisse zum Überleben und der Bedeutung des Überlebens anzuschließen. Diese Wirkung des Films auf diejenigen, die ihn wahrscheinlich mit am scharfsichtigsten ansahen, bekümmerte mich mehr als der Film selbst, insbesondere, da die meisten Kritiken, die ich gelesen hatte, auf eine ähnliche allgemeine Reaktion schließen ließen.

Mir war mittlerweile klar geworden, daß ich lange brauchen würde, um meine Reaktionen zu untersuchen – länger als der Herausgeber auf den geplanten Artikel warten konnte –, und daß die vorgesehene Zeitungsspalte nicht ausreichen würde, um meine Ansicht darzulegen. Ich schlug deshalb vor, jemand anderer möge den Artikel schreiben, der dann auch bald danach erschien.

Damit war ich aber noch nicht der Aufgabe enthoben, mich mit dem, was der Film und mehr noch die Reaktionen darauf in mir ausgelöst hatten, auseinanderzusetzen. Ich verfolgte weiterhin die Kommentare zu dem Film, die in größerer Anzahl erschienen als bei den meisten sonstigen Streifen. Die Ansichten glichen in ihren Grundzügen denjenigen, auf die ich in meinem Gespräch mit den Kritikern, die den Film mit mir zusammen angesehen hatten, gestoßen war. Um so wichtiger war es für mich, genau zu begreifen, warum ich überzeugt war, daß der Film, den so viele in den höchsten Tönen lobten, völlig falsch war.

Um mir meine Gefühle bewußt zu machen und meine Gedanken zu klären, begann ich, meine Überlegungen schriftlich festzuhalten, im Grunde nur für mich selbst. Gleichzeitig erschienen Artikel über Überlebende und die Frage des Überlebens, die ähnliche Ansichten wie die, die ich in dem Film erkannt zu haben glaubte, zum Ausdruck brachten. Dies war ein weiterer Anreiz für mich, der Sache auf den Grund zu gehen. Der Aufsatz wurde daher immer länger. Schließlich hatte ich das Gefühl, ich hätte das, was der Film und die Reaktionen darauf für mich bedeuteten, in den Griff bekommen. Ich bezweifelte jedoch, daß sich der Aufsatz zur Veröffentlichung eignete, da ja gegensätzliche Ansichten in weiten Kreisen Anerkennung gefunden hatten. Zu meiner großen Überraschung und Befriedigung erklärte sich jedoch die Zeitschrift *The New Yorker* bereit, ihn zu veröffentlichen. Ebenso überraschend und unerwartet waren die mehreren hundert Briefe, die ich als spontane Reaktionen auf den Artikel erhielt. Fast alle waren zustimmend und drückten tiefe Gefühle aus. Von den sehr wenigen kritischen Briefen waren nur zwei oder drei zornerfüllt, die übrigen waren höflich und überlegt und ließen erkennen, daß die Schreiber die in dem Artikel behandelten Fragen für sehr wichtig hielten, obgleich sie meine Gedankengänge ablehnten.

Aus der Aussage praktisch aller Briefe ließ sich schließen, daß es für viele Menschen mühsam, ja unmöglich war, mit den Problemen, die durch die Konzentrationslager und die Ausrottung der europäischen Juden aufgeworfen wurden, ins reine zu kommen. Dies galt ebenso für die Problematik dessen, was nach dem Lager kam: das Überlebthaben. Diese Briefe führten zu der eingangs erwähnten Anregung, den Aufsatz über die Überlebenden als Teil eines Sammelbandes zu veröffentlichen. Ein weiteres Erlebnis war jedoch vonnöten, damit ich mein Zögern überwand.

Ein halbes Jahr, nachdem der Aufsatz »Surviving« in der Zeitschrift *The New Yorker* erschienen war, nahm ich an einer Konferenz über den nazistischen Völkermord teil. Etwa 300 Personen waren aus eigenem Antrieb auf Grund ihres persönlichen Betroffenseins von den Ereignissen anwesend. Diese Menschen standen nach Intelligenz, Bildung und sozialem Bewußtsein weit über dem Durchschnitt. Aus Gesprächen mit ihnen und aus der Beobachtung ihrer Reaktionen auf das, was zur Debatte gestellt wurde, wurde mir bestürzend klar, wie wenig diese ernsten, wohlmeinenden Menschen begriffen, worum es eigentlich gegangen war und was es heute bedeuten sollte; wenigstens drängte sich mir dieser Eindruck auf. Sie sprachen zwar mit Worten aus, wie entsetzlich und grauenhaft es gewesen war, schienen aber trotzdem eifrig darauf bedacht zu sein, alles dadurch zu verdrängen und zu leugnen, daß sie es als gewöhnlich hinstellten und ihm jegliche Bedeutung für die Gegenwart absprachen.

Wahrscheinlich wurden sie zu dieser Handlungsweise veranlaßt, weil die Nazigreuel das Vorstellungsvermögen übersteigen und so große Ängste wecken, daß die Menschen ihnen keine Auswirkung auf sich selbst als Personen zuerkennen können. Darüber nachzudenken, weckte quälende Fragen nach dem Wesen des Menschen, der ohne zu zögern und sogar mit einiger Befriedigung spontan an gemeinem, systematischem Massenmord nicht nur an wehrlosen Männern, sondern auch an Millionen von Frauen und Kindern teilzunehmen vermag. Die Konferenzteilnehmer sahen dies mit eigenen Augen in einem Dokumentarfilm und hörten mit eigenen Ohren authentische Berichte darüber; offensichtlich wurden sie dabei von nicht zu bewältigenden Gefühlen des Abscheus und der Hilflosigkeit befallen. Dies erklärt vielleicht, warum die Menschen, die sich freiwillig eingefunden hatten, um diesen wahrhaft grauenerregenden Film mit Szenen der denkbar schlimmsten Entwürdigung von unschuldigen Männern, Frauen und Kindern, der Folterungen, des Hungers, der Massenmorde anzusehen und dann an einer Diskussion darüber teilzunehmen, auf dieses Erlebnis damit reagierten, daß sie sich emotionell davon distanzierten und ihm emotionelle und intellektuelle Bedeutung für sie selbst im Hier und Heute absprachen. Sie hätten offenbar das, was es sonst in ihnen aufgerührt hätte, nicht zu bewältigen vermocht.

Es bedurfte des Zusammentreffens dieser beiden Ereignisse, der Reaktionen auf meinen Artikel über die Überlebenden und meiner Erfahrung bei der Konferenz, um mich zu überzeugen, daß es doch der Mühe wert sei, nach bestem Vermögen den Versuch einer Darstellung dessen zu wagen, wie man sich bemühen könnte, sich mit den beiden zusammenhängenden Phänomenen des Völkermords und des Überlebens auseinanderzusetzen. Dies erfordert zum einen, daß man versteht, worum es bei dem Holocaust eigentlich ging, wie er geschehen konnte und geschah, und zum anderen – dies ist heute um so wichtiger, als der Holocaust der Vergangenheit angehört – eine konstruktive Möglichkeit zur Bewältigung dessen, was er emotionell aufrührt. Die Überlebenden sind nicht die einzigen, die es lernen müssen, ein Erlebnis zu integrieren, das, wenn es nicht integriert wird, entweder völlig überwältigend ist oder den Menschen zwingt, zur Selbstverteidigung alles abzuleugnen, was es für ihn persönlich in der Gegenwart bedeutet.

So ist dieses Buch entstanden. Seine äußeren Ursachen waren zwei zufällige Ereignisse. Das persönliche Betroffensein aber, das diese Ereignisse zum Anlaß nahm, sich Ausdruck zu verschaffen, kann durchaus als lebenslang bezeichnet werden, denn es reicht jetzt schon über vierzig Jahre zurück.

Das Überleben

Das Problem des Überlebthabens besteht aus zwei eng zusammenhängenden, aber doch je eigenständigen Problemkreisen. Der eine umfaßt das ursprüngliche Trauma – in diesem Zusammenhang das persönlichkeitszersetzende Erlebnis des Gefangenseins in einem deutschen Konzentrationslager, das die soziale Existenz völlig zerstörte, da es dem Häftling alle früheren Bindungen wie Familie, Freunde, Stellung im Leben raubte und ihn gleichzeitig durch schlimmste Mißhandlungen und die stets vorhandene, unausweichlich drohende Lebensgefahr aufs äußerste terrorisierte und entwürdigte. Der andere Problemkreis bezieht sich auf die lebenslangen Nachwirkungen eines solchen Traumas, die ganz besondere Formen der Bewältigung erfordern, wenn man ihnen nicht erliegen soll.

In einigen meiner früheren Veröffentlichungen über die deutschen Konzentrationslager und verwandte Fragen bemühte ich mich, dem ersten Problemkreis möglichst gerecht zu werden. Diese Schriften unternahmen es jedoch nicht, das zweite Hauptproblem, das Überlebthaben, zu untersuchen, also die Frage, wie man mit einer existentiellen Belastung, die keine Lösung kennt, leben kann. Bei dieser Frage geht es darum, angesichts der Auswirkungen eines früheren Persönlichkeitszerfalls die Integration der Persönlichkeit aufrechtzuerhalten. Und meine Bemühungen, anderen zur Integration zu verhelfen, wie beispielsweise in meiner Arbeit mit Kindern an der Orthogenic School der Universität Chicago, sind hierfür relevant geworden. So hoffe ich, die vorliegende Sammlung verschiedener Aufsätze möge in ihrer Gesamtheit implizit zur Erhellung dessen dienen, worum es geht, wenn man sich mit diesen Problemen, Trauma und Integration, auseinandersetzt.

Was mich am stärksten bewegte, diese Sammlung zusammenzustellen, kann ich vielleicht am besten klarmachen, wenn ich die wichtigsten Sätze aus einem Brief, den ich als Reaktion auf meinen Artikel über die Überlebenden erhielt, zitiere. Der Brief kam, wie alle anderen Zuschriften, von einer mir unbekannten Person.

Ich habe soeben den Artikel »Surviving« im *New Yorker* gelesen und bin davon so beeindruckt, daß ich Ihnen schreiben möchte... Ich bin in Berlin aufgewachsen, als Christin mit jüdischen Großeltern. Als die Nazis an die Macht kamen, ging ich nach Holland. Als dort die Juden verfolgt wurden, verschafften mir Freunde gefälschte Papiere. Ein anderer Freund entfernte meine Papiere aus den Akten in Den Haag, so daß ich praktisch nicht mehr existierte. Ein mir bis dahin unbekanntes Pfarrer-Ehepaar nahm mich

»für eine Nacht« auf. Aber dann blieb ich von Januar 1942 bis Mai 1945 dort. Außer dem Pfarrer und seiner Frau wußte niemand, daß ich in Wirklichkeit nicht ihre Köchin »Cathrine« war.
Ich schreibe Ihnen das alles, um zu bestätigen (als ob Sie eine Bestätigung brauchten!), daß alles, was Sie über die Schuldgefühle sagen, richtig ist. Sie wissen wahrscheinlich, wie viele Menschen in Holland unter der Nazi-Besatzung zugrunde gingen, selbst wenn sie gute gefälschte Ausweise hatten. Ich gehörte zu denen, die Glück hatten, aber immer wieder frage ich mich seitdem: »Warum bin *ich* davongekommen?«... »Warum erhielt gerade ich all diese Hilfe?«
Nach dem Krieg lernte ich Eva Hermann kennen, eine deutsche Nichtjüdin, die jahrelang im Gefängnis saß, weil sie Juden geholfen hatte.[1] Als ich ihr die Frage »Warum?« stellte, entgegnete sie: »Damit Sie mit Ihrem ganzen ferneren Leben beweisen, daß Sie es wert waren, gerettet zu werden.«
Damit stellt sich die Frage: »Tragen wir Überlebenden eine Verantwortung?« Vielleicht könnten Sie darüber etwas schreiben.
Wie aus meinem Brief hervorgeht, bin ich keine Psychologin (ich bin Bibliothekarin), und mehr als einmal in meinem Leben ist mir klar geworden, daß es Probleme gibt, die man nicht lösen kann, sondern mit denen man leben muß.

Die Dame schrieb weiter: »Ich kenne Ihr Buch über Buchenwald. Vor mehreren Jahren referierte ich darüber bei einem Quäker-Meeting in... Ich erinnere mich noch an die äußerst lebhafte Diskussion...« Da in nicht wenigen weiteren Briefen ebenfalls der Wunsch geäußert wurde, ich solle noch mehr darüber schreiben, wie man das Überleben bewältigen kann, fühlte ich mich zur Veröffentlichung dieses Buches ermutigt.
Wie der zitierte Brief beweist, erfordert die Auseinandersetzung mit dem Problem des Überlebens nicht, daß man selbst Hunger, Folter und Entwürdigung erlitten hat oder wie die Überlebenden der Lager hilflos zusehen mußte, wie die Schicksalsgenossen, Menschen wie man selbst, täglich hingemordet wurden. Wenn man jahrelang in der unmittelbaren, ständigen Gefahr steht, getötet zu werden, und zwar aus keinem anderen Grund, als daß man einer zur Ausrottung verurteilten Volksgruppe angehört, und wenn man weiß, daß die nächsten Freunde und Verwandten tatsächlich ums Leben gebracht werden – so genügt dies, daß man sich im ferneren Leben unablässig mit dem unlösbaren Rätsel »Warum bin ich davongekommen?« und ebenso mit völlig irrationalen Schuldgefühlen, weil man davongekommen ist, auseinandersetzt.
Ist man einer der sehr wenigen, die gerettet wurden, wenn Millionen Mit-

menschen umkamen, so wird dies offenbar als Verpflichtung empfunden, das eigene Glück und die eigene Existenz zu rechtfertigen, denn ihr wurde Fortdauer zuteil im Gegensatz zur Existenz so vieler anderer Menschen, die einem aufs Haar glichen.

Das Überleben scheint auch ein verschwommenes, aber ganz spezielles Verantwortungsgefühl hervorzurufen. Es beruht darauf, daß das, was eigentlich das Geburtsrecht des Menschen sein sollte – sein Leben in relativem Frieden und Sicherheit zu verbringen, nicht willkürlich ermordet zu werden vom Staat, dem doch die Pflicht obliegt, das Leben der Bürger zu schützen –, als unverdienter, unerklärlicher Glücksfall erlebt wird. Es war ein Wunder, daß der Überlebende gerettet wurde, wenn Millionen Mitmenschen untergingen, und so hat es den Anschein, als sei dies zu irgendeinem unergründlichen Zweck geschehen.

Die Stimme der Vernunft will die Frage »Warum wurde ich gerettet?« mit der Auskunft »Es war reines Glück, purer Zufall, sonst nichts« beantworten, während die Stimme des Gewissens entgegnet: »Stimmt, aber der Grund dafür, daß du die Chance des Überlebens erhieltest, liegt darin, daß irgendein anderer Häftling an deiner Statt starb.« Und dahinter taucht gelegentlich flüsternd eine noch strengere, kritische Anklage auf: »Einige starben, weil du sie aus einer einfacheren Arbeitsstelle hinausgedrängt hast, andere, weil du ihnen nicht geholfen hast, zum Beispiel mit Lebensmitteln, die du dir vielleicht hättest am Munde absparen können.« Und dann erhebt sich stets die letzte Anklage, auf die es keine annehmbare Erwiderung gibt: »Du warst froh, daß ein anderer gestorben ist und nicht du.«

Diese Gefühle der Schuld und der besonderen Verpflichtung sind irrational, aber deshalb nicht weniger mächtig, ein Leben zu beherrschen; in mehr als einer Beziehung ist es eben diese Irrationalität, die ihre Bewältigung so sehr erschwert. Gefühle auf rationaler Grundlage kann man mit rationalen Maßnahmen angehen, aber irrationale Gefühle sind meist für unseren Verstand unerreichbar und müssen auf einer tieferen emotionellen Ebene behandelt werden.

Ich widerspreche insbesondere der Vorstellung, daß irgend jemand, darunter auch der Überlebende, die Pflicht hätte, beweisen zu müssen, daß er der Rettung wert war, und wenn auch aus keinem anderen Grund, als daß damit irgendwie impliziert wird, daß diejenigen, die umgekommen sind, der Rettung nicht wert waren. Während aber das Überleben keine besondere Verpflichtung nach sich zieht, ist es dennoch eine höchst außergewöhnliche und schwere Last; es ist, wie die Briefschreiberin es ausdrückte, »ein Problem, das man nicht lösen kann, sondern mit dem man leben muß«.

Die emotionellen Nachwirkungen des Wunders, daß der Überlebende gerettet wurde, waren nicht selten so schwere psychologische Beeinträchtigungen, daß manche Überlebende sie überhaupt nicht und andere nur in begrenztem Maß zu bewältigen vermochten. Wenn wir über die unglückseligen Folgen des KZ-Häftlingszustands sprechen, müssen wir uns stets vor Augen halten, daß dieses Erlebnis derart traumatisch war, daß es die Persönlichkeitsintegration entweder ganz oder zu einem sehr erheblichen Grad erschütterte.

Jedes Trauma beweist, daß die erreichte Integration in irgendeiner Beziehung keinen angemessenen Schutz zu bieten vermag. Wenn das Trauma extrem zerstörerisch ist – wie beim KZ-Erlebnis –, geht daraus hervor, daß die Persönlichkeitsintegration ihre Festigkeitsprüfung nicht bestanden hat. Die psychische Reaktion des Überlebenden auf dieses Versagen seiner Integration ist nie ganz bewußt; sie wird im Gegenteil weitgehend von unbewußten Faktoren bestimmt, beispielsweise von unbewußten Reaktionen auf die KZ-Erfahrung und auf die vorherige Existenz. Im Grunde sind nur drei verschiedene psychische Reaktionen auf die Erfahrung, daß die Integration ganz oder teilweise versagt, möglich. Welche davon im Leben des Überlebenden vorherrschte, bestimmte größtenteils seine Existenz nach der KZ-Zeit. Will man – wenn auch oberflächlich – die drei verschiedenen Reaktionen auf die extreme Traumatisierung zusammenfassen, so könnte man sagen, daß die eine Gruppe von Überlebenden sich von ihren Erlebnissen zerstören ließ, eine andere den Geschehnissen jegliche fortdauernde Wirkung absprach und die dritte sich in eine lebenslange Auseinandersetzung einließ, um sich all dessen bewußt zu bleiben und mit den entsetzlichsten, aber trotzdem gelegentlich verwirklichten Dimensionen der menschlichen Existenz fertigzuwerden.

Das KZ-Überlebenssyndrom

Die destruktivste dieser drei möglichen Reaktionen war die unbewußte Schlußfolgerung, die Reintegration der eigenen Persönlichkeit sei unmöglich oder sinnlos – oder beides zugleich. Auf bewußter Ebene wurde sich der Überlebende seiner Unfähigkeit, das Leben zu bewältigen, klar, weil dieses Leben derart zerstückelt war, daß er sich nicht imstande fühlte, es wieder zusammenzusetzen. Dies geschah deshalb, weil er im Unbewußten entschieden hatte, er könne seine alte Persönlichkeit nicht wieder aufbauen, denn alles oder das meiste von dem, was ihr Sinn verliehen hatte, war dahin; seine Nächsten waren ermordet worden; er hatte Dinge getan, die nie verziehen werden konnten; er hatte das, was seinem Leben Sinn gegeben hatte, unwiederbringlich verloren, und es war ohnehin zwecklos, eine neue Integration aufbauen zu wollen, da diese sich als ebenso unzuverlässig erweisen konnte wie die alte, die ihn völlig im Stich gelassen hatte, als er sie am meisten brauchte.

Solche Überlebende bleiben geschwächt durch die Überzeugung, daß sie keine tragfähige Integration zu erringen vermögen, und dies gilt so lange, als sie sicher sind, daß es hoffnungslos oder sinnlos ist, die Aufgabe der Reintegration zu unternehmen. Sie sind unfähig, die anstrengende, riskante Arbeit der Persönlichkeitsintegration anzupacken und leiden an einer psychiatrischen Störung, die als *KZ-Überlebenssyndrom* bezeichnet wurde.

Ihr Zustand gleicht dem des Depressiven oder Paranoiden. Ein grundlegender Unterschied zwischen einer psychotischen Persönlichkeit und einem Überlebenden, der am KZ-Syndrom leidet, besteht darin, daß die erstere weitgehend infolge von innerem Druck zerbricht und nicht unter dem von einer extrem destruktiven Umwelt ausgeübten Druck. Der Psychotiker zerbricht, weil er signifikanten Gestalten seiner Umwelt die Macht verliehen hat, ihn und seine Integration zu zerstören. Er glaubt also nur wahnhaft, es gebe allmächtige Gestalten, die sein Leben beherrschen und seine Vernichtung planen, während der KZ-Häftling richtig beobachtete, daß diejenigen, in deren unumschränkter Gewalt er sich befand, schon seinesgleichen umgebracht hatten und darauf aus waren, auch ihn zu töten. Der Hauptunterschied zwischen dem Häftling und dem Psychotiker liegt also darin, daß der erstere seine Situation realistisch einschätzt, während der letztere sie wahnhaft sieht. Beide haben aber erlebt, daß ihre Integration sie nicht zu schützen vermochte – und beide sind unfähig, sich erneut wirksam zu integrieren.

Derjenige, der unter dem KZ-Überlebenssyndrom leidet, hat gewöhnlich einige Anstrengungen unternommen, um eine tragfähige Integration wiederzugewinnen, aber ohne Erfolg. Teil der Tragödie, die zu diesem Syndrom geführt hat, ist es, daß sich der Überlebende zu früh um Reintegration bemühte, zu einem Zeitpunkt nämlich, da ihm infolge der Lager-Erfahrung noch völlig alle psychische Energie fehlte, Energie, die er zum Wiederaufbau seiner Integration brauchte. Sein Versagen bei diesem frühen Reintegrationsversuch brachte ihn zu der Überzeugung, er könne es nie von sich aus vollbringen. Um sich vor einer weiteren schmerzlichen Niederlage zu schützen, ließ er von allen Bemühungen ab.

Der Überlebende konnte also die Tatsache, daß ihm das Überleben ein unwegsames Problem stellte, das trotz allem nur er selbst anpacken konnte, nicht akzeptieren und bemühte sich danach um einen Ausweg aus seiner

Notlage in der Richtung, die ihm am ehesten offenzustehen schien: Er verlangte von seinem Ehepartner und seinen Kindern, daß sie seine Probleme für ihn lösten. Dabei hoffte und wünschte er, sie könnten ihm die Last der quälenden Frage »Warum ich?« und der Schuld abnehmen, entweder unmittelbar durch das, was sie für ihn taten, oder mittelbar dadurch, daß er in seinen Kindern lebte und auf diese Weise seinem eigenen schweren Leben entging.

Dem Gefühl der Verpflichtung wollte er durch den einfachen psychologischen Mechanismus der Übertragung entgehen: Es mußte die besondere Verpflichtung seiner Familie (oder der Gemeinschaft) sein, für ihn zu sorgen, weil er unsäglich gelitten hatte und nicht imstande war, selbst für sich zu sorgen. Diese stillschweigende Forderung und Erwartung, daß andere seine Probleme für ihn lösen müßten – daß sie beispielsweise beweisen müßten, er sei *nicht* schuldig, und er sei es *wert* gewesen, der eine zu sein, der zur Errettung ausersehen wurde –, läßt das Überlebenssyndrom fortdauern, weil solche Bemühungen, daß andere die Probleme für einen lösen, leider stets erfolglos bleiben. Was noch tragischer ist: Häufig kamen die Angehörigen solcher Überlebender so weit, daß sie ebenfalls unter demselben Syndrom litten, wenn auch in geringerer Intensität.[2]

Es ist so ungerecht und so unbegreiflich, daß ausgerechnet der Überlebende ganz allein mit einigen der größten psychologischen Schwierigkeiten, die man sich nur denken kann, zu kämpfen gezwungen ist, mit psychologischen Nöten, die allen anderen Menschen erspart bleiben. Er, der soviel gelitten hat: oft jahrelange, unaufhörliche Todesangst, höchste körperliche, moralische und seelische Schmerzen; er, der selbst nach seiner wunderbaren Errettung weiterhin unter furchtbaren Verlusten leidet, weil viele oder alle Angehörige ausgerottet worden sind, weil er seinen ganzen Besitz verloren hat, weil er auch in jeder anderen Hinsicht entwurzelt ist, in einem fremden Land leben muß, einen neuen Beruf erlernen muß usw. – warum sollte er zu allem hin auch noch gezwungen sein, eine besondere Verantwortung zu tragen, von Schuldgefühlen verfolgt und von offenkundig unbeantwortbaren Fragen gequält zu werden? Warum muß er sich mit alledem auseinandersetzen – und, was am schlimmsten ist: ganz allein? Diese ganze Ungerechtigkeit lastet schwer auf dem Überlebenden, und wenn er dazu neigt, in emotionellen Erschöpfungszuständen aufzugeben, wird er es tun.

Leben wie zuvor

Andere Überlebende – möglicherweise die Mehrheit – zogen ganz andere Schlüsse aus der Erfahrung, daß ihre Integration unter der Wirkung des KZ-Traumas nachgegeben hatte. Ihre Reaktion gründete sich auf die richtige Erkenntnis, daß sie nach der Befreiung ihre Persönlichkeit wieder aufbauen mußten. Sie hielten es deshalb für eine vernünftige Möglichkeit zur Bewältigung der Nachwirkungen der Lager-Erfahrung, im wesentlichen dieselbe Integration wie vor der Inhaftierung zu erringen.

Um dies zuwege zu bringen, mußten sie gewisse verschlungene psychologische Methoden anwenden mit dem Ziel, den Schuldgefühlen wie auch der Frage »Warum wurde ich errettet?« und den scheinbar darin liegenden besonderen Verpflichtungen zu entgehen. Ihre Abwehrmechanismen waren hauptsächlich Verdrängung und Verleugnung. Infolgedessen ist ihre Integration einigermaßen erschütterbar und unvollständig, da einer höchst wichtigen Gruppe von Gefühlen der Zugang zum Bewußtsein verwehrt wird. Ihre Persönlichkeit fehlt es in gewissem Maß an Energie zur realistischen Lebensbewältigung, weil sie einen Teil ihrer Energie darauf verwenden müssen, Verdrängung und Verleugnung in Gang zu halten. Ganz allgemein ist aber ihre Reintegration ziemlich tragfähig, wenigstens solange sie nicht erneut einer schweren Prüfung unterzogen wird.

Was in den Lagern geschah, war so entsetzlich, und das eigene Verhalten im Lager hat derart viele bestürzende Fragen aufgeworfen, daß der Wunsch, alles zu vergessen, als habe es sich nie zugetragen, durchaus verständlich ist. Im Lager gefangen zu sein bedeutete, von allen Aspekten des früheren Lebens abgeschnitten zu sein. Die SS und der Nazistaat ließen keinen Zweifel daran, daß das Leben, das der Häftling vorher geführt hatte, zu Ende war; sie sprachen diesem Leben jetzt und für immer jeglichen Wert ab. Die meisten Überlebenden bemühten sich in Gegenreaktion, ihrer Lager-Erfahrung nach der Befreiung jeglichen Wert abzusprechen und so zu tun, als sei das alles nicht geschehen.

Da sie aber nicht vergessen konnten, *daß* es geschehen war, gelang ihnen die Verleugnung seines Werts nur insofern, als sie nicht zuließen, daß es ihre Lebensweise und ihre Persönlichkeit veränderte. Nach der Befreiung als derselbe Mensch, der man vorher gewesen war, ins Leben zurückzukehren, war tatsächlich der glühende Wunsch vieler Häftlinge; der Glaube, dies sei möglich, machte die extreme Entwürdigung, der die Häftlinge ausgesetzt waren, psychisch erträglicher.

Die Nazis hatten die Welt, in der der Häftling gelebt hatte, zerstört; sie hatten versucht, ihn ums Leben zu bringen. Um ihnen zu beweisen, daß ihre

Anschläge letztlich mißlungen waren, konnte er ihnen am besten dadurch Trotz bieten, daß er sein Leben nach der Befreiung möglichst ähnlich wie vor der Gefangennahme wiederaufnahm. Eine solche Rückkehr zu einer vorherigen Existenz wurde sehr erleichtert, wenn der Überlebende Gelegenheit hatte, wieder mit seiner Frau, seinen Kindern oder seinen Eltern zusammenzuleben, mit denen also, mit denen er auch vorher gelebt hatte; denn sie erwarteten dies von ihm. Angesichts dieser und vieler anderer Tatsachen – dem Umstand beispielsweise, daß der durch seine Erlebnisse emotionell erschöpfte Häftling bei der Befreiung nicht sicher war, ob er Kraft und Fähigkeit hätte, ein neues, anderes Leben zu beginnen – entschlossen sich die meisten Häftlinge dazu, die Dinge möglichst einfach einzurichten und das Leben, das sie am besten gekannt hatten, fortzusetzen. Dies war übrigens anfänglich auch mein Vorsatz: mein Leben in den wichtigsten Aspekten dort wiederaufzunehmen, wo es so grausam unterbrochen worden war.

Dies zu verwirklichen, war allerdings nicht so leicht, wie es sich der Häftling in den wunscherfüllenden Tagträumen, die ihn in der Not gestärkt hatten, vorgestellt hatte. Bei der Befreiung stellte die freudige Erregung des Davongekommenseins alle anderen Emotionen in den Schatten, und wieder zu Körperkräften zu kommen, beanspruchte die volle Aufmerksamkeit. Bald aber tauchte die Frage auf »Warum ich?«, und mit ihr das Gefühl einer besonderen Verpflichtung, weil man einer der sehr wenigen Überlebenden war. Quälende Alpträume lassen den Überlebenden seine Lager-Erlebnisse nicht vergessen, selbst wenn er es fertigbringt, tagsüber nicht daran zu denken – und dies ist ebenfalls schwer zu bewerkstelligen, besonders in den ersten paar Jahren. Wenn er körperlich kräftiger wird, kommen viele halbvergessene Ereignisse ins Gedächtnis zurück und wecken Schuldgefühle, so ungerechtfertigt diese objektiv gesehen auch sein mögen. Begreiflicherweise haben viele versucht, diese schmerzlich aufwühlenden Gedanken aus ihrem Bewußtsein zu verbannen.

Hat man einmal angefangen, dem Lager-Erleben dadurch jeglichen Wert abzusprechen, daß man verschwommene Schuldgefühle nicht ins Bewußtsein dringen läßt, so wird immer weiter reichendes Verleugnen und Verdrängen von Erinnerungen notwendig, um die ursprüngliche Verleugnung aufrechtzuerhalten. Jedes Verleugnen erfordert also zu seiner Bestätigung weiteres Verleugnen, jede Verdrängung zu ihrer Fortsetzung weitere Verdrängung.

Hier ist zu berücksichtigen, daß die einfachste, primitivste und radikalste psychologische Verteidigung gegen die Wucht eines erschütternden Erlebnisses im Verdrängen und Leugnen besteht, während es außerordentlich schwierig ist, das Erleben langsam, Schritt für Schritt, aufzuarbeiten und die eigene Persönlichkeit entsprechend anzupassen. Wenn also die meisten Überlebenden versuchen, das Trauma des KZ-Erlebens mit Verdrängung und Leugnung anzugehen, ist dies nichts anderes als das, was von vornherein zu erwarten war.

Verleugnen und Verdrängen, um sich der schwierigen Aufgabe der Integration eines Erlebnisses in die eigene Persönlichkeit zu entziehen, beschränkt sich selbstverständlich keineswegs auf die Überlebenden. Im Gegenteil: Es ist die am weitesten verbreitete Reaktion auf den Holocaust – ihn als historische Tatsache zu sehen, aber seine psychische Auswirkung, die eine Umstrukturierung der eigenen Persönlichkeit und eine andere Weltsicht verlangen würde, zu verleugnen oder zu verdrängen. Dies war, wie erwähnt, die typische Reaktion der Teilnehmer an der Konferenz über den Holocaust.

Bei Menschen, die vom Holocaust nicht direkt und unmittelbar betroffen waren, wird die Bewältigung durch eine solche Verdrängung nicht gestört, aber für den Überlebenden gilt dies nicht. Zum einen ist sein Schuldgefühl direkter und persönlicher. Zum anderen hat er im Gegensatz zum Nichthäftling erlebt, daß seine alte Integration verlorengegangen ist; er kann ihr deshalb nie mehr völlig vertrauen, selbst wenn es ihm gelingt, sie wiederherzustellen.

Überlebende, die es leugnen, daß ihr Lager-Erleben ihre Integration zerbrochen hat, die Schuld und das Gefühl einer besonderen Verpflichtung verdrängen, meistern das Leben oft ganz gut, wenigstens dem Anschein nach. Emotionell leiden sie aber Mangel, weil ein großer Teil ihrer Lebensenergie zum fortdauernden Verleugnen und Verdrängen verbraucht wird, und weil sie nicht mehr zuversichtlich sein können, daß ihre innere Integration, die sie schon einmal im Stich gelassen hat, ihnen in einer neuerlichen Prüfung Sicherheit bieten wird.

Während also diese Überlebenden verhältnismäßig symptomfrei sind, ist ihr Leben doch in manchen wesentlichen Beziehungen und im tiefsten Inneren von Unsicherheit geprägt. Im allgemeinen glückt es ihnen, diese Tatsache vor anderen und bis zu einem gewissen Grad auch vor sich selbst zu verbergen. Sie führen aber ein Kartenhausleben. Wenn alles gut geht, haben sie nichts zu befürchten. Aber jeder starke Wind ernstlicher Schwierigkeiten kann ihre Integration hinwegfegen; halbbewußt wissen sie ohnehin selbst, daß ihre Integration fragwürdig ist, selbst wenn sie diesen Gedanken nicht voll bewußt werden lassen.

Um ihre Integration wie früher fortzusetzen, müssen sie sich vor Erlebnissen hüten, die für sie höchst sinnvoll werden könnten, und zwar nicht, weil diese Erlebnisse sie zwangsläufig erschüttern würden, sondern weil sie dies befürchten, da sie ja ihrer Integration unter schwerer Belastung nicht trauen können. Sie befürchten, jedes tiefe Erleben könne ihr verhältnismäßig leeres Leben offenlegen, das deshalb so unerfüllt ist, weil sie ihrer schlimmsten Lebenserfahrung – dem Entsetzlichsten, das einem Menschen widerfahren kann – Sinn und Auswirkung absprechen.

Die Reintegration

Die Überlebenden der dritten Gruppe schlossen aus ihrer Erfahrung, daß nur eine bessere Integration es ihnen ermöglichen würde, mit den Nachwirkungen ihres KZ-Erlebens zu leben. Ihre Reintegration mußte ihnen dazu verhelfen, daß sie mit dem Schuldgefühl und mit der unbeantwortbaren Frage »Warum ich?« fertig wurden. Diese Reintegration mußte die Nachwirkungen der Lager-Erfahrung in sich einschließen und sich deshalb einer schweren Traumatisierung gegenüber widerstandsfähiger erweisen als die alte Integration.

Diese Überlebenden bemühten sich, etwas Positives aus ihrer Lager-Erfahrung, so furchtbar sie auch gewesen war, zu gewinnen. Damit wurde ihr Leben oft schwieriger und in mancher Beziehung komplizierter als früher, aber möglicherweise brachte es ihnen größere Sinnerfüllung. Diesen Vorteil zogen sie aus der Umstrukturierung ihrer Integration unter voller Anerkennung ihrer tragischsten Lebenserfahrung.

Jeder Überlebende hat das Recht, für sein Bemühen um Bewältigung einen eigenständigen Weg zu wählen. KZ-Häftling zu sein, ist eine gräßliche Erfahrung, und das Trauma ist so schwer, daß man jedem Überlebenden das Vorrecht zugestehen muß, es nach bestem Wissen und Vermögen zu meistern. Aus dem, was über das »Überlebenssyndrom« und einige Auswirkungen der Entscheidung für »das frühere Leben« gesagt wurde, geht hervor, warum diese zweifellos völlig verständlichen Lösungen meiner Ansicht nach nicht am konstruktivsten sind. Ich glaube, der zitierte Brief enthält eine tragfähigere Lösung als Projektionen oder das Verleugnen und Verdrängen von Schuldgefühlen. Er regt eine Aufarbeitung des ursprünglichen Traumas und seiner Folgen an, die größere Wirkungen zeitigt und befriedigender ist, als wenn man daran verzweifelt, eine neue Integration zustande bringen zu können, oder vor sich selbst behauptet, man brauche gar keine neue Integration.

Voraussetzung für eine neue Integration ist es, daß man sich klarmacht, wie schwer man traumatisiert wurde und welcher Art das Trauma war. Damit

wird es einfacher, das Schuldgefühl zu akzeptieren und zu bewältigen. Die Frage »Warum wurde ich gerettet?« ist ebenso unbeantwortbar wie die Frage »Warum wurde ich geboren?«
Da man aber gerettet wurde, kann man ebensogut versuchen, so zu leben, daß man ohne Stolz oder Überheblichkeit zu sich selbst sagen kann: »Weil ich gerettet worden bin, bemühe ich mich, innerhalb der Grenzen meiner Unzulänglichkeit das Beste aus meinem Leben zu machen.«
Die neue Integration kann von dem Überlebenden errungen werden, der – wie die Briefschreiberin – fähig geworden ist, mit den Schuldgefühlen und dem Wissen, daß die quälende Frage »Warum ich?« nicht verdrängt werden darf, konstruktiv zu leben und beides zu akzeptieren. Diese neue Integration wird bei jedem Menschen anders geartet sein, weil sie wie jede wahre Integration aus einmaligen Lebenserfahrungen aufgebaut werden muß. Daß die Verfasserin des Briefes die Reintegration vollbracht hat, ergibt sich nicht nur daraus, wie offen sie den tiefsten Problemen des Überlebens gegenübersteht, sondern noch deutlicher daraus, daß sie ihre Schuldgefühle eingesteht, ohne zu meinen, sie müsse sich und ihr Überleben rechtfertigen. Der Überlebende hat also keine besondere Verpflichtung. Die auf seinen Arm tätowierte Häftlingsnummer ist weder ein Kainszeichen noch eine besondere Auszeichnung. Ich halte es nicht für lobenswert, wenn man sein Leben damit zubringt, daß man die Unmenschlichkeit des Menschen gegenüber seinem Mitmenschen bezeugt. Selbst der Massenmord im Maßstab des nazistischen Völkermords ist leider nicht einmalig in der Menschheitsgeschichte, wenn auch seine mechanistische und systematische Ausführung im Dritten Reich einmalig ist.
Diesen Massenmord unmittelbar mitanzusehen und ihm fast zum Opfer zu fallen, ist jedoch eine verhältnismäßig einmalige, psychologisch und moralisch äußerst schwierige Erfahrung. Daraus folgt, daß die neue Integration des Überlebenden größere Schwierigkeiten und, wie man hoffen darf, auch größere Sinnerfüllung in sich birgt als die Integration vieler Menschen, denen ein so extremes Erleben erspart wurde; denn der Überlebende muß eine der belastendsten Erfahrungen, denen ein Mensch nur unterworfen sein kann, in seine Persönlichkeit integrieren.

Die in diesem Buch gesammelten Aufsätze beschäftigen sich mit den höchst idiosynkratischen Bemühungen eines Menschen um Reintegration. In manchen wird versucht, die Beschaffenheit des Traumas zu begreifen, in anderen werden Reaktionen auf das Trauma angeregt. Mehrere Abhandlungen spiegeln ein ganz eigenständiges Angehen der unbeantwortbaren Frage »Warum ich?« und die Erleichterung eines verschwommenen, unspezifischen Schuldgefühls wider. Wer die Persönlichkeitsintegration anderer fördert, kann dadurch versuchen, auch die eigene Integration zu fördern, und im Dienst an den Lebenden kann man das Gefühl gewinnen, man habe seine Verpflichtung gegenüber den Toten erfüllt, soweit dies überhaupt möglich ist. Wieder andere Aufsätze befassen sich damit, daß keine Integration vollständig ist, die nicht auch höchst persönliche Interessen umgreift, und daß die Integration neben einiger Erlebnistiefe auch die Offenheit für eine Vielfalt von Erfahrungen erfordert.

Persönliche Integration und damit Sinnerfüllung zu erringen, ist ein völlig individueller, lebenslanger Kampf. Eine Aufsatzsammlung, die das Streben eines bestimmten Menschen nach diesem Ziel und sein Denken über eine Spanne von fast vierzig Jahren wiedergibt, wird zwangsläufig einige Merkmale eines Bekenntnisses tragen, wie sehr er sich auch bemüht haben mag, in seinen Schriften die Erfordernisse einer akademisch annehmbaren Objektivität zu erfüllen – eine Folge davon, daß er sein Leben im akademischen Bereich verbracht und sich dessen Werte weitgehend zu eigen gemacht hat. Persönliche Emotionen werden oft mit zum Ausdruck kommen, wenn das dem Schreiben zugrunde liegende Motiv darin besteht, den Kampf eines Mannes gegen die destruktiven Tendenzen in der Gesellschaft und im Einzelnen – wie auch in ihm selbst – in Worte zu fassen und seine ganz persönlichen Bemühungen zu beschreiben, im Leben und insbesondere in seiner beruflichen Tätigkeit als Erzieher und Therapeut Sinn zu finden.

Als Forscher auf dem Gebiet der Psychoanalyse und als Anhänger von Sigmund Freud bin ich tief beeindruckt von Freuds kritischer Skepsis im Blick auf den Menschen und sein Wesen, die ihn doch nicht daran hinderte, um die Freiheit des Menschen, wahrhaft er selbst zu sein, zu kämpfen; ich weiß deshalb, daß bei allen Versuchen, dem Leben Sinn abzuringen, in Wirklichkeit sehr weitgehend der Sinn in das Leben hineinprojiziert wird. Dies kann nur geschehen, wenn und in dem Maß wie ein Mensch imstande ist, in sich selbst Sinn zu finden, den er dann nach außen projizieren kann.

Man muß dem Leben Sinn verleihen, um daraus Einsicht gewinnen zu können. Das dreht sich nicht so im Kreis und ist nicht ganz so solipsistisch, wie es klingt; denn um dem Leben Sinn abzugewinnen, muß man es auf ganz persönliche Weise gestalten und organisieren. Dieses Organisieren erlaubt einem dann, aus der Beziehung zur Welt persönliches Wissen zu ziehen, das über den ursprünglich in die Welt hineinprojizierten Sinn hinausgeht.

Trotz der Vielfalt der in den folgenden Aufsätzen behandelten Gegenstände sollte sich ein innerer Zusammenhang in ihrer Auswahl, Behandlung und Darstellung zeigen. Wenn auch die Suche nach persönlichem Wissen viele Umwege, ja Sackgassen kennt, sollte doch die Bemühung um dieses Wissen widerspiegeln, in welcher Art ein bestimmter Mensch sich gezwungen fühlt, in gewissen Problemkreisen eher Klarheit zu suchen als in anderen, weil die Auseinandersetzung mit ihnen ihm besonders sinnvoll erscheint. So spiegelt sich auch hier der Prozeß einer Verarbeitung von Problemen, die als Stufen zur besseren Integration einer Persönlichkeit dienen.

Deutsch von Brigitte Weitbrecht

1 Eva Hermann und ihr Mann Karl hatten einige Juden aufgenommen, was damals in Deutschland als Verbrechen galt. Sie wurden beide verhaftet. Er wurde zum Tode verurteilt, aber begnadigt, weil man seine wissenschaftlichen Kenntnisse brauchte, und mußte dann als Sklavenarbeiter tätig sein. Eva Hermanns Schrift *In Prison Yet Free,* in der sie ihre Erlebnisse schildert, wurde von der Tract Association for Friends veröffentlicht (Philadelphia 1948).

2 Es gibt heute schon eine ziemlich umfangreiche Literatur zum Überlebenssyndrom. Einige Werke seien aufgeführt: P. Matussek, *Die Konzentrationslagerhaft und ihre Folgen* (Berlin, Heidelberg, New York: Springer Verlag, 1971); H. Krystal, *Massive Psychic Trauma* (New York: International Universities Press, 1969); R. J. Lifton, *Death in Life: Survivors of Hiroshima* (New York: Random House, 1967); Chodoff, »Psychiatric Aspects of Nazi Persecution«, in Arieti, *American Handbook of Psychiatry,* Bd. 6 (New York: Basic Books, 1975); ders., »Depression and Guilt Among Concentration Camp Survivors«, *Existential Psychiatry* 7 (1970); Samai Davidson in »Psychiatric Disturbances of Holocaust (Shoa) Survivors. Symposium of the Israel Psychoanalytic Society«, *Israel Annals of Psychiatry and Related Disciplines* 5:1 (1967). Das Überlebenssyndrom bei Kindern von Überlebenden wird behandelt bei Helen Epstein, »Heirs of the Holocaust«, *New York Times Magazine,* 19. 6. 1977, sowie in einer persönlichen Mitteilung an den Autor von Samai Davidson, dessen Erkenntnisse auf diesem Gebiet demnächst veröffentlicht werden sollen.

Deutsche Konzentrationslager*

Nur wenige erinnern sich heute noch daran, daß es, was die deutschen Konzentrationslager anlangt, verschiedene Arten von Lagern gegeben hat, die einem jeweils anderen Zweck dienten. Durch das unvorstellbare Grauen der Todeslager mit ihren Gaskammern, in denen Millionen von Menschen vergast wurden, vergessen wir leicht die vielen anderen Lager und die zahllosen Morde, die in ihnen begangen wurden. Vernünftigen Schätzungen nach waren es fünfeinhalb bis sechs Millionen Juden, die von den Deutschen umgebracht wurden, und die meisten von ihnen starben in den Gaskammern der Todeslager; dazu kam eine große Anzahl von Polen, Zigeunern und anderen, die den Nazis als unerwünscht galten.[1] Als im Dezember 1941 die Todeslager organisiert wurden, benutzte man noch keine Gaskammern, doch hat es entsprechende Vorläufer gegeben – geschlossene Lastwagen, in denen die Menschen mit Hilfe der Auspuffgase umgebracht wurden. Das Konzentrationslager hatte als Institution zu jener Zeit bereits seine eigene Greuelgeschichte.

Die ersten Konzentrationslager wurden sofort nach der Machtergreifung der Nazis im Jahr 1933 eingerichtet. Sie dienten noch nicht dem Zweck der Vernichtung all derer, die den Nazis als unerwünscht galten, obwohl von diesen »Unerwünschten« die ganze Zeit über eine ganze Menge, wenn auch auf wahllos-willkürliche Weise, umgebracht wurde. Diese Lager sollten hauptsächlich jene Menschen terrorisieren, bei denen die Möglichkeit bestand, daß sie dem Regime Widerstand leisteten, und bei der restlichen deutschen Bevölkerung sollten sie die Angst davor nähren, daß jeder Opposition ein Akt der Vergeltung folgte. Die Nazis hofften, sie könnten alle Deutschen dazu zwingen, daß sie sich in willige und gehorsame Bürger des Dritten Reiches verwandelten. Sie wiegten die Leute die ganze Zeit über bis zu einem gewissen Grad in dem Glauben, daß der Zweck dieser Lager die

* Die erste Hälfte dieses Essays wird an dieser Stelle zum ersten Mal veröffentlicht.

Umerziehung von Regimegegnern und die Vernichtung der Personen sei, die sich einer solchen Umerziehung widersetzten. Eine dritte umfangreiche Lagerkategorie entstand während des Krieges; sie erfüllte den Zweck, die deutsche Industrie mit extrem billigen, rücksichtslos ausgenutzten und praktisch unbezahlten ausländischen Arbeitskräften zu versorgen.[2]

Der Grund dafür, daß ich mich in meinen Arbeiten hauptsächlich mit der Bedeutung des KZ-Phänomens und seinen Folgen und weniger mit den viel größeren Greueln der Todeslager auseinandergesetzt habe, dieser Grund ist vermutlich darin zu suchen, daß meine eigene KZ-Erfahrung noch vor der Zeit lag, als man sich an die »Endlösung des Judenproblems« machte, das heißt an die sorgfältig geplante und systematisch ausgeführte Ermordung aller greifbaren Personen jüdischer Abstammung. Doch es gibt noch einen anderen Grund, der zu dieser Wahl beitrug.

Unter den drei Lagerkategorien – Arbeitslager, Todeslager und Konzentrationslager – wirft das Arbeitslager, so schrecklich die Zustände dort auch gewesen sein mögen, die am wenigsten interessanten Probleme auf. Diese Lager unterschieden sich nicht gar so sehr von den schlimmsten Arbeitslagern, die die Menschheitsgeschichte gekannt hat. Die Lebensbedingungen in den Arbeitslagern waren auf Grund der totalitären Beschaffenheit des Nazistaates und der rücksichtslosen und fast schon absoluten Machtausübung der SS allerdings schlimmer. Die Insassen genossen nicht einmal die geringen Vergünstigungen und den Rechtsschutz, auf die selbst der gewöhnliche Kriminelle einen Anspruch hat. Aber so schrecklich das Leben in den Arbeitslagern auch war, völlig neue theoretische oder psychologische Probleme warfen sie keine auf. Das glatte Gegenteil trifft auf die Todes- und Konzentrationslager der Nazis zu. Die Todeslager dienten einzig und allein dem Zweck, die »Endlösung des Judenproblems« in die Tat umzusetzen, das heißt so effizient als möglich alle erreichbaren Juden zu töten. Die Vernichtung der Juden, Zigeuner – von ihnen kamen etwa 100000 ums Leben – sowie anderer Gruppen, die als rassisch minderwertig galten und daher eine Bedrohung der »rein germanischen Herrenrasse« darstellten, diese Vernichtung war auf die paranoiden Wahnvorstellungen Hitlers zurückzuführen, der auch seine Anhänger damit zu infizieren wußte – trotzdem wäre diese Vernichtung von Millionen Menschen nicht so einfach vonstatten gegangen, wenn es nicht jahrhundertealte Vorurteile, Diskriminierungen und Haßgefühle gegeben hätte, und wenn da nicht die Nazimassen gewesen wären, die Hitlers Wahn – der sich unter anderem in dem oft gebrüllten Nazispruch *Deutschland erwache! Juda verrecke!* äußerte – bereitwillig sich aneigneten. Aber so grausig es auch war, daß diese Leute, die von einer reinen arischen Rasse träumten, die absolute Macht besaßen, um diese Träume in die Tat umzusetzen und in einem großen Teil von Europa Millionen von unglückseligen Menschen zu vernichten, so grausig dies also auch war, so glaube ich heute doch, daß wenig Wahrscheinlichkeit besteht, daß es noch einmal zu einer solchen Konstellation der Umstände kommt, zu einer solchen Wahnvorstellung, die, in die Tat umgesetzt, Millionen von Menschen das Leben kostet.

Nicht ganz so optimistisch bin ich hinsichtlich der Möglichkeit, daß Machthaber künftig nicht doch versuchen könnten, in einer Massengesellschaft mit Hilfe von KZs eine totale Kontrolle herzustellen, denn wir haben es ja schon einmal erlebt, wie in zwei grundverschiedenen Massengesellschaften ziemlich ähnliche KZ-Systeme errichtet wurden – ich meine das leninistische und stalinistische Rußland und das Dritte Reich Hitlers. In beiden Ländern unterstanden diese Lager einer Geheimpolizei, und es ist eine starke Ähnlichkeit der Art festzustellen, wie diese Lager geführt wurden. Obwohl sich die Konzentrationslager und die Todeslager manchmal an ein und demselben Ort befanden und obwohl beide übrigens auch Arbeitskräfte für die SS stellten, bestand die vorrangige Aufgabe der KZs darin, die Bevölkerung zu terrorisieren und durch die so erzeugte Angst eine totale Kontrolle über das Denken und Tun des einzelnen auszuüben. Diese Art eines mehr oder minder geheimgehaltenen Terrors diente dazu, die Bevölkerung vor lauter Angst handlungsunfähig zu machen. Es wurde häufig darauf hingewiesen, daß die KZs die Örtlichkeiten seien, wo Regimegegner streng bestraft würden, doch was dort wirklich passierte, darüber gab es nur angstauslösende Andeutungen. (Das Gegenteil traf auf die Todeslager zu, deren Existenz und Aufgabe man ernsthaft – aber meistens erfolglos – zu verheimlichen suchte.)

Als die Nazis vor dem Krieg zahlreiche Juden in die KZs sperrten, taten sie dies, um alle Juden so zu terrorisieren, daß sie sofort emigrierten und ihren ganzen Besitz zurückließen – das taten dann auch diejenigen unter den Juden, die fähig waren, alles hinter sich zu lassen und in einem fremden Land ein neues Leben anzufangen, und die die innere Stärke hatten, ihre Emigration in die Hand zu nehmen, oder andere zu veranlassen, daß sie ihnen dabei hülfen. Dabei war es in vielen Fällen natürlich so, daß die einzigen Länder, die sie haben wollten, jene waren, die sie, hätten sie die Wahl gehabt, nicht gewählt hätten.[3] Die vielen Juden, die Deutschland verließen, als man ihre Verwandten oder Freunde in die Lager gesperrt hatte, sind ein weiterer Beweis für die KZs als Unterdrückungsinstrument nicht nur der Häftlinge, sondern auch der übrigen Bevölkerung. Der Terror der KZs als ein Mittel, um das Verhalten, die Einstellungen, ja sogar die Persönlichkeit der Betroffenen zu verändern, dieser Terror ist ein inhärentes Potential einer technologisch ausgerichteten totalitären Massengesellschaft, und dieses Potential wird immer dann Wirklichkeit, wenn die unmenschlichen Tendenzen dieser Gesellschaft weder durch moralische noch durch religiöse Skrupel gezügelt werden.

Es liegt im eigenen Interesse einer jeden Person, ihre Angst so weit als möglich zu reduzieren; die beste Möglichkeit, um das in einem Massenstaat zu erreichen, ist die, daß sich der Betroffene in einen willigen und folgsamen Bürger verwandelt, das heißt in einen Bürger, der die Anordnungen des Staates von selbst befolgt. Gerade weil diese Unterdrückungsmethode mittels Terror und Geheimhaltung im Nazireich so wirksam war, besteht die Gefahr, daß man sich ihrer wieder bedient.

Ich habe mich in einem meiner Bücher *(Aufstand gegen die Masse)* mit dieser Gefahr, die dem totalitären Massenstaat inhärent ist, auseinandergesetzt. Der Untertitel *Autonomie im Massenzeitalter* deutet das Gegenmittel an, von dem ich glaube, daß es gegen eine solche Gefahr bestehen könnte. Da ich das hier angeschnittene Problem in dem eben genannten Buch in zwar etwas abgewandelter Form, aber doch recht gründlich behandelt habe, zögerte ich, in diesen hier vorliegenden Band meinen Aufsatz »Individuelles und Massenverhalten in Extremsituationen« aufzunehmen und ihm einige andere Aufsätze folgen zu lassen, die sich direkt oder indirekt mit verwandten Themen befassen.

Die Rechtfertigung dafür, daß ich meine Bedenken zurückgestellt habe, besteht für mich darin, daß sie nicht uninteressante erste Versuche sind, die psychologischen Ziele und den breiten Wirkungskreis dieser modernen Methode des totalen Zwanges zu analysieren, zumal sich dieser Zwang auf Körper und Seele erstreckt und das Individuum dahinbringt, Teile seiner Persönlichkeit zu verändern und dem Willen des totalitären Staates unterzuordnen. So ist also meine Arbeit »Individuelles und Massenverhalten in Extremsituationen«, wenn man von einigen geringfügigen editorischen Veränderungen absieht, in ihrer ursprünglichen Form in dieses Buch eingegangen. Die Feststellungen, die sich heute wie ein ungeschickter Versuch zur Objektivität ausnehmen, wurden deshalb nicht gestrichen, weil sich in ihnen zwei Dinge widerspiegeln: zum einen mein Wunsch, meine damalige Leserschaft davon zu überzeugen, daß die Äußerungen in dieser Arbeit keiner verzerrten und emotional übersteigerten Perspektive entsprangen (was mir damals vorgeworfen worden war), und zum anderen mein Wunsch, von der Erfahrung Abstand zu gewinnen und sie zu bewältigen. Auch die forcierte Objektivität der Diktion wurde beibehalten, denn es handelte sich hier um einen ersten Versuch, die KZ-Erfahrung im Rahmen einer distanzierten intellektuellen Auseinandersetzung durchzuarbeiten und zu integrieren; kurz gesagt, ich wollte eine schwierige Erfahrung bewältigen, allerdings ohne sie zusammen mit allen ihren Folgen und Bedeutungsinhalten in mein Leben und meine Persönlichkeit richtig integriert zu haben. Meine unbewußte Hoffnung, so kommt mir heute vor, scheint die gewesen zu sein, daß ich mein Leben so wie früher würde führen können, wenn ich mich mit dieser Erfahrung auf so intellektuelle Weise auseinandergesetzt haben würde.

Aber es kam anders. Bereits einige Jahre nach der Veröffentlichung dieses Essays begann ich wieder über die deutschen KZs zu schreiben, dieses Mal freilich für ein viel größeres Publikum: es drehte sich um einen Aufsatz für einige Sonderbände der *Encyclopaedia Britannica.* Seither habe ich mich diesem Thema immer wieder zugewandt. Einige der Fakten, mit denen ich mich in dem eben erwähnten Artikel befaßte, erscheinen auf den nun folgenden Seiten zusammengefaßt und sollen als Hintergrundinformation für die psychologischen Analysen dienen, denen der Leser in den sich anschließenden Essays begegnet.

Einige Fakten über die deutschen Konzentrationslager*

Bis 1933 hat es, abgesehen vom stalinistischen Rußland, keinen Staat und keine Regierung gegeben, die sich der Konzentrationslager planmäßig bedient hätten, um die Bürger des eigenen Landes einzuschüchtern. Somit war das deutsche nationalsozialistische Regime das erste im Westen, das die KZs als ein Hauptinstrument benutzte, um zu herrschen und die eigene Machtposition auszubauen. Da es sich um eine »Neuerung« handelte, gab es keine Gesetze oder Verfügungen aus der Weimarer Republik, die der Organisation dieser Lager hätten entgegenwirken können. Darüberhinaus unterstanden die Lager der ausschließlichen Kontrolle der Geheimen Staatspolizei, die keiner anderen staatlichen Behörde Rechenschaft ablegen mußte – auch den Gerichtshöfen nicht, die einen mäßigenden Einfluß hätten ausüben können. Die Geschichte dieser Lager, die eine zentrale Institution des Regimes waren, ist untrennbar verbunden mit der Geschichte des nationalsozialistischen Staates, und in den Veränderungen, die in den KZs stattfanden, spiegelte sich stets auch die Entwicklung, die die Diktatur selbst nahm. Immer wenn sich das Regime bedroht fühlte, benutzte es das

* Was nun folgt, sind auf den neuesten Stand gebrachte Auszüge aus meinem Artikel »Concentration Camps, German«, der in *10 Eventful Years,* Band 2 (Chicago: Encyclopaedia Britannica, 1974) Seite 1–12 erschien.

Instrumentarium, das es sich zu seinem eigenen Schutz geschaffen hatte, in einem breiteren Rahmen und auf eine bösartigere Weise. Als die Macht des Regimes zunahm und der Nationalsozialismus das Leben in ganz Deutschland durchdrang, nahmen auch Größe und Aufgabenbereich der KZs zu. Nun bediente man sich der Lager zur Lösung von Aufgaben, die man bei ihrer Einführung nicht eingeplant hatte. Mit der Zeit konnten die KZs vom alten Typus all diese Aufgaben nicht mehr bewältigen, und so entwickelte man neue Lager-Typen. Während des Niedergangs des Nazi-Systems spiegelten sich in den Lagern die Auflösungserscheinungen und das Chaos eines Regimes, das nicht einmal mehr imstande war, seine zentralsten Machtinstitutionen zu kontrollieren. Es gab mindestens drei miteinander zusammenhängende Faktoren, die die Geschichte des KZ beeinflußten: Die Geschichte des Regimes selbst und die verschiedenen Bedürfnisse, die es mit Hilfe der KZs zu befriedigen versuchte; die Entwicklung der KZs als unabhängige Institutionen; und die Gegenaktionen der Gefangenen in den Lagern. Die Errichtung der KZs wurde indirekt legalisiert durch die deutsche Verfassung, die in ihrem Paragraphen 48, Absatz 2 dem Reichspräsidenten für den Notfall weitreichende Vollmachten zugestand. Diese Vollmachten benutzte Paul von Hindenburg im Jahr 1933, um ein Gesetz zum Schutz des Staates zu verkünden, das die sogenannte Schutzhaft zuließ. Eine Verordnung des Innenministeriums vom 12. April 1934 führte dazu, daß die Schutzhaftbestimmungen um die legale Möglichkeit, KZs zu errichten, erweitert wurden. Auch war in dieser Verordnung die Bestimmung enthalten, daß Personen, die in ein KZ geschickt wurden, der »Gerichtsbarkeit« der Gestapo unterstanden und daß die Freilassung dieser Personen im Ermessen der Gestapo stand. Später entschieden die Gerichte, daß sie für solche Gefangenen nicht zuständig seien.

Hüter dieses Gesetzes zum Schutz der Leute und des Staates war die Geheime Staatspolizei, auch Gestapo genannt. Die Gestapo legte niemals öffentlich Rechenschaft ab über ihre Aktivitäten, sie gab niemals Auskunft darüber, weshalb und für wie lange jemand verhaftet worden war, genausowenig wie sie die Verwandten des Häftlings darüber informierte, ob der Häftling überhaupt noch am Leben war. Dabei ging es der Gestapo darum, die Bevölkerung durch Geheimhaltung und Ungewißheit zusehends zu terrorisieren. Die Gestapo setzte sich aus SS-Männern zusammen, den fanatischsten und treuesten Anhängern Hitlers. Als die SS später erweitert wurde, schuf man Eliteeinheiten, deren Offiziere die Konzentrationslager verwalteten und leiteten, während die Soldaten als Wachposten fungierten. Diese ausgelesenen und speziell ausgebildeten Soldaten der Geheimen Staatspolizei bildeten die sogenannten Schutzstaffeln (daher die Bezeichnung SS), und sie trugen als Erkennungszeichen einen Totenkopf, weshalb man sie auch Totenkopfeinheiten nannte. Dieses Abzeichen deutete sowohl auf ihre Unmenschlichkeit als auch auf ihre feste Entschlossenheit hin, im Namen des Dritten Reiches zu töten und ohne zu zögern selbst zu sterben.

Zunächst waren es lediglich die politischen Gegner des Regimes, die ins Lager kamen, und unter diesen Gegnern auch nur diejenigen, denen mittels der normalen Gerichte nicht der Prozeß gemacht werden konnte. Doch bald kamen andere hinzu – die Fälle nämlich, bei denen es dem Regime darum ging, die Verhaftung oder die Gründe für diese Verhaftung nicht publik werden zu lassen.

Sobald die Nazipartei fest im Sattel der Macht saß, veränderte sich die Situation, denn nun waren die einstigen linken Nazigegner nicht mehr die gefährlichsten Feinde des Regimes. Im Jahr 1934 waren es zunächst die radikalen Elemente in der Partei, unter ihnen Ernst Röhm, die als erste Parteimitglieder in die Konzentrationslager wanderten, zu deren Errichtung sie selbst beigetragen hatten.

Die nächste Gruppe, die als unbequem galt, umfaßte die Personen, die sich der damaligen Hauptaufgabe der Partei widersetzten – es ging nun um die Kriegsvorbereitungen. Und so wurden denn Pazifisten, Kriegsdienstverweigerer und sogenannte »arbeitsscheue« Personen in die Konzentrationslager geschickt.

Die Ideologie von den Germanen als einer Herrenrasse, die sich die Partei zum Hauptkonzept erkor, spiegelte sich bald in der schichten- und gruppenmäßigen Zusammensetzung der Lager wider. Personen von sogenannter nicht-arischer Abstammung, die mit Vertretern der germanischen »Rasse« sexuellen Verkehr gehabt hatten, wurden entweder gerichtlich verfolgt oder man schickte sie in die Konzentrationslager. Später kamen auch homosexuelle Gefangene hinzu, denn nach der Partei hatten auch sie sogenannte Rassenschande getrieben, sie hatten die Rasse beschmutzt.

Abtrünnigkeit und Ungehorsam innerhalb der SS und der Partei waren für diese noch gefährlicher, als der Widerstand und die Opposition, die von außen kamen. Daher benutzte man jetzt die Konzentrationslager auch für widerspenstige Parteimitglieder.

Anfang 1938 befanden sich keine 30000 Gefangenen in den deutschen Konzentrationslagern. Die beiden wichtigsten Lager waren damals Dachau bei München mit etwa 6000 Häftlingen und Sachsenhausen bei Berlin mit rund 8000 Gefangenen. Kürzlich hinzugekommen war das Lager Buchenwald bei Weimar, zu jener Zeit mit etwa 2000 Insassen. Außerdem gab es einige relativ kleine Lager, unter ihnen das Frauenlager von Ravensbrück.

Zu all diesen Gefangenen kam eine wahrscheinlich ebenso große Anzahl von Häftlingen, die in den richtigen Gefängnissen einsaßen, wo sie wesentlich besser behandelt wurden, das heißt, sie wurden so behandelt, wie Gefangene auf dieser Welt in der Regel eben behandelt werden.
Bis 1938 handelte es sich bei den meisten KZ-Häftlingen um politische Gegner der Nazis. Der Rest der Gefangenen bestand aus einigen hundert Personen, denen »Arbeitsscheu« vorgeworfen wurde; aus einigen hundert Kriegsdienstgegnern, die meisten darunter Zeugen Jehovas; aus weniger als 500 jüdischen Häftlingen, viele darunter verschickt wegen »Rassenschande«; aus einigen sogenannten unverbesserlichen Kriminellen; sowie aus einer gemischten Gruppe von weniger als 100 Personen, darunter ehemalige Angehörige der Fremdenlegion, die nach Deutschland zurückgekehrt waren und hier als Verräter angesehen wurden, weil sie unter einer fremden Macht gedient hatten.
Wenige Monate nach der Annektion von Österreich, das war im Frühjahr 1938, stieg die Anzahl der Insassen in Dachau von 6000 auf über 9000. Insgesamt kamen in diesem Jahr 1938 zu der ursprünglichen Lagerbevölkerung an die 60000 Häftlinge hinzu. Von 1939 an nahm die Anzahl der KZ-Häftlinge unaufhaltsam zu. Immer mehr Juden kamen in die Lager, denn die Nazis wollten alle Juden zum Verlassen Deutschlands zwingen. Und im Rahmen der offenkundigen Kriegsvorbereitungen versuchte die Gestapo diejenigen Bürger des Landes einzusperren oder einzuschüchtern, die sich den Rüstungsbemühungen widersetzen konnten. Von nun an veränderte sich die Zusammensetzung der Lagerbevölkerung; die Anzahl an jüdischen, asozialen und kriminellen Häftlingen nahm wesentlich rascher zu als die Zahl der politischen Gefangenen.
Die rassischen und rassehygienischen Vorstellungen der nationalsozialistischen Ideologie setzten sich in den Lagern bereits von 1937 an durch. Um diese Zeit wurden einige Häftlinge sterilisiert. Die meisten unter ihnen waren sogenannte Rassenschänder, das heißt Homosexuelle, Vergewaltiger oder auch Juden, die mit nichtjüdischen Frauen sexuelle Beziehungen unterhalten hatten, obwohl sie nicht mit ihnen verheiratet gewesen waren. Später, ab 1940, wurden auch solche Personen umgebracht, die als unheilbar oder geisteskrank galten. Und noch später verfolgte man eine Politik, die die Verbesserung der Rasse zum Ziel hatte, und im Sinne dieser Politik liquidierte man in den Lagern die Häftlinge, von denen man annahm, daß sie unerwünschte Gene aufwiesen. Alle diese Liquidationen waren die Folge von rassistischen Dogmen, und wahrscheinlich hat man den Einsatz der KZs in einem wirklich großen Rahmen zu jener Zeit, als man diese Doktrinen entwickelte, noch gar nicht erwogen.

Das erste sogenannte Rassenproblem, das man in großem Rahmen in Angriff nahm, waren die Juden, und die damit verbundene Politik kulminierte zum ersten Mal im Herbst 1938, als die gewaltigen Pogrome stattfanden und Zehntausende von Juden in die damals bereits existierenden Konzentrationslager eingeliefert wurden. Im Verlauf des Krieges verstärkte sich der Wunsch, diese Rassenpolitik in die Tat umzusetzen, und es verstärkte sich die Angst vor den Juden, die in den deutschen Städten lebten. So zwang man die Juden zuerst, in die Gettos zu ziehen, und später schickte man sie dann in die Lager, das heißt vor allem in die Vernichtungslager, die im einstigen Polen errichtet worden waren.

Vom Kriegsbeginn im September 1939 an verfolgte man eine Vernichtungsstrategie, die hauptsächlich den Juden, diesen »Feinden des deutschen Volkes« galt, aber auch den Zigeunern als Träger besonders unerwünschter Gene und der polnischen und russischen Eliteschicht, die unter Umständen die Hegemonie Deutschlands über die eroberten Länder bedrohen konnte. Die Mittel, die man in den Lagern benutzte, waren unzureichende Verpflegung und Unterkünfte, schwerste körperliche Arbeit, nichtexistente medizinische Versorgung und so weiter; doch waren in den ersten Kriegsjahren die Morde zwar bereits häufig, doch noch geschahen sie unsystematisch und nur ein Teil von ihnen war selektiv.

Der letzte Schritt war schließlich die Errichtung der Vernichtungslager. Mit den Gaskammerversuchen hatte man in Auschwitz bei Krakau begonnen. Die Ausrottung war im Juli 1942 voll im Gange; erst im September 1944 wurde sie auf Anordnung aus Berlin hin gestoppt, da man dort hoffte, auf diese Weise bessere Friedensbedingungen aushandeln zu können. Niemand weiß, wie viele Menschen bis dahin in den Lagern umgekommen waren. Die Schätzungen reichen von 11 Millionen (offizielle ostdeutsche Quellen halten dies für die niedrigste vertretbare Schätzung) bis hinauf zu über 18 Millionen; den verläßlichsten Schätzungen nach zu schließen waren darunter 5,5 bis 6 Millionen Juden. Neben den Vernichtungslagern, in denen praktisch jeder starb, gab es noch die Lager, die primär nicht der Vernichtung dienten – in diese Lager, das besagt die vertretbarste Schätzung, wurden von 1933 bis 1945 1,6 Millionen Personen eingeliefert, von denen 1,18 Millionen Personen ums Leben kamen. In den verschiedenen Lagern überlebten höchstens 530000 Personen, und unter diesen Überlebenden gab es viele, die nach der Befreiung an den Nachwirkungen des Lagerlebens starben.[4]

Jedes Konzentrationslager hatte seine eigene Geschichte, eine Geschichte mit »guten« und mit »schlechten« Zeiten, wobei das Schwergewicht jeweils auf einer der vielen Aufgaben lag, deretwegen die Lager ins Leben gerufen und von der Gestapo betrieben wurden. So waren zum Beispiel die Lebensbedingungen in Dachau im Jahr 1938 überhaupt typisch für die damals existierenden Konzentrationslager. Buchenwald war von seiner Gründung im Jahr 1937 bis 1939 das schlimmste Lager. Doch ab 1942 bis zu seiner (durch die Bombenangriffe der Alliierten bewirkten) völligen Auflösung in den Jahren 1944/45 war Buchenwald eines der »besten« Lager, und das gleiche galt für Dachau von 1943 an. Im allgemeinen waren die Bedingungen in den in Deutschland selbst und in der Tschechoslowakei (zum Beispiel in Theresienstadt) gelegenen Konzentrationslagern in den letzten Kriegsjahren besser, während sich in der gleichen Zeit die Lage in den auf polnischem Gebiet gelegenen Lagern verschlechterte.

Deutsch von Edwin Ortmann

1 Es existiert eine umfangreiche Literatur zu diesem Gegenstand. Hier soll lediglich auf zwei Bücher hingewiesen werden, die sich mit den Fakten der Ausrottung des europäischen Judentums auseinandersetzen: Raul Hilberg, *The Destruction of the European Jews* (Chicago: Quadrangle Books, 1961) und Lucy S. Dawidowicz, *The War Against The Jews, 1933–1945* (New York: Holt, Rinehart and Winston, 1975).

2 Aus der umfangreichen Literatur über die Konzentrationslager für die sogenannten politischen Häftlinge seien auch hier zwei Bücher angeführt: Eugen Kogon, *Der SS-Staat* (München, 1946) und das von mir verfaßte Buch: *Aufstand gegen die Masse* (München: Szczesny Verlag, 1965). Die vollständigsten Berichte über alle Konzentrationslager, einschließlich der Todes- und Arbeitslager, finden sich bei: International Military Tribunal, *Trial of the Major War Criminals Before the International Military Tribunal: Official Text*, 42 Bände (Nürnberg, 1947–1949). Hier noch eine weitere Dokumentation: Office of the United States Chief of Counsel for the Prosecution of Axis Criminality, *Nazi Conspiracy and Aggression*, 11 Bände (Washington, D. C., 1946–1948). (Beide Veröffentlichungen enthalten übrigens auch meine Zeugenaussagen.)

3 Zu verschiedenen Zeiten war es durchaus möglich, einige Länder Zentralamerikas, zumindest für eine begrenzte Zeit, zu betreten; und bis Kriegsbeginn war es verhältnismäßig einfach nach Schanghai zu gehen, obwohl es natürlich sehr schwierig war, sich dort sein Leben zu verdienen, wenn man mittellos und ohne jegliche Beziehungen dort ankam.

4 Da die Vernichtungslager und die meisten Konzentrationslager entweder in Polen oder auf dem Gebiet der heutigen DDR lagen und da sich viele der erhaltenen Archive in diesen beiden Ländern befinden, scheinen die DDR-Quellen die zuverlässigsten zu sein. Wie oben bereits erwähnt, liegt der aus der DDR stammende niedrigste vertretbare Schätzwert der Gefangenen, die in den Vernichtungslagern und KZs ermordet wurden, bei 11 Millionen Personen (*Meyers Neues Lexikon*, Leipzig: Bibliographisches Institut, 1974).
Nach Quellen aus der Bundesrepublik befanden sich Ende 1938 60000 und 1942 100000 Gefangene in den Konzentrationslagern, eine Zahl, die 1945 auf 715000 angestiegen war – um diese Zeit waren in den Lagern 40000 SS-Männer im Einsatz. Im Jahr 1945 gab es etwa 20 Konzentrationslager und ungefähr 165 Arbeitslager, die entweder mit den Konzentrationslagern zusammen oder für sich funktionierten. Auschwitz erfüllte drei Funktionen: es war Vernichtungs-, Konzentrations- und Arbeitslager zugleich. Es dürfte also aufschlußreich sein, daß in diesem Lager – nach den Angaben seines Kommandanten – von der Inbe-

triebnahme an bis zum 1. Dezember 1943 (also noch lange bevor der Lagerbetrieb eingestellt wurde) 2,5 Millionen Personen ermordet wurden. Das geschah hauptsächlich in den Gaskammern, während zusätzliche 500000 Personen an Hunger, Erschöpfung oder Krankheiten starben. (*Meyers Enzyklopädisches Lexikon,* 1975). Die deutschen Schätzwerte liegen nahe bei den französischen; so meint zum Beispiel die *Encyclopedia Universalis* (Paris, 1968), es seien in den Konzentrations- und Vernichtungslagern mindestens 12 Millionen Personen ums Leben gekommen.
Die *Encyclopaedia Britannica* (5. Ausgabe, 1974) schreibt: »Es wird geschätzt, daß in allen Lagern Deutschlands und der deutsch-besetzten Gebiete 18 Millionen bis 26 Millionen Personen umgebracht wurden. Dabei handelte es sich um Kriegsgefangene, politische Gefangene und Angehörige von überfallenen und besetzten Ländern; diese Personen starben an Hunger, Kälte, Seuchen, Foltern, medizinischen Versuchen und anderen Vernichtungsmitteln wie es zum Beispiel die Gaskammern waren.«

Individuelles und Massenverhalten in Extremsituationen*

Der Autor brachte in den Jahren 1938 und 1939 etwa ein Jahr in Dachau und Buchenwald zu, den beiden damals größten Konzentrationslagern für politische Gefangene. In dieser Zeit stellte er Beobachtungen an, die zum Teil in diesem Aufsatz vorgestellt werden sollen. Es ist nicht die Absicht dieser Arbeit, noch einmal die Horrorgeschichte der deutschen Konzentrationslager für politische Gefangene darzustellen, sondern gewisse Aspekte der gewaltigen psychologischen Auswirkungen zu untersuchen, die diese Lager direkt auf ihre Insassen und indirekt auf die von den Nazis beherrschte Bevölkerung hatten.

Wir nehmen an, daß der Leser um die gezielte Folterung der KZ-Häftlinge weiß[1], doch sei hier noch einmal auf einige Sachverhalte hingewiesen. Die Häftlinge waren schlecht gekleidet, was nicht hinderte, daß sie bis zu achtzehn Stunden am Tag und sieben Tage die Woche Hitze, Regen sowie eisigen Temperaturen ausgesetzt waren. Sie litten an extremer Unterernährung, was jedoch nicht hinderte, daß sie schwerste körperliche Arbeit verrichten mußten[2]. Jede Minute ihres Lebens war streng geregelt und wurde genau überwacht. Sie durften weder Besucher noch irgendeinen Geistlichen empfangen. Es gab nur in seltensten Fällen eine ärztliche Behandlung, und wenn behandelt wurde, dann zumeist von medizinisch nicht ausgebildeten Personen.[3] Die Gefangenen wußten nicht genau, weshalb sie inhaftiert waren, und keiner von ihnen wußte, für wie lange er inhaftiert sein würde. Alle diese Bedingungen lassen es als angemessen erscheinen, daß der Autor die Lage, in der sich diese Gefangenen befanden, als »Extremsituation« bezeichnet.

Berichte über den Terror, der in diesen Lagern herrschte, lösen in jedem zi-

---

* Diese Abhandlung erschien erstmals im *Journal of Abnormal and Social Psychology 38* (Oktober 1943), Seite 417–452, und wird hier mit geringfügigen editorischen Veränderungen wiedergegeben.

vilisierten Menschen heftige und begründete Emotionen aus, wobei ihn diese Emotionen manchmal die Tatsache übersehen lassen, daß dieser Terror, was die Gestapo anlangte, nur ein Mittel war, um gewisse Ziele zu erreichen. Indem die Gestapo sich ungewöhnlicher Mittel bediente, die die volle Aufmerksamkeit des Forschers beanspruchten, gelang es ihr häufig, ihre wahren Absichten zu verschleiern. Diese Absichten zu ergründen und aufzuzeigen ist auch insofern schwierig, als die bestinformierten Personen die einstigen KZ-Häftlinge selbst sind; diese Häftlinge aber interessieren sich in der Regel mehr für das, was ihnen zustieß, als für die Frage, *warum* ihnen diese Dinge zustießen.

Wenn man die Ziele, die die Gestapo verfolgte, und die Art und Weise, wie sie diese Ziele in die Tat umsetzte, begreifen möchte, ist es falsch, in erster Linie davon auszugehen, was bestimmten Personen zustieß. Denn für die Ideologie des Nazistaates war, wie wir wissen, das Individuum als solches entweder nicht existent oder völlig unwichtig. Eine Untersuchung der Absichten und Ziele, die die Nazis mit ihren Konzentrationslagern verfolgten, darf deshalb nicht von einzelnen Terrorakten ausgehen, sondern muß sich mit den kumulativen Resultaten der Behandlung der Häftlinge auseinandersetzen.

Auch muß hier darauf hingewiesen werden, daß die Ergebnisse, die die Gestapo durch die Lager zu erzielen versuchte, variierten; der Autor konnte folgende voneinander unterschiedene und gleichzeitig eng miteinander verquickte Gestapo-Ziele ausmachen. *Die Gefangenen sollten als Individuen gebrochen werden,* das heißt, man wollte eine gefügige Masse aus ihnen machen, aus der kein individueller oder Gruppenwiderstand mehr hervorgehen konnte. *Unter der übrigen Bevölkerung sollte Terror verbreitet werden,* und diesen Terror erreichte man dadurch, daß man die Gefangenen als Geiseln und Garantien für das Wohlverhalten der Bevölkerung benutzte und daß man auf diese Weise klar demonstrierte, was mit den Leuten passierte, die sich dem Naziregime widersetzten. *Den Männern der Gestapo sollten die KZs als eine Art Exerzierplatz dienen,* mit dem Ziel, ihnen alle menschlichen Emotionen und Einstellungen abzuerziehen und sie die wirksamsten Methoden zu lehren, die eingesetzt werden können, um den Widerstand einer wehrlosen Zivilbevölkerung zu brechen. *Auch sollten der Gestapo die KZs als Versuchslabors dienen,* in denen sie die effektivsten Methoden entwickeln konnten, um zivilen Widerstand zu brechen, und in denen sie hinsichtlich Ernährung, Hygiene und medizinischer Versorgung jenes Minimum feststellen sollten, das nötig ist, um Gefangene bei schwerster Arbeit am Leben zu erhalten, wobei der einzige Motor die Androhung von Strafen zu sein hatte; und sie sollten herausfinden, wie weit die Arbeits-

leistung beeinflußt wird, wenn die Gefangenen die ganze Zeit über nur zu schwersten Arbeiten herangezogen werden und gleichzeitig von ihren Familien getrennt leben müssen.
Diese Arbeit will sich mit zumindest einem Aspekt der zuvor erwähnten Ziele der Gestapo adäquat auseinandersetzen – *mit dem Ziel, durch die KZs die Gefangenen dahingehend zu verändern, daß sie sich in nützlichere »Bürger« des Nazistaates verwandelten.*
Diese Veränderungen wurden dadurch herbeigeführt, daß man die Gefangenen Extremsituationen aussetzte, die speziell zu diesem Zweck geschaffen worden waren. Durch diese Daseinsbedingungen sahen sich die Gefangenen gezwungen, sich so rasch als möglich und ohne Vorbehalt anzupassen. Diese Anpassung erzeugte interessante Kategorien von Massenverhalten und von privaten und individuellen Verhaltensweisen.
Wir möchten »privates« Verhalten als jenes Verhalten definieren, das in einem höheren Maße aus dem Background und der Persönlichkeit und in einem geringeren Maße aus den Erfahrungen resultierte, denen die jeweilige Person durch die Gestapo ausgesetzt war, obwohl diese Erfahrungen natürlich auch zum privaten Verhalten beitrugen. Als »individuell« möchten wir jenes Verhalten bezeichnen, das die Individuen zwar mehr oder weniger unabhängig voneinander entwickelten, was jedoch nicht hinderte, daß diese Verhaltensweisen das Ergebnis von Erfahrungen waren, die unterschiedslos von allen Gefangenen durchgemacht werden mußten. Das Muster dieser Verhaltensweisen ähnelte sich bei fast allen Gefangenen, und es kam nur zu geringfügigen Abweichungen, die wiederum auf den spezifischen Background und die Persönlichkeit des Gefangenen zurückzuführen waren.
Als »Massenverhalten« möchten wir jene Phänomene bezeichnen, die sich einzig und allein bei Gruppen von Gefangenen beobachten ließen, wenn diese als mehr oder weniger einheitliche Masse funktionierten. Obgleich sich diese drei Verhaltenskategorien etwas überschnitten und eine klare Trennung zwischen ihnen schwierig sein dürfte, dürften diese Unterscheidungen doch nützlich sein. Dieser Artikel wird sich, wie man bereits aus dem Titel erkennen kann, hauptsächlich mit individuellem und Massenverhalten auseinandersetzen, und so werden wir auf den folgenden Seiten nur einem Beispiel für privates Verhalten begegnen.
Bei einer Analyse der Entwicklung, die die Gefangenen zwischen ihrer ersten Bekanntschaft mit der Gestapo und ihrer am Ende totalen Anpassung an die Lagersituation durchmachten, lassen sich verschiedene Stadien feststellen. Der entscheidende Faktor des ersten Stadiums war *der Initialschock, entstanden durch die ungesetzliche Verhaftung.* Die Haupterfahrun-

gen im zweiten Stadium waren *der Transport ins Lager und die ersten Lagererlebnisse.* Das nächste Stadium hatte zum Merkmal den langsamen Prozeß der Persönlichkeitsveränderung des Gefangenen. Das war eine schrittweise, aber stetig voranschreitende Entwicklung, bei der es um *die Anpassung an die Lagersituation ging.*
Während dieses Prozesses war es schwierig, die Auswirkungen des ganzen Lagergeschehens zu ermessen. Eine Möglichkeit, dies dennoch zu tun, bestand in dem Vergleich zwischen zwei Gruppen von Gefangenen – bei der ersten Gruppe, den sogenannten »Neuen«, hatte jener Prozeß erst begonnen, während er bei den sogenannten »Alten« bereits weit fortgeschritten war. Das Endstadium war dann erreicht, *wenn sich der Gefangene dem Lagerleben endgültig angepaßt hatte.* Ein Merkmal dieses letzten Stadiums war offenbar eine definitiv veränderte Einschätzung und Haltung gegenüber der Gestapo.

Ein Beispiel für privates Verhalten

Bevor wir uns mit diesen verschiedenen Stadien der Entwicklung des Gefangenen befassen, möchten wir einige Anmerkungen dazu machen, weshalb und wie die in diesem Artikel zusammengetragenen Beobachtungen angestellt worden sind. In diesem Augenblick scheint es einfach zu erklären, weshalb diese Beobachtungen unternommen wurden, denn es liegt auf der Hand, daß ihnen eine große soziologische und psychologische Bedeutung zukommt; außerdem sind Beobachtungen darunter, die, so weit dem Autor bekannt, kaum je wissenschaftlich abgehandelt worden sind. Doch dies als eine Antwort auf das »Warum« zu nehmen, würde einem flagranten Beispiel für ein *logificatio post eventum* gleichkommen.
Die akademische Ausbildung und die psychologischen Interessen des Autors erwiesen sich bei den Beobachtungen und bei der Durchführung dieser Untersuchung als überaus hilfreich, wobei der Autor sein eigenes Verhalten und das seiner Mitgefangenen freilich nicht von vornherein mit dem Ziel untersuchte, einen Beitrag zur rein wissenschaftlichen Forschung zu leisten. Vielmehr handelte es sich bei der Untersuchung dieser Verhaltensweisen um einen Mechanismus, den der Autor *ad hoc* entwickelte, um seinen Geist zu beschäftigen und das Lagerleben besser aushalten zu können. Seine Beobachtungen und sein Datensammeln sollten deshalb als ein besonderer Abwehrmechanismus betrachtet werden, der in einer Extremsituation entstand. Bei diesem Mechanismus handelte es sich um individuell entwickeltes und nicht von der Gestapo erzwungenes Verhalten, das seiner-

seits dem Background, der Ausbildung und den Interessen des Gefangenen, entsprach. Dieser Mechanismus wurde von dem betroffenen Individuum mit dem Ziel entwickelt, die eigene Persönlichkeit vor ihrer Desintegration zu bewahren. Er ist daher ein charakteristisches Beispiel für ein privates Verhalten. Diese privaten Verhaltensweisen scheinen immer den Weg des geringsten Widerstandes zu gehen, das heißt, sie entsprechen den einstigen Lebensinteressen des Betroffenen, so weit dies nur möglich ist. Da wir es hier mit dem einzigen privaten Verhalten in diesem Aufsatz zu tun haben, dürften einige Anmerkungen zu der Frage, weshalb und wie sich dieses Verhalten entwickelt hat, von Interesse sein. Der Autor hatte sich früher eingehend mit dem pathologischen Bild befaßt, das durch bestimmte Kategorien abnormen Verhaltens entsteht. In den ersten Tagen im Gefängnis und vor allem in den ersten Tagen im Lager entdeckte er, daß er sich anders verhielt als sonst. Zunächst rationalisierte er diese Beobachtungen, indem er besagte Verhaltensänderungen lediglich als oberflächliche Phänomene und als das logische Ergebnis seiner speziellen Situation interpretierte. Doch bald erkannte er, daß diese Spaltung seiner Person in einen Beobachter und einen passiv Erfahrenden nicht als normal bezeichnet werden konnte, sondern ein typisches psychopathologisches Phänomen war. So aber fragte er sich selbst: »Werde ich verrückt oder bin ich bereits verrückt?«
Eine Antwort auf diese dringende Frage zu finden, war offensichtlich entscheidend. Denn es kam noch hinzu, daß der Autor seine Mitgefangenen auf höchst merkwürdige Weise sich verhalten sah, obwohl er von der Annahme ausgehen konnte, daß auch sie vor ihrer Verhaftung völlig normal gewesen waren. Doch nun schienen sie sich plötzlich in pathologische Lügner verwandelt zu haben, sie schienen nicht mehr in der Lage, ihre Gefühlsausbrüche – ganz gleich, ob es sich um Wut oder Verzweiflung handelte – zu zügeln, sie schienen unfähig, Situationen objektiv einzuschätzen und so weiter. So aber erhob sich eine weitere Frage: »Wie kann ich verhindern, daß ich so werde wie sie?«
Um diese Fragen zu beantworten, gab es einen relativ einfachen Weg: herauszufinden, was geschehen war mit meinen Mitgefangenen und was mit mir selbst geschah. Wenn ich mich nicht stärker veränderte als alle anderen normalen Personen, dann war das, was mir zustieß und in mir passierte, nichts Psychopathologisches, sondern lediglich ein Anpassungsprozeß. So begann ich also zu erkunden, welche Veränderungen bei den Gefangenen stattgefunden hatten und immer noch stattfanden. Bei dieser Arbeit entdeckte ich plötzlich, daß ich für mein zweites Problem eine Lösung gefunden hatte: Dadurch, daß ich mich in meiner freien Zeit mit interessanten

Problemen befaßte, daß ich mich mit meinen Mitgefangenen unterhielt und dabei ein bestimmtes Ziel im Auge hatte und daß ich mich in den endlosen Stunden der Schwerstarbeit, die keiner geistigen Konzentration bedurfte, mit meinen Befunden auseinandersetzen konnte, durch all diese Dinge gelang es mir, die Zeit so totzuschlagen, daß ich das Gefühl hatte, sie doch auch zu nutzen. Eine Zeitlang vergessen zu können, daß ich mich in diesem Lager befand, erschien mir zuerst als der größte Vorteil dieser Beschäftigung. Doch im Laufe der Zeit wurde die Tatsache, daß ich meine Selbstachtung durch so sinnvolles Tun entgegen den Bemühungen der Gestapo aufrechterhalten konnte, zu einem wesentlicheren Faktum als es der bloße Zeitvertreib gewesen war.
Es war unmöglich, über diese Arbeit Protokoll zu führen, denn es war keine Zeit für Aufzeichnungen, es gab keinen Ort, um sie zu verstecken, keine Möglichkeit, um sie aus dem Lager zu schmuggeln. Die einzige Möglichkeit, diese Schwierigkeit aus dem Weg zu schaffen, bestand darin, daß man seinem Gedächtnis wirklich alles so intensiv als möglich einzuprägen versuchte. Ein Handicap dabei war die extreme Unterernährung, die sich auch auf das Erinnerungsvermögen auswirkte, so daß der Autor manchmal Zweifel daran hatte, ob er sich später an das, was er an Daten erforschte und zusammentrug, überhaupt noch würde erinnern können. Er versuchte sich auf die charakteristischen oder sonstwie augenfälligen Phänomene zu konzentrieren, er wiederholte bei sich immer wieder die bereits gewonnenen Erkenntnisse (Zeit dazu hatte er ja im Überfluß) und er machte es sich zur Gewohnheit, während der Arbeit alle Beobachtungen, die er bislang angestellt hatte, noch einmal durchzugehen, um sie so seinem Gedächtnis noch besser einzuprägen. Diese Methode schien zu funktionieren, denn er vermochte, als er das Lager und Deutschland verlassen hatte, einen Großteil des scheinbar vergessenen Materials wiederzuerinnern.
Die Gefangenen redeten gerne über sich selbst, denn es bestärkte sie in ihrer Selbstachtung, wenn sich jemand für sie und ihre Probleme interessierte. Zwar war es verboten, während der Arbeit miteinander zu sprechen, doch da praktisch alles verboten war und jeder Verstoß streng bestraft wurde, wobei es die Willkür der Wachen mit sich brachte, daß die Leute, die sich an die Verbote hielten, auch nicht besser fuhren als die, die diese Verbote übertraten – da also dem so war, wurden ganz einfach alle Verbote übertreten, wenn die Möglichkeit bestand, daß man ungeschoren davonkam. Jeder Gefangene sah sich dem Problem gegenüber, wie er die allerstupideste Arbeit, die er Tag um Tag zwölf bis achtzehn Stunden lang verrichten mußte, aushalten sollte. Eine große Erleichterung waren die Gespräche, die von den Wachen nicht verhindert wurden. In den frühen Mor-

genstunden und spät am Abend konnten die Wachen nicht sehen, ob sich die Gefangenen miteinander unterhielten. Dadurch konnten die Häftlinge während der Arbeit mindestens zwei Stunden am Tag miteinander reden. Auch waren ihnen Gespräche erlaubt in der kurzen Mittagspause und nachts in den Baracken. Obgleich ein Großteil dieser Zeit dem Schlaf gehörte, bedeutete das gewöhnlich eine weitere Stunde des Miteinander-Reden-Könnens.

Die Gefangenen mußten häufig von einer Arbeitsgruppe zur anderen wechseln, von einer Baracke in die andere ziehen. Dadurch wollten die Gestapo-Männer vermeiden, daß sich die Gefangenen näher kennenlernten. Auf diese Weise kam der Gefangene mit vielen Mitgefangenen in Kontakt. Der Autor arbeitete in mindestens zwanzig verschiedenen Arbeitsmannschaften, wobei jede Mannschaft aus zwanzig oder dreißig oder mehr Arbeitern bestand, das heißt, manche Mannschaften zählten sogar mehrere Hundert Arbeitskräfte. Er schlief in fünf verschiedenen Baracken, und in jeder dieser Baracken lebten zwei- bis dreihundert Gefangene. Auf diese Weise lernte er persönlich mindestens 600 Gefangene in Dachau (von insgesamt 6000) und mindestens 900 Häftlinge in Buchenwald (von insgesamt etwa 8000) kennen.

Zwar lebten in den Baracken jeweils nur Gefangene ein und derselben Kategorie zusammen, doch waren während der Arbeit alle Kategorien durcheinandergewürfelt, so daß der Autor mit Gefangenen aller Kategorien in Kontakt kam. Die Hauptkategorie waren – angefangen bei der größten Gruppe – folgende: Politische Gefangene, das heißt, einstige deutsche Sozialdemokraten und Kommunisten, aber auch Mitglieder von früheren Naziorganisationen (zum Beispiel Anhänger der Gruppe um Röhm, die noch am Leben waren); sogenannte »arbeitsscheue Elemente«, das heißt Personen, die sich weigerten, nur dort zu arbeiten, wo das Regime sie einsetzen wollte oder die ihren Arbeitsplatz gewechselt hatten, um einen höheren Lohn zu bekommen, oder die sich über die zu niedrige Entlohnung beschwert hatten, usw.; frühere Mitglieder der Französischen Fremdenlegion und Spione; Jehovas Zeugen (die Bibelforscher) und andere Kriegsdienstgegner; jüdische Häftlinge, entweder weil sie jüdischer Abstammung waren oder weil sie sich als Juden politisch gegen die Nazis betätigt hatten (zu dieser Gruppe gehörte der Autor) oder weil sie der »Rassenschande« beschuldigt wurden; Kriminelle, Homosexuelle und andere kleine Gruppen, darunter auch Personen, die den Nazis als Druckmittel dienten, um den betroffenen Familien Geld abzupressen; und einzelne Personen, an denen sich irgendein Nazibonze aus persönlichen Gründen gerächt hatte.

Nachdem der Autor mit den Mitgliedern all dieser Gruppen Kontakt aufgenommen und Gespräche gehabt und auf diese Weise eine adäquate Stichprobe erarbeitet hatte, versuchte er seine Befunde mit den Eindrücken anderer Gefangener zu vergleichen. Leider konnte er nur zwei Häftlinge finden, die in dieser Hinsicht ausgebildet waren und sich für diese Untersuchung hinreichend interessierten. Obwohl ihnen das Problem, um das es ging, weniger am Herzen lag als dem Autor, sprachen auch sie mit einigen hundert Gefangenen. Jeden Tag wurden während der morgendlichen Abzählung und der Arbeitseinteilung Berichte ausgetauscht und Theorien diskutiert. Diese Diskussionen erwiesen sich insofern als sehr hilfreich, als sie Fehler aufdecken halfen, die auf allzu einseitige Standpunkte zurückzuführen waren.[4]

Als der Autor unmittelbar nach seiner Entlassung aus dem Lager in den USA ankam, machte er sich, was dieses Fallmaterial anlangt, sofort daran, alle seine Erinnerungen zu Papier zu bringen. Beinahe drei Monate lang scheute er vor einer Interpretation dieses Materials zurück, weil er das Gefühl hatte, seine Empörung über die Behandlung im Lager könnte seine Objektivität gefährden. Später dann, als die Hoffnung auftauchte, daß die Gestapo vernichtet werden könnte, gelangte der Autor zu der Überzeugung, daß seine Einstellung nun so objektiv als möglich war, und so entschloß er sich zur Veröffentlichung seines Materials.
Trotz all dieser Vorsichtsmaßnahmen war es freilich am Ende so, daß die besonderen Bedingungen, unter denen dieses Material gesammelt wurde, ein Gesamtbild aller Verhaltenstypen, die das Lager erzeugte, nicht zuließen. So muß sich der Autor auf die Auseinandersetzung mit den Verhaltensweisen beschränken, die er selbst beobachten konnte. Die Schwierigkeiten, Massenverhalten dann zu analysieren, wenn der Analysierende selbst zu dieser Masse gehört, dürfte ebenfalls auf der Hand liegen. Das gleiche gilt für die persönliche Schwierigkeit, solche Situationen objektiv zu beobachten und zu beschreiben, die, während sie erfahren werden, die stärksten Gefühle in der betroffenen Person wachrufen. Der Autor ist sich dieser Einschränkungen seiner Objektivität bewußt, hofft aber trotzdem, einige dieser Einschränkungen überwunden zu haben.

Die ursprüngliche Traumatisierung

In dieser Darstellung läßt sich der anfängliche psychologische Schock, seiner Bürgerrechte beraubt und widerrechtlich in ein Gefängnis gesperrt zu werden, von jenem anderen Schock trennen, der durch die ersten bewußten

und hemmungslosen Folterakte, denen die Gefangenen durch die Gestapo ausgesetzt waren, hervorgerufen wurde. Diese beiden Schocks sollten getrennt analysiert werden, da der Autor wie die meisten anderen Gefangenen zunächst einmal mehrere Tage in einem gewöhnlichen Gefängnis zubrachte, das der normalen Polizei unterstand. Während dieser Haftzeit wurden die Häftlinge nicht gezielt mißhandelt. Das änderte sich total, als die Gefangenen zum Transport ins Lager der Gestapo übergeben wurden. Sowie ihr Status nicht mehr Polizei-, sondern Gestapo-Gewahrsam hieß, waren sie den schlimmsten körperlichen Mißhandlungen ausgesetzt. Bei dem Transport ins Lager und bei der »Initiation« ins Lagerleben handelte es sich meistens um die ersten richtigen Folterungen, die der Gefangene in seinem Leben erlebte. Aus diesem Grunde wurden diese Erfahrungen für die meisten Gefangenen zum schlimmsten physischen und psychischen Erlebnis, das sie zeit ihres bisherigen Lebens gehabt hatten. Übrigens wurde die erste Folter von der Gestapo als »Einführung in das Lager« bezeichnet.
Die Reaktionen der Gefangenen auf die Tatsache ihrer Inhaftierung lassen sich am besten aufgrund von zwei Kategorien analysieren: der sozio-ökonomischen Schicht, der sie angehörten, und ihrer politischen Erziehung, die sie genossen bzw. nicht genossen hatten. Diese beiden Kategorien überschneiden sich ganz offensichtlich, sie sollen hier nur zum Zweck der Darstellung voneinander getrennt werden. Ein weiterer wichtiger Faktor in bezug auf die Inhaftierung der Betroffenen war, ob sie bereits früher – sei es nun aufgrund krimineller Delikte oder wegen politischer Betätigung – Gefängniserfahrungen gemacht hatten.
Diejenigen unter den Gefangenen, die schon einmal im Gefängnis gewesen waren oder die befürchtet hatten, man könnte sie wegen ihrer politischen Aktivitäten verhaften, zeigten sich zwar empört über ihr Los, doch irgendwie akzeptierten sie es auch als etwas, das sie erwartet hatten. Bei dieser Gefangenenkategorie äußerte sich der erste Schock darüber, daß man sie verhaftet hatte, wenn überhaupt, so nur in einer Veränderung ihrer Selbstachtung.
Bei den früheren Kriminellen wie auch bei den politischen Gefangenen erzeugte die Verhaftung zunächst eine gesteigerte Selbstachtung. Zwar hegten sie mannigfache Befürchtungen in bezug auf ihre eigene Zukunft und in bezug auf das, was ihren Familien und Freunden zustoßen konnte, doch ungeachtet dieser berechtigten Angst fühlten sie sich hinsichtlich der Tatsache ihrer Inhaftierung nicht gar so schlecht.
Personen, die davor irgendwann als *Kriminelle* in Gefängnissen eingesessen waren, zeigten offen ihre Schadenfreude darüber, daß ihnen nun Politiker, Geschäftsleute, Rechtsanwälte und Richter gleichgesetzt waren, wobei sich

unter den letzteren einige befanden, die damals ihre Haftstrafen verhängt hatten. Diese Schadenfreude und das Gefühl, daß diese Männer nun auch nicht mehr waren als sie selbst, gab ihrem Ich ganz erheblichen Auftrieb. Die *politischen Gefangenen* fühlten sich in ihrer Selbstachtung durch die Tatsache bestätigt, daß sie von der Gestapo offensichtlich für wichtig genug befunden wurden, um als Opfer ihrer Racheakte herzuhalten. Die Vertreter der verschiedenen Kategorien bedienten sich, um dergestalt ihr Ich aufzubauen, verschiedener Rationalisierungsmethoden. Frühere Mitglieder politisch radikaler Linksgruppen erblickten zum Beispiel in der Tatsache ihrer Inhaftierung einen Beweis dafür, daß ihre Aktivitäten für die Nazis sehr gefährlich gewesen sein mußten.

Am stärksten vertreten waren die unteren Bevölkerungsschichten und hier wiederum herrschten Kriminelle und politische Gefangene vor. Daher kann es sich bei allen Vermutungen darüber, wie die Reaktionen von nicht-kriminellen und nicht-politischen Vertretern der unteren Gesellschaftsschichten hätten ausfallen können, nur um reine Spekulationen handeln.

Die große Mehrheit der *nicht-politischen Mittelschicht-Gefangenen,* die eine Minderheit der Gefangenen innerhalb der Konzentrationslager bildeten, wurde mit dem ersten Schock am schlechtesten fertig. Sie mußten entdecken, daß sie völlig unfähig waren zu begreifen, was ihnen zugestoßen war. Sie versuchten sich an das zu klammern, was bislang ihre Selbstachtung ausgemacht hatte. Und so versicherten sie den Gestapo-Männern immer wieder, daß sie sich niemals dem Nazismus widersetzt hätten. In ihrem Verhalten trat das Dilemma der politisch ungebildeten deutschen Mittelschicht, die sich plötzlich dem Phänomen des Nationalsozialismus konfrontiert sah, offen zutage. Sie verfügten über keine in sich geschlossene Philosophie, die ihre Integrität hätte schützen und ihnen die Kraft zum Widerstand gegen die Nazis hätte geben können. Sie hatten den Gesetzen der herrschenden Klasse gehorcht, ohne sie je in Frage zu stellen, und nun hatten sich diese Gesetze oder zumindest deren sogenannte Vollstrecker gegen sie gewandt, obwohl sie doch die treuesten Anhänger des Systems gewesen waren.

Sogar jetzt in dieser Situation wagten sie es nicht, sich der herrschenden »Ordnung« zu widersetzen, obwohl solcher Widerstand ihre Selbstachtung hätte wieder festigen können. Sie konnten die Vernünftigkeit der Gesetze und der Polizei nicht in Fragestellen, und so mußten sie auch das Verhalten der Gestapo als gerecht akzeptieren. Falsch an dieser ganzen Sache war in ihren Augen nur, daß *sie* die Opfer einer Verfolgung wurden, doch die Verfolgung selbst mußte schon rechtens sein, denn sie wurde ja von Obrigkeits wegen durchgeführt. Die einzige Möglichkeit, sich aus diesem besonderen Dilemma zu befreien, bestand in der Überzeugung, daß das alles nur ein »Versehen« war. Diese Gefangenen hielten an ihrer Überzeugung fest, obwohl sie deshalb sowohl von der Gestapo als auch von den meisten Mitgefangenen verachtet wurden.

Obgleich die Wachen diese der Mittelschicht angehörenden unpolitischen Gefangenen wegen ihrer »Selbstüberheblichkeit« verhöhnten, waren sie doch nicht frei von Ängsten, denn sie wußten genau, daß auch sie dieser sozio-ökonomischen Schicht angehörten.[5] Der Tatsache, daß die Rechtmässigkeit der deutschen Innenpolitik damals immer wieder betont wurde, lag wahrscheinlich die Absicht zugrunde, die Befürchtungen jener Nazis der Mittelschicht zu zerstreuen, die erkannten, daß ihre eigene Existenzgrundlage ebenfalls durch solche ungesetzliche Aktionen vernichtet werden könnte. Der Höhepunkt dieser Legalitätsfarce wurde erreicht, als die Lagerinsassen ein Formular unterschreiben mußten, des Inhalts, daß sie mit ihrer Haft einverstanden und mit ihrer Behandlung zufrieden seien. Für die Gestapo freilich war das keine Farce, denn sie wies immer wieder nachdrücklich darauf hin, daß diese Formulare eindeutig die Rechtmäßigkeit und Korrektheit ihres Handelns belegten. Auch durften die SS-Männer zum Beispiel Gefangene töten, aber bestehlen durften sie sie nicht. Statt dessen zwangen sie die Gefangenen zum Verkauf ihres Besitzes, und den Erlös mußten diese dann als »Schenkung« irgendeiner SS-Unterorganisation vermachen.

Der größte Wunsch der *Mittelschicht-Gefangenen* war, daß man ihren Status auf irgendeine Weise respektieren sollte. Was sie am meisten aufbrachte, war die Tatsache, daß man sie »wie gewöhnliche Verbrecher« behandelte. Doch nach einiger Zeit blieb ihnen nichts anderes übrig als ihre tatsächliche Situation zu erkennen. Von da an setzte anscheinend ihre Desintegration ein. Bei den Selbstmorden, die sich in den Gefängnissen und während des Transports ins Lager ereigneten, handelte es sich in erster Linie um Mitglieder dieser einen Gruppe. Später, im Lager, waren es ebenfalls Mitglieder dieser Gruppe, die sich aufs unsozialste verhielten: sie betrogen ihre Mitgefangenen und einige unter ihnen ließen sich von der Gestapo als Spitzel anheuern. Sie verloren ihre Mittelschicht-Merkmale, jeden Anstand und jede Selbstachtung; sie waren rat- und hilflos und ihre Autonomie löste sich offenbar auf. Sie schienen nicht mehr imstande, ein eigenes Lebensmuster zu verwirklichen, sondern lebten jetzt den Mustern anderer Gefangenengruppen gemäß.

Die *Oberschicht-Gefangenen* sonderten sich so stark ab als möglich. Auch sie schienen unfähig, das, was mit ihnen passierte, als real anzuerkennen.

Sie äußerten die Überzeugung, daß man sie aufgrund ihrer Wichtigkeit innerhalb kürzester Zeit entlassen werde. Diese Überzeugung ging den Mittelschicht-Gefangenen zwar ab, doch nährten sie ebenfalls die Hoffnung, daß man sie rasch entlassen werde – allerdings nicht als Einzelpersonen, sondern als Gruppe. Die Oberschicht-Gefangenen taten sich nie zu einer Gruppe zusammen; jeder von ihnen blieb mehr oder weniger isoliert und umgab sich lediglich mit einer Gruppe von Mittelschicht-»Hörigen«. Diese überragende Position konnten sie einerseits durch das Geld behaupten, über das sie verfügten[6], und andererseits durch viele ihrer »Hörigen«, die sich von dieser Verbindung am Ende eine raschere Entlassung für sich selbst erhofften. Diese Hoffnung wurde durch die Tatsache genährt, daß viele Oberschicht-Gefangene tatsächlich nach verhältnismäßig kurzer Zeit aus dem Gefängnis oder Lager entlassen wurden.
Einige wenige *Oberschicht-Gefangene* lehnten sogar dieses Oberschicht-Verhalten ab, das heißt, sie scharten keine »Hörigen« um sich, sie benutzten ihr Geld nicht zur Bestechung von Mitgefangenen und sie äußerten keine Hoffnungen hinsichtlich ihrer Entlassung. Doch die Anzahl dieser Gefangenen war zu klein, als daß sie eine Verallgemeinerung erlauben könnte.[7] Es hatte den Anschein, als verachteten sie alle anderen Gefangenen beinahe genauso wie sie die Gestapo verachteten. Um das Lagerleben ertragen zu können, hatten sie offenbar ein derartiges Gefühl der Überheblichkeit entwickelt, daß nichts mehr sie berührte.
Was nun die politischen Gefangenen anlangt, so könnte ein anders gearteter psychologischer Mechanismus, der später offen zutage trat, bereits bei ihrer anfänglichen Anpassung eine gewisse Rolle gespielt haben: viele politische Führer aus der Mittelschicht lebten in dem Gefühl, daß sie in ihrer Aufgabe versagt hatten, das heißt, vor allem in der Aufgabe, die Machtergreifung der Nazis zu verhindern, sei es nun durch einen effektiveren Widerstand oder durch die Einsetzung einer so standfesten demokratischen oder linksgerichteten Regierung, daß den Nazis der Weg zur Macht versperrt gewesen wäre. Diese Schuldgefühle wurden offenbar erheblich dadurch gemildert, daß die Nazis diese Personen für wichtig genug hielten, um sich mit ihnen abzugeben.
Es ist denkbar, daß eine ganze Menge Gefangener die Lebensbedingungen in den Lagern deshalb als verhältnismäßig erträglich empfand, weil sie sich durch die Strafen, die sie erdulden mußten, von einem großen Teil ihrer Schuld befreit fühlten. Anzeichen für einen solchen Prozeß könnten die Bemerkungen sein, denen man bei Gefangenen immer dann häufig begegnete, wenn man sie wegen irgendeines unliebsamen Verhaltens kritisierte. Tadelte man sie zum Beispiel deshalb weil sie fluchten, rauften oder sich

nicht wuschen, so lautete ihre Antwort fast immer: »Wir können unter diesen Umständen nicht normal miteinander verkehren.« Und wenn man sie ermahnte, sie sollten doch nicht so hart über ihre in Freiheit lebenden Freunde und Verwandten sprechen, die sie beschuldigten, sie würden sich nicht um sie kümmern, dann meinten sie in der Regel: »Das ist nicht der Ort, um objektiv zu sein. Erst wenn ich wieder in Freiheit bin, werde ich mich wieder zivilisiert benehmen und das Verhalten anderer objektiv beurteilen.«

Offenbar reagierten die meisten, wenn nicht alle Gefangene, auf den ersten Schock der Verhaftung damit, daß sie Kräfte zu aktivieren versuchten, um ihre stark mitgenommene Selbstachtung zumindest einigermaßen wiederherzustellen. Diejenigen Gruppen, die in ihrer Vergangenheit eine feste Grundlage entdeckten, um zum Schutz ihres gefährdeten Ich eine Bastion zu errichten, hatten offenbar meistens Erfolg. Angehörige der Unterschicht zogen eine gewisse Befriedigung aus der Tatsache, daß die Klassenunterschiede unter den Gefangenen aufgehoben waren. Politische Gefangene fühlten sich durch die Inhaftierung in ihrer politischen Wichtigkeit bestätigt. Vertreter der Oberschicht konnten unter den Mittelschicht-Gefangenen zumindest ein gewisses Maß an Führungsanspruch verwirklichen. Mitglieder irgendwelcher Adelshäuser fühlten sich in der Gefangenschaft allen Mitmenschen genauso überlegen wie außerhalb. Dazu kam noch, daß der anfängliche Schock die verschiedensten Schuldgefühle zu verringern schien; diese Gefühle konnten zum Beispiel auf politische Untätigkeit oder politisches Versagen zurückgehen oder auch darauf, daß der Gefangene Freunde oder Verwandte schlecht behandelt oder verleumdet hatte.

Nach mehreren Tagen Gefängnis kamen die Gefangenen in die Lager. Auf diesem Transport waren sie den verschiedensten Mißhandlungen ausgesetzt. Dabei kam es auf die Phantasie des jeweiligen SS-Mannes an, dem die Gefangenengruppe anvertraut worden war. Doch zeichnete sich schon bald ein gewisses durchgängiges Muster ab. Körperliche Mißhandlungen wie Peitschenhiebe, Ohrfeigen und Fußtritte gingen Hand in Hand mit Schüssen und Bajonettverwundungen und wechselten ab mit Foltermethoden, deren Ziel es offensichtlich war, die Gefangenen total zu entkräften. So mußten die Gefangenen zum Beispiel stundenlang in grelles Licht starren, sie mußten stundenlang knien und so weiter. Von Zeit zu Zeit wurde einer der Gefangenen umgebracht; auch es war nicht erlaubt, die eigenen oder fremden Wunden zu pflegen.

Diese Mißhandlungen wechselten ab mit Bemühungen der Wachen, die zum Ziel hatten, daß sich die Gefangenen prügelten und daß sie ihre teuer-

sten Werte entwürdigten. So mußten sie zum Beispiel ihren Gott verfluchen, sich selbst schändlicher Taten bezichtigen, ihre Ehefrauen des Ehebruchs und der Prostitution beschuldigen. Dieser Prozeß zog sich über Stunden hin und wurde mehrmals wiederholt. Nach verläßlichen Berichten zu urteilen, dauerte diese Art von Initiation nie weniger als zwölf und häufig bis zu vierundzwanzig Stunden. War der Transport ins Lager so groß, daß all diese Mißhandlungen nicht während des Transits durchgeführt werden konnten, oder kamen die Gefangenen aus der umliegenden Gegend, so fand diese ganze Zeremonie am ersten Tag im Lager statt.
Ziel dieser Mißhandlungen war es, den Widerstand der Gefangenen zu brechen und den Wachen das Gefühl zu vermitteln, daß sie den Gefangenen weit überlegen waren. Das läßt sich aus der Tatsache ersehen, daß die Gewalttätigkeit der Mißhandlungen abnahm, je länger diese dauerten. Die Erregung der Wachen nahm langsam ab und am Schluß redeten sie sogar mit den Gefangenen. Trat eine neue Wache zum Dienst an, so fingen die Terrorakte von neuem an, doch waren sie nicht mehr so brutal wie ganz zu Beginn, auch ließ ihre Gewalttätigkeit früher nach. Manchmal wurden Häftlinge, die schon einmal da gewesen waren, mit neuen Gefangenen zurück ins Lager gebracht. Diese alten Häftlinge wurden nicht mißhandelt, wenn sie nachweisen konnten, daß sie schon einmal im Lager gewesen waren. Daß der zeitliche Ablauf dieser Mißhandlungen geplant war, läßt sich aus der Tatsache ersehen, daß auf dem Transport des Autors ins Lager nach zwölf Stunden, in denen einige Gefangene getötet und viele verwundet worden waren, der Befehl »Mit den Mißhandlungen aufhören« durchkam. Von diesem Augenblick an wurden die Gefangenen mehr oder weniger in Ruhe gelassen, bis sie im Lager ankamen, wo sie von anderen Bewachern übernommen und von neuem mißhandelt wurden.
Es ist schwierig festzustellen, was in den Köpfen der Gefangenen im Verlauf dieser Behandlung vor sich ging. Die meisten von ihnen waren bald so erschöpft, daß sie nur teilweise bewußt realisierten, was mit ihnen geschah. Im allgemeinen erinnerten sich die Gefangenen an die Einzelheiten und sie hatten auch nichts dagegen, darüber zu sprechen, doch worüber sie nicht reden wollten, war, was sie im Verlauf dieser Mißhandlungen gefühlt und gedacht hatten. Die wenigen, die bereit waren, auch darüber Informationen zu liefern, beließen es bei verschwommenen Feststellungen, die sich wie ausweichende Rationalisierungen anhörten und wohl auch als eine Art Entschuldigung dafür dienen sollten, daß sie sich, obwohl ihre Selbstachtung verletzt worden war, nicht gewehrt hatten. Diejenigen aber, die sich tatsächlich zur Wehr gesetzt hatten, konnten nicht befragt werden, denn sie waren tot.

Der Autor erinnert sich noch lebhaft an jene äußerste Erschöpfung, die die Folge einer Bajonettwunde war, welche man ihm auf dem Transport zugefügt hatte, sowie eines schweren Schlages auf den Kopf. Durch diese beiden Verwundungen erlitt er einen erheblichen Blutverlust und er fühlte sich sehr geschwächt. Trotzdem erinnert er sich noch genau an die Gedanken und Gefühle, die er während des Transportes hatte. So fragte er sich zum Beispiel die ganze Zeit, ob der Mensch so viel aushalten kann, ohne Selbstmord zu begehen oder wahnsinnig zu werden. Er war erstaunt, daß die Wachen die Gefangenen genau so mißhandelten, wie es die Bücher über die Konzentrationslager beschrieben! Und verwundert fragte er sich, ob die SS-Männer wirklich so primitiv waren, daß sie es genossen, die Gefangenen zu verschiedenen Arten der Selbsterniedrigung zu zwingen, oder ob sie gar glaubten, auf diese Weise den Widerstand der Gefangenen zu brechen. Außerdem bemerkte er, daß es den Wachen hinsichtlich der Mißhandlungen, die sie sich ausdachten, an Phantasie fehlte, und daß ihr Sadismus ziemlich einfallslos war. Was ihn eher belustigte, war die wiederholte Feststellung, daß die Wachen die Gefangenen nicht erschießen, sondern zu Tode prügeln würden, denn eine Kugel würde sechs Pfennige kosten und soviel sei ein Gefangener nicht wert. Die Vorstellung, daß keiner dieser Menschen, von denen die meisten einst einflußreiche Persönlichkeiten gewesen waren, diese geringe Summe wert war, beeindruckte die Wachen offensichtlich ganz erheblich.

Aufgrund dieser Einsichten hat der Autor eine gewisse emotionale Kraft entwickelt, die jedoch auch auf die Tatsache zurückzuführen war, daß sich die Dinge so abspielten, wie es zu erwarten gewesen war; das aber bedeutete wiederum, daß die Zukunft im Lager aufgrund dessen, was der Autor gelesen und nun bereits selbst erfahren hatte, zumindest teilweise vorhergesagt werden konnte. Dazu gesellte sich noch die Einsicht, daß die SS weniger intelligent war als der Autor erwartet hatte, was für ihn eine – wenn auch geringe – Befriedigung bedeutete. Darüberhinaus stellte er befriedigt fest, daß die Mißhandlungen weder sein Denkvermögen noch seine allgemeine Einstellung beeinträchtigt hatten. Rückblickend mögen diese Überlegungen als müßig erscheinen, doch sollten sie trotzdem erwähnt werden, denn wenn man den Autor heute ersuchte, das, was sein Hauptproblem in dieser ganzen Lagerzeit gewesen ist, in einem einzigen Satz zusammenzufassen, würde er sagen: *Sein Ich sich so zu erhalten, daß er, wenn er das Glück hätte, seine Freiheit wiederzuerlangen, in etwa die gleiche Person sein würde, die er vor seiner Freiheitsberaubung gewesen war.*

Der Autor zweifelt nicht daran, daß er den Transport und alle Mißhandlungen nur deshalb überstand, weil er schon ganz am Anfang zu der Überzeugung gelangte, daß diese schrecklichen und entwürdigenden Erfahrungen nicht »ihm« als Subjekt, sondern nur »ihm« als Objekt zustießen. Die Wichtigkeit dieser Einstellung wurde durch die Äußerungen vieler anderer Gefangener bestätigt, wobei unter diesen Gefangenen allerdings keiner so weit gehen wollte, daß er definitiv behauptet hätte, diese seine Einstellung bereits auf dem Transport ins Lager entwickelt zu haben. In der Regel drückten sie ihre Gefühle auf eine allgemeinere Weise aus: so sagten sie zum Beispiel »Das Hauptproblem ist, daß man lebendig und unverändert bleibt«, ohne jedoch zu spezifizieren, was sie mit »unverändert« meinten. Aus zusätzlichen Bemerkungen ging jedoch hervor, daß es sich bei dem, was unverändert bleiben sollte, im großen und ganzen um die Einstellungen und Wertvorstellungen der betroffenen Person handelte.

Alle Gedanken und Gefühle, die der Autor auf dem Transport hatte, waren insofern sehr nüchtern, als er das ganze Geschehen wie aus weiter Ferne beobachtete, so als habe er selbst nur auf eine sehr vage Weise etwas damit zu tun. Später erfuhr er dann, daß viele andere Gefangene das gleiche Gefühl von Distanziertheit entwickelt hatten, so als mache ihnen das, was mit ihnen geschah, in Wirklichkeit gar nichts aus. Diese Distanziertheit mischte sich auf eine merkwürdige Weise mit der Überzeugung, »daß das nicht wahr sein kann, daß es solche Dinge einfach nicht geben kann«. Nicht nur während des Transports, sondern während ihres ganzen Lageraufenthalts mußten sich die Gefangenen immer wieder selbst darauf hinweisen, daß all diese Dinge kein Alptraum, sondern daß sie wirklich waren, daß sie wirklich passierten. Doch voll und ganz gelang ihnen das nie.[8]

Dieses Gefühl der Distanziertheit oder Abgelöstheit war ein Versuch, die Realität der Situation, in der sich die Gefangenen befanden, zurückzuweisen, und kann als ein Mechanismus betrachtet werden, der das Ziel hatte, die Integrität der Persönlichkeit der Betroffenen zu bewahren.

Viele Gefangene im Lager verhielten sich so, als gebe es keinen Zusammenhang zwischen ihrem Lagerdasein und ihrem »wirklichen« Leben; dabei gingen sie so weit zu behaupten, das sei die richtige Einstellung. Ihre Äußerungen über sich selbst und ihre Einschätzung ihres eigenen und fremden Verhaltens unterschieden sich ganz erheblich von dem, was sie außerhalb des Lagers gesagt und gedacht hätten. Diese Trennung zwischen Verhaltensmustern und Wertvorstellungen innerhalb und außerhalb des Lagers war so strikt, daß man kaum darüber sprechen konnte; hier lag eines der vielen »Tabus«, die nicht diskutiert werden konnten.[9] Die Gefühle der Gefangenen könnte man in folgendem Satz zusammenfassen: »Was ich hier tue oder was hier mit mir geschieht, zählt nicht; hier ist alles erlaubt, so lange und insoweit es zu meinem Überleben in diesem Lager beiträgt.«

Eine weitere Beobachtung während des Transports sollte hier noch erwähnt werden. Kein Gefangener wurde ohnmächtig, denn Ohnmächtigwerden war gleichbedeutend mit Getötetwerden. In dieser spezifischen Situation war das Ohnmächtigwerden kein Schutzmittel gegen einen unerträglichen Schmerz, stellte also auch keine Lebenserleichterung dar; im Gegenteil, es war lebensgefährlich, denn wer unfähig war, Befehle zu befolgen, wurde getötet. Waren die Gefangenen einmal im Lager, sah die Situation schon anders aus: ein Häftling, der hin und wieder ohnmächtig wurde, konnte sicher sein, daß man sich ein wenig um ihn kümmerte und daß man gewöhnlich aufhörte, ihn zu foltern. Das war auch der Grund, weshalb die Gefangenen, die während der schlimmeren Mißhandlungen auf dem Transport nicht ohnmächtig geworden waren, bei starken Belastungen im Lager das Bewußtsein verloren.[10]

Adaptation

Die Gefangenen schienen auf Lagererfahrungen, die sich im Rahmen ihrer üblichen Lebenserfahrungen hielten, mit den normalen psychologischen Mechanismen zu reagieren. Sprengte jedoch eine Lagererfahrung diesen normalen Rahmen, so schienen die entsprechenden Mechanismen nicht mehr zu funktionieren, weshalb neue psychologische Mechanismen erforderlich wurden. Beim Transport ins Lager handelte es sich um eine dieser Erfahrungen, die den normalen Rahmen sprengten, und die Reaktion auf diese Erfahrung könnte man als »unvergeßlich, aber unwirklich« charakterisieren.

Die Träume der Gefangenen ließen erkennen, daß die extremen Erfahrungen nicht mit den üblichen Mechanismen bewältigt wurden. In vielen Träumen drückte sich die Aggression gegen die SS-Männer aus, und diese Aggression trat gewöhnlich zusammen mit einer Wunscherfüllung auf, bei der sich der Gefangene an seinen Bewachern rächte. Interessant in diesem Zusammenhang ist jedoch, daß es sich bei dem Grund für eine solche Rache – wenn überhaupt ein Grund auszumachen war – stets um relativ geringfügige Mißhandlungen drehte und nie um eine der extremen Erfahrungen. Der Autor hatte vor dem Lager die Erfahrung eines allmählichen Durcharbeitens eines Traumas mit Hilfe von Träumen gemacht.[11] Daher glaubte er, seine Träume nach dem Transport müßten den gleichen Wiederholungscharakter aufweisen wie damals seine Träume nach jenem anderen traumatischen Erlebnis, das heißt, der Schock würde allmählich verblassen und der Traum schließlich verschwinden. Daher war er erstaunt, als er entdeckte,

daß die aufwühlendsten Ereignisse nicht in seine Träume eingingen. Er erkundigte sich bei vielen Gefangenen, ob sie von ihrem Transport träumten, und er fand keinen, der sich an einen derartigen Traum erinnert hätte. Derartige Abwehrmechanismen ließen sich auch in anderen Extremsituationen beobachten. An einem eisigen Winterabend wurden alle Gefangenen hinaus in den Schneesturm getrieben, wo sie als Strafe stundenlang ohne Mantel – sie hatten ja keinen – strammstehen mußten.[12] Davor hatten sie den ganzen Tag lang, das heißt, über zwölf Stunden, im Freien gearbeitet und kaum etwas zu essen bekommen. Auch drohte man den Gefangenen, daß sie die ganze Nacht draußen stehen müßten.
Als etwa zwanzig Gefangene starben, brach die Disziplin zusammen. Die Drohungen der Wachen wurden wirkungslos. Auf diese Weise dem Wetter ausgesetzt zu sein, war eine schreckliche Tortur. Mitzuerleben, wie die eigenen Freunde starben, ohne ihnen helfen zu können und möglicherweise selbst sterben zu müssen, das war eine Situation, die der Transportsituation ähnelte, nur daß eben die Gefangenen jetzt mehr Erfahrungen mit der SS gesammelt hatten. Offener Widerstand war unmöglich, und genauso unmöglich war es, irgend etwas für die eigene Sicherheit zu unternehmen. Die Gefangenen überkam eine totale Teilnahmslosigkeit. Es war ihnen egal, ob sie von der SS erschossen wurden, und auch die Quälereien, die sie von den Wachen erdulden mußten, waren ihnen jetzt egal. Die SS hatte keinen Einfluß mehr, der Angst- und Todesbann war gebrochen. Wieder war es so, als ob das, was einem zustieß, völlig »unwirklich« sei. Wieder war da diese Spaltung in das »Ich«, dem diese Dinge zugefügt wurden, und jenes andere »Ich«, dem dies im Grunde egal war und das lediglich als kühler Beobachter fungierte. So schlimm diese Situation auch war, die Gefangenen waren plötzlich frei von aller Angst und daher eigentlich glücklicher als in den meisten anderen Lagersituationen. Der extreme Charakter dieser Situation hat wahrscheinlich die eben erwähnte »Ichspaltung« erzeugt, doch kamen in diesem Fall andererseits mehrere Umstände zusammen, die bei den Gefangenen besagtes Glücksgefühl erzeugten. Es war offensichtlich leichter, unangenehme Erfahrungen dann zu ertragen, wenn alle im gleichen Boot saßen. Dazu kam noch, daß jedem Gefangenen die eigenen geringen Überlebenschancen durchaus bewußt waren, woraus sich eine verstärkte und teilweise schon heldenhafte Bereitschaft, den anderen zu helfen, ergab. Diese wechselseitige Hilfsbereitschaft machte den Gefangenen Mut. Ein weiterer Faktor war, daß sie nun nicht nur frei von der Angst vor der SS waren, sondern daß die SS im Augenblick alle Macht über die Gefangenen verloren hatte, denn alle Gefangenen einfach erschießen, das wollten die Wachen offenbar auch nicht.[13]

Nachdem über achtzig Gefangene gestorben waren und Hunderte von Gefangenen so böse Erfrierungen davongetragen hatten, daß man ihnen später Hände und/oder Füße amputieren mußte, durften die Leute wieder in die Baracken zurück. Sie waren völlig erschöpft, doch waren sie – im Gegensatz zu dem, was einige von ihnen erwartet hatten – nicht glücklich. Sie waren erleichtert, daß die ganze Tortur vorbei war, das schon, aber zugleich fühlten sie, daß sie nun nicht mehr frei von der Angst waren und nicht mehr mit der wechselseitigen Unterstützung rechnen konnten. Jeder Gefangene genoß nun als Individuum ein bißchen mehr Sicherheit, aber jene andere Sicherheit, die aus der Gruppenzugehörigkeit erwächst, war jetzt vorbei. Auch über dieses Erlebnis wurde zugleich offen und distanziert gesprochen, doch beschränkten sich diese Gespräche auf die Tatsachen; die Emotionen und Gedanken, die die Gefangenen in dieser Nacht gehabt hatten, wurden kaum erwähnt. Zwar wurde dieses Erlebnis in allen seinen Einzelheiten nicht vergessen, doch hafteten ihm anscheinend keine besonderen Emotionen an, und auch in den Träumen der Gefangenen tauchten solche Emotionen nicht auf.

Die psychologischen Reaktionen auf Ereignisse, die in ihrer Art normaler und somit verständlicher waren, unterschieden sich ganz eindeutig von den Reaktionen auf derart extreme Situationen. Auf weniger extreme Erfahrungen reagierten die Gefangenen meistens so, wie sie auch außerhalb des Lagers reagiert hätten. Hielt sich zum Beispiel die Bestrafung eines Gefangenen im normalen Rahmen, so schien er sich zu schämen und vermied es, darüber zu sprechen. Ein Schlag ins Gesicht war eine beschämende Strafe, es wurde nicht darüber gesprochen. Die Gefangenen haßten die Bewacher, von denen sie getreten, geschlagen oder mit Worten beleidigt worden waren, wesentlich stärker als den SS-Mann, der einen Gefangenen schwer verletzt hatte. Im letztgenannten Fall haßte man vielleicht die SS als solche, aber den Mann, der die Verletzung zugefügt hatte, haßte man weniger. Zwar war diese unterschiedliche Art zu reagieren unvernünftig, aber keiner konnte sich ihr entziehen. Der Gefangene empfand gegenüber den SS-Schergen, deren kleinen gemeinen Schikanen er häufig ausgesetzt war, eine tiefere und heftigere Aggressivität als gegenüber dem SS-Mann, der ihm ein einziges Mal Grauenvolles zugefügt hatte.

Die nun folgende versuchsweise Interpretation dieses merkwürdigen Phänomens sollte allerdings mit Vorsicht genossen werden. Alle Erfahrungen, die auch im früheren »normalen« Leben des Gefangenen ihren Platz gehabt hätten, riefen bei diesem »normale« Reaktionen hervor. So schienen die Gefangenen zum Beispiel besonders empfindlich auf Bestrafungen zu reagieren, wie sie Eltern ihren Kindern zufügen. Die Bestrafung eines Kindes war ein Vorgang, der in ihr »normales« Bezugssystem gehörte, doch selbst zum Gegenstand einer solchen Bestrafung zu werden, zerstörte ihr Bezugssystem als Erwachsene. Daher reagierten sie nicht auf erwachsene sondern auf kindliche, ja kindische Weise – mit Bestürzung und Scham, mit gewalttätigen, ohnmächtigen und unkontrollierbaren Emotionen, die sich nicht gegen das System, sondern die bestrafende Person richteten. Ein zusätzlicher Faktor bestand vielleicht darin, daß man um so stärker mit freundschaftlicher Unterstützung rechnen konnte, je härter die Bestrafung war, und diese Unterstützung tat einem natürlich wohl. Außerdem fühlte man sich, wenn die Schmerzen groß waren, fast wie ein Märtyrer, der für eine Sache leidet, und einem Märtyrer steht es nicht an, sich gegen sein Märtyrertum zu empören.

Das führt übrigens zu der Frage, welche psychologischen Phänomene die Unterwerfung unter ein solches Märtyrertum möglich machen und welche Phänomene dazu führen, daß andere das Märtyrertum als solches akzeptieren. Dieses Problem würde den Rahmen dieser Untersuchung sprengen, weshalb hier nur einige diesbezügliche Beobachtungen erwähnt werden sollen. Die Gefangenen, die *qua* Gefangene an den erlittenen Quälereien starben, konnten zwar Märtyrer aufgrund ihrer politischen Überzeugung sein, wurden aber nicht als Märtyrer angesehen. Diejenigen aber, die man wegen ihrer Versuche, andere zu beschützen, mißhandelte, wurden als Märtyrer betrachtet. Der SS gelang es in der Regel, einer solchen Entstehung von Märtyrern vorzubeugen, weil sie entweder die entsprechenden psychologischen Mechanismen durchschaut hatte oder weil sich ihre Ideologie so total gegen das Individuum richtete. Versuchte ein Gefangener eine Gruppe zu beschützen, konnte er von einer der Wachen getötet werden; bekam jedoch die Lagerverwaltung diesen Fall zu Ohren, so wurde die ganze Gruppe strengstens bestraft. Auf diese Weise entwickelte die Gruppe eine Aversion gegen jede Art von Beschützer, denn einen Beschützer zu haben, hieß leiden zu müssen. So verhinderte man, daß aus dem Beschützer ein Anführer oder Märtyrer wurde, um den herum sich eine Widerstandsgruppe hätte bilden können.

Aber kehren wir zu der Ausgangsfrage zurück, warum die Gefangenen auf geringfügige bösartige Akte heftiger reagierten als auf vereinzelte Extremerfahrungen. Wenn der Gefangene »wie ein Kind« beschimpft, geschlagen und herumgestoßen wurde und wenn er, ebenfalls wie ein Kind, unfähig war, sich zu verteidigen, dann wurden in ihm Verhaltensmuster und psychologische Mechanismen ausgelöst, die er als Kind entwickelt hatte. Und wie ein Kind war er nun unfähig, die Art, wie man ihn behandelte, im allgemeinen Verhaltenskontext der SS zu sehen, und so haßte er jetzt eben diesen

einzelnen SS-Mann. Er schwor sich, »mit ihm abzurechnen«, obgleich er sehr wohl wußte, daß dies unmöglich war. Dieser Gefangene konnte weder einen distanzierten Standpunkt einnehmen noch gelang ihm eine objektive Einschätzung seiner Lage, die ihn hätte erkennen lassen, daß sein Leiden um einiges geringer war als andere Erfahrungen.
Die Gefangenen als Gruppe entwickelten die gleiche Einstellung gegenüber relativ unbedeutenden Leiden; dadurch aber vermochten sie nicht nur nicht zu helfen, sondern sie warfen – was noch schlimmer war – dem Gefangenen vor, er sei selbst Schuld an seinem Leiden, weil er so dumm gewesen sei und sich habe erwischen lassen oder weil er nicht die richtige Antwort gegeben habe oder nicht vorsichtig genug gewesen sei, kurzum: sie warfen ihm vor, daß er sich wie ein Kind verhalten habe. So aber fand die Herabwürdigung, die darin besteht, daß man wie ein Kind behandelt wird, nicht nur im Inneren des Gefangenen selbst statt, sondern auch im Inneren seiner Mitgefangenen.
Diese Haltung erstreckte sich auf viele kleine Einzelheiten. So machte es zum Beispiel einem Gefangenen nichts aus, wenn er von den Wachen während einer Extremerfahrung beschimpft wurde, während er die SS-Männer bitter haßte, wenn sie ihn während einer geringfügigen Mißhandlung beschimpften, und er schämte sich, daß er dies duldete, ohne sich zur Wehr zu setzen. Es sollte freilich betont werden, daß dieser Unterschied in den Reaktionen auf leichte und schwere Mißhandlungen mit der Zeit verschwand. Diese Veränderung von Reaktionen war nur einer von vielen Unterschieden zwischen alten und neuen Gefangenen. Einige weitere Unterschiede sollen im folgenden dargestellt werden.

Alte und neue Gefangene

In der sich nun anschließenden Untersuchung bezeichnen wir als »neue Gefangene« diejenigen, die noch kein Jahr lang im Lager waren, während wir mit den »alten Gefangenen« jene meinen, die schon mindestens drei Jahre lang im Lager waren. Was nun diese alten Gefangenen angeht, so kann der Autor nur mit Beobachtungen aufwarten, nicht aber mit Befunden, die auf der Introspektion basieren.
Es wurde bereits darauf hingewiesen, daß der Hauptwunsch der neuen Gefangenen darin bestand, daß sie ihre Persönlichkeit intakt halten und in die Außenwelt als die gleiche Person zurückkehren wollten, als die sie sie verlassen hatten. Alle ihre emotionalen Bemühungen galten diesem Ziel. Die alten Gefangenen dagegen setzten sich vor allem mit dem Problem ausein-

ander, ihr Leben im Lager so »angenehm« wie möglich zu gestalten. Waren sie einmal zu dieser Haltung gelangt, so erfuhren sie alles, was ihnen zustieß, das heißt auch die schlimmsten Mißhandlungen, noch als »real«. Die Spaltung zwischen dem, dem etwas zustößt, und dem, der dies beobachtet, war aufgehoben.

War das Stadium, in dem alles, was im Lager geschah, als »real« hingenommen wurde, einmal erreicht, so deutete alles darauf hin, daß sich die Gefangenen vor einer Rückkehr in die Außenwelt fürchteten. Zwar gaben sie das nicht direkt zu, doch war aus ihren Gesprächen zu ersehen, daß sie an eine Rückkehr in diese Außenwelt kaum mehr glaubten, denn sie lebten in dem Gefühl, nur eine gewaltige Umwälzung – ein Weltkrieg oder eine Weltrevolution – könne sie noch retten, aber sogar für diesen Fall zweifelten sie, ob sie sich dem neuen Leben würden anpassen können. Sie schienen sich dessen, was mit ihnen im Lauf der Jahre im Lager geschehen war, bewußt zu sein. Sie erkannten, daß sie sich an das Lagerleben angepaßt hatten und waren sich mehr oder weniger bewußt, daß dieser Prozeß zu einer grundlegenden Veränderung ihrer Persönlichkeit geführt hatte.

Am drastischsten demonstriert wurde dieser Sachverhalt durch einen prominenten Radikalen, einen früheren Führer der Unabhängigen Sozialistischen Partei im Reichstag. Seine Erfahrung sei es gewesen, so erklärte er, daß niemand im Lager länger als fünf Jahre leben könne, ohne seine Einstellungen so grundlegend zu verändern, daß man ihn nicht mehr als den gleichen Menschen ansehen könne. Dieser Gefangene erklärte, er sehe keinen Sinn darin weiterzuleben, da sich sein »reales Leben« auf dieses Dasein als KZ-Häftling beschränke, und daß er es nicht aushalten könnte, wenn auch er die Einstellungen und Verhaltensweisen entwickelte, die er an den alten Gefangenen beobachten konnte. Daher beschloß er, am sechsten Jahrestag seiner Einlieferung ins KZ Selbstmord zu begehen. Seine Mitgefangenen versuchten an diesem Tag auf ihn achtzugeben, allerdings vergeblich, denn der Selbstmord gelang.

Natürlich variierte die Zeit ganz erheblich, die die Gefangenen brauchten, um sich mit dem Gedanken abzufinden, daß sie den Rest ihres Lebens im Lager zubringen müßten. Kam ein neuer Gefangener ins Lager, versuchten ihm die älteren Gefangenen einige Dinge beizubringen, die ihm bei seiner Anpassung helfen konnten. So wurde den neuen Gefangenen zum Beispiel geraten, sie sollten auf alle Fälle versuchen, die ersten Tage zu überstehen und den Kampf ums Überleben nicht aufzugeben, denn je länger sie im Lager seien, desto leichter würde es für sie werden. Die älteren Gefangenen sagten: »Wenn du die ersten drei Monate überlebst, dann überlebst du auch die nächsten drei Jahre.« Bei der hohen Sterblichkeit, die pro Jahr beinahe zwanzig Prozent betrug, handelte es sich vor allem um die vielen neuen Gefangenen, die die ersten Wochen im Lager nicht überstanden, entweder weil sie durch eine Anpassung an die Lagerbedingungen nicht überleben wollten oder weil sie nicht überleben konnten.[14] Wie lange ein Gefangener brauchte, bis er aufhörte, das Leben außerhalb des Lagers als real zu betrachten, hing in einem hohen Maße von der Stärke seiner emotionalen Beziehungen zu seiner Familie und seinen Freunden ab. Bis zu dem Zeitpunkt, an dem man das Lagerleben als sein »reales« Leben akzeptierte, brauchte man in der Regel mindestens zwei Jahre. Aber selbst dann sehnte sich der Gefangene immer noch nach der Freiheit draußen. Einige der Anzeichen, von denen man die veränderte Einstellung des Gefangenen ablesen konnte, waren zum Beispiel folgende: der Häftling konnte versuchen, sich im Lager einen besseren Platz zu verschaffen, anstatt sich zu bemühen, mit der Außenwelt zu kommunizieren[15]; oder er vermied jegliche Spekulationen über das Schicksal seiner eigenen Familie oder die historische Entwicklung außerhalb des Lagers; oder er konzentrierte seine Aufmerksamkeit ausschließlich auf die Dinge, die innerhalb des Lagers passierten.[16]

Äußerte der Autor gegenüber einigen alten Gefangenen sein Erstaunen darüber, daß sie sich für Diskussionen über ihr späteres Leben außerhalb des Lagers offenbar überhaupt nicht interessierten, so gaben diese Gefangenen häufig zu, daß sie sich nicht mehr vorstellen könnten, wie man außerhalb des Lagers lebt und sich frei entscheidet und für sich selbst und seine Familie sorgt. Das aber war nicht die einzige Veränderung, die man an ihnen beobachten konnte. Andere Unterschiede zwischen alten und neuen Gefangenen bestanden zum Beispiel darin, welche Hoffnungen sie in ihre jeweilige Zukunft setzten oder inwieweit sie bereits auf infantiles Verhalten regrediert waren. Freilich sind dies nur zwei Beispiele unter vielen. Trotzdem sollte man sich in bezug auf diese Unterschiede stets vor Augen halten, daß es starke individuelle Abweichungen gab und daß sich die Kategorien überschnitten, weshalb es sich bei diesen Feststellungen immer nur um Annäherungen und Verallgemeinerungen handeln kann.

Die neuen Gefangenen bekamen gewöhnlich am häufigsten Post, Geld und andere Zeichen der Zuwendung aus der Außenwelt. Ihre Familien setzten alles in Bewegung, um sie freizubekommen, was jedoch nicht hinderte, daß die Gefangenen ihre Angehörigen oder Freunde ständig beschuldigten, nichts zu unternehmen – sie würden verraten und betrogen, so meinten sie. Diese Gefangenen konnten über einem Brief, der Bemühungen schilderte, sie freizubekommen, in Tränen ausbrechen, um jedoch im nächsten Augenblick heftig loszuschimpfen, weil man ohne ihre Einwilligung einen Teil ihres Besitzes verkauft hatte. Sie konnten ihre Familien verfluchen, weil sie

sie »ganz offenkundig bereits für tot hielten«. Selbst die geringfügigsten Veränderungen in ihrer früheren privaten Welt gelangten nun zu überdimensionaler Bedeutung. Sie konnten die Namen einiger ihrer besten Freunde vergessen haben[17], doch wenn sie erfuhren, daß diese Freunde umgezogen waren, reagierten sie völlig verstört und nichts vermochte sie zu trösten.

Diese ambivalente Haltung der neuen Gefangenen hinsichtlich ihrer Familien könnte auf einen bereits erwähnten Mechanismus zurückzuführen sein. Der Wunsch dieser Gefangenen, als genau die Person in die Außenwelt zurückzukehren, die sie vor dem Lager gewesen waren, war so groß, daß sie sich vor jeder Veränderung der Situation, die sie zurückgelassen hatten, fürchteten – selbst dann, wenn es sich bei diesen Veränderungen um Lappalien handelte. Sie wollten ihren materiellen Besitz in Sicherheit und unangetastet wissen, obwohl nicht zu übersehen war, daß ihnen dieser Besitz im Augenblick überhaupt nichts nutzte.

Es ist schwierig festzustellen, ob dieser Wunsch, daß alles unverändert bleiben möge, auf die Erkenntnis der Gefangenen zurückging, daß es äußerst schwierig sein würde, sich einem völlig veränderten Zuhause anzupassen oder ob dieser Wunsch durch eine Art magisches Denken zustande kam, das sich in den folgenden Wunschworten äußern mochte: »Wenn sich in der Welt, in der ich früher gelebt habe, nichts ändert, dann werde auch ich mich nicht ändern.« Auf diese Weise haben die Gefangenen vielleicht ihrer Angst, *daß sie sich tatsächlich änderten,* entgegengewirkt.

In diesen heftigen Reaktionen der Gefangenen auf irgendwelche Veränderungen in ihrem Familienleben äußerte sich also offenbar die Erkenntnis, daß auch sie selbst sich änderten. Was die Gefangenen so wütend werden ließ, war wahrscheinlich nicht nur die Tatsache der Veränderung, sondern auch das Wissen darum, daß sich nun auch ihr Status in ihrer eigenen Familie änderte. Und dort, wo diese Familie früher von ihnen abhängig gewesen war, waren sie nun von ihr abhängig. Die einzige Möglichkeit, die sie sahen, um eines Tages wieder das Oberhaupt ihrer Familie werden zu können, war, daß die Familienstruktur trotz ihrer Abwesenheit unverändert bleiben mußte. Dazu kam noch, daß sie den Standpunkt kannten, den die meisten draußen Lebenden gegenüber den Menschen einnahmen, die schon einmal in irgendeiner Art von Gefängnis gesessen hatten.

Tatsache war, daß, obwohl sich die meisten Familien für ihre ins Lager verschleppten Angehörigen einsetzten, schwerwiegende Probleme nicht ausblieben. In den ersten Monaten versuchten solche Familien den Gefangenen mittels hoher Geldsummen freizukaufen, wobei sie sich finanziell häufig übernahmen. Wenn sie die zuständigen Gestapo-Männer anflehten, sie sollten doch ihre Angehörigen freilassen, wurde ihnen wiederholt erklärt, daß der Gefangene selbst an seiner Inhaftierung schuld sei. Später stießen sie, wenn sie Arbeit suchten, auf Schwierigkeiten, denn einer aus ihrer Familie war ja »verdächtig«. Außerdem wurden ihren Kindern Schwierigkeiten gemacht, und sie selbst waren nun von Fürsorgeleistungen ausgeschlossen. Es war also schon natürlich, wenn diese Familien bei dem Gedanken, daß einer der ihren im Lager saß, eine Abneigung empfanden.

Die Freunde hatten kein sonderliches Mitgefühl für solche Familien, denn die deutsche Bevölkerung entwickelte insgesamt gewisse Abwehrmechanismen, die sich gegen das Faktum der Konzentrationslager richteten. Den Deutschen war die Vorstellung, sie könnten in einer Welt leben, in der sie nicht durch Gesetz und Ordnung beschützt wurden, unerträglich. Sie konnten es einfach nicht glauben, daß die Gefangenen in den Lagern keine schrecklichen Verbrechen begangen hatten, denn so, wie sie bestraft worden waren, mußten sie doch Verbrecher sein. Auf diese Weise fand ein allmählicher Prozeß der Entfremdung zwischen den Gefangenen und ihren Familien statt, ein Prozeß, der bei den neuen Häftlingen freilich erst am Anfang stand.

Es erhebt sich die Frage, wie die Gefangenen ihren eigenen Familien Veränderungen zum Vorwurf machen konnten, die sich in Wirklichkeit in ihnen selbst abspielten und deren ohnmächtige Ursache ebenfalls sie selbst waren. Es kann sein, daß die Gefangenen so viele Strafen und so große Mühsal ertragen mußten, daß sie zusätzliche Vorwürfe ganz einfach ablehnten. Sie meinten, genug gebüßt zu haben für die Unzulänglichkeiten und Fehler, die sie in der Vergangenheit gegenüber ihren Familien und Freunden begangen hatten, und genug auch wegen der Veränderungen, die sich in ihnen selbst abspielen mochten. Auf diese Weise brauchten die Gefangenen keine Verantwortung mehr für solche Veränderungen zu übernehmen und der Schuldgefühle entledigten sie sich ebenfalls; so aber konnten sie nun andere Leute, ja sogar ihre eigenen Familien für Fehler hassen, die in Wirklichkeit ihre eigenen waren.

Dieses Gefühl, für eine Schuld gebüßt zu haben, entbehrte übrigens nicht einer realen Grundlage. Als die Konzentrationslager errichtet worden waren, sperrten die Nazis ihre prominenten Feinde in sie ein. Aber bald gab es keine prominenten Feinde mehr, denn sie waren tot, sie saßen in den Gefängnissen oder Lagern oder waren emigriert. Was freilich nicht hinderte, daß die Nazis eine Einrichtung brauchten, mit deren Hilfe sie die Regimegegner unter Druck setzen konnten, denn es gab allzu viele Deutsche, die mit diesem Regime unzufrieden waren. Sie alle einzusperren, hätte die Industrieproduktion lahmgelegt, und diese Produktion war für die Nazis vorrangig. Hatte also eine Bevölkerungsgruppe das Naziregime satt, schickten die Nazis ausgesuchte Mitglieder dieser Gruppe ins Konzentrationslager. Wurden etwa die Anwälte unruhig, so wurden einige hundert Anwälte ins Lager geschickt; das gleiche passierte mit den Ärzten, wenn die Mediziner rebellisch wurden, und so fort.

Die Gestapo bezeichnete dieses Vorgehen als »Strafaktionen«. Dieses neue System wurde 1937 und 1938 zum ersten Mal benutzt, also in der Zeit, als sich Deutschland auf die Eroberung fremder Länder vorbereitete. Bei der allerersten Aktion wurden lediglich die Führer der Oppositionsgruppen bestraft. Was zur Folge hatte, daß die meisten Oppositionellen glaubten, sie selbst seien ja nicht in Gefahr. Aber bald revidierte die Gestapo ihr System und nun verhaftete sie sozusagen einen Querschnitt durch die verschiedensten Schichten der jeweiligen Gruppe. Dieses neue Verfahren hatte den Vorteil, daß man nun unter allen Mitgliedern der jeweiligen Gruppe Schrecken verbreiten konnte und daß man die Gruppe bestrafen und zerstören konnte, ohne unbedingt ihren Führer anzurühren, was aus irgendeinem Grund nicht ratsam sein konnte.[18] Obwohl die Gefangenen niemals erfuhren, warum genau sie eingesperrt wurden, war es andererseits doch so, daß man den jeweiligen Repräsentanten einer Gruppe reinen Wein einschenkte.

Die Gefangenen wurden von der Gestapo befragt und sollten Informationen über ihre Verwandten und Freunde liefern. Im Verlauf dieser Befragungen haben sich die Gefangenen gelegentlich beklagt, daß man sie selbst eingesperrt habe, während prominentere Nazigegner in Freiheit lebten. Darauf entgegnete man ihnen, daß sie eben Pech gehabt hätten, weil sie nun als Vertreter ihrer Gruppe leiden müßten, doch würden sie, wenn sich diese Gruppe nicht eines Besseren besann, bald Gelegenheit haben, alle anderen Mitglieder hier im Lager zu begrüßen. Daher meinten diese Gefangenen ganz richtig, daß sie für die restliche Gruppe mitbüßen müßten, nur stellte sich eben den Leuten außerhalb des Lagers die Sache anders dar. Der Groll, den die Gefangenen gegen die Außenwelt hegten, wurde noch dadurch verstärkt, daß sie das Gefühl hatten, nicht die Zuwendung zu bekommen, die ihnen zugestanden hätte. Doch die neuen Gefangenen mochten sich über ihre Freunde und Verwandten noch so sehr beklagen, sie sprachen immer auch sehr gerne über sie und über die Position, die sie selbst innegehabt hatten, sowie über ihre Zukunftserwartungen.

Die alten Gefangenen ließen sich ungern an ihre Familien und früheren Freunde erinnern. Wenn sie sie erwähnten, dann auf eine sehr distanzierte Weise. Sie bekamen zwar gern Briefe, die jedoch so wichtig auch nicht mehr für sie waren, was sich vielleicht darauf zurückführen ließ, daß sie mit den in diesen Briefen beschriebenen Geschehnissen kaum mehr etwas gemein hatten. Es ist bereits darauf hingewiesen worden, daß sich die Gefangenen vorstellen konnten, wie schwierig es für sie sein würde, wenn sie draußen ein neues Leben anfangen müßten, doch es gab noch einen anderen wichtigen Faktor – das war der Haß der Gefangenen auf alle, die außerhalb des Lagers lebten und die »das Leben genossen, als ob wir hier drinnen nicht verfaulten«.

Diese Außenwelt, die weiterlebte als sei nichts passiert, wurde in den Augen der Gefangenen von denjenigen verkörpert, mit denen sie vor dem Lager eng verbunden gewesen waren, also von ihren Familienangehörigen und Freunden. Aber selbst dieser Haß war bei den alten Gefangenen ein sehr gedämpfter. Es schien als hätten sie nicht nur die Gabe, ihre Angehörigen zu lieben, sondern auch die Fähigkeit, sie zu hassen, verloren. Die alten Gefangenen hatten gelernt, einen Großteil ihrer Aggressivität gegen sich selbst zu richten, um dergestalt Konflikten mit der SS aus dem Weg zu gehen, während die neuen Gefangenen ihre Aggressionen gegen die Außenwelt und – wenn sie sich nicht überwacht fühlten – gegn die SS richteten. Die alten Gefangenen legten weder in die eine noch in die andere Richtung ausgeprägte Emotionen an den Tag: sie schienen unfähig, starke Gefühle für wen auch immer zu empfinden.

Die alten Gefangenen erwähnten nur ungern ihren früheren gesellschaftlichen Rang und ihren Tätigkeitsbereich, während die neuen Gefangenen in dieser Hinsicht gern etwas großsprecherisch auftraten. Die neuen Gefangenen versuchten sich ihre Selbstachtung offenbar dadurch zu erhalten, daß sie die anderen wissen ließen, wie wichtig sie gewesen waren, womit sie natürlich implizierten, daß sie auch jetzt noch wichtig waren. Die alten Gefangenen schienen sich in ihre Mißlage längst gefügt zu haben, und diese Lage mit dem früheren Glanz ihres Lebens zu vergleichen – und alles war Glanz in diesem Leben, wenn man es mit der KZ-Situation verglich – war wahrscheinlich viel zu deprimierend für sie.

Eng verquickt mit der Einstellung der Gefangenen gegenüber ihren Familien waren ihre Überzeugungen und Hoffnungen, die sie in bezug auf ihr zukünftiges Leben nach der Entlassung aus dem Lager hegten. In dieser Hinsicht gaben sich die Gefangenen allzu gerne individuellen oder kollektiven Tagträumen hin. Solche Tagträume waren eine der Lieblingsbeschäftigungen, solange das emotionale Klima im Lager nicht zu deprimierend war. Es bestand ein ausgeprägter Unterschied zwischen den Tagträumen von neuen und alten Gefangenen. Je länger der Gefangene im Lager war, desto realitätsferner wurden seine Tagträume. Das ging so weit,

daß die Hoffnungen und Erwartungen der alten Gefangenen häufig die Gestalt von eschatologischen oder messianischen Vorstellungen annahmen, wobei dieses Verhalten in ihrer Überzeugung wurzelte, daß sie nur mehr durch ein Ereignis wie zum Beispiel den Untergang der Welt befreit werden könnten. So träumten viele alte Gefangene vom kommenden Weltkrieg oder auch von einer Weltrevolution. Und sie waren überzeugt, daß sie aus dieser Umwälzung als die künftigen Führer wenn nicht der ganzen Welt, so doch zumindest Deutschlands hervorgehen würden. Das war das Mindeste, was sie sich aufgrund ihrer Leiden erwarteten. Diese grandiosen Erwartungen gingen Hand in Hand mit äußerst vagen Vorstellungen davon, wie ihr künftiges Privatleben aussehen mochte. In ihren Tagträumen waren sie überzeugt, daß sie nach dem Lager Staatsminister und dergleichen werden würden, aber ob sie mit ihren Familien zusammenbleiben würden, daß wußten sie noch nicht genau. Diese Tagträume lassen sich teilweise aus der Tatsache erklären, daß die Gefangenen in dem Gefühl lebten, nur ein hohes öffentliches Amt könne ihnen in ihrer Familie zu der gleichen Stellung wie früher verhelfen.
Die Hoffnungen und Erwartungen, die die neuen Gefangenen hinsichtlich ihrer Zukunft hegten, waren wesentlich realitätsgerechter. Trotz der ambivalenten Haltung, die sie gegenüber ihren Familien einnahmen, zweifelten sie nicht im geringsten daran, daß sie ihr Familienleben genau dort wieder aufnehmen würden, wo sie es hatten aufgeben müssen. Sie hofften, in das gesellschaftliche und berufliche Leben zurückkehren zu können, das sie vor dem Lager geführt hatten. Bei den meisten Anpassungsversuchen an die Lagersituation, die wir bisher besprochen haben, handelte es sich um mehr oder minder individuelle Verhaltensweisen, wie wir sie zu Beginn definiert haben. Die im nun folgenden Abschnitt zur Diskussion gestellten Veränderungen waren – und das gilt vor allem für die Regression auf infantiles Verhalten – Massenphänomene in dem von uns definierten Sinne. Der Autor ist der Meinung, daß es zu dieser Regression nicht gekommen wäre, wenn ihr nicht alle Gefangenen zum Opfer gefallen wären. Diese Meinung gründet sich einerseits auf der eigenen Introspektion und andererseits auf Gespräche mit den wenigen Gefangenen, die durchschauten, was passierte. Auch war es so, daß sich die Gefangenen untereinander bei ihren Tagträumen und in bezug auf ihre jeweilige Haltung zu ihrer Familie nicht störten, wohingegen sie ihre Macht als Gruppe gegenüber jenen Gefangenen unter Beweis stellten, die gegen Abweichungen vom normalen Erwachsenenverhalten protestierten. Sie beschuldigten diejenigen, die die infantile Abhängigkeit von den Wachen mißbilligten, sie würden die Sicherheit der Gruppe bedrohen, eine Anschuldigung, die nicht ganz unrichtig war, denn die SS

bestrafte immer die ganze Gruppe, wenn sich einige ihrer Mitglieder etwas hatten zuschulden kommen lassen. Diese Regression auf infantiles Verhalten war also noch unausweichlicher als die anderen Verhaltensweisen, die dem Individuum durch die Lagerbedingungen aufgezwungen wurden.

Regression

Die Gefangenen entwickelten Verhaltensweisen, wie sie für das Säuglingsalter oder die frühe Kindheit charakteristisch sind. Manche von diesen Verhaltensweisen entwickelten sich langsam, andere wurden den Gefangenen gleich zu Beginn aufgezwungen, so daß lediglich ihr Intensitätsgrad mit der Zeit noch zunahm. Einige von diesen mehr oder minder infantilen Verhaltensweisen – zum Beispiel die ambivalente Haltung gegenüber der eigenen Familie, die hoffnungslose Deprimiertheit, die Befriedigung, die durch Tagträume und nicht durch aktives Handeln erzeugt wurde – sind bereits angesprochen worden.
Ob es unter diesen Verhaltensmustern welche gab, die von der Gestapo gezielt erzeugt wurden, ist schwer festzustellen. Andere Muster wurden zwar eindeutig von der Gestapo ausgelöst, aber auch in diesen Fällen wissen wir nicht, ob dies bewußt oder unbewußt, absichtlich oder unabsichtlich geschah. Es ist bereits darauf hingewiesen worden, daß die Gefangenen schon auf dem Transport in einer Weise mißhandelt wurden, wie ein grausamer und autoritärer Vater sein hilfloses Kind mißhandeln könnte; dem sollte hinzugefügt werden, daß die Gefangenen auch durch Methoden herabgewürdigt wurden, die noch tiefer in die frühe Kindheit hineinreichen. So sahen sich die Gefangenen zum Beispiel gezwungen, sich selbst zu beschmutzen, denn die Defäkation war im Lager strikt reguliert. Sie war eines der wichtigsten Tagesereignisse, über das jeweils ausführlich gesprochen wurde. Gefangene, die im Verlauf des Tages »austreten« wollten, mußten die Erlaubnis dazu von einer der Wachen einholen. Es schien, als sollte die Reinlichkeitserziehung ein zweites Mal wiederholt werden. Auch schien es den Bewachern eine gewisse Befriedigung zu bereiten, den Besuch der Latrine zu gestatten oder zu verweigern. (Richtige Toiletten gab es so gut wie überhaupt keine). Der Befriedigung der Bewacher entsprach die Befriedigung der Gefangenen insofern als diese auf der Latrine sich kurz ausruhen konnten und noch dazu vor den Schlägen der Wachen und Aufseher sicher waren. Das war freilich nicht immer der Fall, denn forsche junge Wachen machten sich manchmal einen Spaß daraus, die Gefangenen sogar auf der Latrine noch zu schikanieren.

Wenn sie sich miteinander unterhielten, mußten die Gefangenen sich duzen – eine Form der Anrede, deren sich in Deutschland so unterschiedslos nur die kleinen Kinder bedienen; und es war den Gefangenen nicht gestattet, einander mit den mannigfachen Titeln anzusprechen, wie sie in der deutschen Mittel- und Oberschicht damals weitverbreitet waren. Dafür mußten sie sich den Wachen gegenüber äußerst respektvoll verhalten, und jeden Bewacher hatten sie mit seinem vollen Dienstgrad anzusprechen.

Die Gefangenen lebten, auch darin Kindern ähnlich, nur in der unmittelbaren Gegenwart; sie büßten ihr Zeitgefühl ein; sie verloren die Fähigkeit, in die Zukunft hinein zu planen; und sie wurden unfähig, auf unmittelbare Lustbefriedigungen zugunsten späterer größerer Befriedigungen zu verzichten. Sie vermochten keine dauerhaften Objektbeziehungen zu entwikkeln. Freundschaften entstanden so rasch wie sie sich auflösten. Die Gefangenen gingen aufeinander los wie nur Halbstarke es tun, erklärten, sie würden nie wieder miteinander reden, um dann – innerhalb kürzester Zeit – wieder die dicksten Freunde zu sein. Sie prahlten gerne und erzählten große Geschichten über ihr früheres Leben oder wie sie ihre Bewacher angeschmiert oder die Arbeit sabotiert hatten. Wie Kinder fühlten sie sich weder gedemütigt noch sonderlich beschämt, wenn sich herausstellte, daß sie, was ihre Tapferkeit anging, gelogen hatten.

Ein weiterer Faktor, der zur Regression auf infantiles Verhalten beitrug, war die Arbeit, die die Gefangenen zu verrichten hatten. Die neuen Gefangenen wurden häufig gezwungen, völlig sinnlose Arbeiten zu verrichten, zum Beispiel schwere Steine von einer Stelle zur anderen und wieder zurück zu schleppen. Oder sie mußten mit ihren bloßen Händen Löcher in den Boden graben, obwohl es Schaufeln gab. Sie haßten diese sinnlosen Arbeiten, obgleich es ihnen hätte egal sein müssen, ob ihre Arbeit nun nützlich war oder nicht. Sie fühlten sich erniedrigt, wenn sie so »kindische« und dumme Arbeiten verrichten mußten, und sie zogen sogar härtere Arbeiten vor, wenn das Ergebnis in irgendeiner Weise nützlich zu sein schien. Es scheint keinen Zweifel daran zu geben, daß diese Arbeiten, die man ihnen auftrug, zusammen mit den Mißhandlungen durch die Gestapo, zur Desintegration ihrer Erwachsenenpersönlichkeit beitrugen.

Der Autor hatte Gelegenheit, mit mehreren Gefangenen zu sprechen, die, bevor sie ins Lager kamen, einige Jahre im Gefängnis gesessen hatten, zum Teil sogar in Einzelhaft. Obwohl die Anzahl dieser Gefangenen so gering war, daß sie keine gültige Verallgemeinerung zuläßt, ist es doch offenbar so, daß eine Inhaftierung im Gefängnis nicht die Charakterveränderungen erzeugt, um die es in dieser Abhandlung geht. Und was nun die Regression auf infantile Verhaltensweisen anlangt, so scheint das einzige Merkmal, das

Gefängnis und Lager gemeinsam haben, darin zu bestehen, daß in beiden Fällen die Gefangenen daran gehindert werden, ihre sexuellen Bedürfnisse auf normale Weise zu befriedigen, so daß sie schließlich in der Angst leben, sie könnten impotent werden. Im Lager verstärkte diese Angst jene anderen Faktoren, die erwachsenen Verhaltensweisen abträglich waren und infantiles Verhalten förderten.

Hatte der Gefangene das Endstadium seiner Anpassung an die Lagersituation erreicht, so hatte sich seine Persönlichkeit derart verändert, daß er sich nunmehr sogar manche Wertvorstellungen der SS zu eigen gemacht hatte. Einige Beispiele sollen veranschaulichen, wie sich diese »Identifizierung« am Ende äußerte.

Die SS hielt die Gefangenen für den letzten Abschaum oder sie tat zumindest so. Sie pochte darauf, daß keiner der Gefangenen etwas Besseres sei als die anderen. Einer der Gründe für diese Haltung bestand wahrscheinlich in dem Wunsch, die jungen Wachen, die im Lager ausgebildet wurden, davon zu überzeugen, daß sie selbst den prominentesten Gefangenen überlegen seien, und ihnen zu beweisen, daß die einstigen Nazigegner nunmehr »erledigt« seien und keiner Rücksichtnahme mehr bedürften. Wäre ein einst prominenter Gefangener besser behandelt worden als die anderen Häftlinge, hätten die unkomplizierten und leichtgläubigen Wachen vermutlich geglaubt, daß diese Person immer noch über einigen Einfluß verfügte; und wäre er schlechter behandelt worden, so hätten sie angenommen, daß er immer noch gefährlich sei.

Die Nazis wollten den Wachen den Eindruck vermitteln, daß selbst der geringfügigste Widerstand gegen das System zur Vernichtung der Person führte, die sich erdreistete, solchen Widerstand zu leisten, und daß *das Ausmaß* des Widerstandes in bezug auf die Bestrafung völlig belanglos war. Gelegentliche Gespräche mit diesen Wachen ergaben, daß sie tatsächlich an eine Weltverschwörung des jüdischen Kapitals gegen das deutsche Volk glaubten. Und wer sich den Nazis widersetzte, war an dieser Verschwörung natürlich beteiligt und mußte vernichtet werden, ganz gleich, welche Rolle er in dieser Verschwörung spielte. So aber ergab es sich, daß die Gefangenen von den Wachen als schlimmste Erzfeinde behandelt wurden.

Die Gefangenen befanden sich in einer unerträglichen Situation, da die Wachen, aber auch andere Mitgefangene ständig ihre Privatsphäre störten. Auf diese Weise sammelte sich eine Menge Aggression an. Bei den neuen Gefangenen machte sich diese Aggression so Luft, wie sie sich wahrscheinlich auch außerhalb des Lagers Luft gemacht hätte. Doch übernahmen diese Gefangenen als Ausdruck ihrer verbalen Aggressionen langsam Bezeichnungen und Redensarten, die mit Sicherheit nicht ihrem eigenen Wortschatz entstammten, sondern aus dem völlig anders gearteten Wortschatz der SS übernommen wurden. Von der Nachahmung der verbalen Aggressionen der SS bis zur Nachahmung ihrer körperlichen Aggressionen war es nur ein Schritt, obwohl dieser Schritt in der Regel mehrere Jahre dauerte. Alte Gefangene, die sich, wenn sie ihre Mitgefangenen beaufsichtigen mußten, schlimmer aufführten als die SS, waren keine Seltenheit. In manchen Fällen versuchten sie auf diese Weise die Sympathie der SS zu gewinnen, doch in den meisten Fällen hielten sie diese Verfahrensweise ganz einfach für die beste, um mit den Gefangenen fertigzuwerden.

Praktisch alle Gefangenen, die schon eine lange Zeit im Lager waren, übernahmen die Haltung, der sich die SS gegenüber den sogenannten untauglichen Gefangenen befleißigte. Die neuen Gefangenen konfrontierten die alten mit schwierigen Problemen. Ihre Klagen über das unerträgliche Lagerleben und ihre Unfähigkeit sich anzupassen, erschwerten das Leben in den Baracken noch zusätzlich. Mißverhalten in der Arbeitsgruppe brachte die ganze Gruppe in Gefahr. So wurde ein Neuling, dem die Strapazen im Lager schwer zu schaffen machten, für seine Mitgefangenen zu einem Risiko. Außerdem war es auch so, daß die Schwächlinge am ehesten zu Verrätern wurden. Und da solche Schwächlinge sowieso meistens in den ersten Wochen im Lager starben, hatte man nichts dagegen, dem etwas nachzuhelfen. Auf diese Weise unterstützten die alten Gefangenen gelegentlich die Beseitigung dieser »untauglichen« Gefangenen – das heißt sie integrierten die Nazi-Ideologie in ihr eigenes Handeln. Das war nur eine von vielen Situationen, in denen die alten Gefangenen brutale Härte zeigten und mit ihrer Behandlung dieser »untauglichen« Gefangenen dem Beispiel der SS nacheiferten. Die Notwendigkeit sich selbst zu schützen erforderte die Liquidierung dieser »untauglichen« Gefangenen, doch die Art und Weise, wie diese Gefangenen von den alten Häftlingen manchmal tagelang mißhandelt und langsam umgebracht wurde, diese Methode stammte von der Gestapo.

Die alten Gefangenen, die sich mit der SS identifizierten, taten dies nicht nur in bezug auf aggressives Verhalten. Sie versuchten Teile von alten SS-Uniformen zu erwerben. War das nicht möglich, nähten und flickten sie ihre eigenen Uniformen so zurecht, daß sie den Uniformen der Wachen ähnelten. Die Zeit und die Arbeit, die diese Gefangenen auf diese Bemühungen verwandten, waren unglaublich, zumal die SS eine solche Nachahmung ihrer Uniformen bestrafte. Fragte man die alten Gefangenen, warum sie das täten, so sagten sie, daß es ihnen gefiele, wie die Wachen auszusehen.

Die Identifizierung der alten Gefangenen mit der SS machte bei der Nachahmung des Verhaltens und der äußeren Erscheinung der SS-Männer nicht halt. Die alten Gefangenen akzeptierten auch Wert- und Zielvorstellungen der Nazis, und sie taten dies selbst dann, wenn es ihren eigenen Interessen zuwiderlief. Es war erschreckend mitzuverfolgen, wie weit sogar politisch aufgeklärte Gefangene bei diesem Identifizierungsprozeß gehen konnten. Einmal war die englische und amerikanische Presse voll von Geschichten über die in den Lagern begangenen Grausamkeiten. Wegen der Veröffentlichung dieser Geschichten wurden die Gefangenen bestraft, denn auch in diesem Fall hielt die SS an ihrem Grundsatz fest, daß stets die ganze Gruppe für das Verhalten eines einzigen Gruppenmitgliedes büßen müsse, und es lag ja auf der Hand, daß diese Geschichten von einstigen KZ-Häftlingen stammen mußten. Bei Diskussionen über dieses Ereignis vertraten viele von den alten Gefangenen den Standpunkt, daß es der Auslandspresse nicht zustehe, sich mit innerdeutschen Einrichtungen zu befassen, und sie äußerten ihren Haß auf die Journalisten, die ihnen zu helfen versuchten. Der Autor stellte über hundert alten politischen Gefangenen die folgende Frage: »Wenn ich Glück habe und ins Ausland komme, soll ich dann die Geschichte dieses Lagers erzählen und das Interesse der freien Welt wekken?« Ich stieß in dieser Gruppe auf nur zwei Gefangene, die den unbedingten Standpunkt vertraten, daß jeder, dem es gelinge, diesem Deutschland zu entrinnen, die Nazis mit allen Kräften bekämpfen müsse. Alle anderen hofften auf eine deutsche Revolution, während ihnen die Vorstellung, daß eine ausländische Macht eingreifen könnte, nicht behagte.

Wenn alte Gefangene die Wertvorstellungen der Nazis als ihre eigenen übernahmen, bekannten sie sich gewöhnlich nicht direkt dazu, sondern erklärten ihr Verhalten mit Hilfe von Rationalisierungen. So sammelten zum Beispiel die alten Gefangenen die Materialreste im Lager zusammen, weil Deutschland an Rohstoffknappheit litt. Wurden sie darauf hingewiesen, daß sie damit die Nazis freiwillig unterstützten, dann rationalisierten sie, daß durch diese Sammelaktionen doch auch die deutsche Arbeiterklasse reicher werde. Und wenn die Gefangenen zum Beispiel Gebäude für die Gestapo errichteten, setzte stets ein Streit darüber ein, ob man gut oder schlecht bauen sollte. Die neuen Gefangenen waren für Sabotage, während die meisten alten Gefangenen für gutes Bauen waren. Sie rationalisierten, daß das neue Deutschland diese Gebäude brauchen werde. Und wer mit dem Argument kam, daß eine Revolution diese Festungen der Nazis zerstören würde, dem wurde seitens der alten Gefangenen der Gemeinplatz entgegengehalten, wonach jeder die Arbeit, die er tun muß, gut tun muß. Anscheinend hatten die meisten alten Gefangenen erkannt, daß sie nur dann für die Gestapo weiterarbeiten könnten, wenn sie sich selbst einredeten, daß ihre Arbeit sinnvoll sei. Das aber hatten sie sich dann auch eingeredet.

Die Befriedigung, die manche alte Gefangene bei der Tatsache empfanden, daß sie bei dem zweimal täglich stattfindenden Appell und Abzählen – was jeweils stundenlang, ja eine Ewigkeit zu dauern schien – wirklich mustergültig strammgestanden hatten, läßt sich nur durch die Tatsache erklären, daß sie die Wertvorstellungen der SS ganz und gar als ihre eigenen verinnerlicht hatten. Diese Gefangenen rühmten sich, genauso hart wie die SS zu sein. Die Identifizierung mit den Folterknechten ging so weit, daß besagte Gefangene sogar die Freizeitbetätigungen der SS nachahmten. So hatten die Wachen ein Spiel, das darin bestand, daß es herauszufinden galt, wer, ohne einen Schmerzenslaut von sich zu geben, die meisten Schläge einstekken konnte. Dieses Spiel wurde von einigen alten Gefangenen kopiert, so als seien sie nicht schon häufig und lange genug geschlagen worden und als müßten sie diese Erfahrung noch einmal und noch einmal wiederholen, indem sie nun ihren Mitgefangenen Schmerzen zufügten.

Die SS sorgte häufig für völlig sinnlose Anordnungen, was jeweils auf irgendeine Laune oder Grille irgendeines Bewachers zurückging. Diese Anordnungen gerieten, wenn sie nicht mehr zur Anwendung kamen, in der Regel sehr rasch in Vergessenheit, doch gab es immer einige alte Gefangene, die sich auch weiterhin an diese Anordnungen hielten und sie auch dann noch ihren Mitgefangenen aufzuzwingen versuchten, wenn die SS längst nicht mehr daran dachte. So inspizierte eines Tages einer der Bewacher die Kleidung der Gefangenen, wobei er entdeckte, daß die Schuhe mancher Gefangenen innen schmutzig waren. Der Mann gab allen Gefangenen den Befehl, ihre Schuhe innen und außen mit Seife zu waschen. Bei einer solchen »Pflege« wurden die sowieso schon schweren Schuhe hart wie Stein. Dieser Befehl wurde niemals wiederholt, und viele Gefangene führten ihn, als er gegeben wurde, gar nicht erst aus. Doch gab es einige alte Gefangene, die nun Tag für Tag ihre Schuhe innen auswuschen und die alle anderen Gefangenen, die das nicht taten, als verwahrloste Schmutzfinken beschimpften. Diese alten Gefangenen waren fest davon überzeugt, daß es sich bei den von der SS getroffenen Anordnungen – zumindest im Rahmen des Lagers – um wünschenswerte menschliche Verhaltensstandards handelte.

Die meisten alten Gefangenen fanden sich auch mit den rassistischen Vorstellungen der SS ab, obwohl sie früher, bevor sie ins Lager verschleppt wurden, gegen jegliche Rassendiskriminierung gewesen waren. Sie hielten den Standpunkt, wonach Deutschland mehr »Lebensraum« benötige, für richtig, allerdings mit der Einschränkung »so lange es keine Weltföderation gibt«; und an die Überlegenheit der deutschen Rasse glaubten sie ebenfalls. In diesem Zusammenhang muß betont werden, daß es sich hier nicht um ein Ergebnis der SS-Propaganda handelte. Die SS unternahm keine Bemühungen, die in diese Richtung gingen, sondern stellte immer nur fest, daß es ihr egal sei, wie sich die Gefangenen fühlten, solange sie nur Angst vor der SS hätten. Auch betonte die SS gerne, daß sie die Gefangenen schon daran hindern werde, ihre Gefühle zu äußern. Doch was – vor allem angesichts des Verhaltens der alten Gefangenen – immer wieder überraschte, war, daß die SS offenbar glaubte, es sei, wenn die Gefangenen einmal mißhandelt worden waren, nicht mehr möglich, sie von den Wertvorstellungen der SS zu überzeugen.

Unter den alten Gefangenen waren noch andere Entwicklungen zu beobachten, die den Wunsch erkennen ließen, die SS in Punkten zu akzeptieren, bei denen keine Propaganda im Spiel sein konnte. Offenbar war es so, daß die Gefangenen, die sich eine infantile Haltung gegenüber der SS aneigneten, auch den Wunsch hatten, daß zumindest einige unter diesen Männern, die sie als allmächtige Vaterbilder akzeptierten, gerecht und gütig sein sollten. Sie hegten gegenüber der SS – was ganz erstaunlich klingen mag, aber es war so – positive und negative Gefühle, wobei sie ihre positiven Emotionen auf einige Offiziere »projizierten«, die in der Hierarchie der Lagerverwaltung einen hohen Rang einnahmen, doch war das Ziel dieser positiven Gefühle kaum je der Lagerleiter selbst. Die alten Gefangenen behaupteten, daß diese Offiziere hinter ihrem rauhen Äußeren ein Gefühl für Gerechtigkeit und Anständigkeit verbargen und daß sie sich für die Gefangenen wirklich interessierten, ja sogar versuchten, ihnen ein wenig zu helfen. Da nichts von diesen vermeintlichen Gefühlen und Bemühungen je offenkundig wurde, behaupteten diese Gefangenen, der fragliche Offizier kaschiere sein Innenleben deshalb so effektiv, weil er den Häftlingen sonst nicht helfen könnte. Der Eifer, mit dem diese Gefangenen ihre Behauptungen zu belegen versuchten, war rührend und jammervoll zugleich. So rankte sich schließlich eine ganze Legende um die Tatsache, daß von zwei Unteroffizieren, die eine Baracke besichtigt hatten, der eine, bevor er eintrat, seine Schuhe vom Schmutz gesäubert hatte. Er tat das wahrscheinlich völlig automatisch, aber interpretiert wurde diese Handlung als eine klare Demonstration der Einstellung dieses Mannes zum ganzen KZ-Geschehen.

Nachdem nun so vieles über die Neigung der alten Gefangenen, mit der SS konform zu gehen und sich mit ihr zu identifizieren, gesagt worden ist, sollte betont werden, daß dies nur ein Teil des ganzen Bildes ist. Der Autor hat versucht, sich auf interessante psychologische Mechanismen des Gruppenverhaltens zu konzentrieren, anstatt über Verhaltensweisen zu berichten, die wohlbekannt oder in einem solchen Rahmen zu erwarten gewesen sind. Die gleichen Gefangenen, die sich mit der SS identifizierten, boten ihr in anderen Situationen die Stirn und bewiesen dabei außerordentlichen Mut.

Der Autor ist der Meinung, daß dem Konzentrationslager eine Bedeutung zukommt, die weit über die Tatsache, daß sich dort die Gestapo an ihren Feinden rächte, hinausreicht. Das Konzentrationslager war das Hauptübungsfeld für die jungen Gestapo-Männer, die später Deutschland und alle anderen eroberten Länder im Polizeigriff beherrschen sollten; es war das Versuchslabor, in dem die Gestapo Methoden entwickelte, um freie und rechtschaffene Bürger nicht in aufsässige Sklaven, sondern in Leibeigene und Untermenschen zu verwandeln, die in vielen Punkten die Wertvorstellungen ihrer Herrn und Meister übernahmen.
Aber das, was auf eine extreme Weise mit den Gefangenen geschah, die mehrere Jahre im KZ zubrachten, geschah auf eine nicht ganz so extreme Weise den meisten Bewohnern jenes Konzentrationslagers im großen, das Deutschland hieß. Es hätte auch den Bewohnern der deutschbesetzten Länder geschehen können, wenn sie nicht fähig gewesen wären, sich im Widerstand zu organisieren. Das System war für den einzelnen zu stark, als daß er ihm sein Gefühlsleben hätte völlig verweigern können; und ganz besonders stark war es dann, wenn sich der einzelne in einer Gruppe befand, die das Nazi-System bereits mehr oder weniger akzeptiert hatte. Es war einfacher, dem Druck der Gestapo und der Nazis zu widerstehen, wenn man nach wie vor als Individuum funktionierte. Das aber schien die Gestapo zu wissen, und so schloß sie alle Individuen zu Gruppen zusammen, die sie überwachen konnte.
Hier noch einige der Methoden, welche die Zerstörung des Individualismus zum Ziel hatten: Die Nazis bedienten sich der Sippenhaft, und sie bestraften jeweils die ganze Gruppe für das Vergehen eines einzelnen Gruppenmitglieds; niemand durfte in bezug auf sein Verhalten von der Gruppennorm abweichen, ganz egal, wie diese Norm beschaffen war; Einzelgängertum und individuelles Handeln wurden so weit als möglich unterbunden, und so fort.
Das Hauptziel der Bemühungen der Nazis war offenbar, bei ihren Bürgern infantile Haltungen und eine infantile Abhängigkeit vom Willen und Wollen der Führer zu erzeugen. Die effektivste Methode, um solche Einflüsse zu bekämpfen, war anscheinend die Gründung von demokratischen Widerstandsgruppen, bestehend aus selbständigen, reifen und selbstbewußten Personen, die einander in ihrem Widerstandsgeist unterstützten. Wurden solche Gruppen nicht gegründet, war es äußerst schwierig, sich dem langsamen Prozeß der Persönlichkeitsdesintegration zu entziehen, denn diese Desintegration erfolgte durch den unablässigen Druck, den die Gestapo und das Nazi-System insgesamt ausübten.
Das Konzentrationslager war das Versuchslabor der Gestapo, in dem sie

nicht bloß freie Menschen, sondern vor allen Dingen die leidenschaftlichsten Gegner des Nazi-Systems in einen Prozeß hineinzwangen, der zur Desintegration der Persönlichkeit des autonomen Menschen führte. Und so sollten sich mit dem Konzentrationslager alle Personen auseinandersetzen, die gern begreifen möchten, was mit einer Bevölkerung passiert, welche mit den Methoden des Nazisystems beherrscht wird.

Deutsch von Edwin Ortmann

1 Der früheste offizielle Bericht über das Leben in diesen Lagern findet sich in den *Papers Concerning the Treatment of German Nationals in Germany* (London: His Majesty's Stationery Office, 1939).

2 Die Tagesrationen, die die Gefangenen bekamen, enthielten etwa 1800 Kalorien, während sie 3000 bis 3300 Kalorien benötigt hätten, um die schwere Arbeit zu bewältigen. (Später, in den Kriegsjahren, waren die Rationen noch viel niedriger als 1938 und 1939).

3 Chirurgische Eingriffe wurden zum Beispiel von einem früheren Drucker vorgenommen. Zwar gab es im Lager viele Gefangene, bei denen es sich um Ärzte handelte, nur durften sich diese in ihrem bürgerlichen Beruf nicht betätigen, da eine solche Betätigung ja keine Strafe bedeutet hätte.

4 Einer der Mitarbeiter war der Arzt Alfred Fischer, der zur Zeit der Abfassung dieses Artikels in einem Militärkrankenhaus irgendwo in England arbeitete. Der zweite Mitarbeiter war Ernst Federn, der 1943 immer noch in Buchenwald war, weshalb ich seinen Namen bei der Erstveröffentlichung dieser Arbeit nicht zu erwähnen wagte.

5 Die meisten Gefreiten und Unteroffiziere der SS waren sehr jung, so etwa zwischen siebzehn und zwanzig, und sie waren die Söhne von Bauern, kleinen Geschäftsinhabern oder aber sie stammten aus den unteren Rängen der Beamtenschaft.

6 Geld war für die Gefangenen insofern sehr wichtig, als sie zu bestimmten Zeiten Zigaretten und Zusatzrationen kaufen durften. Lebensmittel kaufen zu können aber bedeutete, nicht verhungern zu müssen. Da die meisten politischen Gefangenen, die meisten Kriminellen und viele Mittelschicht-Gefangene kein Geld hatten, waren sie nur allzu gern bereit, diesen wohlhabenden Gefangenen gegen Geld zu Diensten zu sein.

7 Der Autor begegnete in der Tat nur drei Vertretern dieser Kategorie – einem bayrischen Fürsten und Angehörigen des einstigen Königshauses, sowie zwei österreichischen Herzögen, die eng verwandt mit dem einstigen Kaiser waren. Es ist zweifelhaft, ob sich während des Jahres, das der Autor in den Lagern verbrachte, noch andere solche Gefangene dort aufhielten.

8 Es ließ einiges darauf schließen, daß die meisten Wachen eine ähnliche Einstellung hatten, allerdings aus anderen Gründen. Sie mißhandelten die Gefangenen, teils weil sie ihre Überlegenheit demonstrieren wollten, teils weil es ihre Vorgesetzten von ihnen verlangten. Doch da sie in einer Umgebung aufgewachsen waren, die Brutalitäten ablehnte, fühlten sie sich, was ihr Tun anlangte, nicht wohl in ihrer Haut. Offenbar nahmen auch sie eine emotionale Haltung zu ihren Brutalitäten ein, eine Haltung, die man vielleicht als das Gefühl einer Unwirklichkeit charakterisieren könnte. Waren sie einige Zeitlang als Wachen im Lager tätig gewesen, gewöhnten sie sich an ihr unmenschliches Verhalten; sie wurden diesem Verhalten entsprechend »konditioniert« und so wurde es zu einem Bestandteil ihres »wirklichen« Lebens.

9 Einige Aspekte dieses Verhaltens ähneln jenen Verhaltensmustern, denen man in der Li-

teratur zur »Depersonalisation« begegnet. Doch bestehen offenbar so viele Unterschiede zwischen den in dieser Abhandlung untersuchten Phänomenen und den Phänomenen der Depersonalisation, daß eine Verwendung dieses Begriffes nicht ratsam scheint.

10 Ich erinnere mich noch genau, wie ich mir auf dem Transport wünschte, ohnmächtig zu werden, nur um nicht mehr zu leiden. Aber wie bei den anderen Gefangenen, kam es auch bei mir nicht dazu. In dem Jahr, das ich in den Lagern verbrachte, wünschte ich mir gelegentlich, ohnmächtig zu werden, aber es gelang mir nicht. Es war wahrscheinlich das Wissen um die Gefahren, die mich umgaben, sowie das Bewußtsein, nicht mehr beobachten und reagieren zu können, was mich veranlaßte, jedem Ohnmachtsanfall erfolgreich Widerstand zu leisten.

11 Das traumatisierende Ereignis war in diesem Fall ein Autounfall gewesen, bei dem man zunächst geglaubt hatte, der Autor werde ihn nicht überleben.

12 Grund für diese Bestrafung war der Fluchtversuch zweier Gefangener. Bei solchen Anlässen wurden immer alle Gefangenen strengstens bestraft, weil man hoffte, daß die Gefangenen das nächste Mal Fluchtgeheimnisse verraten würden, nur um einer solchen Bestrafung zu entgehen. Dabei ging die SS von der Idee aus, daß jeder Gefangene für das Handeln der anderen Gefangenen mitverantwortlich sei. Das entsprach dem Grundsatz der SS, die alles unternahm, damit sich die Gefangenen nicht als Individuen, sondern als Gruppe fühlten und als solche handelten.
Die beiden Flüchtlinge wurden schließlich wieder eingefangen und im Beisein der strammstehenden Gefangenen erhängt.

13 Bei dieser Gelegenheit wurde die bereits erwähnte unsoziale Einstellung bestimmter Mittelschicht-Gefangener offenbar. Manche unter ihnen teilten nicht diesen Geist der wechselseitigen Hilfe, ja es gab sogar manche, die versuchten, andere auszunutzen.

14 Die Gefangenen, die die Aufsicht über eine Baracke hatten, waren in bezug auf das, was mit den Häftlingen passierte, auf dem laufenden. Auf diese Weise konnte verhältnismäßig einfach festgestellt werden, wieviele Häftlinge starben und wieviele entlassen wurden. Die erstgenannten waren immer in der Überzahl.

15 Neue Gefangene gaben ihr ganzes Geld dafür aus, daß sie versuchten, Briefe aus dem Lager zu schmuggeln oder Informationen hereinzubekommen, die nicht zensiert worden waren. Alte Gefangene gaben ihr Geld nicht für solche Zwecke aus. Sie versuchten sich angenehme Jobs zu kaufen. Gefragt waren zum Beispiel Büroposten oder die Posten in den Geschäften, wo die Gefangenen zumindest nicht den Unbilden des Wetters ausgesetzt waren.

16 So geschah es zum Beispiel, daß eines Tages Informationen durchsickerten über eine Rede von Präsident Roosevelt, in der dieser Hitler und Deutschland verurteilte, während am gleichen Tag das Gerücht umging, wonach ein Gestapo-Offizier durch einen anderen ersetzt werden sollte. Die neuen Gefangenen diskutierten erregt über diese Rede und kümmerten sich nicht um das Gerücht; die alten Gefangenen dagegen kümmerten sich nicht um die Rede und ihre Gespräche kreisten einzig und allein um die möglichen Umbesetzungen im Lager.

17 Diese Neigung, Namen, Orte und Ereignisse zu vergessen, war ein interessantes Phänomen, das sich nicht einzig und allein durch die körperliche Erschöpfung der Gefangenen erklären läßt.

18 Einmal entwickelte sich ein Widerstand gegen die Kulturpolitik der Nazis, dessen Mittelpunkt der berühmte Dirigent Furtwängler war, der zwar selbst dem Nazismus im allgemeinen positiv gegenüberstand, aber nun eben die Kulturpolitik kritisierte. Er selbst wurde nie bestraft, doch die Gruppe wurde durch Verhaftung eines »Querschnitts« zerstört. Der Dirigent aber hatte plötzlich keine Anhänger, keine Bewegung mehr um sich.

Der Holocaust – eine Generation später*

Meine Aufgabe ist es nicht, mich mit den Toten zu beschäftigen, sondern mit den Lebenden. Die Ereignisse des Nazi-Holocaust sind nunmehr ein geeigneter Gegenstand für die Historiker; mir selbst geht es darum, welche Bedeutung dieses Massenmorden für die Generation von heute hat. Diese Generation sollte die Bedeutung des Holocaust nicht verzerren – nicht nur deshalb, weil da ganz gewöhnliche Menschen an ganz gewöhnlichen Menschen schreckliche Verbrechen verübt haben, sondern auch deshalb, weil für den Menschen von heute in diesem Holocaust eine Warnung enthalten ist.

Es ist verständlich, daß wir alle eine Auseinandersetzung mit dem tief beunruhigenden Einblick, den uns der Holocaust in die menschliche Seele gewährt, vermeiden möchten; denn hier geht es um den Menschen als einen Zerstörer voller Willkür, um den Menschen als ein Opfer voller Ohnmacht. Die schreckliche Natur dessen, was wir verstehen und was wir als eine ständige Warnung in unsere Weltanschauung hineinnehmen sollten, veranlaßt uns, der wahren Natur des Problems aus dem Weg zu gehen, das heißt, wir verdrängen die bestürzendsten Aspekte, während wir andere verzerren. Das alles ist nicht neu, denn von Anfang an bestanden die psychologischen Reaktionen auf die Massenvernichtung durch die Nazis nicht in einer Erkennung der Tatsachen und nicht in einer richtigen Einschätzung und Auslegung der Folgen, so daß die Ereignisse selbst auch nicht in diesem Sinne gemeistert werden konnten. Statt dessen haben wir uns verschiedener Methoden bedient, um nur ja Abstand zu halten, und wir haben falsche Vergleiche herangezogen und zu dem Mittel des strikten Verleugnens gegriffen, um nur ja nicht mit der finsteren und abstoßenden Wirklichkeit konfrontiert zu werden.

---

* Teile dieses Essays wurden anläßlich eines Symposions vorgetragen, das im Frühjahr 1977 in San Jose stattfand und den Holocaust zum Thema hatte.

Dieses Verleugnen ist das früheste, primitivste, unangemessenste und unwirksamste Abwehrmanöver, dessen sich der Mensch auf psychologischem Gebiet bedienen kann. Und wenn die Gefahr besteht, daß sich ein Ereignis destruktiv auswirken könnte, kann sich dieses Manöver als überaus schädlich erweisen, denn es nimmt dem Menschen die Möglichkeit zu angemessenem Handeln, durch das er sich gegen die realen Gefahren schützen könnte. Daher liefert ein solches Verleugnen den einzelnen verstärkt gerade jenen Gefahren aus, die er abzuwehren versucht.

Eine Jüdin, die die Konzentrationslager überlebt hatte, berichtete kürzlich im Fernsehen, daß sie von den Lagern nichts gewußt habe, als man sie aus ihrer ungarischen Heimat abtransportierte. Das aber ist zumindest zweifelhaft, denn seit der Machtübernahme 1933 hatten Hitler und alle Nazis in aller Öffentlichkeit zahllose Male erklärt, daß sie Deutschland *judenrein** machen würden – daß sie ganz Deutschland und alle anderen Länder, die sie eroberten, von den Juden säubern würden. Darüberhinaus erklärten die Nazis, daß es in ganz Europa im Falle eines Krieges am Ende keinen einzigen überlebenden Juden geben werde.

In der Tat begann die Verhöhnung und Herabwürdigung der Juden von der Machtübernahme der Nazis an, ja sogar schon davor. Die Nazis propagierten die Konzentrationslager und benutzten sie gezielt zur Einschüchterung und Unterdrückung nicht nur ihrer Gegner, sondern auch derjenigen Anhänger, die ihre eigene Meinung äußerten. Das geschah so häufig, daß ein vielgebrauchtes Sprüchlein die Runde machte: *Lieber Gott, mach mich stumm, daß ich nicht nach Dachau kumm**.

Wenn also nach dem Krieg einige Deutsche behaupteten, daß sie über die Konzentrationslager nichts gewußt hätten, obwohl sie in ihren Tageszeitungen immer wieder Warnungen so ungefähr des Inhalts »Wer gegen Nazi-Verfügungen verstößt, der wandert ins KZ« gelesen hatten, so handelte es sich dabei entweder um eine glatte Lüge oder aber um den Wunsch, nicht zu erfahren, was sie leicht hätten erfahren können, aber (unbewußt) gar nicht erfahren wollten. In diesem Zusammenhang sei darauf hingewiesen, daß ein solches Ableugnen oder eine solche Realitätsverleugnung, auch wenn sie bewußt beginnt, sehr bald als ein unbewußter Mechanismus fortwirkt, denn nur auf diese Weise kann sich dieser Mechanismus derart hervorragend und umfassend durchsetzen.

Diese Konzentrationslager waren also öffentlich bekannt, wohingegen die Ausrottungslager[1] eher wie ein schlecht gehütetes Geheimnis behandelt wurden. Schlecht gehütet insofern, als öffentlich erklärt worden war, daß

---

* Deutsch und kursiv im amerikanischen Original. Anm. d. Ü.

den Krieg in Europa kein Jude überleben würde. Schlecht gehütet insofern, als jeder, der sich über die Ausrottungslager informieren wollte, dies ohne weiteres tun konnte – denn zu viele Leute waren in diesen Massenmord verwickelt und von denjenigen, die in diese Lager verschickt wurden, hörte man nichts, gar nichts mehr. Die Botschaften neutraler Staaten wie die des Vatikan, der USA oder der übrigen Alliierten, sowie viele andere offizielle Institutionen wußten sehr wohl Bescheid. Ein Austausch von Informationen über die Ausrottung der Juden war also möglich, auch wurde immer wieder versucht, dieses Wissen unter den Juden zu verbreiten. Trotzdem neigte man offiziell dazu, die Vernichtungslager geheimzuhalten, und dafür gibt es einen plausiblen Grund.

Die systematische Ausrottung der Juden begann in der Tat nach Stalingrad, als offenbar wurde, daß Deutschland den Krieg verlieren würde. Damals wurde den Nazis klar, daß die zwar bereits im großen Rahmen, aber doch etwas wahllos durchgeführte Vernichtung der Juden bei Kriegsende nicht abgeschlossen sein würde. Hätte Deutschland den Krieg gewonnen, wäre die Vernichtung der Juden vermutlich langsamer vor sich gegangen, denn man beschäftigte sich sehr ernsthaft mit einem Sterilisierungsprogramm für alle jüdischen Männer und/oder Frauen, und in diesem Programm war der Plan mitenthalten, die derzeit lebenden Juden auf eine natürliche Weise langsam aussterben zu lassen, jedoch nicht ohne sie vorher als Arbeitssklaven ausgebeutet zu haben. Auch dadurch hätte man das Ziel erreichen können, Europa von den Juden zu säubern. Doch als Stalingrad vorbei war, ging man dazu über, die Endlösung des Judenproblems in den Vernichtungslagern mit ihren Gaskammern zu verwirklichen.

Die Gaskammern kamen zunächst nicht bei den Juden zur Anwendung, sondern im Rahmen des sogenannten Euthanasieprogramms, das für die Vernichtung solcher Personen sorgte, die von den Nazis als »Defektmenschen« bezeichnet wurden – das heißt die Geistesgestörten und Insassen von Heilanstalten. Das war die erste Gruppe derjenigen, die systematisch umgebracht wurden, ein ansehnlicher Teil von ihnen in den ersten mobilen Gaskammern. Obgleich dieses Vernichtungsprogramm zunächst sozusagen getarnt war – das heißt, man behauptete, an diesen Leuten werde eine neue, möglicherweise gefährliche Behandlungsmethode ausprobiert, bei der zwar ein gewisser Erfolg zu erhoffen sei, wobei natürlich tödliche Folgen nicht auszuschließen seien, usw. – war es doch sehr bald so, daß man wußte, was vor sich ging. Es kam zu einer so starken Reaktion gegen dieses Abschlachten von geistesgestörten Patienten, daß sich viele Kirchenführer, aber auch das einfache Volk, heftig entrüsteten, und so mußten die Nazis, trotz ihrer massiven Propaganda und ihrer festen Absicht, diesen wichtigen Teil ihres offiziellen Rasseauslese-Programms streichen. Das aber ist ein Beweis dafür, daß sogar das rücksichtsloseste totalitäre Regime durch entschlossenes Handeln der Öffentlichkeit zum Einlenken gezwungen werden kann, allerdings nur dann, wenn unangenehme Fakten nicht verleugnet, sondern direkt angegangen werden.

Doch ein solcher öffentlicher massiver Widerstand wurde nicht laut – weder im Hinblick auf die Verfolgung der Juden noch in bezug auf die wahllose Vernichtung einer großen Anzahl von Juden noch hinsichtlich der geplanten Ausrottung aller Juden. Das Gegenteil war der Fall. Wenn überhaupt, so schien die überwältigende Mehrheit des deutschen Volkes die Judenverfolgung entweder zu begrüßen oder sozusagen in Form einer Unterlassungssünde gutzuheißen. Es gab nur sehr wenige vereinzelte Menschen, die ihre Stimme dagegen erhoben.[2] Diese Stimmen konnten, da sie kein Echo fanden, vom Regime leicht ignoriert oder zum Schweigen gebracht werden. Bis zu einem gewissen Grad war das Nichtvorhandensein einer Opposition auf die massive antisemitische Propaganda und die Tatsache zurückzuführen, daß die Schrauben des Würgeeisens, das die Juden erdrosseln sollte, zunächst sehr langsam angezogen wurden. Es wäre müßig, hier die einzelnen Schritte nachzuzeichnen, durch die die Juden zunächst zu Bürgern zweiter Klasse degradiert wurden, um dann an der Ausübung ihrer Berufe gehindert zu werden, so daß sie nicht mehr für ihren Lebensunterhalt aufkommen konnten; und wie ihnen verboten wurde, an öffentlichen Versammlungen teilzunehmen, während ihre Kinder vom Besuch der Schule ausgeschlossen wurden. Kurzum, wie die Juden zunächst öffentlich lächerlich gemacht, später verprügelt, in Gefängnisse geworfen und schließlich in die Lager verschickt wurden.

Eine Zeitlang wurden diese Maßnahmen unterschiedlich angewandt. So waren zum Beispiel diejenigen, die im Ersten Weltkrieg gedient hatten, von einigen dieser Erlasse ausgenommen, usw. Bei jedem dieser Schritte konnten sich die Juden der Selbsttäuschung hingeben, daß sie trotz des Unrechts, das man ihnen antat, fortfahren könnten zu leben. Und bei jeder neuen Verordnung konnten sie sich der trügerischen Hoffnung hingeben, das sei nun die allerletzte Erniedrigung, deren Opfer sie wurden. Während sie zunächst geglaubt hatten, die Drohungen seien nichts als Propaganda, mit dem Ziel, neue Nazianhänger zu gewinnen und alte Nazis zu befriedigen, stellte sich dieser Glaube bald als falsch heraus. Je stärker die Bedrängnis der Juden wurde, desto stärker wurde ihr Bedürfnis, sich selbst zu schützen. Aber leider zielte dieses Bedürfnis bei vielen Betroffenen nur in eine Richtung – in die Richtung, die realen Fakten zu verleugnen, um nur ja nicht aufzugeben, zu verzweifeln oder Selbstmord zu begehen. Je unerbittlicher die Diskriminierung der Juden durch Erniedrigung, Verprügeln und Deportation wurde, desto mehr zerfiel die jüdische Bevölkerung in zwei entgegengesetzte Gruppen.

Diejenigen, die sich auf keine Realitätsverleugnung einließen, sondern die Sachlage richtig beurteilten, gelangten zu der Überzeugung, daß ihre einzige Rettung die Flucht sei. Während sie bis zu einem gewissen Punkt ihrer Mißhandlung bereit gewesen waren zu leiden, anstatt alles, was sie besaßen, aufzugeben, gelangten sie nun zu der Überzeugung, daß die Aufgabe all dessen, was ihnen lieb war, das heißt, auch ihres materiellen Besitzes, der geringe und unerläßliche Preis für ihr nacktes Überleben war. Den meisten unter ihnen gelang die Flucht, obwohl einige später dann auch in den Ländern, in die sie geflohen waren, von den deutschen Besatzern verhaftet wurden.

Diejenigen dagegen, die die Realität verleugneten, versuchten sich einzureden, daß es schlimmer nicht kommen könne; daß die Nazis zwar gegen sie hetzten, aber doch wohl nicht ihre Hetze wahrmachen würden; daß sie selbst, obwohl andere Juden in die Lager verschleppt wurden, aus irgendeinem Grund vor einem solchen Los bewahrt werden würden. Und jede weitere Unterdrückungsmaßnahme hatte zur Folge, daß sie ihre Verleugnung verstärken und auf noch mehr Bereiche ausweiten mußten, denn nur so konnten sie ihre Selbsttäuschung aufrechterhalten. Das aber ist letztlich der Grund, weshalb diese Juden nicht wußten, was sie leicht hätten wissen können, wenn sie sich nicht blind gestellt hätten, um das Unerträgliche dem Schein nach erträglich zu machen.

Einigen Juden zum Beispiel gelang die Flucht und sie kehrten nach Warschau zurück. Dort wiesen sie andere warnend darauf hin, daß in den Lagern Juden umgebracht wurden. Aber was geschah? Sie wurden beschimpft, weil sie solche Gerüchte verbreiteten, ja, sie sollten den Mund halten. Denn jene Juden wollten beruhigt und nicht zusätzlich beunruhigt werden. Der Grund, weshalb sie nicht auf die warnenden Stimmen hörten, weshalb sie das für alle sichtbare Menetekel zu sehen sich weigerten, dieser Grund ist in ihrem Wunsch zu suchen, auch weiterhin das, was tatsächlich passierte, zu verleugnen.

Wem solches Verhalten merkwürdig dünkt, der sei an das wohlbekannte Phänomen erinnert, daß zum Beispiel der Krebskranke im Endstadium in der Regel eine von zwei geistig-seelischen Verfassungen aufweist. Die Kranken, die klar voraussehen, was auf sie zukommt, gelangen zu einer erstaunlichen Gelassenheit; sie erledigen alles, was getan werden kann und muß, denn sie erkennen, wie wenig Zeit ihnen noch bleibt. Die Mehrheit der Kranken dagegen verleugnet um so nachhaltiger das Ende, je näher es

rückt. Sie behaupten, es gehe ihnen besser, und sie schmieden Pläne für die Zukunft – ehrgeizige und unrealistische, ja sogar wahnhafte Pläne.
Läßt sich ein Krebskranker auf eine so massive Realitätsverleugnung ein, so ändert das nichts an der Tatsache seines absehbaren Endes, obwohl er es sich damit natürlich leichter macht, das Unerträgliche durchzustehen, und das ist sein unbewußter Wunsch. Doch für die Juden unter Hitler, die sich aus demselben Grund – sie wollten ihr Los erträglicher machen – der Realitätsverleugnung überließen, bedeutete dieses Verhalten, daß sie sich gerade gegen jenes Handeln sperrten, durch das sie sich selbst hätten retten können. Ihre Realitätsverleugnung hinderte sie daran, ihre Flucht vorzubereiten, in den Untergrund zu gehen oder sich im aktiven Widerstand einer Partisanengruppe anzuschließen.
Diese Verleugnung beschränkte sich freilich nicht auf die Juden in Europa, die ihre verzweifelte und unwirksame Abwehr zumindest damit entschuldigen konnten, daß sie sich in einer schrecklichen Lage befanden. Denn eine solche Verleugnung war auch die charakteristische Haltung des Westens, einschließlich eines großen Teils der USA. Die meisten Staaten, die sich einer solchen Verleugnung befleißigten, taten dies hauptsächlich im eigenen Interesse. Von 1933 bis zum Kriegsbeginn, also sechs Jahre lang, waren die Nazis durchaus bereit, die Juden ziehen zu lassen; ja, sie unternahmen in der Tat alles, um sie loszuwerden, vorausgesetzt allerdings, daß sie ihr ganzes Hab und Gut zurückließen. Doch kein Land, die USA nicht ausgenommen, erklärte sich bereit, mehr als eine völlig nichtssagende Quote an jüdischen Einwanderern aufzunehmen. Die Rechtfertigung bestand wiederum in einer Verleugnung: den Juden ginge es doch gar nicht so schlecht, die Nazis meinten es nicht so ernst mit dem was sie sagten, usw.
Später, als die Ausrottungspolitik bereits im Gange war und die amerikanische Regierung darüber Bescheid wußte, schlugen die Nazis amerikanisch-jüdischen Gruppen ein geheimes Abkommen vor: gegen eine Anzahl von Lastwagen wollten sie die Juden ziehen lassen. (Zunächst hatten sie Kriegsmaterial gefordert, doch als sie einsahen, daß das nicht machbar war, hatten sie ihre Forderung auf Lastwagen beschränkt.) Als die amerikanischen Unterhändler die Frage aufwarfen, wie Deutschland garantieren könne, daß es sein Versprechen auch halten würde, erklärten sich die Deutschen zu einer »Abschlagzahlung« bereit. Ohne daß die Amerikaner eine solche Lösung nahegelegt oder vorgeschlagen hätten, lieferten die Nazis sozusagen frei Haus eine Zugladung Juden in die Schweiz. Auf diese Weise wollten sie deutlich machen, daß die Juden keinen Wert für sie hätten und daß sie sie loswerden wollten. Doch als nun auf der Hand lag, daß die Nazis Geschäfte machen wollten, wurden die Verhandlungen abgebrochen, denn

die amerikanische Regierung wollte ein solches Abkommen nicht zulassen.[3]
Man könnte argumentieren, daß die Lastwagen für die Nazis eine militärische Hilfe hätten sein können. Doch war noch vor Kriegsbeginn eine Schiffsladung deutscher Juden bis zur amerikanischen Küste gelangt, aber Landeerlaubnis hatte das Schiff keine bekommen. Diese Juden wurden schließlich nach Europa zurückgeschickt, wo die meisten von ihnen wieder in die Hände der Nazis gerieten und später umgebracht wurden. Im Jahr 1939 wurde im amerikanischen Kongreß ein Gesetzesentwurf eingebracht, mit dem Ziel, zumindest einige deutsch-jüdische Kinder zu retten: man dachte an eine spezielle Einwanderungsquote von 10000 Kindern für die Jahre 1939/40.[4] Diese Quote hätte keine Überschwemmung des Arbeitsmarktes bedeutet, da alle diese Kinder unter vierzehn gewesen und da sie von wohlhabenden amerikanisch-jüdischen Familien aufgenommen worden wären, die sich bereiterklärt hatten, diese Kinder wie ihre eigenen großzuziehen und dafür garantiert hatten, daß diese Kinder dem Staat nicht zur Last fallen würden. Aber Präsident Roosevelt weigerte sich, dieses Gesetz gegenzuzeichnen, obwohl ihn die amerikanisch-jüdische Diaspora wiederholt dringend darum ersucht hatte. Aufgrund des Desinteresses, das er und der Kongreß an den Tag legten, fiel der Gesetzesentwurf dem Amtsschimmel der Rechtsausschüsse zum Opfer. Diese Weigerungen, die zum Untergang verurteilten Juden zu retten, wurden insofern erleichtert, als die Verleugnung des künftigen Schicksals dieser Juden weitverbreitet war, obwohl die Nazis ihre Absichten unmißverständlich klar gemacht hatten.
Der Grund für solches Verhalten ist darin zu suchen, daß es einfacher ist, die Realität zu verleugnen, als in bezug auf eben diese Realität unangenehme, schwierige oder kostspielige Aktionen in die Wege zu leiten. Im eigenen Interesse solche Aktionen zu unterlassen, würde Schuldgefühle erzeugen; um sich aber wegen der eigenen Tatenlosigkeit nicht schuldig zu fühlen, verleugnet man die Tatsachen. Das Leben wird durch solche Verleugnungen einfacher gemacht, zumindest momentan und wenn einen die Folgen, die solches Verleugnen für einen selbst oder andere haben können, nicht kümmern.
Die Verleugnung ist, wir haben es bereits gesagt, der primitivste aller psychischen Abwehrmechanismen. Das Kleinkind, das sich mit einer unangenehmen Tatsache konfrontiert sieht, wird diese Tatsache ableugnen. Doch geben wir in der Regel, wenn wir älter werden und mit unumstößlichen Fakten zu tun haben, diese primitive Abwehrreaktion auf. Wird jedoch die Angst zu einem übermächtigen Phänomen in unserem Leben, so regredieren viele normale Erwachsene auf diesen Mechanismus. Hier aber ist der

Grund dafür zu suchen, weshalb viele Juden unter dem Naziregime angesichts offenkundiger Tatsachen, doch in tödlicher Angst zu einer Verleugnung Zuflucht nahmen, die so massiv war, daß sie unter anderen Umständen als wahnhaft bezeichnet worden wäre.

Die Amerikaner verleugneten die Realität der Vernichtungslager, weil dies die einfachste Möglichkeit war, einer unangenehmen Wahrheit nicht ins Auge sehen zu müssen. Als sie sich nicht länger blind stellen konnten gegenüber dem, was Tausende mit ihren eigenen Augen gesehen hatten, begannen sie feinere und raffiniertere Abwehrmechanismen zu entwickeln, um nur ja nicht sehen zu müssen, wie der Holocaust wirklich gewesen war. Ihn sich vorzustellen, hätte bedeutet, ihn bis zu einem gewissen Grad selbst erleben zu müssen. Besser also ihn als unvorstellbar, als unbeschreiblich zu bezeichnen, denn dann konnte man der Notwendigkeit entgehen, das ganze Grauen mit all seinen Einzelheiten wahrnehmen zu müssen, eine Erfahrung, die insofern bestürzend gewesen wäre, als sie Schuld- und Angstgefühle erzeugt hätte. Diese subtileren psychischen Abwehrmechanismen beherrschen auch heute noch die Haltung vieler Amerikaner gegenüber der wahren Natur des Holocaust.

Zuallererst waren es nicht die unglücklichen Opfer der Nazis selbst, die ihr unbegreifliches und unabwendbares Schicksal als »Holocaust« bezeichneten.[5] Es waren die Amerikaner, die diesen künstlichen und sehr speziellen Begriff benutzten, um der Ausrottung der europäischen Juden durch die Nazis einen Namen zu geben. Ein Ereignis, das als gemeinster Massenmord bezeichnet wird, erweckt sofort heftige Abscheu, während ein seltener und spezieller Terminus eine Rückübersetzung in emotional-sinnvolle Sprache erfordert. Die Benutzung technischer oder neu geschaffener Begriffe anstelle von Wörtern aus unserem alltäglichen Wortschatz ist eine der bekanntesten und weitestverbreiteten Strategien, um auf Distanz zu gehen und dadurch die intellektuelle von der emotionalen Erfahrung getrennt zu halten. Indem wir vom »Holocaust« sprechen, nehmen wir das Ereignis intellektuell, denn die ungeschminkte Wirklichkeit würde uns emotional überrollen – es war eine Katastrophe, so jenseits aller Verständnismöglichkeit und aller Vorstellungskraft, daß wir uns gegen unseren eigenen Willen zwingen müssen, wenn wir diese grausigen Ereignisse in unser Bild von der Wirklichkeit integrieren wollen.

Diese Art von sprachlicher Umschreibung begann bereits zu einer Zeit, als all diese Dinge noch im Planungsstadium waren. Sogar die Nazis selbst – die es im Reden und Handeln gewöhnlich an Brutalität nicht fehlen ließen – scheuten vor einer klaren Beschreibung ihrer Absichten zurück und nannten diesen abscheulichen Massenmord die »Endlösung der Judenfrage«. Denn die Lösung einer Frage ist schließlich eine ehrenwerte Aufgabe, solange wir nicht erkennen müssen, daß die angestrebte Lösung in der willkürlichen und schändlichen Ermordung von Millionen von hilflosen Männern, Frauen und Kindern besteht. Die Nürnberger Richter, die sich mit diesen Naziverbrechen auseinandersetzen mußten, folgten dem Beispiel der Umschreibung, indem sie einen Neologismus prägten, dessen Sprachwurzel teils griechisch, teils lateinisch war: ihr Begriff hieß Genozid. Diese künstlichen, technischen Termini stehen in keinem Verhältnis zu unseren stärksten Gefühlen. Das Entsetzen vor jeglichem Mord ist ein Teil des menschlichen Erbes überhaupt. Von frühester Kindheit an erregt dieses Wort einen tiefen Abscheu in uns. Daher aber sollten wir dem Mord, in welchem Zusammenhang er auch immer auftaucht, seinen wahren Namen belassen und ihn nicht mittels distanziert-gelehrter Begriffe kaschieren, die irgendwelchen alten klassischen Sprachen entnommen sind.

Diesen gemeinen Massenmord als »Holocaust« zu bezeichnen, bedeutet keineswegs, daß hier ein besonderer Name gefunden worden ist, der dem Bezeichneten seine negative Einzigartigkeit beläßt und es allmählich mit Gefühlen besetzt, die dem bezeichneten Ereignis angemessen sind. Die genaue Übersetzung des Wortes »Holocaust« heißt »Brandopfer«. Dieses Wort aber ist ein Wort aus der Sprache des Psalmisten, ein bedeutungsschweres Wort für alle, die mit der Bibel und ihren mannigfachen emotionalen Nebentönen vertraut sind. Durch die Verwendung des Begriffes »Holocaust« oder »Brandopfer« werden mittels bewußter und unbewußter Bedeutungsverschiebungen völlig falsche Zusammenhänge hergestellt zwischen dem fürchterlichsten Massenmord einerseits und alten Ritualen von tiefreligiöser Natur andererseits.

Benutzt man einen Begriff, der eine so starke unbewußte religiöse Tönung aufweist, zur Bezeichnung der Ermordung von Millionen von Juden, so ist der Endeffekt der, daß die Opfer dieses scheußlichen Massenmordes des einzigen Gutes beraubt werden, das ihnen geblieben ist – wir meinen ihre Einzigartigkeit. Diesen brutalsten, gefühlsrohesten, grausigsten und abscheulichsten Massenmord als ein Brandopfer zu bezeichnen, das ist ein Sakrileg, eine Profanierung Gottes und der Menschen.

Das Märtyrertum ist ein Teil unseres religiösen Erbes. Der Märtyrer, der auf dem Scheiterhaufen verbrannt wird, ist ein Brandopfer an seinen Gott. Zwar ist es richtig, daß die Leichen der Juden, wenn sie erstickt waren, verbrannt wurden, doch ich glaube, wir betrügen uns selbst, wenn wir meinen, die Opfer eines systematischen Massenmordes im nachhinein dadurch zu ehren, daß wir auf sie diesen Begriff anwenden, in dem höchste moralische

Werte mitenthalten sind. Indem wir so verfahren, stellen wir einen Zusammenhang her zwischen den Ausrottungslagern einerseits und historischen Ereignissen, die wir zugleich tief bedauern und tief bewundern, andererseits. Damit kommen wir zwar mit dem Problem besser zurecht, doch was wir nun haben, ist kein unverfälschtes, sondern ein verzerrtes Bild dessen, was damals geschah.

Wenn wir die Opfer der Nazis als »Märtyrer« bezeichnen, verfälschen wir ihr Schicksal. Die eigentliche Bedeutung des Wortes Märtyrer ist doch die eines Menschen, der »willentlich die Todesstrafe auf sich nimmt, weil er sich weigert, seinem Glauben abzuschwören« *(Oxford English Dictionary)*. Die Nazis haben alles getan, um sicherzugehen, daß niemand glaubte, ihre Opfer würden wegen ihres Glaubens ermordet. Keines dieser Opfer hätte sich dadurch, daß es seinem Glauben abschwörte, retten können. Diejenigen, die sich zum Christentum bekehrt hatten, wurden genauso vergast wie die Atheisten oder die tiefreligiösen Juden. Sie alle starben nicht wegen irgendeiner Überzeugung und sie starben schon gar nicht aus freiem Willen. Millionen von Juden und zahllose andere »Unerwünschte« wurden systematisch abgeschlachtet, aber nicht, weil sie dieser oder jener Überzeugung anhingen, sondern lediglich, weil sie der Verwirklichung einer Illusion im Wege standen. Sie starben nicht für ihre Überzeugungen und wurden auch nicht wegen ihrer Überzeugungen abgeschlachtet – sie wurden abgeschlachtet, weil die Nazis in der wahnhaften Überzeugung lebten, daß sie die vermeintliche Reinheit ihrer Rasse erhalten müßten, und weil sie glaubten, daß sie sich nur so den Lebensraum sichern könnten, auf den sie ein Recht zu haben meinten. Diese Millionen wurden also wegen einer Idee abgeschlachtet, aber sie starben nicht für eine Idee.

Millionen von Männern, Frauen und Kindern wurde der Prozeß gemacht, nachdem man sie brutalst behandelt und ihre Menschlichkeit zerstört hatte und nachdem man ihnen die Kleider vom Körper gerissen hatte. Die Nackten wurden in zwei Gruppen eingeteilt – die eine Gruppe wurde sofort ermordet, die andere kurzfristig zur Sklavenarbeit eingeteilt. Doch schon nach kurzer Zeit wurden auch sie in die Gaskammern getrieben, wo sie am Gas erstickten und im allerletzten Augenblick um das letzte bißchen frische Luft kämpften. Diese elenden Opfer einer mörderischen Wahnidee, einer amoklaufenden Zerstörungswut als Märtyrer oder Brandopfer zu bezeichnen, ist nichts anderes als eine Verzerrung der Realität, mit dem Ziel, sich einen – wenn auch kläglichen – Trost zu verschaffen. Der zugrunde liegende Gedanke ist doch der, daß dieser Massenmord, der nicht bösartiger hätte sein können, eine tiefere Bedeutung gehabt haben müsse und daß sich die Opfer irgendwie wohl auch selbst geopfert haben müssen oder aber Op-

fer im Namen einer höheren Sache gewesen sind. Das aber beraubt sie der letzten Würde, die ihnen zusteht, der letzten Würdigung, die wir ihnen zuteil werden lassen können – ich meine, ihrem Tod, so wie er tatsächlich war, ins Auge zu sehen und diesen Tod zu akzeptieren, anstatt ihn zu verschönen, nur weil uns das innerlich ein wenig erleichtert.
Wir würden uns wesentlich besser fühlen, wenn die Opfer im eigenen Namen gehandelt hätten. Daher verweilen wir zu unserer eigenen emotionalen Erleichterung gern bei der winzigen Minderheit, die tatsächlich, so weit überhaupt möglich, im eigenen Namen handelte: wir meinen die Widerstandskämpfer des Warschauer Gettos und ähnliche Personen. Dabei übersehen wir gern die Tatsache, daß sich diese Menschen erst zu einem Zeitpunkt wehrten, als bereits alles verloren war und als die überwältigende Mehrheit derjenigen, die in die Gettos hineingezwungen worden waren, bereits widerstandslos ausgerottet worden war. Natürlich verdienen diese Menschen, die um ihr Leben und für ihre Überzeugung kämpften und dabei zugrunde gingen, unsere Bewunderung – ihre Taten geben uns moralische Kraft. Doch je länger wir nur bei diesen Menschen verweilen, desto ungerechter verhalten wir uns dem Andenken jener anderen Menschen gegenüber, die klein beigaben, die sich nicht wehrten, die abgeschlachtet wurden – ungerecht deshalb, weil wir ihnen auf diese Weise das einzige aberkennen, was bis zum bitteren Ende ihnen und nur ihnen gehörte: ihr Schicksal.

Es gibt viele Bücher und andere Veröffentlichungen, die die historischen Fakten darzustellen versuchen, damit wir erfahren, was damals geschehen ist. Und es gibt andere Arbeiten, die hinter diesen schrecklichen Ereignissen einen Sinn zu entdecken versuchen, und Gedichte sind ebenfalls geschrieben worden. Andere Werke befassen sich mit den Schuldgefühlen der Überlebenden oder sie behandeln die Trauer um die Toten. Leider schenkt man all diesen Arbeiten, je mehr Zeit verstreicht, um so weniger Beachtung. Gegenwärtig scheint sich das Interesse Büchern und Filmen zuzuwenden, die das Los dieser unglückseligen Opfer ausschlachten. Den ernsthafteren Versuchen, die in diese Richtung gehen, liegt die Absicht zugrunde, uns das Geschehen von damals psychologisch zu erleichtern. Diese Bemühungen lassen sich im wesentlichen in drei Kategorien unterteilen: zum einen werden die unglücklichen Opfer zu Helden hochstilisiert; zum anderen wird ihr Los als ein alltägliches dargestellt; und zum dritten werden ihre Leiden als unbedeutend hingestellt – das geschieht dadurch, daß die Aufmerksamkeit nicht den Opfern, sondern den Überlebenden gilt, die zu Gestalten verklärt werden, die sie niemals gewesen sind.
Aber es gibt noch viel schamlosere Möglichkeiten, die Todeslager in den

Medien zu verarbeiten. So hat man zum Beispiel Romane und Filme herausgebracht, in denen die Leichen der KZ-Häftlinge einer morbiden Neugierde oder der billigen Komödie zuliebe in Szene gesetzt werden. Außerdem hat es Versuche gegeben, die Vernichtungslager selbst strikt abzustreiten oder von den Massenmorden dadurch abzulenken, daß man sich vor allem mit den Mördern selbst beschäftigte; diese erschienen dann in einem günstigeren Licht, weil sie als »interessante« Charaktere dargestellt wurden.

Die zugleich bedenklichste und weitestverbreitete psychologische Strategie, mit deren Hilfe heute von den Todeslagern abgelenkt wird, besteht darin, daß man das, was den Opfern zugefügt wurde, als ein Geschehen betrachtet, das zwar schärfste Kritik verdient, aber nichtsdestotrotz etwas Alltägliches ist. Dieses Verhalten führt dazu, daß Auschwitz mit Hiroshima oder My Lai verglichen wird, oder daß man von Genozid spricht, wo man von der Regierung unterstützte Sterilisierungsprojekte oder Programme zur Geburtenregelung meint. Wenn man My Lai und die Todeslager auf einen Nenner bringt, so leugnet man den entscheidenden Unterschied zwischen vereinzelten mörderischen Entladungen im Krieg – die die Folge sind von Angst, Erbitterung oder einem zeitweisen Zusammenbruch von Selbstkontrollen, unentschuldbar und kriminell zwar, aber immer noch in einem menschlichen Kontext angesiedelt – und der sorgfältigen Planung und ebenso vorsätzlichen wie gewissenhaften Durchführung der »Endlösung«. Der grundlegende Unterschied besteht darin, daß diese »Endlösung« mit Überlegung und Vorbedacht in Angriff genommen wurde, während im Falle von My Lai jegliches vernünftige Handeln von primitiven Emotionen überrollt wurde; und der Unterschied besteht darin, daß bei der »Endlösung« die ganze Machtmaschinerie eines Staates eingesetzt wurde, wohingegen in My Lai bei einzelnen Personen Kontrollmechanismen zusammenbrachen, wobei die resultierenden Abscheulichkeiten vom Staat schärfstens verurteilt wurden.

Auf den ersten Blick angemessener scheint der Vergleich zwischen den Greueln der Nazis und der Bombardierung von Hiroshima, denn in beiden Fällen wurden die Vernichtungsaktionen von den zuständigen Regierungsstellen vorausgeplant. Doch in Wirklichkeit haben wir es hier mit einer noch bösartigeren Verzerrung zu tun, da in diesem Fall eine der größten Nazi-Lügen stillschweigend als wahr anerkannt wird – die Lüge nämlich, daß die Juden ein Feind waren, der einen gegen Deutschland gerichteten Angriffskrieg plante. In Wirklichkeit waren die Juden, wie jeder weiß, Deutschlands friedlichste und tragischerweise gehorsamste Bürger. Alle diese Vergleiche ergreifen bewußt oder unbewußt Partei für die Nazis und gegen die Juden, und diese versteckte Parteinahme für die Nazis ist einer der bösartigsten Aspekte der Einstellung allzu vieler amerikanischer Intellektueller gegenüber der Ausrottung von europäischen Juden. Und es ist nur ein anderer Aspekt derselben Einstellung, wenn die gleichen Intellektuellen Bücher und Filme feiern, die die Todeslager als einen Nervenkitzel benutzen, wodurch diese als ein völlig normaler Bestandteil des Alltags erscheinen.

Das glatte Gegenteil dieses psychologischen Abwehrmechanismus besteht in dem Versuch, aus den Überlebenden aufgrund ihrer Erfahrungen in den Vernichtungslagern ungewöhnliche, ja überragende Gestalten zu machen. Terence Des Pres gelang dieser Versuch überaus wirkungsvoll in seinem Buch *The Survivor,* das in Intellektuellenkreisen großen Anklang gefunden hat. Dieses Buch lenkt ab von den Millionen, die ermordet wurden, und konzentriert sich lediglich auf die wenigen, die überlebten, aber nur deshalb überlebten, weil sie von den Alliierten in allerletzter Minute gerettet wurden. Aus diesen zufällig Überlebenden macht das Buch Helden. Wesentlicher Schwerpunkt des Buches ist die Frage, wie die Todeslager nur so großartige Menschen hervorgebracht haben können, und so wird unser ganzes Interesse auf das Überleben der wenigen gelenkt, während auf die Millionen, die abgeschlachtet wurden, kaum ein Gedanke verschwendet wird. Die Überlebenden sind erbittert und hilflos zugleich, wenn Leute, die nicht den geringsten Schimmer von ihren damaligen Erfahrungen haben können, daherkommen und eingehend darlegen, worum es sich bei diesen Erfahrungen handelte und wo ihre wahre Bedeutung liegt. Elie Wiesel beschreibt ganz hervorragend die Reaktionen von Überlebenden auf die psychologischen Abwehrmechanismen, die benutzt werden, um sich der beunruhigenden Realität der Judenvernichtung, so wie sie tatsächlich war, nicht stellen zu müssen. Über die Autoren, die über die Überlebenden schreiben, sagt Elie Wiesel folgendes:

> Diejenigen, die diese Erfahrung nicht durchgemacht haben, haben keine Ahnung; und diejenigen, die sie durchgemacht haben, werden nichts verlauten lassen, nichts oder fast nichts oder nichts, was vollständig wäre. Die Vergangenheit gehört den Toten, und der Überlebende erkennt sich nicht in den Bildern und Vorstellungen, die seiner Person zugeschrieben werden. Auschwitz bedeutet den Tod, den totalen, absoluten Tod – den Tod des Menschen, den Tod aller Menschen, den Tod der Sprache und der Phantasie, den Tod der Zeit und des Geistes... Der Überlebende weiß. Er und niemand anderer. Und er wird verfolgt von Gefühlen der Schuld und der Hilflosigkeit... Das Zeugnis, das die Überlebenden ab-

legten, flößte zunächst Ehrfurcht und Demut ein. Die Frage wurde zunächst mit einer Art heiliger Scheu behandelt. Sie wurde als tabu betrachtet, ausschließlich vorbehalten den Initiierten…
Doch bald folgten Popularisierung und Ausschlachtung. Und dann, im Laufe der Zeit, begann die Entartung. Da der Gegenstand popularisiert wurde, hörte er auf, sakrosankt zu sein und wurde seines Geheimnisses beraubt. Die Leute verloren ihre Ehrfurcht. Der Holocaust war nun sozusagen »frei für alle«, Neuland für die moderne Literatur. Jetzt konnte jedermann einsteigen. Romanschriftsteller bedienten sich seiner, und Wissenschaftler benutzten ihn, um irgendwelche Theorien zu beweisen. Dadurch aber setzten sie ihn herab, beraubten sie ihn seiner Substanz. Um sich vor der Kritik der Überlebenden zu schützen, wurde ihnen das ausschließliche Recht auf diese Bezeichnung aberkannt. Plötzlich begann sich jeder einen Überlebenden zu nennen. Und dadurch, daß man Harlem mit dem Warschauer Getto und Vietnam mit Auschwitz vergleicht, ist nun ein weiterer Schritt getan: Leute, die den Krieg im Kibbuz oder in einem Luxusappartement in Manhattan verbracht haben, behaupten nun, auch sie hätten den Holocaust überlebt, wahrscheinlich als Ersatzmänner. Ein Ergebnis hat darin bestanden, daß kürzlich in New York ein internationales Symposion (über den Holocaust) abgehalten worden ist, an dem kein einziger Holocaust-Überlebender teilnahm. Die Überlebenden zählen nicht; sie haben nie gezählt. Sie werden am besten vergessen. »Sehen Sie denn nicht, daß sie eine Peinlichkeit sind?« Wenn es sie nicht gäbe, wäre alles viel einfacher.
Die Überlebenden werden demnächst als unerwünschte Störenfriede gelten. Ihre Mörder stehen jetzt im Rampenlicht. Sie werden in Filmen gezeigt, sie werden erforscht, humanisiert. Zuerst werden sie mit Objektivität studiert, dann mit Sympathie. Einer dieser Filme erzählt von der Liebe einer jüdischen Frau und einem einstigen SS-Mann. Vorbei ist die Zeit, als die Toten noch ihren besonderen Platz hatten, und vorbei ist die Zeit, als ihr Leben noch geachtet wurde. Die Leute interessieren sich jetzt mehr für ihre Mörder: stattlich und attraktiv, ein Vergnügen, sich das anzuschauen. Diese Haltung existiert bei jüdischen Intellektuellen genauso wie bei nichtjüdischen.[6]

Angesichts der Todeslager versagen unsere alten Denkkategorien. Doch wenn die üblichen psychologischen Grundraster nicht ausreichen, um das, was damals geschah, zu verstehen, so ist das noch lange kein Grund, die Judenvernichtung in Europa einer bestimmten Wertigkeit dadurch zu berauben, daß man sich ablenkender Abwehrmechanismen bedient. Oft denke ich so wie Elie Wiesel: daß nur der Rückzug ins Schweigen etwas nutzt. Ich glaube, Theodor Adorno hat das gleiche gemeint, als er schrieb, daß es nach Auschwitz keine Gedichte mehr geben könne. Doch wenn wir stumm bleiben, tun wir genau das, was die Nazis wollten: wir verhalten uns so, als sei nichts geschehen. Wenn wir schweigen, dann lassen wir es zu, daß die Geschichtsfälscher von einem der tragischsten Kapitel der jüngeren Geschichte eine falsche Vorstellung vermitteln. Auf diese Weise aber werden denkenwollende Menschen an Erkenntnissen gehindert, die davon handeln, was zu tun ist, damit so etwas nie wieder passiert.

Es gibt einige Möglichkeiten, um der Opfer der Todeslager auf würdige Weise zu gedenken. Das *Yad v'shem* in Jerusalem ist das beste Beispiel.[7] Aber es ist in seiner Art einzigartig, denn es befindet sich in Israel, und das Land Israel ist der geeignetste, der beste Ort, um der Opfer zu gedenken. Ich habe andere Gedenkstätten entdeckt, die mich tief erschüttert haben. Eine darunter ist die Alt-Neue Synagoge in Prag, die Synagoge des berühmten Rabbi Löw, der, wie eine alte Legende erzählt, ein menschenähnliches Ungeheuer, den Golem, geschaffen haben soll. An diesem Ort, wo das Prager jüdische Leben im Jahr 1270 begann, findet sich ein Epitaph auf die Juden von Böhmen und Mähren, deren Abschlachtung den Schlußstein der langen Geschichte des mitteleuropäischen Judentums bildet. Die »Gedenktafel« besteht aus den 77297 Namen der bekannten Opfer, die eng beieinander in die Mauern der Pinkas-Synagoge eingraviert sind. (Diese Synagoge, die Anfang des 16. Jahrhunderts errichtet wurde, bildet einen Teil des Gesamtkomplexes der Alt-Neuen Synagoge.)

Die Tatsache, daß man diese Namen ein für alle Mal dort eingraviert hat, ist gerade das richtige Angedenken, denn diese Menschen verloren, als sie in die Lager kamen, ihre Namen und wurden nicht mehr wie Personen, sondern wie auszusortierende und zu verschickende Gegenstände behandelt. Die große Mehrheit wurde sofort ermordet; der Rest wurde zu Nummern degradiert, die man den Häftlingen in den Arm tätowierte, auf daß sie von nun an, bis zu dem Tag, an dem sie ausgerottet werden würden, als völlig namen- und persönlichkeitslose Arbeitssklaven dienen sollten. Die Gedenkstätten in Amsterdam und Paris dürfen ebenfalls als authentisch bezeichnet werden, denn sie sind an jenen Orten errichtet worden, wo die Juden zur Verschickung in die Lager zusammengetrieben wurden, sich aber noch als freie Menschen fühlten, mit starken Familien- und Freundesbanden. Das waren die Orte, wo ihre menschliche Selbstbestimmung endete, und hier, wo die Zerstörung ihrer Persönlichkeit ihren Anfang nahm, ist ihnen ein Gedenkstein gesetzt. Die Juden, die an diese Orte gebracht wurden, konnten zwar nicht mehr so handeln wie sie wollten, doch waren sie, obwohl nicht mehr Herr ihres eigenen Schicksals, nach wie vor Herr ihrer eigenen Person. Auf dem Transport in die Todeslager erst verwandelten sich diese Menschen in Schatten ihres einstigen Selbst, um schon sehr bald nur mehr Nummern zu sein, und das in einer Hölle, in der sie nie mehr als Personen galten, sondern immer nur als namenlose Körper, die ausnahmslos zerstört wurden.

Was für eine Beziehung können wir heute herstellen zwischen unserer eigenen Person und diesen abscheulichen Verbrechen? Der deutsche Dichter Paul Celan war einer der Häftlinge in den KZs gewesen; seine Eltern sind in den Todeslagern umgekommen. Er selbst versuchte dieser schrecklichen Erfahrung nicht aus dem Weg zu gehen, sondern stellte sich ihr auch im nachhinein und verlieh ihr poetische Wirklichkeit. Unglücklicherweise entging Celan nicht den Nachwirkungen seines Schicksals: im Jahr 1970 verübte er Selbstmord. Doch er versammelte die ganze furchtbare Erfahrung in einem seiner unbetitelten Gedichte – die Erfahrung, meine ich, die wir versuchen müssen zu verstehen und die Erbarmen und Mitleid in uns wekken muß, denn nur so können wir das schreckliche Geschehen begreifen und durch unsere Gefühlsreaktionen transzendieren. Celan schrieb:

Es war Erde in ihnen, und
sie gruben.

Sie gruben und gruben, so ging
ihr Tag dahin, ihre Nacht. Und sie lobten nicht Gott,
der, so hörten sie, alles dies wollte,
der, so hörten sie, alles dies wußte.

Sie gruben und hörten nichts mehr;
sie wurden nicht weise, erfanden kein Lied,
erdachten sich keinerlei Sprache.
Sie gruben.

Es kam eine Stille, es kam auch ein Sturm,
es kamen die Meere alle.
Ich grabe, du gräbst, und es gräbt auch der Wurm,
und das Singende dort sagt: Sie graben.

O einer, o keiner, o niemand, o du:
Wohin gings, da's nirgendhin ging?
O du gräbst und ich grab, und ich grab mich dir zu,
und am Finger erwacht uns der Ring.[8]

In seiner Büchnerpreisrede aus dem Jahr 1960 sagte Paul Celan: »Er, der auf dem Kopf geht, sieht den Himmel unter sich wie einen Abgrund.« Das genau ist die Sicht jener Menschen, die, während sie graben, schon Erde in sich haben – während sie noch am Leben sind, sind sie, da sie ihre eigenen Gräber graben, bereits zu der Erde zurückgekehrt, von der sie kamen. Ihre Sicht ist nicht länger eine menschliche, mit dem Himmel über ihnen; alles, was sie noch wahrnehmen können, ist das Entsetzen des Abgrundes.
Der ausweglose Abgrund mit seinem unvorstellbaren mörderischen Terror – so sollten wir jenes Geschehen bezeichnen, dem wir den Namen Holocaust gegeben haben, nur so könnten wir dieses unfaßbare Geschehen genauer benennen. Der Abgrund der Todeslager, das sind die zerstörerischen Möglichkeiten des Menschen, in die Tat umgesetzt.

Wir können die Natur und Hintergründe der Todeslager nur dann voll begreifen, wenn wir vor einer Auseinandersetzung mit den zerstörerischen Neigungen im Menschen nicht zurückscheuen.
Es gibt einen aggressiven Teil unseres animalischen Erbes, einen Teil, der beim Menschen spezifisch »menschliche« und besonders zerstörerische Formen angenommen hat und der von Freud als Todestrieb und von Konrad Lorenz als »das sogenannte Böse«[9] bezeichnet wurde. Freud glaubte, daß sich im Menschen die Lebens- und die Todestriebe einen unablässigen Kampf liefern, und daß wir uns selbst nur dann richtig akzeptieren und miteinander positiv kommunizieren können, wenn die Lebenstriebe die Oberhand behalten – das heißt wenn es ihnen gelingt, unser Leben insofern zu dominieren, als sie die Todestriebe mit ihren Nebenwirkungen neutralisieren.
Ich glaube, wir können das Hitler-Phänomen – und es hat in der Geschichte noch andere Monstren seines Zuschnitts gegeben, glücklicherweise meistens nicht ganz so ungeheuerlich – erst dann verstehen, wenn wir im Handeln von Hitler und seiner Anhänger erkennen, wie hier der Todestrieb die Lebenstriebe völlig überwältigte. Hitlers Überzeugung, wonach der rein arische Mensch nur dann erblühen könne, wenn die niedrigeren Rassen völlig ausgerottet würden, erzeugte einen Tötungswahn, der bei den Juden zwar ansetzte, aber nicht bei ihnen haltmachte. Viele andere galt es ebenfalls auszurotten, so zum Beispiel die Zigeuner und die körperlich wie geistig Behinderten, während die Polen, Russen, Neger und Vertreter anderer »minderwertiger« Rassen im Tausendjährigen Reich Hitlers zahlenmäßig radikal vermindert werden sollten.
Wäre Hitler von der Vorstellung, daß andere Rassen sterben müßten, damit

Deutschland leben könnte, nicht so besessen gewesen, so hätte er durchaus den Krieg gewinnen und dadurch einen Großteil der Welt erobern können. Nicht nur deutsche Juden, sondern auch viele Polen, Ukrainer, ja sogar russische Soldaten hätten sich der deutschen Armee angeschlossen und ihr möglicherweise zum Sieg verholfen, hätte es Hitlers Wille, die einen auszurotten und die anderen zu versklaven, nicht unmöglich gemacht, diese Leute in seine Armee einzugliedern.

So aber kam es, wie es kommen mußte: diejenigen, die dem Todestrieb verfallen sind, zerstören sich am Ende selbst. Am Schluß versuchte Hitler sogar die Deutschen zu vernichten, die ihm bislang mustergültig gedient hatten. Sein hartnäckiges Bestehen darauf, daß sich seine Armee in Stalingrad umbringen lassen sollte, anstatt sich zu retten, ist ein Beispiel. Ein weiteres Beispiel ist in der Tatsache zu suchen, daß Hitler den Krieg, obwohl dieser längst verloren war, immer noch weiterführte und versuchte, jeden Deutschen auf dem Schlachtfeld in den Tod zu jagen, anstatt Frieden zu schließen.

Doch das Verhalten der Juden, die sich widerstandslos in die Gaskammern treiben ließen, läßt sich genauso wenig ohne die Todestendenzen, die in jedem von uns existieren, erklären. Nach dem schrecklichen Transport in die Todeslager wurden die Juden mit den Gaskammern und Krematorien konfrontiert, und beraubt aller Sicherheit und aller Hoffnung und allen Vertrauens in die Welt, wie sie nun waren, waren sie nicht mehr fähig, ihren Todestrieb in Schranken zu halten. Doch richteten sich in diesem Fall die Todesneigungen nicht nach außen, sondern gegen das eigene Selbst.

Deshalb sollte an den Orten ihrer gedacht werden, an denen sie vor dem Transport sich sammelten – denn hier waren ihre Lebenstriebe, obwohl durch die vorausgegangenen Erfahrungen schrecklich geschwächt, noch nicht zerstört. Noch wünschten und versuchten sie zu leben, noch waren sie nicht völlig durch ihre Todestriebe lebensunfähig gemacht. Erst während des schrecklichen Transports in die Todeslager erlebten sie das Unvorstellbare, von dem die Kraft ihrer Lebenstriebe langsam aufgesogen wurde. Da ich selbst zwei solche Transporte erlebt habe[10], weiß ich, wie die Greuel und Schrecken den Wunsch in einem aufkommen ließen zu sterben, denn das wäre Linderung gewesen; das heißt, der Lebenstrieb weicht zurück und der Todestrieb, dem Tür und Tor geöffnet sind, überwältigt den Menschen. Hier liegt der Grund dafür, weshalb die Opfer sich widerstandslos in die Gaskammern treiben ließen: viele unter ihnen hatte der Transport in lebende Leichname verwandelt. Bei denjenigen, die zur Sklavenarbeit ausgesucht wurden, kehrten die Lebenstriebe langsam zurück, und obwohl geschwächt, versuchten sie ihr Bestes, um zu überleben. Hier komme ich nun

auf den Beitrag zu sprechen, den die Amerikaner zum Holocaust leisteten – ein Beitrag kraft unterlassener Hilfeleistung. Das zuvor erwähnte Euthanasie-Programm mußte, obwohl es Hitler am Herzen lag, gestoppt werden, weil es auf zu viel Widerstand stieß. Hätte es im Ausland genauso viel Betroffenheit und Empörung hinsichtlich der Ausrottung der Juden wie im Hinblick auf die Ermordung der Geistesgestörten gegeben, hätten die Nazis möglicherweise auch die Liquidierung der Juden stoppen müssen. Doch die Welt schwieg; der Papst, die Geistlichen aus aller Welt, die für die Geisteskranken ihre Stimme erhoben hatten, sie hüllten sich nun, als Juden ermordet wurden, in Schweigen.
Diese Teilnahmslosigkeit der Welt schwächte die Lebenstriebe und stärkte die Todesneigungen der Juden, denn sie fühlten sich völlig verlassen, sie fühlten, daß sich niemand um sie kümmerte und daß niemand außer ihnen selbst glaubte, ein Recht auf Leben zu haben. Leider genügt dieser eigene Glaube nicht, um die Todesneigungen in kontrollierbaren Grenzen zu halten. Die meisten selbstmordgefährdeten Menschen glauben, daß sie ein Recht zu leben haben, und sie versuchen Selbstmord zu begehen, entweder weil sie überzeugt sind, daß es niemanden kümmert, ob sie nun leben oder sterben, oder weil sie herausfinden möchten, ob dem tatsächlich so ist. Sie geben ihre Selbstmordideen auf, sowie sie merken, daß es jemanden gibt, dem wirklich etwas daran liegt, daß sie leben, und der bereit ist, sie in ihrem Wunsch zu leben nachhaltig zu unterstützen.
Die SS hatte ein instinktives Gefühl für die Wirkungsweise des Todestriebes; und nicht umsonst waren es die »Totenkopf-Einheiten« der SS, die die Lager leiteten, und nicht umsonst trugen sie den Totenschädel auf ihrer Uniform. Ihr systematisch verfolgtes Ziel war es, in den Gefangenen die Kraft der Lebenstriebe zu zerstören. Lange bevor es die Juden zuließen, daß sie in die Todeslager transportiert und in die Gaskammern hineingetrieben wurden, hatten die Nazis ihre Selbstachtung systematisch zerstört und sie hatten sie des Glaubens beraubt, daß sie Herren ihres eigenen Schicksals sein könnten. Was diesen Juden passierte und was sich ihnen einprägte, war, daß es niemanden kümmerte, ob sie lebten oder starben, und daß der übrigen Welt, einschließlich des Auslandes, ihr Schicksal gleichgültig war. Man kann nicht Katastrophen die Stirn bieten und überleben, wenn man des Gefühls beraubt wird, daß sich jemand um einen kümmert.
Der schlimmste Schaden, der unseren Lebenstrieben zugefügt werden kann, geht nicht auf die haßerfüllten und zerstörerischen Aktionen unserer Feinde zurück. Zwar kann es sein, daß diese unseren körperlichen Widerstand brechen, doch können wir das psychisch ertragen, so lange unsere

Freunde, das heißt diejenigen, die unsere Retter sein sollten, das Vertrauen, das wir in sie setzen, auch rechtfertigen.
Hätten die Juden in dem Bewußtsein gelebt, daß sich in der restlichen Welt wichtige Stimmen für sie erhoben, daß sich die Menschen in der freien Welt um sie Sorgen machten und sie wirklich am Leben erhalten wollten, hätten sie sich nicht auf die Abwehr durch massive Verleugnung verlegen müssen; statt dessen hätten sie erkennen können, was vor sich ging, um daraufhin anders zu reagieren. In diesem Fall hätten sie sich mit der Tatsache, daß die Nazis ihren Untergang wollten und planten, effektiver auseinandersetzen können, obwohl eine solche Auseinandersetzung natürlich immer schwierig ist. Doch es gibt viele Leute mit Feinden, die ihnen Böses wünschen, während es bei den Juden damals die Gleichgültigkeit war, die sie am Ende jeglicher Hoffnung beraubte – die Gleichgültigkeit derjenigen, die ihnen hätten helfen sollen.
Die Nazis haben die Juden Europas ermordet. Darin aber, daß die Juden selbst zwar betroffen waren, sich die übrige Welt aber, die USA eingeschlossen, nicht betroffen fühlte, ist der Grund dafür zu suchen, weshalb die Lebenstriebe der Juden den Kampf gegen die Todesneigungen verloren.[11] Hier liegt auch der Grund, weshalb die Lagerinsassen ihr Leben bereits aufgegeben hatten, als sie ihre eigenen Gräber gruben, und weshalb, wie der Dichter es ausdrückte, »Erde in ihnen war«. Die äußerste Agonie besteht in dem Gefühl, ein für alle Mal im Stich gelassen worden zu sein.
Mörder können nur töten; sie haben nicht die Macht, uns den Wunsch, leben zu wollen, zu rauben, oder auch die Fähigkeit, um dieses Leben zu kämpfen. Erniedrigung, Erschöpfung, Krankheit und Mißhandlungen – natürlich schwächen alle diese Dinge ernsthaft unseren Wunsch zu leben, und sie untergraben unsere Lebenstriebe und öffnen dem Todestrieb allmählich Tür und Tor. Doch wenn solche Daseinsbedingungen noch verschlimmert werden durch das Bewußtsein, von der übrigen Welt im Stich gelassen worden zu sein, dann werden wir gänzlich der Kraft beraubt, die wir brauchen, um die Mörder zu bekämpfen, um uns zu weigern, unser eigenes Grab zu schaufeln.
Dieser Ebene der Verzweiflung begegnen wir in der letzten Strophe des Gedichtes von Celan, in dem verzweifelten Aufschrei »O einer«, dem sofort das Bewußtsein der endgültigen Niederlage folgt: »O keiner, o niemand«. Wir hätten für diese Opfer »jemand« sein sollen, sind ihnen aber nur »niemand« gewesen. Das ist die Last, die wir zu tragen haben. Doch daß wir hier nichts wiedergutmachen können, berechtigt uns noch lange nicht, diese Schuld zu verleugnen oder zu verschleiern.
Wie von jenseits des Grabes – aber selbst Gräber wurden diesen Opfern

vorenthalten – spricht der Dichter mit ihren Stimmen zu uns: »O du: / Wohin gings, da's nirgendhin ging?« Erst wenn wir – entgegen unserer Bequemlichkeit und zu unserem bleibenden Nachteil – aufhören, das zu verleugnen, was der Holocaust tatsächlich war, wird der Weg nicht mehr »nirgendhin« gehen, werden wir wissen, wohin er damals wirklich ging.

Unsere Verpflichtung – nicht gegenüber den Toten, sondern uns selbst und denjenigen gegenüber, die noch am Leben sind – unsere Verpflichtung besteht darin, die Lebenstriebe zu stärken, damit sie, wenn wir es in irgendeiner Weise verhindern können, nie wieder bei so vielen Menschen so total zerstört werden, schon gar nicht durch die Macht eines Staates. Ein echtes Verständnis des Holocaust sollte den festen Entschluß in uns wachsen lassen, es nie wieder zuzulassen, daß Menschen, überwältigt von ihrer Verzweiflung und im Todestrieb versklavt, so in den Tod gehen, wie ihre Mörder es wünschen.

Mit der Hilfe des Dichters kann ich genauer erklären, was unerläßlich ist. Celan schreibt:

> O du gräbst und ich grab, und ich grab mich dir zu,
> und am Finger erwacht uns der Ring.

Wenn wir uns mit Einfühlung und Mitleid jenen entgegengraben, die die Hoffnung so sehr aufgegeben haben, daß »Erde in ihnen ist«, dann wird uns das zusammenbinden (so wie der Ring eine Verlobung zusammenbindet) und wir werden beide erwachen: jene aus ihrem Tod bei lebendigem Leibe und wir selbst aus unserer Gleichgültigkeit gegenüber ihrem Leiden.

Daß wir uns umeinander kümmern sollen, daß wir mit unserer Besorgnis um den anderen der tödlichen Verzweiflung, daß sich niemand um ihn kümmert, entgegenwirken sollen, ist eine Wahrheit, die uns seit Anbeginn der Zeiten vertraut ist. Doch für jede Generation ist es ein bestimmtes Ereignis, durch das diese Lektion eine besondere Wichtigkeit gewinnt, so daß dieses Ereignis der Zeit einen spezifischen Charakter verleiht. Für dieses Jahrhundert besteht dieses Ereignis, so glaube ich, in der Ausrottung der europäischen Juden in den Gaskammern, denn die Art und Weise, wie diese Vernichtungsaktion durchgeführt wurde, war nur möglich in einer totalitären, technologischen Massengesellschaft, die besessen war von einer pseudowissenschaftlichen Wahnidee. (Im Falle des Nazi-Staates bestand diese pseudowissenschaftliche Wahnvorstellung in der Rassenzucht, mit dem erklärten Ziel, die Erbanlagen des Menschen zu verbessern.) Es gibt nichts, was unseren Einblick in die Übel eines solchen Totalitarismus akuter und umfassender machen könnte als der Versuch, uns jenen Millionen zu-

zugraben, die so grausam, so sinnlos, so willkürlich vernichtet wurden. Das ist das Beste, was wir tun können, um zwischen uns und den Opfern ein festes Band zu knüpfen. Die Toten werden zwar nicht wach davon, aber vielleicht erwachen wir selbst dadurch zu einem sinnvolleren Leben.

Deutsch von Edwin Ortmann

1 Bettelheim unterscheidet im Amerikanischen gelegentlich zwischen »concentration camp« und »extermination camp«, also zwischen »Konzentrations- oder Sammellager« und »Ausrottungs- oder Todeslager«. Anm. d. Ü.

2 Heute, nach all diesen Jahren, wird leicht vergessen, daß es damals viele Deutsche – übrigens keineswegs alle Nazis – gegeben hat, die von der Judenverfolgung sichtlich profitierten. Die große Mehrheit der Juden besaß entweder Geschäftsunternehmen oder einträgliche Positionen, und fast alle hatten ein schönes Zuhause. Alle diese Dinge hat man ihnen genommen und Deutschen übereignet. Im letzten Kriegsjahr durften die emigrierenden Juden nichts von ihrem Hab und Gut mitnehmen, und dasselbe galt für die Kriegsjahre davor, als sie in die polnischen Gettos und später in die Lager verschickt wurden. Die meisten Juden, die zwangsweise das Land verlassen mußten, hatten es lieber, wenn nicht die Nazis ihren Besitz konfiszierten, und so waren es denn nichtjüdische Bekannte, denen sie ihre Kunstgegenstände, ihren Schmuck, ihre teuren Möbel und Kleidungsstücke schenkten oder in Verwahrung gaben. Das Endergebnis war fast immer das gleiche: die Juden starben in den Lagern, und am Schluß gab es niemanden mehr, der die in Verwahrung gegebenen Dinge für sich hätte beanspruchen können.
Dadurch, daß die Firma oder auch die Position, von der die jeweilige jüdische Familie lebte, an eine nichtjüdische deutsche Familie ging und der materielle Besitz an drei oder vier andere deutsche Familien, konnten fünf oder noch mehr deutsche Familien von der Verfolgung einer einzigen jüdischen Familie reichlich profitieren. Grund genug, um eine Politik, durch die sie sich mühelos bereicherten, wenn vielleicht auch nicht gutzuheißen, so doch nicht zu verurteilen.

3 Einzelheiten über diese Verhandlungen sowie über das Flüchtlingsschiff, das in den USA nicht landen durfte, kann der Leser bei Arthur D. Morse nachlesen: *While Six Millions Died: A Chronicle of American Apathy,* (New York: Random House, 1967).

4 Die Wagner-Rogers Child Refugee Bill.

5 Bruno Bettelheim geht hier auf einen Sprachgebrauch ein, der in diesem Fall zunächst einmal amerikanischen Ursprungs gewesen ist, doch ist der Mechanismus, den der Autor für das Amerikanische beschreibt, keineswegs auf diesen Sprachbereich beschränkt. Ein äquivalentes Beispiel ist der bei uns eingebürgerte Begriff »Konzentrationslager«, ganz typisch auch noch als »KZ« abgekürzt – ein ebenfalls technisch-abstrahierter Begriff, der als solcher über die Lager so gut wie gar nichts aussagt. Wesentlich seltener ist die Verwendung von Begriffen wie »Todeslager«, »Vernichtungslager«, »Ausrottungslager« oder »Massenmordlager«. Daß sich nun, nachdem die »Holocaust«-Serie im deutschen Fernsehen gelaufen ist, auch bei uns der Begriff »Holocaust« durchgesetzt hat, belegt Bruno Bettelheims Theorie, um so mehr, als dieser Begriff in unserer Sprache ein noch »fremderes« Fremdwort ist als im Amerikanischen. Trotzdem: der Begriff »Holocaust« ist nun da, und da ihn auch Bruno Bettelheim verwendet, wird er ebenfalls in dieser Übersetzung häufiger auftauchen. Anm. d. Ü.

6 Elie Wiesel, »For Some Measure of Humility«, *Sh'ma, A Journal of Jewish Responsibility* 5 (31. Oktober 1975), S. 314–16.

7 *Yad v'shem* ist ein Ausdruck aus der Bibel, er findet sich bei Jesaja 56,5. Es handelt sich um das Versprechen des Herrn, den Gerechten, die keine Kinder haben (das heißt die niemanden haben, der ihrer gedenken kann), einen Gedenkort, einen unvergänglichen Namen, zu geben.

8 Paul Celan, Es war Erde in ihnen, in die Niemandsrose, in: *Gedichte in zwei Bänden,* Erster Band (Frankfurt am Main: Suhrkamp Verlag, 1975).

9 Konrad Lorenz, *Das sogenannte Böse* (Wien: Borotha Schoeler Verlag, 1963).

10 Der erste Transport ging von Wien nach Dachau, der zweite von Dachau nach Buchenwald. Allerdings können diese Transporte nicht mit dem verglichen werden, was sich Jahre später während der Verschickungen nach den Todeslagern zutrug.

11 Eine der letzten Botschaften, die von der Außenwelt aus dem Warschauer Getto empfangen wurde, lautete: »Die Welt schweigt; die Welt *weiß* (es ist unvorstellbar, daß dem nicht so sein könnte), und sie schweigt; Gottes Stellvertreter im Vatikan schweigt; es herrscht Schweigen in London und Washington; die amerikanischen Juden schweigen. Dieses Schweigen ist unbegreiflich und entsetzlich« (George Steiner, *Language and Silence,* New York: Atheneum, 1967). Aber es war nicht nur das Schweigen, das den Juden entgegentrat, als sie am Hunger, an Krankheiten und an Mißhandlungen zugrunde gingen – es gab auch Gelächter und Beifallklatschen, so zum Beispiel seitens der Polen, die dabei zuschauten, wie Häuser in die Luft gejagt wurden und Juden in den Flammen verbrannten.

»Eigner eigenen Gesichts«

»Die schaden können, doch nicht schaden wollen,
Nie tun, was sie zu tun am meisten scheinen,
....
Sie sind die Herrn und Eigner eigenen Gesichts,
Und nicht wie andre sein Verwalter nur«

Shakespeare, *Die Sonette* XCIV

Was Paul Celan in dem vorerwähnten Gedicht beschreibt, entspricht genau dem, was ich in den Lagern durch Beobachtung der eigenen und fremder Personen in puncto Überleben gelernt habe: selbst die schrecklichsten Mißhandlungen durch die SS konnten den Lebenswillen nicht auslöschen – allerdings nur, so lange man sich dem Wunsch weiterzumachen stellen konnte und so lange man die Achtung vor sich selbst bewahrte. War das der Fall, so konnten die Foltern den Gefangenen sogar in seinem Wunsch noch bestärken – in seiner Entschlossenheit meine ich, es dem Todfeind nicht zu gestatten, den eigenen Lebenswillen zu brechen, und in seiner Entschlossenheit, sich selbst, so weit es die Umstände erlaubten, treu zu bleiben. Dann konnte es vorkommen, daß einen die Aktionen der SS bleich vor Zorn machten, und das wiederum erfüllte einen mit dem Gefühl einer brennenden Lebendigkeit. Es bestärkte den Entschluß weiterzuleben, um den Feind auf diese Weise eines Tages besiegen zu können.

Durch ihre Aktionen und durch die grausigen Lebensbedingungen versuchte die SS die Gefangenen der Fähigkeit zur Selbstachtung und Selbstversorgung in einem weiteren Sinne zu berauben. Verlor ein Gefangener auf diese Weise jegliches Vertrauen in die Zukunft, so bedeutete dies eine geistige und seelische Verfassung, die den Glauben daran, daß man die Absichten der SS durch das eigene Überleben unterlaufen könnte, automatisch ausschloß. Das aber hieß für den Gefangenen, daß er nicht mehr imstande war, einen ganz bestimmten seelischen Trost in der Vorstellung von Rache und von einer rosigeren Zukunft zu finden, und so fiel er der schrecklichsten Depression zum Opfer. Und wenn sich dann zu dieser Verfassung auch noch das Gefühl gesellte, daß einen die Menschen draußen aufgegeben hatten, dann packte einen die äußerste Verzweiflung und mit ihr der Wunsch, es möge alles vorüber sein.

Diese Situation zeichnete sich durch einige Elemente aus, die eng miteinander verbunden waren: einerseits war da der Wunsch, selbst in dieser schrecklichen Lage weiterzuleben, sich die Achtung vor der eigenen und damit auch vor anderen Personen zu bewahren, das Vertrauen in die Zukunft nicht zu verlieren und in der Überzeugung – oder zumindest in der Hoffnung – zu leben, daß man nicht völlig verraten und verkauft war; und andererseits war da dieser Lebensekel, dieser Ekel vor sich selbst, diese Verzweiflung hinsichtlich der eigenen Zukunft und die feste Überzeugung, daß man im Stich gelassen worden war. Doch wenn es einem gelang, sich den eigenen Lebenswillen und die Achtung vor sich selbst trotz der totalen Erschöpfung, der körperlichen Mißhandlungen und der äußersten Erniedrigungen zu erhalten, dann konnte man auch weiterhin hoffen, daß man von der übrigen Welt nicht im Stich gelassen worden war, auch wenn diese Hoffnung kaum bestärkt wurde. Und dann genügte auch der geringste Hoffnungsschimmer, um den Glauben zu nähren, daß es doch noch Menschen gab, die sich Sorgen um einen machten.

Freilich funktionierten all diese Dinge nur bis zu einem gewissen Punkt. Gab es nur wenige oder gar keine Anzeichen dafür, daß sich bestimmte Menschen oder die Welt generell um das Los des Gefangenen sorgten, so verging diesem schließlich die Fähigkeit, Zeichen aus der Außenwelt positiv zu deuten, und er fühlte sich im Stich gelassen. Das aber hatte gewöhnlich verheerende Folgen sowohl für seine Willenskraft als auch für seine Überlebensfähigkeit. Nur sehr klare Belege darüber, daß man nicht im Stich gelassen worden war, vermochten die Hoffnung selbst bei den Hoffnungslosen wieder zu wecken, wenn auch nur für kurze Zeit. (Wozu allerdings gesagt werden muß, daß die SS dafür sorgte, daß die Gefangenen solche Belege in den Lagern selten und in den Vernichtungslagern überhaupt nicht erhielten.) Diejenigen aber, die bereits in die äußerste Depression und Desintegration abgerutscht waren und sich in wandelnde Leichname verwandelt hatten, weil ihre Lebenstriebe nicht mehr funktionierten – diese Menschen (man nannte sie »Muselmänner«) waren nicht mehr fähig, an solche Dinge zu glauben, die von anderen als Zeichen dafür genommen wurden, daß man sie nicht vergessen hatte.

Die Gefangenen, deren Lebenswille und deren Hoffnung auf die Zukunft zusammengebrochen waren, standen kurz vor ihrem Ende. Dieses Ende bestand meistens nicht in einem Selbstmord, da dieser die Entschlußkraft der Gefangenen vorausgesetzt hätte. Doch diese Kraft, aus eigenem Antrieb zu handeln, besaßen sie nicht mehr. Aber es auf einen Selbstmord anzulegen, war überhaupt nicht nötig, denn wer nicht klug und entschlossen alle Mittel daran setzte, um zu überleben, der gehörte, angesichts der Lagerbedingungen, schon bald zu den Toten. Wenn also jemand die Hoffnung aufgab, dann verlor er sogleich die Fähigkeit, diesen schwierigen und qualvollen Kampf ums Leben zu meistern, und so starb er nach kürzester Zeit. Der Verlust des Willens am Leben zu bleiben war die Folge des Hinwelkens der Lebenstriebe, die am Ende so geschwächt waren, daß sie nicht einmal mehr ihre beiden primären Aufgaben bewältigen konnten. Zum einen bekam das Selbst nicht mehr die Energien zugeliefert, die es benötigt, um zu funktionieren und auf die Zukunft zu hoffen. Zum anderen besaß die Person, ausgeliefert wie sie sich fühlte, nicht mehr die Kraft und den Wunsch, Gefühlsbeziehungen zu anderen zu unterhalten. Das aber bedeutete, daß nun auch die Möglichkeit, aus solchen Beziehungen ebenfalls Kraft zu schöpfen, nicht mehr existierte. Und deshalb war der Glaube, daß man nicht im Stich gelassen worden war, überlebenswichtig.

Da dieser »Lebenstrieb«, die »Libido«, der *élan vital* oder welchen Begriff man auch immer bevorzugt, da diese Bezeichnungen also lediglich Symbole für psychische Prozesse sind, könnte man ihre Bedeutung auch zu der Feststellung hin ausweiten, daß die unerläßliche Außenwelt ihr Interesse an einer Person dann verliert, wenn diese Person ihr höchsteigenes Interesse an sich selbst, an ihrem Leben und an ihrer Zukunft verliert. Auf der anderen Seite ist es so, daß ein ungewöhnlich starker Lebenswille, eine ausgeprägte Selbstachtung und eine echte Selbstsicherheit vonnöten sind, wenn die Außenwelt jegliches Interesse an einem selbst verliert oder zu verlieren scheint. Nur dann kann sich der Mensch sein Selbstinteresse erhalten und Suizidtendenzen vermeiden, selbst wenn die Lebensumstände, in denen er sich befindet, äußerst unangenehm und zerstörerisch sind.

Gerade wegen der tiefen Verzweiflung, die in den Lagern vorherrschte, machte ich dort sowohl mit mir selbst als auch mit meinen Mitgefangenen mehr denn je die Erfahrung, daß ein winziges, mitfühlendes Zeichen – eine Nachricht von zu Hause, die positiv klingen sollte, die hilfreiche Geste eines Leidensgefährten, ja sogar ein Zeitungsartikel, der der Zwangslage der Strafgefangenen etwas Mitgefühl entgegenzubringen schien – bereits genügte, um dem Lebenswillen einen neuen Impuls zu geben, immer vorausgesetzt allerdings, daß die Depression des Betroffenen nicht so weit fortgeschritten war, daß nichts mehr sie beheben konnte. Nach einem solchen Impetus manifestierte sich der Lebenswille wieder in seinen beiden Formen: einerseits in einem entschlosseneren Überlebenskampf (das unmittelbare Ergebnis des Glaubens, daß andere sich um einen sorgten) und andererseits in einer positiveren Hinwendung zur nächsten Umgebung, zum Beispiel zu einem Mitgefangenen.

Jene äußerste Einsamkeit und Verzweiflung der Menschen, von denen Paul Celan sagt, daß »Erde in ihnen« war, und jenes neuerliche Erwachen zum Leben, das der Betroffene erfährt, wenn er jemanden hat, der von sich sa-

gen kann »Ich grab mich dir zu« – diesen beiden Zuständen bin ich auch in meiner lebenslangen Arbeit mit psychotischen Kindern und Jugendlichen begegnet. Ähnlich jenen Todeslager-Insassen, die sich, wie der Dichter sagte, ihr eigenes Grab schaufelten, gibt es auch unter diesen Jugendlichen viele, die unfähig sind, »sich eine eigene Sprache zu erdenken«, denn eine Sprache, die ihrer Qual, Verzweiflung, Vereinsamung und ihrem Tod bei lebendigem Leibe entspricht, kann es nicht geben. Aber selbst wenn sie versuchten, all diese Dinge zur Sprache zu bringen, es würde nichts nützen, denn sie sind fest überzeugt, daß ihnen niemand zuhören und niemand Mitleid mit ihnen haben würde – wem könnten sie schon so viel wert sein, daß er ihr schreckliches Leiden mit ihnen teilt und dadurch lindert?
Ohne mein psychoanalytisches Wissen wäre ich unfähig gewesen, das, was die Konzentrationslager den Menschen antaten, zu begreifen. Und genauso wenig wäre ich daraufgekommen, wie ein Mensch psychotisch wird und wie man ihn wieder so weit bringen kann, daß er seinen psychischen Tod überwindet und wieder ins Leben eintritt. Die KZ-Erfahrung und die mit ihr verbundene Einfühlung eröffneten mir den Zugang zu der Welt, in der die Psychose herrscht. Und so konnte ich später die Ursachen dieser Krankheit erforschen und der Frage nachgehen, was nötig ist, um sie zu überwinden und einen Neuanfang zu machen.

In den KZs begegnete man unablässig dem bösartigen Versuch, den Gefangenen auch noch die allerletzten Überreste ihrer Autonomie wegzunehmen. Das gelang dem dort herrschenden System freilich insofern nur bedingt, als dort manche Aspekte des Lebens stärker betroffen waren als andere. In dem Maße, in dem der Gefangene seiner Autonomie beraubt wurde, löste sich seine Persönlichkeit auf. Dieser Zerfall erstreckte sich sowohl auf sein Innenleben als auch auf seine Beziehungen zu Mitmenschen.
Wurde der Gefangene nicht ermordet, so hing seine Überlebensfähigkeit davon ab, ob es ihm gelang, wenn schon nicht einen Teil seiner Autonomie, so doch zumindest einen Teil seiner Selbstachtung und der für ihn wichtigen Beziehungen zu bewahren. Und die Frage, wie rasch und vollständig er seine Autonomie einbüßte und wie weit der Zerfall seiner Persönlichkeit ging, hing hauptsächlich von zwei Faktoren ab: von der Härte der erlittenen Traumatisierung (objektiv gesehen) und von der angerichteten Zerstörung (subjektiv erlebt).
Beim zweiten Faktor spielte die Frage, zu welchem Maß an Autonomie die Person in ihrem Leben vor dem Lager gelangt war, eine entscheidende Rolle. Das heißt, es kam darauf an, wie erfolgreich sich die Integration der Persönlichkeit und die Selbstachtung entwickelt hatten. Andere wesentliche

Faktoren lassen sich als Fragen formulieren: Wie sinnvoll hat die Person ihr bisheriges Leben empfunden? Wie entscheidend, befriedigend und dauerhaft sind ihre zwischenmenschlichen Beziehungen gewesen? Doch am allerwichtigsten war wohl die Frage, ob und inwieweit ihre Selbstachtung und Selbstsicherheit in ihrem eigenen Leben – also in dem, was sie selbst war – ankerten oder inwieweit sie ihre Sicherheit und ihr Selbstbild aus den Äußerlichkeiten ihrer Existenz bezogen hatte – also aus dem, was sie vorgab, zu sein. Das Überleben in den Lagern war – das kann nicht stark genug betont werden – vor allem Glücksache: um überleben zu können, mußte man zunächst vor allem der Ermordung durch die SS-Schergen entrinnen. Doch obwohl man nichts tun konnte, um das eigene Überleben sicherzustellen, und obwohl die eigenen Überlebenschancen sehr gering waren, konnte man sie doch dadurch erhöhen, daß man die eigene Situation richtig einschätzte und sich ergebende günstige Gelegenheiten nutzte. Mit anderen Worten: man mußte unabhängig handeln, man mußte Mut, Entschlossenheit und Überzeugtheit aufbringen. All diese Dinge aber hingen von dem Maß an Autonomie ab, das man sich bewahrt hatte.
Natürlich bedeutete es, was die Überlebensfähigkeit anging, ein großes Plus, wenn der Gefangene in einer guten gesundheitlichen Verfassung in das Lager gekommen war. Doch wie ich immer wieder hervorgehoben habe, waren es die Autonomie, die Selbstachtung, die Integration der eigenen Persönlichkeit, ein reiches Innenleben und die Fähigkeit zu sinnvollen Beziehungen, die die wesentlichen psychischen Voraussetzungen bildeten, um in den Lagern als ein ganzer Mensch zu überleben.
Es besteht also guter Grund zu der Frage, wie man es wohl ermöglichen könnte, daß alle Menschen zu Autonomie, echter Selbstachtung und innerer Integration gelangen, sowie zu einem reichen Innenleben und zu der Fähigkeit, sinnvolle zwischenmenschliche Beziehungen zu entwickeln. Damit meine ich nicht, daß alle Menschen all diese Eigenschaften ständig bitter benötigen, wenn sie mit Extremsituationen zu kämpfen haben. Ich meine lediglich, daß sie diese Eigenschaften ihr ganzes Leben lang brauchen.
Bei meiner Arbeit mit psychotischen Jugendlichen hatte ich tagtäglich mit schrecklichen Verwüstungen zu tun, die alle auf einen Mangel zurückgingen, sei es nun an Autonomie, Selbstachtung, Integration der eigenen Persönlichkeit oder Kommunikationsfähigkeit. Ich habe mich immer wieder gefragt, wie ich den jungen Menschen all diese Dinge zurückgeben könnte, und ich wußte genau, wie schwierig diese Aufgabe war und wie herzzerreißend, wenn ich an ihr scheiterte.
Meine KZ-Erfahrung und meine Arbeit mit psychotischen Menschen moti-

vierten mich zur Bearbeitung von zwei grundlegenden – und miteinander verwandten – Problemen: Was kann man im größeren gesellschaftlichen Rahmen und im engeren, aber unmittelbar viel wichtigeren individuellen Bereich unternehmen, um die beiden Prozesse der Anomie und Entfremdung, die der Autonomie und inneren Sicherheit derart abträglich sind, zu vermeiden? Und wie kann man einer Entwicklung vorbeugen, die zur Desintegration der Person, zur Abkapselung, zu mangelnder Selbstachtung und zur mangelnden Achtung anderer führt? Die Aufsätze, die den Rest dieses Buches bilden, befassen sich mit diesen Problemen und mit der Frage, was in der Gesellschaft und im Leben des einzelnen – vor allem durch Erziehung und Ausbildung – getan werden kann, um die Entfaltung von Autonomie, Selbstachtung und Integration, sowie die Fähigkeit zu sinnvollen und dauerhaften Beziehungen zu fördern; kurzum: diesen Menschen zu helfen, damit sie »die Herrn und Eigner eigenen Gesichts« werden.

In den vorausgegangenen Bemerkungen habe ich eine Parallele gezogen zwischen jener Desintegration der Persönlichkeit, die durch einen so fürchterlichen Strudel der Geschichte wie den Nazi-Holocaust bewirkt wurde, und jener anderen Desintegration, die eine Folge ist von höchst eigenartigen verheerenden privaten Erfahrungen – Erfahrungen, die entweder zu einem psychotischen Zusammenbruch der Integration oder zu der Unfähigkeit führen, überhaupt eine Integration herzustellen. Diese Überlegungen implizieren, daß auch zwischen den Behandlungsmethoden so extremer Traumatisierungen eine Parallele gezogen werden könnte, zumal das Behandlungsziel das gleiche ist – die Wiederherstellung der Autonomie, der Selbstachtung und der persönlichen Integration.
Der Prozeß des Wiederaufbaus einer Person bleibt der gleiche, ganz egal, ob die Desintegration der Persönlichkeit und die Zerstörung der Autonomie durch reale oder erfundene Erfahrungen bewirkt worden ist; ganz egal, ob diese beiden Auflösungserscheinungen hauptsächlich in der Innen- oder in der Außenwelt verursacht wurden; ganz egal, ob eine solche Traumatisierung auf den Nazi-Holocaust oder darauf zurückzuführen ist, daß sich der Kranke gezwungen sah, in einer mehr privat gearteten Hölle auszuharren; ganz egal, ob die Persönlichkeit eines Menschen durch die Machtmaschinerie eines Regimes oder aber dadurch zerstört worden ist, daß dieser Mensch von seinen Eltern abgelehnt und im Stich gelassen wurde, wozu gesagt werden muß, daß diese Eltern in vielen Fällen selbst tiefunglückliche Menschen sind, die gar nicht anders handeln können.
Die Erkenntnis dieser Parallele bestärkte mich ganz erheblich in meinen Bemühungen um das Problem, wie man durch verbesserte Lebensbedin-

gungen im gesellschaftlichen wie im privaten Bereich die Entwicklung der persönlichen Autonomie, der Selbstachtung, der Integration und der sinnvollen Kommunikation mit anderen fördern könnte. Die sich nun anschließenden Essays befassen sich in der einen oder anderen Form mit eben diesem Problem. So aber scheint es mir angebracht, diesen Aufsätzen eine Arbeit voranzustellen, die beschreibt, wie ich auf diese Parallele gestoßen bin. Ich bin nicht der einzige, dem diese Parallele – hier Todeslagererfahrungen und dort destruktive frühkindheitliche Erlebnisse – aufgefallen ist. Diese Parallele scheint zwingend, wenn man über die Opfer eines solchen Vernichtungsprozesses nachdenkt und wenn sie einen betroffen machen. Ein weiteres Gedicht von Paul Celan, die »Todesfuge«, veranschaulicht dies. Durch dieses Gedicht wurde Celan in Deutschland – ja möglicherweise in Europa – zum bedeutendsten Dichter seiner Generation. Um einen Eindruck von der abgrundtiefen Verzweiflung, die in den Todeslagern herrschte, zu vermitteln, greift der Dichter zu dem Bild von der Mutter, die ihren Säugling vernichtet.

> Schwarze Milch der Frühe wir trinken sie abends
> wir trinken sie mittags und morgens wir trinken sie nachts
> wir trinken und trinken

So lauten die ersten Zeilen des Gedichts und später heißt es dann:

> Schwarze Milch der Frühe wir trinken dich nachts
> wir trinken dich mittags der Tod ist ein Meister aus Deutschlanc

Wenn ein Mensch gezwungen wird, von früh bis nachts schwarze Milch zu trinken, ganz gleich ob in den Todeslagern der Nazis oder ob in einem Luxusbett, wo ihn die unbewußten Todeswünsche einer nach außen hin vielleicht sogar sehr gewissenhaften Mutter verfolgen – in der einen und der anderen Situation hat die lebendige Seele tatsächlich den Tod zum Meister.

Deutsch von Edwin Ortmann

1 Paul Celan, Todesfuge, aus: *Mohn und Gedächtnis* (Deutsche Verlags-Anstalt, Stuttgart 1974).

Schizophrenie als Reaktion auf Extremsituationen*

Will die Psychoanalyse dem Patienten entscheidend dabei helfen, daß er zu einer besseren Integration seiner Persönlichkeit gelangt, so sind seitens des Therapeuten parallele Bemühungen um eine Verbesserung seiner *Integration unerläßlich. Daß dieser Punkt gern vernachlässigt wird, ist darauf zurückzuführen, daß in Freuds Selbstanalyse, auf der die Psychoanalyse basiert, Patient und Therapeut ein und dieselbe Person waren. Seit Freud ist die Tatsache, daß eine gute Psychotherapie, insbesondere eine gute Psychoanalyse, eine ständige Überprüfung der therapeutischen Mittel und Motivationen durch den Therapeuten selbst zur Voraussetzung haben muß, leider zu wenig beachtet worden. Der Therapeut muß sich gewisse Fragen stellen: Weshalb hat er sich entschlossen, gerade diesen Patienten zu behandeln? Warum soll seine Behandlungsweise die am besten geeignete für diesen Patienten sein? Und was bedeutet es für den Therapeuten, sich mit den Problemen dieses Patienten auseinandersetzen zu müssen?*

Diese ständige Selbstprüfung ist notwendig, damit im Rahmen der Behandlung keine »fremden Elemente« auftauchen, die dazu führen könnten, daß das Selbstsystem und die Eigeninteressen des Therapeuten mit dem kollidieren, was für den Patienten am besten ist. Außerdem fördert eine solche Analyse der Behandlungsmotive und der Reaktionen des aufrichtig und gewissenhaft bemühten Therapeuten durch diesen selbst die Integration des Behandelnden.

Jeder Therapeut muß darauf bedacht sein, daß seine Eigeninteressen nicht den Interessen des Patienten schaden, wobei es völlig gleichgültig ist, an welcher Störung der Patient leidet. Besonders bedacht muß der Therapeut bei solchen Patienten sein, die sich selbst am wenigsten verteidigen können und

* Eine Abhandlung mit demselben Titel wurde im *American Journal of Orthopsychiatry* 26 (1956), S. 507–18 veröffentlicht. Sie wird hier in gekürzter Form, mit einigen Hinzufügungen und redaktionell etwas verändert wiedergegeben.

somit am verletzbarsten sind – ein Beispiel sind Psychotiker und Kinder. Ist der Patient noch ein Kind und zugleich Psychotiker, muß der Therapeut mit äußerster Vorsicht vorgehen. Daher waren wir im Rahmen unserer Arbeit an der Orthogenic School in Chicago fest davon überzeugt, daß ein ganz entscheidender Aspekt unserer Bemühungen darin bestehen mußte, daß sich jeder Mitarbeiter und alle Mitarbeiter untereinander ständig genauestens überprüften und sich fragten: Wie verfahre ich mit diesem Patienten? Was kann ich für dieses Kind tun? Warum verfahre ich so und nicht anders? Welche sind meine ursprünglichen und welche meine gegenwärtigen Beweggründe, die mein Engagement bei der »institutionellen« Behandlung dieser psychotischen Kinder ausmachen? (Obwohl sich diese sorgfältige Überprüfung auf jeden Aspekt unserer Arbeit erstrecken mußte, würde eine eingehende Erläuterung dieser Arbeitsweise an dem hier behandelten Thema vorbeigehen; doch findet sich in meinem Buch Der Weg aus dem Labyrinth *eine genaue Darlegung unserer Methode.)*

Diese Überprüfung meiner eigenen Beweggründe brachte mich sehr bald darauf, daß meinem Wunsch, desintegrierten Personen zu neuerlicher Integration zu verhelfen, eine sehr spezielle Erfahrung zugrunde lag – die Erfahrung, die ich in den KZs gemacht hatte. (Doch gab es darüber hinaus natürlich noch andere Beweggründe: zum Beispiel die wesentliche Genugtuung, die dadurch entsteht, daß man schwer gestörte Menschen den Freuden des Lebens zurückgibt, oder auch die vielen persönlichen Befriedigungen, die die Arbeit selbst einbrachte – ich denke da an den immer tieferen Einblick in die schwierigsten und dunkelsten mentalen Phänomene und an die zunehmende Fähigkeit, allmählich auch den schlimmstgestörten Patienten helfen zu können.) Die Teilhabe an der neuerlichen Integration von bislang völlig desintegrierten Menschen und die eigene aktive Förderung einer solchen Integration entsprach einer nachträglichen Kompensation jener anderen Desintegration, die ich in den KZs selbst erlitten hatte, sowie der KZ-Erfahrung, die darin bestanden hatte, daß ich hilflos und untätig zusehen mußte, wie die Persönlichkeit von Menschen dadurch, daß sie unter schrecklichsten Bedingungen leben mußten, völlig zerstört wurde.

Dieser Zusammenhang zwischen dem Engagement für die Heilung psychotisch Erkrankter und jenem damaligen Kampf ums Überleben liegt, glaube ich, klar auf der Hand. Natürlich gibt es neben meiner eigenen Erfahrung noch zahlreiche andere Beweggründe, die dem Arbeiten mit psychotischen Kindern zugrunde liegen können. Zumal es ja so ist, daß die meisten, die sich dieser Arbeit widmen, keine solche Überlebenserfahrungen hinter sich haben. Ich selbst hatte, bevor ich ins KZ kam, bereits viele Jahre lang mit einigen autistischen Kindern zusammengelebt und -gearbeitet. Und obgleich ich da-

mals eine vage Vorstellung davon hatte, was in diesen Lagern vor sich ging, kam ich nicht auf den Gedanken, irgendeine Parallele zu ziehen zwischen diesen Vorgängen und dem Autismus der Kinder, die ich so genau kannte. Ohne meine die Persönlichkeit desintegrierenden Erfahrungen in den Lagern und ohne die Reaktionen, die ich bei anderen auf solche Erfahrungen erlebte, wäre ich wohl nie darauf gekommen, daß es zwischen den Bedingungen im Lager und den psychotischen Bedingungen des gestörten Menschen Parallelen gibt.
Nun aber wußte ich, daß die Hilfe, die ich schwerstgeschädigten Menschen angedeihen ließ, eine Möglichkeit war, auf die Erfahrungen im KZ und ihre Folgen zu reagieren. Doch es dauerte viele Jahre – Jahre der langwierigen und sorgfältigen Beobachtung psychotischer Kinder – bis ich die vielen Parallelen sah, die zwischen den beiden Phänomenen existieren: dem Phänomen, daß diese Kinder zu keiner altersgemäßen Integration gelangt waren, und dem Phänomen, daß die Gefangenen einen derartigen Persönlichkeitszerfall durchmachten. Diese Parallelen kamen für mich unerwartet und sie waren so erstaunlich, daß ich eine ganze Zeitlang zögerte, etwas darüber zu veröffentlichen. Doch am Ende erwiesen sich meine Befunde als derart überzeugend, daß ich meinte, sie müßten auch anderen zugänglich gemacht werden.
Bei der ersten Veröffentlichung dieser Arbeit hielt ich es für das Beste, mich zunächst mit den verschiedenen Standpunkten zur Behandlung von Kindheitspsychosen auseinanderzusetzen. Doch da dies ein Aspekt ist, der aus dem Rahmen dieses Buches fällt, wurden der erste Abschnitt und einige kleinere Abschnitte dieser Abhandlung gestrichen.

Die Kindheitsschizophrenie ist entweder auf eine genetische Abweichung oder aber – vor allem im Kontext psychoanalytischer Untersuchungen dieser Störung – auf elterliche, insbesondere mütterliche Einstellungen zurückgeführt worden. Nur sehr selten wird sie als eine spontane Reaktion des Kindes auf ungewöhnliche Lebensumstände interpretiert. Obwohl diese Lebensumstände offensichtlich großenteils durch die Einstellungen der Eltern bedingt sind, würde man dem Kind dadurch, daß man nur von einer solchen spontanen Reaktion ausgeht, die Autonomie absprechen, durch die es auf das reagiert, was ihm zustößt. Erst wenn wir uns mit dem Gedanken vertraut machen, daß auch das Kind einige Freiheit besitzt, um auf das, was ihm zustößt, zu reagieren, können wir uns erklären, warum verschiedene Kinder auf ähnlich destruktive Erfahrungen, denen sie in ihrer Umgebung ausgesetzt sind, unterschiedlich reagieren. Manche zeigen schizophrene Reaktionen, andere reagieren völlig anders.

Aufgrund der Tatsache, daß der Säugling von der nährenden Person völlig abhängig und noch dazu unfähig ist, körperlich für sich selbst zu sorgen, hat man allzu oft den Standpunkt vertreten, daß er auch in seinem Seelenleben völlig von seiner Mutter abhängig sein müsse. Doch ist der Säugling keineswegs nichts als eine *tabula rasa.* Seine psychischen Reaktionen werden von seiner Geburt an durch die Beziehung seiner Mutter zu ihm geformt, doch findet auch eine umgekehrte Formung statt.
Der Einfluß der Mutter mag sehr stark sein, doch reagiert das Kind immer auch durch seine Natur und Persönlichkeit.
Im Hinblick auf die Verursachung der Kindheitsschizophrenie dürfen wir behaupten, daß die Pathologie der Mutter häufig schwerwiegend ist und daß ihr Verhalten gegenüber dem Kind in vielen Fällen ein faszinierendes Beispiel für eine abnorme Beziehung darstellt. Doch beweist dies weder, daß die Mutter die schizophrenen Prozesse auslöst, noch daß die besonderen Merkmale ihrer Pathologie jene des Kindes erklären. Die Tatsache, daß man sich in diesem Kontext auf die Mutter oder die Mutter-Kind-Beziehung konzentriert, dürfte einer unrealistischen Idealvorstellung entspringen – der Idealvorstellung von der vollkommenen Säugling-Mutter-Symbiose, in der die beiden Beteiligten eine glückselige psychische Einheit bilden. Was dabei übersehen wird, ist, daß die Individuation mit ihrer ganzen Mühsal bereits zum Zeitpunkt der Geburt einsetzt.
Doch wenn andererseits die Kindheitspsychose auf eine spontane psychische Entwicklung im Kinde selbst zurückzuführen ist, welche sind dann die Erfahrungen, die diesen psychotischen Prozeß in Gang bringen? Angesichts der Todesangst, die in der Regel der Symptomatik dieser Kinder zugrunde liegt, war ich eine Zeitlang stark von den Ansichten Pious' über die Rolle des *mortido* in der Schizophrenie eingenommen.[1] Trotzdem stimmen diese Ansichten mit unseren Beobachtungen nicht völlig überein. Als ich begann, diese Standpunkte mit meinen Beobachtungen zu vergleichen, fiel mir ein, daß ich schon einmal das ganze Spektrum autistischer und schizophrener Reaktionen nicht nur beobachtet, sondern zum Teil auch beschrieben hatte – allerdings nicht bei Kindern, sondern bei den Erwachsenen in den deutschen Konzentrationslagern. Diese Reaktionen, die von Person zu Person sehr unterschiedlich ausfallen konnten, waren durchweg Reaktionen auf ein und dieselbe psychische Situation: der Mensch war machtlos, ganz und gar ohnmächtig. Am bezeichnendsten an dieser Situation war ihre Unausweichlichkeit, ihre ungewisse Dauer (mit der Aussicht, ein ganzes Leben lang zu dauern), die Tatsache, daß nichts an ihr vorhersagbar war, daß das Leben des Betroffenen in jedem Augenblick bedroht war und daß dieser nichts dagegen unternehmen konnte.

Diese Situation war so ungewöhnlich, daß ich einen neuen Begriff brauchte – den Begriff der »Extremsituation« – um die menschlichen Reaktionen auf eine solche Umgebung auch beschreiben zu können.[2] Die Entdeckung der Todeslager hat seither diesem neuen Begriff eine düstere Note beigegeben, doch hat er sich in der Psychologie weitgehend durchgesetzt. In dem vorerwähnten Artikel behandelte ich eingehend die Auswirkungen der Gefangenschaft im KZ, insbesondere die tiefgreifenden Persönlichkeitsänderungen, die die Folge dieser aufgezwungenen Extremsituation waren. Ich hatte Gelegenheit gehabt, die unterschiedlichen Reaktionen auf Extremsituationen einerseits und Leidenssituationen andererseits zu beobachten. Auf die letztgenannte Erfahrung reagierte der Mensch mit seiner normalen Persönlichkeit, wohingegen die Extremerfahrung radikale Veränderungen der individuellen Persönlichkeitsstruktur nach sich zog.

Obwohl die Bedingungen in den Konzentrationslagern für alle Häftlinge mehr oder weniger dieselben waren, konnte man verschiedene Arten resultierenden Verhaltens beobachten, wobei alle Verhaltensweisen schizophrenen Symptomen sehr ähnlich waren – und zwar so ähnlich, daß eine Beschreibung des Häftlingsverhaltens einen Katalog schizophrener Reaktionen ergeben hätte.

So reagierten manche Häftlinge zum Beispiel mit Selbstmord oder Selbstmordneigungen, wozu auch die Unfähigkeit zu essen gehörte. (Diese Reaktion dürfen wir mit der Reaktion der Anorexia oder des infantilen Marasmus vergleichen.) Andere entwickelten katatonische Symptome, bei denen die Häftlinge jede Forderung der Gestapo erfüllten, so als hätten sie keinen eigenen Willen mehr oder als hätten sie jegliche Kontrolle über ihren eigenen Körper verloren. Viele verfielen der melancholischen Depression, während andere Verfolgungsideen entwickelten, die in keinem Verhältnis zur tatsächlich erlittenen Verfolgung standen. Realitätsverzerrungen, Wahnvorstellungen und Projektionen waren häufig. Über-Ich und Ichkontrollen brachen zusammen, was wiederum zu Verhaltensweisen (darunter auch Inkontinenz) führte, die unter normalen Umständen als infantil oder kriminell gegolten hätten. Der Verlust des Erinnerungsvermögens war allgemein verbreitet, und weit verbreitet waren auch völlig unbedeutende, unausgeglichene und unverhältnismäßig übertriebene Gefühle. Die Unterschiede der schizophrenen Symptome waren bedingt durch die Persönlichkeit, Lebensgeschichte, den sozioökonomischen Hintergrund und andere Faktoren im Leben der Häftlinge, doch die Tatsache, daß sie überhaupt schizophrene Reaktionen entwickelten, war das eindeutige Ergebnis der ihnen aufgezwungenen Extremsituation.

Der Unterschied zwischen der Zwangslage des KZ-Häftlings und den Bedingungen, die beim Kind zu Autismus und Schizophrenie führen, besteht natürlich darin, daß das Kind nie die Gelegenheit hatte, auch nur einen Schatten von Persönlichkeit zu entwickeln. Doch scheint das Kind, das der Schizophrenie zum Opfer fällt, genau die gleichen Gefühle gegenüber sich selbst und seinem Leben zu entwickeln wie der KZ-Häftling: es fühlt sich der Hoffnung beraubt und völlig ausgeliefert den zerstörerischen irrationalen Mächten, die ihm dadurch, daß sie es rücksichtslos für ihre eigenen Ziele benutzen, jeglichen Freiraum nehmen. Unter solchen Umständen ist das Ich der meisten Menschen unfähig, die Wirklichkeit richtig einzuschätzen oder die Zukunft einigermaßen genau vorherzusagen, und so kann es auch nicht die nötigen Schritte tun, um diese Zukunft zu beeinflussen. Ein solches Ich scheint es nicht wert zu sein, von der gesamten Person mit irgendwelcher Energie besetzt zu werden. Der größte Teil der überaus begrenzten Lebensenergie, die einem Menschen in einer derart kräftezehrenden Situation verblieben ist, bleibt beim Es, und so verfügt das Ich über zu wenige Energien, um einen angemessenen Einfluß und angemessene Kontrolle sowohl über sein Innenleben als auch über die äußere Realität ausüben zu können.

Zwar gibt es entscheidende Unterschiede zwischen dem Leben eines KZ-Häftlings und dem Leben eines Kindes, das schizophren wird, und wir dürfen diese Unterschiede nicht außer acht lassen. Doch hindert das nicht, daß die emotionalen Reaktionen der beiden auf äußerlich völlig unterschiedliche Situationen eine erstaunliche Ähnlichkeit aufweisen. Wesentliche Unterschiede existieren natürlich auch im Hinblick auf andere psychologische Aspekte, zum Beispiel die geistige und emotionale Reife. Um eine Kindheitsschizophrenie zu entwickeln, braucht das kleine Kind nur überzeugt zu sein, daß sein Leben von gefühllosen, irrationalen und übergewaltigen Mächten bestimmt wird, die seine Existenz total kontrollieren und ihr nicht den geringsten Wert beimessen. Für den normalen Erwachsenen, der schizophrenieähnliche Reaktionen entwickelt, findet jenes Erlebnis in der Wirklichkeit statt – die deutschen Konzentrationslager sind ein Beispiel. Bei unserer Arbeit mit schizophrenen Kindern haben wir immer wieder entdeckt, daß deren schizophrene Symptomatik nicht bloß eine Reaktion auf irgendwelche elterliche Einstellungen (zum Beispiel Zurückweisung, Vernachlässigung oder jähe Stimmungsumschwünge) gewesen war. Darüber hinaus waren diese Kinder durch bestimmte Erfahrungen, die jeweils anders geartet waren, zu der Überzeugung gelangt, daß ihnen ständig die totale Zerstörung drohte und daß es keine Bezugsperson für sie gab, die ihnen Schutz oder emotionale Linderung hätten verschaffen können. So ist also die psychologische Ursache der Kindheitsschizophrenie in dem subjektiven Gefühl zu suchen, daß man permanent in einer Extremsituation lebt – daß man völlig hilflos ist angesichts tödlicher Drohungen, daß man gefühllosen Mächten ausgeliefert ist, die nur ihren eigenen Launen gehorchen, und daß man jeglicher intimer, positiver, persönlicher und bedürfnisbefriedigender Kommunikation beraubt ist. Drei Beispiele sollen diesen Punkt veranschaulichen.

Wir kannten ein Elternpaar, einen Vater und eine Mutter, die zu dem Schluß kamen, daß ihr Sohn schwachsinnig sei, wobei sie allerdings einzig und allein von den Reaktionen des Kindes ausgingen; diese Reaktionen aber waren dadurch bedingt, daß diese Eltern ihr Kind total vernachlässigten. Da dieses Kind angeblich nichts verstand, wenn sich Menschen unterhielten, redeten seine Eltern in seinem Beisein völlig ungeniert über das Problem, wie sie sich seiner entledigen könnten und daß ihr Sohn besser nie geboren worden wäre. Sein späterer autistischer Rückzug führte dazu, daß er in eine Anstalt für schwachsinnige Kinder kam, wo man ihn ebenfalls schwer vernachlässigte und ihn häufig damit bestrafte, daß man ihm nichts zu essen gab. Das bestärkte ihn in seiner Überzeugung, daß ihn seine Eltern Hungers sterben lassen wollten.

In einem anderen Fall gelangten wir aufgrund einer längeren Beobachtung eines Jungen zu der Überzeugung, daß sein Verfolgungswahn und seine anaklitische Depression die Folge einer schweren Traumatisierung gewesen sein mußten, und diese Traumatisierung war vielleicht verursacht worden durch ein dunkles, verborgenes und schreckliches Erlebnis, das sich möglicherweise noch vor der verbalen Entwicklung des Kindes zugetragen hatte, so daß sich das Kind darüber nur in vagen, doch völlig destruktiven Bildern äußern konnte. Obwohl uns die Eltern bei unserem Versuch, eine genaue Frühgeschichte zu erstellen, unterstützten, stießen wir auf keinen Hinweis auf ein solches Geheimnis, und der Junge selbst konnte sich nur an seine Todesangst und an die ihn fast überwältigende Wut erinnern, die er jedoch total verdrängen mußte.

Dann gingen wir der Frage nach, weshalb sich der Junge trotz seiner verdrängten, aber deshalb nicht weniger starken Feindseligkeit so sehr an seinen älteren Bruder klammerte. Wir baten also diesen um Informationen. Um uns bei unserer Arbeit zu helfen und seine Schuldgefühle zu lindern, erzählte uns dieser Bruder, wie er und einige seiner Freunde mit dem noch nicht Dreijährigen ein Henkerspiel gespielt hatten. Dabei hatte der Strick dem kleinen Jungen die Atemwege abgewürgt, und er war erst wieder zu sich gekommen, als man es mit künstlicher Beatmung versucht hatte. Aus lauter Angst davor, daß das Kind etwas von diesem Vorfall erzählen könnte, griffen die Älteren zum Terror. Sie verprügelten das Kind mehrere Male

aufs ärgste und drohten ihm noch Schlimmeres an für den Fall, daß er etwas erzählen würde. Um dieser Drohung Nachdruck zu verleihen, sperrten sie das Kind wiederholt in eine dunkle und unzugängliche Höhle, wo sie es trotz seines schrecklichen Schreiens längere Zeit festhielten.
In einem dritten Fall handelte es sich um einen adoptierten Jungen, der, als er noch keine drei Jahre alt war, zufällig darauf kam, daß seine Mutter außerehelichen Verkehr hatte. In dem Jahr, das dieser Entdeckung folgte – eine Entdeckung übrigens, bei der er gar nicht richtig wußte, um was es ging – drohte die Mutter dem Kind, es zu töten, wenn es irgend etwas verlauten ließe über jenen anderen Mann, ja wenn es auch nur seinen Namen erwähnte. Als das Kind älter wurde, bekam es tagtäglich die Drohung zu hören, daß es getötet werden würde, wenn es irgend jemandem etwas von dieser Liebesaffäre erzählte. Und dann, als der Junge fünf Jahre alt war, verließ die Mutter unerwartet Ehemann und Sohn.
Unsere Beobachtungen vermittelten uns den Eindruck, daß dieser Junge auf eine schreckliche Weise um sein Leben bangte und daß er ein fürchterliches Geheimnis hütete, dessen wahre Natur ihm selbst nicht ganz klar war. Mit Hilfe eines früheren Dienstmädchens, dem einige Zeit nach Beginn dieser Liebesaffäre gekündigt worden war, fanden wir schließlich einige Einzelheiten über die frühe und anhaltende Traumatisierung dieses Kindes heraus. Als das geschehen war, produzierte der Junge im Rahmen von Spielen, die wir mit ihm spielten, spontan Erinnerungen an diese Drohungen.
Diese Beispiele illustrieren auf eine dramatische Weise einige der psychischen Faktoren, die offenbar ein Merkmal der Kindheitsschizophrenie sind. Doch wie steht es um ihre Behandlung?
Kaplan, der frühere Beobachtungen Kanners an autistischen Kindern bestätigte, wies auf den wesentlichen Punkt hin, daß das schizophrene Kind, um leben zu können, vor allem einer »bedürfnisbefriedigenden« Person bedarf. Er fügte hinzu, daß diese Kinder, was ihre Sozialisation anlangt, enorme Schwierigkeiten haben, weil ihr Ich nicht in der Lage ist, mit seinen Triebkräften und dem Druck der Realität zurechtzukommen.[3]
Als wir mit unserer Arbeit an der Orthogenic School begannen, gingen wir in der Tat davon aus, daß das schizophrene Kind, wenn es wirksam behandelt werden soll, wirklich bedürfnisbefriedigende Personen um sich haben muß, allerdings nicht bloß für eine Stunde am Tag, sondern den ganzen Tag, das ganze Jahr lang. Außerdem braucht ein solches Kind eine Umgebung, in der es keine oder nur minimale Anforderungen zu erfüllen hat, eine Umgebung, die gleichzeitig so umfassend und so vereinfacht ist, daß sogar das geschwächte Ich des Kindes damit zurechtkommt; eine Umgebung auch, die versucht, den libidinösen Druck zu vermindern und in der dem Kind und

den ihm nahestehenden Menschen keine Gefahren erwachsen, wenn das Kind einem solchen Druck nachgibt.
Doch wird dieser Situation insofern von vornherein entgegengewirkt, als die bedürfnisbefriedigende Person durch die physiologischen, psychologischen und interpersonellen Befriedigungen, die sie für das Kind bereithält, den durch libidinöse Neigungen und Ängste erzeugten Druck vermindert. Dadurch, daß in der Umgebung, in der das Kind und besagte Person leben, ein Realitätsdruck so gut wie nicht vorhanden ist, kann diese Person bedürfnisbefriedigend bleiben, und das Kind hat die Möglichkeit, dies mit der Zeit auch zu erkennen. Es muß eine Umgebung sein, in der selbst die peinlichsten Symptome als legitime Äußerung der Bedürfnisse und Ängste des Kindes respektiert und akzeptiert werden, und das nicht nur während der Behandlung selbst, sondern den ganzen Tag und die ganze Nacht hindurch. Ich kann hier nicht darauf eingehen, wie wir diese Aufgabe genau gelöst haben[4], doch kann ich ein Beispiel geben: das Beispiel eines elfjährigen autistischen Jungen, der sich in unserer Umgebung die Erfahrungen verschaffte, die er am dringendsten benötigte.
Dieser Junge reagierte auf die Freiheit, seinen eigenen Bedürfnissen gemäß zu leben, zunächst damit, daß er, dessen Sauberkeitserziehung nie völlig untergegangen war, einfach aufhörte zu defäkieren. Er behielt seinen Stuhl über zwei Wochen lang bei sich und behauptete auf diese Weise – im Gegensatz zu jeglichen mütterlichen Forderungen – seine Autonomie gegenüber seinen Körperfunktionen. Schließlich gab er die Einbehaltung seines Stuhls auf, doch er wollte keine Toilette benutzen. Fast sechs Monate lang beschmutzte er sich selbst und spielte mit seinen Fäkalien. Aber nun tauchte er langsam aus dem rigiden katatonischen Zustand auf, in dem er seit Jahren verharrt hatte.
Nachdem er sich auf diese Weise überzeugt hatte, daß er im Rahmen unserer Schule seine eigene Autonomie besaß, zumindest was die Defäkation anging, konnte er nun – das war etwa im vierten Monat, den er bei uns war – auch die Erfahrung wagen, sich füttern zu lassen, das heißt, zunächst fütterte er sich selbst und später ließ er sich von einer Mutterperson füttern. Es begann damit, daß er sich das Essen in den Mund steckte, wo er es zermanschte und mit Speichel vermischte; dann spuckte er es auf seinen Ärmel, wo er es noch etwas mehr vermengte, um es schließlich von seinem Arm weg aufzuessen. So aß er in gewisser Weise von seinem eigenen Körper.
Ein nächster Schritt bestand darin, daß er sein Essen nicht auf seinen eigenen Ärmel, sondern auf den seiner Beraterin spuckte oder schmierte. Überzeugt von dem starken Bedürfnis des Kindes, sich so und nicht anders

zu verhalten, akzeptierte seine Beraterin dieses Vorgehen »das zur Mahlzeit gehörte wie Pfeffer und Salz. Wenn er das Essen auf den Ärmel bringt, geschieht das sehr langsam und bedächtig. Er steckt sich das Essen in den Mund, zerkaut es, spuckt es in die Hand, drückt es auf meinen Ärmel, schaut es genau an, schabt es vom Ärmel, steckt es in den Mund und ißt es auf. Gewöhnlich ziehe ich, wenn wir zum Essen gehen, ein blaues Drillichhemd und eine Jacke an. Wenn wir mit der Mahlzeit fertig sind, kann ich die Essensreste abwischen und die Kleidungsstücke bis zur nächsten Mahlzeit weghängen. Ich fühle mich jetzt ganz wohl, wenn er mich als Essensablage benutzt«.

Obwohl das Kind dieses Ritual mindestens dreimal am Tag, daß heißt zu den regulären Mahlzeiten, aber oft auch zwischen diesen Mahlzeiten, wiederholte, stellte dies noch keine persönliche Beziehung dar; das sollte erst noch kommen. So wie der Säugling seine Mutter zunächst nicht als eine Person wahrnimmt, sondern möglicherweise meint, er füttere sich selbst, genauso aß dieser Junge zunächst von seinem Ärmel. Und so wie der Säugling später erkennt, daß er sich vom Körper seiner Mutter nährt, genauso aß dieser Junge später vom Ärmel seiner Beraterin. Aber selbst jetzt erkannte er sie wahrscheinlich nicht als eine Person, sondern hatte nur das Gefühl, daß es angenehmer sei, von ihr als von sich selbst zu essen. Dieses Gefühl ließe sich vielleicht in die Worte kleiden: »Da gibt es was, das das Essen gut macht, wenn es mich von sich essen läßt.«

Im Gegensatz zu seinen vorausgegangenen Erfahrungen, die darin bestanden hatten, daß alles, was aus der Außenwelt kam, bedrohlich, unangenehm und übermächtig war, erlebte der Junge nunmehr einen Aspekt der Außenwelt, den er kontrollieren konnte; er war es nun, der eine andere Person übermächtig in Besitz nahm, und was von dieser Person kam, war angenehm. Als dieses Eßstadium erreicht war, brauchte er nur ein wenig ermutigt zu werden und die Inkontinenz und das Herumschmieren mit Fäkalien verschwanden. An ihre Stelle trat eine aktivere und aggressivere Wahrnehmung der Umgebung. So urinierte der Junge, um nur ein Beispiel zu nennen, gelegentlich ganz bewußt auf das Bett eines anderen Jungen, den er in bezug auf die Zuwendung seiner Beraterin als seinen Hauptrivalen empfand.

So dürfen wir also vermuten, daß dieser Junge aufzutauen begann, als er zunächst einmal gelernt hatte, sich seiner eigenen Autonomie dadurch zu vergewissern, daß er seine Ausscheidungsprozesse kontrollierte und später dadurch, daß er defäkierte, wo und wann immer er wollte. Nachdem er sich auf diese Weise im Bereich seiner »analen« Autonomie behauptet hatte, begann er seine »orale« Autonomie dadurch zu befriedigen, daß er von sich selbst aß. Die Außenwelt fing an, eine Bedeutung zu erlangen, als er von einer bevorzugten Person zu essen begann, und er begann sie zu meistern, als er seine urethrale Autonomie dadurch wiederherstellte, daß er auf unerwünschte Objekte urinierte. In diesem Entwicklungsabschnitt verwandelte sich sein unverständliches Sprechen, das vor allem aus Neologismen und Echolalie bestand, in verständliche Kommunikation, und er begann an einfachen Kinderspielen teilzunehmen. Alle diese Fortschritte machte er in den ersten acht Monaten, die er bei uns verbrachte.

Es ist leichter, ein Beispiel von solchen Verfahrensweisen zu geben als sich verallgemeinernd über sie auszulassen, denn jedes Verfahren muß in jedem Einzelfall abgestimmt werden auf das chronologische und emotionale Alter des Kindes, auf seine Persönlichkeit, auf die Beschaffenheit seiner Störung, sowie auf seine Symptome. Am allerwichtigsten freilich ist die Tatsache, daß diese Kinder in einer Umgebung leben müssen, die ganz und gar therapeutisch ist. Sie brauchen eine »institutionelle« Behandlung, bei der der Therapeut das Kind nicht nur einige Stunden pro Woche behandelt, sondern bei der das Kind mit der bedürfnisbefriedigenden Person zusammenlebt. Natürlich kann sich diese eine Person nicht den ganzen Tag lang um das Kind kümmern, und so sind weitere Personen, die zu dieser Arbeit beitragen, unerläßlich. Doch diese eine zentrale Person muß mit dem Kind so eng zusammenleben, daß sie Tag und Nacht greifbar ist und das Kind keine seiner Krisen allein durchmacht. Wenn dieser Rahmen stimmt, kann sich die zentrale Person sogar für Stunden entfernen, ohne daß dies böse Folgen hätte. Das geht aber nur dann, wenn das schizophrene Kind gelernt hat – und an der Orthogenic School lernt es das rasch – daß das Zimmer, in dem sein Berater oder seine Beraterin lebt, nur einige Türen weiter ist; und es geht nur dann, wenn es die beratende Person oftmals am Tage sieht. Denn diese Verfügbarkeit ist es, durch die das Kind mit der Zeit auf die ständige Gegenwart der beratenden Person verzichten kann.

Im Grunde braucht ein solches Kind eine Mutter, die frei ist von den ichzentrierten emotionalen Forderungen, die bei so vielen Müttern anzutreffen sind. Denn nur so kann das Kind von der bemutternden Person profitieren, ohne sich in irgendeiner Weise verpflichtet zu fühlen, und nur so kann es freiwillig immer dann reagieren, wenn ihm in seiner schizophrenen Art danach ist. Und nur so kann es beginnen, seine Autonomie wiederherzustellen.

Denn dem Kind muß die Möglichkeit gegeben werden, seine Autonomie nicht nur im Behandlungszimmer und nicht nur im Hinblick auf seine Emotionen wiederzuerlangen. Um ein neues Leben beginnen zu können, muß die totale Extremsituation, die seine Autonomie zerstörte, ersetzt werden durch eine totale Lebenssituation, die das Kind meistern kann. Da das Kind von seiner Umgebung übermächtig in Besitz genommen worden ist, muß es nun die Möglichkeit haben, seine Umgebung auf vernünftige und erfolgreiche Weise zu kontrollieren. Das heißt, diese Umgebung muß einfach sein; es dürfen in ihr keine schwierigen Aufgaben, keine komplizierten Anforderungen enthalten sein. Das Bedürfnis dieser Kinder nach Regelmäßigkeit und ihr Wunsch nach simplen Routineabläufen müssen berücksichtigt werden. Das schizophrene Kind muß sich im Grunde genauso sicher, geschützt und als Beherrscher seiner Umgebung fühlen wie der glückliche Säugling in seiner Wiege.

Wir können ein schizophrenes Kind freilich nicht einfach in die Wiege legen, und zwar nicht nur, weil es kein Säugling mehr ist, sondern auch deshalb, weil ein solches Vorgehen dem Kind den letzten Rest an vielleicht noch vorhandener Selbstachtung rauben würde. Außerdem würde das Kind auch noch jener negativen Autonomie verlustig gehen, die es durch seine Symptome erlangt haben könnte, und die Bewegungs- und Ausdrucksfreiheit würde ebenfalls leiden. Statt dessen müssen wir für das Kind eine Umgebung herstellen, in der nur solche Reize und Herausforderungen enthalten sind, wie sie auch der Säugling in der Wiege bewältigen kann. Wir müssen das Kind vor jeder Feindseligkeit, die aus der Außenwelt kommen könnte, also vor allem vor seinen Eltern, schützen; wir müssen für ein Maximum an Bedürfnisbefriedigung sorgen; und wir dürfen nur sehr wenig Sozialisation fordern, damit auch die Anforderungen der Umgebung minimal bleiben und das Kind nicht dem Druck einer überfordernden Stimulation ausgesetzt wird. Unter solchen Lebensbedingungen kann sogar ein sehr geschwächtes Ich wieder zu funktionieren beginnen.

In der Praxis bedeutet das: das Kind bekommt zu jeder Tages- und Nachtzeit das zu essen, was es am liebsten mag; auf Sauberkeitserziehung oder anderes sozialisiertes Verhalten wird verzichtet; ausschlaggebend sind die Wünsche des Kindes und nicht unsere Forderungen; nicht gestattet ist eine Einschränkung der Bewegungsfreiheit des Kindes, es sei denn, das Kind könnte sich verletzen; gegeben muß sein die Möglichkeit völliger Ruhe und Entspannung, wann immer das Kind diese wünscht, usw.

Wenn diese grundsätzliche Toleranz gegeben ist, kann man andererseits die Aggressionen des Kindes einschränken, bei denen die Gefahr besteht, daß andere physisch geschädigt werden, und man kann jene ständigen zwanghaften Beschäftigungen sexueller oder welcher Art auch immer in Grenzen halten, um auf diese Weise zu verhindern, daß dem Kind lebenswichtige Energie verloren geht oder daß es Spannungen in sich auf- statt abbaut. Wir versuchen es dem Kind zu ermöglichen, nach seinen eigenen autonomen

Wünschen zu leben, doch sind wir dabei stets darauf bedacht, daß diese Einübung in die Autonomie für das Kind nicht zu anstrengend wird, denn dann würde sich sein Ich wieder einmal als unzulänglich erweisen. Daher müssen wir zum Beispiel für alle nur möglichen Sicherheitsvorrichtungen und -vorkehrungen sorgen, die das Kind braucht, um sich sicher zu fühlen. In einer so wohltuenden Umgebung kann es sein, daß das Kind sein Leben neu beginnt. Es ist merkwürdig, aber wir haben herausgefunden, daß ein schizophrenes Kind ungefähr genauso viele Jahre braucht, um diesen Punkt zu erreichen, wie ein normales Kind für seine Persönlichkeitsentwicklung braucht. Eine solche normale Entwicklung erfordert zwei, drei oder vier Jahre, in denen das Kind ununterbrochen in einer physischen und humanen Umgebung lebt, die die Entwicklung seiner autonomen Persönlichkeit fördert. Die gleiche Zeit und die gleichen Lebensbedingungen braucht das schizophrene Kind, um seine neue Persönlichkeit zu entwickeln. Erst dann fühlen sich diese Kinder neugeboren, erst dann können sie ein neues eigenständiges Leben in Angriff nehmen.

Hier begegnen wir einer weiteren verblüffenden Parallele zu der Erfahrung von KZ-Häftlingen. Ein Hauptthema der Tagträume vieler Häftlinge war die Vorstellung, daß sie nach der Entlassung aus dem Lager ein völlig neues Leben beginnen würden. Die Beobachtungen an einigen dieser Häftlinge lassen vermuten, daß nur jene, denen tatsächlich ein neuer Lebensanfang gelang, die verheerenden Auswirkungen des Lagers völlig überwanden.

Wird der Mensch in eine derartige Extremsituation hineingezwungen, so vergiftet diese Erfahrung ein für allemal sein altes Leben und seine alte Persönlichkeit. Der betroffene Mensch lebt in dem Glauben, daß diese seine Persönlichkeit, die ihn in der Extremsituation nicht schützen konnte, so unzulänglich sein muß, daß eine umfassende Neustrukturierung nötig ist.

Wir möchten hier noch einmal zur Kindheitsschizophrenie zurückkehren und darauf hinweisen, daß wir zu unserer eigenen Überraschung bei einer ganzen Anzahl schizophrener Kinder immer dann auch einen symbolischen Lebensneubeginn feststellten, wenn sie den entscheidenden Punkt ihrer Rehabilitation erreicht hatten und bereit waren, ihre Persönlichkeit neu zu integrieren; und so ausgeprägt war dieser Wunsch, daß sie die Erfahrung des eigenen Geborenwerdens noch einmal machten.[5] Ein autistischer Junge erzählte seinem Therapeuten von diesem Prozeß in dem Augenblick, als er sich selbst dadurch, daß er sich in einem imaginären Ei ausbrütete, neu gebar. »Ich hab' mir selbst ein Ei gelegt«, sagte der Junge, »ich hab' mich selbst ausgebrütet und hab' mich selbst geboren. Weißt du, das passiert nur ganz wenigen Menschen.«

Deutsch von Edwin Ortmann

1 William L. Pious, »The Pathogenic Process in Schizophrenia«, *Bulletin of the Menninger Clinic* 13 (1949), S. 152–59.

2 Siehe »Individuelles und Massenverhalten in Extremsituationen«.

3 Leo Kanner, *Child Psychiatry,* 2. Auflage (Springfield: C. C. Thomas, 1948). Samuel Kaplan, »Childhood Schizophrenia: Round Table Discussion«, *American Journal of Orthopsychiatry* 24 (1954), S. 521–23.

4 Ich habe dies versucht in: *Liebe allein genügt nicht,* (Stuttgart: Klett Verlag, 2. Aufl. 1971); in: *So können sie nicht leben,* (Stuttgart: Klett Verlag 1973); später in *Die Geburt des Selbst*, (München: Kindler Verlag 1977) und in *Der Weg aus dem Labyrinth,* (Stuttgart: DVA 1975.

5 Die schwierige Extremsituation, die zum schizophrenen Rückzug eines kleinen Mädchens und zum Prozeß ihrer symbolischen Wiedergeburt führte, findet sich als detaillierte Fallbeschreibung in meinem Buch *So können sie nicht leben,* (Stuttgart: Klett Verlag 1973) und einer weiteren eingehenden Fallbeschreibung begegnet der Leser in meinem Werk *Die Geburt des Selbst.* (München: Kindler Verlag 1977).

Teil II

Erziehung und Realitätsprinzip*

Die Moral, die bis etwa zur Mitte unseres Jahrhunderts von Elternhaus, Kirche und Gemeinschaft getragen und vermittelt wurde, unterstützte unmittelbar die Schule in ihrem Bemühen, den jungen Menschen im Sinne der überlieferten Wertvorstellungen zu erziehen. Heute trifft dies nicht mehr generell zu. Im Gegenteil, heute steht die Moral, die vielen Kindern vor und während ihrer Schulzeit vermittelt wird, oft im Gegensatz zu den pädagogischen Bemühungen der Schule. Das hat unter anderem zur Folge, daß die Kinder heutzutage mit stark divergierenden Wertvorstellungen konfrontiert werden, während früher die ethischen Lehren von Elternhaus, Kirche, Gemeinschaft und Schule in den meisten wichtigen Aspekten identisch waren.

Beispielsweise galt früher der Grundsatz, daß es das Ziel allen menschlichen Tuns und Trachtens sei, die ewige Seligkeit zu erlangen; heute herrscht in weiten Kreisen die Überzeugung, das Leben sei ein einziger Konkurrenzkampf, in dem jeder zusehen muß, wo er bleibt. Oder vergleichen wir den einst zutreffenden Glauben, die meisten von uns müßten viele Stunden am Tag hart arbeiten und sparsam sein, um nicht mitsamt Kindern zu verhungern, mit der heutigen Ansicht, wirtschaftliche Notlagen seien vermeidbar und jeder habe ein Anrecht auf ein garantiertes Einkommen.

Um das Problem mit dürren Worten zu skizzieren: Wir haben ein Erziehungssystem, das auf einer auf die Überzeugung hinauslaufenden Moral beruht, der Mensch müsse unbedingt bestimmte Einstellungen und ein gewisses Maß an Wissen und Fertigkeiten erwerben, um in dieser Welt zu überleben. Aber wie soll ein Pädagoge unserer Zeit einen jungen Menschen erreichen, der überzeugt ist, die Gesellschaft schulde ihm – komme, was

* Der Text dieser Vorlesung erschien ursprünglich in *Moral Education: Five Lectures* (Cambridge, Mass.: Harvard University Press, 1970, S. 85–107.) Er ist hier in leicht abgeänderter und gekürzter Form wiedergegeben.

wolle – seinen Lebensunterhalt, entweder aufgrund ihm früher angetanen Unrechts oder im Hinblick auf die Ausdehnung unserer modernen Überflußgesellschaft?

Sehen wir uns einmal einige dieser modernen Moralauffassungen an, die, obzwar nicht immer als solche geäußert oder verstanden, weite Bereiche des außerschulischen Lebens und manchmal auch das schulische Leben selbst bestimmen. Ich möchte dazu zwei bedeutende Propheten des modernen Zeitalters zitieren: Nietzsche und Darwin.

Von Nietzsche stammt das Wort, »die Furcht ist… die Mutter der Moral«[1] und nach ihm ist Moral lediglich eine Rationalisierung des Eigennutzes. Der Psychoanalytiker wird Nietzsche sicherlich darin zustimmen, daß Moral durch Angst genährt wird und daß letzten Endes hinter jeder Moral Eigennutz steht. Schließlich denken wir an unseren eigenen Nutzen, wenn wir nach der ewigen Seligkeit streben oder im Konkurrenzkampf des Lebens Erfolg haben möchten. Diese beiden Arten von Eigennutz unterscheiden sich allerdings darin, daß die erste zu völlig anderem Verhalten führt als die zweite.

Was nun die Angst als Grundlage der Moral angeht, so möchten wir sie heute aus dem Leben des Kindes verbannen. Andererseits betonen wir aber oft, Eigennutz solle nicht die Triebfeder der Moral sein. Mit einem Wort, wir wollen, daß das Kind einer Moral gehorcht, deren Grundlagen wir nach Kräften abzubauen bestrebt sind.

Darwin, der zweite meiner Propheten, hob hervor, wie relativ Moral sei und in welch hohem Maße sie von den jeweiligen Bedingungen abhänge, unter denen man aufwächst. Wenn deshalb »die Menschen unter genau denselben Bedingungen großgezogen würden wie Bienen im Stock, so ist kaum zu bezweifeln, daß unsere unverheirateten Frauen es wie die Arbeitsbienen für ihre heilige Pflicht halten würden, ihre Brüder zu töten; und daß die Mütter bestrebt wären, ihre fruchtbaren Töchter zu töten«.

Jede der eben zitierten Aussagen ist ein Absolutum, selbst die absolute Aussage über die Relativität der Moral. Aber sie berücksichtigen nicht die Entwicklungspsychologie, insbesondere nicht deren Modell eines Moralbewußtseins, das sich langsam und in einzelnen Stufen entwickelt. Solange moralische Grundsätze als gottgegeben, unabänderlich und absolut angesehen wurden, gab es nur eine Moral für Kinder und für reife Erwachsene. Das heißt, man lernte fleißig in der Schule und führte ein rechtschaffenes Leben, solange am Anfang der Ausbildung eine auf Angst gegründete, sehr feste und strenge Moral absoluten Anspruchs stand.

Ein Darwin, ein Nietzsche und ein Freud – alle drei wurden in den für die Bildung der Persönlichkeit entscheidenden Jahren in einer zwingenden und absoluten, auf Angst gegründeten Moral unterwiesen und ließen sich ihr Leben lang von vielen wichtigen Elementen eben dieser Moral leiten, obwohl sie sich der Angst entledigt hatten – konnte es sich später im Leben leisten, die Moral immer kritischer in Frage zu stellen. Sie konnten sich dies als reife Menschen gestatten, ohne ihre hohen ethischen Normen zu gefährden, ohne einen Zerfall ihrer Persönlichkeit befürchten zu müssen und ohne sich angeekelt von der Welt abzuwenden. Eben jene absolute Moral, die man ihnen als Kinder beigebracht hatte, verlieh ihnen in späteren Lebensjahren die Kraft zu dem Versuch, die Welt durch ihre reiferen Moralvorstellungen zu verändern.

Heute jedoch geben wir uns der trügerischen Hoffnung hin, immer mehr Bürger entwickelten auf irgendeine Weise ein reifes Moralbewußtsein – eines, das sie kritisch an ihren Erfahrungen geprüft haben –, ohne als Kinder einer zwingenden Moral auf der Grundlage von Angst und Zittern unterworfen worden zu sein.

In der seit einiger Zeit anhaltenden Kontroverse über die Frage, ob unsere Schulen den Kindern aus unterprivilegierten Schichten gerecht werden, wurde immer wieder darauf hingewiesen, daß die derzeitigen Methoden und Verfahrensweisen sowie das Lehrmaterial auf das Mittelklasse-Kind zugeschnitten sind. Man kann sogar sagen, daß keiner der Lernprozesse, die unsere heutigen Schulen bei ihren Schülern in Gang setzen wollen, ohne das stattfinden kann, was man als puritanische oder spezifisch mittelständische Moral bezeichnet.

Auf pädagogischem Gebiet gehört zu den wesentlichsten Merkmalen dieser »Mittelklasse-Moral« die Überzeugung, daß der Verzicht auf sofortigen Lustgewinn zugunsten dauerhafterer Formen der Befriedigung in der Zukunft der sicherste Weg zur Erreichung der selbstgesetzten Ziele sei – und das bedeutet, das Realitätsprinzip über das Lustprinzip zu stellen. Diese Moral allein ermöglicht ernsthaftes und konsequentes Lernen über längere Zeiträume hinweg, sei es in kommunistischen Ländern oder bei uns.

Nun hat aber die Pädagogik darunter zu leiden, daß die oben zitierten modernen Moralvorstellungen die Kinder nicht dazu veranlassen, im Hinblick auf langfristige Ziele zu handeln. Man braucht reifes Urteilsvermögen, um in der Lage zu sein, »das Richtige zu tun«, wenn man nicht mehr durch Angst motiviert ist, und es zu tun, obwohl man weiß, wie relativ alle menschlichen Wertvorstellungen sind. Vor dem vernünftigen Alter arbeitet das Gewissen (oder Über-Ich) auf der irrationalen Basis, auf der es entstanden ist; es sagt dem Kind auf der Grundlage von Angst (nicht der Vernunft), was es tun und was es lassen muß. Erst später wendet das reife Ich den Verstand auf diese Gebote und Verbote an und unterzieht allmählich diese frühesten Gesetze Schritt für Schritt einer kritischen Beurteilung.

Eines der stärksten Motive für das Lernen ist der Wunsch, ein irrational forderndes Über-Ich zunächst zufriedenzustellen und später dann rationaler zu machen – ein Aspekt, den die altmodische Pädagogik unglücklicherweise übersah. Aber wenn es keine extreme Über-Ich-Angst abzubauen gilt, fehlt eines der wichtigsten Motive für das Lernen. Wenn wir Gott nicht fürchten, warum sollen wir dann Religion lernen? Wenn wir die Naturgewalten nicht fürchten, warum sollen wir dann etwas darüber lernen? Die Distanziertheit, die ein angestrengtes Studium aus schierer Neugier, aus reinem Wissensdurst möglich macht, ist eine Haltung, die nur von sehr wenigen und auch von diesen meist erst im reifen Alter erreicht wird.

Während deshalb das Gewissen aus Angst entspringt, hängt jedes Lernen, das nicht unmittelbar als angenehm empfunden wird, davon ab, daß vorher ein Gewissen entstehen konnte. Es stimmt, daß zuviel Angst dem Lernen Abbruch tut, aber lange Jahre hindurch kommt jegliches Lernen, das beträchtlichen Eifer voraussetzt, nur schlecht voran, wenn es nicht auch durch Angst in einem erträglichen Ausmaß motiviert ist. Das gilt so lange, bis das Gefühl dafür, was gut für einen selbst ist, so weit fortgeschritten ist, daß es allein als Motiv auch für angestrengtes Lernen ausreicht. Das ist aber meist erst im späten Jugendalter der Fall, wenn die Entwicklung der Persönlichkeit im wesentlichen abgeschlossen ist.

Das bedeutet, daß das kleine Kind, dem man beibringt (oder das durch eigene Erfahrung lernt), daß es manchmal in Ordnung ist, anderen etwas wegzunehmen, und manchmal nicht, ein Über-Ich haben wird, das voller Löcher ist – eines, das ihm später nicht zu guten schulischen Leistungen verhelfen wird. Kants kategorischer Imperativ »Handle so, daß die Maxime deines Wollens jederzeit zugleich als Prinzip einer allgemeinen Gesetzgebung gelten könne!« setzt ein reifes Urteilsvermögen voraus, die Fähigkeit, aus seiner privaten Welt herauszutreten und die Erfahrung anderer zu würdigen – und beides fehlt Kindern. Die spärlichen und stark subjektiven Erfahrungen, aus denen sich das Weltbild des Kindes zusammensetzt, reichen für solche Objektivität nicht aus. Für den unreifen Verstand bedeutet manchmal ja und manchmal nein, daß man tun kann, was man will.

Eine subtilere Moral muß auf dem einstmals unerschütterlichen Glauben an Gut und Schlecht beruhen, dessen Grundlage eine Angst vor dem Verderben ist, die keine Abstufungen und keine Relativierung zuläßt. Es macht keinen Unterschied, ob Verderbnis für das eine Kind die Verdammung in der Hölle und für ein anderes den Verlust der Zuneigung der Eltern bedeutet. Wenn, wie es modernen Mittelklasse-Eltern oft als wünschenswert dargestellt wird, Zuneigung und Billigung dem Kind unter allen Umständen garantiert sind, gibt es keine Angst – aber auch nicht viel Moral.

Das bedeutet, daß Fleiß, Konzentration und Ausdauer nicht nur durch das Eigeninteresse hervorgerufen werden, wie wir offenbar glauben möchten, sondern durch eine irrationale Über-Ich-Angst. Erst wenn diese Eigenschaften ein untrennbarer Bestandteil der Persönlichkeit geworden sind, wird Angst als Motiv für das Lernen entbehrlich. Man denke nur daran, daß viele unserer unterprivilegierten Kinder zwar genau wissen, daß es auf lange Sicht nur zu ihrem Besten wäre, wenn sie sich in der Schule anstrengten, da sie ja später einmal beruflich vorwärtskommen möchten, daß sie aber trotzdem nicht fähig sind, fleißig zu lernen. Bei der mühevollen Aufgabe des Lernens wird das Ich dieser Kinder nicht ausreichend durch psychische Energie aktiviert, weil sie nicht oft und eindeutig genug die Erfahrung gemacht haben, daß das Realitätsprinzip dem Lustprinzip vorzuziehen ist.

Um es noch einmal mit wenigen Worten zu sagen: Jede Erziehung beruht auf einer Mittelklasse-Moral, die ihr psychoanalytisches Gegenstück in einem stark entwickelten Realitätsprinzip findet, also in der festen Überzeugung, daß man auf gegenwärtigen Lustgewinn weitgehend zugunsten größeren Gewinns in der Zukunft verzichten muß. Diese Moral wird nicht rational erlernt, sondern im wesentlichen durch zwei getrennte Arten von Erfahrungen: durch von den Eltern eingepflanzte Angst und durch das gute Beispiel elterlichen Verhaltens. Wenn die Eltern nicht nach einer strengen Moral und nach dem Realitätsprinzip leben, werden auch die Kinder nicht dazu imstande sein.

Aber die Armen fürchten heute nicht mehr die Verdammnis, wenn sie nicht den schmalen Pfad der Tugend gehen, und das Realitätsprinzip arbeitet offenbar nicht für sie: So kommt es, daß viele von ihnen – wenn auch natürlich nicht alle – ihren Kindern wahrscheinlich nicht das Ideal eines Lebens nach starken moralischen Grundsätzen oder eines entschiedenen Festhaltens am Realitätsprinzip vor Augen führen. Die Folge ist, daß ihre Kinder – und zunehmend auch die Kinder mittelständischer Eltern – nicht die Möglichkeit haben, eine auf dem Realitätsprinzip beruhende elterliche Moral als Hauptinhalt ihres Über-Ichs zu verinnerlichen und sie später in ihr Ich zu integrieren. Deshalb wird ihr Handeln von keiner starken, den Erziehungsprozeß unterstützenden Moral bestimmt.

Ein Kind muß eine enorme psychische Leistung vollbringen, um ganz aus sich heraus, ohne das Vorbild der Eltern, ein Über-Ich und ein Ich zu entwickeln, die das Realitätsprinzip zur Richtschnur haben und ein Leben nach dem Lustprinzip ablehnen. Das ist der Grund, weshalb die meisten, die ohne solche elterlichen Vorbilder zwingender Moral aufwachsen, für den Rest ihres Lebens weitgehend den Ansprüchen eines relativ primitiven Ich folgen. Sie suchen Erlebnisse, die sofortigen Lustgewinn versprechen, und können nur auf kurzfristige Ziele hinarbeiten.

Diejenigen, die nach dem Lustprinzip leben, können viel von pädagogischen Erfahrungen profitieren, die ihnen wirklich angenehm gemacht werden. Auf diese Weise können sie sich wenigstens bruchstückhaft Wissen und Fertigkeiten aneignen. Aber sie bleiben trotzdem im wesentlichen unerziehbar und ungebildet, weil solides Wissen nur dadurch entsteht, daß solche einzelnen Wissensbruchstücke systematisch einem in sich geschlossenen Ganzen verwoben werden, und dies wiederum erfordert anhaltendes konzentriertes Hinarbeiten auf ein fernes Ziel. Das ist jedoch denen unmöglich, die nicht imstande sind, das Lustprinzip zugunsten des Realitätsprinzips aufzugeben.

Pädagogen, die den Versuch machen, ihre Schüler auf der Grundlage des Lustprinzips zu erreichen, sind überrascht, wie schnell und viel ihre Kinder lernen; aber diese Kinder geben sofort auf, wenn das Lernen ihnen nicht mehr leichtfällt und ihnen keinen Spaß mehr macht. Alles übrige Lernen (und das heißt, ein großer Teil des gesamten Lernprozesses) kann nur stattfinden, wenn wir gelernt haben, auf der Grundlage des Realitätsprinzips zu arbeiten, denn Lernen führt überwiegend nicht zu sofortigem Lustgewinn, sondern gibt uns nur die Hoffnung auf größere, wertvollere und dauerhaftere Befriedigung zu einem viel späteren Zeitpunkt.

Bei der modernen Erziehung ist nun dieser spätere Zeitpunkt tatsächlich in sehr weite Ferne gerückt – fünfzehn Jahre und mehr sind keine Seltenheit. Je mehr wir auf diese Weise das Realitätsprinzip strapazieren, indem wir die angestrebte Befriedigung immer weiter hinausschieben, um so mehr wird es in den Hintergrund treten. Dann gewinnt das Lustprinzip wieder die Oberhand, wenn nicht das Über-Ich viel stärker ist, als es heute bei vielen unserer Kinder der Fall ist. Je länger deshalb die Schulzeit ist, um so größer ist die Zahl derer, die vorzeitig abgehen – selbst bei den Studenten unserer besten Colleges –, und um so größer ist die Gefahr, daß sie auf den scheinbar leichten Ausweg verfallen, den Alkohol und Drogen bieten.

Die Fähigkeit, etwa fünfzehn Jahre auf den Lohn der Mühe zu warten, setzt ein starkes Übergewicht des Realitätsprinzips gegenüber dem Lustprinzip voraus. Je länger die Schulausbildung dauert, um so beherrschender muß das Realitätsprinzip sein, damit konsequentes Lernen stattfinden kann. Das ist es, auf die Praxis übertragen, was die Lehrer meinen, wenn sie von der Notwendigkeit von Disziplin, Aufmerksamkeit und Konzentration sprechen.

Zum Glück für die heutige Pädagogik bringen noch immer recht viele Mittelklasse-Kinder beim Eintritt in die Schule ein starkes Über-Ich mit, in dem das Realitätsprinzip zwar vielleicht nicht dominiert, aber doch in Ansätzen so gefestigt ist, daß der Aufschub von Lustgewinn über längere Zeiträume möglich ist. Da dem so ist, können wir uns immer noch in dem Glauben wiegen, unser System funktioniere und alle Kinder, die durch dieses System geschleust werden, profitierten auch davon. Es funktioniert auch wirklich noch, aber nur für einen immer geringer werdenden Prozentsatz der Kinder. Das liegt zum Teil daran, daß die auf die Erziehung verwandte Zeit immer länger wird, vor allem aber daran, daß wir nicht mehr in einer Mangelwirtschaft, sondern zumindest theoretisch in einer Überflußgesellschaft leben. Das Bild von der Überflußgesellschaft wirkt sich verheerend auf die puritanischen Tugenden aus.

Wie aber lernen wir nun wirklich? Wir lernen am besten, wenn unser Ich intakt und funktionsfähig ist, das heißt, wenn es auf konstruktive Weise seine eigenen und die Ansprüche des Über-Ichs integriert und sie mit denen der Realität in Einklang bringt; und wenn das Ziel des Lernens mit unseren Ich- und Über-Ich-Werten harmoniert und zusätzlich dadurch attraktiv wird, daß wir den Lehrer oder die Lehrerin mögen und bewundern. Wo diese Bedingungen nicht erfüllt sind, treten Ich-Schwäche und Konflikte auf. Werden diese Konflikte nicht gelöst (z.B. durch Sublimierung), dann beeinträchtigen sie die Lernfähigkeit oder machen jedes Lernen schlechthin unmöglich.

Auch ist es dem Ich unmöglich, den Lernprozeß zu tragen, wenn es durch andere Sorgen abgelenkt wird. Ein leerer Magen, der nach Essen verlangt, ein schlechter Zahn, der weh tut, Überanstrengung infolge mangelnder Ruhe, die ständige Sorge, welche Art von Gewalt auf der Straße oder zu Hause wartet, wenn nicht sogar auf den Korridoren der Schule – dies alles lenkt das Kind ab und macht ihm so sehr zu schaffen, daß es nicht lernen kann, weil ein von begründeten Sorgen oder vergeblichen Wünschen bedrängtes Ich viel zu schwach ist, um sich langfristige Ziele zu stecken und die Konzentration auf eine schwierige Arbeit durchzusetzen. Das bedeutet, daß das durchschnittliche Kind, ob Junge oder Mädchen, nicht nur ein starkes, arbeitsorientiertes Über-Ich, sondern auch ein weitgehend befriedigtes Es braucht, um jenen ausgeglichenen Ich- oder Gemütszustand zu erlangen, der allein das Lernen in der Schule ermöglicht. (Über die wenigen Kinder, deren schulische Motivation so stark ist, daß nichts sie von ihrem Weg abzubringen vermag, brauchen wir uns keine Gedanken zu machen; sie werden praktisch immer lernen, ganz gleich, was passiert.)

Nun ist dieses starke Über-Ich, wie bereits oben angedeutet, zunächst viel zu streng und übermächtig und sagt dem Kind, »du mußt tun, was man dir sagt« und nicht »es kommt darauf an«. Im Laufe des langwierigen Lern- und Reifungsprozesses veranlaßt es die Person dann immer mehr, sich selbst zu sagen: »Ich muß tun, was für mich – und andere – auf lange Sicht das Beste ist.« Ich glaube, der Fehler in der Erziehung so vieler Kinder liegt heute darin, daß sie sowohl unter einem Ich leiden, das durch den Ansturm übererregter oder unbefriedigter triebhafter Wünsche geschwächt ist, als auch unter einem zu wenig gefestigten Über-Ich.

Wir können und wollen heute schulisches Lernen nicht mehr auf Angst gründen. Wir wissen, daß das Kind dafür teuer bezahlen müßte, in Form von Hemmungen und innerer Verkrampftheit. Aber das Kind muß irgend etwas fürchten, um sich der mühevollen Aufgabe des Lernens zu unterziehen. Ich behaupte, daß die Schulausbildung nur dann erfolgreich sein kann, wenn die Kinder vor dem Eintritt in die Schule gelernt haben, etwas zu fürchten. Wenn es nicht die Furcht vor der Verdammnis oder dem dunklen Keller ist, dann muß es in unserer aufgeklärten Zeit wenigstens die Furcht davor sein, die Liebe oder die Achtung der Eltern (oder später stellvertretend die der Lehrerin oder des Lehrers) zu verlieren, und schließlich die Furcht vor dem Verlust der Selbstachtung.

Aber auch hier taucht wieder das Problem auf, daß man, um den Verlust der Selbstachtung zu fürchten, erst einmal Selbstachtung erworben haben muß. Und es ist für ein Kind praktisch unmöglich, wahre Selbstachtung zu entwickeln, wenn es in der Schule versagt. Wenn das Kind größer wird, sollte die Furcht vor diesem Verlust den wichtigsten Antrieb für alle Aktionen darstellen, einschließlich des Lernens in der Schule. Aber Selbstachtung und ihre Ansprüche treten lediglich an die Stelle der älteren, irrationalen Über-Ich-Strukturen. Wurden diese niemals durch Verinnerlichung elterlicher oder religiöser Moralvorstellungen aufgebaut, kann auch nichts an ihre Stelle treten. Selbstachtung ist auch die natürliche Folge einer früheren und noch tieferen Achtung vor den Eltern, denn diese schützen uns vor Schmerz und Not und führen ein Leben, das wir bewundern. Wenn keine solche Achtung vor den Eltern bestanden hat, kann auch keine Selbstachtung aus ihr entstehen, außer bei den seltenen Individuen, die ganz aus sich heraus die innere Kraft aufbringen, moralische Ansprüche an sich selbst zu stellen, und Selbstachtung entwickeln, weil ihnen dies gelungen ist. Diejenigen, die keine Selbstachtung entwickeln, die aufgrund ihrer Kindheitserfahrungen weder einen verinnerlichten Elternteil noch sich selbst achten können, fühlen sich minderwertig, und wer sich selbst für minderwertig hält, tut sich sehr schwer damit, sich mit Erfolg höheren Formen des Lernens zu widmen. Damit schließt sich der Kreis: ein Elternteil, der nicht tief geachtet wird, ruft auch nicht viel Furcht vor dem Verlust seiner Liebe hervor. Man könnte also modernen Eltern sagen, daß sie, wenn sie das Über-Ich des Kindes nicht auf Furcht gründen wollen, um so mehr dafür sorgen müssen, daß sie die Achtung ihrer Kinder besitzen. Dasselbe gilt für die Lehrer, die später Elternstelle vertreten. Andernfalls wird das Kind nicht durch Achtung vor den Eltern veranlaßt, sich mit ihnen und ihren hohen Verhaltensnormen zu identifizieren, bis diese zu den eigenen hohen Verhaltensnormen des Kindes werden.

Was tun wir denn wirklich für die Kinder, deren schulisches Verhalten zeigt, daß sie noch nicht oder nicht in nennenswertem Ausmaß vom Lustprinzip auf das Realitätsprinzip übergegangen sind? Manchmal versuchen wir, sie sogar noch früher zu Formen des Lernens zu veranlassen, für die sie noch keine Verwendung haben, so daß diese Versuche zum Scheitern verurteilt sind; oder wir versuchen, sie auf der Grundlage des Lustprinzips zu unterrichten – soweit das möglich ist – oder der geringen Ansätze des Realitätsprinzips, die sie zeigen. Aber diese Art von Lernen führt nie besonders weit. Es ist nun einmal eine Tatsache, daß Lernen großenteils kein angenehmer Zeitvertreib, sondern harte Arbeit ist. Es gibt keinen leichten Übergang vom Vergnügen zu angestrengter Arbeit, aber wenn man gelernt hat, in beidem einen Sinn zu sehen, kann man beides verbinden. Wenn nicht, dann wird man nur die angenehmen Beschäftigungen suchen und harte Arbeit meiden. Die Stimme der Vernunft ist sehr leise, sie wird leicht von der Stimme unseres Verlangens übertönt. Falls wir unseren Unterricht darauf aufbauen, die Emotionen zu befriedigen, wird die leise Stimme der Vernunft immer im Geschrei der Emotionen untergehen.

Da viele Kinder heute zu Hause und in der Gesellschaft keinen absoluten Sinn für moralisches Verhalten mehr erwerben und nicht nach dem Realitätsprinzip leben, stehen wir vor dem Problem, wie wir die Lernerfahrungen eines Kindes dazu einsetzen können, seine innere Welt und seine Persönlichkeit zu reorganisieren, damit es die Einstellungen annehmen kann, die es braucht, um durch seine schulischen Erfahrungen zu einem wohlerzogenen, gebildeten Menschen zu werden.

Freud glaubte offenbar, und es ist auch meine Überzeugung, daß dies nur möglich ist, wenn der Lehrer erstens die notwendigen Bedingungen solchen Lernens kennt und zweitens eine genaue Vorstellung von der langsamen Entwicklung des Ich erwirbt, einschließlich der Frage, wie und warum Moral erlernt wird. Aber eine Erziehung, deren Zweck es ist, in dem Kind ein verfeinertes Moralgefühl zu wecken, kann vor allem dann keinen Erfolg haben, wenn sie nicht dem derzeitigen Stand der Ich-Entwicklung des Schülers und den Schlußfolgerungen über seine Lebensgeschichte, die der Lehrer aus seiner Kenntnis der sozialen Herkunft des Kindes ziehen kann, angemessen Rechnung trägt. Wenn wir die Persönlichkeit des Kindes bilden wollen, anstatt ihm nur irgendwelchen Lernstoff einzutrichtern – was so gut wie nutzlos ist, da wirklich brauchbares, wertvolles Wissen auf diese Weise nicht zu erwerben ist –, müssen wir wissen, wo es herkommt, wer es ist und wohin es gehen will, d. h. wir müssen uns zunächst über seine moralische Existenz klarwerden.

Die Tatsache, daß wir oft über solche Kenntnisse nicht verfügen oder sie nicht berücksichtigen, ist dafür verantwortlich, daß wir so oft in dem Bemühen scheitern, unterprivilegierten Kindern eine richtige Erziehung angedeihen zu lassen. Wir bleiben auf halbem Wege stehen, weil wir den Doppelcharakter der Erziehung nicht erkennen: daß sie das Kind als die Person erreichen muß, die es im Augenblick ist, um es dorthin führen zu können, wo es hin soll. Während die meisten Pädagogen das Ziel kennen, scheinen sie nicht bereit zu sein, die Voraussetzungen dafür zu schaffen, daß es auch erreicht wird. Aber ohne dies, das wußten vor ihm schon Dewey und Pestalozzi, wird das Ziel niemals erreicht.

Realistische Erziehung, einschließlich der Erziehung zur Moral, stellt uns also zunächst einmal vor die Aufgabe festzustellen, in welchem Umfang ein Kind, das in die Schule kommt, sich bereits das Realitätsprinzip zu eigen gemacht hat. Wenn es darin noch nicht weit genug ist, dann müssen sich alle pädagogischen Bemühungen darauf konzentrieren, dem Kind zu helfen, die Tatsache zu akzeptieren – und gleichzeitig zu verinnerlichen –, daß das Realitätsprinzip dem Lustprinzip überlegen ist. Das ist möglich, aber es ist schwierig, und es wird um so schwieriger, je älter das Kind wird.

Unsere Fähigkeit, die Befriedigung von Wünschen hinauszuschieben, muß auf der wiederholten Erfahrung beruhen, daß sich solches Warten lohnen kann. Die Ermahnung, sich nicht jedes Stück Kuchen gleich in den Mund zu stopfen, wird nur dann etwas fruchten, wenn das Kind durch Verzicht viel Lob und Zuneigung erntet, wenn es in dem fraglichen Augenblick nicht gerade sehr hungrig ist, wenn sein Hunger in der Vergangenheit immer ausreichend und auf angenehme Weise gestillt wurde und wenn es befürchten muß, daß es die Quelle solch mannigfacher und sicherer Befriedigung verliert, wenn es nicht verzichtet. Kein Lob richtet etwas aus, wenn der Hunger nicht gestillt ist, keine Ermahnung erreicht ihren Zweck, wenn das Kind nicht überzeugt ist, daß es durch den Verzicht größeren Lohn ernten kann, vor allem aber keinen Verlust zu befürchten braucht. Es ist unmöglich, auf die sofortige Befriedigung zu verzichten, wenn man immer wieder die Erfahrung gemacht hat: »Was ich mir nicht gleich schnappe, kriege ich überhaupt nicht.«

Das ist der Hintergrund der häufig gemachten Feststellung, daß das unterprivilegierte Kind nur lernen kann, solange der Lehrer sich ihm völlig widmet – denn dann wird es in dem Moment, wo es sich anstrengt, durch emotionale Zuwendung belohnt. Es hat zu oft die Erfahrung machen müssen, daß es sich sofort nehmen muß, was es sich wünscht – seien es Zuwendung, Lob oder andere Arten der Belohnung –, weil es sonst gar nichts bekommt. Das ist ein weiterer Grund, weshalb eine Erziehung, die erst nach vielen Jahren zu einem Ergebnis (Beruf, Verdienst) führt, nichts bei Kindern ausrichten kann, die nicht daran glauben, daß künftige Belohnungen das Ergebnis gegenwärtigen Energieaufwands sein können.
Bei meinen Versuchen, Lehrern dieses scheinbar simple Prinzip nahezubringen, bekam ich es fast immer mit ihrer puritanischen Ethik zu tun, derzufolge Verschwendung sündhaft ist und durch künftige Not bestraft wird. Wenn deshalb das unterprivilegierte Kind begierig zugreift, wenn der Lehrer frisches Papier oder Bleistifte oder Landkarten verteilt, und dieses Material dann, wie der Lehrer es sieht, verschwendet, dann reagieren solche Lehrer kritisch:

> Die kulturell deprivierten Kinder in meiner Klasse neigen viel mehr dazu, Papier zu verschwenden, als die übrigen Kinder. Manchmal fängt ein solches Kind an, etwas auf ein Blatt Papier zu schreiben oder zu zeichnen. Aber wenn es nicht damit zufrieden ist oder glaubt, ich würde nicht damit zufrieden sein, wirft es das Blatt weg und sagt »das taugt nichts« und zerknüllt es. Dann verlangt es ein neues Blatt. Es kommt nicht darauf, das Blatt umzudrehen. Es radiert auch nicht. Es muß unbedingt noch einmal von vorne anfangen. Es will jedesmal ein makelloses frisches Blatt. Mir macht das vor allem deshalb Sorgen, weil ich finde, daß wir auf diese Weise ungeheure Mengen Papier verschwenden. Außerdem ist es unordentlich. Der Papierkorb fließt regelmäßig über, und auf dem Boden und in den Fächern der Tische liegt überall Papier herum. Sie zerknüllen es einfach und stopfen es in ihr Fach unter der Tischplatte. Manchmal findet man vor lauter zerknülltem Papier die Bücher und Hefte nicht mehr.

Hier schreibt die (auf dem Realitätsprinzip) beruhende Moral des Lehrers sparsamen Umgang mit dem Material vor, doch ist der Gegensatz zu der (auf dem Lustprinzip beruhenden) Moral der Kinder so kraß, daß kein Lernprozeß mehr möglich ist. Was der Lehrer nicht einsah, ist die Tatsache, daß diese Kinder dadurch, daß sie Material verschwendeten und immer neues verlangten, herausfinden wollten, ob denn wirklich genug da sei, ob es tatsächlich immer wieder neues geben würde, auch wenn sie nicht immer gleich danach grapschten – ganz zu schweigen davon, wie aufregend es ist, wenigstens einmal soviel zu bekommen, wie man haben will, und sei es nur frisches Papier.

Doch nur auf der Basis so angenehmen Überflusses, nur durch viele, viele Wiederholungen und spätere Reflexion lernen wir, daß wir es uns leisten können, die Erfüllung unserer Wünsche aufzuschieben. Zu viele Lehrer erwarten von ihren Schülern, daß sie nach dem Realitätsprinzip leben, bevor sie eine Chance hatten, es zu erlernen und es auf der Grundlage vieler erfolgreicher Erfahrungen sich zu eigen zu machen. Kritik an der Verschwendungssucht der Kinder verstärkt nur ihre Überzeugung, »es ist nicht genug da, wir müssen uns ranhalten«.

Wie sehr diese Kinder noch dem Lustprinzip verhaftet sind, zeigt sich nicht nur darin, daß sie Papier verschwenden (wo der Zusammenhang unschwer zu erkennen ist), sondern auch in ihrem mangelnden Glauben, daß sie etwas korrigieren oder ausradieren können – denn fähig sein, Korrekturen anzubringen, setzt den Glauben daran voraus, daß überhaupt etwas besser werden kann. Und eben dieser Glaube könnte sie befähigen, vom Lustprinzip zum Realitätsprinzip zu gelangen.

Die Angst, die diese Kinder offenbaren, wenn sie sich nach dem Motto »was man hat, das hat man« verhalten, hat ihre Ursache in den frühesten Erfahrungen, vor allem solchen, die mit Nahrung zu tun haben, sei es nun körperliche oder seelische. Meiner Ansicht nach ist es von entscheidender Wichtigkeit für unsere Bemühungen, den Kindern die für das Lernen notwendige Moral zu vermitteln, daß wir diesen Kindern in der Schule die grundlegenden Erfahrungen bieten, auf denen jede spätere Befolgung des Realitätsprinzips beruht. Damit meine ich, daß keinerlei Mangel am Notwendigsten herrschen soll: Nahrung und Ruhe sowie, auf emotionalem Gebiet, Anerkennung und Achtung. Diese Kinder müssen erfahren, daß sie ungestraft verschwenden können – und zwar nicht nur Papier, sondern auch Essen – und daß entgegen ihren bisherigen Erfahrungen zu Hause von allem stets genug da ist.

Ich habe gesagt, das Realitätsprinzip und damit fast alles Lernen habe sehr viel mit den Ich-Funktionen zu tun und das Ich müsse deshalb durch ein moralisches Gewissen gestützt werden. Aber wenn wir dieses Prinzip auf die Schule anwenden, landen wir doch wieder nur bei einer Definition des Gewissens, die aus der voll integrierten Mittelklasse-Familie kommt, auf die sie auch zutrifft, wenn auch nicht mehr so uneingeschränkt wie früher einmal.

Piaget, der Kinder in dem Alter untersucht hat, in dem sich das Moralgefühl (oder das Über-Ich) entwickelt, kam zu dem Schluß, daß es in der Kindheit offenbar zwei Arten von Moral gibt, jedenfalls in der Kultur, aus der die von ihm beobachteten Kinder stammten. Entwicklungsgeschichtlich ist die erste eine Moral des Zwanges. Sie entsteht im Kontext der einseitigen Beziehung zwischen dem Kind als untergeordneter und dem Erwachsenen als dominierender Person. Ihr Ergebnis ist ein stark personalisiertes Über-Ich, das auf der Verinnerlichung der Stimme ganz bestimmter Personen, hauptsächlich der Eltern, beruht. (Später muß dann die Lehrerin oder der Lehrer als geeignete Ersatzperson akzeptiert werden, wenn das Lernen reibungslos vonstatten gehen soll.) Dazu müssen jedoch die Eltern sehr wichtig, sehr beeindruckend, sehr dominierend sein sowie – und das ist für das Verständnis der mißlichen Lage des unterprivilegierten Kindes besonders wichtig – sehr gut für das Kind sorgen.

Bald schon entwickelt sich das Kind jedoch weiter. Es ist nun nicht mehr nur ein Mitglied der Familie, es wird auch ein Mitglied der Gesellschaft. Dann wird die Moral des Zwanges teilweise von einer Moral der Zusammenarbeit abgelöst, und diese wird durch das spontane Geben und Nehmen in der Interaktion mit Gleichaltrigen gemäßigt und verfeinert. So zumindest schildert Piaget die Entwicklung des Gewissens in Genf, einer recht konservativen, sehr stark vom Bürgertum geprägten Stadt, in der Calvins Einfluß immer noch deutlich zu spüren ist.

Nun sind in der westlichen Gesellschaft, zumal in Amerika, die Beziehungen zwischen Kind und Erwachsenen nicht mehr so einseitig wie in Freuds Wien oder Piagets Genf. Die Eltern spielen eine immer weniger beherrschende Rolle im Leben des Kindes, die Eltern-Kind-Beziehungen verlieren zunehmend ihren einseitigen Charakter, und die *peer group* wird in einem viel früheren Alter wichtig für das Kind – infolge des früheren Eintritts in den Kindergarten usw. Wenn diese Tendenz anhält, könnte es dazu kommen, daß sich das Über-Ich künftig auch bei Mittelklasse-Kindern viel stärker als jetzt auf eine Moral der Zusammenarbeit mit der *peer group* gründet. Oder, um Piagets zentralen Begriff zu verwenden, es wird sich darauf gründen, daß man gelernt hat, die Spielregeln einzuhalten.

In einer auf Konsens beruhenden Gesellschaft ist ein auf der »Einhaltung der Spielregeln« und einer »*peer-group*-Moral« gründendes Gewissen bemerkenswert konfliktfrei. Die beiden getrennten, oft miteinander in Konflikt stehenden Gruppen psychischer Funktionen, die wir als Ich und Über-Ich bezeichnen, sind dort, wo der soziale Konsens hoch ist, in vieler Hinsicht identisch. In Genf beispielsweise stehen sowohl die *peer-group*-Moral als auch die von den Eltern übernommene Moral im Einklang mit der Moral der Gesellschaft. Ich und Über-Ich harmonieren in diesem Fall, und das Ich (die leise Stimme der Vernunft) erhält nicht nur kräftige Unterstützung vom Über-Ich, sondern wird auch noch zusätzlich durch seinen Erfolg in der Gesellschaft gestärkt. Das Ergebnis ist ein starkes Ich. Unter solchen Voraussetzungen kann man nach dem Realitätsprinzip leben, bereit zu lernen, Belohnungen von einer Gesellschaft zu bekommen, in die man fest integriert ist, und auch bereit zu tun, was der Lehrer verlangt, denn er will fast dasselbe, was auch das eigene Über-Ich verlangt.

Das ist ein denkbar großer Unterschied zu einer Situation, in der man sich in Widerspruch zu der Gemeinschaft setzt, in der man lebt, wenn man den Ansprüchen des Über-Ich gehorcht, die sich von der Moral der Schule und des Lehrers herleiten. Die Wertvorstellungen des Lehrers werden in diesem Fall nicht als Verkörperung des eigenen Über-Ich empfunden, sondern als Feind. Sie bedrohen unverkennbar die *peer-group*-Moral, in der man doch die einzige Richtschnur zum Handeln, wenn nicht sogar zum Überleben besitzt. In einem solchen Fall wird das Ich gespalten durch den Versuch, den einander entgegengesetzten Anforderungen gerecht zu werden.

Mit einem Wort, wo wenig Konsens vorhanden ist, richtet der Lehrer mit seinen Appellen an das Über-Ich um so weniger aus, je stärker das Kind seine Persönlichkeit auf der Grundlage der *peer-group*-Moral entwickelt hat. Dann steht und fällt das Lernvermögen des Kindes damit, ob und in welchem Ausmaß seine jeweilige *peer-group* die Ansprüche der Schule gutheißt.

Aus dieser Analyse wird deutlich, warum unser Erziehungssystem dem kulturell deprivierten Kind nicht gerecht wird. Es ist das Kind, dem unsere in der starken und sicheren Kernfamilie wurzelnde Mittelklasse-Kultur vorenthalten wird. In seiner eigenen Familie erfährt das Realitätsprinzip keine wesentliche Unterstützung, denn hier bekommt das Kind möglicherweise nie eine Gelegenheit, zugunsten künftiger Belohnung in der Gegenwart Verzicht zu üben. Bei Mädchen wie Jungen spiegelt das Über-Ich vorwiegend den Einfluß des Vaters. Aber in vielen unterprivilegierten Familien steht keine dominierende oder wenigstens als Ernährer verläßliche Vaterfigur zur Verfügung, die als Über-Ich verinnerlicht werden könnte. So wird die Erziehung weder von einem starken Realitätsprinzip noch von einem starken Über-Ich unterstützt. An deren Stelle tritt eine Moral, die fast ausschließlich von der *peer-group* bestimmt wird, von einer *peer-group* jedoch, die oft im tiefen Widerspruch zur umgebenden Erwachsenenwelt, wenn nicht sogar in totalem Widerspruch zur Erziehung steht, wie sie durch Lehrer und Schule verkörpert wird.

Wenn wir uns auf die Aufgabe der Schulen besinnen – nämlich die Moral zu vermitteln, die erforderlich ist, damit die Erziehung ihr Ziel erreicht –, müssen wir uns vor allem erst einmal klarmachen, daß die Persönlichkeit des kulturell deprivierten Kindes *nicht* identisch ist mit der des Mittelklasse-Kindes. Was sie anstelle einer stark personalisierten, auf der Identifizierung mit den Eltern, besonders dem Vater, beruhenden Moral enthält, ist eine Moral, die auf der jeweiligen Subkultur des Kindes und deren Normen beruht, die oft genug die der Slums sind. Wenn wir sein Interesse an der Schule wecken wollen, müssen wir auf der Basis der Moralvorstellungen seiner Gruppe und nicht unserer eigenen an das Kind appellieren.

Wenn wir ihm deshalb hier und jetzt greifbare Vorteile bieten können, für es selbst wie für seine Gruppe und im Rahmen ihrer spezifischen Sitten, dann erreichen wir es vielleicht. Dann wird es vielleicht nach und nach sein Ich-Ideal, wenn nicht sogar auch sein Über-Ich, modifizieren wollen, indem es sich unseren Normen annähert, und sei es auch nur teilweise. Dies alles unterstreicht mein Leitgedanke: »Wir müssen dort anfangen, wo das Kind ist, und es dorthin zu führen versuchen, wo es hin soll.«

Der Haken dabei ist, daß das leichter gesagt als getan ist. Wenn wir uns vormachen, Lesen, Schreiben und Rechnen könnten vor der für das Lernen erforderlichen Moral kommen, werden wir keinen Erfolg haben. Und wir werden auch keinen Erfolg haben, wenn wir nicht dort ansetzen, wo *wir selbst* sind. Der eigentliche Trick besteht darin, daß wir uns von den Vorurteilen unserer Welt freimachen, denn wenn wir dies nicht als erstes tun, werden wir dem Kind niemals helfen können, sich – und sei es noch so langsam – von den Vorurteilen seiner Welt zu lösen.

Vor einiger Zeit habe ich mich in eben dieser Kunst versucht, als ich mehrmals mit einer Gruppe von Volksschullehrerinnen diskutierte, die hauptsächlich farbige Kinder aus Unterklasse-Familien unterrichteten. Bei einem dieser Treffen waren wir im Laufe einer hitzigen Debatte zu der Erkenntnis gekommen, daß wir diese Kinder nicht dazu anhalten dürfen, im Unterricht still zu sein, sondern sie vielmehr ermuntern müssen, laut und deutlich ihre Meinung zu sagen, und sei es auch auf ungebärdige Art, weil sie, um zu lernen, sich im Unterricht zu den Dingen zu äußern, über die sie nach dem Wunsch des Lehrers etwas sagen sollen, überhaupt erst einmal den Mut aufbringen müssen, sich vor dem Lehrer und den anderen zu irgendeinem Thema zu äußern. Und wenn sie sich zu einem Thema melden, das der Lehrer besprechen möchte, ist dies, auch wenn sie sich noch recht zusammenhanglos äußern, ein erster Schritt dahin, auch andere Wünsche des Lehrers zu beachten, zum Beispiel den, sich vorher zurechtzulegen, was sie sagen wollen. Wir sprachen auch darüber, daß die *peer-group*-Moral der Kinder (die auf Widerstand gegen die Erwachsenen zielt) sie dazu animiert, alle gleichzeitig loszuschreien, und daß wir Schritt für Schritt darauf hinarbeiten müssen, diese Moral mehr in den Dienst eines geordneteren Verhaltens im Unterricht zu stellen.

Kurz danach hatte eine der Lehrerinnen Gelegenheit zur Erprobung ihrer neu erworbenen Fähigkeit, das Prinzip auch auf eine anders gelagerte Situation anzuwenden. Sie erzählte uns, daß es ihr das ganze Schuljahr hindurch nicht gelungen sei, die Kinder zu veranlassen, sich ruhig aufzustellen, bevor sie am Ende der letzten Stunde das Klassenzimmer verließen. »Tag für Tag bat ich sie und predigte ihnen, doch nicht so einen Lärm zu machen, aber es nützte alles nichts. Nach unserer letzten Diskussion probierte ich es einmal anders: Ich beachtete das Klingelzeichen überhaupt nicht und machte mir an meinem Pult zu schaffen. Anfangs lärmten sie genauso wie sonst. Aber schon nach kurzer Zeit fingen sie an, sich gegenseitig zum Stillsein zu ermahnen. ›Ruhe, Ruhe!‹ sagten sie, ›wir wollen raus.‹ Und so habe ich es dann alle Tage gemacht, die ganze Woche hindurch, und es wirkt wie ein Zaubermittel. Ab und zu kommt es vor, daß sie doch nicht still werden, und dann sage ich ihnen: ›Also gut. Ihr braucht anscheinend noch ein bißchen Zeit, um Krach zu machen.‹ Und dann bringen sie sich in kurzer Zeit gegenseitig dazu, still zu sein.«

Als ich diese Lehrerin fragte, was da ihrer Meinung nach geschehen sei, erwiderte sie: »Ich stehe nicht mehr unter Druck, wenn sie sich gegenseitig unter Druck setzen.« Und die Kinder sind tatsächlich imstande, sich zu fügen, wenn der Druck von ihren eigenen Kameraden ausgeht. Solchen Druck nehmen sie ernst. Nur gegen den Druck von seiten Erwachsener – und besonders Erwachsener, die der Mittelklasse angehören – meinen sie sich auflehnen zu müssen.

Sobald der Lehrer anfängt, über den Druck nachzudenken, unter dem die Kinder stehen, und sich zu überlegen, was er dagegen tun kann, anstatt nur über den Druck zu stöhnen, dem er selbst ausgesetzt ist, findet er ganz von alleine Mittel und Wege, den Druck zu mildern, den die Kinder auf ihn ausüben, und damit ist allen gedient. Nicht nur besonders begabte Lehrer sind in der Lage, diese Zusammenhänge zu erkennen und sich entsprechend zu verhalten. Das kann auch jeder durchschnittliche Lehrer, wenn man ihm nur ein bißchen hilft, die Zusammenhänge zu verstehen.

Wenn wir nicht mehr unseren eigenen Moralvorstellungen darüber verhaftet sind, welche Rolle der Lehrer und welche das Kind zu spielen habe, können wir statt dessen darüber nachdenken, wie die Menschen beschaffen sind und warum sie sich so und nicht anders verhalten. Dann erst sind wir auch aufgeschlossen genug, um zu erkennen, daß Zufriedenheit in jedem Sinne die Voraussetzung dafür ist, daß Kinder lernen, nach den Ansprüchen der Wirklichkeit zu leben – sowohl ihrer eigenen wie der unseren. Aber dann sind ihre und unsere Wirklichkeit auch längst nicht mehr so weit voneinander entfernt.

Deutsch von Rudolf Hermstein

1 Friedrich Nietzsche, Jenseits von Gut und Böse, in: *Werke in drei Bänden,* (München: Hanser Verlag, 13. Aufl. 1962, Bd. 2, S. 658

Der Entschluß zu scheitern*

Wir wissen seit langem, daß ein Mensch, der von schweren Ängsten bedrängt wird, keine guten geistigen Leistungen vollbringen kann. Eltern und Lehrer bekommen den guten Rat, Lernstörungen von Kindern geduldig und freundlich zu begegnen; doch allzu oft bauen die heutigen Methoden zur Überwindung von Lernschwierigkeiten bei Kindern allein auf Liebe auf. Mit Güte allein läßt sich das Problem nicht lösen; man kann diese Verhaltensweise mit der Bettruhe für einen Kranken vergleichen – sie ist häufig eine Voraussetzung für den Erfolg der Therapie, aber nur selten an sich schon von therapeutischer Wirkung und oft sogar eher schwächend als heilend. Um eine Lernhemmung zu beseitigen, müssen wir die Angst finden, die dahintersteht, diese Angst zu verstehen suchen und uns dann bemühen, sie auszuschalten.

Es herrscht heute weitgehende Übereinstimmung darüber, daß emotionale Störungen ein Kind so beanspruchen und ablenken können, daß es nicht in der Lage ist, zu lernen oder im Unterricht aufzupassen. Systematische Untersuchungen haben gezeigt, wie eng der Zusammenhang zwischen dem Gefühlsleben und dem Lernvermögen tatsächlich ist. Ein in den fünfziger Jahren durchgeführtes amerikanisches Forschungsprojekt ergab, daß Heranwachsende mit chronischer Neigung zu asozialen Verhaltensweisen auch Schwierigkeiten mit dem Lesen hatten.[1] Um diese Erscheinung genauer zu untersuchen, wurde eine ganze Schülerpopulation von 45000 Kindern mehrere Jahre lang beobachtet. Dadurch war es möglich, alle Kinder mit schlechten Leseleistungen zu ermitteln, und das waren nicht wenige. Beispielsweise waren 16 Prozent aller Fünftkläßler in ihren Leseleistungen auf dem Stand der dritten Klasse. (Bezeichnenderweise litten mehr Jungen als Mädchen unter dieser Entwicklungshemmung.)

* Nachdruck eines ursprünglich im *School Review* 69:4 (1961), Seite 377–412 erschienenen Aufsatzes in leicht veränderter und gekürzter Form.

Ein Jahr danach war bei diesen nun in die sechste Klasse aufgerückten Schülern das relative Niveau der Leseleistungen bemerkenswert konstant geblieben. Als aber dieselbe Gruppe zwei Jahre später erneut untersucht wurde, stellte man bei fast allen, die in der fünften und sechsten Klasse zu den schlechten Lesern gehört hatten, nun auch soziale Probleme fest.
Meine Erfahrungen mit emotional gestörten Kindern lassen den Schluß zu, daß zwar Leseschwierigkeiten oft früher »auftreten« als schwere emotionale Störungen, daß aber die kausale Reihenfolge genau umgekehrt ist. Normale Intelligenz vorausgesetzt, treten ernste Schwierigkeiten beim Lesenlernen nur auf, wenn ein Kind emotional schwer gestört ist; diese Schwäche hat in aller Regel ihre Ursache in denselben emotionalen Problemen, die ein paar Jahre später zu stark asozialem Verhalten führen können.
Wenn ein kleines Kind emotionale Störungen aufweist, die Eltern aber unfähig oder nicht bereit sind, diese Tatsache zur Kenntnis zu nehmen, bleibt die Störung so lange unbemerkt, bis das Kind in die Schule kommt. Dort wird es dann ausgesondert, aber nicht weil der Lehrer stets das Vorliegen einer emotionalen Störung erkennen würde, sondern aufgrund seiner schlechten schulischen Leistungen. Wie wir auf Fieber achten, weil es uns verrät, daß eine Infektion vorliegt, so ist es auch von größter Wichtigkeit, die Ursachen emotional bedingter Lernhemmungen schon im Anfangsstadium zu erkennen und zu durchschauen. Wenn das Kind nicht schon frühzeitig Hilfe bekommt, sondern von der Schule in die höheren Klassen und ins Jugendalter »befördert« wird, dann hat diese Vernachlässigung wahrhaft kostspielige Folgen – für das Kind, für seine Familie und für die Gesellschaft.
Es ist schwierig, die verschiedenen Typen emotional bedingter Lernhemmungen scharf zu trennen, aber man könnte sie grob in die folgenden drei Gruppen einteilen: Erstens gibt es Hemmungen, die aus einer Lebensweise und pädagogischen Methoden resultieren, die durch unsere hochtechnisierte Welt geprägt sind. Zweitens gibt es Lernhemmungen, die auf die persönliche Lebensgeschichte des Kindes zurückzuführen sind. Und drittens kann die Lernerfahrung selbst eine Störung hervorrufen oder eine bereits bestehende Störung verschlimmern und auf diese Weise den Lernerfolg behindern. Die letzten beiden Gruppen überschneiden sich oft; um diese Erörterung zu vereinfachen, werden sie gemeinsam vorgestellt.
Manche dieser Lernschwierigkeiten erfordern die Behandlung durch einen Spezialisten, aber viele andere könnten von den Erziehern und Lehrkräften weitgehend gemildert werden.

Über die vielen mit der modernen Technik zusammenhängenden Schwierigkeiten ist viel geschrieben und diskutiert worden. Die geläufigste davon ist wahrscheinlich die Auswirkung stundenlangen Fernsehens und die damit einhergehende Kombination von Überreizung und Inaktivität. Eine weniger offensichtliche, technologischem Denken entspringende Hemmung könnte daraus entstehen, daß ein Kind bei Erwachsenen eine Einstellung beobachtet, derzufolge Lernen als ein Werkzeug zu betrachten ist – als etwas, das man nur bei bestimmten Gelegenheiten meistern und anwenden muß.

Im allgemeinen ist für normale Kinder nichts verlockender, als ihre Eltern nachzuahmen, beispielsweise indem sie Mutters oder Vaters abgelegte Kleider anziehen und Erwachsensein spielen oder Szenen aus dem Leben der Eltern nachspielen. Dieser Nachahmungsdrang des Kindes ist sogar einer der stärksten Verbündeten des Lehrers. Wenn das Kind keine Gelegenheit hatte, die geistigen Aktivitäten seiner Eltern nachzuahmen, kann es jetzt diejenigen des Elternersatzes imitieren, des Lehrers. Gute Schüler finden im allgemeinen Gefallen daran, Lehrer und Schüler zu spielen, also das Geschehen im Klassenzimmer nachzuvollziehen, so wie sie früher ihre Eltern nachgeahmt haben.

Sich verkleiden und Schulespielen sind nur erste, äußere Schritte in der Reaktion des Kindes auf die Innen- und Außenwelt derjenigen Erwachsenen, die für es von Bedeutung sind. Untersuchungen der jüngsten Zeit haben überzeugend dargetan, daß das Kind nicht nur auf die offenkundigen, sondern auch die verborgenen Wünsche der Erwachsenen anspricht und reagiert und sie »ausagiert«. Gleichgültig, was Eltern oder Lehrer dem Kind beizubringen versuchen, es wird öfter auf die verborgenen inneren Motivationen des Erwachsenen reagieren als auf seine zum Ausdruck gebrachten Wünsche und Ansichten. Immer wieder läßt sich nachweisen, daß eine kriminelle Handlung eines Kindes – die im Widerspruch zu dem steht, was die Mutter oder der Vater ihm beibringen wollte – das Ergebnis dessen war, was das Kind richtig an dem Elternteil wahrgenommen hat: eines starken, wenn auch vielleicht nicht bewußt eingestandenen Verlangens, eine kriminelle Handlung zu verüben.[2]

Auch Schüler reagieren oft weniger auf Tatsachenbehauptungen der Lehrkräfte als auf die unbewußten Signale, die sie aussenden, ihren Tonfall und die Dinge, die sie unausgesprochen lassen. Wenn Eltern oder Lehrer die Wichtigkeit schulischer Leistungen unterstreichen, ohne eine Verbindung zu einem übergeordneten Ziel herzustellen – wenn wir gute Noten oder gute Leistungen im Unterricht als Selbstzweck ansehen, ohne Rücksicht darauf, ob das Kind den Lehrstoff als sinnvollen Bestandteil eines umfas-

senderen Lebenszieles begreift –, dann kann das Kind mit Apathie reagieren, da es keinen Sinn darin sehen kann, gute Noten zu erzielen.
Bis zum ersten Sputnik und dem dadurch ausgelösten Getue um unsere begabten Kinder stellten sich unsere Lehrer vor allem immer wieder die eine Frage, was man denn um Himmels willen mit Johnny anstellen solle, der offenbar nicht imstande sei, lesen zu lernen. Die Probleme, die vom begabten und vom schwachen Leser aufgeworfen werden, sind einander nicht ganz unähnlich. Hinter beiden steht die Notwendigkeit einer veränderten Auffassung vom Wert der Bildung.
Man muß sich vor allem klarmachen, daß Lesen nicht bloß ein Werkzeug ist, dessen Gebrauch man auf jede beliebige Art und Weise erlernen kann, je schneller und leichter, um so besser. Jedes pädagogische Bemühen, das den eigentlichen Sinn und Zweck des Lesens beiseite läßt, ist unweigerlich zum Scheitern verurteilt. Das Werkzeugdenken kreist stets nur um die Werkzeuge als solche: wie man den Umgang mit ihnen meistert und zur Perfektion steigert. Der springende Punkt ist aber, daß man den Gebrauch eines Werkzeugs mit einer bestimmten Absicht erlernt, nämlich der, irgendein anderes Ziel zu erreichen; richtiger Umgang mit dem Werkzeug an sich ist sinnlos, wenn man keine Anwendung im Auge hat. Solches Werkzeugdenken bezogen auf das Lernen kann nicht zu echter Bildung führen, obzwar es im Zusammenhang mit der Vervollkommnung der Kunst des Lesens seine Daseinsberechtigung hat.
Wenn wir uns dem Problem des Lesens zuwenden und uns auf seinen Kern konzentrieren – den Sinn des Lesens –, hat es den Anschein, als ob mit unserer Art des Leseunterrichts manches nicht mehr stimmt. Nicht, daß die Kinder heute nicht mehr lesen lernten; natürlich lernen sie es. Sie lernen es früher, besser und schneller denn je, und obendrein lernen es noch viel mehr Kinder als früher. Wenn wir beim Vergleich der Leseleistungen heute und in der Vergangenheit realistische Maßstäbe anlegen wollen, müssen wir uns auch fragen, ob damit, daß wir so vielen das Lesen so viel rascher beibringen, nicht auch zwangsläufig ein gewisser Qualitätsverlust einhergeht. Außerdem ist es möglich, daß diejenigen, denen wir es beibringen wollen, das Lesen nicht mehr als eine notwendige und wertvolle Quelle des Wissens und der Anregung ansehen. Heute können die Kinder nicht nur aus dem gedruckten Wort, sondern auch aus Radio, Film und Fernsehen lernen. Das Lesen, früher einmal die einzige Art des Wissenserwerbs, büßt an Anziehungskraft ein, wenn es mit diesen anderen Medien konkurriert. Deshalb können wir nicht einfach das Lernen in der Schule damals und heute vergleichen. Wir müssen auch das Lesen in Konkurrenz zu diesen allgegenwärtigen, leichter zugänglichen anderen Informationsquellen sehen.

Eine andere bedenkenswerte Frage ist, ob unser Leseunterricht wirklich so gut ist, wie er heute sein könnte. Ich fürchte, wir machen auf diesem Gebiet unnötigerweise so manches falsch, denn was wir den Kindern in ihren Schulbüchern beibringen, ist oft sinnlos oder steht sogar im Widerspruch zum Zweck des Unterrichts. Diese falsche Orientierung ist das Ergebnis eines Bildungsideals, das auf Werkzeugdenken anstatt auf Zieldenken beruht. Merkwürdigerweise durchzieht dieses Werkzeugdenken auch den größten Teil der Kritik an unserem Bildungswesen. Den naturwissenschaftlichen Unterricht auszuweiten, um auf diese Weise mit den Sowjets Schritt zu halten (und sie womöglich zu überflügeln), heißt im Grunde genommen, das Lernen als ein Werkzeug zu betrachten. Eben dieses Denken liegt auch einem Großteil unserer derzeitigen Methode des Leseunterrichts zugrunde; der Leseunterricht ist viel effizienter als früher, aber er hat Sinn und Zweck des Lesens aus den Augen verloren – die selbständige Aneignung von Wissen durch eigenes Bemühen, motiviert durch die eigene Neugier. So lernen unsere Kinder sicherlich lesen, aber für viele von ihnen wird das Lesen an sich wenig Sinn haben.

Offenbar wünschen wir uns Naturwissenschaftler, die dem Bildungssystem entspringen wie Athene dem Haupt des Zeus, voll gerüstet, um der russischen Gorgo das Haupt abzuschlagen. In diesem Wunsch spiegelt sich der Glaube, es könne ein plötzliches Erscheinen oder eine Übertragung von Weisheit geben, ohne einen allmählichen Prozeß des Lernens und Wachsens. Aber weder die Geschwindigkeit des Wissenserwerbs noch die Neigung zu technischen Spielereien in den Laboratorien führt letztlich zu wissenschaftlichen Entdeckungen. Vielmehr sind es die Neugier sowie das Interesse und die Muße, selbst einer zunächst zwecklos scheinenden Neugier nachzugeben, aus denen alles tiefere Verständnis erwächst.

Es gilt heute offenbar als die wichtigste Voraussetzung für den Erfolg der Schulbildung, daß unsere jungen Leute sich auf den Hosenboden setzen und wir, die Lehrer, dafür sorgen, daß es auch dabei bleibt. Diese Auffassung widerspricht allen Erfahrungen darüber, wie die meisten Wissensfortschritte erzielt werden; sie begannen als Höhenflüge der Phantasie. Zwecklose Neugier hat sicherlich ihren Preis; sie wird manchmal »zwecklos« bleiben, und manche der Neugierigen werden sich damit begnügen, Fragen zu stellen, und sich nicht sonderlich anstrengen, auch befriedigende Antworten zu finden. Aber ein paar werden, angespornt durch Neugier, die bedeutenden Fortschritte erzielen – und diese paar reichen uns schon.

So gesehen liegt das Problem allen Lehrens im wesentlichen darin, die Neugier der Lernenden zu wecken und ihnen gleichzeitig die Überzeugung zu vermitteln, daß sie diese zumindest teilweise durch Lesen und Lernen befriedigen können. Das Problem des Leseunterrichts ist es demnach in erster Linie, die Schüler zu überzeugen, daß das gedruckte Wort Antworten auf die wichtigen Fragen bereithält, denen ihre Neugier gilt.

Von diesen Zusammenhängen ausgehend, wollen wir uns einmal einige der Fibeln ansehen, nach denen unseren Kindern das Lesen beigebracht wird. Die ersten Worte, die das Kind aus einem weitverbreiteten Lesebuch lernt, lauten: »Lauf, Ted. Lauf! Lauf! Lauf!« und »Spring, Ted. Spring! Spring! Spring!«

Das ist schwerlich etwas Neues für das Kind, etwas, wofür es sich lohnt, lesen zu lernen, denn das tut es ja jeden Tag. Außerdem wissen wir ja, wie unendlich viel Geduld ein Kind im ersten Schulalter aufbringen muß, um stillzusitzen und aufzupassen. Ihm durch das, was es liest, in der Befehlsform zu sagen, es solle laufen und springen, ist gewiß nicht die rechte Art, es zum Stillsitzen und Aufpassen zu ermahnen. Schlimmer noch, das geschriebene Wort ermuntert es zu Tätigkeiten, die ihm der Lehrer untersagt. So geraten schon in den ersten Schulstunden die Vorschriften des Lehrers, von dem es etwas lernen soll, in Widerspruch zu den Vorschriften des Buches, aus dem es lesen lernen soll.

Man sagt mir, diese Wörter seien deshalb gewählt worden, weil die Kinder sie leicht erkennen könnten. Sehen wir uns also an, zu welchen bedeutsameren Mitteilungen am Ende des Buches sie hinführen. Die letzten beiden Seiten der Fibel, die ich hier vollständig zitiere, vermitteln dem Kind die folgenden erstaunlichen Neuigkeiten: »Ted! Ted! Lauf und spiel. Sally! Sally! Lauf und spiel. Boots! Boots! (ein Hund) Lauf und spiel. Plansch! Plansch! Plansch! Boots! Boots! Spiel und plansch. Sally! Sally! Spiel und plansch. Ted! Ted! Spiel und plansch. Plansch! Plansch! Plansch!« Das sind die Aufforderungen, die an das Kind gerichtet werden. Das sind die Tätigkeiten, die ihm als wünschenswert eingeprägt werden. Es wird aufgefordert, seine Aufmerksamkeit auf Aktivitäten zu richten, die es vom Lernen abbringen, und es lernt obendrein nur, was es ohnehin schon seit langem kennt, ohne je etwas darüber gelesen zu haben.

Gehen wir nun weiter von den ersten Anfängen des Lesenlernens zu einigen Beispielen, die uns vielleicht Aufschluß darüber geben, ob das Lesenlernen dem Kind als eine lohnende Betätigung nahegebracht wird, wenn es die grundlegenden Fertigkeiten erworben hat, d.h. ob das Kind schließlich aus seiner Fibel erfährt, daß es durch Lesen Antworten auf die Fragen finden wird, die ihm wichtig sind.

Eines der schwierigsten und doch allerwichtigsten Dinge, die jeder Mensch lernen muß, ist es, sich selbst zu begreifen und sich so zu verhalten, daß er mit seinen Mitmenschen auskommt. Das heißt, er muß lernen, die richtigen

Erwartungen in sein eigenes und in das Verhalten anderer zu setzen. Die ersten Menschen, mit denen ein Kind auszukommen lernen muß, sind seine Mutter und sein Vater. Man würde deshalb annehmen, daß seine Lesebücher ihm beizubringen versuchen, realistische Erwartungen in seine Eltern und ihre Interaktionen mit ihm und einander zu setzen.

Doch während die Eltern tatsächlich eine große Rolle in unseren Lesebüchern spielen, kommen in den Geschichten niemals auch nur die geringsten Unstimmigkeiten zwischen den Eltern vor. Daraus zieht das Kind den Schluß, daß entweder die Geschichten nicht wahr sind und Lesen sich deshalb nicht lohnt, oder daß mit seinen Eltern etwas nicht stimmt, weil sie sich gelegentlich streiten. Dabei müssen aber die Kinder lernen, daß Menschen Meinungsverschiedenheiten – und sogar Auseinandersetzungen – haben und trotzdem gut zusammenleben können, und weiterhin, daß es besser ist, diese Differenzen auszutragen, als ihr Vorhandensein zu leugnen.

In diesen Geschichten aus dem Familienalltag ist die Mutter immer bereit, mit dem Kind spazierenzugehen oder zu spielen; es kommt nie vor, daß sie sich nicht um das Kind kümmern kann, weil sie zu sehr mit dem Haushalt beschäftigt ist. Wenn sie berufstätig ist, hält sie auch das nie davon ab, sich stets uneingeschränkt um das Kind und den Haushalt zu kümmern – offenbar stehen ihr Zeit und Energie in unbeschränktem Maß zur Verfügung. Ebenso ist der Vater in diesen Geschichten nie müde oder ruhebedürftig, wenn er von der Arbeit heimkommt. So wird das Kind zu der Schlußfolgerung geführt, seine eigenen Eltern seien keine guten Eltern, weil sie sich nicht so verhalten wie die Mutter und der Vater in den Geschichten. Stattdessen benehmen sich seine Eltern wie normale Menschen, die manchmal müde sind, Sorgen haben oder sogar gereizt sind, während sie ihren alltäglichen Aufgaben nachgehen, und das paßt überhaupt nicht zu den Leuten wie sie im Lesebuch des Kindes dargestellt werden.

So widersprechen die Vorstellungen, die das Lesebuch vom normalen oder wünschenswerten Familienleben und sonstigen Verhaltensweisen weckt, auf vielerlei Art den alltäglichen Erfahrungen des Kindes. Die Folge ist, daß diese Vorstellungen das Kind entweder veranlassen, seiner eigenen Lebenserfahrung zu mißtrauen, oder ihm suggerieren, daß man durch Lesen wenig Wahres über die Welt erfahren kann.

Wenn wir angesichts solcher Lesebücher unseren Kindern ernstlich die Bedeutung des Lesenlernens nahebringen wollen, müssen wir dafür sorgen, daß sie den Lesestoff, den wir ihnen aufzwingen, nicht zu ernst nehmen; andernfalls kämen sie zu dem Schluß, daß man durch Lesen nur falsch informiert wird. Wenn zum Beispiel in diesen Geschichten Kinder einen Unfall haben, was ja gelegentlich vorkommt, verhalten sie sich nie, als wären sie verletzt oder erschrocken oder wütend. Was ihnen auch zustößt, alles ist ein Riesenspaß. Mit solchen Geschichten bereitet man Kinder nicht darauf vor, mit den Widrigkeiten des Lebens fertigzuwerden, und überzeugt sie nicht davon, daß man sich durch Lesen Tatsachenwissen aneignen kann.

In vielen Lesebuchgeschichten wird auch erzählt, wie sehr die Kinder ein neugeborenes Geschwisterchen liebhaben. Dabei ist es durchaus möglich, daß das Kind, das diese Geschichten liest, eifersüchtig auf das neue Baby ist, das in seiner eigenen Familie angekommen ist. Angesichts der Vorstellungen, die ihm diese Geschichten vermitteln, muß es dann entweder die Geschichten für unwahr halten oder an der Berechtigung seiner eigenen Gefühle zweifeln. Auf einen Nenner gebracht läßt sich sagen, daß diese Lesebücher durchweg die Wunschvorstellung eines Erwachsenen über eine ideale Welt wiedergeben, anstatt diese Welt darzustellen, wie sie ist.

Lernen setzt emotionale Sicherheit voraus; ein sehr unsicheres, ein gestörtes Kind ist ein schlechter Schüler. Wenn es durch die falschen Leitbilder der Lesebücher zu der Überzeugung kommt, seine Emotionen stünden nicht im Einklang mit dem, was die Gesellschaft von ihm erwartet, wird es nicht gut lernen. Fast alle in unseren Lesebüchern geschilderten Gefühle sind eindeutig und positiv; sie sind fast nie gemischt oder wirklich negativ. Zu behaupten, alle Kinder seien eifersüchtig auf ihre Geschwister, ist ebenso unrealistisch wie zu behaupten, alle Kinder hätten das neue Baby lieb. Als Kinder haben die meisten von uns beide Gefühle gekannt: Wir haben das Neugeborene geliebt, aber wir waren auch oft verärgert, weil wir seinetwegen auf manches verzichten mußten. Wenn unsere Lesebücher auch nur die Einstellung zu neugeborenen Geschwistern realistisch darstellten, würden sie zum Nachdenken anregen und das Kind zu der Überzeugung bringen, daß das Lesenlernen durchaus nützlich sein kann.

In älteren Gesellschaften, in denen Mangel an der Tagesordnung war, löste die Ankunft eines weiteren Kindes naturgemäß eine Diskussion darüber aus, wie dieses Ereignis sich auf die wirtschaftliche Lage der Familie auswirken würde, woher man den zusätzlichen Platz nehmen sollte und so weiter. Das Kind wurde von diesen Erörterungen nicht ausgeschlossen, und es entnahm ihnen, daß die Eltern dem Familienzuwachs zwar hoffnungsvoll und mit Liebe entgegensahen, daß aber auch ernste Probleme bewältigt werden mußten. Das Kind bekam dadurch Einsicht in die gemischten Gefühle seiner Eltern, wodurch es ihm wiederum leichter gemacht wurde, seine eigenen gemischten Gefühle als natürlich zu akzeptieren.

In der damaligen Zeit lernte das Kind nicht, »lauf, lauf, lauf« zu lesen, während man in Wirklichkeit von ihm erwartete, stillzusitzen und aufmerksam zu sein. Es lernte, daß man *Haus* H-a-u-s buchstabiert und *Hof* H-o-f. Das war zwar nicht sonderlich aufregend, aber es brachte das Kind wenigstens nicht in innere Konflikte. Die ältere Schulmethode bereitete das Kind auch nicht auf die Mühsal und die Unglücksfälle des Lebens vor, wie etwa den Verlust des Zuhauses oder einer Ernte, aber sie suggerierte ihm auch nicht, daß andere Familien keine Geldprobleme hätten. Und noch früher lernte man lesen anhand der Bibel, die zwar mit menschlichen Tragödien angefüllt ist, dafür aber einen Ausgleich durch das Gebot schuf, auf den Herrn zu vertrauen.

Indem wir heute versuchen, den Kindern das Lernen möglichst leicht, angenehm und vergnüglich zu machen, wecken wir oft nichtssagende Vorstellungen vom Leben und von den Menschen. Das wird noch dadurch verschlimmert, daß die Lesebücher das Kind in den ersten Schuljahren nicht mit neuen Stoffen vertraut machen. Der ganze Leseunterricht ist im wesentlichen auf Dingen oder Erlebnissen aufgebaut, die das Kind bereits kennt. Wenn das alles ist, was wir durch das Lesen erfahren können, warum sollen wir es dann überhaupt lernen, und sei das Lernen selbst noch so leicht und angenehm?

Während die Kinder heute theoretisch besser und leichter lesen lernen könnten, erscheint es ihnen in Wirklichkeit oft sinnlos, überhaupt lesen zu lernen, weil der Lesestoff so wenig attraktiv ist. In den höheren Klassen bekommen die Kinder dann Bücher in die Hand, die anregender sind, aber dann sind manche Kinder schon zutiefst entmutigt und haben jedes Interesse an der Schule verloren, weil das, was sie zu bieten hat, so langweilig ist.

Diese Bemerkungen sind nicht so zu verstehen, als ob wir jetzt vergessen sollten, was wir heute wissen über die Bedeutung der Freude am Lesen, über die einzelnen Schritte in der Worterkennung, die Worthäufigkeit oder die logische Folge der Schritte beim Erwerb der Lesefähigkeit. Es kann kein Zweifel daran bestehen, daß unsere heutigen Lesebücher dem Kind das Lernen erleichtern; als Werkzeuge sind sie ausgezeichnet. Andererseits haben wir vor Begeisterung über unser Geschick und unseren Erfolg beim Anfertigen dieser Werkzeuge die Tatsache ganz aus den Augen verloren, daß Werkzeuge als solche nutzlos sind, wenn sie nicht für einen bestimmten Zweck gebraucht werden. Es passiert uns in der Pädagogik nur allzu oft, daß wir unser ganzes Augenmerk auf die Vervollkommnung einer Fertigkeit richten und dabei vergessen, ihren tieferen Sinn und Zweck zu betonen, so daß die Fertigkeit selbst unwichtig erscheint.

Wenn wir uns der zweiten großen Gruppe von Ursachen für Lernhemmungen zuwenden, nämlich denjenigen, die sich auf die persönliche Lebensgeschichte des Kindes oder auf eine bereits bestehende Störung zurückführen

lassen, müssen wir uns klarmachen, daß der Entschluß eines Kindes, nicht zu lernen, oft Wünschen entspringen kann, die genauso positiv und mindestens genauso stark (wenn auch anders geartet) sind wie diejenigen, die den guten Schüler motivieren. Gute wie schlechte Schüler streben – oft mit gleichermaßen starken Motiven – dieselben Ziele an, wie zum Beispiel den Eltern Freude zu machen oder Erfolg zu erringen; womit man aber der Mutter oder dem Vater Freude macht und worin der Erfolg besteht, darüber können die Ansichten denkbar weit auseinandergehen, nämlich von völligem Versagen einerseits bis zu außergewöhnlichen Leistungen andererseits.
Manchmal erwächst dieser Entschluß aus den Einstellungen oder der sozialen Stellung der Eltern. Typisch als Ursache für diese Lernschwierigkeiten ist der Wunsch der meisten Kinder, zu ihren Eltern aufblicken zu können. Es kann sein, daß ein Kind nicht mehr leisten will als seine Eltern, weil es nicht möchte, daß sie ihm gegenüber als die Unterlegenen erscheinen. Aus dem Bedürfnis heraus, sich auf sie zu verlassen, hegen Kinder oft sorgsam das Idealbild von ihren Eltern als den besten aller Eltern. Da bei uns die Ansicht vorherrscht, jede neue Generation solle es weiter bringen als die vorherige, übersehen die Erwachsenen oft, daß viele Kinder Grund haben, sich das Gegenteil zu wünschen. Diese emotionale Lernhemmung ist eine sehr starke, positive Motivation.
Nun verhalten sich diese Eltern aber keineswegs so, als ob ihnen die Überlegenheit der Kinder unangenehm wäre. Im Gegenteil, die meisten von ihnen sagen dem Kind, es müsse eine bessere Bildung erhalten als sie selbst sie bekommen konnten. Trotzdem kann ein Elternteil, der mit den allerbesten Absichten sein Kind auf diese Weise zu ermuntern sucht, dem Kind Schuldgefühle wegen seiner besseren Chancen vermitteln. Um keine Schuldgefühle mehr haben zu müssen, brechen manche Kinder ihre Schulbildung genau an dem Punkt ab, bis zu dem einer der Eltern gelangt war.
Aber nicht nur Schuldgefühle können ein Kind veranlassen, keine schulischen Fortschritte mehr zu machen. Viele Eltern, die den aufrichtigen Wunsch haben, ihr Kind möge einen höheren Bildungsstand erreichen als sie selbst, fürchten dennoch bewußt oder unbewußt, daß das Kind dann nicht mehr viel mit ihnen gemeinsam haben und deshalb nicht mehr zu ihnen aufschauen und ihre Gesellschaft suchen wird. Das ist eine verständliche Befürchtung, denn viele Kinder brechen im späteren Leben tatsächlich die Verbindung zu ihren Eltern ab, weil sie das Gefühl haben, daß man einander nicht mehr viel zu sagen habe. In solchen Fällen kommt es vor, daß das Kind sich nicht nach dem ausdrücklichen Wunsch der Eltern richtet, es möge einen höheren Bildungsstand erreichen, sondern sich der unausgesprochenen Befürchtung der Eltern entsprechend verhält. Dann ist das

Kind möglicherweise nicht imstande, über den Punkt hinaus schulische Fortschritte zu machen, an dem es der Befürchtung des Elternteils zufolge ihn überflügeln und damit die intime Bindung durchbrechen würde, die bis jetzt Elternteil und Kind vereint hat.

So habe ich, welche offen zum Ausdruck gebrachten Hoffnungen die Mutter oder der Vater auch für das Kind hegen mochte, eine ganze Reihe junger Menschen gekannt, die entweder aus Schuldgefühl oder als Reaktion auf elterliche Befürchtungen die Schule verließen oder bei Fortsetzung des Schulbesuchs ernste Lernhemmungen entwickelten, und zwar genau an dem Punkt, an dem einst die elterliche Ausbildung geendet hatte.

Ein Lehrer braucht die Eltern eines Kindes oder deren Lebensstil gar nicht offen zu kritisieren, um in dem Kind das Gefühl wachzurufen, es müsse für seine Eltern und gegen Lehrer und Schule Partei nehmen. Manchmal fordert ein Lehrer ein Kind, dem er den Aufstieg in den Mittelstand ermöglichen möchte, auf, sich Verhaltensnormen anzueignen, die über denen eines oder beider Elternteile stehen. Ein solches Kind kann, ohne daß Eltern und Lehrer den Zusammenhang durchschauen, seine tiefempfundene Loyalität gegenüber den Eltern dadurch zum Ausdruck bringen, daß es alles ablehnt, was mit den Ansprüchen der Schule (und damit dem Lernen) zusammenhängt, weil dies in seinen Augen seine Eltern oder deren Lebensstil oder beides herabsetzt.

Oft sind schwere Lernhemmungen auch auf das Bemühen des Kindes zurückzuführen, Partei für den einen und gegen den anderen Elternteil zu ergreifen. Das geschieht besonders dann, wenn die Eltern unterschiedlich gebildet sind und der eine Teil den anderen verächtlich macht. Doch hier wie in dem Fall, wo das Kind beide Eltern gegen die Schule in Schutz nimmt, kann die Lernhemmung zuverlässig beseitigt werden, sobald einmal die eigentliche Ursache erkannt ist. Die Lösung besteht darin, daß beide Eltern, oder die Eltern und die Schule, zu einem aufrichtigen Einverständnis darüber gelangen, was wünschenswert ist, und dann dem Kind diese gemeinsame Auffassung klarmachen.

Im allgemeinen sind noch zwei weitere Schritte erforderlich, um diese Art der Lernhemmung auszuschalten. Zum einen müssen wir unser aufrichtiges Verständnis für den Wunsch des Kindes zum Ausdruck bringen, die Befürchtungen der Eltern zu zerstreuen oder für die Ehre eines oder beider Elternteile einzutreten, indem es in seiner Schulbildung nicht weiterkommt als diese. Zum anderen müssen wir das Kind überzeugen, daß es seinen Eltern und sich selbst einen viel größeren Gefallen tun kann, indem es ihren berechtigten Wunsch erfüllt, auf seine Leistungen stolz sein zu können.

Der Wunsch, einen Elternteil durch Verweigerung schulischer Leistungen

zu schützen, ist nur einer der vielen möglichen positiven Gründe für unbewußtes, wenn auch vorsätzliches, Scheitern in der Schule. Die Erkenntnis, daß diese schulischen Mißerfolge auf lobenswerte Motive zurückzuführen sind, ist der erste Schritt zur Beseitigung der Lernhemmungen. Aus diesem Grunde und auch weil Erwachsene im allgemeinen nichts Positives im Vorsatz eines Kindes sehen, nicht mehr zu lernen, möchte ich noch ein paar Beispiele anführen.
Manche Kinder sind schlechte Schüler, weil sie nicht mit anderen konkurrieren wollen; Wettbewerb ist in ihren Augen etwas Schlechtes. Daß ein Schulkind eine solche Auffassung haben kann, wird uns verständlicher, wenn wir daran denken, wie oft das Kind ermahnt wurde, einen Bruder oder eine Schwester nicht zu übervorteilen, sich nie vorzudrängen, auf die Gefühle anderer Rücksicht zu nehmen und so weiter. Andere Kinder wiederum fühlen sich so schuldig oder minderwertig, daß sie die Liste ihrer Fehler nicht noch dadurch vergrößern wollen, daß sie andere Kinder überflügeln, die ihrer Meinung nach weit über ihnen stehen. Um das andere Kind zu schützen (ein positiver Wunsch) und ihre eigenen Schuldgefühle nicht noch zu verschlimmern, lernen sie nicht mehr, so daß der Erfolg anderen zufällt. Während die Gründe im einzelnen variieren können, ist das Gefühl eines Kindes, es habe kein »Recht« auf Erfolg, keinesfalls selten.

Der wohl häufigste positive Grund für die Verweigerung schulischer Leistungen ist jedoch der Wunsch, die enge Beziehung zu der geliebten Mutter zu erhalten. Lernen heißt erwachsen werden. Deshalb setzen viele Kinder es damit gleich, die Mutter oder doch zumindest das Bemuttertwerden aufgeben zu müssen, und dazu sind sie nicht bereit.
Ebenso positiv, als verborgenes Motiv für schulisches Versagen, ist der uns allen gemeinsame Wunsch, uns von den anderen zu unterscheiden – einzigartig zu sein. Wird das Bedürfnis nach Ansehen und Selbstachtung als positive Motivation akzeptiert, dann müssen wir den Wunsch, lieber der erste unter den Schlechteren als der zweite unter den Besten zu sein, ebenfalls den auf positiven Wünschen beruhenden Lernhemmungen zurechnen.
Der gute Schüler, der es sich zutraut, Klassenbester zu werden, wird durch dieses Selbstvertrauen angespornt, härter zu arbeiten. Solange ein Kind glauben kann, daß es Erfolg haben wird, wenn es sich nur genug anstrengt, bemüht es sich im allgemeinen auch, sein Ansehen und seine Selbstachtung zu steigern. Selbst wenn es trotz größter Anstrengungen nur im Mittelfeld landet, kann es sich damit zufriedengeben (und das tun viele Kinder), aber nur, wenn es sich grundsätzlich damit abfinden kann, zum Durchschnitt, zur großen Masse zu gehören.

Wenn dieser bescheidene Platz nicht ausreicht für die Aufrechterhaltung seiner Selbstachtung, wenn sein Bedürfnis, jemand Besonderer zu sein, übermächtig ist oder wenn es nicht zur Masse gehören kann, weil die anderen es zurückweisen, dann erfährt der Wunsch, einzigartig zu sein, eine machtvolle Verstärkung. Das Kind kann auf diese Weise zu der Überzeugung gelangen, es könne sich nur dadurch auszeichnen, daß es Klassenletzter wird. Damit kann es die Aufmerksamkeit auf sich lenken; sicherlich, Aufmerksamkeit negativer Art, aber doch jedenfalls Aufmerksamkeit.

Der schlechte Schüler wiederum ist oft überzeugt, daß er auf keinen Fall das Klassenziel erreichen wird. Ihn zwingt der Wunsch nach Wahrung seiner Selbstachtung, seine Bemühungen einzustellen. In dem Glauben, er werde auch scheitern, wenn er sich noch so sehr anstrengt, schützt er sich dadurch, daß er beschließt, überhaupt nichts mehr zu tun. Dann kann er sich hinterher sagen, sein Scheitern sei nicht auf Unfähigkeit, sondern auf einen bewußten Willensakt zurückzuführen. Nicht selten ist ein solches Kind überzeugt, es könne mehr Ansehen und Selbstachtung durch Leistungsverweigerung als durch fleißiges Lernen gewinnen.

Wenn wir solchen Kindern helfen wollen, müssen wir zunächst einmal erkennen, daß ein Kind fast nie von sich aus wissen kann, daß es den Entschluß zu scheitern gefaßt hat, weil es Angst hatte, es könne nie Bester werden oder auch nur das Mittelfeld erreichen, oder weil es von der Gruppe nicht aufgenommen wurde. Nur wenig größer ist die Bereitschaft einzusehen, daß es ihm lieber war, mit Pauken und Trompeten durchzufallen, als irgendwo unter den schlechteren oder halbwegs guten Schülern zu landen. Mit einem offenen Eingeständnis dieser Art würde das Kind sich selbst um die Chance bringen, durch Lernverweigerung seine Selbstachtung zu wahren. Statt dessen redet es im allgemeinen sich und anderen ein, es könne sehr gut abschneiden, wenn es nur wollte. Nur durch solche Behauptungen kann es sich die Aufmerksamkeit sichern, die jenen zuteil wird, die wirklich »anders« sind, und sich trotzdem noch sagen, seine Einzigartigkeit sei nicht auf Unfähigkeit zurückzuführen, gegen die es seiner Meinung nach nichts tun kann, sondern sie sei das Ergebnis einer freien Entscheidung. So bewahrt es sich sein positives Selbstbild, das Bild, um dessentwillen es von Anfang an schulische Leistungen verweigert hat.

Das Bedürfnis eines Kindes, seine Selbstachtung auf diese Weise zu schützen, zählt zu den gefährlichsten Lernhemmungen. Wenn es erst einmal in dieses Verhaltensmuster verfallen ist, glaubt es aufrichtig daran, sein größter Wunsch sei nicht, jemand Besonderer zu sein, sondern der Schule und den Erwachsenen zu trotzen, indem es bewußt nicht lernt.

Auch aus anderen Gründen ist dies ein heimtückischer Prozeß. Je weiter das Kind zurückfällt, um so stärker wird sein positives Selbstbild bedroht und um so drastischere Mittel muß es zu dessen Aufrechterhaltung anwenden. Das ist der Grund, weshalb ein Viertkläßler sich noch für einen tollen Kerl halten kann, wenn er dem Lehrer trotzt, indem er nicht lernt, während der Siebtkläßler sich zusätzlich auch noch durch kriminelle Handlungen gegen Polizei und Gesellschaft auflehnen muß. Der Viertkläßler, der sich »dumm stellt«, ist der Clown, den viele bewundern. Ein paar Jahre später macht er sich mit demselben Verhalten nur lächerlich, und anstatt bewundert zu werden, wird er verachtet. Dann ist es im allgemeinen zu spät für ihn, sein Ansehen durch schulische Leistungen wiederherzustellen, und so versucht er es mit asozialem Verhalten.

Wenn ein Kind aus solchen Gründen in der Schule versagt, hat es wenig Sinn, ihm gut zuzureden, es solle sich mehr anstrengen, um wenigstens in der unteren oder mittleren Gruppe mitzukommen. Es hat ja gerade deshalb beschlossen, nicht mehr zu lernen, um die Angst loszuwerden, daß es auch bei angestrengtem Arbeiten nicht weiter als in diese niedrige Gruppe kommen würde. Ein viel besserer Ansatz ist es, das Selbstvertrauen des Kindes zu stärken, da dessen Mangel der Beweggrund für seine Trotzhaltung war. Man kann dies zum Beispiel dadurch erreichen, daß man dem Kind aufzeigt, wie raffiniert es zur Wahrung seiner Selbstachtung vorgegangen ist, und ihm Anerkennung für sein konsequentes Handeln ausspricht, ohne jedoch das Ziel dieses Handelns zu billigen. Erst viel später, wenn es überzeugt ist, daß wir seine Fähigkeiten anerkennen, kann man dem Kind helfen, wirklich einzusehen, daß es sich wie der Fuchs mit den Trauben verhalten hat. Gleichzeitig müssen wir ihm helfen, nun wirklich gute schulische Leistungen zu erzielen. Durch viele solche Anstrengungen unsererseits gelangt es schließlich vielleicht zu der Erkenntnis, daß die Verweigerung schulischer Leistungen nicht seine einzige Möglichkeit ist, sich auszuzeichnen.

Wir dürfen nie vergessen, daß viele Lernhemmungen auf dem Wunsch eines Kindes nach Aufrichtigkeit und Echtheit gegenüber sich selbst beruhen sowie auf seinem Bestreben, im Rahmen seiner eigenen Lebenserfahrung Erfolg zu haben. Bei gleicher Begabung und angesichts der Tatsache, daß Schule, Eltern, Bildungswesen und Gesellschaft allesamt gute schulische Leistungen befürworten und entsprechenden Druck ausüben, braucht sogar der schlechte Schüler oft sehr viel mehr Willenskraft, um zu scheitern, als sie der gute Schüler aufbringen muß, um überdurchschnittliche schulische Leistungen zu erzielen. Das liegt daran, daß gute schulische Leistungen auf die verschiedenste Art belohnt werden. Wenn ein Kind trotz dieser starken Anreize in der Schule versagt, müssen wir annehmen, daß seine

Beweggründe für diese Leistungsverweigerung in vielen Fällen stärker sind als die des Kindes, das gute Noten bekommt.

Anderer Art als diejenigen Lernhemmungen, denen positive Motive zugrunde liegen, sind diejenigen, die durch eine negative Einstellung bedingt sind. Manche Kinder lehnen die Schule nicht deshalb ab, weil sie die Ehre eines Elternteils verteidigen oder Loyalität zu seinem Lebensstil beweisen wollen, sondern einfach deshalb, weil sie keine neuen Wertmaßstäbe annehmen wollen.
Andere lernen nicht, weil ihnen das Lernen nicht attraktiv genug gemacht wird oder weil der Lehrer ihre Gefühle verletzt hat und sie sich jetzt an ihm rächen wollen. Ein Kind kann auch körperlich oder seelisch so müde sein, daß man ihm keine geistige Anstrengung zumuten kann und es nicht einmal das bißchen tut, wozu es imstande wäre. Dies alles ist so bekannt, daß ich es hier nur nebenbei erwähne.
Hinter anderen Lernhemmungen kann der Wunsch oder das Bedürfnis stehen, den Erwachsenen zu trotzen, die Eltern zu bestrafen oder beides gleichzeitig zu tun. Ein Kind widersetzt sich oft seinen Eltern mit der Bemerkung »das hat aber unser Lehrer gesagt«. Das bringt uns in Versuchung, die Tatsache zu übersehen, daß recht häufig dasselbe Kind sich nicht mit dem abfinden kann, was der so eilfertig zitierte Lehrer sagt oder symbolisiert. Da es der Autorität trotzen muß, dafür aber den Rückhalt bei einem oder mehreren Erwachsenen braucht, beruft es sich auf die Lehrkraft, wenn es seinen Eltern widerspricht. Kluge Eltern werden dagegen nichts einwenden, denn die Möglichkeit, die Lehrkraft bei Konflikten mit den Eltern als Rückendeckung zu benützen, macht Lehrkraft, Schule und Lernen sehr attraktiv für das Kind. Kann das Kind jedoch den Lehrer nicht auf diese Weise dazu benutzen, ein gewisses Maß an Unabhängigkeit von den Eltern zu erlangen, muß es statt dessen der Lehrkraft trotzen, um wenigstens von irgendeinem Erwachsenen unabhängig zu werden.
Manche Kinder werden zu Hause regelrecht unterjocht, und zwar heutzutage weniger durch körperliche Mißhandlung als durch ständiges Nörgeln oder dadurch, daß die Eltern es zu Leistungen antreiben, die über seine Kräfte gehen. Solche Kinder haben ein so übermächtiges Bedürfnis, sich zu wehren, daß sie der Autorität von Erwachsenen trotzen, wo immer sich eine Gelegenheit dazu bietet, ohne daß sie massive Vergeltung befürchten müßten. Da Lehrer viel nachsichtiger sind als nörgelnde oder antreibende Eltern, trotzt das Kind, das sich nicht gegen die übermächtigen Eltern aufzumucken traut, statt dessen dem Lehrer, indem es nicht lernt. Darin wird es im allgemeinen noch durch einen Nebennutzen bestärkt; durch schlechte

schulische Leistungen kann das Kind wirksam die Eltern bestrafen, denen es sich im übrigen total unterwirft. Die Verweigerung schulischer Leistungen hat sich zu der gebräuchlichsten Waffe mittelständischer Kinder gegen die Eltern oder den Elternteil entwickelt, der durch das schulische Versagen seines Kindes schwer getroffen wird.
In ähnlicher Weise ist zum Teil heute noch geistige Überlegenheit die Waffe, mit der sich manches Kind aus den Unterschichten oder ein Kind neu Eingewanderter gegen seine Eltern zu behaupten versucht. Da dies ein emotionales Motiv für höhere Leistungen darstellt, oft sogar ein sehr starkes, interessiert es uns in diesem Zusammenhang nicht. Aber als negatives Motiv für schulischen Erfolg mag es unsere Erörterung der negativen Motivationen für schulisches Versagen abrunden.

Bisher haben wir uns mit denjenigen Lernhemmungen befaßt, die sich mehr oder minder auf den gesamten schulischen Unterrichtsstoff erstrecken. Genauso häufig sind aber emotionale Lernhemmungen, die darauf beruhen, daß das Kind aus irgendeinem Grund eine bestimmte Aufgabe oder ein bestimmtes Fach ablehnt und meiden möchte.
Im Gegensatz zur landläufigen Meinung hat ein durchschnittlich oder überragend begabtes Kind öfter deshalb Schwierigkeiten, weil es einen Stoff zu gut versteht, als deshalb, weil es unaufmerksam ist oder die Aufgabe über seine geistigen Fähigkeiten geht. Ein solches Kind kann einen Stoff oder den Inhalt einer Aufgabe entschieden ablehnen, weil er seine moralischen Ansichten verletzt oder ihm Angst macht. Dann kann es nicht verstehen, weil es nicht verstehen will.
Im allgemeinen hat das Kind einen oder zwei Gründe für diese Ablehnung: Entweder die wesentlichen Prinzipien, die einer Aufgabe zugrunde liegen, würden es in inneren Aufruhr stürzen, wenn sie auf das Kind selbst angewandt würden, oder der Inhalt der Aufgabe erinnert es an Erfahrungen, die zu schmerzlich oder bedrohlich waren, als daß es an sie erinnert werden möchte. Um diesem Schmerz aus dem Weg zu gehen, überzeugt es sich selbst und die anderen, daß es überhaupt nicht anzuwenden versteht, was auf ein persönliches Problem anzuwenden es sich fürchtet, oder daß es etwas nicht versteht, was es (wenn es sich damit beschäftigte) an ein so unangenehmes Erlebnis erinnern würde, daß die Erinnerung unerträglich wäre. Kinder, für die ihre eigene Vergangenheit tabu ist oder die in ihren Erfahrungen keinen Sinn oder nur einen schmerzlichen Sinn erblicken können, wollen sich vor jeder Untersuchung ihrer persönlichen Lebensgeschichte schützen. Deshalb zeigen sie sich entweder an jeglicher Geschichte uninteressiert oder sie bestreiten, daß in der historischen Aufeinanderfolge der Er-

eignisse überhaupt ein Sinn liegt. Verlangt man von solchen Kindern, sie sollten Ereignisfolgen in der Geschichte einzelner Menschen oder ganzer Nationen als sinnvoll begreifen, so zwingt man sie damit zu Einsichten, deren Anwendung auf sie selbst ihnen unerträgliche Angst verursachen würde. Beispielsweise müßten sie sich eingestehen, daß gewisse negative Erfahrungen ihrer Vergangenheit oder Gegenwart, die sie aus emotionalen Gründen als zufallsbedingt abtun möchten, in Wirklichkeit das Ergebnis grundlegender und beständiger Fehlhaltungen bei ihnen selbst oder bei ihren Eltern sind.

Daß man aufgrund unglückseliger Zufälle leiden muß, damit kann man sich abfinden; man kann trotzdem weiterleben und sich bemühen. Irgendwann wird sich das Schicksal von der besseren Seite zeigen, und wer oft Pech gehabt hat, kann auch einmal Glück haben. Müssen wir jedoch unser Mißgeschick als das Ergebnis beständiger und unabänderlicher eigener Charakterzüge oder der Eigenart unserer Eltern erkennen, dann können wir uns nicht mehr an die Hoffnung klammern, es werde sich irgendwann alles zum Besseren wenden.

Da die Beschäftigung mit Geschichte normalerweise bedeutet, in Ereignisabläufen sinnvolle Zusammenhänge zu erkennen, ist das Geschichtsstudium eine bereichernde Erfahrung; das bloße Einsehen dieser Tatsache macht das Geschichtelernen möglich und lohnend. Wenn aber dieser Vorteil mit der Erkenntnis erkauft werden muß, daß das eigene Leben eines tieferen Sinnes entbehrt, dann erscheint diese schmerzliche Einsicht als ein zu hoher Preis. Im Geschichtsunterricht ist es also oft nicht mangelndes Auffassungsvermögen, sondern gerade die Einsicht in das eigentliche Wesen der Geschichte, was einen Schüler vom Lernen abhalten kann.

Zur weiteren Veranschaulichung möchte ich noch ein Beispiel aus einem anderen Unterrichtsgebiet anführen. Ein adoptiertes Mädchen hatte zu Hause ernste Schwierigkeiten, kam aber in der Schule recht gut mit, bis sie in die High-School eintrat, wo sie an einem allgemeinen naturwissenschaftlichen Kurs teilnehmen mußte. In diesem Unterricht störte sie ständig und geriet in einen so heftigen Konflikt mit dem Lehrer, daß er sie meistens hinausschickte. Es wurden ihr deswegen zu Hause und in der Schule so ernste Vorhaltungen gemacht, daß binnen weniger Monate auch ihre Leistungen in den anderen Fächern nachließen. Was als Widerstand gegen die Teilnahme am naturkundlichen Unterricht begonnen hatte, weitete sich zu einem generellen schulischen Konflikt aus.

Der Grund, weshalb dieses Mädchen sich vor der Teilnahme am naturwissenschaftlichen Unterricht schützen mußte, war der, daß allgemeine Biologie und Vererbungslehre zum Unterrichtsstoff gehörten. Sie wollte nicht an

den Beginn des Lebens erinnert werden, weil sie das zu schmerzlich daran erinnerte, wie unglücklich ihr eigenes Leben begonnen hatte: Ihre leibliche Mutter hatte sie alleingelassen, und ihren Adoptiveltern war sie lästig. Bis dahin hatte sie sich vorgemacht, ihre Adoptiveltern seien ihre richtigen Eltern, obwohl sie von ihnen nicht wirklich angenommen wurde. Jetzt wurde der Lehrer zu ihrem Feind, weil er von ihr verlangte, zu lernen und zu behalten, wie das Leben wirklich beginnt, was nur ihren übermächtigen Zorn auf die abweisende Haltung der Adoptiveltern verstärkte. Hinzu kam die schmerzliche Erinnerung daran, daß ihr eigenes Leben so ganz anders begonnen hatte als das ihrer Klassenkameraden; und durch den Unterricht in Vererbungslehre wurde ihr klar, daß sie nicht einmal durch gemeinsame Erbanlagen mit ihren Adoptiveltern verbunden war. Da sie zu intelligent war, um nicht zu begreifen, was dies alles für sie persönlich bedeutete, blieb ihr nur der Ausweg, sich schlecht zu betragen. Dann wurde sie hinausgeschickt und brauchte sich nicht mit Dingen zu befassen, die nur eine gefährliche Wut in ihr auslösten. Wären diese Zusammenhänge rechtzeitig erkannt worden, dann hätte sich die Ablehnung des naturwissenschaftlichen Unterrichts nicht zu einer Ablehnung der Schule insgesamt ausgeweitet.
In diesem Beispiel wurde wegen eines einzelnen Unterrichtsfachs dem Mädchen das schulische Lernen überhaupt unerträglich. Doch das geschah relativ spät in der schulischen Laufbahn des Mädchens. Noch viel bedenklicher ist es, wenn dies in den ersten Schuljahren und mit so grundlegenden Fächern wie Lesen oder Rechnen passiert.
So verübte zum Beispiel einmal ein Junge im Kindesalter ein Verbrechen, wahrscheinlich ohne sich über die Tragweite seines Handelns im klaren zu sein. Seine Eltern führten ihm eindringlich vor Augen, wie streng er dafür bestraft worden wäre, wenn er nicht ein unwissendes Kind gewesen wäre. Dergestalt zur Einsicht in seine destruktiven inneren Wünsche gebracht, wußte sich der Junge nicht anders zu helfen als damit, daß er nicht lesen lernte. Denn hätte er lesen können (so dachte er sich), dann hätte er sich nicht mehr auf Unkenntnis des Gesetzes berufen können. Aber die vorgetäuschte Unfähigkeit zum Lesenlernen dehnte sich bald auch auf alle anderen Unterrichtsfächer aus.
Als wir dem Jungen klarmachten, daß Unkenntnis des Gesetzes nicht vor Strafe schützt, erkannte er die Vorteile des Lesens: Wenn er lesen konnte, dann konnte er selbst herausfinden, welche Handlungen strafbar sind und welche nicht.
Es ist bekannt, daß viele Kinder Lernhemmungen entwickeln, weil die Eltern ihnen beibringen, es sei unrecht, alles wissen zu wollen. Manchmal legt ein Kind den elterlichen Befehl, seinen eigenen Körper nicht zu erforschen

und nicht neugierig zu sein, was im Elternschlafzimmer vor sich geht, dahingehend aus, daß Neugier grundsätzlich unrecht sei. Aber ohne Neugier kann man nicht lernen. Lehrer können das Kind dazu bringen, daß es wiederholt, was man ihm sagt, aber ohne den eigenen spontanen Wissensdrang lernt es nicht wirklich, sondern plappert nur nach. Ein Kind kann auf diesem Niveau stehenbleiben, wenn es glaubt, es sei schlecht, neugierig zu sein oder Geheimnisse ergründen zu wollen.

Andere Kinder kommen zu der Auffassung, sie dürften zwar hinsehen, aber nicht versuchen, die Bedeutung dessen zu erfassen, was sie sehen. Das geschieht besonders dann, wenn ein Kind entweder seine Eltern bei einem Verhalten beobachtet, das sie eigentlich mißbilligen (zum Beispiel Ehestreitigkeiten) oder wenn die Eltern nicht wollen, daß das Kind ihre Handlungen und Motive durchschaut. Wiederholen sich solche Erfahrungen öfter, dann kann das Kind zu dem Schluß kommen, daß seine Eltern zwar nichts dagegen haben, wenn es genau beobachtet, es andererseits aber entschieden mißbilligen, wenn es versteht, was das alles zu bedeuten hat. Solche Kinder lernen dann manchmal zwar, Buchstaben und Wörter zu erkennen, bleiben aber, dem vermeintlichen elterlichen Gebot gehorchend, unfähig, den Sinn von Sätzen oder Absätzen zu erfassen. Lesen ohne Verstehen ist frustrierend, nicht befriedigend; wenn solche Kinder dann auch noch von ihren Lehrern kritisiert werden, weil sie keine Sätze verstehen, geben sie manchmal das Lernen überhaupt auf.

Es sind nicht immer die Eltern, die die Fähigkeit des Kindes, zu sehen und zu begreifen, beeinträchtigen. Das Kind kann sich solche Beschränkungen selbst auferlegen, aus vermeintlich guten Gründen. Ein Kind behauptete einmal, es könne die Wörter in seinen Büchern nicht klar erkennen, und sein Verhalten ließ den Schluß zu, daß tatsächlich seine Sehfähigkeit beeinträchtigt war. Da es die Buchstaben nur unscharf wahrnahm, konnte es nicht lesen.

Es gelang diesem Jungen schließlich, sich zu erinnern, wann sich sein Blick zum erstenmal getrübt hatte; das war geschehen, als er seiner Mutter zum erstenmal zusah, wie sie sein neugeborenes Brüderchen versorgte. Mitanzusehen, wie ein anderes Kind die Zuwendung erfuhr, die er für sich beanspruchte, war ihm unerträglich. Um deshalb diese schmerzliche Erfahrung auszulöschen, wurde er unfähig zu sehen, was vor sich ging.

Der Wunsch, nicht zu sehen, was schmerzlich zu sehen ist, ist eine recht einfache Art der Abwehr. Manchmal ist ein komplexerer Mechanismus am Werk, zum Beispiel das sogenannte Ungeschehenmachen. Eine offenkundige und recht bekannte Form von Ungeschehenmachen wird fachsprachlich als *Waschzwang* bezeichnet. Zutiefst verstört über das Blut, das einmal ihre Hände befleckt hatte, wusch Lady Macbeth sie sich immer wieder mit solcher Intensität, daß ihr für andere Betätigungen in ihrem Leben kaum noch Zeit und Kraft übrigblieben.

Das Bedürfnis, Geschehenes ungeschehen zu machen, eine zu schmerzliche Situation gewissermaßen aufzuheben, kann auch in der Metathese ihren Ausdruck finden. Es handelt sich dabei um ein Vertauschen oder Umstellen von Buchstaben beim Lesen, das die Bedeutung so stark verzerren kann, daß kein Lernfortschritt mehr stattfindet. Oft wird der tiefere Zweck solchen Verhaltens übersehen oder mit dem ähnlichen Aussehen der Buchstaben erklärt. Aber solche simple Erklärungen können nur dazu führen, daß dem Kind die Hilfe vorenthalten bleibt, die es braucht und die allein seine Lernstörung beseitigen kann.

Andere Metathesen betreffen nicht Buchstaben, sondern Wörter. Ein Junge, der in früher Kindheit Augenzeuge einer furchterregenden Szene wurde, stand so sehr unter dem Eindruck dieses schrecklichen Erlebnisses, daß alles andere, was in der Vergangenheit geschehen war, ihn nur immer an das erinnerte, was er damals sah. So las er das Wort *was* (war) als *saw* (sah). Ein anderes Kind, ein Mädchen, wünschte sich so inständig, ein Junge zu sein, daß sie zeitweise glaubte, sie sei einer. Sie mißgönnte ihrem Bruder auch das Glück, zu dem beneideten Geschlecht zu gehören. Also ging sie daran, das richtigzustellen; immer wenn sie beim Lesen auf die Wörter *Junge* oder *Mann* stieß, las sie *Mädchen* oder *Frau*; wenn in dem Text *Mädchen* oder *Frau* stand, las sie *Junge* oder *Mann.* Ebenso las sie stets statt *er sie* und umgekehrt.

Während sich einige Metathesen auf ganz bestimmte Ereignisse, Wünsche oder Ängste zurückführen lassen, kommen die unterschiedlichsten Arten von Metathesen vor, wenn das Kind nicht ein bestimmtes Ereignis ungeschehen machen, sondern seine gesamte Lebenssituation aufheben möchte. So kam ein Junge nicht darüber hinweg, daß seine Mutter ihn verlassen hatte. Ohne jede Ankündigung verschwand sie eines Tages und wurde nie mehr gesehen. Der Wunsch, diese Ereignisse ungeschehen zu machen, war bei diesem Jungen so übermächtig, daß er bei jedem Wort, das er zu lesen versuchte, Laute umstellte.

Alles Lernen beruht auf dem Umgang mit Symbolen und befaßt sich mit Abstraktionen. Lernen ist ein Prozeß der Intellektualisierung, ein Prozeß, bei dem das Denken von seinen persönlichen emotionalen Inhalten befreit wird und einen höheren, »objektiven« Sinn annimmt, der in den Symbolen der gesprochenen oder schriftlichen Mitteilung enthalten ist. Für das Kleinkind wird seine Bettdecke durch ihren besonderen Geruch, ihre Farbe, ihre

Struktur und die besondere Art der Abnutzung zu einem einmaligen Gegenstand, der sich grundlegend von allen anderen Decken unterscheidet, die in derselben Fabrik hergestellt wurden. Auch sein Stuhl ist für das Kleinkind einmalig, auch wenn er mit allen anderen Stühlen im Eßzimmer identisch ist.

Solange das Kind sich seiner eigenen Identität noch nicht hinreichend sicher ist, interessiert es sich nur für die einzigartigen, nicht die allgemeinen Aspekte der Gegenstände. Nicht jede beliebige Decke, sondern nur seine Decke gibt ihm Geborgenheit, obwohl ihm wahrscheinlich unter jeder Decke warm wird. Solange das Kind es sich noch nicht leisten kann, sich mit irgendeiner anderen Decke zudecken zu lassen, ist es noch nicht in der Lage, von der einmaligen Bedeutung, die die Objekte für es haben, zu abstrahieren. Auch ist es dann im Grunde genommen noch nicht reif dafür, den Umgang mit allgemeinen, abstrakten Begriffen und ihren symbolischen Vertretern wie Wörtern und Zahlen zu erlernen.

Einige Psychologen unterscheiden deshalb zwischen einer autozentrischen und einer allozentrischen Weltsicht:

Bei der autozentrischen Sicht findet wenig oder gar keine Objektivierung statt; die Betonung liegt darauf, wie und was die Person fühlt; es besteht eine enge Beziehung, praktisch eine Gleichsetzung, von sensorischer Qualität und Lust- oder Unlustgefühlen, und der Wahrnehmende reagiert hauptsächlich auf etwas, das auf ihn einwirkt. Bei der allozentrischen Wahrnehmungsweise findet Objektivierung statt; die Betonung liegt dabei auf der Beschaffenheit des Objekts, es besteht entweder keine oder eine weniger ausgeprägte oder weniger direkte Beziehung zwischen wahrgenommenen sensorischen Qualitäten und Lust-Unlustgefühlen.[3]

Wenn für ein Kind »meine Decke« sich in »die Decke, ohne die ich nicht einschlafen konnte« verwandelt, hat es (im Hinblick auf Decken) den entscheidenden Schritt von einer autozentrischen zu einer allozentrischen Weltsicht getan.

Das Erlernen des Umgangs mit abstrakten Symbolen wie gedruckten Wörtern oder Zahlen setzt eine zumindest dreistufige Entwicklung voraus. Zuerst ist das Objekt kaum etwas anderes als ein integraler Bestandteil der wahrnehmenden Person – die Decke des Kleinkinds – und leitet seine Bedeutung ausschließlich von der Bedeutung her, die es für diese Person hat. Auf der zweiten Entwicklungsstufe nimmt das Objekt eine eigene, selbständige Realität an, während das Kind anfängt, es als unveränderlich, als stets ein und dasselbe wahrzunehmen. Und zuletzt, wenn das Kind die allozentrische Wahrnehmungsweise voll beherrscht, treten die Unveränderlichkeit und die selbständige Existenz des Objekts in den Hintergrund, und seine Gattungsmerkmale werden zunehmend wichtiger. Erst jetzt kann ein Symbol verschiedene Exemplare derselben Objektgattung vertreten. Schulisches Lernen kann erst stattfinden, wenn die geistige Entwicklung des Kindes im großen und ganzen diese dritte Stufe des Erkennens erreicht hat. In unserem Lesereife-Test wird dies zum Beispiel dadurch gemessen, daß dem Kind die Aufgabe gestellt wird, ein gezeichnetes spezielles Objekt mit seiner symbolischen Darstellung durch ein gedrucktes Wort in Verbindung zu bringen.

Leider erreicht das Kind diese dritte Stufe nicht auf einen Schlag. Auf manchen Gebieten der Erfahrung kann es auf die erste oder zweite Stufe fixiert bleiben, während es in anderen Bereichen schon die dritte Stufe erreicht hat. Wenn dies der Fall ist, können sich ernste Lernstörungen daraus ergeben, daß von dem Kind erwartet wird, den symbolischen Prozeß verstehen und vollziehen zu können, während es in Wirklichkeit noch auf eine der beiden früheren Stufen fixiert ist. Diese Lernstörung ist am gravierendsten, wenn das Kind sich noch nicht von der autozentrischen Art der Wirklichkeitserfahrung gelöst hat.

Das Unvermögen, zu abstrahieren und über die autozentrische und emotionale Bedeutung hinauszugelangen, bildet oft den Hintergrund von Lernschwierigkeiten, obwohl es nicht immer dem Lesenlernen überhaupt im Weg stehen muß. Wenn alles gutgeht, kann das Kind, das lesen lernt, Wörtern auch seine eigene, einmalige Bedeutung geben, ohne daß dadurch seine Lesefähigkeit beeinträchtigt wird. Der Hund, die Katze, der Tisch, das Buch, von denen das Kind in seiner Fibel liest, können eben der Hund, die Katze, der Tisch oder das Buch sein, zu denen es eine persönliche Beziehung hat. Das Kind wird vielleicht behaupten, und das mit vollem Recht, sein Hund sei ganz anders als jeder andere Hund, und wenn der Lehrer klug ist, erlaubt er ihm, *Hund* lesen und buchstabieren zu lernen, ohne die tiefe persönliche Bedeutung aufgeben zu müssen, die sein Hund für es hat.

Das gedruckte Wort ist ein Symbol, das auf ein bestimmtes Wort wie beispielsweise ein Haus hinweist; und während die Buchstaben *H-a-u-s* alle Häuser bezeichnen müssen, ist das Kind beim Lesenlernen nicht gezwungen, diese Tatsache zu akzeptieren. Es kann dabei an dieses oder jenes bestimmte Haus denken. Es kann sich denken, daß das, was es durch das Lesen über ein Haus erfährt, nicht unbedingt auf sein Haus zutreffen muß. Trotz der allgemeinen Natur des gedruckten Wortes hindert nichts den Leser, ihm eine Bedeutung zu geben, die es nur in seiner eigenen Vorstellung hat.

So ist sicherlich leicht einzusehen, warum manche Kinder das eine oder andere Wort in ihrem Lesebuch aus emotionalen Gründen ablehnen müssen. Manchmal findet ein Kind spontan seinen eigenen Ausweg aus diesem Dilemma. Der Druck seiner Emotionen zwingt es, beim lauten Vorlesen nicht die in dem Buch ausgedrückten Gedanken wiederzugeben, sondern das zu äußern, womit es innerlich beschäftigt ist.

Zum Glück sind solche »Lesefehler« – eigentlich sollte man von richtigem Lesen im Sinne der Interessen und emotionalen Bedürfnisse des Kindes und von Lesefehlern nur im Hinblick auf das Gedruckte sprechen – im allgemeinen auf eines oder einige wenige emotional belastete Wörter beschränkt. Obwohl sie lästig sind, dürften sie eigentlich nicht das Lesenlernen des Kindes überhaupt oder gar seine gesamten schulischen Leistungen beeinträchtigen, vorausgesetzt daß die bewußten »vorbelasteten« Wörter nicht zu wichtig für das Verständnis der Bedeutung des gelesenen Textes sind.

Damit aber dieses Problem auch eng begrenzt bleibt, ist es oft notwendig, daß der verständnisvolle (oder, angesichts der Wirklichkeit unseres Schulalltags, wahrscheinlich eher gleichgültige) Lehrer diese wenigen Fehler des Kindes nicht zu häufig kritisiert. Wenn die Bedeutung dieser Fehler hochgespielt wird, können die schmerzlichen Gefühle und dann die Verlegenheit, die mit diesen Wörtern verbunden sind, das Kind zwingen, sich noch zusätzlich davor zu schützen, erkennen zu müssen, was es eigentlich an diesen Wörtern stört. Zu diesem Zweck kann es seine Lesefehler auf viele andere Wörter ausdehnen, so daß schon bald niemand mehr, es selbst eingeschlossen, zu ahnen vermag, was eigentlich zunächst dahintersteckt.

Ein Mädchen, deren Mutter ein Albino war, hatte Schwierigkeiten beim Lesen einiger weniger Wörter. Das strohblonde Haar der Mutter beunruhigte das Kind weniger als ihre fast vollständige Blindheit, die für das Mädchen eine ungeheure Belastung darstellte, bis hin zu der Befürchtung, sie könnte die Gebrechen ihrer Mutter geerbt haben. Immer wenn sie beim Lesen auf das Wort *blond* stieß, las sie es falsch als *blind.* Beides bedeutete für das Mädchen ein und dasselbe: »die Gebrechen meiner Mutter«. Aus diesem emotionalen Grunde sahen für sie die beiden Wörter gleich aus, und sie reagierte auf das, was sie als ihre gemeinsame Grundbedeutung sah: »Blindheit«.

In diesem Fall wußte die Lehrerin von der Behinderung der Mutter und sah über die Lesefehler hinweg. So blieb das falsche Lesen auf diese vergleichsweise unwichtigen Wörter beschränkt und wirkte sich in keiner Weise auf die anderen schulischen Leistungen des Mädchens aus. Hier war bewußtes und selektives Übersehen der Lesefehler die beste Taktik (was aber keineswegs heißen soll, daß dies in allen Fällen richtig wäre).

Dies gilt für den Fall eines Jungen, der die ersten Lebensjahre in einem Heim verbracht und dann bei verschiedenen Pflegeeltern gelebt hatte. Er las grundsätzlich *house* (Haus), wo im Text *home* (Zuhause, Elternhaus) stand. Er hatte nie ein Zuhause gekannt, aber doch wenigstens in Häusern gewohnt. Als die Lehrerin darauf bestand, er müsse *home* lesen, las er von da an *hole* (Loch). Die Lehrerin hatte ihm zu verstehen gegeben, daß für sie ein *house* kein annehmbarer Ersatz für ein *home* war, obwohl er sich damit notgedrungen hatte abfinden müssen. Deshalb zog er sich nun noch weiter zurück, in ein Loch, indem er sich gleichsam emotional verkroch. Aus ähnlichen Gründen war er nicht in der Lage, *love* (Liebe) zu lesen oder zu buchstabieren, sondern ersetzte das Wort regelmäßig durch *life* (Leben). Da er nie Liebe gekannt hatte, versuchte er sich damit zu trösten, daß ja noch sein ganzes Leben vor ihm lag.
Bis dahin hatten sich die Schwierigkeiten des Jungen auf einfache Substitutionen einiger weniger störender Wörter beschränkt; die Ersatzwörter waren nur ein bißchen falsch, sie hatten jeweils denselben Anfangsbuchstaben und dieselbe Buchstabenzahl wie die Wörter, die er ablehnte. Aber auch diese zweite Substitution, *life* statt *love*, wollte ihm die Lehrerin nicht durchgehen lassen. Schon bald las er deshalb alle Wörter falsch, nicht nur die wenigen inakzeptablen, die mit *h (home), l (love), m (mother)* und so weiter anfingen. Da er so viele Fehler beim Lesen machte, wurde er ständig korrigiert und getadelt, bis er schließlich überhaupt nicht mehr las. Es brauchte Jahre harter Arbeit und guten Zuredens, bis er wenigstens wieder anfing, statt der abgelehnten Wörter solche mit demselben Anfangsbuchstaben zu lesen, und weitere Jahre, bis er endlich wieder anfangen konnte, lesen zu lernen – doch dann lernte er es mühelos und gut.
Ein anderes Kind, ein Mädchen mit einer sehr schlechten Meinung von sich selbst, weigerte sich, ihren Namen oder das Wort *I* (ich) großzuschreiben. Beides hätte ihrer innersten Überzeugung widersprochen, denn sie fand, daß an ihr nichts groß sei und groß sein dürfe. Obwohl sie sehr ehrgeizig war und im Vergleich zu ihren Klassenkameraden gut abschneiden wollte, hielten ihre Minderwertigkeitsgefühle sie davon ab, in offenen Wettbewerb mit ihnen einzutreten. Um nicht noch weiter zurückzufallen, blieb ihr nur die eine Möglichkeit, die anderen am Fortschritt zu hindern. Dieses Ziel verfolgte sie mit großem Einfallsreichtum – sie lenkte die anderen ab und zwang den Lehrer, sich mit ihr zu beschäftigen. Erst als man ihr reichlich Anerkennung für ihr raffiniertes Vorgehen gezollt hatte, konnte sie einlenken, da die Anerkennung ihre Minderwertigkeitsgefühle erheblich verringerte.
Obwohl ich vorwiegend Beispiele aus dem Gebiet des Lesens und der

Rechtschreibung gegeben habe, können dieselben psychischen Probleme natürlich auch zu Lernhemmungen in allen anderen Unterrichtsfächern führen. Ich habe mich nur deshalb auf das Lesen konzentriert, weil es die Grundvoraussetzung für alle anderen Lernerfahrungen bildet. Ohne die Fähigkeit, rechnen zu lernen, kann ein Kind trotzdem ein gewisses schulisches Niveau erreichen, doch wenn es nicht lesen kann, ist das ausgeschlossen. Dennoch ist es vielleicht ganz interessant, anhand einiger Beispiele noch kurz darzulegen, daß Fehlleistungen im Rechnen noch häufiger Ausdruck bestimmter emotionaler Störungen sind als Lesefehler.

Wir haben gesagt, daß beim Lesen das Symbol des gedruckten Wortes *home* zwar für alle *homes* stehen muß, das Kind jedoch ein bestimmtes Zuhause damit verbinden und trotzdem lesen lernen kann. Das gilt nicht für die Mathematik, wo alles, was für eine bestimmte Rechenoperation gilt, auch für alle anderen gelten muß. Die Arithmetik beruht auf dem Prinzip, daß die Einheiten sich gleichen, denn sonst könnte man sie nicht zusammenzählen. Kinder, für die die Zahlen ihre autozentrische Bedeutung behalten haben – so daß *eins* für das Kind selbst oder einen Elternteil steht, *zwei* den anderen Elternteil bezeichnet und so fort –, können vor unüberwindliche Schwierigkeiten gestellt werden, wenn wir sie bitten, bis vier oder fünf zu addieren. Eines dieser Kinder war von einem Ehepaar adoptiert worden, das dann erst später noch ein eigenes Kind bekam. Der Junge konnte bis drei addieren, aber nicht darüber hinaus, weil, wie er sich ausdrückte, bis drei zu zählen nicht dasselbe sei wie bis vier zu zählen. Und nach seiner Lebenserfahrung war das auch wirklich nicht dasselbe. Das Hinzukommen eines vierten Familienmitglieds hatte eine völlig andere emotionale Erfahrung mit sich gebracht als das frühere Leben zu dritt. Im Gegensatz zu dem, was der Lehrer ihm beibringen wollte, daß nämlich vier mehr sei als drei, wußte der Junge, daß er viel mehr gehabt hatte, als sie zu Hause noch zu dritt gewesen waren, und daß vier für ihn viel weniger war als drei. Überdies bedeutete die Zahl Vier für ihn nicht, daß zu drei eins hinzugezählt worden war, sondern daß die Drei (er selbst) von der Vier verdrängt worden war, da die Ankunft des vierten Familienmitglieds für ihn bedeutete, daß es für ihn keinen Platz mehr im Leben seiner Eltern gab.

Ein anderes Beispiel ist das von fünf Geschwistern, die unter sehr traumatischen Umständen beide Eltern verloren. Der älteste Junge wurde von dem Verlust und den damit verbundenen Änderungen seiner Stellung innerhalb der Familie besonders hart getroffen. Er tat sich schwer mit allen Rechenoperationen, in denen die Zahl Fünf (die Anzahl der Kinder) vorkam, mit einer einzigen Ausnahme: Es machte ihm keine Schwierigkeiten, zwei zu fünf hinzuzuzählen, weil dadurch gewissermaßen die ursprüngliche Familie

wiederhergestellt wurde. Wenn er aber zwei von sieben abziehen sollte, geriet er in einen Panikzustand, der längere Zeit anhielt, während der er überhaupt zu keiner Denkleistung imstande war.
Der Junge war fasziniert von der Zahl Acht (seinem Alter beim Tod der Eltern) und setzte sie in alle möglichen angsterregenden Zusammenhänge ein. Immer wenn etwas schiefging, war er überzeugt, die Acht habe dabei eine Rolle gespielt. Wenn jemand zu spät kam, kam er acht Minuten zu spät, in acht Minuten würde es zu regnen anfangen und so weiter. Jede Rechenoperation, in der größere Zahlen als acht vorkamen, gingen über sein Begriffsvermögen; mit acht hatte für ihn alles aufgehört.
Andere Kinder tun sich mit dem Bruchrechnen besonders schwer, weil es bei ihnen zu Hause eben nicht zutrifft, daß ein Kuchen in sechs gleiche Teile aufgeteilt wird. In ihrer Vorstellung und oft auch in Wirklichkeit sind die sechs Stücke, in die die Kuchen aufgeteilt werden, niemals gleich groß. Deshalb können sie nicht als wahr akzeptieren, was der Lehrer ihnen beizubringen versucht: daß ein Sechstel genauso groß ist wie jedes der übrigen fünf Sechstel.
Solange also ein Kind nicht in der Lage ist, bestimmte Zahlen losgelöst von der emotionalen Bedeutung zu betrachten, die sie für es haben, kann es keine mathematischen Aufgaben lösen, in denen diese Zahlen vorkommen. Das gilt nicht nur für bestimmte Zahlen, sondern auch für ganze Rechnungsarten. Viele Kinder finden Subtrahieren viel schwieriger als Addieren. Das liegt nicht nur daran, daß es sich dabei um die Umkehrung des soeben erst gelernten Prozesses handelt, sondern auch daran, daß die meisten Kinder emotional eine Vorliebe dafür haben, etwas zu ihrem Leben hinzuzuzählen und den Gedanken unerträglich finden, daß ihnen irgend etwas weggenommen werden könnte. Aus ähnlichen Gründen stellt die Multiplikation die Kinder im allgemeinen vor geringere emotionale Probleme als die Division.
Umgekehrt lernen manche Kinder die komplizierteren Rechnungsarten wie das Dividieren leichter als den einfacheren Prozeß der Multiplikation. Multiplikation bedeutet eine rasche zahlenmäßige Vermehrung. Davor aber fürchten sich manche Kinder mehr als vor allem anderen, so wie sie zum Beispiel die Ankunft weiterer Geschwister befürchten, in demselben Sinn wie die Heilige Schrift von Vermehrung spricht. Aus ähnlichen Gründen lernen manche Kinder subtrahieren, haben aber große Schwierigkeiten mit dem Addieren.
Es gibt natürlich zahllose Möglichkeiten, wie Kinder ein und dasselbe emotionale Problem ausdrücken können, das ihnen zu schaffen macht. Geschwister-Rivalitäten und der Wunsch, einen gehaßten Neuankömmling

aus dem Weg zu räumen, können sich deshalb auf verschiedene Arten äußern. Ein begabtes Kind, ein Mädchen, konnte in allen vier Grundrechnungsarten schwierige Aufgaben lösen, jedoch mit einem Schönheitsfehler: das Ergebnis war immer um eins falsch. Sie zog regelmäßig eins vom Ergebnis ab, weil sie der Meinung war, daß in ihrer Familie einer zuviel war: ihre jüngere Schwester.

Wie um zu zeigen, daß es sich dabei nicht um einen schlichten Rechenfehler handelte, fand sie manchmal einen anderen Weg, eins abzuziehen. Wenn sie mehrere Reihen von Aufgaben vorgelegt bekam, löste sie manchmal die oberste Reihe fehlerlos; schließlich war sie ja als erste in ihrer Familie angekommen, und ihre Ankunft war absolut in Ordnung gewesen. Aber die zweite Reihe, die für sie ihre Schwester repräsentierte, war dann voller Fehler; es war alles unrichtig, so wie die Ankunft ihrer Schwester auf dieser Welt unrecht gewesen war.

Die häufigsten emotionalen Schwierigkeiten, die im Unvermögen, rechnen zu lernen, ihren Ausdruck finden, sind also diejenigen, die mit einfachen Zahlen und ihren gegenseitigen Beziehungen zusammenhängen. Ganz ähnlich wie die schwersten emotionalen Probleme in den sehr einfachen Erfahrungen der Kindheit ihren Ursprung haben und erst viel später kompliziertere Erscheinungsformen annehmen, so sind es auch, obwohl man eher das Gegenteil annehmen würde, nicht die höheren, sehr komplexen mathematischen Prozesse, an denen das Kind oft scheitert, sondern die ganz simplen Operationen des Zusammenzählens und Abziehens. Trigonometrie oder schwierige algebraische Aufgaben oder Formeln können Schwierigkeiten intellektueller Art verursachen, führen aber selten zu Lernhemmungen. Der Grund dafür ist, daß sie zu weit vom direkten und greifbaren Wesen jener Lebenserfahrungen entfernt sind, die Gefühle wecken, die stark genug sind, um das Lernvermögen des Kindes zu blockieren.

Ein Kind wird nicht ohne weiteres auf den Gedanken kommen, die Familienverhältnisse, die ihm so zu schaffen machen, in so hochgradig abstrakter Einkleidung wie einer algebraischen Formel auszudrücken. Doch beispielsweise einfaches Addieren oder ebene Geometrie können das Kind vor unüberwindliche Schwierigkeiten stellen, wenn es die Merkmale von Dreiecken nicht begreifen kann, weil ihm die Dreiecksbeziehungen in seiner Familie unbegreiflich sind. In solchen Fällen bilden die Eltern und das Kind für gewöhnlich ein Dreieck so komplexer emotionaler Beziehung, daß das Kind auch die einfachsten Aussagen über die Form eines Dreiecks oder seine grundlegenden Merkmale nicht zu erfassen vermag.

Faktoren, die einem Kind einen bestimmten Unterrichtsstoff vielleicht besonders schwer verständlich machen, können ihn, aus anderen Gründen,

für andere besonders attraktiv machen. Gerade dank ihrer Abstraktheit kann die Mathematik auch Bedürfnisse befriedigen, die den eben geschilderten entgegengesetzt sind. Ein Kind, das bis zur Verzweiflung darunter leidet, daß bei ihm zu Hause alles ganz anders ist als bei anderen Kindern, kann sich auf die Arithmetik stürzen, weil diese es lehrt, daß dieselben Zahlenwerte immer dasselbe bedeuten. So kann es Trost und beinahe so etwas wie Rache in der Tatsache finden, daß ein Viertel allen anderen Vierteln gleich ist, während es selbst, ein Viertel seiner Familie, so anders behandelt wird als die anderen drei Viertel.
Wenn man wirklich verstehen will, was das Rechnenlernen für die Emotionen eines Kindes bedeuten kann, muß man sich zuallererst klarmachen, daß jedes Kind anders ist. Manchen fällt das Rechnen unendlich schwer, weil sie die abstrakten Prozesse mathematischer Logik nicht von ihrer emotionalen Einstellung zu den Zahlen und den Umgang mit ihnen zu trennen vermögen. Doch wie eben erwähnt besitzt das Fach Mathematik für diejenigen Kinder enorme Anziehungskraft, die es defensiv dazu benutzen können, sich von allen Emotionen zu lösen.

Die Geschichte eines begabten elfjährigen Jungen mag diese Bemerkungen über emotional bedingte Lernhemmungen abschließen. Dieser Junge war so absolut unfähig, lesen zu lernen, daß er als hoffnungsloser Fall von Alexie (Wortblindheit) eingestuft wurde. Kurz bevor und nachdem er endlich zu lesen anfing, hatte er eine lange Reihe von Träumen. Im wesentlichen enthielten diese Träume stets dasselbe zentrale Bild: er wollte eine Straße entlanggehen, wurde aber durch einen riesigen Felsblock mitten auf der Straße daran gehindert.
Bevor er zu lesen begann, war es immer nur ein Felsblock, der ihn aufhielt; in der Überzeugung, daß er unüberwindlich sei, kehrte er niedergeschlagen an seinen Ausgangspunkt zurück. Als er die ersten Leseversuche unternahm, wurden aus den Träumen regelrechte Alpträume. Wenn er jetzt an den Felsblock kam, gelang es ihm, an ihm vorbeizukommen, indem er seitlich über die Felder ging und dann wieder auf die Straße zurückkehrte. Aber das nützte ihm nichts; im Gegenteil, kaum hatte er das Hindernis umgangen und wollte weitergehen, ragte plötzlich ein noch größerer Felsblock vor ihm auf. Die beiden Felsen, zwischen denen er sich befand, bewegten sich dann aufeinander zu und drohten, ihn zu zermalmen. An diesem Punkt wachte er immer in panischer Angst auf.
In den Monaten, in denen er diese Alpträume hatte, machte der Junge keine Fortschritte im Lesen. Wenn er an einem Tag ein paar einfache Wörter lernte, erkannte er sie schon tags darauf nicht mehr. Aber es kam in sei-

ner Therapie der Tag, an dem er endlich begriff, was diese Felsblöcke symbolisierten, und damit auch, was es mit seiner Angst vor dem Lesen auf sich hatte. Von da an änderte sich der Traum. Er fand zwar immer noch Felsblöcke, die ihm den Weg versperrten, aber jetzt versuchte er, nachdem er sie umgangen hatte, nicht mehr, unverzüglich weiterzugehen. Statt dessen wandte er sich zunächst um, räumte das Hindernis aus dem Weg und ging dann weiter. Das gelang ihm jetzt, Stein um Stein.

Während er so in seinen Träumen Stein um Stein aus dem Weg räumte, kam er seinem Endziel immer näher: Seine emotional bedingte Lernhemmung verschwand, und er machte rasche und gleichmäßige Fortschritte im Lesen.

Diese Träume verraten uns viel darüber, wie emotionale Lernhemmungen beseitigt werden können: Nichts könnte irriger sein als die Annahme, ein Kind könne ungehindert vorwärtskommen, wenn es seine Lernhemmungen lediglich irgendwie umgangen hat. Im Gegenteil, an diesem Punkt beginnt erst die Aufgabe, das eigentliche Wesen der Hemmung zu durchschauen. Der Versuch, das Hindernis zu umgehen, ohne es zu erkennen und abzubauen, d. h. seine Ursache zu bewältigen, führt nur zu anderen, womöglich größeren und gefährlicheren Hindernissen auf dem Weg zu guten schulischen Leistungen und emotionalem Wohlbefinden.

Die Lösung liegt also darin, daß man zunächst herauszufinden sucht, warum das Hindernis überhaupt da ist (wovor das Kind Angst hat), und dann nachforscht, welchem Zweck es diente (warum das Kind dachte, es könne sich dadurch schützen, daß es nicht lernt); und schließlich, wenn man das Hindernis überwunden (erkannt und umgangen hat), muß man es restlos beseitigen, ehe man weitergeht.

Die endgültige Auflösung jeder tiefen emotionalen Schwierigkeit setzt immer die Erkenntnis voraus, daß das Verständnis dafür, wovor man Angst gehabt hat und warum, der beste Weg zur Überwindung der Angst ist, die einen ursprünglich blockiert hat.

Der Junge, der von den Felsblöcken auf seinem Weg träumte, konnte nicht lernen, weil er (nicht ganz ohne Grund) überzeugt war, seine Eltern wollten nicht, daß er lebte. Er fürchtete dies, hatte aber auch seine Zweifel. Aber er war überzeugt, er würde, wenn er erst einmal lesen könne, die schriftliche Bestätigung für seine Befürchtung finden; dann würde er nicht mehr an den Absichten seiner Eltern zweifeln können und sterben müssen. Er räumte das Hindernis, das ihn vom Lernen abhielt, aus dem Weg, als er zu begreifen vermochte, daß er durch Lesenlernen von den Eltern unabhängig werden und eines Tages selbständig sein und für sich allein würde leben können, unabhängig von den Wünschen seiner Eltern.

Das tiefste und wichtigste Motiv zum Lernen ist also nicht die Anerkennung von seiten einer vage vorgestellten Gesellschaft, nicht der Wunsch, den Eltern oder Lehrern gefällig zu sein oder die Russen zu überflügeln. Die innere Überzeugung, daß Lernen einem selbst nützt, überwindet Lernbehinderungen, ja selbst die schwersten Lernhemmungen. Damit der Schulunterricht eine solche innerlich befreiende Kraft sein kann, darf er nicht zu einem Werkzeug herabgewürdigt werden, sondern muß ein wesentlicher Bestandteil des Wachstums und der Entwicklung der Persönlichkeit sein.

Deutsch von Rudolf Hermstein

1 A. D. Miller, »The Role of the School System in a Mental Health Program«, in: M. Krugman (Hrsg.), *Orthopsychiatry and the School* (New York: American Orthopsychiatric Association, 1958), Seite 135–140.

2 A. M. Johnson und S. A. Szurek, »The Genesis of Antisocial Acting Out in Children and Adults«, *Psychoanalytic Quarterly* 21 (Juli 1952), Seite 323–343.

3 E. G. Schachtel, *Metamorphosis* (New York: Basic Books, 1959).

Über Summerhill*

Alexander Sutherland Neills wegbereitendes Buch *The Problem Child* erschien 1926; es übte einen unmittelbaren und nachhaltigen Einfluß auf alle diejenigen aus, die sich mit psychoanalytisch orientierter Pädagogik befaßten. Vieles ist seither geschehen, sogar in den Jahren seit sein Buch *Summerhill* 1960 in Amerika erschienen ist; und Neill und sein Werk sind so gründlich mißverstanden worden, daß ich jedem nur wärmstens empfehlen kann, ihn, wie ich es kürzlich getan habe, mit den heutigen pädagogischen Problemen vor Augen noch einmal zu lesen. Ich richte diesen dringenden Rat besonders an alle, die sich dem Wohlergehen von Kindern widmen, sowie an diejenigen, die sich speziell dafür interessieren, was wir mit unseren Erziehungsmethoden falsch machen.

Obwohl ich seit den zwanziger Jahren mit Neills Arbeit vertraut war, hatte ich erst seit dem Erscheinen von *Summerhill* häufig Anlaß, mich über die Schlußfolgerungen zu ärgern, die amerikanische Leser aus Neills Schriften zogen. Manchmal ließ ich mich sogar dazu hinreißen, ihm insgeheim die Schuld dafür zu geben, daß seine »Fans« ihn falsch auslegten und seine Lehren falsch anwandten, obwohl ich es hätte besser wissen müssen. Doch seine begeisterten Anhänger waren so von sich überzeugt, beharrten so fest darauf, ihre eigenen Übertreibungen und Verfälschungen repräsentierten wirklich Neills pädagogisches Denken, daß sogar ich allmählich schwankend wurde.

Ganz allmählich begann ich zu der Ansicht zu neigen, Neill mache sich mit seiner totalen Permissivität ein wenig zum Narren – ich, ausgerechnet ich, der es besser hätte wissen müssen. Auch ich hatte vor diesem zweifachen Problem gestanden: Wie wendet man ein psychoanalytisches Verständnis vom Menschen auf die allgemeine Erziehung und Schulbildung von Kin-

* Dieser Aufsatz bildete ein Kapitel des Buches *Summerhill: For and Against* (New York: Hart Publishing Co., 1970, Seite 99–118.) Er ist hier in leicht veränderter Fassung wiedergegeben.

dern in einer Internatsschule an, und wie wendet man psychoanalytische Einsichten im pädagogischen Umgang mit einer bestimmten Gruppe von Kindern an? Neill arbeitete mit einer Gruppe relativ normaler oder nur leicht gestörter Kinder; wir arbeiteten an der Orthogenic School mit schwer gestörten Kindern.

Ich selbst war mit meinen eigenen Schriften über zwei Jahrzehnte hinweg aus anderen Gründen ähnlich mißverstanden worden. Ich hatte mir immer selbst die Schuld daran gegeben und gedacht, ich hätte mir wohl mehr Mühe geben müssen, mich klarer auszudrücken. Auch das machte *Summerhill* zu einem heilsamen Erlebnis für mich, denn als ich nun an die durch Neills Schriften hervorgerufenen Verzerrungen – von Verehrern nicht minder als von Kritikern – dachte, erkannte ich, wie wenig Schuld er und seine Schriften daran hatten. Seither kann ich mich, immer wenn meine Schriften falsch ausgelegt oder falsch verstanden werden, damit trösten, daß das Werk selbst weniger Schuld hat als jene vorgefaßten Meinungen, für die der Leser immer die gewünschte Bestätigung findet, gleichgültig was der Autor wirklich gesagt oder gemeint hat.

Warum aber kann gerade Neills Werk so leicht und so kraß verfälscht werden? Ich glaube, es liegt daran, daß Neill als Person und Erzieher ein so viel größerer und humanerer Mensch, ein so viel hervorragenderer Bildner junger Menschen war, als er Philosoph, Kenner der Psychoanalyse oder Theoretiker der Psychologie gewesen ist. Er hatte ein wunderbares Gespür für die kindliche Psyche, und das wird vor allem aus seinen Handlungen deutlich, aus den vielen konkreten Beispielen seiner Arbeitsweise, die er uns gegeben hat; sein Buch besteht im wesentlichen aus solchen Beispielen, die reich an psychologischer Weisheit sind. Wenn er jedoch seine Philosophie erklären wollte, war er oft bedauernswert ungeschickt und naiv. Bei solchen Anlässen brachte er es sogar fertig, sich mit einem Taschenspielertrick eines unbequemen Themas zu entledigen – zum Beispiel als er gefragt wurde, warum er gegen Latein und Mathematik sei. Er erwiderte: »Wenn Mathematiker und Lateiner große Geister sind, so ist mir das bisher noch nicht aufgefallen.« Neill wußte natürlich sehr wohl, daß unter Mathematikern und Lateinern große Geister genauso häufig – also genauso selten – sind wie unter den Vertretern anderer Gebiete. Neill verstand es besser als jeder andere, auf ein Kind einzugehen, das sich besonders zu diesen Fächern hingezogen fühlte, oder dem Kind mit tiefem Einfühlungsvermögen zu begegnen, das mit diesen Fächern nichts zu tun haben wollte. Aber als er in Form einer theoretischen Frage mit diesem Thema konfrontiert wurde, fehlten dem großen Kliniker der Erziehung die Worte, und er verfiel auf einen allzu billigen Ausweg.

Oder ein Beispiel für eine ernsthaftere Antwort: gefragt, wie er es rechtfertige, daß er seinen voradoleszenten Schülern und Schülerinnen den Geschlechtsverkehr verbiete, erwiderte er, man würde sonst seine Schule schließen. Das stimmte wahrscheinlich, erhellt aber kaum das zugrunde liegende Problem: Wenn er der Meinung war – wie er es in seinen Schriften andeutete –, daß die sexuelle Aktivität nicht eingeschränkt werden dürfe, wie stellt man sich dann zu dem Problem, welche Folgen solche sexuelle Aktivität möglicherweise für die psychische Entwicklung eines vorpubertären Mädchens haben kann, oder dazu, welche Folgen es später für ihre Selbsteinschätzung haben kann, wenn sie schon so früh Geschlechtsverkehr hatte, selbst wenn sie sich damals dazu hingezogen fühlte? Was würde mit einer Dreizehnjährigen geschehen, wenn sie schwanger würde? Wie würde sich das in unserer Gesellschaft auf ihre Entwicklung auswirken, wenn sie entweder gezwungen würde, ihr Kind wegzugeben, oder sich genötigt sähe, Mutterpflichten wahrzunehmen, lange bevor sie reif dafür ist?
Ich muß hier gleich hinzufügen, daß Neill, wäre eine der Schülerinnen in Summerhill schwanger geworden, ihr zweifellos mit größtem Einfühlungsvermögen und Verständnis geholfen hätte, mit ihrer Lage fertigzuwerden. Aber eine äußerst mißliche Lage wäre es für sie, wie die Verhältnisse heute nun einmal sind, trotzdem gewesen. Mit seiner Antwort wurde er also kaum dem Problem gerecht, ob voradoleszenter Geschlechtsverkehr in unserer Gesellschaft zu billigen sei oder nicht, und er weiß auch keinen Rat, wie solche Aktivitäten zu verhindern seien, wenn wir sie nicht billigen.
Wenn seine Mädchen trotz der wahrhaft großen Freizügigkeit, die ihnen nach seiner Ansicht zuträglich war, nicht schwanger wurden, so deshalb, weil die meisten Kinder, die zu ihm kamen, in einer viktorianischen Atmosphäre rücksichtsloser Repression aufgewachsen waren. Viele kamen von britischen Public-Schools mit ihren repressiven Praktiken und aus Familien, in denen Gehorsam durch Prügelstrafe erzwungen und sexuelle Tabus rigoros eingebleut wurden. Auch wenn Neill zahllose Verbote aufgehoben hatte, blieb diesen Kindern noch genügend Über-Ich-Angst, um nicht über die Stränge zu schlagen. Wichtiger noch war, daß der Mann, der sie von ihrer lähmenden Angst zu befreien suchte, ihnen so lieb wurde, daß sie nicht anders konnten, als sich mit ihm und seiner Schule zu identifizieren, und deshalb nichts taten, was sein Werk hätte gefährden können.
Das wäre niemals bei Kindern der Fall, die von Anfang an ein unterentwickeltes Über-Ich haben, wie es für so viele unserer schwierigen Kinder gilt, ob sie nun in Slums oder bei zu nachsichtigen Eltern aufgewachsen sind. Was Neill nicht erkannte, war die Tatsache, daß sein System nur innerhalb eines bestimmten Bereichs funktionieren konnte, und zwar aus dem ein-

fachen Grunde, weil dieses System genau das richtige Mittel gegen die spezielle Krankheit darstellte, an der seine Kinder litten: übermäßige Repression. Deshalb schloß er verallgemeinernd, was eine gute Medizin für diejenigen sei, die unter Hemmungen litten, die sie innerlich verkümmern ließen, müsse auch für alle anderen das Beste sein – und das ist es nicht.

Wenn Neill zu philosophieren anfing, war er daher bezaubernd naiv. Man hat ihn gern, darf ihn gern haben um dieser Naivität willen, die einen so wesentlichen Bestandteil dessen bildet, was gut an ihm ist. Aber wenn man versucht, seine Philosophie anzuwenden, so wie er sie formuliert hat, anstatt die Grundsätze, die er verkörperte, flexibel anzuwenden, gelangt man unweigerlich dahin, daß man ihn und seine Lehre dem Gespött preisgibt. Neills Grundauffassung leitet sich von einem naiven Rousseau-Verständnis her und geht davon aus, daß das Menschenkind von Natur aus gut auf die Welt kommt: Wenn nur die böse Gesellschaft, vor allem aber seine schlechten Eltern, das Kind auf natürliche Weise ohne Ängste und Zwänge aufwachsen lassen wollten, so würde es ganz von allein zu dem prachtvollsten Menschen heranreifen. Was die Psychoanalyse anlangt, so hat Neill von ihr nur übernommen, daß Verdrängung und Unterdrückung schlecht sind und daß sexuelle Verbote zu Neurosen führt.

Gewiß, Neill schrieb seine Werke, bevor die Ich-Psychologie zum Eckstein der psychoanalytischen Theorie und Praxis wurde. Aber ihm entging, daß Angst nicht nur Neurosen verursacht, sondern daß sie es auch ist, was die Gesellschaft in Gang hält. Angst ist eine der Triebfedern von Kreativität, Erfindung und Fortschritt, zumal in ihrer sublimierten Form. Ja, Angst vor dem Verlust der Selbstachtung ist sogar die Quelle von Neills eigenem Erfolg, der sich nur durch ein anderes Paar altmodischer Tugenden beschreiben läßt: persönliche Aufrichtigkeit und Anständigkeit. Er war in all seinen Interaktionen mit seinen Mitmenschen absolut aufrichtig, und sein höchster Wert war menschlicher Anstand, den zu ihrem Leitprinzip zu machen er von seinen Kindern erwartete.

Er übersah jedoch die existentielle Angst, die nach Meinung einiger Psychoanalytiker der Trennungsangst entspringt. Und er sprach auch nicht über unsere tiefen inneren Konflikte oder über unsere persönlichen Krisen: Er nahm keine Notiz vom ständigen Kampf zwischen Es und Über-Ich, vom Kampf des Eros gegen den Aggressionstrieb, um nur zwei dieser Konflikte zu nennen. Sein naiver Optimismus steht hier in krassem Gegensatz zu Freuds pessimistischer Auffassung von der Natur des Menschen.

Neills einfache Ansichten vom Menschen und davon, warum so vieles mit dem Menschen falsch läuft, widersprechen denen Freuds, der erkannt hat, daß die inneren Komplikationen, die das Erbteil des Menschen sind, die Ursache seiner ewigen inneren Kämpfe bilden. Neill kam über Wilhelm Reichs *Funktion des Orgasmus* zur Psychoanalyse – über jenen Reich, der die Quelle der Konflikte des Menschen in der Gesellschaft, nicht in der Natur des Menschen sah. Durch das Scheitern seines Versuchs, Psychoanalyse und Kommunismus zu integrieren, wurde Reich zu kosmischen Spekulationen gedrängt und sogar dazu, den Menschen in eine *orgone box* zu sperren. Neill wurde durch seine größere Nähe zum Leben und zu den Kindern davor bewahrt, jemals Kinder in solche *boxes* einzusperren.

Doch da ihm differenzierte psychologische Kenntnisse fehlten – Intellektuelle mit differenzierten Kenntnissen sind nie in der Lage, Kinder zu verstehen, die so einfach zu verstehen sind, wenn man ihre Einfachheit akzeptiert –, blieb ihm verborgen, warum er mit seiner Methode Erfolg hatte. Er glaubte, es liege daran, daß er zu den Kindern hielt, was er auch wirklich tat. Da er der Meinung war, daß die Kinder ohne Sünde geboren werden und daß ihre Schwierigkeiten nicht aus ihnen selbst kommen, sondern von einer schlechten Gesellschaft verursacht werden, bestand seine Lösung darin, die Kinder vor der Gesellschaft in Schutz zu nehmen, sich auf ihre Seite und gegen die Gesellschaft zu stellen. Wie schön, wenn die Dinge wirklich so einfach wären!

Da Neill sich keine Gedanken über Psychologie machte, nicht nach den eigentlichen Gründen für die Veränderungen forschte, die mit seinen Schülern vor sich gingen, wurde ihm nicht klar, daß alles darauf zurückzuführen war, wie sie sich mit ihm identifizierten. Er erkannte nicht, daß Summerhill nicht darum funktionierte, weil es genau die richtige Umgebung für heranwachsende Kinder war, sondern darum, weil es nichts weiter als eine Fortsetzung seiner Persönlichkeit war.

Alles in Summerhill spiegelte Neill. Vom Augenblick ihrer Ankunft an umfing Neill die Kinder, zog er sie in seinen Bann – durch das, was er vertrat und wofür er lebte. Überall war der machtvolle Einfluß seiner Person zu spüren, vor allem seines menschlichen Anstandes. Und früher oder später gelangten die meisten Kinder dazu, sich, und sei es noch so zögernd und widerwillig, mit ihm zu identifizieren. Wenn beispielsweise ein Kind ihn einen Narren schimpfte, glaubte Neill, dies sei eine heilsame Folge der Tatsache, daß er es dem Kind freigestellt hatte, sich ihm zu widersetzen. Aber das Kind widersetzte sich ihm nicht; es liebte ihn. Neill hatte dem Kind tatsächlich Freiheit gewährt – und zwar so uneingeschränkt, daß Vertrauen aufkam; so starkes Vertrauen, daß das Kind es fertigbrachte, ihm seine Liebe und Bewunderung zu erklären, wenn auch in einer etwas ruppigen Form – wie es bei Heranwachsenden durchaus normal ist, die dazu neigen, ihre tief-

sten Zuneigungen zu verbergen, weil sie befürchten, diese könnten zu verletzlich werden, wenn sie sie offenbarten.
Da die Veränderungen, die Neill in seinen Kindern hervorrief, auf Identifizierung beruhten, hatte er nur bei denen Erfolg, die sich mit ihm identifizieren konnten. Und viele konnten es, weil er einfach einer der großartigsten Menschen war, die sie kannten. Sobald jedoch ein Geringerer als Neill dessen naive Philosophie anzuwenden versucht, kommt es unweigerlich zum Chaos. Neills Ansicht vom Menschen stimmt nicht, obwohl sie ihn selbst zu wahrhaft großen Taten inspirierte. Vor allem aber war Neill aus einem Guß, ein nahezu makelloser Charakter – immer abgesehen von seiner Naivität. Doch Naivität ist bei einem großen Mann eher ein Vorzug. Welch ein Handikap wird sie dagegen für Menschen, die nicht sein Format haben!
Da ich über ein Vierteljahrhundert lang Leiter einer Internatsschule gewesen bin, kann ich nicht umhin, Neills Erfahrungen mit denen zu vergleichen, die wir an der Orthogenic School gemacht haben. Meine Neubeurteilung von Neills Buch wird deshalb von meinen eigenen Überzeugungen und Erfahrungen beeinflußt sein, eine, wie ich meine, notwendige Warnung an den Leser.
Was Neills Mangel an tieferer psychoanalytischer Einsicht mehr als aufwiegt, ist seine tiefe Achtung vor dem Kind als einmaligem menschlichen Wesen. In allem, was er gesagt hat, schwingt mit – und wenn er über Eltern spricht, sagt er es sogar offen heraus –, daß man nach seiner Überzeugung einen anderen Menschen nicht wahrhaft achten kann, wenn man sich selbst nicht achtet.
Nun verlangt aber die Selbstachtung unter anderem, daß man sich nicht zum Narren macht. Und ebenso gebietet uns die Achtung vor einem Kind, daß wir nicht zulassen, daß es sich selbst zum Narren macht. Aber gerade in diesem Punkt erliegen viele von Neills Anhängern einem Irrtum: Sie pervertieren seine Lehre von der wahren Freiheit dahingehend, daß man einem Kind gestatten solle, sich selbst, den Erwachsenen oder beide zum Narren zu machen – was alles gleichermaßen destruktiv ist. Kurz, sie kommen irgendwie zu dem Schluß, man solle einem Kind die Leine so locker lassen, daß es sich daran aufhängen kann. Dabei hat Neill in allem, was er sagte, stets den Grundsatz vertreten, daß man einem Kind klarmachen soll, wozu Stricke da sind, damit es sie nie dazu mißbraucht, sich aufzuhängen.
Als Neill 1926 *The Problem Child* und 1944 *The Problem Teacher* schrieb, ging es ihm um die damaligen Leser und die damaligen Probleme. Da die meisten Kinder, die zu ihm kamen, unter den Folgen einer zu strengen, zu sehr auf Bestrafung ausgerichteten Erziehung litten, konzentrierte er sich vor allem darauf zu zeigen, welche Schäden solch eine Erziehung anrichte-

te. Heutzutage leiden viele Kinder viel mehr unter einer Erziehung entgegengesetzter Art, nämlich einer, die ihnen zuviel Spielraum, zu oft den eigenen Willen läßt. Denjenigen, die immer noch glauben, Neill empfehle solche Zügellosigkeit, möchte ich folgende Aussage von ihm entgegenhalten: »Es ist schlecht für ein Kind, wenn es immer seinen Kopf durchsetzen oder *auf Kosten anderer* tun kann, was es will. So verzieht man das Kind, und ein verzogenes Kind ist ein schlechter Staatsbürger.«

Neill war sich darüber im klaren, daß wir unreifen Menschen nicht erlauben können, uns ihren Willen aufzuzwingen; das läßt sich anhand einer Geschichte von einem Jungen veranschaulichen, der die anderen zu tyrannisieren versuchte: »›Hör auf damit, hörst du‹, sagte ich scharf, ›wir haben keine Angst vor dir.‹ Er ließ den Hammer fallen und stürzte sich auf mich. Er biß und trat mich. ›Jedesmal, wenn du mich schlägst oder beißt‹, sagte ich ruhig, ›schlage oder beiße ich zurück.‹ Und ich tat es auch. Er hatte bald genug von dem Zweikampf und rannte aus dem Zimmer.«

Das sollte einigen unserer permissiven Eltern und Schulen zu denken geben. Neill wußte, und jeder, dessen Blick nicht durch vorgefaßte Meinungen getrübt ist, erkennt bald, daß Hinnahme tyrannischen Verhaltens zu nichts weiter führt, als daß Kind und Erwachsener nur noch Haß und Verachtung füreinander haben. Wenn wir jemandem gestatten, uns zu tyrannisieren oder einzuschüchtern, können wir ihm nicht mehr viel nützen. Wir können ihm nicht helfen, weil er uns nicht respektiert, und darüber hinaus können wir ihm nicht helfen, weil wir ihn nicht mögen, ob wir es uns eingestehen oder nicht.

Jede einzelne von Neills spezifischen Reaktionen – im Gegensatz zu seinen erklärten theoretischen Grundsätzen – ist nach wie vor richtig, selbst bezogen auf Situationen, an die er nicht gedacht haben kann, weil es sie zu der Zeit, als *Summerhill* herauskam, nicht gab. Neills Kriterien sind deshalb gültig, weil sie tiefer Achtung für den Mitmenschen entspringen. Auf der ersten Seite von *Freedom – Not License*, seinem Folgeband zu *Summerhill*, sagt er: »Ich definiere Zügellosigkeit als Eingriff in die Freiheit eines anderen. Zum Beispiel steht es an meiner Schule jedem Kind frei, den Unterricht zu besuchen oder ihm fernzubleiben, weil das seine Angelegenheit ist, aber es steht ihm nicht frei, Trompete zu blasen, wenn andere lernen oder schlafen wollen.« Vielleicht beeindruckte mich diese Passage so stark, weil, kurz bevor ich sie las, protestierende Studenten gegen den ausdrücklichen Wunsch meiner Hörer eine meiner Vorlesungen gestört hatten, wie viele von Neills amerikanischen Anhängern von dem Glauben beseelt, sie kämpften damit für ihre Freiheit, während sie in Wirklichkeit nur jegliche Freiheit untergruben, indem sie Zügellosigkeit praktizierten.

Hätten doch unsere militanten Studenten, da sie doch so sehr auf ihre persönliche Freiheit sowie auf die Schaffung einer besseren Gesellschaft bedacht sind, sich auch einmal dafür interessiert, was Neill, der große Erzieher, für die Grundvoraussetzung jeder besseren neuen Gesellschaftsordnung ansah, nämlich die Achtung vor dem einzelnen. Man muß einfach begreifen, daß man kein Recht hat, andere bei ihrer Tätigkeit zu stören, obwohl man jedes Recht hat, auf die Teilnahme an *dieser* Tätigkeit zu verzichten, wenn man dies will.[1]

Aufgrund meiner eigenen Erfahrungen kann ich nur unterstreichen, was Neill über die Freiheit des Kindes sagt: »Es klingt alles ganz einfach und selbstverständlich und richtig, aber es ist erstaunlich, wie viele Eltern, die von dem Gedanken begeistert sind, es fertigbringen, ihn falsch zu verstehen.« Als Beispiel führt er jene Eltern an, die dabeisaßen, während ihr vierjähriger Sohn mit einem Holzhammer das Klavier der Nachbarn bearbeitete, und ihm mit einem triumphierenden Lächeln zusahen, das soviel besagte wie: »Ist antiautoritäre Erziehung nicht eine feine Sache?« Das sind Eltern, die ihrem Kind leider doch die Leine so locker lassen, daß es sich damit aufhängen kann. Es sind dieselben »begeisterten jungen Anhänger der antiautoritären Erziehung«, von denen Neill erzählt, »sie kommen als Besucher in meine Schule und bemängeln es als Einengung der Freiheit, daß wir Gift unter Verschluß aufbewahren oder das Spielen auf der Feuerleiter verbieten. Die ganze Freiheitsbewegung wird in Frage gestellt und verächtlich gemacht, weil so viele Befürworter der Freiheit nicht auf dem Boden der Tatsachen stehen... Einer von diesen Leuten äußerte neulich sein Mißfallen darüber, daß ich ein schwieriges Kind streng zurechtwies, das gegen die Tür meines Büros trat.«

Ich möchte noch eine weitere vergnügliche Anekdote zitieren, die zeigt, wieviel gesunden Menschenverstand – diese Eigenschaft, die wir im Umgang mit Kindern stets besonders nötig haben – Neill besitzt und wie beklagenswert wenig diejenigen davon haben, die sich weder über den Wert der Freiheit noch über den verderblichen Einfluß der Zügellosigkeit im klaren sind:

> Einmal brachte eine Frau ihr siebenjähriges Mädchen zu mir. »Mr. Neill«, sagte sie, »ich habe jede Zeile gelesen, die Sie geschrieben haben. Und noch bevor Daphne zur Welt kam, hatte ich schon beschlossen, sie genau nach Ihren Prinzipien zu erziehen.« Ich warf einen Blick auf Daphne, die mit ihren schweren Schuhen auf meinem Konzertflügel stand. Sie machte einen Satz auf das Sofa und stieß beinahe die Sprungfedern durch. »Da sehen Sie, wie natürlich sie ist«, sagte die Mutter. »Das Neillsche Kind!« Ich fürchte, ich bin rot geworden.

Da es auch mir oft so gegangen ist, daß Eltern jede Zeile von mir gelesen und absolut nicht verstanden hatten, was ich meinte, empfand ich tiefe Sympathie mit Neill. »Diesen Unterschied zwischen Freiheit und Zügellosigkeit begreifen manche Eltern nie.« Aber dann fährt er fort, das richtige Zuhause sei eines, »in dem Kinder und Eltern gleiche Rechte haben«. Und hier wie in anderen Punkten würde ich, obwohl ich völlig dem zustimme, was Neill meint, doch lieber von angemessenen als von gleichen Rechten sprechen. Das Recht, mit Spielzeugpistolen zu spielen, bedeutet einem Erwachsenen wenig, während das kleine Kind keinen Wert auf das Recht legt, ungestört lesen zu können. Es ist also ein angemessenes Recht für das Kind, mit Spielzeugpistolen zu spielen, und es ist ein angemessenes Recht für Erwachsene, in Ruhe lesen zu können.

Vielleicht kann ich besser beurteilen als die meisten anderen, was es heißt, eine Schule wie Summerhill zu leiten. Beispielsweise kommen zu uns wie nach Summerhill Kinder, die erst fünf Jahre alt sind, während andere erst mit fünfzehn oder noch später aufgenommen werden, und diese Kinder bleiben viele Jahre bei uns.

Die meisten Leser von *Summerhill* machen sich nicht klar, daß eine solche Schule zwar wenig spezifische – und niemals triviale – Anforderungen stellt, tatsächlich aber zu den pädagogischen Einrichtungen gehört, die den Kindern am meisten abverlangen. Es wird nämlich an solch einer Schule von dem Kind verlangt, daß es einen hohen Grad an Selbstachtung und damit an Achtung vor den Mitmenschen entwickelt. Das ist aber sehr viel schwerer zu lernen als pünktliches Erscheinen zum oder Aufpassen im Unterricht. Es ist sogar schwerer als Latein oder Trigonometrie.

Bezogen auf die spezifische Situation an der Orthogenic School bin ich immer wieder überrascht, wie sehr sich Besucher, die unsere Schule noch nicht näher kennen, über unsere sogenannte Sorglosigkeit im Hinblick auf Fragen des guten Benehmens und der Etikette wundern. An der Orthogenic School ist unsere innere Einstellung zu den Kindern ganz ähnlich wie Neills, obwohl unsere Methoden angesichts der Tatsache, daß wir es mit anderen Kindern zu tun haben und eine andere Grundauffassung vertreten, sich deutlich von seinen unterscheiden. Was die Besucher übersehen ist die Tatsache, daß der Verzicht auf Anforderungen in kleinen Dingen einem Zweck dient, und dieser Zweck besteht darin, die Energie des Kindes für die gewaltige Aufgabe freizusetzen, seine fehlentwickelte Persönlichkeit neu aufzubauen.

Um dem Kind bei der Bewältigung dieser enormen Aufgabe zu helfen, ermuntern wir es, dies auf jede Weise zu tun, die seinem Alter entspricht. Das heißt, unser Respekt vor der Freiheit des Kindes verlangt, daß wir Verhaltensweisen akzeptieren, die viele friedliebende, der Mittelschicht angehörende Eltern in Amerika nicht dulden würden. Wenn die Kinder mit Spielzeugwaffen Krieg spielen wollen, dann müssen wir diese Wünsche respektieren. Wir dürfen ihnen nicht so sehr mißtrauen, daß wir annehmen, wenn sie als Kinder Krieg spielen, würden sie deshalb zu kriegslüsternen, mordgierigen Erwachsenen heranwachsen.

Indem sie Krieg spielen, können die Kinder auf ihre eigene Art entdecken, was am Krieg falsch und verwerflich ist. Wenn wir sie im Hinblick auf Krieg und Frieden nicht von vornherein in ein bestimmtes Schema pressen, können sie später, als Erwachsene, frei von Militarismus sein. Statt dessen verbieten moderne friedliebende Eltern ihren Kindern oft alle Kriegsspiele. Diese Eltern sollten einmal lesen, was Neill von den Kindern in Summerhill sagt, die, wenn sie etwas basteln wollen, »immer einen Spielzeugrevolver oder ein Boot oder einen Drachen basteln«. Er weiß, wie wenig Unterschied für ein Kind zwischen einem Revolver oder einem Gewehr und einem Boot oder einem Drachen besteht. Der Unterschied besteht nur in der Vorstellungswelt der Erwachsenen, nicht in der des Kindes. Und der Erwachsene, der dem Kind diesen Unterschied aufzwingt, zerstört die Freiheit des Kindes.

In einem anderen Zusammenhang sagt uns Neill: »Die Sorge der Eltern um die Zukunft (des Kindes) beinhaltet eine ungünstige Prognose für die Gesundheit des Kindes. Diese Sorge äußert sich eigenartigerweise in dem Wunsch, ihre Kinder sollten mehr lernen als sie (die Eltern) gelernt haben.« Der Erwachsene, der nie richtig gelernt hat, seine eigenen aggressiven Impulse zu beherrschen, empfindet das stärkste Bedürfnis, sein Kind von Kriegsspielen abzuhalten. Aber indem er dem Spiel des Kindes solche Beschränkungen auferlegt, zeigt er dem Kind, wie tief er ihm als Mensch mißtraut, denn offenbar ist er doch überzeugt, daß das Kind, wenn es größer wird, nicht in der Lage sein wird, selbst dahinterzukommen, daß friedliche Zusammenarbeit besser ist als Gewalt.

Natürlich müssen wir, wenn wir den Kindern gestatten, sich Schwerter zu schnitzen und damit zu kämpfen, auch darauf achten, daß sie sich nicht verletzen. »Ich mache mir immer Sorgen, wenn wieder einmal Holzschwerter in Mode kommen. Ich verlange immer, daß die Kinder die Spitzen mit Gummi oder Stoff umkleiden«, berichtet Neill. Wieviel einfacher ist es, den Kindern einfach das Spielen mit Schwertern zu verbieten.

Würde Neill heute in Amerika arbeiten, so würde er ganz anders handeln als er es in *Summerhill* beschreibt, wo er es überwiegend mit Problemen von Kindern zu tun hatte, die nach viktorianischen Grundsätzen erzogen wurden. Es hat sich nichts daran geändert, welches die richtige Art ist, Kinder zu erziehen, aber es haben sich viele Einzelheiten geändert. So teilt uns Neill beispielsweise in *Summerhill* mit, daß »Eltern ihren Kindern das Leben verderben, wenn sie ihnen überholte Glaubensvorstellungen aufzwingen; sie opfern ihr Kind der Vergangenheit«.

Diese Feststellung ist überholt, aber die Warnung, die sie enthält, gilt immer noch: Eltern sollten ihre Kinder nicht ihren eigenen neurotischen Ängsten opfern. In den Vereinigten Staaten liegt die Gefahr für Kinder der Mittelklasse heutzutage eher darin, von ihren Eltern nicht der Vergangenheit, sondern der Zukunft geopfert zu werden. Nur wenige amerikanische Mittelklasse-Kinder leiden darunter, daß ihnen die autoritäre Religion, die Neill so erbittert bekämpft, aufgezwungen wird. Statt dessen opfern die Eltern ihre Kinder der Zukunft, indem sie ihnen von früher Kindheit an erzählen, es sei ihre Pflicht, die Übel dieser Welt zu korrigieren. Andere Eltern opfern ihre Kinder dadurch der Zukunft, daß sie ihnen einschärfen, sie müßten, um später einmal Erfolg zu haben, ihr jetziges Dasein der Vorbereitung darauf widmen, und sie damit in die Zwangsjacke einer auf Konkurrenzdenken und Leistungsdruck beruhenden Erziehung stecken.

In einer Hinsicht jedoch opfern auch heute noch viele liberale, gebildete, der Mittelklasse angehörende Eltern – also diejenigen, die sich am ehesten in dem Glauben wiegen, sie erzögen ihre Kinder nach den Grundsätzen von Summerhill – ihre Kinder der Vergangenheit: nicht indem sie, wie Neill meinte, von ihnen verlangen, die Vergangenheit wiedererstehen zu lassen, sondern indem sie ihnen die Verpflichtung auferlegen, die Fehler der Vergangenheit gutzumachen. Ob das Kind, wie es früher der Fall war, mit den Normen der Vergangenheit oder mit der Aufgabe belastet wird, die Zukunft neu zu gestalten, stets wird es dabei das Opfer elterlicher Sorgen. Zu viele Leute machen sich vor, sie glaubten an Neills Freiheit, während sie in Wirklichkeit ihren Kindern nicht gewähren, was Neill eines der wichtigsten Vorrechte des Kindes nennt: das Recht, in der Gegenwart zu spielen, das heißt, im Alter von zehn Jahren mit Spielzeugpistolen zu spielen. Statt dessen verlangen diese Eltern von ihrem Kind schon in diesem Alter, ihre Sorgen über die politische Entwicklung der Nation zu teilen und die Arbeit der Zukunft zu tun.

Neill glaubte, daß Eltern, um Kinder richtig großzuziehen, »eine Art Kompromiß finden müssen; gestörte Eltern werden entweder gewalttätig (d.h. sie wenden Zwang an), oder sie verziehen ihre Kinder, indem sie ihnen alle sozialen Rechte gewähren«. Unter »Zwang« verstand er auch das Aufzwingen sozialer oder politischer Überzeugungen. Neill sagt: »Ein Kind kann nicht wirklich frei sein, wenn es mit anhört, wie sein Vater gegen irgendeine politische Gruppierung wettert.« Er ist sich darüber im klaren, daß es nicht leicht ist, einem Kind Freiheit zu gewähren, denn »das bedeutet, daß wir darauf verzichten müssen, ihm Religion, Politik oder Klassenbewußtsein beizubringen... Ich würde niemals bewußt Kinder beeinflussen, Pazifisten, Reformer oder sonst etwas zu werden... Jede dem Kind aufgezwungene Meinung ist eine Sünde gegen das Kind. Ein Kind ist kein kleiner Erwachsener und kann den Standpunkt eines Erwachsenen unmöglich verstehen«.

Das gilt heute noch genauso wie zu der Zeit, als Neill es schrieb, und ich wollte, alle liberalen Eltern, denen es um Freiheit zu tun ist, würden erkennen, daß sie ihren Kindern ihre Freiheit nehmen, wenn sie gegen irgendwelche Ungerechtigkeiten »wettern«, sosehr sie sich dabei auch im Recht fühlen mögen. Auf diese Weise entziehen sie ihrem Kind das Wichtigste überhaupt: das Recht, sich seine eigene innere Meinung zu bilden, nicht unter dem Einfluß ihrer autoritären Predigten, sondern nur unter dem seiner eigenen direkten Lebenserfahrung.

Neill verzichtet darauf, »Kindern zu predigen, daß Slums eine Kulturschande sind. Ich habe das früher gemacht – bis mir klar wurde, was für ein Unfug das war«. Dahinter stand nicht etwa die Überzeugung, Slums seien keine Kulturschande – denn das sind sie ganz bestimmt –, sondern die Überlegung, daß wir, wenn es uns bis jetzt nicht gelungen ist, sie zu beseitigen, kein Recht haben, unsere Kinder mit einem Problem zu behelligen, das wir lösen müssen, nicht sie.

Dasselbe gilt für den Atomkrieg: »Heute hören sogar schon kleine Kinder von möglicherweise bevorstehenden Kriegen mit den schrecklichen Atombomben... Gesunde, freie Kinder haben keine Angst vor der Zukunft. Sie sehen ihr erwartungsvoll entgegen.« Nur wenn wir unseren Kindern unsere Zukunftsängste aufzwingen, bekommen sie Angst vor der Zukunft und damit vor dem Leben überhaupt. Auf diese Weise, so meint Neill, üben wir einen ungesunden Einfluß auf sie aus, weil wir ihnen aufzwingen, was er »die krankhafte Angst vor dem Morgen« nennt.

Ich teile nicht Neills Auffassung, wir brauchten nur jede sexuelle Unterdrückung zu vermeiden und die Kinder zu sexuellen Spielen, zumal zur Onanie, zu ermuntern, und schon würden alle Übel dieser Welt sich in Wohlgefallen auflösen. Kein Zweifel, wir könnten und sollten größeres Verständnis für die kindliche Sexualität aufbringen. Aber wie sein Bild vom Menschen leiten sich auch Neills Ansichten über Sexualität unmittelbar von den Lehren Reichs zu Beginn der Psychoanalyse her. Neill übersieht die Neigung zur Aggression, die nach Meinung von Erforschern tierischen Verhaltens dem Menschen wahrscheinlich angeboren ist oder doch zumindest einen wichtigen Bestandteil seines Wesens bildet.

Da er wie einige unserer heutigen Gesellschaftskritiker daran glaubt, daß der Mensch von Natur aus gut sei, kommt Neill wie diese zu dem Schluß, daß unsere sexuell repressive (ausbeuterische) Gesellschaft für all die Konflikte und Widersprüche verantwortlich sei, denen wir in unserem Leben begegnen. Er ignoriert Freuds Erkenntnis, daß die größte Gefahr für die menschliche Gesellschaft nicht von der Verdrängung (Unterdrückung) droht, sondern vom Aggressionstrieb, von der Neigung des Menschen zu Zerstörung und Selbstzerstörung. Indem Neill der absoluten sexuellen Freiheit das Wort redet, übersieht er die Tatsache, daß bei primitiven Volksstämmen, bei denen sexuelle Repression eine geringe Rolle spielt, die Angst des Menschen eher größer als geringer ist, und daß in solchen Gesellschaften der Mensch sich noch mehr anstrengen muß, seiner Ängste Herr zu werden – durch Tabus und Rituale, die nicht selten zu körperlicher Verstümmelung führen.

Neill bedenkt auch nicht, daß es in solchen Gesellschaften sehr wenig Spielraum für die Gestaltung des eigenen Lebens gibt. Statt dessen muß alle Kraft dafür aufgewandt werden, das nackte Überleben zu sichern, da ohne Repression und Sublimierung keine höheren Formen sozialer Organisation erreicht und auch nicht jene Technologie entwickelt wird, die uns allein vor Krankheit und Hunger bewahrt.

Ich glaube nicht, daß der Mensch ohne Angst leben kann. Denn es trifft zwar zu, daß Angst zu neurotischem Verhalten führt, aber sie ist auch der Hauptantrieb für unsere größten Errungenschaften. Es hängt alles davon ab, inwieweit es gelingt, sie konstruktiv nutzbar zu machen.

Während Neill es meisterhaft versteht, neurotische Ängste abbauen zu helfen, vernachlässigt er die existentielle Angst sowie das, was ich für die wichtigste Aufgabe psychoanalytischer Erziehung ansehe: die Umwandlung der Angst aus einer Kraft, die uns verkümmern läßt, in eine, die uns und unser Leben bereichert.

In diesem Zusammenhang glaube ich auch, daß Neill irrt, wenn er beim Anblick eines Siebenjährigen, der vor einer Kuh Angst hat und sagt: »Nein, nein, Kühe fressen Menschen«, diese Reaktion des Kindes darauf zurückführt, daß es ganz falsch erzogen wurde. Kleine Kinder glauben an die Allgemeingültigkeit des Talionsprinzips. Sie wissen, daß wir das Fleisch der Kuh essen, und meinen daher, die Kuh wolle auch das unsere fressen. Der Ursprung eines solchen Glaubens ist eine von sexueller Repression unabhängige innere Angst, in der sich einige unserer eigenen destruktiven Neigungen äußern.

Deshalb bezweifle ich zwar nicht, daß die Kinder besser daran wären, wenn sie mehr sexuelle Freiheit bekämen, als den meisten zugestanden wird, glaube aber kaum, daß sich all die positiven Veränderungen einstellen würden, die Neill erwartet, wenn wir den Kindern keinerlei Beschränkungen im Hinblick auf sexuelle Spiele auferlegten. Er hat bestimmt recht mit der Feststellung: »Es würden entschieden weniger Sexualverbrechen verübt, wenn das Sexualspiel (oder die Sexualität überhaupt, möchte man hinzufügen) als normal gälte.« Aber auch dies muß eingeschränkt werden im Hinblick darauf, was für die jeweilige Altersstufe richtig ist, auch auf diesem Gebiet muß die Freiheit im Rahmen der normalen Entwicklung des Menschen bleiben.

Wie ein kleiner Junge innerlich und im Hinblick auf den elterlichen Einfluß die Freiheit haben sollte, mit Spielzeugpistolen zu spielen, so daß er dank dieser Freiheit sein Interesse als Erwachsener nicht auf Waffen zu richten braucht, so sollte er auch schon als Kind die Freiheit haben, sich für die seinem Alter gemäße sexuelle Betätigung zu interessieren. Er sollte ohne Angst onanieren können, aber er sollte nicht das Bedürfnis haben, es in provozierender oder destruktiver Weise oder in exzessivem Maße zu tun. Ganz entschieden sollte er sich nicht auf Kosten seines Interesses an sozialem Spiel darauf konzentrieren, und auch nicht auf Kosten seiner Beziehungen zu anderen. Er sollte auf keinen Fall als Kind Geschlechtsverkehr ausüben. Und er sollte es nicht nötig haben, heterosexuelle Beziehungen als Ersatz für Onanie oder Aggression zu benutzen.

Aber gemessen an Neills rundum klugen und zutreffenden Ansichten darüber, was Kinder brauchen, um richtig aufzuwachsen – und die sprechen aus jeder Seite seines Buches –, sind dies geringfügige Einwände. Denn immer wenn es darum geht, praktische Probleme im Zusammenhang mit Kindern und sexuellen Fragen zu lösen, ist Neill in höchstem Grade vernünftig. Er spricht mir aus der Seele, wenn er feststellt, es sei »viel besser und sicherer, eine Antwort aufzuschieben, als einem Kind viel zuviel zu sagen« oder es zu früh aufzuklären. Ebenso wenn er sagt, der sogenannte Sexualunterricht sei zum größten Teil verfehlt, weil es sich dabei nur um »peinliche Unterrichtsstunden über Anatomie und Physiologie handelt«. Ebenso hat Neill völlig recht, wenn er sagt, daß wir einem Kind deshalb nicht alles sagen können, was es über Sex wissen will, weil damit sein Begriffsvermögen überfordert sein könnte. Den folgenden Satz könnte Neill auch heute geschrieben haben: »Moderne Eltern kommen vielleicht nicht in Versuchung, dieser (sexuell repressiven) Auffassung zu folgen, doch können sie einer ähnlichen Versuchung erliegen: die Sexualität als einen neugefundenen Gott zu verehren.« Trotz seiner theoretischen Überbewertung der sexuellen Freizügigkeit sieht Neill, daß es für das Kind auch verwirrend ist, wenn man zuviel Aufhebens von der Sexualität macht: »An uns

allen ist im Zusammenhang mit der Sexualität so sehr herumerzogen worden, daß es uns beinahe unmöglich ist, den natürlichen Mittelweg zu sehen. Wir sind entweder zu sehr für oder zu sehr gegen die Sexualität.«
Aber nicht nur auf dem Gebiet der Sexualität drängen wir die Kinder in die Richtung, die unsere Ängste uns vorschreiben, anstatt uns klarzumachen, was ihrem Alter angemessen ist, und uns danach zu richten. Mit Sicherheit ist es schädlich für das Kind, wenn man es zu einer ehrgeizigen Einstellung in bezug auf seine eigene Schulbildung erzieht. Da ich erst kürzlich herbe Kritik dafür einstecken mußte, daß ich die Ansicht äußerte, es müsse ja nicht jeder aufs College gehen und viele junge Leute wären besser daran, wenn sie nach der High-School oder vielleicht sogar noch früher eine qualifizierte Berufsausbildung erhielten, las ich mit besonderer Freude den Satz: »In langen Jahren ist uns aufgefallen, daß Jungen, die Ingenieur werden wollen, sich nicht die Mühe machen, die Zulassungsprüfung für ein Universitätsstudium abzulegen. Von der Schule gehen sie sofort in die praktische Ausbildung.«
Das ist ein Rat, der für alle Kinder gilt, zum jetzigen Zeitpunkt aber besonders für die vielen unterprivilegierten Jugendlichen, die eine Chance bekommen sollten zu tun, was viele Jungen aus Summerhill tun, die »erst einmal das Leben kennenlernen wollen, bevor sie auf die Universität gehen. Einer reiste als Schiffssteward um die Welt«.
Für genauso schädlich wie die Erziehung zum Leistungsdenken hält es Neill, wenn das Kind in zu jungen Jahren zu einsichtigem Verhalten angehalten wird. »Moralische Erziehung ist bei Kindern absolut unangebracht. Sie ist psychologisch falsch. Es ist falsch, von einem Kind zu verlangen, es solle selbstlos sein. Jedes Kind ist egoistisch, und die Welt gehört ihm. Wenn es einen Apfel hat, dann ist es sein einziger Wunsch, diesen Apfel zu essen. Wenn seine Mutter es drängt, den Apfel mit seinem kleinen Bruder zu teilen, wird es diesen Bruder nur hassen. Altruismus kommt später – ganz natürlich – *wenn das Kind nicht zur Selbstlosigkeit erzogen wird.* Wenn es zur Selbstlosigkeit gezwungen wird, wird es wahrscheinlich niemals selbstlos.« Aber auch hier liegen die Dinge nicht ganz so einfach, wie Neill meint, wenn er sagt, »daß es überhaupt nicht nötig ist, den Kindern Betragen beizubringen. Das Kind lernt mit der Zeit, was richtig ist und was falsch – vorausgesetzt, daß es nicht unter Druck gesetzt wird«.
Das Kind lernt nur dann, sich zu betragen, wenn es von den richtigen menschlichen Vorbildern umgeben ist, die es so anziehend findet, daß es sie nachahmen möchte, daß es seine Persönlichkeit und seine Werte nach dem Bild dieser Menschen formen möchte, die es bewundert und mit denen es sich identifiziert. Aber es identifiziert sich aus Angst, aus der Angst heraus,

das Wohlwollen oder die Gegenwart oder die Achtung des geliebten Menschen zu verlieren. Es gibt keine Sozialisierung und kein Lernen ohne Angst. Unter primitiven Verhältnissen oder in einer Mangelgesellschaft zielt die Angst darauf, daß wir verhungern könnten, wenn wir nicht lernen, unseren Lebensunterhalt zu verdienen. In der Gesellschaft der Mittelklasse ist es zunächst Trennungsangst, dann die Angst vor dem Verlust der Achtung eines geliebten Menschen und schließlich die Angst vor dem Verlust der Selbstachtung. Die Wertvorstellungen darüber, was gut und was schlecht ist, sind nicht gottgegeben, und es ist auch nicht so, daß sie uns angeboren wären und nur der Entfaltung bedürften.

Andererseits sind Kinder vernünftig genug um einzusehen, was gut für sie ist und was nicht, vorausgesetzt daß ihre eigenen Bedürfnisse so weit befriedigt wurden, daß sie wissen, was diese Bedürfnisse sind. »Die Wahrheit scheint zu sein, daß Kinder viel länger brauchen, um erwachsen zu werden, als wir immer angenommen haben. Und mit ›erwachsen werden‹ meine ich, ein soziales Wesen werden.« Und sie werden soziale Wesen durch Erfahrungen mit anderen Menschen – nicht durch theoretische Lehren und auch nicht durch Erfahrungen, die sonst niemanden mit einbeziehen.

Diese sozialisierenden Erfahrungen verschaffte Neill den Summerhill-Kindern sein Leben lang, Tag und Nacht. Durch das, was er ihnen gab, wurden die Kinder sozialisiert – nicht durch ihre angeborene Veranlagung, die bestenfalls ein Potential ist, das durch sehr viel Leben und Lernen realisiert werden muß. Der Sozialisierungsprozeß braucht Zeit, viel mehr, als wir annehmen. Das ist der Grund, weshalb wir mit unserer Überbetonung der höheren Schulbildung oft sehr gescheite, aber völlig unsozialisierte Menschen heranziehen – Leute, die zwar viel wissen, aber unfähig sind, in Gemeinschaft mit anderen zu leben.

Aber wenn auch das gute Vorbild dies alles bewirken kann, dürfen die Kinder doch nicht überwältigt werden, nicht durch unsere Gegenwart – die unaufdringlich, aber verfügbar sein sollte, wenn ein Kind sie braucht –, und auch nicht durch unsere Geschenke, von denen »Kinder heutzutage viel zuviel bekommen, so daß sie es gar nicht mehr zu schätzen wissen, wenn man ihnen etwas schenkt«. Kinder, die zuviel bekommen haben – ob Spielsachen oder Schulbildung, Stimulation oder die Erlaubnis zu rücksichtslosem Verhalten gegenüber anderen –, sind allesamt verzogen und wissen gar nicht, was echte Freiheit ist, ihre eigene oder die anderer Menschen. »Wenn das verzogene Balg größer wird, ergeht es ihm noch schlechter als dem Kind, das allzu strenger Disziplin unterworfen war. Das verzogene Kind ist schrecklich ichbezogen.« Das ist eine Warnung, die man nicht überhören sollte: daß zuwenig Disziplin auf lange Sicht schädlicher sein kann als zu-

viel. Wenn ausgerechnet Neill dies aus Erfahrung gelernt hat, sollten wir seine Mahnung wirklich ernst nehmen.
Aber die allerbeste Disziplin für das Kind ist die Selbstdisziplin der Eltern und Erzieher. Diese Selbstdisziplin bewahrt uns davor, unsere eigenen Ängste und Bedürfnisse an anderen – und zumal an unseren Kindern – abzureagieren. Diese Disziplin erlaubt es uns, auf ihrer Seite zu stehen, anstatt sie zu zwingen, sich auf unsere Seite zu stellen. Damit alles so wird, wie man es gern hätte, muß man selbst ein Leben führen, daß man sich guten Gewissens wünschen kann, das eigene Kind möge diesem Leben nacheifern und es sich zum Vorbild nehmen.
Neills Leben und Werk sind in diesem Sinne wahrhaft vorbildlich, auch wenn wir mit seinen theoretischen Aussagen nicht einverstanden sein können. Es steht zu hoffen, daß seine Anhänger die Tatsachen erkennen und nicht versuchen, seine Philosophie in verhängnisvolle Praxis umzusetzen, sondern sich bemühen, ebenso aufrichtig und mit ebensoviel Achtung vor sich selbst und vor anderen zu leben, wie es Neill in seinem langen und unendlich fruchtbaren Leben getan hat.

Deutsch von Rudolf Hermstein

1 Zur Ehrenrettung vieler militanter Studenten möchte ich hinzufügen, daß sie durchaus auf, wenn man so will, »Summerhillsche« Erziehungsmethoden reagieren, bei denen es sich einfach um gute Erziehungsmethoden handelt. Die Studenten, die meine Vorlesung störten, waren erbost über eine Äußerung von mir. Da ich in meinen Vorlesungen stets nur über Themen diskutiere, über die die Studenten sprechen möchten, sagte ich ihnen, ich sei gerne bereit, mit ihnen über ihr Anliegen zu reden. Ich forderte sie auf, zu sagen, was sie auf dem Herzen hätten, und eine Zeitlang taten sie das auch. Dann stimmten die übrigen aus eigener Initiative mit überwältigender Mehrheit dafür, daß die militante Gruppe aufhören und ich dort weitermachen solle, wo ich unterbrochen worden war.
Bevor ich weitermachte, wandte ich mich jedoch noch an diejenigen, die vielleicht lieber noch mit den Militanten weiterdiskutieren wollten, und stellte ihnen frei, die Vorlesung zu verlassen und sich mit ihnen woanders zusammenzusetzen, weil ich nicht der Meinung sei, daß sie von meiner Vorlesung etwas hätten, wenn sie glaubten, woanders werde ihnen etwas Interessanteres geboten. Da ich wirklich meinte, was ich sagte, verließ die militante Gruppe den Saal – zwar sichtlich verärgert über mich, aber ruhig und friedlich. Es waren viele Hörer anwesend, und ich weiß nicht, wieviele davon mitgingen, aber die Mehrheit blieb jedenfalls. Da ich die militanten Studenten und ihr Anliegen respektiert hatte, konnten sie ihrerseits mich und mein Anliegen respektieren. Das funktioniert jedoch nicht, wenn man es als Trick einsetzt. Emotional unausgeglichene Menschen »wittern« eher als andere, ob man wirklich auf ihre Bedürfnisse einzugehen bereit ist. Sie bringen nur dann Achtung vor den Bedürfnissen anderer auf, wenn sie das Gefühl haben, daß man auch ihre Bedürfnisse respektiert.

Gewalt – eine gern verleugnete Verhaltensweise*

So wilde Freude
nimmt ein wildes Ende
Shakespeare, *Romeo und Julia*

Mensch und Gesellschaft wurden sowohl aus Gewalt wie aus friedlicher Zusammenarbeit geboren; es würde zu nichts führen, eines von beiden bei unseren Bemühungen um bessere zwischenmenschliche Beziehungen zu vernachlässigen. Aggression und Gewalt sind zwei so eng verwandte Begriffe, daß sie austauschbar sind, und wenn es uns ernstlich darum zu tun ist, die Aggression und ihre Rolle in der Gesellschaft zu verstehen, müssen wir damit beginnen, das Verlangen nach Gewalttätigkeit zu untersuchen. Shakespeares Bruder Lorenzo von Verona wußte, daß »wilde Freude ein wildes Ende nimmt«. Aber wenn solche Freuden nicht verlockend wären, würden wir sie dann nicht meiden, da wir doch wissen, daß sie in die Katastrophe führen?

Vor einigen Jahren schrieb Robert Warshaw eine Verteidigung des klassischen Western und bezeichnete darin den Revolverhelden als einen moralischen Helden.[1] Dies ist eine überraschende Feststellung, denn die wenigsten von uns würden wohl den Film-Cowboy als ihren moralischen Helden oder ein Revolverduell als die ideale Lösung eines moralischen Problems ansehen. Aber vergessen wir nicht, daß am Beginn der abendländischen Kultur ein Mann des Schwertes steht, Achilles, der ebenfalls als moralischer Held betrachtet wird. Wegen des zeitlichen Abstands, der völlig verschiedenen gesellschaftlichen Strukturen und unserer Verehrung der *Ilias* fällt es uns oft schwer zu erkennen, daß Simone Weil recht hatte, als sie die *Ilias* als eine Dichtung der Gewalt bezeichnete.[2] Schon aus den allerersten Zeilen der Ilias erfahren wir, daß der Zorn des Achilles furchtbare Verwüstungen zur Folge hat und ungezählten Helden den Tod bringt, deren Leichname den Hunden zum Fraß vorgeworfen werden.

Gewalt gab es schon lange vor Homer. Mit ihm aber erschien der neue,

* Veränderter und erweiterter Nachdruck aus den Annals of the American Academy of Political and Social Science 364 (1966), Seite 50–59.

vermenschlichende griechische Geist, der sein Epos beseelt. Obwohl Homer keine Lösung anzubieten hatte, stellte er die Gewalt als das zentrale Problem dar, das eine Welt, die danach strebt, zivilisiert zu werden, bewältigen muß. Einige Jahrhunderte später versuchte Äschylos, der erste große Tragödiendichter, in seiner *Orestie* zu einer Lösung zu gelangen, indem er den Ursprung der athenischen Zivilisation mit dem Ende einer mörderischen Vendetta gleichsetzte, was alles nur dank sorgsamer Abwägung aller Streitpunkte im Geist von Gerechtigkeit und Humanität erreicht wurde. Die Vorstellung, daß von nun an und für alle Zeiten offene Gewalttätigkeit, etwa in Gestalt blutiger Fehden, geächtet und durch öffentliche Gerechtigkeit abgelöst sei, war, so meinte der Dichter, die Grundlage für all die großen Errungenschaften der athenischen Kultur.

Lange vor Äschylus hatte die *Ilias* aufgezeigt, daß es zu nichts Gutem führen kann, wenn man zur Gewalt greift. Paris, der den Frieden im Haus des Menelaos gebrochen hatte, mußte zugrunde gehen. Und dieses Schicksal blieb auch dem größten Helden, Achilles, nicht erspart, der sich dem Rachefeldzug angeschlossen hatte; und auch Agamemnon, der ihn führte, mußte sterben.

Die Menschheit ist in der *Ilias* nicht in siegreiche Helden einerseits und Opfer andererseits geschieden. Gäbe es siegreiche Helden, dann könnte Gewalt als gerechtfertigt erscheinen, zumindest in den Augen der Sieger. Im Verlauf der *Ilias* ist es vielmehr so, daß heute die Griechen, morgen die Trojaner die Oberhand gewinnen; am Schluß sterben sowohl Hektor als auch Achilles. In diesem Epos kommt kein einziger Mann vor, der sich nicht irgendwann einmal der Gewalt unterwerfen muß. Die Vorstellung, daß der Gebrauch von Gewalt mit fast mathematischer Gesetzmäßigkeit Vergeltung nach sich zieht, war eine der wichtigsten Grundsätze griechischen Denkens; sie bildet den Kern der *Ilias*. Unser erstes großes Epos mahnt uns also, über unsere Einstellung zur Gewalt nachzudenken.

Das kann zu einer Erklärung dessen beitragen, warum der Revolverheld des Western unsere kollektive Phantasie so sehr beschäftigt. Der Western, meint Warshaw, »bietet eine ernsthafte Orientierung zum Problem der Gewalt an, wie sie fast nirgendwo sonst in unserer Kultur zu finden ist. Bekanntlich ist es eine der Eigentümlichkeiten modernen zivilisierten Denkens, den Wert der Gewalt nicht anerkennen zu wollen... Wir richten uns dazu ab, auf kulturelle Darstellungen von Gewalt mit Entrüstung oder Langeweile zu reagieren, und unsere Vorstellung von Heldentum ist eher passiver Natur: Wir fühlen uns weniger zu den tapferen jungen Männern hingezogen, die viele unserer Feinde töten, als zu den heroischen Gefangenen, die auch durch Folter nicht zu brechen sind«.

Was wir im Western suchen, sei »das Bild von dem ganz auf sich gestellten Mann, der einen Revolver auf der Hüfte trägt. Der Revolver sagt uns, daß er in einer Welt der Gewalt lebt, ja sogar, daß er ›an Gewalt glaubt‹. Aber das Drama ist eines der Selbstbeschränkung: Der Augenblick der Gewalt muß zu seiner Zeit, nach seiner eigenen Gesetzmäßigkeit kommen, sonst ist er wertlos... Im Grunde genommen ist gar nicht Gewalt das, worauf es beim [klassischen] Western ankommt, sondern ein bestimmtes Bild vom Menschen, ein Stil, der sich am deutlichsten in Gewalt ausdrückt«.
Der Westernheld zeigt uns, daß wir, »selbst wenn wir töten oder getötet werden, nicht von der Notwendigkeit entbunden sind, annehmbare Verhaltensweisen zu entwickeln«. Das ist heute unser Problem: »annehmbare Verhaltensweisen« zu entwickeln, obwohl wir in einer Gesellschaft leben, in der Gewalt an der Tagesordnung ist. Der Revolverheld des Westerns hat seine eigene Lösung für dieses Problem gefunden. Das kann natürlich nicht unsere Lösung sein, aber Warshaw meint, daß er wenigstens das Problem ernst nimmt. Das sollten auch wir tun.

Heutzutage werden Eltern immer wieder aufgefordert, die primitiven Wünsche ihrer Kinder im Zusammenhang mit der Nahrungsaufnahme und den Ausscheidungsfunktionen zu akzeptieren. Wir bringen im allgemeinen sogar mehr Verständnis für sexuelle Verhaltensweisen auf und sind in unseren emotionalen Einstellungen konzilianter geworden. Aber welche Schritte unternehmen wir, um unseren Kindern zu helfen, die Probleme besser zu bewältigen, die sich aus unserer angeborenen Neigung zu aggressivem Verhalten ergeben? Wir sind bestrebt, andere Triebansprüche innerhalb annehmbarer Grenzen zu befriedigen oder, wenn dies nicht möglich ist, sie in ungefährliche Kanäle zu lenken, damit sie nicht soviel Druck erzeugen, daß es zu explosiven Ausbrüchen oder einer Verkümmerung der Gesamtpersönlichkeit kommt. Im Hinblick auf die Aggression sind solche vernünftigen Bestrebungen dagegen nicht erkennbar, sondern wir machen uns insgeheim vor, daß es so etwas wie einen Aggressionstrieb überhaupt nicht gibt.
Wir mißbilligen es, wenn unsere Kinder Krieg oder Indianer spielen, als ob das Spiel Wirklichkeit wäre. Aber wenn Eltern, die solche Spiele verbieten, konsequent wären, müßten sie eigentlich auch das Schachspiel ächten, bei dem es sich eindeutig um ein Kampfspiel handelt, dessen Ziel es ist, den gegnerischen König zu vernichten. Aber sie tun es nicht, weil sie ihre nur den Erwachsenen gestatteten Formen des Krieges und andere ausgesprochen kämpferische Spiele durchaus genießen. Aus irgendeinem Grunde sind sie trotzdem der Meinung, ihre Kinder sollten auf die kindlichen For-

men solcher Spiele verzichten. Kriegsspiele sind nur für Erwachsene da! Was das Spiel mit Spielzeugwaffen angeht, reagieren wir, als ob das Spiel Wirklichkeit wäre, und das ist es ganz entschieden nicht. Das kindliche Spiel hängt eng mit Tagträumen und Traumphantasien zusammen. Indem wir das aggressive Phantasiespiel der Kinder behindern, verhalten wir uns, als ob es schon verwerflich wäre, von Gewalt zu träumen oder an sie zu denken. Durch diese Einstellung hindern wir unsere Kinder, den riesigen Unterschied zu erkennen, der Gewaltphantasien von gewalttätigem Verhalten in der Wirklichkeit trennt. Wenn das Kind keine Gelegenheit bekommt, frühzeitig zu lernen, worin dieser Unterschied im Hinblick auf die Gewalt besteht (um mit Warshaw zu sprechen, wenn es keine Chance erhält, annehmbare Verhaltensweisen im Hinblick auf Gewalt zu entwickeln), ist es zumindest fraglich, ob es später eine klare Trennlinie zwischen aggressiven Phantasien und aggressivem Handeln ziehen kann.

Indem wir die Gewaltphantasien des Kindes ächten, setzen wir uns über eine Tatsache hinweg, die sogar Platon schon erkannt hatte, daß nämlich der Unterschied zwischen einem guten und einem schlechten Menschen darin besteht, daß der erstere nur von schlechten Taten träumt, während der letztere sie ausführt. Die alten Griechen wußten, daß der entscheidende Unterschied zwischen Gut und Böse nicht ein Unterschied der Inhalte von Phantasien ist – und im kindlichen Spiel geschieht nichts anderes, als daß das Kind seinen kindlichen Phantasien Form und Ausdruck verleiht –, sondern darin liegt, ob es bei den Phantasien bleibt oder ob sie tatsächlich ausagiert werden und dann reale Konsequenzen haben.

Kinder werden ermahnt, ihre Spielkameraden nicht zu schlagen oder ihnen Schimpfnamen zu geben. Sie sollen ihre Spielsachen nicht kaputtmachen und auch sonst keinen Schaden an Sachen anrichten – so weit, so gut. Aber welche Ventile für ihre Aggressionen stehen ihnen dann überhaupt noch zur Verfügung? Es ist wirklich widersinnig, aber ein Erwachsener braucht nur zu beobachten, daß sein Sprößling seine Aggressionen ausagiert, und wird in den meisten Fällen das Kind durch Schläge bestrafen oder es anschreien und damit demonstrieren, daß Gewalt gut und richtig ist, wenn man nur der Ältere und Stärkere ist und sie unter dem Vorwand anwendet, Gewalt zu unterdrücken. So läuft es am Ende darauf hinaus, daß wir Gewalt mit Gewalt unterdrücken und damit unseren Kindern beibringen, daß es unserer Meinung nach keine vernünftige oder intelligente Art gibt, mit ihr fertigzuwerden. Dabei würden dieselben Eltern bei anderer Gelegenheit der Ansicht zustimmen, Unterdrückung sei die untauglichste Art, mit Trieben umzugehen.

Im Gegensatz zu Wertham, der wie viele andere dafür plädiert, die Unschuldigen vor Verführung – zum Beispiel durch Comics – zu bewahren[3], bin ich überzeugt, daß weder Comics noch sogar das Fernsehen Unschuldige verführen. Es ist höchste Zeit, daß sowohl der Mythos von der Erbsünde als auch sein Gegenteil – der Mythos, daß der Mensch von Natur aus gut sei – ins Reich der Fabel verwiesen werden. Unschuld ist weder eine angeborene Eigenschaft, noch bietet sie zuverlässig Schutz oder Verteidigung; meistens ist sie wenig mehr als Unwissenheit, an die sich der Betreffende allzuoft klammert, um sich in (falscher) Sicherheit zu wiegen. Comics verstärken nur dann vorhandene kriminelle Neigungen und regen nur dann zu neuen, asozialen Verhaltensweisen an, wenn die Neigung zu kriminellen Handlungen bereits in der Persönlichkeitsstruktur des Lesers angelegt ist. Die zahlreichen Gewaltdarstellungen in Film und Fernsehen regen zum wahllosen Abreagieren von Aggressionen an und steigern gleichzeitig die Angst vor Gewalt, ohne jedoch in irgendeiner Weise die Einsicht in das Wesen der Gewalt zu fördern. Wir müssen darin unterwiesen werden, wie wir es anfangen können, die Energie, die in Gewalt umgesetzt wird, einzudämmen, zu beherrschen und in konstruktivere Bahnen zu lenken. Wie bereits erwähnt, kranken unser Erziehungswesen und die Massenmedien daran, daß sie nichts zur Entwicklung und Förderung »annehmbarer Verhaltensweisen« im Zusammenhang mit Gewalt beitragen.

Aber das eigentliche Problem liegt in unseren Neigungen zu gewalttätigem und kriminellem Verhalten, nicht in dem Ausdruck, den sie in Comics, Film und Fernsehen finden, oder gar in der Frage, ob diese Medien solche Tendenzen verstärken oder ihre Beherrschung erschweren. Das Verhalten von Kindern und Jugendlichen im Zusammenhang mit Gewalt spiegelt lediglich die bei den Erwachsenen vorherrschenden Muster wider. Wenn die Erwachsenen die Darstellung von Gewalt in den Medien wirklich ablehnten, würden die Medien Gewaltszenen nicht in solcher Vielfalt und in so bevorzugter Aufmachung zeigen, und damit hätten Kinder und Jugendliche viel weniger Gelegenheit, sie anzusehen und von ihnen beeinflußt zu werden. Vor allem im Hinblick auf Gewalt bietet Unwissenheit keinen Schutz. An anderer Stelle habe ich darzulegen versucht, daß Unkenntnis des Wesens der Gewalt unter dem nationalsozialistischen Regime nicht zu Glückseligkeit, sondern zum Tod führte. Diejenigen Menschen im Machtbereich Hitlers, die trotz der Nazi-Verfolgung dem Glauben anhingen, alle Menschen seien gut und Gewalt werde nur von einigen wenigen pervertierten Menschen angewandt, unterließen es, sich angemessen zu schützen, weshalb nur allzu viele von ihnen schon bald zugrunde gingen. Gewalt ist zweifellos eine Realität, und jeder von uns hat die Anlage zu aggressivem Verhalten mitbekommen. Aber es sind uns auch die entgegengesetzten Neigungen angeboren, und diese müssen sorgsam gehegt werden, wenn sie diejenigen Triebe in uns ausgleichen sollen, die uns zu gewalttätigem Verhalten drängen. Um diese Gegenkräfte zu stärken, muß man jedoch das Wesen des Feindes kennen, und das erreicht man nicht, indem man seine Existenz leugnet.

Wenn wir behaupten, daß in unserer psychischen Konstitution kein Platz für Gewalt sei oder sein dürfe, weichen wir der Frage aus, wie die Erziehung zur Beherrschung unserer aggressiven Neigungen beschaffen sein soll. Auf diese Weise versuchen wir jeden einzelnen zu zwingen, seine aggressiven Neigungen zu unterdrücken, da wir ihn nicht darin unterwiesen haben, wie er sie beherrschen oder neutralisieren kann, und ihm auch keine Ersatzobjekte zu ihrer Abreaktion zur Verfügung gestellt haben. Das ist der Grund, weshalb so viele Menschen danach verlangen, wenigstens eine imaginäre Befriedigung ihrer aggressiven Neigungen in den Phantasieszenen von Gewalt zu finden, die uns die Massenmedien liefern.

Wenn diese Gewaltszenen immer mehr in den Vordergrund gerückt sind, sogar in den angeblich objektiv berichtenden Nachrichtensendungen, so ist dies ein Anzeichen dafür, wie weitverbreitet die Faszination durch Gewalt und das Bedürfnis nach imaginärem Abreagieren aggressiver Neigungen sind. Ganz falsch ist es jedoch, anzunehmen, daß die Nachrichtensendungen, die der Gewalt so große Bedeutung beimessen, dies durch ebenso groß herausgestellte Berichte über friedliche, kooperative Leistungen kompensieren würden – obwohl diese zumindest genauso häufig und für die Gesellschaft wesentlich wichtiger sind als die Beispiele von Gewaltausübung. Diese einseitige Berichterstattung erweckt den Eindruck, daß nur Gewalt aufregend und gewaltlose Errungenschaften langweilig seien.

In vielen Sendungen, in denen es überaus gewalttätig zugeht, wird kaum ein Unterschied gemacht zwischen der Gewalt der Kriminellen und jener Gewalt, die im Namen des Gesetzes ausgeübt wird. Das erweckt den Eindruck, daß es einfach keine Möglichkeit gebe, Gewalt mit annehmbaren Mitteln unter Kontrolle zu halten. Die elterliche Forderung nach Unterdrückung aggressiver Neigungen im Verein mit der durch Gewalt hervorgerufenen Angst wobei Gewalt als allgegenwärtig und nur durch Gegengewalt beherrschbar dargestellt wird – sowie mit den Anreizen zu gewalttätigem Handeln, die von den Medien ausgehen, verstärkt die aggressiven Neigungen mancher Menschen in einem solchen Ausmaß, daß es unmöglich wird, sie noch länger zu leugnen oder zu beherrschen. Das kann dann zu jähen Ausbrüchen aggressiven Handelns führen.

Diese Ausbrüche erregen Aufsehen, und weil sie so spektakulär sind, erwecken sie sogar den Eindruck, wir lebten in einem Zeitalter der Gewalt.

Daher rufen wir lautstark nach noch konsequenterer Unterdrückung selbst kleiner Ausbrüche von Gewalt, die als Sicherheitsventil fungieren könnten, indem sie durch teilweises Abreagieren das Aggressionsniveau des einzelnen auf ein für ihn erträgliches Maß senken würden. Selbst Psychoanalytikern ist Freuds Todestrieb ein bißchen verdächtig, weil wir uns vormachen, daß nicht sein kann, was nicht sein darf; jeder Beweis für das Gegenteil wird einfach ignoriert oder wegdiskutiert, zum Beispiel mit Hilfe der Theorie, Gewalt werde nur durch Frustration hervorgerufen.[4]

Wir kommen nicht daran vorbei, uns vernünftig Rechenschaft abzulegen über unsere »Tiernatur«. Wir werden niemals die richtige Einstellung zur Gewalt finden, wenn wir nicht bereit sind, sie als Teil der menschlichen Natur zu sehen. Wenn wir uns mit diesem Gedanken hinlänglich vertraut gemacht und erkannt haben, daß es notwendig ist, unsere aggressiven Neigungen zu zähmen, dann wird es uns vielleicht in einem langsamen und mühevollen Prozeß gelingen, sie tatsächlich zu domestizieren, zuerst bei uns selbst und sodann auf dieser Grundlage auch in der Gesellschaft. Es wird uns jedoch nie gelingen, unsere Neigung zur Gewalt zu beherrschen, solange wir von der Annahme ausgehen, weil es Gewalt nicht geben *sollte,* könnten wir einfach so tun, als gebe es sie wirklich nicht.

Gewalttätiges Handeln ist natürlich der kürzeste Weg zur Verwirklichung einer Wunschvorstellung. Gewalt ist ihrem Wesen nach so primitiv, daß sie grundsätzlich ungeeignet ist, uns die subtileren Befriedigungen zu verschaffen, nach denen wir streben. Das ist der Grund, weshalb Gewalt ganz am Beginn der Entwicklung des Menschen zu einem sozialen Wesen steht. Die Heldensagen, die den Eintritt des Menschen in eine zivilisiertere und humanere Welt markieren, sind vom Thema der Gewalt durchdrungen, und Gewalt ist auch charakteristisch für unseren eigenen Eintritt ins Leben. Oft lassen die heftigen Wutanfälle, die so typisch für das Kind sind, das sich anschickt, ein komplexes menschliches Wesen zu werden, beides erkennen: erstens, daß aggressive und destruktive Ausbrüche unserer aufkeimenden Fähigkeit vorausgingen, innere Antriebe zu meistern und konstruktiv mit den Problemen umzugehen, die sich aus der Tatsache ergeben, daß die Außenwelt oft frustrierend ist, und zweitens, daß wir diese Fähigkeit erlangen müssen, um mit uns ins reine zu kommen.

Obwohl wir uns nicht gerne eingestehen, wie universell dies ist, könnte uns schon eine Geburtstagsfeier mit glücklichen, normalen Kindern eines besseren belehren. Das Geburtstagskind wird in dem ganz natürlichen Wunsch, möglichst schnell an das mit Spannung erwartete Geschenk zu kommen, das Geschenkpapier mit ein paar raschen Griffen von der Schachtel herunterreißen. Und wenn die Schachtel dabei auch etwas abbekommt, obwohl sie vielleicht zum Geschenk gehört, ist das eben Pech. So gebiert Verlangen Gewalt, und Gewalt kann das ersehnte Objekt zerstören. In dieser wie mancher anderen Hinsicht ist Gewalt ebenso natürlich wie unwirksam. Sie erreicht selten ihr Ziel, oder sie erreicht es und zerstört es gleichzeitig. Sicher, das Abreagieren ist selbst ein Ziel – aber wenn wir unsere Wut abreagiert haben, fragen wir nicht mehr danach, was sie eigentlich ausgelöst hat, und suchen auch nicht nach besseren Wegen, mit den Ursachen fertigzuwerden. Somit kann das, was uns in Wut versetzt hat, jederzeit wieder passieren und erneut zu einem Ausbruch von Gewalt führen.

Es erübrigt sich, hier die schlimmen Folgen der Gewalt aufzuzählen. Aber es gilt darüber nachzudenken, ob unsere Einstellungen zur Gewalt vernünftig sind angesichts unseres Zieles, sie einzudämmen, und welche Methoden unseren Zielen dienlicher sein könnten.

Wenn wir über Gewalt nachdenken, übersehen wir oft das Naheliegende: ob Gewalt angewandt wird oder nicht, hängt einzig und allein davon ab, welche anderen Lösungen der Person, die mit einem Problem konfrontiert ist, zur Wahl stehen. Äschylos hat das gewußt, und deshalb habe ich an die *Orestie* erinnert. Darin bietet Athene als Ersatz für die Rächung eines Mordes etwas an, was besser ist als ein neuer Mord. Zur Gewalt greift, wer für ein Problem, das ihm zu schaffen macht, keine andere Lösung weiß; das zeigt sich am deutlichsten in den Kämpfen rivalisierender Banden.

Heute werden wir ständig mit Bildern vom »guten Leben«, von Besitz und Konsum bombardiert, aber sehr vielen Menschen bleibt der Weg zum Konsumentenparadies verschlossen. Das gilt vor allem für viele junge Leute, die noch kein sicheres Plätzchen in unserem Wirtschafts- und Gesellschaftssystem gefunden haben, und dies ganz besonders, wenn sie aus gesellschaftlichen Randgruppen stammen. Sie sehen sich oft außerstande, sich das zu verschaffen, was nach ihrer Meinung auch nur die minimalste Befriedigung der Ansprüche darstellen würde, die wir in ihnen wecken. So sehen sie keinen anderen Weg, ihre Ziele zu erreichen, als den Weg der Gewalt, und Frustration sowie die durchaus reale Chance, der Strafe für ihr gewalttätiges Verhalten zu entgehen, verstärken nur noch die Versuchung, Gewalt auszuüben. Sie wurden in keiner Weise dazu erzogen, ihren Drang nach Gewaltanwendung zu beherrschen, weil in ihrer gesamten Erziehung die Existenz eines solchen Dranges geleugnet wurde.

Yablonsky bemerkt in einer Analyse der Bedingungen für die Entstehung von Banden Jugendlicher[5] ironisch, daß sich in den Ansichten der Bandenmitglieder lediglich die offiziellen Moralvorstellungen spiegeln. Die Bandenmitglieder streben mit gewaltsamen Mitteln nach denselben Grundwerten, die auch den angesehenen Mitgliedern der Gesellschaft vorschweben:

Erfolg und Ansehen bei Gleichrangigen. Ein Jugendlicher, der einen Menschen getötet hatte, erklärte sein Handeln wie folgt: »Keiner soll besser sein und mich um mein Ansehen bringen... In einem Kampf gegen eine andere Bande schlage, trete und steche ich härter als jeder andere.«
Yablonsky meint dazu, die Tatsache, daß unbedachte, nicht vorausgeplante Gewalt der Bande am meisten imponiert, weise darauf hin, welche Funktion die Gewalt für sie erfüllt. Da sie es aufgegeben haben, nach Alternativlösungen zu suchen, oder besser gesagt, da sie überzeugt sind, daß es für sie keine andere Alternative gibt, sehen diese jungen Leute in der Gewaltanwendung einen raschen, beinahe magischen Weg zu Macht und Ansehen. Mit einem einzigen Akt von nicht vorausberechneter Intensität, der keinen anderen Zweck hat als den, sich selbst und den anderen zu beweisen, daß man zu verbrecherischem Handeln fähig ist, versuchen die Bandenmitglieder, sich von ihrer eigenen Existenz und damit andere von ihrer Macht und Stärke zu überzeugen.
Unglücklicherweise sind Banden Jugendlicher nur extremes Ergebnis einer Situation, die Gewalt auch unter normalen, anständigen Bürgern hervorruft. Obwohl überall in den Vereinigten Staaten ähnliche Situationen herrschen, findet sich eine typische Darstellung dieser Zusammenhänge in Lewis' *Children of Sánchez*[6], dessen Schauplatz das großstädtische Mexiko City ist. Jesus Sánchez erzählt seine Geschichte, die Lebensgeschichte eines Mannes, der tief in den alten Wertvorstellungen seines Heimatdorfes verwurzelt ist, aber den verzweifelten Wunsch hat, am Leben in einer großen Industriestadt des 20. Jahrhunderts teilzunehmen. Wir erleben, wie er mit seinen Ambitionen immer wieder Schiffbruch erleidet. Trotzdem läßt er sich nicht unterkriegen, wird er zu übermenschlichen Leistungen getrieben durch den Wunsch, wenigstens zu erreichen, daß seine Kinder Erfolg haben in dieser Welt, die so verlockend und doch auf Schritt und Tritt auch frustrierend ist. Schließlich treiben Frustration und die Tatsache, daß Sánchez keinen anderen Ausweg sieht, ihn und seine Kinder zu Gewalttaten einfach deshalb, weil sie keine andere Lösung sehen.
Aber nicht nur in der Unterklassenwelt der Bande oder bei Sánchez' Kindern ist das Gefühl anzutreffen, daß es keine Alternative und keinen Ausweg gibt. Unsere ganze Gesellschaft scheint vielmehr von dem Glauben durchdrungen, daß es uns an Alternativen mangelt. »Rot oder tot« war einst ein Schlagwort, das uns glauben machen wollte, wir müßten uns entweder auf die umfassendste Gewaltanwendung vorbereiten, indem wir Waffen mit ständig zunehmendem Vernichtungspotential herstellen, oder aber bereit sein, uns widerstandslos dem Kommunismus zu unterwerfen, falls er eines Tages an unsere Tür klopfen sollte. Diese Art von Resignation,

die sich auf das vermeintliche Fehlen von Alternativen gründet, durchdringt sogar unsere Einstellung gegenüber Schulleistungen und Noten und weiterhin unser gesamtes Lebensgefüge.
Wir leben keineswegs in einem Zeitalter, in dem es mehr Gewalt gibt als früher – im Gegenteil. Ich verweise nur auf die fast vollständige Abschaffung der Todesstrafe und darauf, daß öffentliche Hinrichtungen keine Volksbelustigung mehr sind. Tatsache ist, daß die Möglichkeiten, aggressive Neigungen auf sozial gebilligte Art und Weise zumindest ersatzweise abzureagieren, heute so stark eingeengt sind, daß ein geregeltes und unschädliches Abreagieren nicht mehr möglich ist.
Die entscheidenden Fragen lauten: Wie ist sparsamer Umgang mit Gewalt möglich? Welche Möglichkeiten gibt es, sie auf relativ harmlose, wenn schon nicht sozial nützliche Art abzureagieren? Das Leben auf dem Dorf bot dem Kind zumindest ab und zu die Gelegenheit zur ersatzweisen Befriedigung des Aggressionstriebs. In meinem Heimatland Österreich war das Schweineschlachten jedesmal ein Höhepunkt im Leben der Dorfkinder. Holzhacken und ähnliche Formen aggressiver Eingriffe in die Natur stellten sozial nützliche Formen des Abreagierens dar und trugen zum Wohlbefinden der Familie bei. Diese Arten der Abfuhr waren unschädlich; sie riefen keine Gegenaggression in dem Objekt hervor.
Kämpferische Sportarten, ob man nun aktiv oder als Zuschauer an ihnen teilnimmt, sind kein wirklicher Ersatz, weil sie erstens Kampflust und aggressive Konkurrenzgefühle bis zum Siedepunkt anheizen und weil zweitens immer nur die eine Seite gewinnen kann, die andere aber verlieren muß und jedes verlorene Spiel mehr Aggression aufbaut, als der Spieler vielleicht während des Wettkampfes abgebaut hat.

Wenn unser Erziehungs- und Bildungswesen die Aggression als Tatsache anerkennen würde, dann würden unsere Kinder vielleicht nicht stundenlag vor dem Fernseher sitzen, um ein bißchen Gewalt mitzubekommen. Nach unseren Erfahrungen an der Orthogenic School wollen Kinder etwas über Aggression erfahren, sie nicht nur einfach abreagieren – obwohl sie das natürlich auch wollen. Die Geschichten beispielsweise, die heutzutage in unseren Klassenzimmern gelesen werden, enthalten keinerlei Beispiele für aggressives Handeln; keines der Kinder in diesen Geschichten schlägt einmal zu, wird wütend oder macht in einem Wutanfall etwas kaputt. Das Schlimmste, was sie jemals tun, ist, andere ein bißchen zu ärgern oder zu schmollen. Es herrscht immer eitel Friede und Sonnenschein.
Vielleicht lag doch ein wenig psychologische Weisheit in jenen altmodischen Lesebüchern, die dem Kind immer wieder vor Augen führten, welch

grausames Schicksal den Übeltäter ereilt. Diese Geschichten flößten den Kindern zwar Angst ein, ermöglichten aber immerhin eine gewisse ersatzweise Abfuhr feindseliger Gefühle. Da die Kinder auf diese Weise zumindest teilweise von ihren feindseligen Gefühlen befreit wurden, konnte man ihre positiven Neigungen für den Lernvorgang nutzbar machen. Wir könnten es sogar noch besser machen: Wir könnten den Kindern durch Lesebuchgeschichten sagen, daß die Leute manchmal wütend aufeinander werden und zu streiten anfangen, daß sie sich aber hinterher auch wieder vertragen und unter dieser Voraussetzung besser miteinander leben können. Es ist kennzeichnend für unsere Kultur, daß wir, indem wir die Kinder zu einem ausgeprägten Wettbewerbsdenken anhalten, jene aggressiven Gefühle verstärken, die den Wettbewerb tragen, gleichzeitig aber die Aggression selbst tabuisieren. Und obwohl Kinder vieles erfahren, was sie in ohnmächtige Wut versetzt, verlangen wir von ihnen, daß sie diese Wut nicht äußern.

Einer unserer Schüler war bei verschiedenen Pflegeeltern aufgewachsen, die ihn alle schlecht behandelt hatten. In der Schule war er unfähig zu lernen und mußte die erste Klasse dreimal wiederholen. Schließlich landete er an der Orthogenic School, aber auch hier lernte er nicht, einfache Worte wie »komm bleib bei mir« zu lesen, weil noch nie jemand gerne mit ihm zusammen gewesen war, niemand ihn freundlich aufgefordert hatte, bei ihm zu bleiben. Aber nachdem wir ihm klargemacht hatten, daß – angesichts seiner bisherigen Erfahrungen – sein Zorn und seine feindseligen Gefühle berechtigt waren, lernte er relativ schnell so komplizierte Wörter wie *kämpfen, Soldat, Unterseeboot* und *Feuerwehrmann* zu lesen und in Druckbuchstaben zu schreiben – alles Begriffe, die mit seinen vorherrschenden Gefühlen in Einklang standen. Die ersten beiden dieser Wörter hingen mit seinem Wunsch zusammen, gegen eine Welt zu kämpfen, die ihn schlecht behandelt hatte, sowie mit dem Berufsstand, der besonders dafür ausgerüstet ist, Krieg zu führen. Das dritte Wort spiegelte seinen Wunsch, sich zu verstekken – und damit in Sicherheit zu sein – und gleichzeitig diejenigen anzugreifen, die sich an der Oberfläche ein schönes Leben machten, im Gegensatz zu seinem eigenen Leben, das sich seiner Meinung nach unter der Oberfläche abspielen mußte. Das vierte Wort läßt darauf schließen, daß er, nachdem er auf diese Weise seine übermächtige Wut in der Phantasie abreagiert hatte, nun zu der Einsicht kam, das Feuer seiner Wut könne von jemandem gelöscht werden, der sich auf dieses Geschäft verstünde.

Wenn wir jedoch den Kindern Gelegenheit geben, in Erfahrung zu bringen, was in ihrer Seele an vorderster Stelle steht, oder besser gesagt, was darin am tiefsten verschüttet ist, dann lernen sie »wie besessen«[7], wie die Maori-Kinder in Ashton-Warners *Spinster*.[8] Die Heldin dieses Buches, eine Lehrerin, stellt fest, daß ihre Maori-Schulkinder selbst aufregende Geschichten schreiben können; nur sind es Geschichten, die nicht »Spaß mit Thomas und Sabine«, sondern eher »Auf wen ich eine Wut habe« betitelt sein müßten. Ein Kind namens Tame schreibt:

Ich bin fortgelaufen
von meiner Mutter
und hab mich versteckt
vor meiner Mutter
in der Hütte versteckt
und dann lief ich heim
und bekam Prügel.

Als die Lehrerin das liest, nimmt sie die Fibel zur Hand und schlägt eine Seite mit einer Geschichte zum Lesenlernen auf. Diese Geschichte lautet:

Mutter ging in ein Geschäft.
Ich möchte eine Mütze, sagte sie.
Ich möchte eine Mütze für John.
Sie sah eine braune Mütze.
Sie sah eine blaue Mütze.
Mir gefällt die blaue Mütze, sagte sie.

Irini, eine Sechsjährige, erkundigt sich bei der Lehrerin nach der Schreibweise einiger Wörter und schreibt dann eifrig. Schließlich zeigt sie der Lehrerin, was sie geschrieben hat:

Mami sagt zu Papi
gib mir das Geld sonst
kriegst du Schläge.
Papi schreit Mami an
Papi gab Mami
das Geld. Wir hatten
eine Feier. Mein Vater
trank das ganze Bier
allein aus. Er war betrunken.

Die Lehrerin blättert wieder in der Fibel und findet eine Geschichte über Eltern:

Schau das grüne Haus.
Vater ist drin.
Es ist auch Vaters Haus.
Da ist Mutter
Sie ist in dem grünen Haus.
Sie sieht uns.
Laufen wir zur Mutter.

Es ist leicht zu erkennen, was die Unterschiede zwischen den britischen Fibeln und den Geschichten der Maori-Kinder bedeuten. Ashton-Warner berichtet, daß sie »Schlüsselwörter«, wie sie es nennt, finden mußte, um ihre Maori-Kinder für das Lesen und Schreiben zu interessieren.

Lange bevor dieses Buch erschien, hatten uns die Kinder in der Orthogenic School schon zu ähnlichen Schlußfolgerungen genötigt. Wenn wir diese Kinder zum Lernen animieren wollten, mußten wir sie überzeugen, daß Lesen, Schreiben und Rechtschreibung ihnen in den Dingen helfen könnten, die ihnen am meisten am Herzen lagen. Wenn wir das taten, waren Kinder, die sich jahrelang gesträubt hatten, auch nur die einfachsten Wörter zu lernen – Kinder, die unfähig gewesen waren, anhand von Fibeln lesen zu lernen, in denen das Leben immer nur heiter und schön war, während sie aus einer Welt voller Wut und Gewalt kamen –, auf einmal ganz begierig, lesen zu lernen. Manche, die in mehreren Jahren nicht ein einziges Wort lesen gelernt hatten, lernten jetzt innerhalb von vierzehn Tagen, hundert oder mehr Wörter zu erkennen, zu lesen und richtig zu schreiben.

Wenn wir glaubten, daß sie dafür reif waren – das heißt, wenn wir spürten, daß die aufgestaute Abneigung dieser Kinder gegen das Lernen geschwunden war –, machten wir sie in kurzen, für sie verständlichen Worten beispielsweise mit dem Gedanken vertraut, daß es manchmal guttut, seine zornigen Gedanken niederzuschreiben, und daß man damit niemandem schadet. Auch sagten wir ihnen, daß es die größte Schwierigkeit im Leben und beim Lernen, aber deshalb auch eine der wichtigsten Aufgaben für uns alle sei, mit unseren eigenen furchteinflößenden Gedanken fertigzuwerden. Es sei uns aber eine große Hilfe, Wörter zu lernen, die uns helfen, das furchteinflößende Ereignis von dem zu trennen, was wir nur über dieses Ereignis denken. Das liege daran, daß zwar furchteinflößende Ereignisse, die wirklich stattfinden, uns sehr zusetzen können, daß es aber unnötig sei, über sie nachzudenken, von ihnen zu reden oder über sie zu lesen. Auf diese Weise, so erklärten wir ihnen, können wir Dinge, vor denen wir uns fürchten, verstehen und bewältigen lernen.

Nach einer solchen Erklärung suchten sich drei Kinder *scary* (furchteinflößend), *fire* (Feuer) und *hit* (schlagen) als die ersten Wörter aus, die sie lernen wollten. Mir scheint, daß die Kinder mit diesen drei Wörtern unbewußt ein Programm dafür skizzierten, wie man mit destruktiven Neigungen fertigwerden kann, zumindest im Zusammenhang mit dem Lernen in der Schule. Von diesen Wörtern bezieht sich eines, *hit,* auf Gewalt, das zweite, *fire,* auf Zerstörung durch Naturkräfte, und das dritte, *scary,* auf das Ergebnis von Aggression und Destruktion.

Wenn wir Kindern erlauben, offen über ihre aggressiven Neigungen zu sprechen, können sie auch dahin kommen, den furchteinflößenden Charakter dieser Neigungen zu erkennen. Nur diese Erkenntnis kann zu etwas Besserem führen als zu Verleugnung und Unterdrückung einerseits und zu Gewaltausbrüchen andererseits. So kann mittels Erziehung bei Kindern die Überzeugung gefördert werden, daß man, um sich selbst zu schützen und furchteinflößende Erfahrungen zu vermeiden, eine konstruktive Einstellung zur Aggressivität finden muß, sowohl der eigenen wie der anderer.

Eine kleine Auswahl emotional aufgeladener Wörter, die die Kinder an der Orthogenic School im allgemeinen lesen lernten, nachdem sie sie ein einziges Mal gesehen hatten, und die sie schon nach wenigen Wiederholungen buchstabieren und schreiben konnten, ist: *fire* (Feuer), *knife* (Messer), *cut* (schneiden), *crash* (zertrümmern), *shoot* (schießen), *kill* (töten), *hit* (schlagen), *bite* (beißen), *teeth* (Zähne), *cry* (schreien, weinen), *fight* (kämpfen), *jail* (Gefängnis), *scream* (schreien), *yell* (schreien, brüllen). Wenn man überlegt, wieviel Aggression diese Wörter enthalten, wird einem klar, warum die Kinder sie so bereitwillig lernen.

Nicht minder aufschlußreich ist es zu sehen, wie ähnlich die von emotional gestörten Kindern in den USA bevorzugten Wörter denen sind, die Ashton-Warners normale Maori-Kinder lesen lernten: »Rangi, deren Leben aus Liebe und Küssen und Prügeln und Kämpfen und Angst vor der Polizei besteht und die vier Monate brauchte, um ›komm‹, ›schau‹ und ›und‹ zu lernen, braucht nur vier Minuten, um die folgenden Wörter zu lernen: Fleischermesser, Gefängnis, Polizei, singen, schreien, küssen, Papi, Mami, Rangi, kämpfen.«

Jedes der Kinder an der Orthogenic School suchte sich andere Wörter zum Lernen aus, weil für jedes andere Wörter eine starke emotionale Bedeutung hatten. Aber das Interessante ist, daß alle Kinder alle diese emotional befrachteten Wörter lernten, auch diejenigen, die ihnen selbst nicht soviel bedeuteten, wenn sie sahen, daß es Wörter waren, die einem anderen Kind etwas bedeuteten. Auf diese Weise lernten sie nicht nur gemeinsam, sondern nahmen auch einer an des anderen Gefühlen teil.

Während wir unsere Lehrmethode weiterentwickelten, wurde uns klar, daß zornige oder furchteinflößende Wörter manchmal zu starke Emotionen weckten. Wir stellten daraufhin zahlreiche Wortkategorien auf, von denen das Kind sich eine zum Lernen aussuchen konnte, Kategorien wie zornige Wörter, furchteinflößende Wörter, mitteilende Wörter, nette Wörter, herzliche Wörter und unfreundliche Wörter.

Zu den netten Wörtern, die sich die Kinder aussuchten, gehörten *orange juice* (Orangensaft), *milk* (Milch), *play* (Spiel, spielen) und *hot dog*. Daraus erfahren wir einiges über die befriedigenden Erlebnisse, die die Kinder zum Ausgleich ihrer Aggressionen brauchen. Angesichts der Tatsache, daß die meisten Lesebücher fast ausschließlich Wörter enthalten, die wir als nette Wörter bezeichnen würden, ist es interessant, daß die Kinder unfreundliche und furchteinflößende Wörter viel rascher lernen und besser behalten als selbst diejenigen netten Wörter, die sie sich selbst zum Lernen ausgesucht haben. Diese nicht so sehr netten Wörter sind es, die sie lesen und schreiben möchten, wenn sie eine Chance dazu bekommen, weil sie damit die wichtigen Gefühle ausdrücken können, die sie nach den Wünschen der Erwachsenen gar nicht haben, also verleugnen und unterdrücken sollen. Das wird auch durch das bestätigt, was die Kinder heimlich an die Wände öffentlicher und halböffentlicher Räume wie Toiletten kritzeln. Sie schreiben diese Wörter nicht nur deshalb an die Wände, weil sie sie normalerweise nicht lesen und schreiben dürfen; sie tun es auch, um ihre Interessen zu behaupten, vor allem aber, um den Erwachsenen zu trotzen und ihrem Wunsch Ausdruck zu geben, unabhängig und sogar im Widerspruch zu den Forderungen der Erwachsenen handeln zu können. Dieser Wunsch ist es, der später zu Ausbrüchen von Gewalttätigkeit führen kann.

Um einen Vergleich zwischen selbstmotiviertem und von Erwachsenen vorgeschriebenem Lernen zu ziehen: Die Kinder, mit denen wir arbeiteten, lernten zwar nicht wie Rangi in *Spinster* zehn Wörter in vier Minuten, aber einer unserer Jungen, der nur mühsam vier nette Wörter im Laufe eines Tages gelernt hatte, lernte an demselben Tag zehn selbstgewählte zornige Worte, darunter so schwierige wie *witch* (Hexe), *tornado* und *fighting* (kämpfen). Daraus geht hervor, daß der Wunsch, das auszudrücken und zu bewältigen, was uns wichtig ist, ein starker Beweggrund ist, ein Wort – und damit die Erscheinung, die es bezeichnet, sei diese angenehm oder unangenehm – lesen und verstehen zu lernen. Um zu lernen, was es mit den drükkendsten Problemen der Welt und unseres eigenen Lebens auf sich hat und wie man mit ihnen fertig wird, müssen wir auch unsere eigenen Gefühle und damit unsere Aggressivität kennenlernen: wie sie wirklich beschaffen ist, welches ihre Ursachen sind, welche (bedauernswerten) Folgen sie hat und wie man diese vermeiden kann. Verleugnung und Verdrängung führen zu nichts; Bewältigung durch Verstehen ist immer noch die beste Art, unsere Kinder für den Umgang mit ihren eigenen schwierigen und schädlichen Gefühlen zu wappnen, unter denen ihre aggressiven Neigungen die gravierendsten Probleme für sie selbst und die Gesellschaft verursachen. Aber bisher ist es uns noch nicht gelungen, die Aggression zu zähmen.

Ein britischer Physiker, der Spekulationen über die Entwicklung des Menschen in nächster Zukunft angestellt hat, kam zu dem Schluß, daß wir erst dann, wenn wir mit unserem Handeln keinen Erfolg erzielen, darauf zurückgreifen, durch Nachdenken praktikable Lösungen zu finden.[9] Er schreibt: »Denken wird aus Versagen geboren. Erst wenn Handeln die Bedürfnisse des Menschen nicht befriedigt, kommt Denken ins Spiel. Sich auf ein Problem konzentrieren heißt, einen Mangel an Anpassung eingestehen, über den wir nachdenken müssen. Und je größer das Versagen, um so gründlicheres Nachdenken ist erforderlich.«

Freud sprach vom Denken als der ausschließlich menschlichen Fähigkeit, mit dem geringstmöglichen Aufwand an Energie und dem geringstmöglichen Risiko zu handeln.

Anstatt die Gewalt einfach zu ächten, sollten wir von möglichst jungen Jahren an und unser ganzes Leben lang sehr ernsthaft über sie nachdenken: darüber, was bei uns und anderen die Ursachen der Gewalt sind, wie zu verhindern wäre, daß diese Ursachen auftreten oder daß sie gewalttätiges Handeln auslösen, wie die durch aggressive Gefühle aktivierte Energie für konstruktives Verhalten nutzbar gemacht werden könnte und, falls dies alles nicht möglich sein sollte, wie Gewalt auf solche Weise einzudämmen wäre, daß dadurch nicht der neuerliche Wunsch nach gewalttätigem Verhalten geweckt wird. Voraussetzung dafür wäre, daß wir uns wirklich der Tatsache bewußt werden, daß die Neigung zu gewaltsamem Handeln ein Teil unserer natürlichen Veranlagung ist. Da sie aber der Teil ist, der immer noch unsägliche Schwierigkeiten verursacht, sollten wir uns sorgsam denkend und planend der Aufgabe widmen, diese emotionalen Energien, die sich ansonsten in Gewaltausbrüchen entladen können, zu zivilisieren und zu verfeinern, mit einem Wort, zu sublimieren. Es liegt auf der Hand, daß solche lebenslange Sublimierung das Gegenteil von der Erklärung ist, aggressive Neigungen sollte es gar nicht geben dürfen oder die Neigung zu gewalttätigem Handeln sei nicht universell, das Gegenteil davon, daß aggressive Gedanken und Phantasien unterdrückt werden, aus Furcht, sie könnten sich in gewalttätigen Aktionen entladen. Wenn wir die wohlfeile, aber untaugliche Lösung ablehnen, unsere aggressiven Neigungen zu leugnen oder zu unterdrücken, dann können wir lernen, jederzeit rational mit ihnen umzugehen. Täten wir dies, dann müßten wir nicht so viele Mißerfolge im Umgang mit der Gewalt erleiden und lernten vielleicht, allein durch Denken mit der Gewalt zurechtzukommen, auf eine Weise also, die möglichst wenig Gefahr für uns und andere mit sich bringt.

Deutsch von Rudolf Hermstein

1 Robert Warshaw, *The Immediate Experience,* (Garden City: Doubleday, 1962).

2 Simone Weil, »The *Iliad,* or the Poem of Force«. *Politics,* 2, 11 (November 1945), Seite 321–32.

3 F. Wertham, *Seduction of the Innocent,* (New York, Rinehart, 1953).

4 Es stimmt natürlich, daß wir frustriert und verärgert sind, wenn wir unseren Willen nicht bekommen; und dann kommt es vor, daß wir ohne Rücksicht auf Verluste unseren Willen mit Gewalt durchzusetzen versuchen. Aber in der Mehrzahl der Fälle führt Frustration zu passivem Nachgeben. Es hängt alles davon ab, ob der Betreffende eher zur gewaltsamen Durchsetzung seiner Wünsche oder eher zur Resignation neigt. Auch werden besonders schmerzlich empfundene Frustrationen oft nicht von anderen oder durch äußere Umstände verursacht, sondern sind die Folge unserer Unzufriedenheit mit uns selbst, weil wir nicht so sein können, wie wir gerne sein möchten. Nur wer zu wenig Selbstbeherrschung besitzt und die starke Neigung hat, innere Schwierigkeiten auf andere zu projizieren, wird Enttäuschung über sich selbst in aggressive Ausbrüche gegen andere umsetzen.

5 L. Yablonsky, »The Violent Gang«, *Commentary* 30 (August 1960).

6 Oscar Lewis, *Die Kinder von Sánchez,* (Wien: Econ-Verlag, 1963).

7 Die im Englischen dafür gebräuchliche Redewendung »learning fast and furiously« (»rasend schnell lernen«) zeigt, wie bekannt (wenn auch kaum bewußt) uns die Tatsache ist, daß wir rasch und gut lernen, wenn wir uns dadurch auch unserer Wut entledigen oder, wie man sagt, »ein Problem angehen« können.

8 Sylvia Ashton-Warner, *Spinster,* (New York: Simon and Schuster, 1958).

9 L. L. Whyte, *The Next Development in Man,* (New York: New American Library, 1950).

Geistige Gesundheit und Städteplanung*

Wenn wir uns mit Problemen der Städteplanung in ihrem Zusammenhang mit der geistigen Gesundheit von nordamerikanischen Innenstadtbewohnern, von denen viele farbig sind, befassen, ist es sicher erlaubt, mit einem westafrikanischen Sprichwort zu beginnen: »Es gibt kein Heim, das nicht doppelt so schön wäre wie die schönste Stadt.« Ich möchte hinzusetzen: Falls dieses Heim Befriedigung in der Gegenwart und die Verheißung einer besseren Zukunft bietet.

Warum sprechen wir vom Heim, wenn es bei den hier gestellten Problemen um die in Innenstädten vorherrschenden Raumgestaltungen und um ihre Auswirkung auf die geistige Gesundheit der Bewohner geht, und auch darum, wie sie verbessert werden könnten, um die geistige Gesundheit der dort aufwachsenden Kinder zu fördern? Weil besonders bei Kindern die geistige Gesundheit im Heim geschaffen oder gestört wird. Für die Lebenssicht des Kindes ist prägend, wie es sein Heim erlebt und was darin vorgeht. Man könnte dies die menschliche Dimension in der Planung des Heims nennen. In der Innenstadt ist sie, wie auch sonst überall, das Schlüsselelement, das unser Leben formt, und das Maß dieser kritischen Dimension ist nicht der Raum, sondern die Zeit – namentlich die Zukunft. Die Umwelt des Heims muß Hoffnung auf die Zukunft wecken, wenn das Kind zu einem geistig gesunden Erwachsenen heranreifen soll.

In welchem Maß beeinflußt die dingliche Umwelt die Psychologie der Hoffnung?

Um die faszinierenden Erkenntnisse über die Übervölkerung und ihre Fol-

* Dieser Aufsatz entstand als Beitrag zu einem Symposion unter dem Thema *The Social Impact of Urban Design*, unter demselben Titel erschien eine Veröffentlichung (Chicago: The University of Chicago Center for Policy Study, 1971). Der Aufsatz ist darin als Kapitel unter der Überschrift »Mental Health in the Slums« enthalten (Seite 31–47) und hier mit einigen Ergänzungen und Streichungen abgedruckt.

gen, wie sie am Verhalten von Ratten getestet wurden, ist viel Aufhebens gemacht worden. Diese Erkenntnisse gelten weithin als Beispiel dafür, was die Übervölkerung den Menschen anzutun vermag – das heißt, wenn sie wie Ratten leben.[1] Parallelen zwischen dem tierischen und dem menschlichen Verhalten zu ziehen, ist zwar spannend, aber auch fragwürdig, und aus solchen Parallelen Rückschlüsse auf den Menschen zu ziehen, ist höchst gefährlich.

Manche Biologen, allen voran Huxley, haben den wichtigen Gedanken vorgetragen, der Mensch sei zwar eine sehr junge Spezies und noch stark in Evolution begriffen, er entwickle sich jedoch nicht mehr im zoologischen Sinn. Unsere Instinkte und Körperorgane entwickeln sich nicht weiter. Statt dessen vervollkommnen wir – im Gegensatz zu den Tieren – unsere Werkzeuge, unsere Maschinen, unser Denken und unsere sozialen Organisationen. Huxley ist überzeugt, und ich bin es auch, daß unsere nächsten Schritte in der Evolution psycho-sozialer Art sein müssen, und daß ein Teil dessen, was sich entwickeln soll, unsere Wohnumwelt sein muß. Daß Ratten in Löchern leben, beruht auf instinktivem Verhalten, nicht auf Nachdenken und Planen. Dies ist ein Grund mehr dafür, daß Stadtplaner sich nicht bei den Ratten Rat holen sollten und daß Rückschlüsse auf den Menschen, die man beispielsweise aus dem Verhalten der Ratten und aus ihrer Reaktion auf Übervölkerung zieht, irrig sind. Tiere können nur instinktiv reagieren; der Mensch kann aber mit Organisation und mit seinen sozialen Institutionen, mit Planung und Entwurf sehr viel unternehmen, um den verheerenden Folgen der Übervölkerung entgegenzuwirken.

Es ist spannend, einmal darüber nachzudenken, welche Tiere der Mensch auswählt, um sie zu untersuchen und von ihnen zu lernen. Einmal frißt ein Hund den andern, ein andermal ist er der beste Freund des Menschen und ein Sinnbild selbstloser Hingabe. Einmal ist der Wolf das böse Tier, das man nicht ins Haus lassen darf, ein andermal zieht die Wölfin ausgesetzte Kinder groß.[2] Einmal kommen Affen besser mit einem plüschbezogenen Drahtgeflecht als mit einer Mutter zurecht, ein andermal können sie nicht ohne einen lebendigen Affen als Gefährten leben.[3] Einmal töten Tiere in einem überfüllten Gehege einander, ein andermal überleben sie durch gegenseitige Hilfeleistung im engen Zusammenleben.

In meiner Jugend wurden ganz andere Tiere eingehend erforscht, und die Nutzanwendung auf das menschliche Leben, die sich aus ihrer Lebensweise aufzudrängen schien, verursachte damals ebenso großes Aufsehen wie heute die Untersuchungen über das Problem der Übervölkerung bei den Ratten oder dem Sika-Hochwild oder den Stichlingen.[4] Zu meiner Zeit staunten wir über die komplizierten Gesellschaften der Ameisen, Bienen

oder Termiten. Wir interessierten uns sehr für die wunderbaren Gemeinschaften, die diese Tiere organisiert hatten, wie friedlich und gut sie im Vergleich zum Menschen zusammenlebten, wie sehr ihre hierarchische Gesellschaftsordnung dem Überleben diente, wie ausgezeichnet ihre soziale Zusammenarbeit war. Kurz: Wir lernten von diesen Tieren, wie eine geeignete Sozialorganisation den überragenden Erfolg eines Lebens selbst in dichtesten Massen gewährleisten kann.
Heute scheinen wir uns nur mit solchen Tieren und Versuchsbedingungen zu befassen, die davon ausgehen, daß das Leben in Massen an sich unerträglich ist. Was uns beeindruckt, ist nicht, was wir von Tieren lernen können, die auf engstem Raum friedlich zusammenleben, sondern was wir bei Tieren derselben Spezies beobachten, die heimtückisch um ihr Territorium kämpfen, wenn ihr Lebensraum zu eng wird – wie sie dann gegeneinander angehen, ihre Jungen vernachlässigen oder sich nicht mehr vermehren. Bei alledem hat man das unbehagliche Gefühl, daß dieses oder jenes Tier nur dann zur Untersuchung herangezogen wird, wenn das Verhalten seiner Spezies vorgefaßte Meinungen über den Menschen zu bestärken scheint, während jene Tiere unbeachtet bleiben, deren Verhalten diesen Meinungen widerspricht.
So behandelt Hall in *Die Sprache des Raumes* auf 30 Seiten, was man aus dem tierischen Verhalten zum Phänomen der Herdenbildung lernen kann. Er ist sich bewußt, daß es ebenso viele Tiere gibt, die nicht in Herden leben können, wie Tiere, die engen gegenseitigen Kontakt brauchen. Den letzteren widmet er aber weniger als eine Seite, obwohl es sachdienlich wäre, ihr Verhalten zu untersuchen, wenn wir wissen wollen, wie Tiere trotz großer Übervölkerung leben können. Er sagt, man könne »eine grundlegende ...Dichotomie in der Tierwelt beobachten. Manche Arten drängen sich zusammen und verlangen nach körperlichem Kontakt untereinander. Andere meiden die Berührung vollständig.. Sonderbarerweise können miteinander eng verwandte Tiere verschiedenen Kategorien angehören. Der große Kaiserpinguin gehört zu den geselligen Arten. Wenn er sich mit seinen Artgenossen... zusammenkauert, bewahrt er durch den Kontakt Wärme und steigert dadurch seine Anpassungsfähigkeit an die Kälte... Der kleinere Adelie-Pinguin gehört zu den ungeselligen Arten. Daher ist er etwas weniger kälteunempfindlich als der Kaiserpinguin...«[5]
Hall stellt zwar fest, das nichtkontaktfreudige Tier sei weniger anpassungsfähig – und der Mensch ist sicherlich von allen am anpassungsfähigsten –, sagt aber in seiner Abhandlung nichts weiter über den anpassungsfähigen Kaiserpinguin, sondern bespricht das Verhalten der weniger anpassungsfähigen, nichtkontaktfreudigen Spezies.

Um das menschliche Dilemma zu schildern, scheint mir eine Metapher von Schopenhauer eher geeignet zu sein. Er verglich einmal den Menschen und seine Lebenswelt mit zwei Igeln (wir können uns auch Stachelschweine vorstellen), die einen kalten Winter überstehen wollen. Um nicht zu erfrieren, verkriechen sie sich in einer Höhle. Da es aber sogar in der Höhle sehr kalt ist, suchen sie Wärme und Behaglichkeit beieinander und kriechen aufeinander zu. Je näher sie beisammen sind, um so mehr stechen sie sich aber leider mit ihren Stacheln. Angewidert laufen sie weit voneinander weg, damit sie sich nicht mehr stechen, doch dabei büßen sie die Wärme, die jeder dem anderen geben konnte, wieder ein und laufen erneut Gefahr, zu erfrieren. Noch mehrmals rücken sie näher zusammen und wieder auseinander, bis sie bei diesem ständigen Hin und Her schließlich lernen, in Wärme und Behaglichkeit miteinander zu leben, so gut es eben möglich ist.

Die Wohlstandsgesellschaft hat das alles verändert. In der Höhle der »Igel« ist heute Zentralheizung. Die Mittelschichten, die sich nur zu gut daran erinnern, wie sie unter dem Stechen ihrer Stacheln gelitten haben, als sie dem Erfrieren entgehen wollten, haben sich in ihren jetzt gut ausgestatteten und geheizten Höhlen weit voneinander entfernt. Jeder ist in sein eigenes Zimmer, vorzugsweise mit eigenem Bad, geflohen.

Die Slumbewohner am unteren Ende der sozialen Stufenleiter leben unglücklicherweise auch heute noch zusammengedrängt und stechen einander unablässig. Es ist für sie schwerer zu ertragen als früher, weil sie alle wissen, daß die Übervölkerung in unserer Wohlstandsgesellschaft nicht mehr notwendig und auch nicht mehr weit verbreitet ist.

Ehe sie in die Großstädte zogen, lebten viele Slumbewohner in Elendshütten. Und noch in Kolonialzeiten wohnten selbst die Wohlhabenden ziemlich beengt. Das war aber eher zu ertragen, da das gesellige Leben in den Häusern, auf dem Dorfplatz, in der Kirche und in der Kneipe fortgesetzt wurde und das ganze Dorf eine Erweiterung des häuslichen Lebens war. Der Lebensbereich um die Elendshütten auf dem Land war noch größer und weniger begrenzt, denn die ganze umgebende Landschaft gehörte im Gefühl des Bewohners dazu. Sie lud Körper und Geist zum Umherstreifen ein. Der Bewohner, der auf der Türschwelle oder im Vorbau saß und die Landschaft in sich aufnahm, fühlte sich als Mittelpunkt dieses Außenraums. Bis jetzt sind wir uns tatsächlich keineswegs im klaren darüber, ob der Mensch eine kontaktbedürftige oder eine nicht kontaktbedürftige Spezies ist. Aus dem Vergleich mit den Igeln geht hervor, daß er eine Mittelstellung einnimmt, da zuviel und zu wenig Kontaktraum gleich schädlich ist. Zu wenig Kontaktraum wie in den Slums führt zu defensiver sozialer Isolierung, zu Anonymität, Unzulänglichkeitsgefühlen, Anomien, ja Gewalttätigkeit.

Zuviel Kontaktraum wie in manchen Vorstadtvillen führt zu körperlicher Isolierung und ruft andere Anomien hervor, beispielsweise die der Hippies, die sich zu zehnt oder mehr in einem kleinen Raum zusammendrängen, um ihre verzweifelte körperliche und emotionale Isolierung zu bekämpfen.
Ich bin darauf gekommen, das Beispiel von den Igeln in meinen Gedankengängen zu verwenden, weil es von meiner Erfahrung mit der menschlichen und räumlichen Vorsorge für die Rehabilitierung psychotischer, unter extremer Isolierung leidender Jugendlicher bestätigt wurde. Im Gegensatz zu dem, was weithin befürwortet wurde, fanden wir heraus, daß es viel besser war, wenn sechs, sieben oder acht solche Kinder einen genügend großen Raum gemeinsam bewohnten und auch dort schliefen, als wenn wir sie allein oder zu zweit in einem Zimmer untergebracht hätten, wie es in Privatsanatorien üblich ist. Unsere Anordnung läßt sich in keiner Weise mit dem Zusammenpferchen vieler in einem einzigen Krankensaal vergleichen, wie es für unsere öffentlichen Nervenkliniken kennzeichnend ist.[6]
Hier auf meinem Spezialgebiet erkannte ich die Irrtümer, die ein Merkmal unseres privaten und öffentlichen Wohnungsbaus sind. Im privaten Wohnungsbau wird oft viel zuviel Lebensraum, im öffentlichen Wohnungsbau viel zuwenig Lebensraum für optimalen Kontakt vorgesehen. Lange ehe Chombart de Lauwe seine Forschungsergebnisse veröffentlichte[7], hatten wir festgestellt, daß zuviel und zuwenig Lebensraum dem Wohlbefinden des Menschen gleichermaßen schaden. De Lauwe ermittelte, daß sich die sozialen und körperlichen Pathologien verdoppelten, wenn der verfügbare Raum weniger als acht bis zehn Quadratmeter pro Person betrug. Beide Arten von Pathologien nahmen jedoch auch zu (allerdings weniger ausgeprägt), wenn der verfügbare Raum auf über vierzehn Quadratmeter pro Person anstieg.
Diese Zahlen ergaben sich aus französischen Wohnverhältnissen, die im allgemeinen beengter sind als die amerikanischen. An der Orthogenic School zeigte sich, daß unsere Jugendlichen mehr Lebensraum brauchen als die Franzosen, und daß etwa sechzehn Quadratmeter pro Person für sie ideal sind. Dies gilt aber nur, wenn zusätzlich zu einer »privaten« Sphäre für allgemeine Zusammenkunftsräume gesorgt ist (Speisesaal, Spielzimmer, Pausenraum, Turnhalle, Spielplätze im Freien usw.).
Eine Anstalt beschloß, sich unsere Gestaltungsweise zum Vorbild zu nehmen, wollte es aber noch besser machen und wies jedem Patienten etwa den doppelten Lebensraum zu. Die Folge war, daß die Patienten keineswegs aus der sozialen Isolierung herausgeführt wurden, sondern dazu neigten, sich innerhalb ihres weitläufigen Lebensraums immer mehr abzuschließen. Die Kontakte blieben viel zu spärlich, weil jeder Patient in seinem großen priva-

ten Umkreis »verlorenzugehen« drohte. Ob aus diesem oder aus anderen Gründen – die Anstalt entschied sich jedenfalls wenige Jahre später, die langfristige stationäre Behandlung aufzugeben und sich statt dessen auf kurzfristige ambulante Therapie zu konzentrieren.

Die Nutzfläche allein ist natürlich noch nicht des Rätsels Lösung. Es hängt alles davon ab, wie die Lebenssphären räumlich aufgeteilt sind und ob sie so gestaltet sind, daß sie zur Benutzung einladen, ohne daß eine Tätigkeit eine andere stört oder zu sehr isoliert wird.

Wir wissen, daß Slumkinder in der Schule und im späteren Leben auch deshalb große Schwierigkeiten haben, weil ihre verbalen Fähigkeiten nicht richtig entwickelt wurden. Ihr Wortschatz reicht nicht aus, um den Erfordernissen des modernen Lebens leicht und erfolgreich zu begegnen. Wir wissen auch, daß sie es nicht gelernt haben, über eine breite Vielfalt von Themen ungehindert und freudig zu sprechen und sich mit anderen darüber zu unterhalten, weil man zu Hause nicht genügend mit ihnen gesprochen oder sie nur angeschrien und zum Stillschweigen verurteilt hat. Wenn solche Kinder die Gedanken, die wir ihnen wünschen, denken und sich zu eigen machen sollen, sind größere Räume für zwischenmenschliche Kontakte vonnöten, als sie derzeit ihnen und ihren Eltern zur Verfügung stehen. »Individuen... müssen... weite, natürliche Grenzen haben; sogar ein beträchtliches neutrales Gebiet muß zwischen ihnen liegen... In meinem Hause waren wir so nahe beieinander, daß wir gar nicht anfangen konnten zu hören.«[8]

Ich weiß nicht, welche genaue Größe der Koch-, Wohn- und Eßbereich in öffentlichen Wohnbauprojekten haben sollte, aber ich weiß, daß er viel größer sein muß, als er derzeit geplant wird. Dies gilt noch mehr für den Spielraum der Kinder. Wie Piaget uns gezeigt hat, lernt man im Spiel, den Spielregeln guten Mutes zu gehorchen: Wie man mit anderen zurechtkommt, selbst wenn man nicht mit ihnen übereinstimmt; wie man abwartet, bis man an die Reihe kommt, ohne ungeduldig zu werden; wie man eine momentane Niederlage akzeptiert, weil man weiß, daß man wieder eine Erfolgschance bekommen wird.

Vergnügliche Spielerfahrungen bereiten uns darauf vor, uns später am Geben und Nehmen des sozialen Verhaltens zu freuen und uns den Lebensregeln der Gesellschaft zu fügen. Ein weiterer großer Mangel beim Heranwachsen vieler Slumkinder ist es daher, daß sie nicht richtig spielen gelernt haben. Kinder können aber in einer vollgepfropften Umgebung nicht spielen lernen, am wenigsten im frühen Alter, wenn sie ihre motorischen Fähigkeiten entwickeln müssen. Sie brauchen genügend unverstellten Raum, um zu rutschen, zu laufen und zu spielen.

Im Hinblick auf den Lebensraum für die Bewohner sind die oft recht großen Freiplätze zwischen den Hochbauten unserer öffentlichen und privaten Wohnbauprojekte reine Verschwendung. Sie gewähren zwar den Wohnsilos Licht und Luft, sind aber keine Erweiterungen der Wohnungsinnenräume. Die Höhe der Häuser selbst, die Entfernung von oben zu den Grasflecken, die beim Hinunterblicken unbedeutend erscheinenden Menschen – das alles trägt nicht dazu bei, daß sich der Bewohner veranlaßt fühlen würde, aus der Abgeschlossenheit seiner Wohnung hinauszutreten. Und selbst wenn er es tut, fühlt er sich nicht im Außenbezirk einer Welt, die nach wie vor auf eine ganz persönliche Art die seine ist. Diese Plazas oder Rasenflächen werden nicht erlebt, als gehörten sie zu einem selbst oder zur Gemeinschaft. Sie sind bestenfalls Annehmlichkeiten, schlimmstenfalls Mahnmale der eigenen Kleinheit, und in beiden Fällen bereichern sie die Selbsterfahrung nicht. Sie vermitteln nicht das Gefühl, man sei sicher und die Welt stehe einem offen; dies aber könnten sie geben, wenn sie und die Gebäude anders entworfen wären.
Gelegentlich habe ich in solchen Zwischenbereichen eine scheinbar sehr reizvolle Ausstattung gesehen: Spielskulpturen, Bänke und Tische für Erwachsene, die im Freien etwas essen, Karten und Schach spielen wollen oder einfach für sich allein oder mit Angehörigen und Freunden Erholung suchen. Beim Herumgehen fand ich sie einladend und wunderte mich, warum sie so wenig benützt wurden.
Dann beobachtete ich einige Kinder beim Spielen und erkannte das schon erwähnte Problem der Proportionen. Ein Kind mag auf eines der Betontiere oder auf den Kletterbaum steigen und dabei nach Art von Kindern erwarten, daß es von dort oben hinabschauen, die Welt überblicken und sich erhaben fühlen würde, weil es sich so groß und so hoch oben vorkommt; wenn aber sein Blick auf das Hochhaus fällt und daran emporwandert, fühlt es sich auf seinem Hochsitz kleingedrückt wie ein Zwerg. Mit seiner schieren Höhe zerstört das Gebäude das, was das Kind in seinem Phantasiespiel zu erringen sucht. Wenn schon die hohen Bäume von diesem Haus – seinem Heim – unermeßlich überragt werden, wieviel mehr dann das Kind selbst, das ja noch klein ist. Und bald klettert es wieder herunter und läuft oft sogar vom Spielplatz weg. Dieser Raum betrügt es um das erstrebte gesteigerte Selbstgefühl, wie er auch – aus anderen Gründen – die Erwachsenen darum betrügt.
Selbst im Sand zu spielen scheint an diesen Orten weniger reizvoll zu sein. Das kleine Kind erringt ungeheure Befriedigung, wenn es Schlösser im Sand baut, die seine ganze Umgebung überragen. Auf diesen Spielplätzen wirkt aber selbst der größte Sandturm lächerlich klein und vermittelt dem

Kind nur um so stärker das Gefühl, es sei hoffnungslos, die eigene Existenz mit persönlichen Leistungen bestätigen zu wollen.

Es gibt noch weitere wichtige Gründe dafür, daß diese Außenräume, die freundliche Erweiterungen des Lebensraums in den Wohnungen sein sollten, als feindliche Gebiete erlebt werden. Das Kind, das vor dem Heim spielt, probiert dabei aus, wie sicher es ist, sich in die Welt hinauszuwagen, während es gleichzeitig von der Sicherheit des Heims geschützt bleibt. Damit dies geschieht, sollte die Mutter den Spielplatz leicht überschauen und auf einen Schrei des Kindes hin im Nu zu seiner Rettung eilen können. Sie sollte ihr Kind ohne Angst den Schritt in die Welt hinaus unternehmen lassen und es mit einem einfachen Ruf in die Sicherheit und das Behagen ihrer Nähe zurückholen können. So sollte es sein, aber in diesen Wohnbauprojekten ist es gerade umgekehrt.

Die Mutter, die im achten oder zehnten Stock zum Fenster hinausschaut, kann kaum ausmachen, was unten vor sich geht, und sie kann es im Stadtlärm auch nicht hören. Deshalb kann sie ihr Kind nicht unbesorgt draußen spielen lassen. Das Kind fühlt sich nicht von der Nähe der Mutter und von der Gewißheit, daß sein Hilferuf gehört und beantwortet wird, geschützt. Was also das Erlebnis eines sicheren, frohen Hinauswagens in die Welt sein sollte, wird zu einer Erfahrung, die nur die Bedrohungen und die Unfreundlichkeit der weiten Welt beweist und das Gefühl der Schutzlosigkeit und des Ausgesetztseins verstärkt. Das Spiel im Freien, das dem Kind die Überzeugung vermitteln sollte, die Außenwelt sei ihm wohlgesonnen, und das es mit Zuversicht im Blick auf sein künftiges Leben in einer immer weiter werdenden Welt erfüllen sollte, bewirkt somit gerade das Gegenteil: Es enthüllt dem Kind die Feindseligkeit einer Welt, die auf der Türschwelle beginnt.

Das Heim sollte dem Menschen das Gefühl geben, daß er wenigstens darin Herr ist. Die Hochhäuser mit ihrer überwältigenden Größe vermitteln das Gefühl der eigenen Bedeutungslosigkeit. Sie betrügen uns um das Gefühl des Herrseins, wie es das Heim schenken sollte, und wecken den Wunsch, unsere Herrschaft auf andere Weise zu bestätigen.

Psychologische Ursachen liegen also ebenfalls zugrunde, wenn sich Zorn gegen ein Gebäude richtet, das die Existenz des Menschen derart klein erscheinen läßt. Vor allem junge Männer, die ihrer Männlichkeit noch nicht sicher sind, lassen diesen Zorn an dem Gebäude aus. Wenn sie es verunreinigen, bemühen sie sich damit, ihm ihre Überlegenheit aufzuprägen. Häufig geht es dann noch weiter: Sie lassen sich anstacheln, ihre Männlichkeit damit zu beweisen, daß sie auch Menschen ihre Überlegenheit fühlen lassen und sich von den Gefühlen der Bedeutungslosigkeit, die sich in den Jahren

des Aufwachsens im Hochhaus angestaut haben, befreien wollen. Die Größe der Häuser führt auch im Inneren zur Anonymität, und dies ist ein weiterer Grund dafür, daß man sich innerhalb und außerhalb des Hauses als derjenige bekanntmacht, der andere durch Gewalttätigkeit einschüchtert.
Das Heim, die Gemeinschaft und die Schule sind die drei Zentren im Leben des Kindes. Die Schule bringt dem Kind die erste Erfahrung mit einer Institution, die von der Gesellschaft geschaffen wurde, um ihm zu dienen, damit es später seinerseits seinen Beitrag zur Gesellschaft leistet. Mehr als alles andere formt die Schule die Sicht des Kindes von der Gesellschaft und sein Verhalten darin. Wenn es in der Schule, bei dieser ersten Begegnung mit der größeren Welt, anonym bleibt, wird das Kind erwarten, daß sich sein Leben in der Gesellschaft in dieser Art entwickeln wird. Trifft es aber in der Schule auf Verständnis, Stabilität, Sicherheit und persönliche Zuwendung zu seiner Individualität, so wird es glauben, dies werde ihm in der Gesellschaft ebenfalls zuteil, und so wird es später unablässig danach streben.
Das alles ist längst bekannt, aber es ist wichtig, sich daran zu erinnern, denn räumliche Gestaltungen sind Teil dessen, wie die Gesellschaft den Einzelnen anspricht. Für ihn verkörpern sie die Sicht der Gesellschaft von den Benutzern der Räume. Man setzt voraus, daß die Gesellschaft ihre Strukturen so schafft, wie es ihrer Auffassung von dem, was den Benutzern am besten dient, entspricht.
Man kann sich jedoch keine trostlosere Sicht des Menschen vorstellen als diejenige, die unseren öffentlichen Schulbau zu beherrschen scheint. Im Gegensatz zu öffentlichen Wohnbauten haben die öffentlichen Schulen meist gut angelegte Eingangshallen und gelegentlich auch Aulen und Büchereien, doch damit sind auch schon die Grenzen einer guten Bauplanung erreicht. Diesen Räumen als den Aushängeschildern des Gebäudes wendet der Architekt seine volle Aufmerksamkeit zu, während er den Ort des Lernens, das Klassenzimmer, vernachlässigt. Gute Entwürfe, bei denen es um Schönheit, Behaglichkeit und Anregung zur Konzentration geht, scheint es für die Räume nicht zu geben, in denen die Kinder lernen, herumgehen und essen sollen. Der Entwurf dieser öffentlichen Bauwerke scheint dem Verkehrsfluß eher gerecht zu werden als den Bedürfnissen und dem Wohlbefinden lebendiger Menschen.
Man denke nur an die Flure in den meisten unserer Schulen. Als erstes fällt ihre erschreckende Länge auf. Mit ihrer Größe vereiteln unsere Schulen jegliche Möglichkeit des Zusammenseins in überschaubaren Gruppen und mißachten die menschliche Dimension. Keine Schule sollte für mehr als dreihundert bis fünfhundert Schüler angelegt sein. Nur eine Erziehungsfabrik umfaßt mehrere tausend Schüler. Und sollte jemand einwenden, die

Größe unserer Schulen sei damit gerechtfertigt, daß wir so viele Kinder erziehen müssen, so möchte ich dem entgegenhalten, daß es nicht viel mehr kostet, mehrere Schulen mit menschlichen Dimensionen als einige wenige große Lernfabriken zu bauen.
Der Kostenunterschied würde sich zweifellos auch dadurch verringern, daß die Gehälter vieler Personen, die wir jetzt für die Organisation, Leitung und Beaufsichtigung unserer Riesenschulen brauchen, wegfallen würden. Der Meinungsaustausch unter den Lehrern ist in diesen Superschulen kaum möglich, so daß viel Zeit und Geld mit dem Schreiben, Vervielfältigen und Lesen von Merkblättern verschwendet wird. Das größte Problem im Erziehungswesen, der Zu- und Abgang von Lehrern, würde sicher erleichtert, wenn sich die Lehrer wieder als Lehrer und nicht als Verwalter für einen Wust von Papieren fühlen könnten. Auch die Qualität des Unterrichtens würde sich ohne Zweifel erheblich verbessern.
Schulen sollten so angelegt sein, daß die Klassenzimmer für den Unterricht in den verschiedenen Fächern – mit Ausnahme der Turnhalle und der Laboratorien – nahe beieinanderliegen. Ist ein Flur notwendig, so sollte er zwei oder drei Klassen derselben Altersstufe vorbehalten sein. Der Flur sollte dann der Eigenbereich dieser Schüler und Teil ihres vertrauten Lebensraums in der Schule sein; er sollte für sie und teilweise von ihnen so angelegt und geschmückt werden, wie es ihnen entspricht. Dieser Gemeinschaftsraum würde somit zum Ort, an dem man zwanglos zusammentrifft und Freundschaften schließen kann.
Die modernen Schulen sind jedoch so angelegt, daß zu den festgelegten Zeiten in den Fünfminutenpausen mehrmals am Tag einige tausend Schüler in die verschiedensten Richtungen rasen müssen. Statt sich zehn oder fünfzehn Minuten in *ihren* Fluren zu erholen und Bekanntschaften zwischen den Klassen anzuknüpfen, rempeln die Jugendlichen lediglich Horden anderer Jugendlicher an und bleiben sich untereinander meist völlig fremd. Sie hetzen dahin und erreichen ihr nächstes Klassenzimmer außer Atem und uneins miteinander und mit der Schule.
Ich möchte mich nicht bei den großen, unnötigen Kosten für Bau und Unterhalt dieser Flure aufhalten, denn dabei handelt es sich nur um Geld. Ich sorge mich aber, weil es im allgemeinen unmöglich ist, sie von den Fluren in einem Bürohaus, einer Fabrik oder einem Gefängnis zu unterscheiden. Sicher sind diese Flure lang, meist viel zu lang, und gewöhnlich sauber, auch breit und hell genug, wie man hoffen darf – aber sonst nichts.
Flure könnten aber zur Erziehung beitragen und das Gefühl vermitteln, daß sie zur Freude der Kinder erbaut wurden und nicht als Schleusen, durch die man hindurchgetrieben wird. Diese Flure sind jedoch so gestaltet, daß sie

zur Eile zwingen. Man kann dort nicht verweilen, um einen Augenblick der Muße zu genießen, die Gedanken beim Dahinschlendern wandern zu lassen oder sich persönlich kennenzulernen. Gerade das letztere ist es aber, was Slumkinder am notwendigsten lernen müssen, und in unseren Schulen ist kein Raum dafür.

Was die Dinge noch schlimmer macht: Meist dienen die Schulflure zugleich als Garderoben und Spindräume. Der Entwurf verschwendet leider keinen Gedanken an diese Spinde, obwohl sie im Leben der Schüler wichtig sind. Dies verstärkt den Eindruck, daß sich der Architekt als Künstler von der Bildfläche zurückzieht, wenn es um alltägliche Einrichtungen geht. Vielleicht ist der moderne Architekt dazu gezwungen, weil der Erfolg nicht demjenigen winkt, der sich in seinem Entwurf von seinem Gefühl für das Gute und Zweckmäßige leiten läßt, sondern ganz im Gegenteil denen, die nur auf Zurschaustellung und äußeres Aussehen erpicht sind.

Spindkameradschaft mag nicht unbedingt wünschenswert sein, hat aber doch ihr Gutes: Sie bereitet den Boden für Freundschaft. In unseren Schulen geben wir unseren Schülern aber nicht einmal die entsprechenden Spindräume. Der Flur ist also weder der Ort für zwanglose Begegnungen noch ein Platz für gemeinsames Schlendern, und beides könnte er sein. In den meisten Schulen ist er ein Fußweg, auf dem die künftigen Bürger lernen, daß das Leben in unserer Gesellschaft ein Wettrennen auf Fluren, wenn nicht gar eine Postenjagd ist.

Ich habe mich mit Fluren und Spindräumen befaßt, weil sie weitaus mehr als das Klassenzimmer oder die Schülerbücherei dem Kind ohne Worte zu verstehen geben, welcher Geist und welche Absicht die Schule und damit diejenigen in der Gesellschaft, die Schulen für Kinder bauen, beherrscht. Das Klassenzimmer und die Bücherei werden für das gebaut, was die Schule vom Kind wünscht: Es soll lernen. Diese Räume zeugen deshalb mehr von dem, was wir vom Kind erwarten, und weniger von dem, was wir *für* das Kind wünschen. Die anderen Räume – Flure, Spinde, Speisesaal – dienen nicht dem Lernen, sondern gehören zum Sozialleben des Kindes. Wenn aber das gute Leben nicht in der Schule anfängt, werden nur wenige Kinder glauben, die Schule sei dazu da, ihnen zum guten Leben zu verhelfen.

Besonders das Slumkind hat wenig Hoffnung. Unsere Aussagen über das, was die Zukunft für das Kind bereithält, wenn es in der Schule gut vorankommt, werden vom Schulgebäude selbst als leere Versprechungen entlarvt, wenn nicht gar als durchtriebene Lügen, mit denen wir das Kind dazu bringen, schon jetzt das zu tun, was wir von ihm wollen. Nur was das gegenwärtige Leben für das Kind gut macht, läßt ihm die Schule annehmbar und, wenn wir unsere Aufgabe richtig erfüllen, sogar erstrebenswert erscheinen.

Als sei es nicht schon schlimm genug, daß wir Kinder durch die Schulflure jagen, tun wir dasselbe auch im Speisesaal. Das gemeinsame Essen ist die größte sozialisierende Erfahrung im Leben und beginnt mit den frühesten Beziehungen des Säuglings, der von der Mutter genährt wird. Die tagsüber zerstreuten Familienmitglieder kehren abends heim, um gemeinsam zu essen und gesellig beisammen zu sein. Wenn Jugendliche zusammenkommen, um sich miteinander zu vergnügen, gehört Essen und Trinken ebenso dazu wie lebhafte Unterhaltung. Wenn wir als Erwachsene jemanden schätzen oder näher kennenlernen wollen, laden wir ihn zum Essen ein. Unseren Freunden etwas Gutes zum Essen und Trinken vorzusetzen, hebt die Stimmung; Leute, mit denen wir gegessen haben, werden uns nie wieder völlig fremd. Zuviel Verwirrung oder Lärm läßt, wie wir wissen, die Geselligkeit und Freundschaft, die sich sonst beim gemeinsamen Essen herausbilden kann, nicht entstehen. Wir wollen das Essen genießen und ärgern uns, wenn die Mahlzeit zu sehr gestört wird.

Der Speisesaal ist der Ort, an dem die Kinder zur Sozialisierung angeregt werden könnten und sollten; hier, wenn irgendwo, sollte es möglich sein, daß sie Bindungen an ihre Schule und ihre Freunde aufbauen. Man vergleiche aber diese Möglichkeit mit der wirklichen Lage: Die Cafeteria ist normalerweise viel zu groß und viel zu viele Jugendliche werden auf einmal durchgeschleust. Wenn unsere öffentlichen Wohnblocks schlecht entworfene Lebensautomaten und unsere Schulen Lernfabriken sind, so sind diese Speisesäle Fütterungsmaschinen schlimmster Sorte. Die Bauplanung übersieht die Möglichkeit, den Großraum in viele kleine, individuell gestaltete Räume aufzuteilen. Die Säle sind nicht nur riesengroß, sondern weisen auch praktisch weder Schmuck noch sonstigen Reiz auf.

Die langen Theken, die phantasielos aufgestellten Tische, die gefängnisartigen Stühle oder Bänke – das alles zeugt von völligem Mangel an Einfallsreichtum in der Planung. Chaos und Lärm sind unerträglich, wenn nicht strenge Zucht geübt wird. Hier, wo die Kinder für den gegenseitigen Austausch besonders frei sein sollten, werden sie der strengsten Ordnung unterworfen. Statt das Essen zu genießen, müssen sie es hinunterschlingen; statt Gemeinsamkeit zu erleben, müssen sie gegen Lärm, Hast und Überfüllung ankämpfen.

Kein Wunder, daß es, wie alle Verantwortlichen wissen, eines der größten Schulprobleme ist, im Speisesaal Ordnung zu halten. Ärgerniserregend ist dazuhin, daß der aus dem Mittelstand stammende Lehrer nicht mit dem Slumkind, sondern mit anderen Lehrern zusammen in einem gesonderten Zimmer ißt. Damit ist für das Slumkind erneut bewiesen, daß die Schule und der Lehrer nicht für es da sind, sondern daß es für sie da ist, um manipu-

liert zu werden, wie es ihnen beliebt. Es verschwindet wiederum in der Masse und ist zwischen den anderen eingepfercht, während Geräumigkeit und Essen ohne Eile den Bessergestellten vorbehalten bleiben.
Hier liegt der Kern meiner Beanstandungen: Das alles verstärkt eine Lebenssicht, die sich das Slumkind schon lange vor seinem Schuleintritt zu eigen macht. Das Leben in unserer Gesellschaft ist für das Slumkind nichts anderes als eine lange Reihe von Zurücksetzungen, Ellenbogenkämpfen und Abweisungen.
Noch vieles andere ist an unseren Schulbauten falsch. Die Toiletten sind entwürdigend und verlocken zur sexuellen Betätigung und zum Drogengenuß. Zum wichtigsten Gebäude, dem Heim des Kindes, ist ebenfalls noch einiges zu sagen:
Wir wissen, daß die Persönlichkeit im Säuglingsalter und in der Kindheit grundlegend geformt wird. In unseren modernen Wohnsilos wie in unseren Slumbauten können aber selbst die besten Eltern ihr noch nicht schulpflichtiges Kind nicht vor der Traumatisierung durch die Umwelt schützen, wenn sie es nicht in der Wohnung einsperren wollen. Die Traumen, denen Kinder in diesen Riesensiedlungen oder im Slum ausgesetzt sind, sind so schwer, daß man sich nur wundern kann, wie es möglich ist, daß sie nicht später als Heranwachsende und Erwachsene unter noch schlimmeren Schädigungen leiden.
Die Eltern von Kindern, die in den Slums oder in sozialen Wohnungsbauten leben, sind nicht nur arm, sondern die meisten von ihnen sind – teils infolge von Selbstselektion und teils aufgrund der Ablehnung von seiten der Gesellschaft – die »lahmen Enten«, die unter die Räder Geratenen, die emotional Kranken und Gestörten, denn alle, die über eine gesunde Ichstärke verfügen, haben mehr Lebensenergie und schaffen es, wegzuziehen, weil sie nicht in solchen Verhältnissen leben wollen. Über längere Zeit bleiben meist nur die schwächsten und gestörtesten Mitglieder der Gruppe dort wohnen.
Selbst wenn Kind und Familie gesund sind, ist das Kind doch von klein auf Augen- und Ohrenzeuge von Ereignissen, die sich auf seine Persönlichkeitsentwicklung traumatisch auswirken: Zerbrechen von Ehen, Streit in den Familien, Schlägereien, ja Verstümmelungen, Kriminalität, Bandenkriege, alle Arten sexueller Abartigkeit, Drogenabhängigkeit und ihre Folgen. Das alles und noch viel mehr ist in Slums und vielen Sozialsiedlungen an der Tagesordnung.
Da das Kind nirgends sonst hingehen kann, muß es entsetzt zusehen, wie der Krankenwagen die Verletzten und Toten abholt und wie der Polizist dem Mann im Nachbarhaus Handschellen anlegt und ihn herauszerrt. So

wird das Kind in die Gesellschaft eingeführt, noch ehe es in die Schule kommt – und dabei sollten die ersten Erfahrungen mit dem, was die Gesellschaft zu bieten vermag, das Gefühl des Beschütztseins vermitteln. Dazuhin wird das kleine Kind in dieser Lage meist nicht richtig informiert, so daß nicht einmal der Krankenwagen ein Symbol für Hilfe ist. Im Gegenteil: Er kommt aus der furchterregenden Außenwelt und nimmt die Leute fort. Dieses Draußen ist der Feind, und im Inneren herrscht auch keine Sicherheit, denn dort sind Schießereien und Messerstechereien, Betrunkene, Drogenhändler und Süchtige ein gewohnter Anblick.
Die Bauweise läßt wenig Behaglichkeit in den Wohnungen zu. Die Hohlziegelwände sind zwar stabil, aber man kann nichts an ihnen aufhängen, um den Räumen ein individuelles Gepräge zu geben, auch keine Regale, wo doch die Bodenfläche ohnehin knapp ist. Da keine verschließbaren Schränke oder Nebenräume vorhanden sind, kann man Gifte oder gefährliche Gegenstände nicht außer Reichweite der Kinder aufbewahren. Das alles führt dazu, daß die Kinder angeschrien werden, daß sich die Gefahren erhöhen, das Leben schwerer wird und Kummer herrscht.
Die Übervölkerung im Slum, die Anordnung zahlreicher Wohnungen auf einem schmalen Flur in vielen öffentlichen Wohnbauprojekten, die dünnen Wände – alles trägt dazu bei, daß auch die besten Eltern ihre Kinder nicht wirksam zu schützen vermögen. So viele Kinder wohnen auf einem Flur in einem Haus, daß automatisch eine dschungelähnliche Organisation entsteht, in der die größeren Kinder die kleineren terrorisieren. Es herrscht so große Unordnung, so viel schreckenerregender Lärm, Gestank und Schmutz, und das Kind hat so viele überwältigende und chaotische Erlebnisse, daß es seine ganze Energie zu deren Abwehr, zur ängstlichen Beobachtung und zum Kampf ums bloße Überleben braucht. Für den Aufbau seiner Persönlichkeit nach konstruktiveren Richtlinien bleibt ihm kaum Energie übrig. Auch schon wenn es sieht, wie das Haus selbst verwahrlost – wenigstens die Sozialwohnung war beim Einzug sauber und roch gut –, und wie es Schritt um Schritt schlechter wird, verstärkt sich in ihm das Gefühl, daß das Leben in seinem Fortschreiten einfach immer nur schlimmer wird. Hier ist die Slumschule keine Hilfe. Im Gegenteil: Sie verstärkt die Überzeugung, daß sich überall alles langsam verschlimmert. Beim Beginn des Schuljahrs sind Schule und Klassenzimmer meist ordentlich, sauber und wohlriechend. Alles ist in Ordnung. Auch die Kinder beginnen das neue Schuljahr entsprechend: Sie sind sauber und hübsch angezogen. Je länger sich aber das Schuljahr hinzieht, um so mehr werden Haus, Klassenzimmer und vor allem die Toiletten vernachlässigt, oft auch die äußere Erscheinung vieler Kinder. Die Schule, die mehr als jede andere Institution dem Kind

enthüllt, was die Gesellschaft eigentlich ist, trägt somit dazu bei, daß jede Hoffnung auf eine bessere Zukunft langsam untergraben wird. Die meisten Kinder lernen lediglich, wie man im Slum überlebt, statt daß sie sich unbeschwert mit einer anderen Lebensweise, die sie aus dem Slum herausführen würde, vertraut machen ließen.

Ist die Schule in das Wohnprojekt eingegliedert, so ist dies eher hinderlich als hilfreich. Es ist zwar gut, wenn die Kinder zu Fuß in die Schule gehen können, aber für das Slumkind schlägt selbst dies zum Nachteil aus, denn es kann der verheerenden, niederdrückenden Atmosphäre seiner Subgemeinschaft oder -gesellschaft niemals entrinnen. Kennzeichen des Lebens im Slum ist es, daß jüngere Kinder von älteren drangsaliert und erpreßt werden, und die Schule bedeutet dann auch, daß das Kind niemals den Tyrannen entgeht, die es bedrohen, wenn es ihnen nicht zu Willen ist, ob es um Geld oder Mitmachen in einer Verbrecherbande oder um sexuelle Nötigung geht.

Nach der Schule trauen sich die jüngeren Kinder nicht auf den Spielplatz und an die Spielgeräte, weil sie wissen, daß sie von den älteren Kindern weggestoßen oder verprügelt werden. Normalerweise wird die Spielplatzausstattung zerstört, weil keine Überwachung durch erfahrene Gruppentherapeuten, die dringend benötigt würden, gewährleistet ist. Es ist unglaublich, welch furchtbare Angst die kleinen Kinder vor den größeren haben, weil sie immer nur die Erfahrung machen, daß sie gequält und herumgestoßen werden und daß man ihnen ihre Spielsachen wegnimmt. Diese Kinder haben nur eine einzige Hoffnung: älter zu werden, um dann selbst die jüngeren Kinder zu drangsalieren und zu erpressen. In der Schule kann sich ihre Aufmerksamkeit nicht auf den Unterricht oder das Lernen richten, weil sie, um zu überleben, ständig auf die Pläne ihres Bandenführers und auf die Vorhaben der rivalisierenden Bande achten müssen.

Doch nichts von dem, was ich hier geschildert habe, kann sich auch nur im geringsten mit dem Erbe von Verzweiflung messen, das diese Kinder antreten. Die Wohnungen quellen über von armen, verstörten, völlig verzweifelten Menschen, so daß die allgemeine Einstellung den Kindern ein unauslöschliches Bild äußerster Hoffnungslosigkeit aufprägt. Mit Ausnahme der sehr robusten und etwas vom Glück begünstigten Kinder nehmen sie die Niederlage von vornherein als gegeben hin.

Nicht die Überfülle an sich, sondern das innere Klima in den Slums und Wohnsiedlungen läßt sie zu Wohnlöchern werden, die zum Vergleich mit Rattennestern unter Bedingungen zwangsweiser Übervölkerung herausfordern. Es ist auch nicht die Art des Zusammengepferchtseins (so schlimm es ist), die am meisten zu Hoffnungslosigkeit, Anomie, Gewalttat und Ver-

brechen beiträgt, sondern das Fehlen der inneren Überzeugung, daß man auf ein Ziel hinarbeitet. Einer der verderblichsten Züge des daraus entspringenden Defätismus ist die weitverbreitete Meinung, daß der Slumbewohner gar nichts tun könne, eine fatalistische Haltung, nach der auch selbstverursachte Ereignisse dem Zufall zugeschrieben werden. Wenn beispielsweise jemand verbrennt, gilt dies nicht als Sache der Unvorsichtigkeit, die ein nächstes Mal verhütet werden kann, sondern einfach als schicksalhaftes Pech. Dasselbe trifft auf Schießereien, Verhaftungen, böswilliges Verlassen und alle anderen Geschehnisse im Leben zu. Aber auch Gutes wird auf diese Weise betrachtet. Erfolg wird nicht als Lohn der Anstrengung oder Entschlossenheit gesehen, sondern als Glück, als günstige Fügung. Diese Einstellung zeigt sich am deutlichsten darin, daß die Slumbewohner unfähig sind, sich zusammenzuschließen, um die Häuser oder die umliegenden Freiräume zu verbessern. So haben beispielsweise die Anwohner eines Flurs Mühe, diesen sauberzuhalten. Es ist, als wollten sie mit den Tierforschern übereinstimmen, die beweisen, daß Ratten ihre überfüllten Nester nicht sauberhalten können. Ratten können aber nicht zusammenkommen, die Dinge besprechen und eine Verbesserung der Verhältnisse, unter denen sie gemeinsam leiden, planen.
Hinter dieser Handlungsunfähigkeit steht das Gefühl, daß das Wohnprojekt kein Heim, sondern eine Falle ist. Im Gegensatz zum Geist des Sprichworts, daß jedes Heim schöner sei als die schönste Stadt, würde man, wenn man eine Falle verschönert, nur den Fallencharakter betonen. Ein Schriftsteller drückte es einmal so aus: »Harlem ist häßlich, stinkend, modernd, weil es häßlich, stinkend sein will ... Die Ladenfronten anzustreichen, die Fenster zu putzen, Blumen zu ziehen, die Wege zu kehren, die Vorplätze zu säubern würde bedeuten, daß man Harlem als Heim akzeptiert. Die Neger, die ich in Harlem kennenlernte, sahen Harlem nicht als Heim, sondern als Falle.«[9]
Der Slum oder die soziale Wohnsiedlung in ihrem heutigen Zustand kann also für Kinder kein Heim sein, in dem sie aufwachsen und aus dem sie herauswachsen, sondern wirkt als Falle, die sie und ihre Eltern aufsprengen und zerstören wollen. Sie können nicht begreifen, daß das Gebäude nur deshalb eine Falle ist, weil sie es in ihrer Vorstellung dafür halten.
Viele Gettos waren bedeutend schlimmer und überfüllter als die meisten unserer Slums. Die Judenviertel in Europa, beispielsweise das Judenviertel in Venedig, von dem alle anderen ihren Namen erhielten, waren viel dichter bevölkert, viel ärmer an Lebensraum und gemeinsamen Einrichtungen und viel auswegloser als selbst unsere schlimmsten Slums. Nur ein paar Beispiele: Das Judenviertel in Köln war die engste Straße der Stadt, die sogar

»Schmale Straße« hieß. Im Frankfurter Getto lebten 4000 Menschen in einer kurzen, dreieinhalb Meter breiten Straße, in der die Dächer der kleinen Häuser zusammenstießen, so daß es den ganzen Tag düster war. In manchen Städten wurden die Bordelle in der einzigen, den Juden zugestandenen Straße angesiedelt, die dann um so berüchtigter wurde. Im verrufenen Getto von Rom lebten zu gewissen Zeiten bis zu 10000 Menschen auf weniger als einem Quadratkilometer Raum. In fast allen Gettos mußten häufig mehrere Familien ein Zimmer teilen.

Das alles hatte aber keine ernsten moralischen Folgen. Das intakte Familienleben war ein erfolgreiches Gegenmittel gegen die Verhältnisse, die sonst wie mörderisches Gift gewirkt hätten. Die Methoden der Führer der Gemeinschaft gegen die Demoralisierung bestanden darin, daß immer mehr strenge Gesetze zu allen Einzelheiten des Lebens erlassen wurden. Dies verhütete die schlimmen Auswirkungen, die die Verschlechterung der äußeren Verhältnisse sonst auf das im Getto weitergehende Leben hätte haben können. Es ist ein hervorragendes Beispiel dafür, wie Menschen durch bessere Organisation verhindern können, daß ihre äußeren Lebensumstände den Zerfall ihrer Persönlichkeit verursachen.

Obwohl die Lebensverhältnisse in diesen Gettos fast immer verzweiflungsvoll waren, fehlte es doch nie an Hoffnung und Stolz. Unglaubliche Mühe wurde auf äußerst sorgfältige Organisation und Regelung aller Aspekte des Gettolebens verwandt, damit die Bewohner nicht in die hoffnungslose Verzweiflung versanken, die das Leben im Slum kennzeichnet. Dies erforderte besonderes Geschick in der Lebensführung, besondere Familienverhältnisse und vor allem eine straffe Gemeinschaftsorganisation.[10]

Ich glaube, unsere Slums könnten rehabilitiert werden, aber es würde unendlich mehr Mühe und viel mehr Zeit erfordern und könnte auch teurer sein, als wenn wir unseren Slumbewohnern lediglich die Raumgestaltung zugute kommen ließen, die ihr Entrinnen aus ihrer gegenwärtigen Psychologie der Verzweiflung sehr erleichtern würde.

Selbst in unseren schlimmsten Slums gibt es Menschen, die für sich und ihre Kinder die Hoffnung nicht aufgegeben haben. Sie putzen ihre Fenster, was sie auch durch die Scheiben erblicken; sie halten ihre Wohneinheit nicht für eine Falle, sondern bemühen sich, sie zu einem Heim zu machen; sie hoffen unablässig, daß wenigstens ihre Kinder aus dem Slum herauskommen, selbst wenn es ihnen selbst nicht gelingt.

Nur wenn die Hoffnung erstorben ist, durchdringt die Kinder das Gefühl des »Was nützt das alles?« Und Hoffnungslosigkeit der Eltern verursacht Pathologie in den Slums so gut wie in den Vorstädten. Umgekehrt ist es für eine Gruppe, die auf einem gemeinsamen Flur wohnt, ein starker Antrieb, wenn sie sich zusammenschließt, um den Flur sauberzuhalten und zu pflegen; für sie und ihre Kinder ist es ein Beweis dafür, daß nicht alles »einfach passiert«, und daß es nicht jenseits ihrer Macht liegt, ihr Los zu verbessern. Dabei übersehe ich keineswegs, in welchem Maß die Verwahrlosung von Gebäuden auf mangelnder Instandhaltung von seiten weit entfernter Hausbesitzer, auf unzulänglicher Müllabfuhr usw. beruht. Aber ich meine, wenn die Bewohner selbst nicht ebenfalls an der Verbesserung ihrer Lebensverhältnisse arbeiten, wird auch die beste Instandhaltung nichts an der Lebensauffassung ihrer Kinder ändern. Solange die Kinder klein sind, ist diese Ansteckung mit Verzweiflung unausweichlich. Wenn sie groß genug sind, um allein mit dem Bus aus der Siedlung wegzufahren, ist es zu spät, denn dann ist die grundlegende Überzeugung, daß alles Schicksal ist und daß das Schicksal gegen sie ist, so stark in ihnen verwurzelt, daß sie diese Lebenshaltung nicht mehr rückgängig machen.

Das Gettokind hat dieselben räumlichen Bedürfnisse wie andere Kinder: einen Platz, an dem es in Sicherheit umherstreifen und spielen kann, und ein Heim, das es vor den Gefahren, die seine persönliche Welt umgeben, wirkungsvoll abschirmt. Wenn wir dem Gettokind die Hoffnungen einer Mittelstandsexistenz eröffnen wollen, müssen wir ihm von Anfang an den Ort zugestehen, an dem das Mittelstandsleben beginnt: ein eigenes Heim.

In Chicago gibt es ein älteres Wohnbauprojekt, bei dem praktisch sämtliche oben erwähnten Nachteile vermieden wurden. Dem Anschein nach schenkte es den Bewohnern genau das, was sie am meisten ersehnten: etwas wie ein eigenes Haus. Die Siedlung heißt Altgelt Gardens, und jede Wohnung – die größeren erstrecken sich über zwei Stockwerke – hat einen eigenen Eingang. Die einzelnen Familien können nach Belieben mit den Nachbarn zusammenkommen oder ganz für sich bleiben. In diesem Wohnbauprojekt konnte sich deshalb echtes Familienleben entwickeln; die Folge ist, daß heute einige der Kinder, die dort aufgewachsen sind, auch noch als Eheleute dort wohnen.

Im Vergleich zu vielen anderen ist dieses Projekt sehr erfolgreich, weil es dem Gettobewohner wenigstens etwas wie einen eigenen Ort gibt. Aber es gehört ihm nicht, und deshalb ist der Erfolg beschränkt. Es sieht aus wie ein eigenes Heim, aber man ist in Wirklichkeit nicht der Eigentümer. Es nährt in diesem Maße nicht die Hoffnung, die am besten geeignet ist, den Fatalismus der Verzweiflung zu vertreiben.

Im Hinblick auf diese Überlegungen ist es mir unverständlich, warum man so viel Aufhebens macht von dem billigsten Quadratmeterpreis, zu dem unsere Sozialwohnungen gebaut werden können. Es ist mir unmöglich, die

Architekten und noch viel weniger die Verwaltungsgremien davon zu überzeugen, daß es töricht ist, die Sparsamkeit zur Hauptfrage bei solchen Projekten zu erheben. Ich sage ihnen stets, wenn sie Geld sparen wollten, sollten sie solche Gebäude überhaupt nicht errichten. Wenn man sie billig baut, bedeutet das nur, daß sie niemals ihren Zweck erfüllen – und warum sollte man sie dann überhaupt bauen? Sie werden aber gebaut und erweisen sich dann als verfehlt. Sie ändern nichts an der Geisteshaltung unserer Innenstadtbewohner. Das Gebäude verwahrlost bald, und die Kinder sind nicht anders als vorher. Das alles bringt mich gelegentlich auf den Gedanken, daß wir mit unserem innerstädtischen öffentlichen Wohnungsbau die Innenstädte erhalten *wollen,* weil wir ja die Verhältnisse, die Innenstadtprobleme verursachen, fortbestehen lassen.

Um die Wirtschaftlichkeit des öffentlichen Wohnungsbaus vernünftig zu untersuchen, müßte ich die Psychologie der Sozialwohnungen darlegen, und dies ist ein Thema für sich. Ich möchte deshalb ein zum Nachdenken anregendes Beispiel anführen. In den letzten Jahren haben wir viel von den Auswirkungen des heißen Sommers auf Slumbewohner und manche Kommunen gehört. Trotzdem klimatisieren wir unsere Sozialwohnungen nicht, obwohl wir in alle neuen Häuser mit Eigentumswohnungen und auch in viele Studentenwohnheime Klimaanlagen einbauen. Eine genaue Kostenanalyse könnte ergeben, daß die Klimatisierung dieser Häuser nicht teurer wäre als die Ausgaben für die Polizei, für Sachschäden bei Krawallen und für die Kosten von Verhaftungen und Prozessen. An heißen Sommerabenden würden die Leute dann die Kühle und Behaglichkeit des Heims genießen und relativ zufrieden zu Hause bleiben. Wenn wir dem menschlichen Elend einen negativen Geldwert und der Behaglichkeit und einem befriedigenden Leben einen positiven Geldwert beilegen könnten, wäre es ganz ohne Zweifel Verschwendung, diese Gebäude nicht zu klimatisieren.

Die Psychoanalyse hat uns gelehrt, daß unsere erste Einfriedung, das Heim, als symbolische Mutter erlebt wird. Wie die wirkliche Mutter kann das Heim gut oder übermächtig sein, es kann uns mit Behaglichkeit und Sicherheit umgeben oder durch Vernachlässigung und Gleichgültigkeit zurückweisen. Je schwächer wir uns als Einzelpersönlichkeit in der Gesellschaft fühlen, um so tiefer müssen wir wissen, daß wir in unserem Heim willkommen und sicher sind.

Solange das Kind zur Mutter laufen, die Tür zuschlagen und damit die furchterregende Außenwelt aussperren und sicher zu Hause sein kann, weiß es, daß es einen Platz in dieser Welt hat. Während die gesicherte Mittelstandsfamilie in einer Wohnung mit ihrer sozusagen eingebauten Zukunftshoffnung erfolgreich zurechtkommen kann, braucht der Gettobe-

wohner mehr als jeder andere einen eigenen Raum, um schließlich zu seiner Persönlichkeit zu finden.
Für Privathäuser muß man eine Abschlagszahlung und monatliche Mieten leisten, so daß sie bis jetzt nur dem einstigen Gettobewohner des unteren Mittelstands offenstehen. Wir müssen sie aber den ärmsten Teilen unserer Bevölkerung zugänglich machen. Wenn wir dies tun, wenn wir ihnen die richtige Umgebung und öffentliche Gemeinschaftseinrichtungen zur Verfügung stellen, verleihen wir damit den Kindern der Gettobewohner die richtige räumliche Entfernung vom Entsetzen und die richtige räumliche Nähe zur Hoffnung.

Deutsch von Brigitte Weitbrecht

1 John B. Calhoun, »A ›Behavioral Sink‹«, in Eugene L. Bliss (Hg.), *Roots of Behavior* (New York: Harper and Brothers, 1962), Seite 295–315; ders., »Population Density and Social Pathology«, *Scientific American* 206 (Februar 1962), Seite 139–146.

2 Vgl. »Fortdauer eines Mythos« in *Die Geburt des Selbst.* Erfolgreiche Therapie autistischer Kinder (München: Kindler, 1977).

3 H. F. Harlow, »The Nature of Love«, *American Psychologist* 12 (1958), Seite 673–685; H. F. Harlow und M. K. Harlow, »Social Deprivation in Monkeys«, *Scientific American* 207, No. 5 (1962), Seite 139–146.

4 John J. Christian, Vagn Flyger und David E. Davis, »Phenomena Associated with Population Density«, *Proceedings, National Academy of Science* 47 (1961), Seite 428–429; K. Lorenz, *Das sogenannte Böse.* Zur Naturgeschichte der Aggression (Wien: Borotha-Schoeler, 1963); Niko Tinbergen, »The Curious Behavior of the Stickleback«, *Scientific American* 187, No. 6 (Dezember 1952), Seite 22–26.

5 Edward T. Hall, *The Hidden Dimension* (New York: Doubleday and Company, Inc., 1966; deutsche Ausgabe: Die Sprache des Raumes, (Düsseldorf: Pädagogischer Verlag Schwann, 1976).

6 Seit diese und die folgenden Bemerkungen zur Erfahrung mit der Raumgestaltung an der Orthogenic School geschrieben wurden, ist der Gegenstand bedeutend ausführlicher behandelt worden in *A Home for the Heart*, deutsche Ausgabe: *Der Weg aus dem Labyrinth.* Leben lernen als Therapie (Stuttgart: Deutsche Verlags-Anstalt, 1975).

7 Paul Chombart de Lauwe, *Famille et habitation* (Paris: Editions du Centre national de la recherche scientifique, 1959); ders., »Le Milieu social et l'étude sociologique des cas individuels«, *Informations Sociales* 2 (Paris 1959), Seite 41–54.

8 Henry David Thoreau, *Walden,* (Zürich: Artemis-Verlag, 1945).

9 Julius Horwitz, *The Inhabitants* (New York: The New American Library, 1960).

10 Zu den Verhältnissen in den jüdischen Gettos und den organisierten Gegenmaßnahmen der Gemeinschaften vgl. beispielsweise Israel Abrahams, *Jewish Life in the Middle Ages* (New York: Meridian Books, 1958).

Teil III

Unbewußte Beiträge zur eigenen Vernichtung

Man kann nicht einfach sagen, das innere Leben und das äußere Leben seien unauflösbar miteinander verflochten; sie sind vielmehr zwei verschiedene Ausdrucksweisen – oder, visuell gesehen, zwei verschiedene Perspektiven – eines und desselben Phänomens. Beeindruckt uns ein Erlebnis tief, so spiegelt sich seine Integration sowohl in unserem inneren als auch in unserem äußeren Leben und wirkt sich darin aus, wenngleich in Art und Ausmaß unterschiedlich. Diese Integration kann Änderungen in unseren Gefühlen und Einstellungen zu uns selbst und unserem Leben notwendig machen, und wie wir dies angehen, prägt dann unser äußeres Verhalten. So erfordert die Integration einer wirklich bedeutsamen Erfahrung beides: daß wir das, was sie uns als *inneres* Erlebnis bedeutet, konstruktiv verarbeiten, und daß wir in unseren darauf bezogenen Handlungen auch *etwas damit anfangen.*

Wenn wir beispielsweise einem Kind helfen wollen, mit den destruktiven Folgen der Mißhandlung durch Vater oder Mutter fertig zu werden, genügt es in den meisten Fällen nicht, dafür zu sorgen, daß die Mißhandlungen aufhören. Es ist ebenso nötig, dem Kind zur Überwindung der durch die Mißhandlung entstandenen Schädigung seines emotionalen Wohlbefindens und seiner Persönlichkeit zu verhelfen. Die Hilfe muß zum Ziel haben, daß das Kind den erlittenen psychischen Schaden meistert und somit integriert. Selbstverständlich muß auch die Mißhandlung für immer unterbunden werden, welche Maßnahmen dies auch erfordern mag: ob das Kind der Willkür des mißhandelnden Elternteils entzogen wird oder ob man diesem hilft, die Schwierigkeiten, die zur Mißhandlung des Kindes geführt haben, zu überwinden. Wenn das Kind dieses folgenschwere Erlebnis integrieren soll, das sonst weiterhin seine zerstörerische Wirkung ausübt, muß sowohl im inneren als auch im äußeren Leben des Kindes etwas geschehen. Wenn sich auch die erforderlichen Maßnahmen in Art und Umfang stark unterscheiden mögen, sollten sie doch parallel miteinander laufen.

Unsere Bemühungen, dem Kind zur Überwindung des Erlebnisses der Mißhandlung von seiten eines Elternteils zu verhelfen, bleiben erfolglos, wenn das Kind nicht selbst daran arbeitet. So muß sich das Kind beispielsweise von den Unzulänglichkeits- und Wertlosigkeitsgefühlen befreien, die es wahrscheinlich infolge der so sehr schmerzenden Zurückweisung durch den Menschen, der sein Beschützer sein sollte, entwickelt hat. Es muß aber auch Schritte unternehmen, um künftige Mißhandlungen zu verhindern, soweit ihm dies angesichts seines Alters und seines beschränkten Einflusses auf sein Schicksal möglich ist.

Die Notwendigkeit parallel erfolgender Änderungen im inneren Bewußtsein und Denken wie in den äußeren Handlungen in der Welt ist offenkundig, wenn es darum geht, die Folgen körperlicher und psychischer Mißhandlungen zu integrieren, wie es für das geprügelte Kind und für die Überlebenden der NS-Konzentrationslager gilt. Die Dinge liegen jedoch kaum anders, wenn die Schädigung nicht körperlich, sondern allein psychisch ist und sogar wenn sie nicht von anderen zugefügt, sondern in der Hauptsache selbst bewirkt wurde, beispielsweise wenn jemand von unrealistischer Angst vor einem Elternteil oder von Schuldgefühlen besessen ist. Wenn also jemand unter den Folgen einer wirtschaftlichen, sozialen und psychischen Abhängigkeit von seinen übermäßig nachsichtigen und/oder übermäßig herrschsüchtigen Eltern leidet, muß die Behandlung ihm helfen, die schmerzhaften psychischen Folgen seiner Abhängigkeit zu überwinden und zugleich die Kraft zu entfalten, seine wirtschaftliche und soziale Unabhängigkeit in allen realistischerweise möglichen Bereichen zu erringen.

Diese Überlegungen vermögen zusätzliches Verständnis zu wecken für die Schuldgefühle der KZ-Überlebenden und ihre bange Frage, ob sie irgendeine besondere Verantwortung tragen, weil sie gerettet wurden. Die Überlebenden fühlen, daß ihre Lagererfahrung sie traumatisiert hat, wenn auch viele von ihnen bewußt nur wissen, daß sie furchtbar gelitten haben und durch entsetzliche Erlebnisse bis in die Wurzeln ihrer Existenz erschüttert wurden.

Wenn ein Überlebender nach der Befreiung Verantwortungen auf sich nimmt, die er vorher nicht getragen hatte, kann er daraus schließen, der Wandel in seinem äußeren Verhalten sei ein Zeichen dafür, daß er die Auswirkungen der Traumatisierung integriert habe. Dies trifft aber nicht immer zu. Bedeutsame innere Veränderungen verursachen zwar entsprechende Veränderungen im äußeren Verhalten, aber das Umgekehrte gilt nicht unbedingt. Oft, aber nicht immer, vollziehen sich Änderungen im äußeren Verhalten gleichzeitig mit den inneren Veränderungen, auf die sie bezogen sind.

Als ich den Aufsatz »Individuelles und Massenverhalten in Extremsituationen« schrieb und veröffentlichte, wollte ich damit eine weiter verbreitete Kenntnis fördern – nicht so sehr der abscheulichen Mißhandlungen von Insassen der deutschen Konzentrationslager, sondern vielmehr der Gründe, die zu dieser Behandlung führten. Die Gestapo benutzte damals die Lager noch, um Furcht und Schrecken in der übrigen Bevölkerung zu wecken und diese wirksamer zu unterdrücken. Übereinstimmend mit dem, was oben gesagt wurde, war das Schreiben des besagten Aufsatzes ein Versuch, etwas *mit* meiner Erfahrung anzufangen – direkt, da ich die Lagerwirklichkeit anderen zur Kenntnis brachte, und indirekt, da ich den Gedanken verbreitete, der Geist, der diese Lager geschaffen hatte, müsse für immer ausgerottet werden.

Dazuhin war das Schreiben über diese Dinge auch unbewußt ein Versuch, meine Erlebnisse dadurch beiseite zu legen, daß ich mich von ihnen distanzierte und intellektuelle Herrschaft über sie gewann. Dazu war jedoch mehr nötig als ein bloßer Erlebnisbericht. Es erforderte ein umfassendes Integrationsbemühen, das, was mir und vielen, vielen anderen zugestoßen war, einigermaßen zu verstehen und meine Leser zum Handeln anzustacheln in Richtung darauf, die Wiederholung dieser Geschehnisse zu verhindern.

Wenn man zu begreifen versucht, warum einem etwas Folgenschweres zugestoßen ist, bedeutet dies oft eine wichtige Entwicklung in dem Ringen um Integration des Erlebnisses und seiner Auswirkungen. So ist es in der psychoanalytischen Behandlung für die Patienten häufig ganz einfach, sich zu erinnern, was ihnen zustieß, und sogar, wie sie darauf reagierten. Gewöhnlich ist es bedeutend schwieriger für sie, sich vorzustellen, warum es ihnen zustieß. Dies ist im allgemeinen ein notwendiger Schritt zu dem viel schwerer zu erringenden, schmerzhaften Verständnis für die Gründe dafür, warum sie im tiefsten Inneren auf besondere Weise auf ihr Erlebnis reagierten. Und alle diese Einsichten müssen immer umfassender gewonnen werden, wenn auch das Durcharbeiten – jene Integration in die Persönlichkeit, die allein Heilung bringt – nicht unbedingt in der genannten, klaren Reihenfolge vonstatten geht.

Greifen wir das Beispiel des mißhandelten Kindes wieder auf. Im angemessenen Alter und mit der entsprechenden Intelligenz ist das Kind meist bald imstande, ziemlich genau zu beschreiben, was ihm zugestoßen ist und wie es darauf reagiert hat – beispielsweise mit Angst, Schmerz, Haß. Recht oft aber muß das Kind zu begreifen versuchen, warum es mißhandelt wurde, ehe es verstehen kann, welche Auswirkungen dies auf sein inneres Leben gehabt hat, auf seine Sicht von sich selbst, auf seine Zukunftserwartungen, auf seine Einstellung zu anderen Menschen als dem mißhandelnden Elternteil und auf vieles andere mehr. Obwohl es schwierig ist, andere zu verstehen, wenn sie für uns und unser Leben sehr wichtig sind, ist dieses Verständnis doch oft ein notwendiger Schritt in Richtung darauf, uns selbst besser zu verstehen.

Ein heranwachsendes Mädchen war sich ihrer Reaktionen auf die schweren Prügel, die sie häufig von ihrem Vater bezog, ziemlich klar bewußt. Sie »wußte«, was die Schläge ihr antaten. Es erforderte beträchtliche Arbeit, bis sie erkannte, daß trotz der Mißhandlungen durch den Vater nicht ihre Beziehung zu ihm hinter ihrer suizidalen Depression lag – wenn sie auch die ganze Zeit gewußt hatte, daß ihr elendes häusliches Leben dazu beitrug –, sondern eher ihre Beziehung zur Mutter, die in ihrem zur Schau getragenen Verhalten ganz nett zu ihr war. Nach längerem begann sie zu begreifen, daß sie von ihrer Mutter als Blitzableiter benutzt wurde, der die Gewalttätigkeit des Vaters von der Mutter ablenkte, und daß die Brutalität des Vaters der Mutter die hochwillkommene Möglichkeit verschaffte, sich ihrem Mann moralisch überlegen zu fühlen.

Daraufhin erkannte das Mädchen allmählich, daß ihre suizidalen Reaktionen auf Hoffnungslosigkeit beruhten – sie hatte die Hoffnung aufgegeben, die Liebe zu erhalten, die sie von ihrer Mutter so verzweifelt ersehnte – und daß die Prügel des Vaters im Vergleich dazu kaum einen bleibenden Eindruck in ihr hinterließen. Schließlich begriff sie, daß sie sich selbst aus eigenem Entschluß als Ziel für die Gewalttätigkeit des Vaters dargeboten hatte, wenn sie ihn absichtlich reizte und Situationen herbeiführte, in denen, wie sie wohl wußte, seine Selbstbeherrschung nicht standhielt und das alles, um ihrer Mutter zu verschaffen, was diese am meisten erstrebte: nicht unter der Grausamkeit ihres Mannes leiden zu müssen und zugleich ihre Überlegenheit über ihn zu genießen. Das Mädchen hatte dies in der vergeblichen, unbewußten Hoffnung getan, die Mutter werde sich von der Mißhandlung der Tochter rühren lassen und ihr Kind mit Liebe dafür entschädigen.

Wie unschuldig und glücklos ein Opfer von Gewalttätigkeit oder eines anderen traumatischen Erlebnisses auch sein mag, erfordert doch die Integration des Traumas, daß man sich die Frage stellt, ob man in irgendeiner noch so geringfügigen Weise selbst dazu beigetragen hat, daß man gequält wurde, und, wenn es so ist, den Grund dafür sucht. In meinem ersten Aufsatz über die Konzentrationslager versuchte ich zu beschreiben, was den Häftlingen in den Lagern zustieß, wie sie darauf reagierten, wie sie sich dagegen zu wehren versuchten, und warum das alles geschah, das heißt ich versuchte auch die Absichten der Gestapo zu durchleuchten. Ich brauchte noch viele Jahre der Aufarbeitung, bis ich an das schmerzvolle Problem heranging, ob und warum die Opfer des Dritten Reichs, die ja durch nicht beeinflußbare

Umstände gezwungen waren, gegen ihren Willen Dinge über sich ergehen zu lassen, darüber hinaus aus bewußten oder – viel wahrscheinlicher – aus unbewußten Gründen in irgendeiner Weise und bis zu einem geringen Grad manchen Geschehnissen Vorschub leisteten.

Wenn dies zutraf, wenn irgend etwas im Inneren der Opfer dazu beitrug, daß sie sich nicht wirksamer vor der eigenen Vernichtung schützten, dann mußte auch dies verstanden werden; nicht weil das zu einem umfassenden Verständnis der Geschehnisse und ihrer Gründe führen würde – die Ereignisse waren so ungeheuer und katastrophal, daß es niemals möglich sein wird, sie ganz zu verstehen –, sondern weil es dazu beitragen könnte, daß man sich in Zukunft besser darauf vorbereitet, sich gegen eine mögliche Vernichtung zu verteidigen.

So gesehen bedeutet das Nachdenken darüber, ob es nicht möglich gewesen wäre, wirksamer zu reagieren und sich besser vor der Gefahr der Zerstörung zu schützen, daß man *innerlich* und *äußerlich* die Geschehnisse aufarbeitet, deren Nachwirkungen der Überlebende integrieren muß. Eine echte Reintegration sollte einen besser schützen als die alte Integration, an deren Stelle sie getreten ist. Die alte Integration konnte nicht auf Erfahrungen in der Vergangenheit zurückgreifen, um Mittel zum besseren Schutz vor Traumatisierung zu ersinnen; die neue Integration muß dazu, wenn sie gelingen soll, sehr wohl imstande sein.

Eine Möglichkeit, diese neue Integration zu fördern, besteht darin, daß man sich dessen bewußt wird, was unerkannt und gegen den eigenen bewußten Willen in irgendeinem noch so geringen Maß mit dem Zerstörer zusammengewirkt hat. Die Erkenntnis, warum und wie dies geschehen konnte, ist eine Möglichkeit, eine Wiederholung zu verhindern. Dies ist also Teil der *inneren* Aufarbeitung des Erlebnisses.

Zugleich eröffnet aber das Verständnis für die Möglichkeit solch unbewußter Beiträge zur eigenen Vernichtung auch den Weg dafür, daß man *äußerlich* etwas mit dem Erlebnis anfängt – daß man sich nämlich besser darauf vorbereitet, in der Außenwelt gegen Verhältnisse zu kämpfen, die einen unbewußt dazu verleiten können, das Werk des Zerstörers zu begünstigen. Auf die eine oder andere Weise befassen sich die folgenden Aufsätze mit diesen Fragen.

Deutsch von Brigitte Weitbrecht

Anne Frank – eine verpaßte Lektion*

Als die internationale Öffentlichkeit zum ersten Mal über die Konzentrations- und Todeslager der Nazis informiert wurde, kamen den meisten zivilisierten Menschen die in diesen Lagern begangenen Verbrechen so ungeheuerlich vor, daß sie nicht so recht daran glauben mochten. Die Vorstellung, daß eine vermeintlich zivilisierte Nation auf so unmenschliche Taten verfallen konnte, war ein heftiger Schock. Mitenthalten in diesem Schock war die Erkenntnis, daß der Mensch von heute nur auf eine unzulängliche Weise seine grausamen und zerstörerischen Triebe oder Neigungen zügeln kann, und das wiederum wurde als eine Bedrohung unseres Selbstverständnisses und unserer Einstellung zur Humanität empfunden. Als Reaktion auf die schrecklichen Enthüllungen dessen, was in den Lagern vor sich gegangen war, begegnete man am häufigsten drei psychologischen Abwehrmechanismen:

(1) Rückschlüsse auf den Menschen im allgemeinen wurden mittels der – wirklichkeitsfremden – Behauptung verneint, daß die Folterungen und die Massenmorde von einer kleinen Gruppe geisteskranker oder perverser Personen durchgeführt worden seien;
(2) der Wahrheitsgehalt der Berichte wurde dadurch angezweifelt, daß man sie als stark übertrieben und als Propaganda bezeichnete (ein Argument, dessen sich übrigens das deutsche Regime zuerst bediente, indem es alle Berichte über die in den Lagern begangenen Greuel als Greuelpropaganda hinstellte);
(3) den Berichten wurde Glauben geschenkt, doch das Wissen um die Greuel so rasch als möglich verdrängt.

* Dieser Artikel erschien ursprünglich im *Harper's Magazine,* November 1960, Seite 45–50. Obwohl mit einigen Ergänzungen, Streichungen und Textkorrekturen versehen, ist er im wesentlichen unverändert geblieben.

Nachdem die überlebenden Häftlinge befreit worden waren, begegnete man allen drei Mechanismen. Als man die Lager mit ihren Todesmaschinerien entdeckt hatte, ging zunächst einmal eine Welle extremer Empörung durch die Länder der Alliierten. Doch bald folgte eine allgemeine Verdrängung dieser Entdeckung. Diese Reaktion ist vermutlich nicht nur darauf zurückzuführen, daß der Narzißmus des Menschen von heute durch die Erkenntnis von der immer noch vorhandenen Grausamkeit des Menschen schwer erschüttert wurde. Sie ist vermutlich auch auf die ebenso düstere wie bedrohliche Erkenntnis zurückzuführen, daß der moderne Staat nun über die Mittel verfügte, die Persönlichkeit des Menschen zu verändern und Millionen von Menschen, die ihm als unerwünscht galten, zu vernichten. Die Vorstellung, daß der Staat heutzutage die Persönlichkeit von Menschen gegen deren Willen verändern und daß er ganze Bevölkerungsgruppen oder -schichten ausrotten kann, diese Vorstellung ist so furchterregend, daß man sie versucht abzuleugnen oder zu verdrängen.
Der außerordentliche, weltweite Erfolg, den *Das Tagebuch der Anne Frank* als Buch, Theaterstück und Film hatte, läßt den mächtigen Wunsch erkennen, dem Wissen um die mörderischen und persönlichkeitszerstörenden Lager dadurch entgegenzuwirken, daß man sein ganzes Augenmerk auf dieses Tagebuch richtet, das als ein Beweis dafür genommen wird, daß sogar im brutalsten totalitären System noch ein Privatleben und eine Intimsphäre erblühen können. Und das alles ungeachtet der Tatsache, daß Anne Franks Schicksal klar belegt, wie ein Mensch seine eigene Vernichtung noch beschleunigen kann, indem er ein Privatleben führt und alles, was außerhalb dieses Lebens in der Gesellschaft passiert, ignoriert.
Was mich hier interessiert, ist nicht, was der Familie Frank tatsächlich zustieß oder wie sie vergeblich versuchte, ihre schreckliche Lage zu meistern. Es wäre meines Erachtens falsch, eine so menschliche und erschütternde Geschichte, die so viel Mitgefühl für die sanfte Anne Frank und ihr tragisches Los erregt hat, auseinanderzunehmen. Worum es hier wirklich geht, ist die weltweite unkritische Reaktion auf ihr Tagebuch und auf das Theaterstück und den Film, die daraus verfertigt worden sind; und es geht nicht zuletzt auch darum, was diese Reaktion denn nun aussagt über unsere Versuche, mit den Gefühlen fertig zu werden, die das Schicksal dieses Mädchens in uns auslösen. (Wobei uns dieses Schicksal übrigens als ein Symbol für eine zutiefst menschliche Reaktion auf den Terror der Nazis gilt.) Ich glaube, daß sich die weltweite Zustimmung, mit der dieses Tagebuch aufgenommen wurde, erst dann erklären läßt, wenn wir einsehen, daß in dieser Zustimmung auch unser Wunsch enthalten ist, die Gaskammern dadurch zu vergessen, daß wir die Fähigkeit glorifizieren, sich in eine extrem private,

liebenswerte und empfindsame Welt zurückzuziehen und sich in dieser Welt mit allen Mitteln an die altgewohnten alltäglichen Ansichten und Verrichtungen zu klammern, obwohl die Welt um einen herum ein einziger Strudel ist, der einen jeden Augenblick in sich hinabreißen kann.
Das Verhalten der Familie Frank, die ihr Leben so fortführen wollte, wie sie es immer getan hatte, hat wahrscheinlich zu ihrer Vernichtung geführt. Dadurch, daß wir nichts als Lob übrighaben für die Art, wie diese Menschen in ihrem Versteck lebten, ohne sich zu fragen, ob dieser Entschluß auch wohlüberlegt und hilfreich sein würde, setzen wir uns über die entscheidende Lektion, die uns diese Geschichte erteilen könnte, einfach hinweg – ich meine die Lektion, daß eine solche Haltung unter extremen Bedingungen tödlich sein kann.
Während die Franks ihre Vorbereitungen trafen, um dann in ihrem Versteck passiv alles auf sich zukommen zu lassen, versuchten Tausende von anderen Juden in Holland (und in anderen europäischen Ländern) in die freie Welt zu entkommen, um zu überleben und/oder zu kämpfen. Andere, die nicht fliehen konnten, gingen in den Untergrund, und manche Familien sorgten dafür, daß jedes Familienmitglied bei einer anderen nichtjüdischen Familie untertauchte. Dem Tagebuch der Anne Frank jedoch können wir entnehmen, daß der Hauptwunsch der Franks darin bestand, wenn irgend möglich in der Weise weiterzuleben, in der sie bisher, wenn auch unter glücklicheren Umständen, gelebt hatten.
Auch die kleine Anne wollte so weiterleben wie immer, und was hätte sie auch anderes tun sollen, als mit den Plänen ihrer Eltern übereinzustimmen? Doch was Anne Frank erlebte, war weder ein unausweichliches noch heldenhaftes, sondern ein ebenso schreckliches wie sinnloses Schicksal. Anne hatte – wie viele andere jüdische Kinder in Holland – eine gute Überlebenschance. Freilich hätte sie ihre Eltern verlassen und zu einer nichtjüdischen holländischen Familie ziehen müssen, die das Mädchen als ihre eigene Tochter ausgegeben hätte. Das aber hätten ihre Eltern in die Wege leiten müssen.
Jeder, der erkennen wollte, was offenkundig war, wußte, daß das Untertauchen als Familie am schwierigsten war. Wer sich zusammen mit anderen versteckte, lief Gefahr, von der SS nur zu bald aufgespürt zu werden. Wenn aber einer aufgespürt wurde, dann war es auch um alle anderen geschehen. Wenn sich dagegen jemand allein versteckte, dann hatten die anderen noch eine Überlebenschance. Die Franks, die ausgezeichnete Beziehungen zu nichtjüdischen holländischen Familien unterhielten, hätten sicherlich einzeln untertauchen können, jeder von ihnen bei einer anderen Familie. Doch das Hauptprinzip, das ihrer ganzen Planung zugrunde lag, bestand darin,

daß sie ihr geliebtes Familienleben fortführen wollten – ein zwar verständlicher, aber für damalige Zeiten überaus wirklichkeitsfremder Wunsch. Jeder andere Entschluß hätte bedeutet, daß die Franks ihr Zusammenleben hätten aufgeben müssen und es hätte auch bedeutet, daß sie sich nicht mehr der Erkenntnis der tatsächlichen Lebensgefahr, in der sie schwebten, verschlossen hätten.

Die Franks konnten es nicht akzeptieren, daß ihr Familienleben, so wie sie es vor der Invasion der Deutschen in Holland geführt hatten, nicht mehr ratsam war, auch wenn sie einander noch so sehr liebten; ja, im Gegenteil, ein solches Familienleben war nun für sie und für andere, die sich in der gleichen Lage befanden, zu einer großen Gefahr geworden. Doch neben dem Wunsch, sich nicht zu trennen, unterliefen ihnen noch andere Fehler. So unterließen sie es zum Beispiel, sich auf das, was höchstwahrscheinlich geschehen würde, angemessen vorzubereiten.

Es besteht kein Zweifel daran, daß sich die Franks, wenn sie es nur gewollt hätten, während ihrer Vorbereitungen vor dem Untertauchen, ja sogar im Untergrund selbst mit Waffen hätten versorgen können. Hätten sie zum Beispiel eine Pistole gehabt, hätte Herr Frank zumindest einen oder zwei Männer von der »grünen Polizei«, die sie holen kam, erschießen können. Diese Polizei war knapp an Personal, und der herrschende Polizeistaat hätte sich ziemlich schwergetan, wenn auf jeden verhafteten Juden ein SS-Mann gekommen wäre. Sogar ein Metzgermesser, das aufzutreiben sicher nicht schwierig war, hätte zur Selbstverteidigung ausgereicht. Das Los der Franks, die alle, außer dem Vater, ums Leben kamen, wäre deshalb nicht unbedingt anders ausgefallen, doch hätten sie ihr Leben teuer verkaufen können, anstatt widerstandslos in den Tod zu gehen. Nur ist es eben so, daß sich Herr Frank – von dessen Mut im Ersten Weltkrieg wir wissen – vermutlich tapfer geschlagen hätte, aber nicht jeder kann den Plan fassen, diejenigen zu töten, die darauf aus sind, ihn selbst umzubringen. Doch gibt es andererseits sicher eine ganze Anzahl von Menschen, die, während sie im Normalfall nicht im Traum daran dächten, jemanden umzubringen, in einer solchen Situation durchaus bereit wären, diejenigen zu töten, die darauf aus sind, nicht nur sie selbst, sondern auch ihre Frauen und Kinder zu ermorden.

Ein völlig anderes Problem wäre ein Fluchtplan für den Fall gewesen, daß man sie aufgespürt hätte. Das Versteck der Franks hatte nur einen Eingang, selbst einen annehmbaren Notausgang gab es nicht. Trotzdem dachten sie in den vielen Monaten, die sie in diesem Versteck zubrachten, nicht daran, für einen solchen Ausgang zu sorgen. Auch andere Fluchtpläne entwickelten sie nicht, ja sie dachten nicht einmal daran, daß einer von ihnen – in diesem Fall wohl Herr Frank selbst – die Polizei in dem schmalen Eingang, wenn nötig mit Gewalt so lange aufhalten konnte, bis die anderen Familienmitglieder hätten fliehen können – entweder über die Dächer der Nachbarhäuser oder über eine Leiter zu der Gasse hinunter, die hinten an ihrem Haus vorbeiführte.

All diese Entschlüsse hätten als Voraussetzung die Erkenntnis der verzweifelten Lage haben müssen, in der sie sich befanden, sowie daraus sich ergebende Überlegungen, wie dieser Lage beizukommen sein könnte. Das wäre durchaus möglich gewesen, selbst unter den schrecklichen Bedingungen, denen die Juden nun, nach dem Einmarsch der Nazis in Holland, ausgesetzt waren.

Es existieren viele andere Berichte, die klar belegen, daß derartige Lösungen möglich waren. So gibt es zum Beispiel die Geschichte von Marga Minco, einem Mädchen, ungefähr so alt wie Anne Frank, das die Judenverfolgungen damals überlebte und später darüber berichtete.[1] Die Eltern dieses Mädchens hatten den Plan gefaßt, daß der Vater die Polizei, wenn sie käme, mit Worten und körperlicher Gewalt so lange aufzuhalten versuchen sollte, bis seine Frau und seine Tochter durch die Hintertüre geflüchtet wären. Leider lief die Sache anders als sie geplant hatten, das heißt, beide Eltern wurden umgebracht. Doch ihr kurzer Widerstand ermöglichte ihrer Tochter die Flucht. Das Mädchen gelangte zu einer holländischen Familie, von der es gerettet wurde.

Das soll keine Kritik am Verhalten der Familie Frank sein, die keine solchen Pläne faßte. Jede Familie hat das Recht, ihr Leben so einzurichten, wie es ihr behagt, und die damit verbundenen Risiken einzugehen. Mir geht es hier nicht darum, die Art und Weise, wie die Franks verfuhren, kritisch unter die Lupe zu nehmen, sondern um die allgemeine Bewunderung, die man der Art, wie sie sich mit ihrem Problem auseinandersetzten bzw. nicht auseinandersetzten, gezollt hat. Die Geschichte der kleinen Marga, die einen genauso betroffen macht, ist neben der Anne Franks so gut wie untergegangen.

Es gab damals viele Juden, die keine detaillierte Kenntnis von den Konzentrationslagern hatten, wohingegen die Franks über BBC bestens informiert waren. Jene Juden hatten es also einfach, wenn sie sich in dem Glauben wiegen wollten, daß die Befolgung selbst der entwürdigendsten Nazi-Befehle eine Überlebenschance für sie bedeuten könnte. Doch was nun das Theaterstück und den Film zum *Tagebuch der Anne Frank* anlangt, so läßt sich die Reaktion des Publikums nicht damit erklären, daß es sich unmittelbar hineinversetzte in die gewaltige Angst, die jedes klare Denken und Handeln lähmt, oder auch in die Ignoranz darüber, was mit den Menschen passierte, die ihr Los so lange passiv abwarteten, bis man sie zum Transport ins KZ abholte.

Ich glaube, es ist das unglaubwürdige Ende, das den gewaltigen Erfolg des Stückes und des Filmes erklärt. Dieses Ende besteht darin, daß wir Annes Stimme aus dem Jenseits sagen hören: »Ich glaube fest daran, daß die Menschen in ihrem tiefsten Innern gut sind.« Diese Worte finden sich zwar tatsächlich in dem Tagebuch, aber sich vorzustellen, daß sie von einer Anne Frank stammen könnten, deren Mutter in Auschwitz umgebracht wurde, während sie selbst und ihre Schwester die Ermordung Tausender Erwachsener und Kinder erlebten, bis sie selbst kurz vor Kriegsende in Bergen-Belsen dem Hunger zum Opfer fielen, diese Vorstellung ist nicht möglich.

Der Wunsch, das gewohnte Familienleben fortzuführen, erwies sich für viele Familien unter dem Nazi-Regime als tödlich. Wären jedoch tatsächlich alle Menschen »in ihrem tiefsten Innern gut«, dann könnten wir getrost so weiterleben, wie wir in Zeiten ungestörter Sicherheit gelebt haben, und wir könnten es uns leisten, Auschwitz zu vergessen. Aber Anne, ihre Schwester, ihre Mutter, vielleicht sind sie gerade deshalb gestorben, weil Annes Eltern nicht an Auschwitz glauben wollten.

Obgleich das Theaterstück und der Film auf den ersten Blick von der Verfolgung und den Vernichtungsaktionen der Nazis handeln, ist es im Grunde doch so, daß wir miterleben, wie es liebenswerten Menschen trotz des ganzen Terrors gelingt, ihr friedliches Familienleben fortzuführen. Aus Anne, dem Kind, wird ein junges Mädchen, eine junge Erwachsene, und das alles geht so normal vor sich, als gebe es die Extremsituation, in der sie und ihre Familie sich befinden, überhaupt nicht. So aber versucht uns das Theaterstück glauben zu machen, daß man, selbst wenn man Jude ist, sein kleines privates Leben fortführen kann – trotz Nazi-Rassismus und Nazi-Tyrannei.

Es ist richtig, daß sich das Schicksal dieser Familie und ihrer Freunde genauso erfüllt, wie die Franks es befürchteten: Ihr Versteck wird entdeckt und sie werden alle fortgeschleppt, ihrer Vernichtung entgegen. Doch das Anne Frank-Zitat am Schluß des Theaterstückes erweckt beim Zuschauer den Eindruck, daß am Ende trotz des Nazi-Terrors das liebenswerte Familienleben den Sieg davonträgt, denn es ist Anne Frank, die das letzte Wort hat. Dieser Eindruck jedoch widerspricht schlichtweg den Tatsachen, denn Anne wurde – umgebracht. Der Eindruck von ihrem (scheinbaren) Überleben, vermittelt durch jene erschütternde Äußerung über das Gute im Menschen, enthebt uns auf überaus wirksame Weise der Notwendigkeit, uns mit den Problemen, die Auschwitz heißen, auseinanderzusetzen. Deshalb fühlen wir uns dadurch, daß Anne diese Äußerung tut, sehr erleichtert. Das erklärt auch, weshalb Millionen von Menschen das Stück und den Film liebten. Beide konfrontieren uns zwar mit Auschwitz als Tatsache, doch bestärken sie uns gleichzeitig in dem Wunsch, uns nur ja nicht mit der tieferen Bedeutung der KZs auseinanderzusetzen. Wenn alle Menschen »in ihrem tiefsten Innern gut sind«, dann hat es in Wirklichkeit nie ein Auschwitz gegeben, kann ein solches Auschwitz nie wiederkehren.

Der Wunsch der Eltern von Anne Frank, ihr vertrautes Familienleben nur ja nicht aufzugeben, und ihr Unvermögen, ihr Überleben effektiver zu planen, ist das Musterbeispiel einer Reaktion, wie sie viele andere Menschen damals hatten, als sie vom Nazi-Terror bedroht wurden. Dieses Unvermögen, dieses Versagen enthält eine Warnung für uns, die wir noch leben und verdient daher genau untersucht zu werden.

Die Unterwerfung unter die drohende Macht des Nazi-Regimes führte häufig sowohl zur Desintegration ehemals wohlintegrierter Persönlichkeiten als auch zu einer Regression auf einen unreifen Standpunkt, bei dem der Betroffene die Augen vor den Gefahren der Realität verschloß. Die Juden, die die Verfolgung durch die Nazis passiv über sich ergehen ließen, fielen infantilen und primitiven Denkprozessen zum Opfer: Das Wunschdenken gewann die Oberhand, die Möglichkeit des eigenen Todes wurde nicht in Betracht gezogen. Es gab viele, die sich selbst einredeten, daß sie verschont bleiben würden. Und es gab viele, die an die Möglichkeit ihres eigenen Todes einfach nicht glauben mochten. Da sie aber nicht daran glaubten, ergriffen sie für den Notfall auch keine Vorsichtsmaßnahmen – weder gaben sie alles auf, um einzeln unterzutauchen, noch versuchten sie zu flüchten, um unter Lebensgefahr ihr Leben zu retten, noch bereiteten sie sich darauf vor, um ihr Leben auch dann zu kämpfen, wenn eine Flucht unmöglich und ihre eigene Vernichtung mehr als wahrscheinlich geworden war. Es ist richtig, daß es ihren eigenen Tod beschleunigt hätte, wenn sie sich vor dem Transport ins Lager aktiv verteidigt hätten, und so bedeutete die Tatsache, daß sie »sich dem Feind nicht stellten« bis zu einem gewissen Punkt eine Art Selbstschutz für sie.

Aber je länger man sich in solchen Extremsituationen der Passivität befleißigt, desto wahrscheinlicher wird es, daß man keine Widerstandskraft mehr aufbringt, wenn sich die unmittelbare tödliche Bedrohung einstellt. Das trifft vor allem dann zu, wenn dieser Prozeß, in dem der Betroffene dem Feind Schritt um Schritt nachgibt, Hand in Hand geht nicht mit einer Stärkung, sondern mit der allmählichen Auflösung der Persönlichkeit des Bedrohten. Diesem Prozeß begegnen wir auch bei den Franks, die sich wegen Kleinigkeiten miteinander zankten, anstatt einander in ihrem Widerstand gegen die demoralisierenden Auswirkungen ihrer Lebenssituation zu unterstützen.

Diejenigen dagegen, die vor den deutlich ausgesprochenen Absichten der Nazis nicht die Augen verschlossen, bereiteten sich auf das Schlimmste vor. Sie riskierten ihr Leben aus einem freien Entschluß heraus und verschafften sich so die geringe Chance, das eigene und vielleicht auch noch fremdes Leben zu retten. Als man die Juden in Deutschland in ihre Häuser und Wohnungen einsperrte, nahmen diejenigen, die sich nicht der Passivität überließen, diese neue Unterdrückungsmaßnahme als eine Warnung dafür, daß es höchste Zeit war, in den Untergrund zu gehen, sich der Widerstandsbewegung anzuschließen, sich mit gefälschten Papieren zu versorgen usw., falls sie all das nicht schon längst getan hatten. Viele von diesen Menschen aber überlebten.

Einige entfernte Verwandte von mir mögen hier als Beispiel dienen. Ganz am Anfang des Zweiten Weltkrieges tat sich ein junger Mann, der in einer kleinen ungarischen Stadt lebte, mit einigen anderen Juden zusammen, um sich auf eine deutsche Invasion vorzubereiten. Sobald die Nazis den Juden ein Ausgehverbot verordneten, ging seine Gruppe nach Budapest, da die größere Hauptstadt ein Leben in größerer Anonymität und somit mehr Überlebensmöglichkeiten bot. Aus anderen Städten gelangten ähnliche Gruppen nach Budapest, und all diese Gruppen taten sich nun zusammen. Dann wählte man in diesen Gruppen die »typisch arisch« aussehenden Männer aus, versorgte sie mit falschen Papieren und schickte sie in die ungarische SS. Diese Spitzel konnten nun vor geplanten Verfolgungen und Razzien warnen.

Viele von diesen Gruppen blieben intakt. Auch hatten sie sich mit kleinen Waffen ausgerüstet, so daß sie sich, für den Fall, daß man sie überrumpelte, zur Wehr setzen konnten, das heißt sie sollten in jedem Fall den Rückzug decken, um der Mehrheit ihrer Kameraden zur Flucht zu verhelfen, auch wenn sie selbst ihr Leben drangeben mußten. Einige unter den Juden, die in die SS eingetreten waren, wurden entdeckt und auf der Stelle erschossen, ein Tod, der dem Gaskammertod wahrscheinlich vorzuziehen war. Aber auch von diesen Juden, die in der SS untergeschlüpft waren, überlebten die meisten.

Man vergleiche diese Maßnahmen mit denen, die der Vater von Anne Frank ergriff. Dieser Mann entschied sich für ein Versteck, das im Grunde eine Falle ohne Fluchtmöglichkeit war. Und was tat er in diesem Versteck? Er brachte seinen Kindern Lernstoff aus der Oberschule bei, anstatt einen Fluchtweg für sie zu organisieren – ein eindeutiger Beweis für sein Unvermögen, die Todesgefahr, in der sie schwebten, in ihrem ganzen Ausmaß zu erfassen. Natürlich hatten diese Unterrichtsstunden auch ihr Positives. Sie linderten die permanente Angst, indem sie die Aufmerksamkeit auf andere Ziele lenkten und die Hoffnung auf eine Zukunft weckten, in der sich ein solches Wissen als nützlich erweisen könnte. So gesehen war der Unterricht sinnvoll, aber Vergeudung war er insofern als er sich mit viel wichtigeren Dingen hätte befassen sollen – mit der Frage nämlich, wie alle hier versammelten Leute flüchten sollten, wenn sie von den Nazis aufgespürt werden würden.

Leider waren die Franks keineswegs die einzigen, die aus ihrer Angst heraus unfähig waren, ihre wirkliche Situation zu überdenken und dementsprechend vorauszuplanen. Es gab damals viele Leute, die in einem Gefühl der Ohnmacht oder der Lähmung lebten, und die Ursachen für dieses Gefühl waren die Angst und der Wunsch, sich gegen diese Angst dadurch zu wehren, daß man sich aneinander festklammerte und daß man so zu leben versuchte, wie man bisher gelebt hatte – das aber gerade in einer Situation, in der die alte Lebensweise um des eigenen Überlebens willen radikal hätte geändert werden müssen, denn es ging nun längst nicht mehr um die geliebten alten Gewohnheiten, um diesen einzigen Quell heimeliger Zufriedenheit.

Der junge Verwandte, den ich vorhin erwähnte, versuchte andere Familienmitglieder zu überzeugen, daß es das beste sei, wenn sie mit ihm kämen, aber seine Liebesmüh war vergeblich. Dreimal riskierte er sein eigenes Leben und kehrte zurück, um seine Verwandten zu überreden – zuerst mit dem Argument, daß die Juden zunehmend verfolgt würden und später mit der Warnung, daß die Abtransporte nach den Gaskammern bereits begonnen hätten. Doch es gelang ihm nicht, diese Juden dazu zu bewegen, ihr Zuhause aufzugeben, ihre Familien auseinanderzureißen und jeweils einzeln unterzutauchen.

Und je verzweifelter und hoffnungsloser ihre Lage wurde, desto hartnäckiger hielten sie an ihrem alten Leben fest, desto ängstlicher klammerten sie sich aneinander und desto unfähiger wurden sie, auch nur daran zu denken, das, was sie mit harter Arbeit an Hab und Gut im Laufe ihres Lebens zusammengetragen hatten, nun aufzugeben. Je stärker man sie in ihrer Handlungsfreiheit einengte und je mehr sich die willkürlichen und demütigenden Unterdrückungsmaßnahmen der Nazis häuften, desto unfähiger wurden sie, frei zu planen und zu handeln. Ihre Lebensenergien dienten ihnen vor allem zur Bewältigung ihrer immer größeren Ängste. Je weniger Kraft sie in sich selber fanden, desto heftiger klammerten sie sich an das, was ihnen früher Sicherheit gegeben hatte – also an ihre alte Umgebung, ihre eingefleischte Lebensweise und ihren Besitz. Aber gerade diese Dinge waren es, die ihr Leben nun gefährdeten, denn sie hinderten sie daran, ihrem Leben eine entscheidende Wendung zu geben. Bei jedem seiner Besuche entdeckte der junge Mann, daß seine Verwandten immer handlungsunfähiger wurden, daß sie immer weniger imstande waren, auf seine Ratschläge zu hören und daß sie an die Krematorien, von denen er ihnen erzählte, einfach nicht glauben mochten, obwohl sie alle dort ums Leben kommen sollten. Nora Levin berichtet eingehend über die verzweifelten, aber fruchtlosen Versuche von kleinen jüdischen Gruppen, die überleben und ihre Glaubensbrüder retten wollten. Sie erzählt, wie man »Boten in die Provinzen schickte, um die Juden darauf hinzuweisen, daß Deportation gleichbedeutend mit Tod sei, aber ihre Warnungen wurden in den Wind geschlagen, denn die meisten Juden weigerten sich, über die eigene Vernichtung nachzudenken«.[2] Ich glaube der Grund für diese Weigerung ist in ihrer Handlungsunfähigkeit zu suchen. Wenn wir überzeugt sind, daß wir hilflos der Gefahr der eigenen Vernichtung ausgeliefert sind, können wir nicht darüber nachdenken. Wir können der Gefahr nur so lange ins Auge sehen, so lange wir überzeugt sind, daß es noch Möglichkeiten gibt, uns zu schützen, uns aktiv zu wehren und zu flüchten. Wenn wir jedoch überzeugt sind, daß nichts von alledem mehr möglich ist, dann ist es sinnlos, über die Gefahr nachzudenken, dann ist es natürlich besser, sich solche Gedanken zu versagen.

Als Häftling in Buchenwald habe ich mit Hunderten von deutsch-jüdischen Gefangenen Gespräche geführt. Sie alle waren im Verlauf jenes gewaltigen Pogroms, das sich an die Ermordung vom Raths im Herbst 1938 anschloß, in dieses Lager verschleppt worden. Ich fragte sie, weshalb sie Deutschland angesichts der unsäglichen Demütigungen, denen man sie ausgesetzt hatte, nicht verlassen hatten. Ihre Antwort war: Ja, wie denn? Wir hätten doch unser Zuhause, unsere Arbeit, unser Einkommen aufgeben müssen! Da sie durch die Verfolgung und Demütigung seitens der Nazis einen Großteil ihrer Selbstachtung eingebüßt hatten, waren sie nicht mehr in der Lage, die Dinge aufzugeben, die für sie den äußeren Schein dieser Selbstachtung bedeuteten – das aber waren ihre irdischen Güter. Anstatt ihre Besitztümer zu nutzen, wurden sie deren Gefangene: ihre irdischen Güter wurden zu einer fatalen Maske, hinter der sich Angst, Furcht und Verleugnung der Realität verbargen.

Die ganze Judenverfolgung durch die Nazis veranschaulicht auf eine erschütternde Weise, wie Menschen dadurch, daß sie ihre Lebensenergien in ihren Besitz investieren, Stück für Stück ums Leben kommen. Als der erste Boykott der jüdischen Geschäfte stattfand, ging es den Nazis vor allem darum, sich den Besitz der Juden anzueignen. Juden, die den größten Teil ihres

Hab und Guts im Lande zurückließen, durften damals noch auswandern und sogar einige Sachen mitnehmen. Eine ganze Zeitlang bestand die Absicht der Nazis und das Ziel ihrer ersten diskriminierenden Gesetze darin, unerwünschte Minderheiten, darunter auch die Juden, zur Emigration zu zwingen.

Obgleich die Ausrottungspolitik der inneren Logik der rassistischen Nazi-Ideologie entsprach, fragt man sich, ob die Idee, Millionen von Juden (und andere Ausländer) auszurotten, nicht teilweise darauf zurückzuführen war, daß so viele Juden die Demütigungen hinnahmen, ohne sich groß zu wehren. Als es zu keinem heftigen Widerstand kam, verschlimmerte sich die Verfolgung der Juden Schritt um Schritt.

Viele Juden, die beim Einmarsch der Nazis in Polen die Lage zu überschauen und die richtigen Folgerungen zu ziehen vermochten, haben den Zweiten Weltkrieg überlebt. Als die Deutschen näherrückten, ließen diese Juden alles hinter sich und flohen nach Rußland, obwohl sie das Sowjetsystem nicht mochten, ja sie mißtrauten ihm. Aber hier konnten sie, obwohl schlecht behandelt, zumindest überleben. Diejenigen aber, die in Polen zurückblieben, weil sie an ein unverändertes Leben glaubten, besiegelten selbst ihr Schicksal. So aber war der Gang zu den Gaskammern im eigentlichen Sinne nur die letzte Konsequenz, die sich aus der Unfähigkeit dieser Juden ergab, das zu begreifen, was auf sie zukam. Die Gaskammer war der letzte Schritt der Kapitulation vor dem Todestrieb; man kann auch sagen: dem ganzen Prozeß lag ein Trägheitsprinzip zugrunde. Der erste Schritt war bereits lange vor der Ankunft im Todeslager getan worden.

Olga Lengyel[3] beschreibt eine Erfahrung, die treffend belegt, wie weit dieses Trägheitsprinzip gehen konnte und wie stark der Wunsch war, vor der Realität die Augen zu verschließen, denn sie offenzuhalten hätte unerträgliche Angst bedeutet. Obwohl sie und ihre Mitgefangenen nur ein paar hundert Meter von den Gaskammern und Krematorien entfernt lebten und obwohl sie wußten, was dort geschah, war es doch so, daß die meisten Gefangenen die Existenz dieser Vernichtungsmaschinerie noch monatelang einfach ableugneten. Hätten sie ihre wirkliche Lage begreifen wollen, sie hätten wenn nicht das eigene Leben, so doch vielleicht das Leben anderer retten können.

Als man unter Frau Lengyels Mitgefangenen eine Auswahl traf, die in die Gaskammern geschickt wurde, gab es, außer ihr, keine Gefangenen, die aus der Gruppe auszubrechen versuchten. Ja, was noch schlimmer war, war die Tatsache, daß es in ihrer Gruppe, die für die Gaskammer bestimmt war, Mitgefangene gab, welche dem Aufseher meldeten, daß sie zu flüchten versucht hatte.

Frau Lengyel fragt sich fassungslos: Wie war es nur möglich, daß die Leute die Existenz der Gaskammern ableugneten, wo sie doch den ganzen Tag die Krematorien brennen sahen und das brennende Fleisch rochen? Weshalb verschlossen sie vor der Ausrottung die Augen, anstatt um ihr Leben zu kämpfen? Sie findet keine Antwort auf diese Fragen und kann lediglich die Beobachtung wiedergeben, daß diese Gefangenen es jedem verübelten, der dem gemeinsamen Los zu entrinnen versuchte. Der Grund dafür war darin zu suchen, daß sie selbst nicht den Mut zum Handeln hatten. Ich glaube, sie haben sich deshalb so verhalten, weil sie ihren Lebenswillen abgeschrieben hatten und sich ganz und gar von ihren Todestrieben haben überwältigen lassen. Die Folge war, daß solche Häftlinge der mordenden SS nicht nur physisch, sondern auch psychisch verfallen waren, während das auf die Gefangenen, die noch am Leben hingen, nicht zutraf.
Manche Häftlinge unterstützten sogar noch ihre Henker und beschleunigten auf diese Weise die Ausrottung ihrer eigenen Art. In diesen Fällen kann man nicht mehr von einem Trägheitsprinzip sprechen – hier waren es die Todeswünsche selbst, die Amok liefen. Diejenigen, die ihren Henkern in Berufen dienten, welche sie ehemals in ihrem Zivilleben ausgeübt hatten, setzten ihr früheres Leben einfach fort und öffneten dadurch ihrem eigenen Tod Tür und Tor.
So schildert zum Beispiel Frau Lengyel den SS-Arzt Dr. Mengele als ein typisches Beispiel für jene »Business as usual«-Einstellung, die es manchen Häftlingen und ganz gewiß der SS ermöglichte, sich ihr inneres Gleichgewicht, trotz allem, was sie taten, zu erhalten. Sie beschreibt, wie Dr. Mengele sich aller Vorsichtsmaßnahmen befleißigte, die zum Beispiel bei einer Entbindung nötig sind; er befolgte alle aseptischen Regeln, durchschnitt mit großer Sorgfalt die Nabelschnur, usf. Doch eine halbe Stunde später schickte er Mutter und Kind ins Krematorium.
Da sie sich nun einmal zu dieser verbrecherischen Arbeit hergegeben hatten, mußten sich Dr. Mengele und seinesgleichen immer wieder einreden, daß sie durchaus fähig waren, mit sich selbst und dieser ihrer Erfahrung zu leben. Ich kenne bislang nur ein Dokument, das sich mit dieser Seite des KZs befaßt. Es stammt von einem Dr. Nyiszli, einem Häftling, der in Auschwitz als »Forschungsmediziner« tätig war.[4] Wie Dr. Nyiszli sich selbst betrog, läßt sich zum Beispiel daraus ersehen, daß er immer wieder betont, er habe als Arzt in Auschwitz gearbeitet, obwohl er als Assistent eines kriminellen Mörders dort tätig war. Er bezeichnet das Institut für Rassische, Biologische und Anthropologische Forschung als »eines der qualifiziertesten medizinischen Zentren des Dritten Reiches«, obwohl dieses Zentrum ausschließlich verbrecherischen Zwecken diente. Der Doktortitel des

Herrn Nyiszli änderte nichts an der Tatsache, daß dieser Mann – wie so viele andere KZ-Aufseher, die der SS besser dienten als so mancher SS-Mann – an den Verbrechen der SS beteiligt war. Wie schaffte er das und wie konnte er damit leben?

Die Antwort ist einfach: Er war stolz auf seine beruflichen Fertigkeiten, ganz gleich, welchem Zweck diese auch dienten. Dr. Nyiszli und Dr. Mengele waren nur zwei unter Hunderten von anderen Ärzten, die zum Teil wesentlich prominenter waren und ebenfalls an den mörderischen und pseudowissenschaftlichen Humanversuchen der Nazis teilnahmen. Was diese Männer so gefährlich machte, war die Tatsache, daß sie auf ihr berufliches Wissen und Können ungemein stolz waren – so stolz in der Tat, daß sie sich über jegliche moralische Bedenken hinwegsetzten. Zwar gibt es die Konzentrationslager und Krematorien, von denen hier die Rede ist, nicht mehr, doch diese Art von Stolz ist nicht untergegangen. Im Gegenteil, dieser Stolz ist ein Merkmal der modernen Gesellschaft, in der wir leben und in der die Faszination durch Technik und Technologie das humane Denken und Fühlen beeinträchtigt. Auschwitz ist vorbei, doch solange es diese Einstellung gibt, werden wir vor solch grausamer Gleichgültigkeit gegenüber dem Leben nicht sicher sein.

Ich habe viele Juden und nichtjüdische Antinazis kennengelernt, die jener bereits erwähnten aktivistischen Gruppe in Ungarn ähnelten und im Nazi-Deutschland und in den besetzten Ländern überlebten. Diese Menschen erkannten, daß der einzelne in Zeiten, in denen eine ganze Welt zusammenbricht und die inhumane Willkür herrscht, sein Privatleben nicht einfach fortführen kann. Er kann nun nicht mehr die Aufgabe des liebevollen Vaters erfüllen, der für ein friedliches, von außen her ungestörtes Familienleben sorgt. Und genausowenig kann er an seinem Berufsstolz oder an seinem Besitz festhalten, wenn ihn das eine oder andere seine Menschlichkeit oder gar sein Leben kostet. In solchen Zeiten muß der Mensch sein bisheriges Tun, seine bisherigen Glaubensüberzeugungen und seine bisherigen Standpunkte radikal überprüfen, um sich darüber klarzuwerden, wie er von nun an handeln soll. Kurzum: Er muß der neuen Realität gegenüber Stellung beziehen – er muß zu einem eindeutigen Standpunkt gelangen, anstatt sich in eine noch privatere Welt zurückzuziehen.

Wenn die Schwarzen heute in Afrika gegen die Polizei, die die *apartheid* verteidigt, marschieren, und wenn dabei Hunderte von Demonstranten erschossen und Zehntausende in Lagern zusammengetrieben werden, so wird es am Ende doch so sein, daß die Schwarzen durch diesen Kampf früher oder später ihr Recht auf Freiheit und Gleichheit durchsetzen. Millionen von Juden, die damals in Europa nicht zur rechten Zeit fliehen wollten oder konnten und die auch nicht in den Untergrund gingen, wie es viele Tausende getan haben, hätten zumindest – wie so manche Juden am Ende im Warschauer Getto – im Kampf sterben können, anstatt passiv zuzuwarten, bis man sie zu ihrer eigenen Ausrottung zusammentreiben würde.

Deutsch von Edwin Ortmann

1 Marga Minco, *Bitter Herbs,* (New York: Oxford University Press), 1960.
2 Nora Levin, *The Holocaust*, (New York: Thomas Y. Crowell, 1968).
3 Olga Lengyel, *Five Chimneys: The Story of Auschwitz,* (Chicago: Ziff-Davis, 1947).
4 Miklos Nyiszli, *Auschwitz: A Doctor's Eyewitness Account,* (New York: Frederick Fell, 1960).

Eichmann – Das System – Die Opfer*

Die Aufgabe, die sich Hannah Arendt in ihrem Bericht *Eichmann in Jerusalem* gestellt hat, geht insofern weit über die Auseinandersetzung mit den Verbrechen eines einzigen Mannes hinaus, als sich diese Arbeit mit dem größten Problem unserer Zeit befaßt – dieses Problem heißt auch Völkermord, aber vor allem heißt es Totalitarismus. Hätte sich der Eichmann-Prozeß in erster Linie mit diesem Thema befaßt, es wäre tatsächlich der Jahrhundert-Prozeß gewesen, denn der Totalitarismus fand mit Hitler kein Ende. Im Gegenteil, ein Großteil der Menschheit wird auch heute noch von totalitären Regimes beherrscht, ja, es sind jetzt sogar Staaten, die demokratisch regiert werden, nicht frei von totalitären Tendenzen. Der Grund dafür ist darin zu suchen, daß die moderne technologisch orientierte Massengesellschaft dazu neigt, die Dimension des Menschen zu sprengen, das heißt das Individuum wird im Namen des Staates manipuliert, wo es die Aufgabe des Staates wäre, dem Individuum zu dienen.

Der große Wert von Hannah Arendts Buch besteht darin, daß es Eichmann und seinen Prozeß in einem umfassenderen Kontext ansiedelt, dessen Hauptproblematik der Mensch im Totalitarismus des 20. Jahrhunderts ist. Freilich birgt dieser Ansatz auch eine entscheidende Schwäche: Die hier angeschnittenen Probleme sind so weitreichend, daß es den Anschein hat, als seien wir intellektuell nicht in der Lage, sie zu bewältigen. Nichtsdestotrotz ist Hannah Arendts Buch ein ungemein ernsthafter und zum Teil gelungener Versuch, diese Problematik zu bewältigen.

Um sich mit dem Totalitarismus in einem dem Menschen angemessenen Kontext auseinanderzusetzen, mußte Hannah Arendt die Fragestellung auf eine humane Basis stellen. Das hat sie getan, indem sie drei grundlegende Themenkreise behandelte: zum einen den Menschen Eichmann; zum ande-

* Diese Rezension in Form eines Essays über Hannah Arendts Buch erschien am 15. Juni 1963 in *New Republic* und wurde für die hier vorliegende Aufsatzsammlung etwas gekürzt.

ren die Unmöglichkeit, den Totalitarismus mittels überlieferter Denk- oder Rechtssysteme zu beurteilen und zu begreifen; und zum dritten die unglückseligen Opfer. Doch sind diese Themenkreise einerseits aufgrund der Beschaffenheit des Totalitarismus und andererseits aufgrund der Art und Weise, wie der Eichmann-Prozeß geführt wurde, so eng miteinander verquickt, daß sie weder von Frau Arendt noch von mir selbst getrennt behandelt werden können.

Hannah Arendts frühere Werke *Vita activa oder vom tätigen Leben* und *The Origins of Totalitarism*[1], zeigen klar und deutlich, daß die Autorin das geistige Rüstzeug besitzt, um auch in dem hier behandelten Fall Eichmanns Verbrechen, seinen Prozeß und seine Opfer als Bestandteile ein und desselben Problems zu begreifen. Während sich Hannah Arendts Buch also dem Namen nach mit Eichmann in Jerusalem befaßt, wobei sich die Autorin mit dem Prozeß auf eine sehr persönliche, kluge und kritische Weise auseinandersetzt, ist diese ihre Arbeit in einem tieferen Sinne mehr als nur ein Essay über die Banalität des Bösen. Es ist ein Buch über die Widersprüchlichkeit, die Unverhältnismäßigkeit und die Mißverhältnisse, denen wir in dem angeschnittenen Problemkreis ständig begegnen.

So war zum Beispiel Eichmann, nach allen »wissenschaftlichen« Standards zu urteilen, ein »normaler« Mensch. »Ein halbes Dutzend Psychiater haben bescheinigt, daß er ›normal‹ sei – ›normaler jedenfalls als ich es bin, nachdem ich ihn untersucht habe‹, soll einer dieser Psychiater ausgerufen haben, während ein anderer fand, daß seine ganze psychologische Weltanschauung, seine Einstellung gegenüber seiner Frau und seinen Kindern, seiner Mutter und seinem Vater, seinen Brüdern, Schwestern und Freunden ›nicht nur normal, sondern höchst wünschenswert seien‹ – und der Geistliche schließlich, der ihm im Gefängnis regelmäßige Besuche abstattete... versicherte allen Leuten, daß Eichmann ›ein Mann mit sehr positiven Vorstellungen sei‹.« Unsere Standardvorstellung von der sogenannten Normalität trifft also offensichtlich nicht auf Verhalten in einem totalitären System zu. Hannah Arendts Buch handelt auch von dem Mißverhältnis, das darin besteht, daß es auf der einen Seite um die Ermordung von Millionen geht und daß auf der anderen Seite ein einziger Mann dafür angeklagt wird. Denn es liegt auf der Hand, daß kein Mensch allein Millionen anderer Menschen ausrotten kann. Und es ist auch ein Mißverhältnis zwischen den Greueln, über die berichtet wird, und diesem Mann auf der Anklagebank, der damals lediglich hinter seinem Schreibtisch saß, von dort aus Gespräche führte, Gedächtnisprotokolle verfaßte und Befehle entgegennahm und weitergab. Es ist im Grunde das Mißverhältnis zwischen unserer Vorstellung vom Leben und der Bürokratie des totalen Staates. Unsere Vorstellungskraft, unser geistiges Bezugssystem, ja selbst unsere Gefühle sind nicht imstande, mit diesem Mißverhältnis fertigzuwerden.

Wir werden tagtäglich Zeuge unserer eigenen Unfähigkeit, tragische Ereignisse zu begreifen. Ist ein einzelner oder sind nur wenige betroffen – sagen wir bei einem Flugzeug- oder Grubenunglück oder bei einem schweren Unfall eines Kindes aus der Nachbarschaft –, wird sofort unsere Sympathie geweckt. Wir empfinden Mitleid für die Opfer, für ihre Familien. Voller Besorgnis warten wir auf Neuigkeiten. Wir hoffen und manche beten. Wir möchten etwas tun, um zu helfen.
Kommen jedoch dreißigtausend Menschen bei einem Vulkanausbruch ums Leben, der sich in einem anderen Teil der Welt ereignet, dann sind wir kaum betroffen. Wir können Geld spenden, wir können darüber lesen und reden, aber zutiefst erschüttert sind wir nicht. Unsere Gefühle sind nach wie vor die Gefühle des Clans, der Dorfgemeinschaft. Wir reagieren gefühlsstark auf das, was wir sehen und selber empfinden, auf das, was sich unmittelbar vor unseren Augen abspielt oder was wir aufgrund unserer persönlichen Erfahrungen nachvollziehen können. Wir haben noch nicht gelernt, mit den Erfahrungen des totalen Massenstaates zurechtzukommen. Zwar können wir uns in Einzelpersonen hineinversetzen, doch sind wir (oder zumindest die meisten unter uns) nicht imstande, uns gleich in Millionen hineinzuversetzen. Einige Entsetzensschreie rufen bei uns große Angst und den Wunsch zu helfen hervor. Sind wir jedoch solchen Schreien stundenlang ausgesetzt, so haben wir nur noch den Wunsch, daß der Schreiende endlich schweigen möge.
Dies ist also ein Buch über unsere Unfähigkeit voll zu begreifen, wie es der modernen Technologie und einer sozialen Organisation, wenn sie im Dienst eines totalitären Systems stehen, gelingen kann, eine normale, ja eher mittelmäßige Person wie zum Beispiel Eichmann dahin zu bringen, daß sie eine so entscheidende Rolle bei der Ausrottung von Millionen Menschen spielt. Aufgrund des gleichen Mißverhältnisses besteht heute theoretisch die Möglichkeit, daß ein kleinerer Beamter – etwa in der Position eines Oberstleutnant, um die Eichmann-Parallele fortzuführen – die Vernichtung der meisten unter uns ausführt, indem er auf einen Knopf drückt. Wir haben es hier mit einem Mißverhältnis zu tun zwischen dem Menschenbild, das wir immer noch in uns tragen (und das im Humanismus der Renaissance und in den liberalen Grundsätzen des 18. Jahrhunderts wurzelt) und den realen Gegebenheiten, mit denen sich der Mensch inmitten der heute stattfindenden technologischen Revolution konfrontiert sieht. Hätte uns diese Revolution nicht dazu gebracht, das Individuum als ein bloßes Rädchen in einer kom-

plexen Maschinerie zu betrachten, als ein Rädchen, das austauschbar und Mittel zum Zweck ist, als ein Rädchen, das der Staat dann auch als solches benutzt – Eichmann wäre niemals möglich gewesen. Genauso wie das Gemetzel von Stalingrad, die russischen Arbeitslager, Hiroshima und die gegenwärtige Planung des Atomkrieges nicht möglich gewesen wären. Wir haben es hier mit einem Mißverhältnis zu tun zwischen der unglaublichen Macht, die wir uns mittels der Technologie verschafft haben, und der vergleichsweisen Bedeutungslosigkeit des Individuums.

Es ist das Mißverhältnis zwischen der Banalität eines Eichmann und der Tatsache, daß nur eine so banale Person die Vernichtung von Millionen in die Wege leiten konnte. Wäre er mehr Mensch gewesen, seine Humanität hätte ihn von seinem bösen Werk abgehalten; wäre er weniger Mensch gewesen, es hätte ihm an Tüchtigkeit bei seiner Arbeit gemangelt. So aber verkörpert er genau den banalen Menschen, der, wenn man es ihm befiehlt, den Knopf drücken würde, und dem es nur darum zu tun wäre, diesen Knopf richtig zu drücken, ohne Rücksicht darauf, wer dabei wo ums Leben kommt.

Sogar unsere Sprache steht heute in einem Mißverhältnis zur Wirklichkeit. Sie entzieht sich uns, da unsere Worte Symbole für Ereignisse sind, die einem völlig anderen Kontext entstammen, für einen völlig anderen Kontext gültig sind. Sie beziehen sich auf Sachverhalte, die einer anderen Größenordnung angehören. So bezeichnet zum Beispiel das Wort »töten« die Ermordung eines Gegners im Krieg oder auch einen Mord, der aus einem Haßgefühl heraus oder um eines persönlichen Vorteils willen geschieht. Dieses Wort impliziert eine Begegnung von Person zu Person. Dillinger zum Beispiel war einer, der tötete, ein Killer, ein Mörder. Eichmann dagegen war nur ein Werkzeug bei der Vernichtung von Millionen. Dazu kommt noch, daß er alles, was er nicht für strikt rechtmäßig hielt, verabscheute. Er hat, wie er selbst wahrheitsgemäß sagte, nie einen Menschen getötet. Legalisierten Massenmord auf Befehl des Staates – dagegen allerdings hatte er nichts einzuwenden; im Gegenteil, sie gefiel ihm, die Effizienz, die »wissenschaftliche« Einstellung, mit der er seine Pflicht tat. Eichmanns »Expertenwissen« über das Judenproblem war in jeder Hinsicht kläglich und unzulänglich, das belegt Hannah Arendt im Detail. Den Grundstock dieses Wissens bildete die Lektüre von ganzen zwei Büchern. Für Eichmann selbst jedoch lag hier der wissenschaftliche Ansatz zunächst für die gewaltsame Emigration der Juden und später für deren Ausrottung in Europa. Auch dieser Punkt ist von entscheidender Bedeutung, denn ohne diese Distanziertheit aufgrund irgendwelcher Paragraphen oder pseudowissenschaftlicher Ansichten kann man die Inhumanität des Totalitarismus nicht verste-

hen. Doch es handelte sich hier nicht nur um Pseudowissenschaftlichkeit. Es gab damals viele wissenschaftliche Experimente, die an Menschen vorgenommen wurden. Diese Menschen kamen ums Leben – eine Folge, die die Experimentatoren, wenn man von ihrer Ausbildung und Position ausgeht, voraussahen. Bei diesen Experimentatoren handelte es sich in vielen Fällen um prominente Ärzte, hervorragende Universitätsprofessoren und andere Fachgrößen, die ihr Studium in der Zeit vor den Nazis absolviert hatten und dem hippokratischen Eid verpflichtet waren. Einige der angesehensten Ärzte Deutschlands kannten und akzeptierten das Tun ihrer Kollegen. Auch sie verhielten sich so und nicht anders, weil sie alle diese Unternehmungen für völlig legal hielten. Im Kontext des totalitären Bezugssystems selbst war alles in bester Ordnung. Das altmodische Wort »Mörder« kann auf diese Leute oder auf Eichmann nicht angewandt werden, da diesem Wort eine Orientierung auf den Menschen zugrundeliegt.
Hannah Arendt vertritt die von mir geteilte Ansicht, daß einige Merkmale des Dritten Reiches jeglichem modernen Totalitarismus eigen sind, während es andere Charakteristika gibt, die zum Glück nur dem Nazi-System zuzuordnen sind. So reagieren wir zum Beispiel auch heute noch auf die Mechanismen, deren sich der Massenstaat bedient, um Kontrolle auszuüben, sei es nun mittels einer unpersönlichen Bürokratie, unpersönlicher »Geschmackmacher« oder unpersönlicher Informationsquellen. In all diesen Fällen verschanzt sich die persönliche Verantwortung hinter einer vermeintlichen Objektivität und hinter dem vermeintlichen Nutzen für die Gemeinschaft. Hier ist der Grund dafür zu suchen, weshalb sich Hannah Arendt nicht damit zufriedengibt, die Persönlichkeit eines Eichmann als einmaliges Phänomen zu untersuchen, und weshalb sie sich genauso aufmerksam mit dem System wie mit seinen Opfern befaßt.
Diejenigen, die aus diesen Ereignissen für die Zukunft etwas lernen möchten, müssen sich bewußt sein, daß die meisten Menschen weder Helden noch Märtyrer sind – d. h., daß es nur wenige gibt, die unter einer großen Belastung und im schlimmsten Elend heldenhafte Züge entwickeln, während sich die Verfassung der meisten Menschen rapide verschlimmert. Auch müssen sich die, die lernwillig sind, vor Augen halten, daß man der Unmenschlichkeit sowohl unter den Nazis als auch unter ihren Opfern begegnete. Die Forscher, deren Forschungsgegenstand die Gesellschaft oder der Mensch ist, gehen heute davon aus, daß es niemanden gibt, der frei von Fehlern wäre, ein Grundsatz, von dem sie selbst sich nicht ausnehmen. Doch gerade weil wir wissen, daß niemand unter uns völlig frei von Schuld ist, können wir uns auch mit der Schuld der Opfer auseinandersetzen. Das aber versucht Hannah Arendt im Rahmen des Eichmann-Prozesses.

Diejenigen, die dieses Buch lediglich als einen – wenn auch kritischen, sehr persönlichen und vielleicht sogar voreingenommenen – Prozeßbericht betrachten, werden enttäuscht sein, denn sie werden nicht sehen können, was dieses Buch uns zu sagen hat. Auch wäre es der Mühe Hannah Arendts kaum wert gewesen, den bereits vorhandenen Biographien von Nazi-Größen eine weitere hinzuzufügen oder lediglich einen Prozeß zu beschreiben, der der Propaganda genauso diente wie der Gerechtigkeit. Wenn es in diesem Fall lediglich um den Prozeß gegen einen weiteren erbärmlichen politischen Verbrecher gegangen wäre, wäre es ein ziemlich müßiges Unterfangen gewesen, die Prozeßführung genau zu verfolgen, zumal ja auch die Schuld des Angeklagten von vornherein klar auf der Hand lag, und er selbst diese Schuld zugab. Und warum sollte Hannah Arendt in ihrem Prozeßbericht auch noch auf die Tatsache eingehen, daß die Juden, ja sogar so manche Judenführer zur Judenvernichtung selbst beigetragen hatten? Das hatte nicht das geringste mit dem Angeklagten zu tun, denn dessen Schuld wurde dadurch um kein Jota geringer.

Viele Leser werden auf diesem Punkt herumreiten, weil ihnen die eigentliche Frage entgeht. Richter Musmanno, der Hannah Arendts Darstellung im *New York Times Book Review* rezensierte, hielt den ganzen Prozeßbericht für unfair, so als sei der Prozeß selbst Hannah Arendts Hauptanliegen gewesen. Herr Musmanno hat nicht begriffen, daß das Hauptproblem nicht Eichmann, sondern der Totalitarismus war. Er schrieb zum Beispiel folgendes: »Frau Arendt geht des langen und breiten auf Eichmanns Gewissen ein, und sie informiert uns, daß einer der Punkte, die Eichmann zu seiner eigenen Verteidigung anführte, die Feststellung gewesen sei, ›daß es von außen keine Stimmen gab, die sein Gewissen geweckt hätten‹.« Musmanno fügt ganz richtig hinzu: »In was für einem abgrundtiefen Schlaf muß sich wohl ein Gewissen befinden, wenn es erst geweckt werden muß, um gesagt zu bekommen, daß es wohl nicht ganz richtig ist, wenn man einem kleinen Jungen ein Bonbon aufdrängt, um ihn zu veranlassen, von alleine die Gaskammer des Todes zu betreten?« Doch wer andererseits eine so rhetorische Frage stellt, betreibt Effekthascherei oder bedient sich der Emotionen des Lesers – eine Behauptung, die (nach Hannah Arendt) auch auf Attorney General Hausner zutrifft, denn es wurde nie bewiesen, daß Eichmann solches »Bonbon-Verhalten« praktiziert hätte. Natürlich wußte er von den Morden, das hat er nie abgeleugnet. Doch wovon Hannah Arendt spricht, das ist die schreckliche Tatsache, daß es in einem totalitären Staat keine Stimmen gibt, die von außen kommen, um das Gewissen der Menschen zu wecken. Es ist ein ganz wesentlicher Punkt, den Hannah Arendt hier anschneidet, über den jedoch Musmanno hinwegzugehen versucht, indem er

auf stark emotionalen Frage ausweicht. Für uns, die wir keine Nazis waren, geht es hier um die entscheidende Frage, warum keiner oder warum wir selbst nicht unsere Stimme erhoben haben. Denn hier liegt der Grund dafür, daß das Leben in einem totalitären Staat so hoffnungslos ist – es ist ein Leben, in dem der Mensch niemanden mehr hat, der ihn führen könnte und in dem es keine Stimmen mehr gibt, die von außen kommen.
Wie sehr selbst die eigene Stimme verstummt, wissen wir von den Menschen, die in den Konzentrationslagern saßen. Sie haben ihre Stimme so lange nicht erhoben, wie sie sich noch in Greifweite des Systems befanden. Vielleicht lag auch mein Gewissen in einem »abgrundtiefen Schlaf«, denn als ich aus dem Lager entlassen wurde, erzählte ich nichts von meinen Lagererfahrungen, solange sich meine Mutter und ich noch auf deutschem Boden befanden. Ich riet meinen jüdischen Mitmenschen lediglich, Deutschland eiligst zu verlassen, da sie sonst umkommen würden. In diesem geringen Maße also hat mein Gewissen seine Stimme erhoben, so lange ich in der Angst lebte, man könnte mich wieder ins Lager schicken.
Um nachzuweisen, daß auch Eichmann auf die Stimme des Gewissens hätte hören können, führt Richter Musmanno die Geschichte des Pastor Grüber an, den das Gericht als »einen der gerechten Menschen dieser Welt« rühmte. Dieser Pastor ist ganz gewiß ein großartiger Mann, und wie alle Welt, so bewundere auch ich seinen Mut und seine moralischen Überzeugungen. Doch aus Hannah Arendts Bericht geht klar und deutlich hervor, daß selbst dieser Mann seine Stimme kaum erhoben hat. Bei einer Gelegenheit bat er Eichmann, er möge es zulassen, daß man an die Juden in Ungarn anläßlich des Passah-Festes ungesäuertes Brot schicke. Und er leistete Fürsprache für jene Juden, die im Ersten Weltkrieg verwundet worden waren, die hohe Kriegsauszeichnungen erhalten hatten, sowie für die Witwen der in diesem Krieg Gefallenen. Doch als das Gericht ihn direkt befragte, ob er versucht habe, Eichmann zu beeinflussen, und als man ihn fragte: »Haben Sie als Geistlicher versucht, seine Gefühle zu wecken, ihn zu ermahnen und ihm zu sagen, daß sein Verhalten gegen jegliche Moral sei?«, da lautete die Antwort lediglich, nein, das habe er nicht getan, denn »Worte wären sinnlos gewesen«.
Das dürfte denn auch der Fall gewesen sein. Denn wenn sich das Gewissen aus dem Munde eines der mutigsten Männer nur so leise und so bescheiden vernehmen ließ, wie sollte man dann noch daran zweifeln, daß Eichmann keine Stimmen hörte, die sich gegen ihn wandten und ihm Vorwürfe machten? Daß sich diese Stimmen nicht erhoben, ist freilich keine Entschuldigung für Eichmann. Die Leser, die da meinen, Hannah Arendt führe alle diese Dinge an, um Eichmann zu exkulpieren, haben nicht begriffen, um

was es der Autorin geht. Es geht ihr darum zu zeigen, daß sogar ein so frommer Mann wie Probst Grüber mit einer so leisen Stimme sprach, daß man ihn kaum hörte, und daß hier die Tragödie des aufrechten Mannes in einer totalitären Gesellschaft liegt. Und hier liegt auch der Grund, weshalb ein Pasternak unter Stalin schwieg, während die Ehrenburgs diesen Mann rühmten.

Aus dem gleichen Grund befaßt sich Hannah Arendt eingehend mit einer gewissen Einstellung gegenüber der Auslieferung von Juden an die Deutschen, sowie damit, wie sich diese Einstellung auf die Nazi-Funktionäre, sagen wir in Dänemark oder Bulgarien ausgewirkt hat, wo nicht nur die Bevölkerung, sondern auch hohe Regierungsbeamte und hochgestellte Geistliche gegen die Judenverfolgung waren. Hannah Arendt berichtet von einer allmählichen Aufweichung der dogmatischen Einstellung dieser Nazi-Besatzer, gegen die sich laut und unmißverständlich so viele Stimmen erhoben, daß sie unüberhörbar waren.

Da Hannah Arendt die wesentliche Bedeutung dieses Prozesses darin sieht, daß er Gelegenheit gab zur Analyse der Beschaffenheit und der unverminderten Gefahren des Totalitarismus, setzt sie sich auf kritische Weise auch mit den Rechtsgrundlagen dieses Prozesses auseinander. Sie wirft den Richtern und Attorney General Hausner nicht vor, daß sie dem Angeklagten nicht die angemessene Strafe zugemessen hätten oder daß sie den Prozeß nicht so fair geführt hätten, wie es unter den gegebenen Umständen möglich war. Ihre Kritik gilt vielmehr der Tatsache, daß das Gericht nicht so recht wußte, ob es nun den Mann oder die Geschichte verurteilen sollte. Das aber ist der Punkt, zu dem Hannah Arendt einiges zu sagen hat.

Das Rechtssystem, mit dessen Hilfe Eichmann der Prozeß gemacht wurde, ließ es nicht zu, den Mann für die Taten des Staates, dem er gedient hatte, zu verurteilen. Hätte man dies versucht, so hätten Hunderttausende von anderen Personen ebenfalls vor Gericht gestellt gehört, nämlich alle die Deutschen und übrigens auch viele Juden, die auf die eine oder andere Weise zur Ausrottung der Juden beigetragen hatten. So hatte man bei den Nürnberger Prozessen erkannt, daß es unmöglich war, alle Personen vor Gericht zu stellen, die an den Verbrechen gegen die Menschlichkeit beteiligt gewesen waren. Aber wo genau ist nun die Grenze zu ziehen, wenn solche Verbrechen begangen werden? Ein Oberstleutnant wie Eichmann steht in der Rangordnung weder sehr tief noch sehr hoch. Und da nun er und niemand anderer vor Gericht stand, sollte man die Grenze beim Hauptmann ansetzen? Aber wenn ja, warum so willkürlich gerade beim Hauptmann?

Um diesen und vielen anderen Schwierigkeiten aus dem Weg zu gehen, mußte man Eichmann als Person vor Gericht stellen. Doch wenn man so verfuhr, mußte man ihn als einen Mann mit abnormen Qualitäten hinstellen, das heißt als ein Monstrum. Das war Eichmann zweifelsohne, aber eben als ein Teil eines monströsen Systems. Als Mensch war er alles andere als monströs. Hier liegt der Grund dafür, daß sich sowohl Hannah Arendt als auch das Gericht nicht auf den Prozeß einer einzigen Person beschränken konnten, sondern »ein breiteres Gemälde entwerfen mußten«. Für das Gericht war dieses breitere Gemälde gleichbedeutend mit dem Antisemitismus, und in diesem Punkt übt Hannah Arendt offenbar Kritik am Gericht, denn ein solches Vorgehen verschleierte die Tatsache, daß hier eine einzige Person vor Gericht stand. Wer die Vorstellung von der individuellen Verantwortung aufrechterhalten möchte, darf den Prozeß gegen eine Person nicht mit dem Prozeß gegen ein ganzes System (zum Beispiel das Nazi-System) oder gegen eine Idee (zum Beispiel den Antisemitismus) vermengen. Daher wollten sowohl der Staatsanwalt als auch die Richter Eichmanns Taten als Greuel gewertet wissen, was ja auch stimmte, aber eben nicht als Greuel, die sich von anderen Judenverfolgungen radikal unterschieden. Und hier ist auch der Grund dafür zu suchen, daß »bei diesem historischen Prozeß keine Einzelperson und nicht bloß das Naziregime sondern der Antisemitismus aller Zeiten auf der Anklagebank saß«. Aus diesem Grunde begann Staatsanwalt Hausner seine Rede zur Eröffnung des Prozesses mit Pharao in Ägypten und mit Hamans Erlaß: »Und ihr sollet sie zerstören und erschlagen und dahin wirken, daß sie zugrundegehen.«

Aber Eichmann kann wegen der Taten des Pharao, selbst wenn man noch so viel Phantasie aufbringt, nicht zum Tode verurteilt werden. Genauso wenig wie ein Gericht innerhalb unseres Rechtssystems einer Idee (zum Beispiel dem Antisemitismus) oder irgendwelchen Begebenheiten aus der Geschichte der Menschheit (zum Beispiel der Geschichte des Antisemitismus) den Prozeß machen kann. Wenn wir damit anfangen, Ideen vor Gericht zu stellen, enden wir bei der Hexenjagd oder bei Aburteilungen ohne gebührende Gerichtsverfahren, so wie das in der McCarthy-Ära in den USA der Fall war.

Warum also hat man all diese historischen Ereignisse bemüht? Das Gericht hat diesen Weg deshalb eingeschlagen, weil es im Nazismus Hitlerscher Prägung ein zwar grausiges, aber eben doch nur ein Kapitel in der Geschichte des Antisemitismus erblickte. Dagegen ist Hannah Arendt der Meinung – die ich übrigens teile – dies sei nicht das bislang letzte Kapitel des Antisemitismus, sondern eines der ersten Kapitel des modernen Totalitarismus gewesen. Aus diesem Grunde, so unterstreicht Hannah Arendt, sei es zu bedauern, daß Eichmann nicht durch ein internationales Tribunal abgeurteilt worden sei. Um weiteren Kapiteln vorzubeugen, versucht Hannah Arendt, soweit dies in ihren Möglichkeiten als Autorin liegt, die Greuel des Totalitarismus, die weit über die des Antisemitismus hinausgehen, in ihrem ganzen Ausmaß aufzuzeigen. Ein tieferes Verständnis des Totalitarismus setzt voraus, daß wir Eichmann in seiner ganzen Mittelmäßigkeit begreifen und daß wir uns immer wieder vor Augen führen, wie dieser Mann lediglich aufgrund seiner mehr oder minder zufälligen Position im nazistischen System zu solcher Bedeutung gelangte. Dabei von der Annahme auszugehen, daß es für den Durchschnittsmenschen in einem derartigen System echte Handlungsfreiheit gibt, ist ein Standpunkt, der im glatten Widerspruch zu den Tatsachen steht – in einem solchen Widerspruch auch, daß im Eichmann-Prozeß weder der Staatsanwalt noch die Richter den Versuch unternahmen, Eichmann eine derartige Handlungsfreiheit nachzuweisen. Nur eine außergewöhnliche Persönlichkeit kann sich in einem totalitären Staat eine begrenzte Handlungsfreiheit erhalten, allerdings nur unter Gefährdung des eigenen Lebens.

Ein Mechanismus des totalitären Systems ist darin zu suchen, daß der Staat die Rechte des Individuums beschneidet und die Staatsräson zu einem Prinzip erhebt, dem sich alle anderen Prinzipien unterordnen müssen. Dieses Prinzip sah bei Hitler so aus, daß das germanische Volk über allen anderen Völkern zu stehen hatte, und daß aus der arischen Rasse alle Unreinheiten eliminiert werden sollten. Zu diesem Zweck ließ Hitler nicht nur Millionen von Juden, sondern viele andere als minderwertig eingestufte Menschen ausrotten. Das Individuum galt nichts, und wenn es diesem Ziel im Wege stand, wurde es liquidiert – nicht aus einem persönlichen Haß oder aus dem Wunsch, sich zu bereichern, heraus, sondern um dem obersten Gesetz zu gehorchen. Hier liegt auch der Grund dafür, daß sich Eichmann über diejenigen, die sich selbst bereicherten, so empört zeigte, und daß er die Grausamkeit der rumänischen Pogrome wie eine Schmach empfand. Und hier liegt auch, darauf hat Rousset[2] hingewiesen, die Forderung des Staates begründet, daß die Opfer, wo immer möglich, ihre eigene Vernichtung hinnehmen sollten, damit auch sie – wie die Opfer in einem barbarischen Ritus – Teil würden jenes Bemühens, das nur die Interessen des Staates im Auge hatte.

Betrachtet man die Ausrottung der Juden durch die Nazis als nur ein Kapitel in der Geschichte des Antisemitismus, dann waren Eichmann und Konsorten in der Tat die schrecklichsten antisemitischen Monstren, die es je gegeben hat – das aber versuchte das Gericht zu belegen. Wenn jedoch die »Endlösung der Judenfrage« lediglich einen Bestandteil jenes größeren

Planes der Errichtung des totalitären Tausendjährigen Reiches bildete, so war Eichmann nur ein Rädchen von vielen, das, je nach seiner Stellung in der gesamten Maschinerie, manchmal wichtiger und manchmal weniger wichtig war. In diesem Fall war das Rädchen Eichmann von einer solchen persönlichen Mittelmäßigkeit, daß er die Funktion, die er ausfüllte, gar nicht richtig zu begreifen vermochte. Hannah Arendt weist immer wieder nach, welchen Klischeevorstellungen er anhing, wie unfähig er in vielen Fällen zur persönlichen Meinungsbildung war und wie gern er sich von seinen eigenen Phrasen hinreißen ließ. Zumindest eines dieser Klischees ist in diesem Zusammenhang von tiefer Bedeutung. Wieder und wieder gebrauchte Eichmann das Wort *Kadavergehorsam.* Dieser Begriff entstand keineswegs während des Hitler-Regimes, sondern geht auf die einstige preußische Armee zurück. Kadavergehorsam erwartete man von jedem guten deutschen Soldaten, und dieser Gehorsam war ein Wesenszug, der als eine der höchsten Tugenden galt. Wenn dem schon so in der Zeit vor Hitler war, als zumindest einige demokratische Vorstellungen kursierten und als die Autokratie durch die halbherzige Anerkennung zumindest einiger humanistischer Ideale gemildert wurde, um wieviel mächtiger mußte dann dieser Gehorsam doch unter Hitler werden, diesem personifizierten Kaiser-und-Gott, der neben sich überhaupt keine anderen Götter duldete, während seine römischen Vorläufer zumindest in diesem Punkt etwas duldsamer waren.

Aber es stimmt: Wer einen solchen *Kadavergehorsam* bei allen Befehlen, die er von seinen Vorgesetzten erhält, sein eigen nennt, der ist tatsächlich kein Mensch mehr, sondern nur mehr ein Kadaver. Hier haben wir einen Punkt, wo der gehorsame Diener Hitlers und der Häftling, der zur Gaskammer trottete, gleichermaßen zu Symbolen des totalen Staates wurden. Der entlohnte Knecht und der ermordete Häftling – beide hatten ihren freien Willen eingebüßt, sowie ihr Vermögen, aus einer persönlichen Überzeugung heraus zu handeln. Der Unterschied ist nur, daß die Eichmanns von diesen Bedingungen begeistert waren und es für ihre Pflicht hielten, sie auch allen anderen aufzuzwingen, während die Häftlinge die Opfer waren. Doch im Endeffekt war der Unterschied zwischen den beiden nicht gar so groß, da beide sich in Kadavergehorsam übten.

Die Tatsache, daß Eichmann allen Vorstellungen, die wir von Menschlichkeit haben, nicht nur zuwiderhandelte, sondern diese »Gegenvorstellungen« auch noch anderen aufzwang, diese Tatsache ist allein schon Grund genug, um ihn vor Gericht zu stellen. Doch sollten wir dabei nicht vergessen, daß in Deutschland ein Jahrhundert davor besagter Kadavergehorsam vielen Deutschen aufgezwungen und darüber hinaus auch noch für erstre-

benswert gehalten wurde – erstrebenswert von den Herrschenden für die Beherrschten.
Es wäre schön, wenn das Gericht auch diesen Punkt im Auge gehabt hätte, als es über Eichmann weit hinausging und sich mit der Tatsache befaßte, daß die Juden, was den Widerstand anlangt, versagten. Sinn und Zweck des Prozesses war angeblich, die Schuld oder Unschuld Eichmanns festzustellen. Eichmann bekannte sich schuldig, und seine Schuld wurde darüber hinaus durch mannigfaches Beweismaterial belegt. Warum also all diese Zeugen in den Zeugenstand rufen? Für den Prozeß selbst war die Diskussion darüber, weshalb sich die Juden nicht wehrten, belanglos. Trotzdem befragte das Gericht einen Zeugen nach dem anderen: »Warum haben Sie nicht protestiert?« »Warum sind Sie in den Zug eingestiegen?« »Da waren 15000 Menschen, bewacht von nur einigen hundert Wachen. Warum haben Sie nicht rebelliert und sich gewehrt und angegriffen?«
Hannah Arendt hat in bezug auf die Beweggründe, die sie beim Gericht für dieses Vorgehen vermutet, wahrscheinlich recht. Sie ist der Meinung, diese Fragen hätten das Ziel gehabt, alle Juden davon zu überzeugen, daß das Judentum nur dann zu wirklicher Stärke gelangen kann, wenn es durch den Staat Israel unterstützt wird. Sie ist der Meinung, daß der Staat Israel deutlich machen wollte, daß es damals deshalb keinen jüdischen Widerstand gegeben habe, weil es diesen Staat noch nicht gegeben hatte, der den Widerstand hätte stärken können.
Wenn dies tatsächlich die Zielsetzung des Gerichtes war, dann dürfte hier auch der Grund liegen, weshalb es das Gericht unterließ, die unglückseligen und verzweifelten Versuche zu durchleuchten, die die jüdische Führung unternahm, um mit der SS zusammenzuarbeiten. Denn die Juden in Europa befanden sich ebenfalls in dem irrigen Glauben, der Nazismus sei lediglich die allerschlimmste Welle des bislang erlittenen Antisemitismus. Daher reagierten sie mit Methoden, die ihnen auch in der Vergangenheit geholfen hatten zu überleben. Daher brachten sie sich selbst in eine Lage, in der sie die Befehle des Staates einen nach dem anderen ausführten. Daher unterstützten die jüdischen Führer und Ältesten die Nazis, indem sie ihnen auch noch Hindernisse aus dem Weg räumten. Hannah Arendt behauptet, daß es Hitler ohne diese Kollaboration niemals gelungen wäre, so viele Juden umzubringen – eine These, die sicher noch lange heiß umstritten bleiben wird. Das ist auch der Teil ihres Buches, der auf den heftigsten Widerstand stoßen wird. Ich kann nicht sagen, ob sie recht oder unrecht hat, wenn sie behauptet, daß die Judenvernichtung nie solche Ausmaße angenommen hätte, wenn es die jüdischen Organisationen nicht gegeben hätte. Doch ihre Beweisführung wirkt sehr überzeugend.

Da sich Hannah Arendt vor allem auf das Unrecht konzentriert, das der Totalitarismus in die Welt setzt, hat man zuweilen, was die Schuldfrage anlangt, den Eindruck einer gewissen Ambivalenz. So entsteht bei der ersten flüchtigen Lektüre der Eindruck, daß Eichmann ein Opfer gewesen sei, während die jüdischen Führer schwere Schuld auf sich geladen hätten. Tatsächlich hat Hannah Arendt recht, wenn sie erklärt, daß Eichmann nicht der schlimmste von all diesen Verbrechern war. Doch könnte sich gerade in diesem Punkt insofern ein Mißverständnis einschleichen, als der Leser meinen könnte, daß die Autorin diesen Mann für gar nicht so schlimm hält, obgleich sie ihn für schlimm genug hält.

Ich glaube, Hannah Arendts Ziel war, den breiten Kontext dieses Prozesses, der weit über jeglichen Antisemitismus hinausreichte, aufzuzeigen. Das war für mich ein Ansatzpunkt, der mich deshalb ungemein interessierte, weil er eine wesentlich wichtigere Frage anschnitt – die Frage nämlich, wie und wann das Individuum in einer totalitären Gesellschaft Widerstand leisten und Gegenschläge führen kann. Juden, die im Eichmann-Prozeß als Zeugen aussagten, waren offenbar der Meinung, daß ein solcher Widerstand, vor allem wenn es um die Verfolgung von Juden gehe, unmöglich sei. Hannah Arendt aber vertritt – auf eine sehr überzeugende Weise – den Standpunkt, daß jede Organisation, die mit dem totalitären System, in dem sie angesiedelt ist, Kompromisse schließt, auf der Stelle handlungsunfähig wird, das heißt ihre Opposition bricht in sich zusammen und sie endet damit, daß sie das System sogar noch unterstützt. »Die einschneidendste Auslassung bei dem ›Allgemeinbild‹ (welches das Gericht von der Judenvernichtung zu zeichnen versuchte) bestand darin, daß kein Zeugnis abgelegt wurde über die Zusammenarbeit von Naziherrschern und Judenführern.« Eichmann hat selbst zugegeben, daß sich die Ausrottung ohne diese Kooperation ernsthaften Schwierigkeiten gegenübergesehen hätte. Er sagte: »Die Zusammensetzung des Judenrates und die Verteilung der Ämter war dem Rat selbst überlassen... Diese Beamten, mit denen wir in ständiger Verbindung standen – nun, sie mußten eben mit Samthandschuhen angefaßt werden. Sie wurden nicht herumkommandiert, aus dem einfachen Grund... daß das der Sache überhaupt nicht geholfen hätte. Wenn der jeweiligen Person das, was sie tut, zuwider ist, leidet die ganze Arbeit darunter.« Im Kreuzverhör sagte Eichmann zu Richter Halevi, daß die Nazis diese Art von Zusammenarbeit als »den eigentlichen Eckstein« ihrer Judenpolitik ansahen.

Ich kann die Behauptung, wonach der SS-Staat ohne die Mithilfe seiner Opfer nicht hätte funktionieren können, aufgrund meiner eigenen Lagererfahrungen nur untermauern. Ohne die Kooperation eines Großteils der

Gefangenen hätte die SS die Konzentrationslager gar nicht organisieren können – diese Mithilfe geschah in der Regel bereitwillig und nur manchmal widerstrebend.

Das Gericht vermied es bewußt, diese Kooperation ans Licht zu bringen, während es den mangelnden Widerstand offen darlegen ließ. Hannah Arendt meint, nicht das Gericht habe die Frage »Warum habt ihr euch an der Vernichtung eures eigenen Volkes beteiligt?« aufgeworfen, sondern diese Frage sei aus dem Publikum gekommen, das sehr wohl um den »Beitrag« wußte, den prominente Juden zum Los ihrer Glaubensbrüder geleistet hatten. Als Baron Philip von Freudiger, damals in Budapest, als Zeuge aussagte, wurde ihm diese Frage aus dem Publikum zugerufen, und das Gericht mußte seine Sitzung unterbrechen. Hannah Arendt fügt hinzu: »Freudiger, ein orthodoxer Jude voller Würde, war erschüttert: ›Es gibt Leute hier, die erklären, man habe ihnen nicht zur Flucht geraten. Aber fünfzig Prozent von denen, die flüchteten, wurden gefangengenommen und umgebracht‹ – im Vergleich zu den neunundneunzig Prozent derjenigen, die nicht flüchteten.« Eine schicksalsschwere Bemerkung über die Folgen der Tatsache, daß Juden von jüdischen Führern nicht aufgeklärt wurden.

Aus diesen und vielen anderen Dingen zieht Hannah Arendt folgenden Schluß: »Wäre das jüdische Volk nicht organisiert und führerlos gewesen, hätte es sicher ein Chaos und großes Elend gegeben, doch die Gesamtzahl der Opfer hätte sich wohl kaum auf viereinhalb bis sechs Millionen Menschen belaufen.«

Es hatten also nur die kämpfenden Partisanen und die Leute, die untertauchten, eine Überlebenschance – diejenigen also, die nicht versuchten, irgendwelche Kompromisse zu schließen, und die den Grundsatz ablehnten, wonach man Tausende opfern und dadurch vielleicht Zehntausende retten könnte. Denn die Anerkennung solcher Grundsätze implizierte bereits eine gewisse Kooperation mit dem Feind, dem besagte Tausende nun eben geopfert wurden.

Rückblickend liegt klar auf der Hand, daß nur die totale Ablehnung jeglicher Kooperation seitens der Juden eine kleine Chance bedeutet hätte, Hitler zu einer anderen Lösung zu bewegen. Diese Schlußfolgerung ist kein Urteilsspruch, der sich gegen lebende oder tote Juden richtet, sondern ein aus der Geschichte gewonnener empirischer Befund. Diesen Befund abzuleugnen oder zu ignorieren, hieße die Möglichkeit eines Genozids an anderen Rassen oder Minderheiten in Kauf nehmen. Aktiver Widerstand weckt unsere Bewunderung; gewalttätige Unterdrückung weckt unseren Abscheu; während passives Mitläufertum es den meisten erlaubt, all diese Dinge ziemlich rasch zu vergessen.

Ein Beispiel aus den USA kann das vielleicht veranschaulichen. Viele unter uns waren beeindruckt von der Art und Weise, wie die Schwarzen in Birmingham aufrecht und singend ins Gefängnis marschierten. Doch noch viel betroffener waren wir, als wir Bilder von einem einzelnen Neger sahen, der von Polizisten die Straße entlanggeschleift wurde, weil er sich weigerte, freiwillig ins Gefängnis zu gehen. Die Reaktion der Deutschen auf die an den Juden verübten Verbrechen hätte völlig anders ausfallen können, wenn die Nazis jeden Juden auf die Straße hätten hinunterschleppen oder möglicherweise sogar auf der Stelle hätten erschießen müssen. Doch diese Erfahrung haben die Deutschen nur selten gemacht. Als deutsche Durchschnittsbürger Zeuge wurden, wie Juden mit äußerster Brutalität behandelt wurden, gab es zwar Beifall, doch es gab auch solche Stimmen, die ihren Widerwillen gegen eine solche Behandlung bekundeten. Die Nazis aber reagierten äußerst feinfühlig auf solche Reaktionen.
Hannah Arendt weiß auch von zwei kleinen Aktionen zu berichten, die sich gegen Juden richteten und als Testfall für die Reaktion der Bevölkerung gedacht waren. Hätten diese Juden nicht von alleine ihr Zeug zusammengepackt und wären sie nicht von alleine zu dem Zug marschiert, der sie fortbringen sollte und hätte man sie statt dessen auf die Straße schleppen und unter Umständen an Ort und Stelle erschießen müssen, die Nazis hätten möglicherweise sehr rasch gemerkt, daß solche Methoden einen allzu heftigen Widerstand auslösten. So aber besteht kaum ein Zweifel an ihrem Erstaunen darüber, daß es einen so geringen Widerstand gegen ihr Ausrottungsprogramm gab. Dieses geringe Maß an Gegenreaktionen war jedoch auch darauf zurückzuführen, daß die Juden so beflissen kooperierten und in diesem Punkt den Ratschlägen ihrer Führer folgten.
Die Frage erhebt sich, wann das Individuum in einem totalitären System noch in der Lage ist, seine Seele und vielleicht auch sein Leben zu retten. Es ist interessant, daß uns der Eichmann-Prozeß selbst eine Antwort auf diese Frage liefert. Hannah Arendt geht auf diesen Punkt sehr gründlich ein, und man kann nur bedauern, daß das Gericht dies unterließ.
Für Eichmann kam dieser Punkt der Entscheidung dann, als er zum ersten Mal die Vernichtungslager besuchte und erlebte, wie man mit den Juden dort umging. Er wurde fast ohnmächtig. Doch anstatt seine eigenen Gefühlsreaktionen zu beachten, schob er sie beiseite; und er verfolgte weiter die Aufgabe, mit der man ihn betraut hatte und die er als seine Pflicht betrachtete. Das war für Eichmann der Punkt, von dem an er nicht mehr zurück konnte. Von da an weigerte er sich als ein Mensch zu reagieren und wurde zum ausschließlichen Werkzeug des Staates. Das aber sind die Augenblicke, so glaube ich, in denen die lebenswichtige Entscheidung getrof-

fen wird, denn dies sind die Situationen, in denen der Mensch nicht auf eine abstrakte, sondern sehr konkrete persönliche Weise mit der Entscheidung zwischen Menschlichkeit und totalem System konfrontiert wird.
Dieser Augenblick kam für viel zu wenige Deutsche bei der Machtergreifung Hitlers; er kam für einige im Zusammenhang mit dem Euthanasieprogramm. Und für eine größere Anzahl von Deutschen kam er mit Stalingrad. Diesen Augenblick der Wahrheit erlebten natürlich alle KZ-Häftlinge, denn irgendwann sah sich jeder von ihnen mit dem Problem konfrontiert, ob er mit der SS zusammenarbeiten sollte. Diesen Augenblick haben viele Deutsche und sicherlich auch viele Juden erlebt, vor allem die jüdischen Führer, so meine ich. Ich bin in diesem Zusammenhang der Meinung, daß das Individuum, das sich – im Einklang mit seinen Wertvorstellungen – nicht seinen Erfahrungen stellt, sondern auf Kosten seiner Überzeugungen und Gefühle den ersten Schritt zur Kooperation mit dem totalitären System tut, daß dieses Individuum Schritt um Schritt in die Fänge des Systems gerät, bis es sich am Schluß nicht mehr befreien kann.
Ich habe von der Unverhältnismäßigkeit, der Ungereimtheit und dem Mißverhältnis gesprochen, die uns in diesem ganzen Komplex wieder und wieder begegnen. Das gleiche gilt für den Prozeß selbst. Angeklagt war ein Oberstleutnant, der sich schuldig bekannte, gleichzeitig aber feststellte, daß er nichts als seine Pflicht getan habe. Und der Machtapparat eines Staates versuchte diesen Mann eines Verbrechens zu überführen, zu dem sich der Mann bereits bekannt hatte.
Ich habe zu Beginn dieses Aufsatzes festgestellt, daß dies nicht der Prozeß des Jahrhunderts war, obwohl er sich mit dem Verbrechen des Jahrhunderts befaßte. Einst wurde das Verbrechen von Leopold und Loeb mit Recht als »das Verbrechen des Jahrhunderts« bezeichnet, aber spätere Verbrechen wie die von Eichmann sind noch viel schlimmer gewesen. Jene beiden Jungen begingen einen unmenschlichen Akt, aber nicht aus Gewinnsucht oder Haß, sondern um Grundsätze in die Tat umzusetzen. Sie begingen ihr Verbrechen aufgrund der unmenschlichsten Prinzipien und mit dem Ziel, ihre eigene Überlegenheit unter Beweis zu stellen. Aber auch auf ihr Verbrechen traf die alte Rechtsmaxime *»Cui bono?«* nicht zu. Weder Leopold noch Loeb zogen einen Nutzen aus ihrem Verbrechen, ebensowenig wie Eichmann von seinem Verbrechen in einem besonderen Maße profitierte. Er räumte ein, daß seine Beförderung an der Front oder in einer anderen Behörde wahrscheinlich rascher vor sich gegangen wäre, obwohl er – das steht außer Zweifel – den Grundsätzen seiner Herren diente, und das sicherlich auch um seiner Beförderung willen.
Der Prozeß Leopold und Loeb wurde deshalb zum Prozeß des Jahrhun-

derts, weil dank Darrow die unglaubliche Unmenschlichkeit ihrer Tat im breiteren Kontext der menschlichen Natur überhaupt gesehen wurde. Das Ergebnis bestand darin, daß wir – trotz unseres Abscheus vor dem Verbrechen – ein hinreichendes Maß an Einfühlung entwickeln konnten, so daß uns dieser Prozeß nicht in hilfloser Empörung verharren ließ, sondern uns auch den festen Wunsch eingab, uns für eine bessere Gesellschaft einzusetzen, die keine weiteren Leopolds und Loebs hervorbringen würde.

Der Eichmann-Prozeß war nicht der Prozeß des Jahrhunderts, da er bereits als Prozeß allzu viele Mängel aufwies. Es war ein Prozeß, bei dem die Zeugen der Anklage, nicht aber die der Verteidigung ihre großen Tage erlebten. Es war ein Prozeß, bei dem eine eindeutige Diskrepanz herrschte zwischen dem Apparat, der dem Staatsanwalt zur Verfügung stand, und dem Apparat der Verteidigung. Es war ein Prozeß, bei dem wichtige Zeugen der Verteidigung an ihrem Erscheinen vor Gericht dadurch gehindert wurden, daß man ihnen keine Immunität zusicherte. (Dabei lag es auf der Hand, daß nur diejenigen, die mit Eichmanns Arbeit genau vertraut waren, Zeugenaussagen zu der Frage machen konnten, ob Eichmann persönlich dafür war, daß alle Juden ausgerottet würden, oder ob er lediglich den Befehlen gehorchte. Solche Fragen aber konnten einzig und allein die Leute beantworten, die ihn bei seiner grausigen Arbeit erlebt hatten; das aber waren seine Mitarbeiter. Sie freilich liefen Gefahr, nach demselben Nazi Collaborator Law wie Eichmann unter Anklage gestellt zu werden. Sie konnten als Zeugen nach Israel nur dann kommen, wenn man ihnen Immunität zusicherte. Das zu tun, weigerte sich Israel, und es sah sich dazu gezwungen, da die Nazi-Opfer möglicherweise verhindert hätten, daß diese Zeugen lebend dieses Land wieder hätten verlassen können. Doch damit nahm es Eichmann auch die Möglichkeit, selbst Zeugen zu benennen.) Es war ein Prozeß, bei dem es die meiste Zeit um Probleme ging, die in keinem direkten Bezug zur Schuld des Angeklagten standen.

Es war ein Prozeß, bei dem sich der Staat Israel mit berechtigter moralischer Empörung über Verbrechen gegen die Menschlichkeit ausließ, nur daß eben der Angeklagte unter Mißachtung internationalen Rechts gekidnappt worden war. Die Rechtsgrundlage dieses Prozesses illustriert auch, wie ungeeignet unsere Rechtsvorstellungen bei einer Auseinandersetzung mit dem Totalitarismus des 20. Jahrhunderts sind. Auch in diesem Fall spreche ich nicht als Fachmann oder Anwalt, sondern als Bürger, dem die Frage angelegen ist, was unsere Rechtsprechung für uns alle leisten kann. Das Grundprinzip, auf dem das Gesetz basiert, wonach Eichmann verurteilt wurde, wurde bereits bei den Nürnberger Prozessen angewandt. In diesen Prozessen schuf man zum Beispiel den Präzedenzfall, daß ein Mann verurteilt werden konnte, ohne daß er vor einer Jury, bestehend aus seinesgleichen, für schuldig befunden worden wäre. Nach diesen Nürnberger Gesetzen war das größte Verbrechen das wider den Frieden; man nannte es auch »das größte internationale Verbrechen insofern... als es in sich die Untaten insgesamt barg: Kriegsverbrechen und Verbrechen gegen die Menschlichkeit«. Doch unter den Nationen, die in Nürnberg zu Gericht saßen, befand sich zumindest ein Staat, der einen Angriffskrieg gegen Finnland geführt hatte, während zwei weitere Staaten nach selbigen Gesetzen Verbrechen gegen die Menschlichkeit begangen hatten, und einer von diesen Staaten wiederum hatte Menschen zu Zwangsarbeit verpflichtet. Ein weiterer Staat hatte klar und deutlich gegen die Haager Konvention verstoßen, indem er durch den Abwurf von Atombomben zahllose zivile Menschenleben vernichtet hatte. Und all diese Dinge ereigneten sich noch vor den Nürnberger Prozessen.

Seither sind viele Kriege geführt worden, doch kein Gericht hat in diesem Zusammenhang jemanden verurteilt. Verbrechen gegen die Menschlichkeit werden leider immer noch nicht verfolgt, oder wenn, dann nur von den Siegern, die lediglich die Besiegten vor Gericht stellen.

Das ist die politische Realität in unserem 20. Jahrhundert. Ich bedaure diese Realität, habe jedoch nichts gegen sie vorzubringen, weil ich weiß, daß mich eben diese Realität im KZ (und wahrscheinlich auch außerhalb) zu Dingen veranlaßt (in optimistischeren Augenblicken meine ich: gezwungen) hat, die sich bei näherer Überprüfung alles andere als großartig ausnehmen würden.

Im Gegensatz zu Hannah Arendt – und ungeachtet ihres triftigen Arguments für einen internationalen Gerichtshof – habe ich selbst nichts gegen die Tatsache, daß Israel Eichmann vor Gericht gestellt hat und gegen die Art der Prozeßführung einzuwenden, denn ich bin überzeugt, daß wir mit den Eichmanns dieser Welt irgendwie fertigwerden müssen. Ich bin der Meinung, daß es aufgrund mangelnder Rechtsgrundlagen oder -maßstäbe einfach nicht angeht, daß die Eichmanns straflos ausgehen. Doch beweist der Eichmann-Prozeß andererseits, daß die bestehenden Rechtsnormen nicht ausreichen, um wirksam gegen ein totalitäres System vorzugehen, und genausowenig sind wir Individuen gegen die totalitäre Bedrohung gewappnet.

Hannah Arendt wendet sich offenbar gegen den Propagandaeffekt, den dieser Prozeß hatte. Aber gerade in diesem Punkt liegt für mich die wesentliche Rechtfertigung, die diesem Prozeß zuteil werden kann, denn ansonsten hat es doch eine ganze Menge Unrechtmäßigkeiten gegeben, angefangen bei der Tatsache des Kidnapping. Persönlich wäre mir die von Hannah

Arendt vorgeschlagene Lösung lieber gewesen: Frau Arendt meinte, Eichmann hätte von einem Juden getötet werden sollen, so wie der Armenier Tindelian jenen schrecklichen Killer in den armenischen Pogromen von 1915 namens Talaat Bey getötet hat und so wie der Jude Schwartzbard jenen Simon Petlyura umgebracht hat, der für die Pogrome im russischen Bürgerkrieg verantwortlich gewesen war. Wäre Eichmann auf solche Weise getötet worden und hätte man besagten Mann anschließend vor Gericht gestellt, das Weltgewissen hätte nicht umhin können, sich mit allen Verbrechen Eichmanns auseinanderzusetzen, aber ohne daß so unpassende Fragen aufgetaucht wären, wie die nach dem Kidnapping oder nach der Rechtmäßigkeit des ganzen Verfahrens, denn nicht darum, sondern um eine klare Aussage über die mörderische Natur des Totalitarismus hätte es gehen sollen.

Obwohl der Eichmann-Prozeß der Rechtmäßigkeit nicht völlig gerecht wurde, hat er – allerdings eher für die Lebenden als für die Toten – doch etwas zuwege gebracht, was ungleich wichtiger ist: Er hat der Welt jene Gefahren des Totalitarismus vor Augen geführt, deren genauer Untersuchung man so gern aus dem Weg geht.

Deutsch von Edwin Ortmann

1 Die deutsche Ausgabe dieser politisch-soziologischen Untersuchung wurde von der Autorin selbst übersetzt und neu bearbeitet. Sie erschien mit einem Vorwort von Karl Jaspers 1955 in Deutschland. Ihr Titel: *Elemente und Ursprünge totaler Herrschaft.* (Hamburg: Ullstein-Verlag, 1975).

2 David Rousset, *The Other Kingdom* (New York: Reynal & Hitchcock, 1947).

Überleben*

Es war nicht der Film Seven Beauties *an sich, der mich zu dieser Auseinandersetzung veranlaßte, sondern die fast schon einhellige Zustimmung, mit der er in diesem Land, den USA, aufgenommen wurde. Diese Tatsache und die Rückschlüsse, die sich aus ihr hinsichtlich unserer Reaktionen auf das Überleben heute ziehen lassen, sollten meines Erachtens ernsthaft untersucht werden. Ähnlich wie wir es vor etwa siebzehn Jahren für wichtig hielten, uns mit der Rezeption des* Tagebuches der Anne Frank *und mit den Reaktionen der Öffentlichkeit auf die Ausrottung des europäischen Judentums auseinanderzusetzen.*

»Du mußt überleben! Ganz gleich wie. Nur das Überleben zählt!« oder »Es hat keinen Sinn zu überleben!« Ist es diese nihilistische Feststellung oder jene vital drängende Aufforderung, die Lina Wertmüllers Film *Seven Beauties* zugrunde liegt? Oder kommt in diesem Film beiden Grundsätzen, beiden Aussagen die gleiche Bedeutung zu? Wenn letzteres zuträfe, dürfte man behaupten, daß sich dieser Film mit seiner Aufforderung lustig über uns macht – die Zuschauer werden zunächst in die eine Richtung gezerrt, und dann, wenn das Komische in den Horror umkippt und das Grausige zur Farce wird, dann zielt der Film in die genau entgegengesetzte Richtung.

Wer sich diesen widersprüchlichen, diesen grotesk-gewalttätigen und tief beunruhigenden Film ansieht, gerät in den Sog seiner erschreckenden und morbid-komischen Szenen, und am stärksten wird dieser Sog gerade dann, wenn die Szenen beides zugleich sind. Man ist fasziniert von diesem Film nicht zuletzt auch deshalb, weil seine Story vom Überleben handelt. Zwar wird es in absehbarer Zeit keine Überlebenden der deutschen Konzentra-

* Dieser Essay erschien unter dem Titel »Surviving« am 2. August 1976 im *New Yorker*. An der vorliegenden Fassung sind geringfügige Änderungen vorgenommen worden.

tions- und Todeslager mehr geben, doch wir alle leben unter dem bösen Omen von Auschwitz und Hiroschima; dieses Omen heißt Atombombe und Völkermord, es heißt Konzentrationslager in deutscher oder russischer Ausführung.

Pasqualino, ein erbärmlicher Gauner, ist der Antiheld dieses Films. Ihm fehlt jegliches Bewußtsein von seiner eigenen Person wie von seiner Zeit, und so kann er es gar nicht begreifen, wie er aus den lächerlichsten und persönlichsten Gründen heraus zu morden beginnt und wie er später aus politischen Gründen selbst zu einem glücklosen Opfer von Mördern wird. Er behauptet zu wissen, weshalb er tötet: im Namen seiner eigenen Ehre und der seiner Familie; obwohl ihm das eigentlich egal ist und obwohl seine Familie auch ohne diese Ehre auskommen könnte, ja sie wäre sogar glücklicher ohne sie. Pasqualino entpuppt sich, wenn er sich im Vorteil glaubt, als ein eingebildetes, wichtigtuerisches, aber zugleich völlig skrupelloses Großmaul, und zum kriecherischen Lügenmaul wird er, wenn er sich im Nachteil sieht. Er mordet, um sich die geringe Selbstachtung, die er als schäbiger Mafioso für sich beansprucht, zu erhalten, doch verletzt er, wenn er mordet, sogar noch die minimalste Anforderung des Mafiakodex, die darin besteht, daß man dem Opfer, bevor man es niederschießt, eine letzte symbolische Chance zur Selbstwehr einräumt. Er vergewaltigt brutal eine völlig hilflose Frau, wenn er glaubt, ungestraft davonzukommen, und er fordert seine eigene Vergewaltigung heraus, wenn er glaubt, auf diese Weise sein Leben retten zu können. Das ist die Person, die in diesem Film als der Archetypus des Überlebenden, als unser aller Bild dargestellt wird.

Welchen Sinn, welche Bedeutung vermittelt uns dieser Film, vermittelt uns die kritische Reaktion auf diesen Film? Jede Generation hat ihre eigene Geschichte zu bewältigen. Die schwierigste Aufgabe dabei ist die Bewältigung von traumatischen Ereignissen; für die heutige Generation sind diese Ereignisse der Vietnamkrieg und seine Folgen. Doch irgendwie müssen die Vertreter jeder Generation auch die entscheidenden Probleme, die es im Leben ihrer Eltern gab, bewältigen. Für diese heutige Elterngeneration aber waren die traumatischen Ereignisse der Zweite Weltkrieg und die Welt der Konzentrationslager. (Womit natürlich nicht gesagt werden soll, daß es diese Welt in vielen Ländern nicht immer noch gibt.) Die einfachste Möglichkeit, mit der Welt der eigenen Eltern fertigzuwerden, besteht in dem – freilich stets zum Scheitern verurteilten – Versuch, dieser Welt mit Indifferenz zu begegnen – das heißt, man vertritt den Standpunkt, daß man sein eigenes Leben leben müsse und daß einen das, was das Leben der eigenen Eltern entscheidend wandelte, einfach nichts angeht. So wollen zum Beispiel die jungen Israelis vom Holocaust nichts mehr hören, weil sie glau-

ben, daß sie zusätzlich zu ihren eigenen Problemen nicht auch noch mit den Problemen ihrer Eltern belastet werden könnten.
Dreißig Jahre machen zwar einen Unterschied, doch soll das heißen, daß die unvorstellbaren Greuel – das unaussprechliche Grauen von gestern – heutzutage zum Gegenstand einer Farce werden können? Und wenn dem so ist, was sagt uns dann dieser Film – uns, den Zuschauern und ehemaligen Opfern, die wir diesen Film hinnehmen? Über die Konzentrationslager nichts wissen zu wollen, ist eine Sache, aber eine »death-house comedy«, eine Totenhauskomödie daraus zu machen, wie es die *Time* tat, ist eine andere Sache. Gerade weil die Komödie in *Seven Beauties* eine makabre, groteske Komödie voll schwarzen Humors ist, neutralisiert sie das Grauen, und durch diese Zusammenbindung von Komödie und Grauen wird das Grauen aufgehoben und die Komödie wirkungsvoller.
Ein KZ-Überlebender ist wohl kaum der richtige Adressat, um den »rauhen Humor« dieses Films (wie es ein Kritiker formulierte), würdigen zu können, oder um Gefangene mitzuerleben, die erhängt werden oder sich aus Verzweiflung selbst erhängen, Gefangene auch, die in einer offenen Latrine in den Fäkalien ersticken oder auf andere Weise umgebracht werden. Er ist kaum der richtige Adressat, um (wie es ein anderer Kritiker ausdrückte) »den gewinnenden, gemeinen, durchsichtigen Charme« jenes Gewalttäters zu genießen, dessen vorgetäuschte Liebe zur Lagerleiterin mit seiner Beförderung zum Kapo belohnt wird und der nun, ohne mit der Wimper zu zucken, willkürlich sechs Gefangene auswählt, die umzubringen sind, denn das war die Bedingung des Abkommens, das er mit der Lagerleiterin geschlossen hat. Aber vielleicht ist es so, daß alte Menschen nicht versuchen sollten, immer wieder ihre alten Probleme aufzutischen und ihre Sicht der jeweils jüngeren Generation aufzudrängen, die in dem Gefühl lebt, sie müsse die Vergangenheit nicht gedeutet bekommen, sondern selbst deuten? Warum den Zuschauern die Freude verderben, für die die Gaskammern ein Schauermärchen sind, eine vage Erinnerung, die man am besten vergißt? Aufgrund solcher Überlegungen hätte ich mich wohl zum Schweigen entschlossen, aber es gibt da noch eine andere Überzeugung – die Überzeugung nämlich, daß das Überlebensproblem durch diesen Film und, was noch wichtiger ist, durch die Reaktionen, die er hervorruft, falsch interpretiert wird, und das sowohl im Hinblick auf die Vergangenheit als auch im Hinblick auf die Gegenwart.
Der Film *Seven Beauties* ist auf seine Weise ein Kunstwerk, und der Künstler hat das Recht, ja die Pflicht, der Art und Weise, wie er die Welt sieht, Ausdruck zu verleihen. So aber können wir – sei es nun positiv oder negativ – auf seine Sicht reagieren und dergestalt unser Verständnis der menschli-

chen Existenz vertiefen und unsere Empfindungsfähigkeit gegenüber der *condition humaine,* die ja immer auch unsere eigene ist, schärfen.

Bedient sich der Künstler, um dieses Ziel zu erreichen, der Ironie, so präsentiert er uns das von ihm Wahrgenommene wie in einem Zerrspiegel, um uns auf die Dinge, die uns sonst entgehen würden, aufmerksam zu machen und uns zu einer Konfrontation mit den Problemen zu zwingen, denen wir sonst aus dem Weg gehen würden. Handelt es sich bei *Seven Beauties* um einen Film, der sich der spöttischen Ironie bedient, um uns dadurch zu bereichern? Oder geht es hier um einen Unterhaltungsfilm, der sich mit grausigen Requisiten ausstaffiert, um uns um so wirkungsvoller auf eine Reise mitzunehmen, die uns derart absorbiert und emotional erschöpft, daß wir durch die Stärke der in uns erzeugten Gefühle zu der irrigen Überzeugung gelangen, wir hätten durch diesen Film an Bewußtsein gewonnen?

Falls dieser Film als bloße Unterhaltung gedacht ist, muß ich meinem Abscheu darüber Ausdruck geben, daß man sich der Greuel des Völkermordes und der Mißhandlungen und Erniedrigungen in den KZs bedient, um einen ganz besonderen und höchst makabren Nervenkitzel zu erzeugen, mit dem Zweck, die Wirkung eines Films noch zu verstärken. Doch ich glaube, daß der Regisseur, Frau Lina Wertmüller, höher hinauswollte, auch wenn sie sich bei bestimmten Gelegenheiten, die sich ganz besonders zur überspannten »Totenhauskomödie« eigneten, hat hinreißen lassen. Aufgrund dieses und anderer Filme, die Lina Wertmüller gedreht hat, glaube ich, daß sie es mit ihrer Kunst, ihrer Einstellung zum Leben, zum Menschen, zur Politik, sowie zu den Querverbindungen und Zusammenhängen zwischen Politik und Sexualität wirklich ernst meint.

Aber ich glaube auch, daß es sich bei *Seven Beauties* um eine doch auch unbehagliche, indirekte, verschleierte – und somit um so gefährlichere, bereitwilliger akzeptierte und effektivere – Rechtfertigung jener Haltung handelt, die die Welt, welche die Konzentrationslager hervorbrachte, akzeptiert. Und eine Selbstrechtfertigung ist dieser Film für diejenigen, die eine Welt voller Konzentrationslager hinnahmen, ja von ihr noch profitierten. Aber auch für die Leute ist dieser Film eine Selbstrechtfertigung, die sich heute nicht mit den Problemen der Welt von damals auseinandersetzen wollen und statt dessen die simple Lösung, bei der nur das nackte Überleben zählt, vorziehen. Und eine Selbstrechtfertigung ist dieser Film nicht zuletzt auch für die Menschen, die die schlimme Lage der heutigen Welt (von der die KZs russischer Ausprägung immer noch ein wesentlicher Bestandteil sind) zu ignorieren versuchen und gar nicht erst den Wunsch haben, sich mit dem schwierigen Problem, nach Alternativen für eine solche Welt zu suchen, auseinanderzusetzen.

Starke Einwände gegen den Film *Seven Beauties* wurden von Pauline Kael im *New Yorker* und von Russell Baker in der *New York Times* erhoben. Baker bemerkte ganz richtig, der Film sei »von New Yorker Filmkritikern begeistert besprochen worden« (unter anderem von Vincent Canby von der *Times*). John Simon nannte ihn in einer langen Würdigung »ein Meisterwerk« und *Time* und *Newsweek* warteten mit schwärmerischen Kritiken auf. Doch nicht nur die Reaktion der Kritiker ging in diese Richtung; meiner Erfahrung nach war die große Mehrheit derjenigen, die den Film sahen, tief beeindruckt. Und was noch wichtiger war: Der Film schien die Meinung der Leute über Angelegenheiten, mit denen sie bis dahin wenig vertraut gewesen waren, darunter auch das gravierende Überlebensproblem, entscheidend mitzuprägen.

Grund genug also, um den Film ernst zu nehmen, ganz gleich, welche Motivation Lina Wertmüller bei der Regie hatte – ganz gleich, ob sie einen fragwürdigen Unterhaltungsartikel herstellen, die Billigung des Faschismus rechtfertigen oder den Zuschauer zu einer tieferen Betrachtung der ihn umgebenden Welt anregen wollte. Die in der Regel positive Reaktion auf *Seven Beauties* scheint mir darauf hinzuweisen, daß eine Generation nach den Nürnberger Prozessen jegliche Art der Billigung des Faschismus und des Überlebens unter ihm akzeptabel geworden ist, und das nicht bloß in Italien – wo die Gründe für eine solche Billigung leicht verständlich sind –, sondern auch in den USA. Enttäuscht allerdings bin ich von der zumeist unkritischen Hinnahme dieses Films und von der Tatsache, daß ihn nur sehr wenige abgelehnt, daß nur sehr wenige wirklich ernsthaft auf diesen Film reagiert haben. In einer Kritik, die sich mit den letzten Filmen Lina Wertmüllers auseinandersetzte, schrieb Michael Wood im *New York Review of Books* der Filmemacherin »ein fabelhaftes visuelles Wahrnehmungsvermögen« zu, das Hand in Hand geht mit »einer starken Konfusion des Geistes«. Und *Seven Beauties* ist ein konfuser Film – oder zumindest macht er einen konfus. Denn wie sonst sollte man sich die Aufnahme erklären, die er bei den Kritikern fand, und die Reaktion des Publikums? Soll man davon ausgehen, daß die Leute, die auf diesen Film positiv reagieren, an einer ähnlichen Konfusion leiden? Das könnte durchaus der Fall sein.

Es ist riskant, die Geisteshaltung eines Regisseurs von seinem Film und die Haltung des Publikums von seinen Reaktionen auf diesen Film ablesen zu wollen. Doch habe ich den Eindruck, diese Konfusion könnte durchaus darauf zurückzuführen sein, daß Lina Wertmüller ganz bewußt bestimmte Wertvorstellungen, Ideen und Einstellungen vertritt und zum Ausdruck bringen möchte, während sie gleichzeitig die entgegengesetzten Standpunkte einnimmt – was wohl auf einen Durchbruch von unbewußten Wünschen zurückzuführen ist. So glaube ich zum Beispiel, daß Lina Wertmüller in ihrem Bewußtsein den Faschismus, den *machismo* und die Welt der Konzentrationslager ablehnt, daß sie jedoch in ihrem Unterbewußtsein von deren Macht, Brutalität und Amoralität, kurzum: von der Vergewaltigung des Menschen fasziniert ist.

In dem Film *Seven Beauties* bildet das Grauen des Konzentrationslagers in all seinen Erscheinungsformen einen Teil dieser Faszination. Bewußt möchte Lina Wertmüller an das Gute im Menschen glauben, und dieses Gute symbolisieren der Anarchist Pedro, der unpolitische Francesco und jener Sozialist, dem wir auf seinem Weg ins Gefängnis begegnen, wo er achtundzwanzig Jahre dafür zubringen sollte, daß er an die Freiheit und Würde des Menschen glaubte; aber unbewußt gibt sie diese drei Gestalten in ihrem ganzen fruchtlosen Bemühen der Lächerlichkeit preis. Das Gute ist schwach und scheitert; nur das Böse triumphiert.

Wie sehr Lina Wertmüller von der Vergewaltigung des Menschen fasziniert ist, zeigt sich am allerdeutlichsten an zwei Szenen, bei denen es sich im wesentlichen um Vergewaltigungsszenen handelt – in der einen Szene vergewaltigt ihr Protagonist Pasqualino in einer Anstalt eine festgeschnallte Patientin, und in der zweiten Szene stellt die verhaßte Lagerleiterin Pasqualino vor die Wahl, entweder den Sexualakt vollziehen zu lassen oder zu sterben. Jemand, den Vergewaltigung nicht fasziniert, würde sich bei diesen Szenen nicht lange aufhalten und schon gar nicht würde er eine solche Szene zum Mittelpunkt des ganzen Films machen. Die Vergewaltigung, die Pasqualino selbst begeht, und jene andere, die an ihm begangen wird, hinterlassen beim Zuschauer den Eindruck, als sei solches Tun zum Überleben wesentlich. Wenn das Überleben des Menschen sowohl passiv erduldete als auch aktiv vollzogene Vergewaltigung rechtfertigt, dann rechtfertigt es praktisch jede Schandtat.

Es ist nicht die Faszination von der Konzentrationslagerwelt, die mich an diesem Film hauptsächlich interessiert, sondern die Tatsache, daß dieser Film viele Vertreter der kulturellen amerikanischen Elite fasziniert. Diese Faszination äußert sich auch in dem Faktum, daß Darstellungen des Nationalsozialismus, wenn verfaßt von einem der in Nürnberg Verurteilten wie zum Beispiel Albert Speer, nicht nur in Deutschland, sondern auch in den USA zu Bestsellern werden, und das gleiche gilt für die Biographien, die Hitler voller Wohlwollen behandeln. Nichts könnte gefährlicher sein als wenn die Enttäuschung über die offenkundigen Mängel der freien Welt und des freien Lebens zu einer unbewußten Faszination von der Welt des Totalitarismus führte – einer Faszination, die leicht in eine bewußte Billigung umschlagen könnte.

Meine Auseinandersetzung mit diesem Film weckte in mir Erinnerungen an Rolf Hochhuths Bühnenstück *Der Stellvertreter* und an die Reaktionen des Publikums auf dieses Stück, das sich ernsthaft mit der Welt der Konzentrationslager und mit den durch diese Welt aufgeworfenen moralischen Problemen auseinandersetzt – mit Problemen, über die sich der hier behandelte Film lustigmacht. Ich habe das Stück *Der Stellvertreter* in den USA und in Deutschland gesehen. In den USA war das Publikum erschüttert und verließ das Theater in der Überzeugung, daß die einzig mögliche moralische Position die des Helden war – die feste Haltung nämlich gegenüber dem Bösen, selbst wenn diese Haltung eine Gefährdung des eigenen Lebens bedeutete. Obwohl natürlich die meisten Menschen, meine Person mit eingeschlossen, in der entsprechenden Situation zu einer so anspruchsvollen moralischen Haltung unfähig sein könnten. Die Amerikaner waren davon, daß sich ein Papst seiner Verpflichtung, gegen einen Völkermord die Stimme zu erheben, einfach entzog, zutiefst angeekelt, betroffen oder niedergeschlagen. In Deutschland erlebte ich eine völlig andere Reaktion auf dieses Stück: Die Theaterbesucher waren von dem, was das Stück ihnen vermittelte, angetan, ja sogar erleichtert. Sie fühlten sich durch dieses Stück voll entschuldigt. Es zeigte ihnen, daß diejenigen, die das Böse bekämpfen, untergehen, und daß sogar der Papst klein beigeben mußte, und das wiederum war in den Augen der Zuschauer ein Beweis dafür, daß sie gut daran getan hatten, die Konzentrationslager in ihrem eigenen Land einfach nicht zu beachten. Diese Reaktion der deutschen Theaterbesucher ließ sich insofern leicht feststellen, als den Theaterbesuchern an ihrer eigenen Interpretation sehr viel gelegen war, so daß sie einander laut bestätigten, wie richtig diese Interpretation doch sei. Der Kern dessen, was sie sagten und meinten, war: »Dieses Stück beweist, daß es sinnlos gewesen wäre, sich wegen der Lager Gedanken zu machen, denn das hätte auch nichts geholfen; selbst der Papst konnte nichts unternehmen. Man hätte lediglich auf eine dumme Weise sein Leben aufs Spiel gesetzt.« Das war ihre Reaktion, obwohl das Stück doch zeigen wollte, daß der Papst – und andere – etwas hätten unternehmen können und müssen, um dem Bösen Einhalt zu gebieten. So aber hat es mich tief betroffen gemacht, als ich entdeckte, daß der Film *Seven Beauties* in Amerika ganz ähnliche Reaktionen hervorrief, wie Hochhuths Stück *Der Stellvertreter* in Deutschland. All diese Zuschauer scheinen von der völlig irrigen Annahme auszugehen, daß man, um in den Lagern überhaupt zu überleben, so handeln müsse als sei man das letzte Geschmeiß, so wie Pasqualino in den Film handelt. Aber genau das Gegenteil traf zu: Zwar garantierten moralische Überzeugungen und entsprechendes Handeln nicht das eigene Überleben – denn es gab eine solche Garantie überhaupt nicht und

die meisten Gefangenen wurden vernichtet –, doch waren diese Dinge trotzdem wichtige Überlebensfaktoren.
Entscheidend an diesem Film sind also nicht die Absichten, die in ihn eingegangen sind, und entscheidend ist auch nicht der Beweis, den Lina Wertmüller anzutreten versucht und wonach der Widerstand gegen den Faschismus zwar eine edle Sache, aber sinnlos, weil völlig wirkungslos gewesen sein soll; entscheidend an diesem Film ist die Tatsache, daß er das Böse rechtfertigt, indem er dem Publikum die hybride Überzeugung vermittelt, daß nichts die Sache hätte ändern können und daß folglich auch heute nichts die Sache ändern könnte. Die Reaktionen des Publikums sind wirklich beunruhigend – und dieser Film prägt die Art und Weise, wie dieses Publikum die Welt der Konzentrationslager, des Faschismus und der Überlebenden des Holocaust sieht. Da ich selbst ein Gefangener in deutschen Konzentrationslagern gewesen bin und zu den viel zu wenigen glücklichen Überlebenden gehöre, kann ich für meine Person bei den Fragen, die der Film aufwirft, keine unbefangene Objektivität beanspruchen. Und da ich mich selbst mit den Problemen des Überlebens auseinandergesetzt habe, kann ich den Standpunkten gegenüber, die dieser Film vertritt, nicht gleichgültig bleiben, zumal diese Standpunkte so wirkungsvoll vertreten werden.
Welche Absichten Lina Wertmüllers Film auch immer zugrundeliegen mögen, eines liegt klar auf der Hand: Ihr Film befaßt sich mit den wichtigsten Problemen unserer Zeit, ja aller Zeiten – es geht in ihm um das Überleben des Menschen, um Gut und Böse und um die Standpunkte des Menschen in einer Welt, in der Gut und Böse nebeneinander existieren und in der die Religion kein Orientierungsmittel mehr ist, um mit dieser Dualität zurechtzukommen. Hannah Arendt hat in ihrem Buch über den Eichmann-Prozeß und damit über die Konzentrationslager nachdrücklich auf die völlige Banalität des Bösen hingewiesen. Ich stimme mit ihrer These überein. Trotzdem dürfen wir niemals übersehen, daß das Böse das Böse ist und bleibt, das heißt, keine Banalität darf uns von dieser Tatsache ablenken. Ein solches Ablenkungsmanöver aber stellt der Film *Seven Beauties* dar – ein Film, in dem die Hauptperson die Banalität in Person ist.
Nicht daß in diesem Film das Böse als solches abgeleugnet würde; weit davon entfernt. In KZ-Szenen könnte man es auch gar nicht ableugnen, denn dann wäre der Zuschauer empört und der Film würde seine Wirksamkeit einbüßen. Doch wird in diesem Film dem Publikum die sinnlose Banalität des Bösen so eindringlich vor Augen geführt und dieses Böse wird so unterschiedslos mit dem Komischen vermengt, daß der negative Eindruck, den es hinterläßt, fast gleich Null ist. Zwar werden die Greuel des Krieges, des Faschismus und der Konzentrationslager klar und offen dargestellt, um jedoch

gleichzeitig insgeheim überaus wirksam abgeleugnet zu werden, denn was sich vor unseren Augen abspielt, ist eine Farce in einem Leichenhaus, eine Farce, in der das Überleben trotz des Bösen und das Überleben mit Hilfe des Bösen selbst derart in den Vordergrund treten, daß es am Ende völlig unwichtig scheint, in welcher Form und wie motiviert sich das Böse und das Überleben abspielen.

Alle Personen, die in dem Film die Rolle von guten Menschen, von Menschen mit Würde spielen, gehen unter. Dieser Zug müßte an sich das Bild, das der Film von einer totalitären Welt entwirft, nicht entwerten. Denn wir wissen natürlich, daß es im wirklichen Leben durchaus Menschen wie Pasqualino gibt, die andere rücksichtslos ausnutzen und die nur an den eigenen Vorteil denken, während sie die Frage nach dem, was gut und was böse ist, kalt läßt. Und wir wissen auch, daß die Guten oft scheitern und oft mißbraucht und vernichtet werden. Dieser Film aber vermittelt den Eindruck, daß die Würde des Menschen ein Schwindel ist, denn wo wir ihr im KZ begegnen, da sind wir zunächst tief beeindruckt, um jedoch später erfahren zu müssen, daß sie sinnlos gewesen ist. Sinnlos freilich nicht, weil diejenigen, die ihrer Würde gemäß handeln, vernichtet werden oder sich selbst vernichten, sondern weil diese Vernichtung in einer lächerlichen Weise geschieht. Dieser Film konfrontiert uns von Anfang an mit dem Guten und Bösen, doch macht er es uns beinahe unmöglich, das Gute wirklich zu begreifen und das Böse ausnahmslos abzulehnen. Bevor die eigentliche Handlung des Films einsetzt, werden uns einige Wochenschaufilme des Faschismus vorgeführt: Demonstrationen, Aufmärsche, Mussolini, der die Massen antreibt, Mussolini, der Hitler die Hand schüttelt; dazu der Krieg, die Bombardierung und Zerstörung ganzer Städte, die Vernichtung und Verstümmelung zahlloser Menschen. All diese Szenen werden uns zwar als grauenhaft präsentiert, doch begleitet werden sie von einem spöttisch-amüsanten Kabarettsong. Auch Mussolini und Hitler werden zum Teil als komische Gestalten dargestellt – ein Standpunkt, der noch untermauert wird von dem Song, der alle Widersprüche des Lebens zugleich anerkennt. Dieser Song sagt »Oh yea« sowohl zu denen, »die nie einen tödlichen Unfall hatten« als auch zu denen, »die einen hatten«. Und obwohl die meisten Songtexte die Welt des Faschismus schärfstens ablehnen, sind sie zugleich voller Komik – eine Eigenschaft, durch die diese Ablehnung zwar verstärkt, aber zugleich auch aller Ernsthaftigkeit beraubt wird.

Wir sehen Mussolini in seiner bombastischen Art und Hitler mit seinem komischen Bärtchen und gleichzeitig hören wir den Song: »Die hätten als klein schon erschossen gehört, päng! Oh yea.« Und später: »Folgt mir zur Macht, und wenn ich's nicht schaff, dann knallt mich ab, oh yea...« Und dann: »Das sind die, die sagen: wir Italiener sind die größten Kerle auf der Welt, oh yea.« Dieser Song ist voller Spott, er ist weniger tragisch als komisch, und so nimmt er den Szenen vom Krieg und von der Zerstörung einen Großteil ihrer Wirkung. Und Mussolini und Hitler sind so pompös gezeichnet, daß wir sie nicht ernst nehmen können.

Hitler wird uns als der Mann mit dem lustigen Moustache vorgestellt, so wie wir ihn aus Charlie Chaplins Film *Der große Diktator* kennen. Doch dieser Film entstand vor Auschwitz und Treblinka. Chaplin erzeugte dort Gelächter, wo wir die Situation hätten tödlich ernst nehmen sollen. Über Hitler zu lachen, war eine Möglichkeit, um mit ihm zu Rande zu kommen, aber es war die gefährlichste, die destruktivste Möglichkeit. Da es so viele Leute gab, die meinten, Hitler mit seinen pompösen Reden nicht ernst nehmen zu müssen, bekam dieser Mann die Möglichkeit, unsere Welt in Schutt und Asche zu legen. Da sie über diesen Tölpel mit seinem lustigen Bärtchen lachten, traf sie ihr Schicksal völlig unvorbereitet; hätten sie ihn ernstgenommen, so hätten sie sich vielleicht retten können. Lachen kann befreien, aber es kann auch dazu führen, daß man sich, obwohl gefährlich bedroht, in einer trügerischen Sicherheit wiegt. Die Wochenschaufilme und der Begleitsong versetzen uns in die Zeit zurück, als wir noch meinten, wir bräuchten Hitler und Mussolini nicht ernst zu nehmen. Aber die Kriegsszenen zeigen uns gleichzeitig, was damals passierte, eben weil wir diese Männer nicht ernst nahmen. Dieser Widerspruch zieht sich wie ein roter Faden durch den ganzen Film. Ist nun wirklich die Zeit gekommen, da wir meinen, daß wir die Männer, die für die Ermordung von Millionen Menschen verantwortlich waren, als Gestalten ansehen sollten, die ausgelacht gehören?

Die ironische Haltung dieses Films, seine farcenhaften Szenen und seine Widersprüche hindern uns daran, die KZ-Welt, die er so grausig beschreibt, ernst zu nehmen. Die *Time* behauptet von diesem Film, er sei »befreiend«. Dadurch, daß er uns lachen läßt über den Faschismus, die KZs und den Holocaust, weist er uns einen Weg, um uns von dieser Last zu befreien – einen Weg, den sich viele Leute wünschen, vor allem diejenigen, die unter dem Faschismus ein angenehmes Leben führten, und diejenigen, die von ihren Erinnerungen nicht gequält werden wollen. Die Frage ist nur, ob es sich hier um eine Befreiung handelt, die unser Leben bereichert oder entwürdigt. Lina Wertmüllers Film läßt letzteres vermuten, zumal ja auch ihr Held, *der* Überlebende nämlich, zum Schluß nur mehr eine leere Hülse ist. Pasqualino ist keine Person, die durch ihre Erfahrungen an Tiefe gewinnt: Verständnis, Mitgefühl und die Fähigkeit, sich schuldig zu fühlen, das sind alles Dinge, die ihm am Anfang genauso abgehen wie am Schluß – trotz der erschütternden Erfahrungen, von denen man glauben möchte, daß sie ihn grundlegend hätten wandeln müssen. Diese Darstellung des Überlebenden ist es, die dem Überleben selbst jeglichen Sinn raubt. So aber wird dieser Film zu einer Erfahrung, die den Zuschauer degradiert.

Am Anfang des Films begegnen wir zwei italienischen Soldaten, Pasqualino und Francesco, die aus der italienischen Armee desertiert sind. Sie treffen sich zufällig in einem deutschen Wald. Pasqualino, dem es nur um seinen eigenen Vorteil geht, hat einem toten Soldaten die Verbände abgenommen und sie sich selbst angelegt, so daß er nun – da er behaupten kann, er sei schwer verwundet – auch die Flucht schafft. Francesco, der seine Männer vor Stalingrad gerettet hat, indem er ihnen Lastautos zur Flucht beschaffte, befindet sich nun selbst auf der Flucht vor dem Kriegsgericht. Aus der Ferne beobachten die beiden, wie eine Gruppe Juden von deutschen Soldaten in einer Reihe aufgestellt und erschossen wird. Dieses Erlebnis bewirkt, daß Francesco erzählt, wie schuldig er sich fühle, weil er mit dem Faschismus so lange gemeinsame Sache gemacht habe, anstatt ihn zu bekämpfen. Pasqualinos Antwort darauf ist, daß ein solcher Widerstand sinnloser Selbstmord gewesen wäre. Francesco widerspricht dem und meint, das wäre keineswegs sinnlos gewesen – und das entsprechende Risiko wäre er auch eingegangen. Auch macht er sich Vorwürfe, während des Krieges völlig unschuldige Menschen, die er nicht einmal kannte, grundlos getötet zu haben. Worauf Pasqualino erklärt, er habe beim Töten einen Grund gehabt.
Dieser Bemerkung folgt eine Rückblende: wir befinden uns in der Stadt Neapel, es ist die Zeit vor dem Krieg, und wir erleben, wie Pasqualino tötet. Aber zuerst begegnen wir Concettina, das ist Pasqualinos dicke Schwester, die sich als allerbilligste Varietésängerin blamiert – so wie sich auch ihr Bruder bald blamieren sollte, indem er den Mord an Totonno verpfuscht und bei der Beseitigung des Leichnams auch nicht viel geschickter verfährt. (Totonno ist der Zuhälter, der Concettina zur Prostitution brachte und sie zu heiraten versprach, vielleicht nur, um den wütenden Bruder zu besänftigen.) Concettina kam zur Prostitution, weil sie die tagtägliche Plackerei in einer Matratzenfabrik satt hatte. Pasqualino tyrannisiert seine Schwester und erschießt den Zuhälter, der noch halb im Schlaf liegt. Er begeht diesen Mord, um angeblich seine und die Ehre seiner Familie zu retten, in Wirklichkeit aber, um den Respekt von Don Raffaele, seinem Gangsterboß, zu gewinnen. Don Raffaele aber weiß genau, wie nutzlos Pasqualino ist. Er befiehlt ihm, den Leichnam zu beseitigen, und Pasqualino verfährt dabei ziemlich ungeschickt. Das alles tut er nur, um sein leichtlebiges Leben unter der Protektion des Mafiosobosses fortsetzen zu können: ein Leben, das sich auf die Ausbeutung seiner hart arbeitenden Mutter gründet – die ihn, ihren

einzigen Sohn, anbetet – sowie auf die Ausbeutung seiner sieben dicken häßlichen Schwestern, den »sieben Schönheiten«, denen der Film seinen Namen verdankt. Francesco und Pasqualino verkörpern also Gegensätze. Aber nicht nur den Gegensatz zwischen Gut und Böse, sondern auch zwischen den Schuldgefühlen, die eine Folge der Unentschlossenheit des Menschen sind, und dem Nichtvorhandensein von Schuldgefühlen sogar noch beim brutalsten Mord. Francescos Schuldgefühle darüber, daß er zum Mitläufer des Faschismus wurde, stehen in einem krassen Gegensatz zu Pasqualinos profaschistischer Haltung. Indem dieser – wie Mussolini – redeschwülstig erklärt, daß es, um sich Respekt zu verschaffen, richtig sei zu töten, behauptet er unumwunden, daß er keine Ursache habe, um sich schuldig zu fühlen. Doch ist die Fähigkeit, zwischen Gut und Böse zu wählen, sowie die Fähigkeit, sich schuldig zu fühlen, wenn man bei dieser Wahl versagt hat, ein entscheidendes Faktum, wenn es darum geht, sich die eigene Humanität zu bewahren und dem Überleben der eigenen Person einen Sinn zu geben. In diesem Film werden die Probleme des Sich-schuldig-Fühlens und der Notwendigkeit der eigenen Willensentscheidung immer wieder aufgeworfen, und zwar hauptsächlich mittels dieser Gegenüberstellung von Francesco und Pasqualino. In der entscheidenden letzten Szene, in der die beiden auftreten und die im Konzentrationslager spielt, wendet sich Francesco gegen Pasqualinos Vorschlag, andere in den Tod zu schicken, um das eigene Leben zu retten. Was Pasqualino freilich nicht hindert, trotzdem so zu handeln. Francesco revoltiert, obwohl er weiß, daß er damit sein Leben aufs Spiel setzt. Und Pasqualino, um sich selbst zu retten, erschießt Francesco. Die Gestalt des Francesco führt uns das entscheidende Problem des Überlebenden vor Augen: es darf nicht sein, daß man trotz der Schuldgefühle, die durch die Hinnahme der KZ-Welt entstehen, auch noch versucht, sein eigenes Leben auf Kosten des Lebens anderer zu retten – obgleich es natürlich sein kann, daß man aus der eigenen Angst heraus gegen dieses Wissen, wonach eine Billigung der KZ-Welt unmöglich ist, handelt. Pasqualino dagegen leidet an keinen Schuldgefühlen, obwohl er tötet, um an Ansehen zu gewinnen, obwohl er andere in den Tod schickt und obwohl er sich, um seine eigene Haut zu retten, vergewaltigen läßt. Auf diese Weise nun will man uns glauben machen, daß dies der Weg ist, auf dem es ihm gelingt zu überleben.

Der Film *Seven Beauties* ist insofern auf eine gefährliche Weise verführerisch, als er zwar dieses Problem des Überlebenden klar umreißt, ihm jedoch jegliche Validität abspricht. Dazu kommt noch die hohe künstlerische Qualität dieses Films, die ebenfalls dazu beiträgt, daß der Zuschauer dieses Problem für unwesentlich hält, denn nur das Überleben zählt – sonst nichts.

Doch verneint dieser Film nicht nur die entscheidende Bedeutung der Tatsache, daß man sich bei dem Versuch zu überleben auch mit der eigenen Schuld auseinandersetzen muß, sondern er unterstreicht auch noch fälschlicherweise, daß das Überleben nur als solches zählt – als ob das vorerwähnte Problem und das Überleben nicht untrennbar miteinander verquickt wären.

Zur selben Zeit, als in New York die Erstaufführung des Films *Seven Beauties* stattfand und weite Kreise des Filmpublikums überaus enthusiastisch reagierten, erschienen lange Auszüge aus *The Survivor* – einem neuen Buch über die Konzentrationslager von Terrence Des Pres, einem Professor für Englisch an der Colgate University – in so unterschiedlichen Zeitschriften wie *Harper's, Dissent* und *Moment.* Dies ist ein weiterer Hinweis darauf, daß eine neue Generation auf ihre Weise mit der Welt der Konzentrationslager zurechtzukommen versucht. Bei vielen Menschen erwecken die Millionen, die ermordet wurden, kein sonderliches Interesse mehr; man scheint sie vergessen zu haben; sie zählen nicht mehr. Vielleicht ist diese Haltung unumgänglich; unsere Aufgabe ist es, mit den Lebenden und nicht mit den Toten zu leben. Doch sieht die Sache meines Erachtens anders aus, wenn die Geschichte der Lager verfälscht wird und die KZ-Greuel zur Verbreitung einer zweifelhaften Botschaft benutzt werden, die da lautet: Überleben ist alles, ganz gleich wie, warum, wofür. Diese fragwürdige Einstellung impliziert auch, daß es ebenso falsch wie töricht ist, wenn sich der Mensch in bezug auf sein Handeln, durch das er diese Extremsituation bewältigen konnte, schuldig fühlt. Auf sehr unterschiedlichen Wegen gelangen Professor Des Pres und Lina Wertmüller zu ähnlichen Schlußfolgerungen hinsichtlich der Frage, was nötig ist, um in einer Welt zu überleben, die vom KZ beherrscht wird oder unter seinem Unstern steht. Des Pres und Lina Wertmüller sind der Meinung, daß es beim Überleben nur eine wesentliche Lektion zu lernen gibt, und diese Lektion lautet: alles, was zählt, was wirklich wichtig ist, ist das Leben in seiner gröbsten, in seiner rein biologischen Form.

Einen kleinen Teil der Wahrheit darzustellen und zu behaupten, das sei das ganze Spektrum dieser Wahrheit, kann eine schlimmere Verzerrung sein als eine direkte Lüge.

Es ist wesentlich einfacher, eine Lüge als solche zu durchschauen, da in diesem Fall unsere kritischen Fähigkeiten nicht durch die Darstellung eines kleinen Teiles der Wahrheit eingeschläfert werden. Die Filmemacherin und der Autor, die ihre verzerrenden Ansichten über das Überleben plausibel machen möchten, weben in die Binsenwahrheit, daß man am Leben bleiben muß, irreführende Mythen hinein. Zu behaupten, was jedermann weiß und keiner je angezweifelt hat, berechtigt wohl kaum zu einem Film oder einem Buch über das Überleben in der Welt der Konzentrationslager. Wenn eine Darstellung der Problematik solchen Überlebens auch nur den geringsten Sinn haben soll, kann sie sich nicht mit der Feststellung begnügen, daß man, wenn man nicht am Leben bleibt, auch nicht überleben kann. Eine solche Darstellung muß auf die Voraussetzungen solchen Überlebens eingehen, auf die Frage: was muß der Mensch sein, tun, denken; welche Einstellungen, welche Gegebenheiten, welche Bedingungen sind erforderlich, damit er unter KZ-Umständen überleben kann.

Der Kern jener signifikanten Wahrheit, dem wir in dem Gemeinplatz, wonach das Am-Leben-Bleiben die Voraussetzung des Überlebens ist, begegnen, dieser Kern ist die unabdingbare Entschlossenheit des Häftlings zu überleben. Hatte er diese Entschlossenheit einmal eingebüßt und war er der allgegenwärtigen Verzweiflung zum Opfer gefallen, so war er verloren. Doch Professor Des Pres und Lina Wertmüller schießen über diese Erkenntnis weit hinaus. So erklärt zum Beispiel Des Pres, daß eine wesentliche Lektion des Überlebens in der echten Notwendigkeit des Menschen bestehe, »das Leben ohne Vorbehalt anzunehmen«, das heißt, daß der Mensch auch solches Verhalten für sich akzeptieren muß, das für ihn bislang unannehmbar gewesen ist.

Des Pres gelangt zu diesem Diktum mit der Behauptung, daß wir »jenseits der kulturellen Zwänge« und »gemäß den rohen körperlichen Anforderungen« leben müssen. Lina Wertmüllers Film gestaltet diesen Grundsatz im visuellen Medium und gibt ihm symbolische Form. Pasqualino akzeptiert das Leben vorbehaltlos, indem er ohne jegliche Gewissensbisse Faschismus, Mord und Vergewaltigung akzeptiert. Er läßt die kulturellen Zwänge hinter sich, wenn er eine geistesgestörte Patientin, die ihm wehrlos ausgeliefert ist, vergewaltigt, und wenn er Mitgefangene in den Tod schickt, um sein eigenes Leben zu retten. Und wenn ihm beim Geschlechtsverkehr mit einer gnadenlosen Killerin eine Erektion gelingt, auch dann überlebt er gemäß den rohen körperlichen Anforderungen. Noch offenkundiger wird dieser Standpunkt dadurch, daß wir zugleich miterleben, wie Pedro und Francesco untergehen, weil sie den rohen körperlichen Anforderungen nicht genügen und weil sie wesentliche moralische Grundsätze vertreten – die man natürlich als bloße »kulturelle Zwänge« betrachten muß, wenn man der Moralität jegliche Existenzberechtigung abspricht.

Die Fakten der Konzentrationslagerwelt sind genau das Gegenteil dessen, was Professor Des Pres behauptet und was der Film *Seven Beauties* zu beschreiben versucht. Diejenigen, die die größte Überlebenschance in den

Lagern hatten – eine freilich minimale Chance –, waren Menschen wie Pedro und Francesco: sie versuchten, soweit das überhaupt möglich war, im Sinne der (von Des Pres so bezeichneten) kulturellen Zwänge zu leben; und trotz der ständigen rohen Anforderungen an den Körper, bedingt durch die physische Erschöpfung und den Hunger, bemühten sie sich um eine moralische Haltung. Diejenigen aber, die – wie Pasqualino – mit dem Feind, in diesem Fall der Lagerleiterin, gemeinsame Sache machten und andere in den Tod schickten, um selbst am Leben zu bleiben, hatten keine große Überlebenschance.

Um zu überleben, mußten die Gefangenen einander helfen. Diese Tatsache wird aus Lina Wertmüllers Film nicht ersichtlich, doch war sie so offensichtlich KZ-Realität, daß Professor Des Pres mannigfache Beispiele von Gefangenen anführt, die einander – weil sie sich dazu moralisch verpflichtet fühlten – halfen, die einen Bissen Essen miteinander teilten, die denjenigen, die nicht mehr konnten, einen Teil der Zwangsarbeit abnahmen und die dadurch, daß sie Mitgefangene zu schützen versuchten, ihr Leben aufs Spiel setzten. Des Pres freilich fehlinterpretiert die Beweggründe für dieses Verhalten. Es ist zwar richtig, daß manche Gefangene nach diesen Grundsätzen lebten, die von Des Pres später ausformuliert werden und die auch in dem Film *Seven Beauties* zum Ausdruck kommen. Und hier ist auch der Grund für eine Redensart im Lager zu suchen, die da lautete: »Die Gefangenen sind des Gefangenen schlimmster Feind.« Aber diese Redensart stimmte, nicht weil die Gefangenen grausamer und gemeiner als die SS gewesen wären – obwohl es natürlich auch solche gab, die auf diese Weise das Wohlwollen der SS gewinnen wollten –, sondern weil man eine Überlebenschance hatte, wenn man von anderen Gefangenen unterstützt wurde, wohingegen ohne solche Unterstützung die entsprechende Chance gleich Null war. Daher kamen einem die Mitgefangenen und die Aufseher, die einem auch dann nicht halfen, wenn Hilfe möglich war, als die schlimmsten Feinde vor.

Pedros Selbstmord, der eine unmittelbare Folge von Pasqualinos Verrat an den Mitgefangenen ist, stimmt also nicht mit der Realität dessen überein, was in den Lagern in einem solchen Falle zu geschehen pflegte, doch weist diese Selbstmordhandlung trotz allem eine gewisse psychologische Validität auf. Francesco reagiert auf den gleichen Verrat, indem er die Gefangenen zur Revolte aufstachelt und dadurch die SS provoziert. Vom emotionalen Standpunkt aus gesehen waren derartige Enttäuschungen durch die Mitgefangenen sehr schwer zu ertragen, denn von den Mitgefangenen erwartete man sich mehr und Besseres als von den Wachen, deren Heimtücke als unverbesserlich galt und die deshalb zutiefst verhaßt waren. In der

KZ-Realität war es so, daß die meisten Gefangenen die meiste Zeit gemeinsam gegen die SS handelten. Oftmals unterstützten die Gefangenen einander bei geringen Anlässen, wobei diese Anlässe freilich – angesichts der extremen Lebensbedingungen – eine völlig andere Dimension annahmen. Indem sie einander unterstützten, lebten die Gefangenen nicht »den rohen körperlichen Anforderungen gemäß«, und sie lebten auch nicht »jenseits der kulturellen Zwänge«, genausowenig wie sie »das Leben vorbehaltlos akzeptierten«. Im Gegenteil, solches Verhalten hätte das Überleben nicht vereinfacht, sondern erschwert.
Die Grundsätze, die uns von Lina Wertmüller und Des Pres als Richtlinien zum Überleben angeboten werden, sind im Grunde Nazi-Grundsätze, nach denen vor allem die SS lebte oder zumindest zu leben versuchte. Diese Leute hingen der Philosophie an, wonach der Mensch »jenseits der kulturellen Zwänge« leben müsse, ein Standpunkt, der auch aus der üblen Feststellung »Sowie ich das Wort Kultur höre, greife ich nach meinem Revolver« hervorgeht; diese Äußerung stammt ursprünglich von Hanns Johst, dem Präsidenten der deutschen Dichterakademie und wurde später von Naziführern wie zum Beispiel Goebbels übernommen. Durch ihre rassistischen Doktrinen – zum Beispiel durch das »reinarische Blut« und viele andere Vorstellungen dieser Art – glorifizierten die Nazis ein Leben im Sinne jener »rohen Anforderungen des Körpers«.
In der Theorie mag die Behauptung noch durchgehen, wonach gerade die Nazi-Doktrin die richtige Strategie des Überlebens beinhalten soll – denn es gelang in der Tat vielen Nazis und Faschisten den Krieg auf eine recht annehmbare Weise zu überleben. Trotzdem bin ich überzeugt, daß das Überleben im KZ zum Beispiel, wenn es irgend etwas beweist, so ganz gewiß nicht die Validität des Faschismus. Wenn ein großer und entscheidender Teil des sogenannten amerikanischen intellektuellen Establishment offenbar bereit ist, die Grundsätze der Nazi-Doktrin anzuerkennen und der – in dem Film *Seven Beauties* und in Des Pres' Buch zugleich sorgfältig verschleierten und überzeugenden – Behauptung Glauben zu schenken, wonach durch das Überleben die Validität besagter Grundsätze belegt wird, dann muß einer der Überlebenden den Mund auftun und klar und deutlich sagen, daß es sich hier um eine empörende Verzerrung handelt.

Ein ebenso unerbittlicher wie unerquicklicher Aspekt des Konzentrationslagers ist der, daß das Überleben kaum etwas mit dem zu tun hat, was der Gefangene tut oder nicht tut. Für den allergrößten Teil der Opfer ist das Überleben durch die Vorstellung bedingt, daß sie entweder von den Mächten, die im Lager herrschen, befreit werden oder daß sie – was wesentlich verläßlicher und wünschenswerter war – von Mächten aus der Außenwelt befreit werden, wobei diese Mächte zur Zerstörung der Konzentrationslager dadurch beitragen, daß sie die Machthaber, die über diesen Lagern stehen, besiegen. Sogar Solschenitzyn, der den größten moralischen Mut an den Tag legte und selbst unter unsäglich schrecklichen Bedingungen noch zu überleben vermochte – was ihm das Recht gibt, heute für alle Überlebenden zu sprechen –, wäre nicht mit dem Leben davongekommen, wenn er nicht von denen, die im Archipel Gulag herrschten, freigelassen worden wäre. Er hätte seine Stimme nicht erheben können, wenn es keine Außenwelt gegeben hätte, eine Welt, die völlig unabhängig von der des KZ war, eine Welt, die einen so mächtigen Druck ausübte, daß sich Solschenitzyn äußern konnte.

Die völlig irreführende Verzerrung, der wir in dem Film von Lina Wertmüller und in dem Buch von Des Pres begegnen, ist die falsche Behauptung, wonach *das Tun* der Überlebenden ihr Überleben möglich gemacht haben soll. Sowohl bei der fiktiven Person des Pasqualino aus dem Film *Seven Beauties* als auch bei den wirklichen Gefangenen, mit denen sich Des Pres in seinem Buch auseinandersetzt, war es der unmittelbare oder (in einigen Fällen) der unmittelbar bevorstehende Sieg der Alliierten, der das Überleben erst möglich machte. Bis zu der Zeit, als die Alliierten die Regierungs- und Kriegsmaschinerie der Nazis durch Bombardierungen und Schlachtensiege (vor allem bei Stalingrad) fast völlig zerstört hatten, waren es unter den Millionen KZ-Häftlingen kaum mehr als ein Dutzend Leute, die aufgrund ihrer eigenen Anstrengungen überlebten – das heißt, denen die Flucht aus dem Lager gelang und die noch vor dem Sieg der Alliierten in die Freiheit gelangten. Alle anderen, meine Person mit eingeschlossen, überlebten einzig und allein deshalb, weil sich die Gestapo entschloß, sie freizulassen.

Wer sich mit dem Problem des Überlebens auf eine vernünftige Weise auseinandersetzen will, muß den ganzen Komplex in zwei Aspekte unterteilen, die kaum etwas miteinander zu tun haben. Der eine Aspekt ist die Befreiung, die keinesfalls von dem Gefangenen abhängt, sondern von der willkürlichen Entscheidung der KZ-Aufseher oder von dem, was ihnen politisch opportun erscheint, oder davon, daß Streitkräfte von außen das KZ befreien. Bei dem zweiten Aspekt geht es darum, was der Gefangene unternehmen kann, um bis zu dem Augenblick, da er durch einen Glückszufall befreit wird, am Leben zu bleiben. Aber was immer er auch unternimmt, es nützt ihm nichts, solange er nicht freigelassen oder befreit wird.

So wichtig und faszinierend es auch sein mag, dieses Problem, was der Gefangene unternehmen kann, um unter einer so unglaublichen Unterdrükkung, wie sie im KZ stattfand, zu überleben, und so lehrreich auch diese Situation in bezug auf die *condition humaine* überhaupt sein dürfte, all diese Dinge besitzen für die Frage des Überlebens nur geringe Relevanz, solange wir uns nicht klar und deutlich bewußtgemacht haben, daß unser Überleben in erster Linie und vor allen anderen Dingen eine Voraussetzung hat: die Vernichtung der KZ-Welt und die Schaffung von Gegebenheiten, die dafür sorgen, daß eine solche Welt nie wieder entstehen kann. Jede Auseinandersetzung mit dem Problem des Überlebens ist auf eine gefährliche Weise irreführend, wenn sie sich auf die Frage versteift, was der Gefangene in einer solchen Situation unternehmen kann. Denn diese Frage ist unbedeutend im Vergleich zu der Notwendigkeit, daß politisch oder militärisch die Machthaber besiegt werden müssen, die solche Lager unterhalten. Das aber können die Gefangenen nicht tun, denn sie sind ohnmächtig.

Diese unangenehme Wahrheit über die Ohnmacht der Gefangenen, die letztlich nur dann überleben können, wenn sie von außen befreit werden, diese Wahrheit wird von Lina Wertmüllers Film, von Des Pres' Buch und von den Reaktionen auf die beiden Werke ganz einfach ignoriert, das heißt in allen drei Fällen wird diese Wahrheit durch den bequemen Glauben ersetzt, daß die Gefangenen aufgrund ihrer eigenen Möglichkeiten und Fähigkeiten überleben konnten. Wenn man den Reaktionen auf den Film und das Buch trauen kann, so scheint es dieser bequeme Glaube zu sein, den die Leute dreißig Jahre nach den Konzentrationslagern am ehesten akzeptieren. Auch gibt uns dieser Glaube die Möglichkeit, russische und andere Konzentrationslager von heute zu vergessen – und dieser Wunsch zu vergessen kann der Vater sein dieses Filmes, dieses Buches und der Bereitwilligkeit, die Aussagen von beiden zu akzeptieren.

Der Film *Seven Beauties* vermittelt dem aufmerksamen Zuschauer zumindest einen Schimmer von dieser Wahrheit, denn Pasqualino erlangt erst dann seine Freiheit wieder, nachdem Neapel von den Soldaten der Alliierten besetzt worden ist. Doch die Wahrheit über Pasqualinos Befreiung enthält uns dieser Film dadurch vor, daß er den Eindruck erweckt, als sei es Pasqualino nur dadurch gelungen zu überleben, daß er eine Erektion zustande bringt und andere Gefangene – unter ihnen sein Freund Francesco – in den Tod schickt. Auch verleugnet der Film insofern die Realität, als er die Vorstellung erweckt, daß es keinen wirklichen Unterschied gibt zwischen der Welt des Konzentrationslagers und der Welt, die Pasqualino nach dem KZ betritt. Das Überleben im Lager war – darauf werden wir hingewiesen – bedingt durch die Hurerei, und das befreite Neapel wird in dem Film als ein einziges Hurenhaus dargestellt, wobei die Soldaten der Alliierten als Hurenjäger fungieren.

Dieser Eindruck, den Lina Wertmüllers Film vermittelt, wird bestätigt durch das, was John Simon darüber schreibt. Pasqualino spielt den Unzurechnungsfähigen, um wegen der Ermordung Totonnos nicht bestraft zu werden, und so kommt er in die Nervenheilanstalt, wo er jene Frau vergewaltigt. John Simon, der auf die Tatsache eingeht, daß sich Pasqualino freiwillig zur italienischen Armee meldet und dadurch aus der Nervenheilanstalt entlassen wird, spricht von diesem »Irrenhaus voller tragikomischer Abenteuer« – jene Vergewaltigung ist also ein tragikomisches Abenteuer –, »aus dem man sich nur in ein noch schlimmeres Irrenhaus retten kann: in die Armee nämlich«.

Die Armee als Irrenhaus scheint zu einem modischen Klischee geworden zu sein. In einem Film über das Leben unter dem Faschismus, über die Konzentrationslager und über das Überleben frägt man sich natürlich: Welche Armee ist da gemeint? Die so ungemein tüchtige Nazi-Armee, die Gefangene getötet, Juden ausgerottet und die KZs so lange als möglich betrieben hat? Oder die Armee, um deren Sieg die Gefangenen beteten, von deren Sieg sie träumten, da sie wußten, daß dieser Sieg ihre einzige Überlebenschance war? Die Armee, ohne deren Sieg Hitler und Mussolini und deren Nachfolger heute den größten Teil der Welt beherrschen würden und das KZ zu einem wesentlichen Bestandteil der Gegenwart geworden wäre – ist diese Armee ein schlimmeres Irrenhaus?

Im Kontext des Filmes *Seven Beauties* gesehen, ist das, was John Simon schreibt, gar nicht so abwegig. Denn dieser Film will uns bedeuten, daß unter Mussolini nur einige Neapolitanerinnen Huren waren – daher auch Pasqualinos Wut, als auch seine Schwester Concettina auf den Strich ging. Und dann erfahren wir, daß wegen der alliierten Streitkräfte nunmehr alle Schwestern Pasqualinos auf den Strich gehen. Der Faschismus ist also böse, doch durch den Sieg der Alliierten sind die Lager, die in dem ganzen Film eine so entscheidende Rolle spielten, nicht befreit worden – im Gegenteil, die ganze Welt ist durch diesen Sieg in ein einziges Bordell verwandelt worden. Man kann verstehen, weshalb die vielen Millionen Italiener, die mit dem Faschismus ganz zufrieden waren, den Zweiten Weltkrieg gern aus dieser Sicht sehen möchten, denn hier wird der Faschismus zusammen mit seinen Übeln gerechtfertigt. Aber man kann sich nur wundern, daß sich auch die amerikanischen Intellektuellen diese Sicht zu eigen gemacht haben.

Professor Des Pres bedient sich – als ein Amerikaner, der zu Amerikanern spricht – anderer Methoden, um die Tatsache zu verschleiern, daß nur durch den Sieg der Alliierten die KZs befreit und einige Menschen – leider viel zu wenige – überleben konnten. Dies gelingt ihm dadurch, daß er erstens auf die grundlegende Tatsache dieses Überlebens gar nicht eingeht, und daß er zweitens den Eindruck vermittelt, als seien die Gefangenen selbst in der Lage gewesen, ihre Bewacher zu besiegen. Die politische Realität scheint wenig zu zählen in einer vermeintlich kundigen Auseinandersetzung mit dem Problem des Überlebens. Professor Des Pres benutzt noch andere Requisiten, um seine Theorien in Szene zu setzen. Unter ihnen zum Beispiel die Behauptung, daß diejenigen, die in den Lagern untergebracht wurden, »wie Schafe in den Tod gingen«, und daß diejenigen, die überlebten, »mit einer Art ›Überlebensschuld‹ behaftet sind«. Aber er führt kein Beweismaterial an, aus dem zu ersehen wäre, daß diesen Behauptungen eine kritische Auseinandersetzung zugrunde liegt. Ich glaube, Des Pres baut Pappkameraden auf, nur um sie um so besser zu Boden strecken zu können. Auf diese Weise versucht er uns vom Wert seiner verfälschten Schlußfolgerungen zu überzeugen. Die Behauptung, daß die Opfer der Gaskammern »wie Schafe in den Tod gingen«, ist nichts anderes als ein skandalöses Klischee, nicht nur unglaublich gefühllos, sondern auch völlig falsch. Niemand, der die Lager kennengelernt und über sie nachgedacht hat, könnte einer solchen Äußerung je Glauben schenken. Bereits im Jahr 1943 – also lange vor der Befreiung der Lager und lange bevor ihre Existenz offiziell bestätigt oder in weiteren Kreisen bekannt wurde – habe ich in einem Essay die zeitweisen Persönlichkeitsveränderungen, die an den Gefangenen zu beobachten waren und die tiefgreifenden Anpassungsprozesse dieser Gefangenen untersucht. Schafe sind zu solchen Persönlichkeitsveränderungen aus sich selbst heraus unfähig; derartige Veränderungen können nur von denkenden und fühlenden Menschen durchgemacht werden, und Anpassungsprozesse können nur dann so tiefreichend sein, wenn die betroffenen Menschen entsprechend tief empfinden.

Auch ist es unwahr, daß die SS die Gefangenen wie Schafe in den Tod trieb – oder, wenn sie sie noch für eine Weile am Leben ließ, zu ihren Baracken, zu ihrer Arbeit oder zu den tödlichen Anwesenheitsappellen, wie wir sie im Film erleben. Diese Analogie ist falsch, denn die Gefangenen waren in den Augen der SS wertlos, während Schafe für diejenigen, die sie hüten und treiben, einen ganz erheblichen Wert besitzen. Schafe wissen nicht, daß sie zur Schlachtbank getrieben werden. Die Gefangenen dagegen wußten nach ihrem Transport – also nachdem Eltern von ihren Kindern, Frauen von ihren Männern getrennt worden waren – um ihre verzweifelte Lage, obgleich viele, die direkt in die Gaskammern gebracht wurden, nicht genau wußten, was sie dort erwartete, denn die SS wollte sie im unklaren über ihr Schicksal belassen und so wurde ihnen gesagt, daß es sich hier um Duschräume handle. Der größte Teil der Gefangenen tat wie ihm befohlen, obwohl er mehr

oder weniger wußte, worum es hier ging – das aber konfrontiert uns mit noch schwerwiegenderen Problemen, die alle mit dem Verhalten des Menschen zu tun haben, dessen Widerstandsgeist völlig gebrochen ist. Mit diesem Problem jedoch setzt sich Professor Des Pres gar nicht erst auseinander. Er glaubt es sich leisten zu können, dieses Problem außer acht zu lassen und sich statt dessen nur mit den Überlebenden auseinanderzusetzen. Ich aber glaube, daß die Probleme der Überlebenden und die Probleme derjenigen, die nicht überlebt haben, engstens miteinander verquickt sind. Und genauso eng verquickt ist das Problem der Neuankömmlinge mit dem der Gefangenen, die wußten, daß diese »Neuen« in den Tod getrieben wurden, ihnen aber nicht zuriefen, das nicht zuzulassen, sondern sich zu wehren. Nur wären eben die Gefangenen, die diese Warnung ausgestoßen hätten und jene, die entsprechend reagiert hätten, auf der Stelle umgebracht worden. Wir erleben, wie Pedro und Francesco in dem Film *Seven Beauties* solche Warnungen ausstoßen und deshalb ihr Leben lassen müssen. Einer der zahllosen Widersprüche dieses Films besteht darin, daß er einerseits die Gefangenen als völlig passiv darstellt, das heißt sie lassen sich zum Anwesenheitsappell zusammentreiben, wobei dieser Eindruck noch durch die Wachhunde der Bewacher verstärkt wird; andererseits aber erleben wir, wie Pedro und Francesco gegen diese Entwürdigung heroisch Widerstand leisten und versuchen, alle anderen Gefangenen ebenfalls aufzuwiegeln. Das Bild, das der Film von den Gefangenen vermittelt, ist falsch, denn es zeigt uns nur heroischen Widerstand, der niemandem nutzt; dazu hilflose Passivität; und in der Person des Pasqualino einen, der sich rettet, indem er mit dem Feind gemeinsame Sache macht.
Die KZ-Realität sah völlig anders aus. Um am Leben zu bleiben, mußten die Gefangenen die ganze Zeit für sich selbst aktiv sein, eine Tatsache, die Professor Des Pres ganz richtig unterstreicht, ja um die seine ganze Argumentation kreist. In dem Film *Seven Beauties* erleben wir, wie die Gefangenen, sei es nun in den Baracken oder während der Anwesenheitsappelle, hilflos und passiv ihr Schicksal erwarten. In Wirklichkeit war es jedoch so, daß die Gefangenen, während sie scheinbar passiv strammstanden, unablässig auf ihren Selbstschutz bedacht sein mußten, wenn sie überleben wollten. Diese endlosen Anwesenheitsappelle machten einen in physischer wie moralischer Hinsicht derart kaputt, daß man sie nur dann überlebte, wenn man sich ihnen mit aller Entschiedenheit entgegenstellte – sei es nun durch das eigene Handeln oder, wenn das nicht möglich war, durch den eigenen inneren Widerstand. Diese Haltung prägte übrigens praktisch das ganze Leben der Gefangenen. Wie die vielen Tausende von anderen Gefangenen, so erlebte und überlebte auch ich eine bitterkalte Nacht in Buchenwald, als

man den Häftlingen wegen des Fluchtversuchs einiger Mitgefangener[1] androhte, sie müßten die ganze Nacht lang im Freien strammstehen. Bei diesem »Anwesenheitsappell« standen die Gefangenen zehn Reihen tief. Die in der vordersten Reihe waren doppelt exponiert: einerseits dem eisig-kalten Wind und andererseits den Mißhandlungen durch die Wachen. Die Gefangenen in den hinteren Reihen dagegen waren etwas geschützter. Bald wurden die Gefangenen in der vordersten Reihe – mit der stillschweigenden Billigung indifferenter oder unter Anleitung etwas verantwortungsbewußterer Aufseher – ausgewechselt, so daß diese extreme Belastung von allen geteilt wurde, außer von den ganz Schwachen und Alten, die wurden geschont.

Die SS entdeckte bald, was da vor sich ging, doch die meisten SS-Männer – allerdings nicht alle, denn es gab auch solche, die bösartiger als der Durchschnitt waren – taten so, als ob sie nichts sähen, vorausgesetzt, dieser Austausch fand dann statt, wenn der betreffende SS-Mann nicht gerade in diese Richtung schaute. Der Grund dafür war in den Wertvorstellungen der SS zu suchen – nicht um die wechselseitige Hilfe ging es da, sondern um einen *esprit de corps,* dem man zumindest bis zu der Zeit begegnete, als auch die SS einsah, daß Deutschland besiegt werden würde. Während also die SS-Männer den Widerstandsgeist der Gefangenen ganz offenkundig zu brechen versuchten, bewunderten sie ihn insgeheim, und die Häftlinge, die diesen Geist nicht besaßen, verachteten sie zutiefst. So aber wird die völlige Passivität der Gefangenen in *Seven Beauties* zu einem weiteren Trick dieses Films, um den Eindruck zu erwecken, daß die Häftlinge, um zu überleben, sich ihren Unterdrückern total anpassen mußten, obwohl genau das Gegenteil zutraf. Um zu überleben, mußte man für etwas überleben. Eine der simpelsten Vorstellungen, die den Gefangenen Überlebenskraft verlieh, war die Hoffnung auf Rache. Das ist eine Vorstellung, die Pasqualino fremd ist, denn ein kleiner Mörder wie er ist kaum imstande sich vorzustellen, daß er sich eines Tages an den großen Mördern rächen wird. Eine weitere Vorstellung, die vielen Gefangenen Kraft gab, war die Hoffnung darauf, eines Tages Zeugnis abzulegen – der Welt über diese Greuel zu berichten, damit sie nie wieder passieren könnten. Andere wollten am Leben bleiben wegen der Menschen, die sie liebten. Wieder andere hielt der Gedanke aufrecht, daß sie eine bessere Welt schaffen könnten, denn durch die teuflischen Erfahrungen, die sie nun durchmachten, waren ihnen die Augen über das, was wirklich wichtig war, geöffnet worden. Nur durch aktives Denken konnte der Gefangene verhindern, daß er zu einem der lebenden Toten (man nannte sie *Muselmänner*) wurde, von denen er sich umgeben sah. Diese Muselmänner waren zum Untergang verurteilt, weil sie jegliches Denken und jegliche Hoffnung aufgegeben hatten. Dadurch aber, daß dieser Film einen Gefangenen zeigt, der, weil er – wie Pedro – aktiv mitdenkt, Selbstmord begeht, während Pasqualino, der auf die Schaffung einer besseren Welt nicht den geringsten Gedanken verschwendet, überlebt, verdreht er das, worum es beim Überleben damals tatsächlich ging, in sein Gegenteil. Um seine Leser noch stärker davon zu überzeugen, daß die Gefangenen einiges leisten konnten, um die Lageraufseher zu besiegen, behauptet Des Pres, die Gefangenen seien nicht nur mit Schafen, sondern auch mit Monstren verglichen worden – ein Vergleich, der die reinste Erfindung ist. In der umfassenden Literatur über die Todeslager hat noch kein Autor diesen Vergleich gewagt. Des Pres schreibt: »Aber es waren weder Schafe noch Monstren, die Treblinka und Sobibor niederbrannten, die das Krematorium von Auschwitz in die Luft jagten, die in den letzten Kriegstagen das Kommando über Buchenwald an sich rissen.« Hier wird der Eindruck erweckt, als seien die Gefangenen sehr wohl in der Lage gewesen, ihr Überleben selbst zu verwirklichen. Das aber ist ganz und gar unwahr. Von den 853 Gefangenen, die konspirierten, um eines der vier Krematorien in Auschwitz in die Luft zu sprengen, ist kein einziger am Leben geblieben. Einige kamen bei der Explosion selbst ums Leben, andere wurden auf der Stelle erschossen. Das wenige, was an offenem Widerstand in den Lagern tatsächlich existierte, führte nur dann zum Überleben, wenn die Alliierten bereits die unmittelbare Nachbarschaft erreicht hatten; war das nicht der Fall, blieb nur der Tod. Folglich sind die wenigen Fälle von aktivem Widerstand – es waren, gemessen an den Millionen Gefangenen, unglaublich wenige – ziemlich unerheblich, wenn es um die Überlebensfrage geht. Belegt wird diese Tatsache auch durch die russischen Lager mit ihren Millionen Gefangenen, unter denen es ebenfalls kaum irgendwelchen aktiven Widerstand gegeben hat. Die Äußerung über die Gefangenen, »die in den letzten Kriegstagen das Kommando über Buchenwald an sich rissen«, ist insofern teilweise richtig, als es dieses Ereignis tatsächlich gegeben hat – das war am 11. April 1945, also tatsächlich an einem der letzten Kriegstage in Deutschland. Doch was nun das Kommando anlangt, das die Gefangenen an sich gerissen haben sollen, so kann ich nur sagen, daß es sich hier um ein Ereignis handelt, das gar keines war und das von Des Pres zu einem Ereignis von höchster Bedeutung hochstilisiert worden ist. Was damals tatsächlich geschah, ist häufig genau beschrieben worden, aber noch häufiger hat man einen Mythos daraus gemacht, der durch das Buchenwald-Denkmal selbst untermauert worden ist. Denn dieses Denkmal ist insofern eine Fiktion, als es Ernst Thälmann, den Führer der deutschen Kommunisten, glorifiziert, der angeblich den Anstoß zum Widerstand gab – eine Angelegenheit, mit

der er nicht das geringste zu tun hatte. Was tatsächlich geschah, war, daß der Lagerkommandant, als zwei amerikanische Panzerkolonnen in der unmittelbaren Umgebung von Buchenwald auftauchten, sein Leben retten wollte und die Lagerleitung einem von der SS bestimmten Spitzengefangenen anvertraute, worauf er mit den übrigen SS-Männern flüchtete. Erst dann »rissen die Gefangenen das Kommando über Buchenwald an sich«. Als der Lagerkommandant geflohen war, dauerte es keine drei Stunden und die ersten motorisierten Fahrzeuge der Amerikaner drangen ins Lager ein.
Christopher Burney hat eine völlig vertrauenswürdige Darstellung dieses Falles in seinem Buch *The Dungeon Democracy* geliefert.[2] Bei diesem Buch handelt es sich um einen Bericht, mit dem Professor Des Pres vertraut sein müßte, denn wie wir der Vorbemerkung, die dem *Harper*-Artikel vorangestellt ist, entnehmen können, hat besagter Autor »die gesamten Dokumente studiert, die von den Leuten zusammengetragen worden sind, welche die Lager überlebten« – eine großartige Leistung, wenn man bedenkt, daß diese Literatur sehr umfangreich und in den verschiedensten Sprachen niedergeschrieben worden ist, wobei der größte Teil unübersetzt und nach wie vor ungedruckt, das heißt nur in Form von Manuskripten oder Mikrofilmen zugänglich ist. Wie immer auch, das Buch *The Dungeon Democracy* ist in Englisch und im Jahr 1945 veröffentlicht worden, also fast sofort nach der Befreiung. Christopher Burney, seines Zeichens Engländer, der Buchenwald selbst als Gefangener erlebt hat, schreibt über jenen 11. April 1945 folgendes:

> Pister [der Lagerkommandant] rief den Lagerältesten I und Fritz Edelmann zu sich und sagte zu ihnen: »Ich gehe jetzt. Ihr seid jetzt die Kommandanten von diesem Lager, das ihr für mich den Amerikanern übergeben werdet.« (...) Den ganzen Vormittag lang hörte man ziemlich in der Nähe Maschinengewehr- und Artilleriefeuer, und wir sahen, wie sich deutsche Artillerie- und Infanteriegruppen auf der Ebene zurückzogen. Um Mittag herum verließen die SS-Wachen ihre Posten und verschwanden. Zwei Stunden später, als die Luft rein war, hißten wagemutige Gefangene die weiße Fahne (...) und [wir] (...) sahen, wie sie sich die versteckten Waffen aus dem »Geheimdepot« holten. Sie benahmen sich sehr kindisch, bildeten Gruppen aus verschiedenen Nationalitäten und marschierten herum und sahen aus, als hätten sie die gesamte Wehrmacht besiegt.

Daraus also hat man Jahre später den Mythos gemacht, daß die Gefangenen die SS besiegten und das Lagerkommando übernahmen.

C.J. Odic, ein gefangener Arzt, befand sich in einer hervorragenden Position, von der aus er alles, was geschah, beobachten konnte. Sein genauer Bericht[3] entlarvte den Mythos von der Befreiung Buchenwalds. Zunächst unterstreicht er die Tatsache, daß die Gefangenen ernsthafte Vorbereitungen zur Aktion erst dann trafen, als die SS, die das Lager beaufsichtigte, durch den vernichtenden alliierten Luftangriff vom 24. August 1944 in eine fast totale Verwirrung gestürzt wurde. Doch diese Aktionspläne seien nie in die Tat umgesetzt worden. Das Lager sei von zwei Panzerkolonnen befreit worden. Dann schreibt der Autor:

> Das war alles. Die Schlacht von Buchenwald war gewonnen. Wir waren frei. Soldaten hatten, um dieses Ziel zu erreichen, den Atlantik überquert. Alles, was noch zu tun blieb, war die Schaffung des Mythos. Plötzlich wimmelte es im Lager von alten Helden (...). Sie bewiesen, daß sie ihren ausgeprägten Sinn dafür, wann es eine Gelegenheit wahrzunehmen galt, nicht verloren hatten: sie waren es, die Buchenwald erobert hatten. Die Zeitungen glaubten diese Geschichte (...). Aber unser Schicksal verdient ernsthafter behandelt zu werden.
> Da gibt es den Mythos von den achthundert Feuerwaffen; da gibt es den Mythos von einem Lager, das sich selbst befreite, und zwar vor dem Eintreffen der amerikanischen Kolonnen. Vor ihnen her marschierte ein Held (...). In Paris ist es ein Franzose, in Warschau ein Pole, in Deutschland ein Abgeordneter des künftigen Parlaments (...). Was all diese Behauptungen (wonach die Gefangenen das Lager selbst befreit haben sollen) Lügen straft, ist die Tatsache, daß es weder getötete noch verwundete Gefangene gab. [Dr. Odic wußte das, weil er nach der Befreiung sofort die Leitung der Krankenversorgung anvertraut bekam.] Die Menschenmenge, die den Amerikanern voran zum Wachturm stürmte, brauchte nicht zu kämpfen, denn der Turm [von dem aus die SS das Lager überwacht hatte] war verlassen, und das gleiche traf für die anderen Positionen der SS zu. Die SS wurde weder hinterrücks noch von der Seite her angegriffen (...). Ist es nötig, uns eine Rolle zuzuschreiben, die wir nie gespielt haben? Reichte denn nicht unser Hochgefühl befreit worden zu sein? (...) Die amerikanische Armee dringt in Thüringen ein. Sie rückt vor. Sie besetzt Buchenwald. Sie gibt den Tausenden von Gefangenen, die sie erlöst, das Recht zurück, Mensch zu sein.

Die Schuldfrage hängt eng zusammen mit der moralischen Frage. In einer Welt, die keinen Platz hat für moralische Wertvorstellungen, kann keine Schuld existieren. Professor Des Pres erklärt, daß »die besondere Bedeutung des Überlebenden darin bestehe, daß er der erste unter den zivilisierten Menschen ist, der über die kulturellen Zwänge hinauslebt«, und so ist dieser Mensch »Beweis dafür, daß Männer und Frauen heute stark genug, reif genug und wach genug sind, um dem Tod ohne Vermittlung entgegenzutreten und das Leben damit vorbehaltlos anzunehmen«. Nur ist es eben eine wohlbekannte Tatsache, daß diejenigen, die starken religiösen und moralischen Überzeugungen anhingen, mit dem KZ-Leben besser fertig wurden als alle anderen Gefangenen. Ihre Glaubensüberzeugungen, darin einbeschlossen ihr Glaube an ein Leben nach dem Tode, verliehen ihnen eine Widerstandskraft, die wesentlich stärker war als bei den meisten anderen. Die tief religiösen Gefangenen halfen einander wesentlich häufiger als die Durchschnittsgefangenen, ja manche unter ihnen opferten sich sogar freiwillig. So trat zum Beispiel der Franziskaner-Priester Maximilian Kolbe, der Rolf Hochhuth als Modell in dem Stück *Der Stellvertreter* diente, freiwillig an die Stelle eines Gefangenen, der sterben sollte. Pater Kolbe wurde getötet. Der Gefangene überlebte.

Die meisten Überlebenden werden von der Neuigkeit, daß sie »stark genug, reif genug und wach genug sind, um (...) das Leben vorbehaltlos anzunehmen«, sehr überrascht sein, denn nur ein erbarmenswert geringer Anteil der Leute, die in die deutschen Konzentrationslager kamen, überlebte. Wie aber steht es mit den vielen Millionen, die untergingen? Waren sie, als man sie in die Gaskammern trieb, »wach genug, um (...) das Leben vorbehaltlos anzunehmen«? Hätten sie nicht viel lieber eine »Vermittlung« gehabt, eine Brücke zwischen ihrer eigenen Person und dem Tod, eine Möglichkeit, um das Grauen ihres Sterbens ein wenig zu verringern? Und wie steht es mit den vielen Überlebenden, die an ihrer KZ-Erfahrung so total zerbrachen, daß selbst eine jahrelange hervorragende psychiatrische Behandlung nichts nutzte, um diese Menschen von ihren Erinnerungen zu befreien – Erinnerungen, die sie immer noch in ihrer tiefen und häufig suizidhaften Depression heimsuchen? Sind sie es, die »das Leben vorbehaltlos annehmen«? Verdienen die psychotischen Zusammenbrüche und die schweren Neurosen, unter denen viele Überlebende leiden, keine Aufmerksamkeit? Und wie steht es mit den schrecklichen Alpträumen über die Lager, die mich auch heute noch, fünfunddreißig Jahre später und trotz eines erfüllten Lebens, immer wieder aus dem Schlaf jagen, und die alle Überlebenden, die ich danach gefragt habe, ihr eigen nennen?

Hermann Langbein, dessen Auschwitz-Bericht unter den bislang veröffentlichten Darstellungen der umfassendste und vollständigste ist, faßt diesen Punkt folgendermaßen zusammen: »Auch wenn das Leben ehemaliger Auschwitz-Gefangener am Tage seinen normalen Gang geht, unterscheidet es sich doch von allen anderen Leben, denn was bleibt, ist die Nacht, sind die Träume.«[4] Hermann Langbein bringt Beispiel um Beispiel von solchen Überlebenden, die nach wie vor tief gestört sind. Man kann sich nur wundern über die Dreistigkeit, mit der Professor Des Pres von den Überlebenden spricht, die das Leben vorbehaltlos annehmen; vor allem dann, wenn man sich die vielen Menschen vor Augen führt, die wegen dem, was man in den Lagern ihren Eltern oder Kindern angetan hat, zu keinem normalen Leben mehr imstande sind. Und was ist mit den Überlebenden, die verstümmelt, kastriert oder sterilisiert wurden? Mit den Überlebenden, die sofort hilflos zu weinen beginnen, wenn man sie an die Lager erinnert? Mit den Kindern, die, auch wenn sie nur eine kurze Zeit im Lager verbrachten, einer jahrelangen psychiatrischen Behandlung bedurften, wobei es schließlich nur einige unter ihnen waren, die am Ende ihr Leben selbst bewältigten?

Die Behauptungen, die Des Pres aufstellt und wonach die Überlebenden ihr Leben damals vorbehaltlos akzeptiert haben und gelernt haben sollen, den rohen Anforderungen des Körpers entsprechend zu leben, diese Behauptungen sind ganz besonders verwirrend, weil Des Pres auch eingehend über solche Gefangene schreibt, die den anderen halfen – also über Gefangene, die normal handelten, obwohl sie dadurch ihr Leben riskierten. Obgleich Des Pres nachdrücklich auf das selbstlose Verhalten vieler Gefangener hinweist, wendet er sich gegen die Vorstellung, daß sich die Gefangenen schuldig fühlten, obwohl gerade solche Schuldgefühle einen starken Motor für moralisches Verhalten abgeben können – einen wesentlich stärkeren Motor als zum Beispiel die Angst davor, man könnte von anderen verurteilt werden. Des Pres behauptet, der Durchschnittsüberlebende sollte sich nicht schuldig fühlen und fühle sich auch nicht schuldig, da Schuld einer der signifikantesten »kulturellen Zwänge« sei – von denen aber, so Des Pres, habe sich der Überlebende befreit. Indem Des Pres behauptet, daß der Durchschnittsüberlebende nicht schuldig sei – doch niemand, der bei Sinnen ist, hat je behauptet, er *sei* schuldig –, verschleiert er die Frage, um die es hier wirklich geht: Es geht hier darum, daß der Überlebende als das vernunftbegabte Geschöpf, das er ist, genau weiß, daß er nicht schuldig ist, so wie ich selbst zum Beispiel weiß, daß ich nicht schuldig bin; das aber ändert nichts an der Tatsache, daß sich der Überlebende als Person und als fühlender Mensch schuldig fühlt, weil er sich schuldig fühlen muß. Das aber ist ein ganz entscheidender Aspekt der Problematik des Überlebens.

Man kann das Konzentrationslager nicht überleben, ohne sich schuldig zu fühlen, weil man dieses unglaubliche Glück hatte, während Millionen anderer Menschen – und das in vielen Fällen vor den eigenen Augen – untergingen. Robert Jay Lifton hat das gleiche Phänomen bei den Überlebenden von Hiroshima nachgewiesen, obwohl in diesem Fall die Katastrophe selbst nur kurze Zeit dauerte – die Folgen freilich sollten ein ganzes Leben lang dauern.[5] In den Lagern dagegen war man Tag um Tag (und das jahrelang) gezwungen, die Vernichtung anderer mitzuerleben, und man lebte stets in dem Bewußtsein, daß man – gegen die eigene bessere Einsicht – hätte eingreifen müssen. Doch da man das nicht getan hatte, fühlte man sich schuldig, und schuldig fühlte man sich vor allem auch deshalb, weil man froh war, noch einmal davongekommen zu sein, denn man wußte genau, daß einen nichts zu der Hoffnung berechtigte, man könnte selbst verschont werden. Hermann Langbein präsentiert eine ganze Menge Beweismaterial für die Schuldgefühle von Überlebenden, und diese Schuldgefühle kann jeder Psychiater bestätigen, der mit ehemaligen KZ-Häftlingen gearbeitet hat. Elie Wieseln, der von Professor Des Pres in anderen Zusammenhängen positiv zitiert wird, hat folgendes geschrieben: »Ich lebe und daher bin ich schuldig. Ich existiere noch, weil ein Freund, ein Kamerad, ein Unbekannter an meiner Stelle gestorben ist.« Lina Wertmüller, die Pasqualino als eine Person ins Bild setzt, die vor, während und nach dem KZ nicht die geringsten Schuldgefühle verspürt, raubt dem Überleben dieser Person jegliche Bedeutung. Und zugleich verfälscht sie auch das Bild, das sie von dem Überlebenden entwirft.

Professor Des Pres weist direkt darauf hin, daß wir durch das Überleben lernen, außerhalb der kulturellen Zwänge und gemäß den rohesten Anforderungen des Körpers zu leben. Der Film *Seven Beauties* versucht uns indirekt von der Richtigkeit dieses Standpunktes zu überzeugen. Gleich nach dem ersten Kennenlernen von Pasqualino und Francesco erleben die beiden die Ermordung einiger Juden, und dieses Erlebnis hat ein Gespräch über das Vorhandensein oder Nichtvorhandensein von Schuldgefühlen zur Folge, und eine Rückblende zeigt uns, wie Pasqualino Totonno ermordet. Danach erleben wir Pasqualino in Deutschland, wo ihm weder jener Judenmord noch die Erinnerung an Totonno den Appetit oder den guten Humor verdirbt. In einer vergnügten Szene dringt er in einem deutschen Wald in ein abgelegenes Haus ein, wo er Lebensmittel stiehlt und mit einer sprachlosen alten Frau herumschäkert. Er hat Hunger, und er gestattet es seinen Erinnerungen nicht, sein Vergnügen zu beeinträchtigen – er freut sich nicht nur über das Essen, sondern auch über die Tatsache, daß er wieder einmal jemanden übers Ohr gehauen hat.

Als er einen Teil der gestohlenen Lebensmittel zu Francesco mitbringt, werden die beiden von einer deutschen Patrouille erwischt. Gleich darauf

sehen wir Szenen des Grauens aus dem KZ: gehenkte Gefangene, Leichenhaufen, Gefangene, die zu den Gaskammern geschleppt werden, die Wachen, die an Bösartigkeit nur noch von ihrem weiblichen Kommandanten übertroffen werden. Pasqualino und Francesco werden nun von Pedro, dem Anarchisten, unterstützt, dessen Attentate auf Mussolini, Hitler und Salazar mißlungen sind, weil er Bomben bastelte, die nicht funktionierten; das wiederum läßt den Zuschauer vermuten, daß ein Mensch, der die Menschen liebt, beim Töten eine schlechte Figur macht, zumal ja Pedro selbst im Lager noch an den Menschen glaubt – an den neuen Menschen, der den Einklang mit sich selbst entdecken wird. Und Pasqualino, der Zeuge wird, wie um ihn herum die Gefangenen mißhandelt und ermordet werden, beschließt, um sich selbst zu retten, die Verführung der Lagerkommandantin – eine absurde Idee, wie es zunächst scheint.
Es folgt eine weitere Rückblende – aus dem Grauen des Konzentrationslagers werden wir wieder zurück nach Neapel versetzt, wo der Mafiaboß Don Raffaele Pasqualino befiehlt, die Leiche Totonnos fortzuschaffen. In einer zugleich makabren und komischen Szene zerstückelt Pasqualino den Körper, dann packt er die Körperteile in drei verschiedene Koffer, und der Versuch, diese Koffer loszuwerden, führt ebenfalls zu einigen komischen Szenen. Nun folgen sich komische und makabre Bilder in raschem Wechsel. Eine lustige Gerichtsverhandlung ist darunter, bei der Pasqualino von der Mordanklage freigesprochen und in die Irrenanstalt geschickt wird. Dort vergewaltigt er jene Frau, die – vermutlich wegen einer Schockbehandlung – festgeschnallt ist. Man ertappt ihn dabei, er wird selbst festgeschnallt und danach schockbehandelt. Anschließend wird ihm freigestellt, sich als Freiwilliger zur Armee zu melden. Froh nimmt er dieses Angebot an. Nun kehren wir wieder ins Konzentrationslager zurück, und es folgt das zentrale Ereignis, auf das der Film die ganze Zeit schon zusteuerte: die sexuelle Begegnung Pasqualinos und der Lagerkommandantin – eine überzeugende Demonstration dafür, wie weit Pasqualino zu gehen bereit ist, um sein eigenes Leben zu retten. Der Selbstmord Pedros und die Erschießung Francescos durch Pasqualino sind die unmittelbaren Folgen dessen, was sich zwischen der Lagerkommandantin und Pasqualino abgespielt hat.
Der Film ist voll von Andeutungen, die uns neugierig machen. Wir begegnen immer wieder Hinweisen auf reale und fiktive Situationen und Charaktere, und diese Hinweise erwecken den Eindruck, als könnten sie uns zu einem besseren Verständnis verhelfen und sie verleihen dem Geschehen auf der Leinwand eine größere Tiefe und lösen im Zuschauer starke Gefühle aus – aber was genau diese Andeutungen bedeuten sollen, das erfährt der Zuschauer nicht. So ist zum Beispiel die Lagerkommandantin jener Ilse

Koch nachgebildet, das war die berüchtigte Frau des ebenso berüchtigten Kommandanten von Buchenwald – ein Ehepaar, dessen Schandtaten sogar den Nazis zuviel waren, so daß sie die beiden vor Gericht stellten. Natürlich kann es in der Wirklichkeit niemals eine solche Lagerkommandantin gegeben haben, denn die Nazis sahen die Rollen von Mann und Frau in der Gesellschaft völlig anders verteilt. Ilse Kochs Möglichkeiten zu vernichten beruhten einzig und allein auf der unbegrenzten Machtbefugnis ihres Mannes als Lagerkommandant.

Im Gegensatz zu Ilse Koch ist die Lagerkommandantin in dem Film *Seven Beauties* offenbar eine sehr unglückliche Frau, eine Frau voller Gefühlstiefe, eine Kennerin auch der schönen Dinge des Lebens: mehrere Male entdecken wir in ihrem Zimmer ein berühmtes Gemälde an exponierter Stelle. Will der Film uns damit zeigen, daß sogar ein so abscheulicher Nazi unter seiner ganzen unglaublichen Brutalität ein guter Mensch sein konnte, ein Mensch mit ästhetischen Neigungen, der sich gern den schönen Dingen zugewandt hätte, anstatt seine verhaßte Pflicht zu tun – was uns zum Beispiel Rudolf Franz Höss, der Lagerkommandant von Auschwitz, glauben machen wollte? Verbirgt sich hinter der Tatsache, daß dieses Gemälde dem Zuschauer wiederholt vor Augen geführt wird, der Wunsch zu demonstrieren, daß gegen die Nazis genausoviel sprach wie für die Nazis? Oder soll der Film zeigen, daß in den Nazis Gut und Böse genauso vermengt waren wie in uns allen und daß wir keinen Grund haben, die Nazis für schlechter zu halten als die von ihnen Ermordeten? Oder will uns diese Szene daran erinnern, daß die Nazis die Kunst genauso wie die Menschen mißbrauchten, indem sie die großen Museen der Welt plünderten? Doch wenn dem so sein sollte, dann ist das Gemälde – Bronzinos *Venus, Cupido, Narrheit und Zeit* – falsch gewählt, denn gerade dieses Gemälde befand sich den ganzen Krieg über im Besitz der Londoner National Gallery. Dieses Werk ist mit Recht als ein großartiges und einzigartig schönes Kunstwerk bezeichnet worden. Es zeigt, wie Venus ihren Sohn Cupido verführt, damit er aus Liebe zu ihr Psyche, die Seele, zerstöre – so wie die Kommandantin Pasqualinos Seele zerstört, indem sie ihn zwingt, auf ihren Befehl hin zu töten. Oder wird diesem Gemälde eine solche Bedeutung eingeräumt, um uns daran zu erinnern, daß die Freuden der Liebe vergänglich sind und nur das Böse daran real ist? Eine der Gestalten dieses Gemäldes vermittelt uns das, was der Kunsthistoriker Panofsky als »das Symbol einer pervertierten Doppelzüngigkeit« beschreibt, »wie es ausgefallener von noch keinem Künstler geschaffen wurde«.[6] Das Gemälde von Bronzino ist in vieler Hinsicht ein Werk voller trügerischer Doppelzüngigkeit, und das gleiche gilt für das, was sich zwischen Pasqualino und der Lagerkommandantin abspielt. Ist das der

Punkt, auf den die Filmszenen mit diesem Gemälde hinauswollen? Es besteht, so meinen wir, nicht der geringste Zweifel daran, daß Pasqualino und die Lagerkommandantin in ihrem Handeln voller Doppelzüngigkeit sind; aber um das zu sehen, brauchen wir dieses Gemälde nicht. Oder ist die zugrunde liegende Absicht einfach die, darauf hinzuweisen, daß zum Überleben nicht nur Vergewaltigung, Unzucht und die Ermordung anderer, sondern auch eine extreme Doppelzüngigkeit erforderlich sind?

Eine weitere Anspielung in dem Film besteht darin, daß die Lagerkommandantin einmal eine Pose einnimmt, wie wir sie von Marlene Dietrich im *Blauen Engel* kennen. Dieser deutsche Film, der 1930 herauskam, war auf seine Weise eine Voraussage der Zerstörung Deutschlands. Ist es das, worauf uns die Pose der Lagerleiterin hinweisen möchte? Oder ist es die Tatsache, daß auch im *Blauen Engel* eine Frau einen Mann zerstört – einen Mann, der nichts taugt, aber an »Ehre« und »Ansehen« glaubt?

In diesem Film brauchte man – mochte der Eindruck auch noch so unwahrscheinlich sein – einen weiblichen Lagerkommandanten, denn nur so konnte der Film seine essentielle Aussage zur Problematik des Überlebens vorbringen. Zwar ist es richtig, daß es ohne Sexualität kein Überleben gibt. Doch wenn der Mensch, nur um zu überleben, sexuell mit einem Partner verkehrt, den er verabscheut, und wenn dieser Verkehr gleichzeitig die schlimmste Herabwürdigung der eigenen Person und die schlimmste Ausbeutung des Sexualpartners ist, dann ist ein solches Überleben völlig wertlos. Der Film *Seven Beauties* bereitet den Zuschauer langsam aber sicher auf den Gesichtspunkt vor, der in der Sexualität vor allem den Ausbeutungscharakter sieht – denn was wir bis jetzt in diesem Film in punkto Sexualität gesehen haben, hat sich nur unter diesem Gesichtspunkt abgespielt. Pasqualinos Schwester wurde sexuell von dem Zuhälter Totonno ausgebeutet. Pasqualino aber beutet das sexuelle Mißgeschick seiner Schwester aus, um sich ein Ansehen zu verschaffen; was ihn freilich in diesem Zusammenhang interessiert, ist nicht seine Schwester, sondern nur seine sogenannte »Ehre«. Pasqualinos Schwester beutet die Sexualität anderer aus, um Pasqualinos Anwalt bezahlen zu können. Pasqualino selbst beutet die Sexualität einer festgeschnallten geistesgestörten Patientin aus. Und somit verwundert es kaum, wenn er im Lager – in Übereinstimmung mit seinem früheren Leben – zu der Überzeugung gelangt, daß seine einzige Überlebenschance in der Ausbeutung eigener oder fremder Sexualität bestehen müsse. Er tut so, als liebe er die Lagerkommandantin, obwohl er sie haßt und fürchtet.

Die Lagerkommandantin ihrerseits erkennt, daß sie diesen Mann, den sie zutiefst verabscheut, dadurch, daß sie ihn sexuell ausbeutet, als Mann wie als Menschen wesentlich effektiver zerstören kann, als wenn sie ihn einfach tötete. Die SS-Männer waren zwar gemein, aber dumm waren sie nicht. Sie wußten, daß die Gefangenen sie haßten und nur den Wunsch hatten, sie umzubringen. Kein Offizier und schon gar kein Lagerkommandant konnte auch nur einen Augenblick lang glauben, daß ein Gefangener ihn lieben könne. Die Lagerkommandantin sagt zu Pasqualino: »Dein Lebenshunger widert mich an. Deine Liebe widert mich an. In Paris hat ein Grieche es mit einer Gans getrieben; das hat er getan, um zu essen, zu leben.« Und etwas später sagt sie zu ihm: »Du hast die Kraft zu einer Erektion gehabt. Deshalb wirst du überleben und am Ende gewinnen.« Diese Erektion, die nur durch den Wunsch zu überleben zustande gekommen ist, wird in dem Film *Seven Beauties* nicht nur zu einem Mittel des Überlebens, sondern zu einem Symbol der Problematik des Überlebens überhaupt.

Im Einklang mit den rohen körperlichen Anforderungen zu leben, das ist es, was das Leben lebenswert oder zumindest das Überleben möglich macht – so lautet die Lektion, die wir durch Pasqualinos Geschichte erteilt bekommen. Er überlebt, weil er einen Geschlechtsverkehr zustande bringt und weil er tötet – dabei mordet er auf die indirekte Weise, indem er die sechs willkürlich ausgesuchten Todeskandidaten ausliefert, und auf die direkte Weise mordet er, indem er Francesco erschießt. Er überlebt dadurch, daß er diese Taten begeht, doch sind es im Grunde nicht die KZ-Bedingungen, durch die er sich zu diesen Taten gezwungen sieht: Pasqualino hat schon vor dem KZ ein Leben in diese Richtung geführt – er hat Totonno bedenkenlos umgebracht, nur um auch weiterhin bei Don Raffaele in Gunst und Gnaden zu stehen, und er hat genüßlich eine Nervenkranke vergewaltigt, die sich wehrte so gut es nur ging. Was ihn zu diesen Verbrechen veranlaßte, war also nicht nur, daß er um sein Leben bangte; das Prinzip, das die ganze Zeit sein Handeln bestimmte, bestand nicht zuletzt auch in dem Wunsch, seinen rohesten körperlichen Bedürfnissen zu genügen – und das auf Kosten der anderen.

In diesem Punkt wird der Film in gewisser Hinsicht der KZ-Realität gerecht: die Gefangenen begannen sich in den Lagern nicht plötzlich völlig anders zu verhalten als in der Freiheit davor. Die extremen Lebensbedingungen bewirkten, daß sich die Wertvorstellungen, nach denen die Gefangenen bislang gelebt hatten, auf eine übertriebene Weise äußerten, doch eine Veränderung dieser Vorstellungen fand selten statt. Der Gefangene war gezwungen, Dinge zu tun, die er normalerweise nicht getan hätte, doch waren seinem Verhalten stets gewisse Grenzen gezogen, die durch frühere Verhaltensmuster bedingt waren. Der unmoralische Mensch benahm sich in den meisten Fällen genauso unmoralisch oder noch schlimmer als früher.

Anständige Menschen versuchten anständig zu bleiben – soweit das eben möglich war. Hier liegt der Grund, weshalb Pedro in dem Film auch weiterhin für menschliche Freiheit und Würde kämpft, obwohl ihn dieser Kampf am Schluß das Leben kostet, und weshalb Francesco auch weiterhin nein sagt und so zu seinem Standpunkt steht, den er bereits vor dem KZ vertreten hat – und das wiederum führt dazu, daß er von Pasqualino, der niemals nein sagt, ganz gleich, welche Folgen sich daraus ergeben, umgebracht wird. Pasqualinos Erfahrungen scheinen die Erkenntnis zu beinhalten, daß der Mensch nur durch und für die Sexualität lebt. Freilich ist diese Sexualität, für die er den ganzen Film hindurch lebt, eine ausschließlich häßliche Sexualität – eine Sexualität, die nur die rohe körperliche Befriedigung kennt. Liebe, Achtung oder Zärtlichkeit für den Partner gibt es nicht. Im Gegenteil: Concettina zum Beispiel, die zur Hure wird, ist widerlich in ihrer Häßlichkeit; und ihre Liebe für Totonno alles andere als bezaubernd. Wir erleben zweimal, wie Pasqualino eine Frau sexuell benutzt, ohne sich um ihre Gefühle zu kümmern, und wir sehen, wie er von der Lagerkommandantin zutiefst verachtet wird.

Indem der Film wahrheitsgemäß beschreibt, wie die Leute unter KZ-Bedingungen sich mehr oder minder gleich bleiben und indem er gleichzeitig die Todeslager in ihrer ganzen Grausamkeit, Brutalität und Abscheulichkeit zeigt, um gleich darauf das Leben außerhalb des Lagers als genauso grausig, brutal und abscheulich darzustellen, arbeitet er mit dem Argument, wonach es keinen Grund geben soll, sich über die KZ-Welt oder die Nazis und Faschisten besonders aufzuregen, denn alles in allem gesehen besteht kaum ein Unterschied zwischen dem alltäglichen Leben und einem Völkermord. Mord und Vergewaltigung sind allgegenwärtig, und selbst wenn jemand wegen eines Mordes vor Gericht gestellt wird, ist diese Gerichtsverhandlung nichts als eine Farce – Pasqualinos Prozeß ist das beste Beispiel dafür. Indem der Film das Leben im Konzentrationslager genauso verurteilt wie das Leben außerhalb, impliziert er, daß es keinen Grund gibt, um die totalitäre Welt des KZ zu verdammen – denn diese Welt hat genausoviel oder genausowenig Existenzberechtigung wie die Welt außerhalb. Die erschreckende Herabwürdigung des Lebens überhaupt, sei es nun innerhalb- oder außerhalb des Konzentrationslagers, ist ein Effekt dieses Filmes, der durch eine unglaublich clevere und wirksame Manipulation unserer Gefühle erzielt wird. Nach dem Beginn des Films mit seiner Wochenschau über den Faschismus und den Krieg und seinem Begleitsong werden wir in eine rapide Abfolge von Szenen hineingezogen, die es uns dadurch, daß sie übergangslos voraneilen, nicht erlauben, uns emotional umzustellen. Die grausigsten Aspekte der Realität werden meisterhaft in Bilder um-

gesetzt, doch folgen ihnen sofort völlig andersgeartete Szenen, die zwar die schrecklichen Bilder davor nicht aufheben, aber unsere emotionale Reaktion in eine völlig entgegengesetzte Richtung lenken. Die vielen Rückblenden und die jeweils sich anschließende Rückkehr in die Gegenwart machen ein solches Fluktuieren möglich. Wir erleben das Grauen, es folgt eine unglaublich komische Szene, die wiederum Anlaß zu einer Darstellung voller Brutalität wird, und diese Darstellung mündet in eine Farce. Durch diese Verfahrensweise liefert das Grauen den Hintergrund für die komischen Szenen, während die komischen Szenen zwar nicht das Grauen selbst, aber seine emotionalen Auswirkungen auslöschen. Die Folge ist, daß das Grauen die Wirksamkeit der komischen Szenen noch verstärkt. Eine so geschwinde Manipulation unserer Emotionen führt dazu, daß wir unsere emotionalen Reaktionen auf das Geschehen auf der Leinwand nicht mehr ernst nehmen können, obwohl wir natürlich fortfahren zu reagieren; aber die Szenenwechsel sind eben zu rasch, zu häufig, zu radikal. Der Film bewirkt, daß wir kein Ereignis und keine Situation, die er beschreibt, wirklich ernst nehmen – selbst dann nicht, wenn es sich um Darstellungen handelt, die uns in der Regel tief empören oder stark betroffen machen würden.
So muß sich zum Beispiel Pasqualino mit dem Problem herumschlagen, den Leichnam des von ihm umgebrachten Totonno zu beseitigen. Don Raffaele gibt ihm einige Ratschläge. Und er erklärt ihm mit schwülstigen Worten, daß Neapel das Land der Imagination sei – was uns an Mussolinis Äußerungen über die Italiener erinnert. Um die Ähnlichkeit mit Mussolini noch zu unterstreichen, zeigt der Film diesen Don Raffaele vor dem Hintergrund einer bombastischen Skulptur. Mit übertriebenem Mafioso-Stolz erzählt Don Raffaele dem Pasqualino, daß die Neapolitaner die Zementschuhe erfanden und daß die in Chicago oder New York fabrizierten nichts als billige Imitationen seien; daß die Neapolitaner den Sarg mit Übergröße erfunden hätten, damit bei der Beerdigung keiner wisse, wieviele Tote nun genau bestattet würden. Es folgt eine komische Szene, in der ein Toter in einen Sarg gelegt werden soll, der bereits überfüllt ist. Don Raffaele berichtet Pasqualino von einem alten Beinhaus, wo etwa fünfhundert Skelette herumgelegen hätten, aber mittlerweile seien es an die fünftausend – und wir sehen, wie zu den alten Skeletten neue hinzukommen. Dieser ganze Ablauf ist zugleich makaber und voller Komik, und das wiederum ist auf das Comicstrip-Verfahren zurückzuführen, mit dessen Hilfe diese grotesken Ideen in Bilder umgesetzt werden.
Die eben beschriebene komische Szene verwässert unsere spätere Reaktion auf die KZ-Szene, in der nackte Leichen von Gefangenen aufeinandergeschichtet werden. Und da wir nun soweit sind und das Ganze als eine Farce

akzeptieren, empfinden wir auch dann noch das Vergnügen, das uns die Beinhausszene bereitete, wenn wir längst bei der Ermordung von Gefangenen im KZ sind. So sind wir durch die eine Szene in die andere hineinverführt worden, und da wir uns nun einmal auf den schwarzen Humor gegenüber aufgeschichteten Skeletten eingelassen haben, fällt es uns schwer, nun plötzlich auf den heftigen Abscheu umzuschalten, den wir normalerweise und ohne solch ein komisches Vorspiel beim Anblick von KZ-Leichen empfinden würden. Und wenn wir jetzt doch Abscheu bei dieser Szene empfinden, beginnen wir unseren Gefühlen zu mißtrauen, denn wir erkennen, daß unser Amüsement von eben völlig deplaziert war. Aber wenn dem so ist, wie können wir dann unserem Abscheu vertrauen? Kann er sich nicht ebenfalls als eine falsche Reaktion herausstellen?

Dieses Verwirrspiel würde nicht so gut funktionieren, wenn es nur einmal passierte, aber der ganze Film ist voll davon – und zwar so voll, wie mir vermutlich gar nicht mehr erinnerlich ist, da ich den Film lediglich zweimal gesehen habe. Dieses Verfahren wird von der Regisseuse bei allen wichtigen Szenen dieses Films benutzt – so zum Beispiel auch bei der Ermordung Totonnos durch Pasqualino. Wir empfinden keine Sympathie für Totonno, der versprach, Concettina zu heiraten und eine Künstlerin aus ihr zu machen und sie statt dessen als eine Hure ins Freudenhaus schickte. Sein anmaßendes, arrogantes Auftreten hat uns ebenfalls gegen ihn eingenommen. Daher läßt uns seine Ermordung gleichgültig, und wir erleben die Szenen als komisch, in denen der Leichnam zerstückelt und in drei Koffer verpackt wird, in denen der Hund eines Blinden die Koffer anbellt und beschnüffelt und in denen die Koffer zum Bahnhof geschafft und als »Warenladung mit Provolone« deklariert werden. So sind wir nun zu einer Einstellung gegenüber dem Mord gelangt, die wir als völlig falsch erkennen, wenn wir die Ermordung von KZ-Häftlingen miterleben. Aber wie können wir unsere Einstellung und die damit verbundenen Gefühle so rasch ändern und was kann dabei an authentischer Erfahrung herauskommen?

Was auf die beeindruckendsten Szenen dieses Filmes zutrifft, trifft auch auf die wichtigsten Personen zu. Obwohl wir um unsere Fehleinschätzung wissen, können wir nicht umhin, für Pasqualino einige Sympathie zu entwikkeln, zumal dieser einen ganz hervorragenden Darsteller in Giancarlo Giannini gefunden hat, der den prototypischen »kleinen Mann« spielt, der sich im Faschismus als Faschist, im Kommunismus als Kommunist und in der Demokratie als Demokrat gebärdet. Doch handelt es sich bei diesem Porträt vom kleinen Mann, das uns der Film vermittelt, um eine Lüge. Der typische kleine Mann vergewaltigt keine wehrlose Kranke noch bringt er seinen besten Freund um – im Faschismus nicht, im Kommunismus nicht

und in der Demokratie auch nicht. Der kleine Mann und Durchschnittsmensch käme nicht auf die Idee, sich um einen Geschlechtsverkehr und eine Erektion bei einer ganz und gar widerlichen Frau zu bemühen, auch dann nicht, wenn sein Leben auf dem Spiel stünde; das heißt, er käme nur dann auf diese Idee, wenn er nicht nur eine mittelmäßige Erscheinung, sondern darüberhinaus auch noch eine ausgemachte Kanaille wie Pasqualino wäre. Der typische kleine Mann ist eine banale Erscheinung, und es gibt nur wenige Vertreter dieser Kategorie, die zugleich auch böse und bösartig sind. Im Gegensatz zu einer weitverbreiteten Ansicht ist das Böse weder romantisch noch tragisch; es ist in der Regel lediglich banal. Doch weil das Böse gewöhnlich ebenso banal ist wie der kleine Mann, kann die Folgerung doch nicht sein, daß der kleine Mann aufgrund seiner Banalität böse wird – das aber möchte uns der Film glauben machen. Er sieht den Durchschnittsmenschen mit der arroganten Überlegenheit des Intellektuellen.
Wenn man die Überzeugungskraft von Gianninis Schauspielkunst und die gekonnte *mise en scène* abzieht, bleibt ein Pasqualino zurück, der schlicht und einfach ein schlechter Mensch ist, und dessen Schlechtigkeit durch seine Banalität und Kleinkariertheit keineswegs aufgehoben wird. Auch ist er ein Langweiler, dem es kaum gelingt, diesen Zug hinter einem glattzüngigen Redefluß zu verbergen. Er ist ein maulfrommer Neapolitaner, dessen Wortschatz nur aus Plattitüden besteht. Er hat nur eines im Kopf: wie er andere ausnutzen und aus jeder Gelegenheit Profit für sich selbst schlagen könnte; die wesentlichen Folgen, die seine Handlungen am Ende für andere, ja selbst für ihn selbst haben könnten, berühren ihn nicht. Er ist unfähig, jemand anderen außer sich selbst zu lieben, und sich selbst liebt er auch nicht sonderlich. Wenn er auf das Böse mit echtem Format stößt, reagiert er völlig verständnislos; so sieht er zum Beispiel die Lagerkommandantin als ein kleines Luder wie er selbst eines ist, als ein Luder, das er mit seinen primitivsten Tricks zu verführen hofft. So aber kommt es, daß wir diesen Mann einmal gut leiden mögen und ein andermal verachten; die Folge ist, daß wir wieder in dem Gefühl leben, wir dürften unseren Reaktionen nicht trauen, und so kommt es, daß wir uns am Schluß dem überlassen, was uns der Film glauben machen möchte.
Wenn wir Pasqualino zum ersten Mal auf der Leinwand sehen, finden wir ihn ziemlich sympathisch, und wir entdecken erst später, was für ein ausgekochter Bursche er ist. Wer dagegen sogleich unseren Abscheu erregt, ist die Lagerkommandantin, Herrin über eine Schar mordgieriger Wachen und scharfer Hunde, ein weiblicher gnadenloser und sadistischer Killer. Je häufiger wir Pasqualino begegnen, desto leerer kommt er uns als Mensch vor, während auf die Lagerkommandantin das Gegenteil zutrifft. Je mehr

sie sich der Grenze nähert, wo sie wieder Frau werden könnte, desto grotesker wirken diese Fleischmassen, aber auch desto menschlicher; dabei offenbart sie auch noch eine gewisse Gefühlstiefe, ganz hervorragend interpretiert von Shirley Stoler. Shirley Stoler zeigt, wie diese Frau nicht nur in ihrem Körper gefangensitzt, sondern auch in ihren Gefühlen und wie sie darunter leidet. Der Abscheu, den sie für Pasqualino und seine Liebesschwüre empfindet – von denen sie übrigens, wissend, wie häßlich sie ist, kein Wort glaubt – dieser Abscheu ist nur ein kleiner Reflex ihres Abscheus vor sich selbst. Wenn es sich bei ihr um einen realen Menschen handelte, könnte man glauben, daß sie sich durch den ständigen Anblick von Bronzinos Gemälde, auf dem Venus die Schönheit selbst ist, immer wieder vor Augen führen möchte, wie häßlich sie ist. Wir sehen sie Champagner trinken und wir haben den Eindruck , daß sie nicht trinkt, um das, was sie den Gefangenen antut, zu vergessen, sondern daß sie trinkt, um ihr Wissen darüber zu betäuben, daß sie als Frau eine Null ist. Wenn sie Pasqualino mit einem Mann vergleicht, der, um sich etwas Geld zu verdienen, mit einer Gans sexuell verkehrt, so meint sie sich selbst mit diesem Vergleich. Wenn sie erklärt, daß Pasqualino, weil er eine Erektion bewerkstelligte, überleben und am Ende gewinnen wird, während sie selbst verdammt ist, ihre Träume unerfüllbar sind, impliziert sie, daß sie – im Gegensatz zu Pasqualino – unfähig ist, Geschlechtsverkehr ohne die entsprechenden Gefühle zu haben, und da sie sich bewußt ist, daß kein Mann zu einer solchen Beziehung mit ihr imstande ist, fühlt sie sich doppelt verloren.

Die Folge von alledem ist, daß es – obwohl diese Frau als Lagerkommandantin unseren ganzen Abscheu erweckt – immer wieder Augenblicke gibt, in denen wir Sympathie für dieses Geschöpf empfinden, so sehr gefangen sitzt es in seinem verhaßten Selbst – genauso gefangen, wie es in seiner Uniform und in seiner Rolle als Killer zu sitzen scheint. Wir entdecken zusehends, daß ihre Gefühlskälte gegenüber den Gefangenen lediglich ein Reflex der Tatsache ist, daß ihre eigenen Gefühle sich selbst gegenüber völlig erkaltet sind. Sie hat ihre eigenen menschlichen Gefühle abgetötet, um durch die Entdeckung, wie häßlich und un-liebenswert sie doch ist, nicht zerstört zu werden.

Doch stellt dieses Porträt von einer KZ-Kommandantin genau dieselbe Lüge dar wie das Porträt von Pasqualino, der gelegentlich als ein charmanter und permanent als ein völlig unbedeutender kleiner Mann hingestellt wird. Wenn es etwas gab, was die Leiter der KZs charakterisierte, so war es ihre Unfähigkeit, über sich selbst nachzudenken und sich als das zu sehen, was sie tatsächlich waren. Hätten sie sich so erkennen können, wie sie wirklich waren – eine Erkenntnis, zu der die Lagerkommandantin in dem Film offensichtlich imstande ist – hätten sie ihr Tun augenblicks einstellen müssen. In Wirklichkeit waren die KZ-Kommandanten von der Wichtigkeit ihrer Arbeit fest überzeugt – was einem unglaublich vorkommen mag, wenn man bedenkt, worin diese Arbeit bestand. Und sie fühlten sich schon gar nicht verloren oder dem Untergang geweiht – das taten sie erst, als die Truppen der Alliierten die Lager erreichten. In der Tat war es so, daß sie, weit davon entfernt, sich in irgendeiner Weise dem Untergang geweiht zu fühlen, wesentlich mehr Entschlossenheit und Einfallsreichtum im Hinblick aufs Überleben an den Tag legten als zum Beispiel Pasqualino. Wie sonst hätten sich so viele unter ihnen der Verhaftung entziehen und in einem entlegenen lateinamerikanischen Land oder sogar bei sich selbst zu Hause, in Deutschland oder Österreich, untertauchen können? Wenn es darum geht, koste es was es wolle, am Leben zu bleiben, dann sind es nicht die Pasqualinos dieser Welt, sondern die einstigen SS-Männer, die den Preis davontragen.

Auch wenn wir selbst nichts über die Konzentrationslager wüßten und erst durch diesen Film *Seven Beauties* Bekanntschaft mit ihnen gemacht hätten, hätten wir den sicheren Eindruck, daß das Porträt dieses weiblichen Kommandanten, obwohl überzeugend gezeichnet, nicht stimmen kann. Denn ein Mensch, der so viel Einblick in die eigene Person hat, wäre unfähig, sich gegenüber den Gefangenen so zu verhalten, wie es diese Kommandantin im Film tut. So aber kommt es, daß dieser Film unsere Gefühle auch im Hinblick auf diese Person verwirrt. Insgesamt ist festzustellen, daß, wer der Story dieses Films nicht total mißtraut – und nach den Kritikern zu schließen, ist ein solches Mißtrauen selten – daß der also seinen eigenen Gefühlen zu mißtrauen beginnt und das, was dieser Film als Wahrheit offeriert, akzeptiert.

Wer sich über diesen Film, wenn er ihn gesehen hat, Gedanken macht, mag in bezug auf die Art und Weise, wie seine Emotionen manipuliert wurden, seine starken Vorbehalte anmelden. Trotzdem wird er nicht umhin können, die großartige künstlerische Leistung zu bewundern, mit der dieser Film im Handumdrehen die Gefühle des Zuschauers in Bann zieht und zur Ambivalenz hinsteuert, indem selbst die Abscheulichkeiten noch Grund zum Lachen geben. So besteht zum Beispiel eine Ähnlichkeit zwischen der Art, wie die Lagerkommandantin Pasqualino und wie Pasqualino früher jene Patientin in der Nervenklinik vergewaltigt, denn diese Patientin fühlte sich gegenüber Pasqualino, festgeschnallt wie sie war, genauso hilflos, wie sich Pasqualino später gegenüber der Lagerkommandantin fühlte. Beide Szenen sind eklig, besitzen aber ihre eindeutig komischen Aspekte, Aspekte, die in der ersten Vergewaltigungsszene derart ausgeprägt sind, daß wir, wenn wir die zweite Szene erleben, noch unsere Reaktionen auf die erste Szene nachwirken fühlen. Diese beiden Vergewaltigungsszenen, von denen sich die eine außerhalb, die andere innerhalb des Lagers abspielt, bilden einen Teil des Standpunktes von Frau Wertmüller, wonach es zwischen der normalen Welt und der KZ-Welt enge Parallelen geben muß – ein Vergleich, der einen zu dem Gedanken verführt, daß das Leben in den Lagern nichts Außergewöhnliches war. Wenn dem jedoch so gewesen wäre, dann hätten wir damals mit dem KZ leben können und könnten wir uns heute mit unseren KZ-Erinnerungen gemütlich zur Ruhe setzen – das aber würde bedeuten, daß wir die Art, wie wir uns selbst und wie wir die Welt sahen, nicht hätten radikal ändern müssen, weil es die KZs gab und weil es sie immer noch gibt.

In dem Film hebt die eine Vergewaltigungsszene die andere auf, obwohl Lina Wertmüller ihre Ähnlichkeit unterstreicht. So hebt zum Beispiel Pasqualino, bevor er jene Patientin vergewaltigt, deren Nachthemd hoch, um – sexuell erregt, wie er ist – ihre Genitalien zu betrachten; diese winzige Szene ist schrecklich und komisch zugleich, doch vermittelt sie uns auch einen Eindruck von der Vitalität dieses Mannes und von der Stärke seiner sexuellen Begierde. Und bevor die Lagerkommandantin sexuell mit Pasqualino verkehrt – ein Akt, der, angesichts der unterschiedlichen Größe und Kraft der beiden Beteiligten, an ein gewaltiges, gefühlloses Tierweibchen erinnert, das sich mit einem winzigen Männchen vereinigt, um dieses anschließend zu vernichten – hebt sie dessen Jackett hoch, um die Genitalien ihres Opfers zu mustern, eine Geste, der wir, wie gesagt, schon einmal begegneten. Doch die Lagerkommandantin tut dies voller Ekel und offenbar mit dem Gefühl, letztlich zum Untergang verurteilt zu sein – also genau mit der entgegengesetzten Einstellung, die die Vitalität und Sexualität Pasqualinos ausmachen. Dieses Detail – ein Kleidungsstück lüpfen und die Genitalien des Partners mustern – bindet die beiden Szenen im gleichen Maße zusammen wie es sie als Gegensätze erscheinen läßt. So aber kommt es, daß diese beiden Szenen einander zugleich verstärken und aufheben. Was wir eben noch als komisch erlebt haben, erleben wir nun als deprimierend. Auch in diesem Fall können wir nicht auf unsere Gefühle vertrauen; sie haben uns in die Irre geführt.

Sogar der Tod von Pedro und Francesco hat seine komischen Seiten. Pedro, der die Entwürdigung des Menschen im Lager und den Verrat seiner Mitgefangenen (das heißt Pasqualinos Verrat, der die Gruppe von Gefangenen aussuchte, die umgebracht werden sollten) nicht mehr erträgt, springt in die offene Jauchegrube der Latrine, während andere Gefangene gerade defäkieren. Aber sein Tod hat auch, so wie er uns dargestellt wird, etwas Befreiendes, ja fast schon etwas Fröhliches, denn zu brüllen: »Kameraden, ich geh in die Scheiße!«, um anschließend in den Fäkalien zu ersticken, eine solche Szene besitzt in der Tat eine komische Qualität, die beinahe genauso stark ist wie das Makabre dieser Szene. Diese komische Qualität entzieht sich freilich jenen Gefangenen, die – wie ich – selbst miterlebt haben, wie KZ-Häftlinge auf diese Weise ums Leben gekommen sind; allerdings nicht, weil sie Selbstmord begingen, sondern weil sie von SS-Männern in die Latrine hinuntergestoßen wurden, wo sie dann erstickten.

Es ist einfach widerlich, wenn man etwa dreißig Jahre später miterleben muß, wie die abscheulichste und entwürdigendste Ermordung in einen Akt der Befreiung umgemünzt wird – wie ein so schändlicher Tod ins Komische verzerrt wird. Selbstmorde in den Lagern waren häufig und leicht zu bewerkstelligen. Alles, was man tun mußte, um sich das Leben zu nehmen, war, seine unablässigen Bemühungen um das eigene Überleben aufzugeben. Man konnte in den elektrisch geladenen Lagerzaun laufen, was fast immer den sofortigen Tod bedeutete, und wenn das nicht der Fall war, dann waren es die Wachposten auf den Türmen, die jeden erschossen, von dem sie glaubten, er habe die Absicht zu fliehen. Auch Francesco rebelliert – einerseits aufgrund der widerlichen Tatsache, daß Pasqualino andere Gefangene geopfert hat, um selbst zu überleben und zum Kapo ernannt zu werden, und andererseits aufgrund von Pedros Reaktion, der sich seine menschliche Würde nicht nehmen lassen wollte. Pasqualino bekommt eine Feuerwaffe und den Befehl, Francesco zu erschießen. Er zögert zunächst, aber schließlich, als ihn Francesco darum bittet und meint, er würde sich sonst defäkierend besudeln, erschießt er diesen doch. Jemanden zu bitten, er möge einen doch erschießen, damit man die eigene Hose nicht besudelt, eine solche Szene weist zwar auch moralische Untertöne auf, aber komisch ist sie trotzdem. Nur daß eben auf diese Weise die tragischsten Versuche, sich die eigene Menschenwürde zu erhalten und dafür sogar mit dem eigenen Leben zu bezahlen, zu Szenen degradiert werden, in denen einer in die Jauchegrube springt, während ein anderer auf eine komische Weise eine Selbstbesudelung vermeiden möchte.

Diese Szene entspricht – wie beinahe alles in diesem Film – ganz und gar nicht der KZ-Realität. Kein SS-Mann wäre so dumm gewesen, einem Gefangenen eine geladene Waffe zu überlassen, damit dieser einen Mitgefangenen erschießt. Jeder SS-Mann wußte, daß eine solche Handlung sein eigenes Todesurteil und vermutlich auch das Todesurteil von anderen SS-Männern bedeutet hätte. Denn ein Gefangener, der sich von der SS eine Waffe geben ließ, um einen Freund zu töten, hätte ganz genau gewußt, daß

er diese Situation nicht überleben würde, und da er somit sicher war, daß man ihn umbringen würde, hätte er sich gewiß entschlossen, einige SS-Männer mit sich in den Tod zu nehmen, und das hätte er dann auch getan. Doch erweist sich diese Verzerrung der KZ-Realität als gering, wenn man sie mit jener schiefen Perspektive vergleicht, die uns Pasqualino als einen Menschen vorführt, dem das Überleben nicht zuletzt deshalb gelingt, weil er einen Teil seiner Mitgefangenen willkürlich in den Tod schickt und auch noch seinen besten Freund umbringt. Ein Pasqualino hätte in der KZ-Wirklichkeit dadurch, daß ihm eine Erektion gelang oder daß er unter einer Decke mit dem Kommandanten steckte, gewiß nicht überlebt. Solches Verhalten hätte ihm keinen Vorteil eingebracht – höchstens einen Aufschub, so wie die vielen Sonderkommandos einen Aufschub eingeräumt bekamen. Diese Kommandos führten die Befehle der SS aus und arbeiteten in den Gaskammern und Krematorien, und nach jeweils etwa vier Monaten wurden sie alle von der SS umgebracht.
Der Pasqualino, dem wir in unserem Film begegnen, hätte nach seinem Rendezvous mit der Kommandantin und nach seiner »Beförderung« in einem wirklichen KZ nur einige Tage überlebt. Hätte sich die SS nicht um ihn gekümmert, die Gefangenen hätten sich seiner angenommen: ein Kapo, der keine moralischen, menschlichen oder politischen Überzeugungen hatte und der nicht zögerte, Mitgefangene in den Tod zu schicken, ja der sogar selbst einen Mitgefangenen umbrachte, ein solcher Kapo war für die übrigen Gefangenen viel zu gefährlich, als daß sie ihn am Leben hätten lassen dürfen. Um nur einen Zeugen (er heißt Langbein) zu zitieren: »Wurde ein Gefangener zum Kollaborateur der SS, so durfte er sich auf die gnadenlose Rache seiner Mitgefangenen gefaßt machen.« Nichts in dem Film vermittelt jedoch den Eindruck, daß diese Kommandantin Pasqualino, der in ihren Augen ein »Wurm« war, vor der Wut und den Vergeltungswünschen seiner Mitgefangenen geschützt hätte.
Während es für die Gefangenen praktisch unmöglich war, das Leben eines Mitgefangenen zu schützen, war es unglaublich einfach, einen Mitgefangenen umzubringen. Es gab zahllose Möglichkeiten, einen solchen Gefangenen für immer loszuwerden, und die einfachste war, ihn bei der SS zu denunzieren. Sogar ein Kapo mußte daran glauben, wenn er sich nicht an die Regeln hielt, und wenn man ihn denunzierte, so wurde auch er in den meisten Fällen umgebracht. Auch gab es immer Eifersüchteleien innerhalb der SS. Wurde ein Gefangener von einem SS-Mann bevorzugt, so war er dadurch noch lange nicht Liebkind bei den anderen SS-Männern, ganz im Gegenteil: ein begünstigter Gefangener, der bei einem SS-Mann, welcher den begünstigenden SS-Mann nicht mochte, denunziert wurde, wurde – wie es

im Lager-Jargon hieß, »fertiggemacht«. Es gab noch viele andere Wege, um sich eines Gefangenen, der seine Mitgefangenen verraten hatte, zu entledigen. So konnte er zum Beispiel in der Nacht, wenn seine Chancen 100 zu 1 standen, umgebracht werden. In einem solchen Fall ignorierte die SS, selbst wenn der Mann ein Günstling war, den Mord. Ein Gefangener weniger tat nichts zur Sache. Wie ich bereits erwähnte, hatte die SS einen gewissen – wenn auch absonderlichen und häufig pervertierten – *esprit de corps,* und sie bewunderte auch bei anderen einen solchen Geist. Wenn die SS-Männer einem Gefangenen den Befehl gaben, einen Mitgefangenen – zum Beispiel dadurch, daß er diesen bei lebendigem Leibe begraben mußte – umzubringen, drohten sie stets, den Mann zu töten, wenn dieser dem Befehl nicht nachkam, doch setzten sie diese Drohungen nicht unbedingt in die Tat um. So gab es Fälle, in denen sich ein Gefangener weigerte, einen anderen umzubringen, und beide Gefangenen blieben zunächst einmal verschont. Und es gab Fälle, in denen ein Gefangener einem solchen Befehl nachkommen wollte, aber da vertauschte die SS die Rollen: der Gefangene, der umgebracht werden sollte, mußte nun den umbringen, der zum Töten bereit gewesen war. Wenn ein Gefangener auf Befehl einen Mitgefangenen umbrachte, wurde er von der SS, die nun einen Verräter in ihm sah, verachtet, und die Folge war in der Regel, daß auch er bald »fertiggemacht« wurde. Wenn ein Pasqualino tatsächlich überlebt hätte, dann nur aufgrund der Tatsache, daß das Lager kurz nach seinem Rendezvous mit der Kommandantin hätte befreit werden müssen.

Bei einem der abrupten Szenenwechsel, die vom nackten Grauen in die reine Groteske umkippen, werden wir vom KZ (und von Pasqualinos Mord) unvermittelt ins befreite Neapel versetzt – in eine vom Krieg zerstörte Stadt, in der es von Leben nur so brodelt. Diese Stadt wird uns als ein einziges Bordell vorgeführt, in dem sich nicht nur Concettina und ihre Schwestern, sondern alle Frauen von Neapel als Huren betätigen, während sich alle amerikanischen GIs in Hurenjäger verwandelt haben. Die sieben Schwestern führen nun, wo sie früher in »ehrbarer« Armut gelebt hatten, ein Hurenleben in Saus und Braus.

Dann hören wir den Ausruf: »Pasqualino ist zurück!« Eine reizende kleine Straßensängerin, mit der Pasqualino befreundet war, bevor er Totonno ermordete, und die die ganze Zeit über in ihn verliebt war, begegnet unserem »Helden« wieder. Handelte es sich um eine Moralität, um ein mittelalterliches Schauspiel, so hätte diese Sängerin Pasqualinos Seele retten können, denn die freundschaftliche Unterstützung, die er diesem Geschöpf angedeihen ließ, war seine einzige moralisch einwandfreie und selbstlose Handlung. Doch der Film *Seven Beauties* ist keine Moralität und hat mit der möglichen Errettung des Menschen nichts zu schaffen. Und so entdeckt denn Pasqualino ohne sonderliche Gefühlsregung, daß auch aus ihr eine Hure geworden ist. Die Moral, die hier impliziert ist, ist die, daß diejenigen, die den Faschismus besiegt haben – in diesem Fall die Amerikaner – sogar so gute Menschen wie dieses Mädchen noch herabwürdigen und genauso effektiv erniedrigen wie die SS-Männer in den Konzentrationslagern die Gefangenen erniedrigten.

Ich befragte ein relativ kleines, aber doch breit gestreutes Sample intelligenter Zuschauer – alle unter vierzig, alle von dem Film tief beeindruckt – wie sie wohl meinten, daß Pasqualino überlebt haben könnte. Sie alle meinten, er habe aufgrund seines Lebenswillens, seiner Vitalität überlebt, und genau das ist es, was uns der Film glauben machen möchte. Keiner unter diesen hochintelligenten, akademisch gebildeten und auch sonst bestinformierten Leuten erklärte spontan, daß Pasqualino nur deshalb überlebte, weil die Konzentrationslager durch die Armeen der Alliierten befreit wurden. Und jemandem, der sich diesen Film ansieht, fällt es ziemlich schwer einzusehen, daß diese »herumhurenden Soldaten« ihr Leben riskierten und Europa befreiten. So vermittelt also dieser Film, gedreht von einer Italienerin, die von sich behauptet, sie sei Sozialistin, den Eindruck, daß die Amerikaner, die den Faschismus bekämpften, genauso schlimm waren wie die, die sie besiegten. Und er vermittelt den Eindruck von einem faschistischen *machismo:* wer eine Erektion zustande bringt, dem ist das Überleben sicher, selbst im Konzentrationslager.

Sollen wir nun daraus schließen, daß der Faschismus gar nicht so übel war, da es unter ihm – das hat uns der Film schon früher gezeigt – nur wenige Frauen gab, die auf den Strich gingen, wohingegen sich später alle Frauen prostituierten? Zunächst war Neapel eine intakte Stadt, aber jetzt liegt sie in Ruinen, genauso wie ihre Frauen »ruiniert« sind. Wäre es nicht besser gewesen, wenn all diese verhurten Soldaten nicht nach Europa gekommen wären – wenn sie nicht die Konzentrationslager aufgelöst hätten, deren Grauen wir eben so plastisch vor Augen geführt bekommen haben? Oder will Lina Wertmüller damit sagen, daß sowieso alles egal ist – Hitler oder das Ende von Hitler, die KZs oder die Befreiung der KZs, das eine ist so schlimm wie das andere: will sie das damit sagen? Hat sie uns mit den Greueln der Todeslager nur deshalb geschockt, um uns zu sagen, daß das eine wie das andere keinen Unterschied macht? Oder sollte uns der ganze Film lediglich unterhalten? Aber wie widerlich ist es doch, wenn ein Völkermord zur Unterhaltung herhalten muß!

Vielleicht liefert das Ende des Films eine Antwort. Pasqualino fragt das

Mädchen, das ihn liebt: »Hast du Geld verdient?« Sie nickt, und er sagt: »Gut, dann gib deine Arbeit auf und wir heiraten. Es ist höchste Zeit. Ich will Kinder, eine ganze Menge, fünfundzwanzig, dreißig. Wir müssen uns wehren. Schau dir die Leute an! Bald werden wir uns wegen eines einzigen Apfels umbringen. Wir müssen viele sein, um uns zu wehren, verstehst du?« Worauf sie nur hilflos antworten kann: »Ich habe dich immer geliebt.« Pasqualino, der Überlebende, hat sich nicht geändert, er ist genauso dumm und selbstsüchtig wie früher, seine KZ-Erfahrungen sind spurlos an ihm vorbeigegangen; er ist bereit, andere um seines eigenen Vorteils willen zu bekämpfen, er ist versessen nach dem, was er sich gerade wünscht, er verschwendet keinen Gedanken daran, was sie – die so geduldig auf ihn gewartet hat – sich vielleicht wünschen könnte oder was sie sich beide zusammen wünschen könnten. Seine Pläne für ihrer beider Zukunft bilden die letzte, plumpe Ironie des Films, denn er fragt sie: »Verstehst du?«, wo er doch selbst überhaupt nichts verstanden hat.

Ich habe mich gefragt, ob dieser Film von der Prämisse ausgeht, daß wir dieses Leben in seiner ganzen positiven wie negativen Fülle akzeptieren sollen, oder ob er uns zeigen will, wie sinnlos dieses Leben doch ist. Pasqualinos nihilistische Einstellung, die meint, daß jeder, um zu überleben, gegen jeden kämpfen muß und daß nur der Stärkste überlebt – diese Einstellung ist eine faschistische Weltanschauung und sie ist die totale Verdrehung jener bedeutungsschweren Ermahnung, mit der sich im KZ Pedro an Pasqualino wendet. In dieser Szene kommt Pasqualino darauf zu sprechen, daß er leben, daß er Kinder haben möchte. Pedro hat seine Einwände: er warnt vor den Gefahren der Übervölkerung und meint, in der Welt werde es bald so eng hergehen wie hier in diesen Baracken und die Menschen würden sich dann wegen einer Scheibe Brot umbringen. Pedros warnende Worte sind vielleicht nicht für den desinformierten Zuschauer, aber sicherlich für jeden, der die Lager überlebt hat, von einer tiefen und hoffnungsvollen Bedeutung, zumal er sich noch genauer ausdrückt, wenn er hinzufügt: »Ein neuer Mensch... muß entstehen. Ein zivilisierter Mensch. Ein neuer Mensch, der den Einklang mit sich selbst wiederentdeckt.« Ein Mensch muß kommen, der endlich im Einklang mit seinen Mitmenschen leben kann, denn nur so kann die Welt wieder ins Lot kommen.

Der KZ-Häftling lebte auf einem so unvorstellbar engen Raum, daß er, wenn er sich hinlegte, den beiden Nächstliegenden sofort etwas von ihrem Raum streitig machen mußte; trotzdem kamen sie miteinander zurecht. Obwohl die Gefangenen hungerten, stritten sie sich nicht um das Stück Brot, das sie so dringend nötig hatten, um zu überleben – im Gegenteil, manche teilten dieses Brot sogar noch. (Das schlimmste Verbrechen in den

Lagern war, einem Mitgefangenen sein Stück Brot zu stehlen; wenn das geschah, verhängten die Gefangenen die schwerste Strafe, denn nur so konnten sie weiterleben. Allerdings geschah das äußerst selten.) So ist also in Pedros Worten die wahre Lektion des KZ enthalten: Der Überlebende sollte, da er am eigenen Leib erfahren hat, was es heißt, nachts nicht genügend Platz zum Schlafen zu haben und dazu noch im Hunger zu leben, gelernt haben, daß man sogar oder vor allem unter diesen Umständen zu einem Einklang mit sich selbst und den anderen gelangen kann und daß man dadurch die Situation bewältigen könnte.

Das allerletzte Gespräch in diesem Film findet zwischen Pasqualino und seiner Mutter statt, die ihm, überglücklich, daß er zurück ist, erklärt, er solle an all das, was ihm zugestoßen ist, nicht mehr denken: was vorbei ist, ist vorbei; alles, was zählt, ist die Tatsache, daß er am Leben ist. Seine Antwort, ganz am Ende des Films, ist ein lässiges: »Ja, ich lebe.« Pedros warnende Worte über eine Welt, in der der Mensch den Menschen vernichtet und in der nur der Stärkste und Aggressivste überlebt (übrigens eine rein faschistische Idee) – diese Warnung wird von Pasqualino als Voraussage genommen; die Hoffnungen Pedros auf eine bessere Zukunft und auf eine menschlichere Gesellschaft, ein Ziel, für das er lebte und ums Leben kam, sind bereits vergessen. Pasqualino hat überlebt, aber ohne jegliches Gefühl und nur mit dem Ziel, sich selbst fortzupflanzen. Er fühlt sich nicht schuldig wegen Pedros Tod, obwohl er diesen selbst herbeigeführt hat; er fühlt sich nicht schuldig, weil er sich zum Faschismus bekannt hat; er fühlt sich nicht schuldig, weil er Francesco umgebracht und Totonno abgeschlachtet hat. Was könnte es für einen beeindruckenderen Beweis dafür geben, daß uns die Fähigkeit, sich schuldig zu fühlen, zu humanen Menschen macht, zumal dann, wenn man – objektiv gesehen – nicht schuldig ist? Es ist dieses Schuldgefühl, das den echten Überlebenden von den Menschen trennt, die den Film mit Beifall aufnehmen. Diejenigen aber, die im Überleben nur ein nacktes Am-Leben-Bleiben sehen, wollen von dem echten Überlebenden nichts wissen.

Vom Anbeginn der Zeiten an sind die Menschen, die Zeugnis abgelegt haben, ein Ärgernis gewesen. Vielleicht ist dieser Essay auch für diejenigen zum Ärgernis geworden, die sich von Lina Wertmüllers Film oder Des Pres' Buch hinreißen haben lassen. Es wird nicht mehr lange KZ-Überlebende geben, doch solange es sie noch gibt, müssen sie ihre Einwände geltend machen – dabei geht es freilich nicht um die Möglichkeit, daß man sie vergessen könnte, und es geht nicht um die Tatsache, daß das Leben längst wieder seinen gewöhnlichen Gang geht, sondern es geht darum, daß sie daran gewöhnt sind, Zeugnis gegen die Unwahrheit abzulegen.

Unsere Erfahrung hat uns nicht gelehrt, daß das Leben sinnlos ist, daß die Welt der Lebenden nichts als ein Hurenhaus ist, daß der Mensch den rohesten Bedürfnissen seines Körpers gemäß und ungeachtet aller kulturellen Zwänge leben sollte. Sie hat uns gelehrt, daß, so schlecht es auch um diese Welt, in der wir leben, bestellt sein mag, der Unterschied zwischen dieser Welt und der Welt der Konzentrationslager genauso gewaltig ist wie der zwischen Tag und Nacht, zwischen Hölle und Erlösung, zwischen Tod und Leben. Sie hat uns gelehrt, daß dieses Leben einen Sinn hat, auch wenn dieser Sinn noch so schwer zu begreifen ist – einen viel tieferen Sinn als dieses Leben für uns zu der Zeit hatte, als uns diese Art des Überlebens noch unbekannt gewesen war. Und unsere Schuldgefühle darüber, daß wir das Glück hatten, die Hölle des Konzentrationslagers zu überleben, bilden einen wesentlichen Teil dieses neugewonnenen Sinnes – es ist dies der Beweis für eine Humanität, die sogar durch die Greuel der Konzentrationslager nicht zerstört werden kann.

Deutsch von Edwin Ortmann

1 Die Flucht gelang nur kurzfristig; siehe Seite 95, Anm. 12. Vom Beginn der deutschen Konzentrationslager im Jahr 1933 an bis in die vierziger Jahre gelang nur drei Gefangenen die Flucht und das Überleben, aber auch nur, weil ihnen SS-Freunde halfen.
2 Christopher Burney, *The Dungeon Democracy*, (London: Heinemann, 1945).
3 C.J. Odic: *Demain à Buchenwald*, (Paris: Buchet Castel, 1972).
4 Hermann Langbein, *Menschen in Auschwitz*, (Wien: Europa Verlag, 1972).
5 Robert Jay Lifton, *Death in Life: Survivors of Hiroshima* (New York: Random House, 1967).
6 Erwin Panofsky, *Studies in Iconology*, (New York, Harper & Row, 1962).

Die psychische Korruption durch den Totalitarismus*

Amerikaner können nur schwer begreifen, wie es dazu kommt, daß Menschen, die die Freiheit gekannt haben, dem Reiz des Totalitarismus erliegen. Doch sind solche Regimes sehr geschickt, wenn es darum geht, wirksame psychologische Motivationen zu entwickeln, die sogar einstige Gegner des totalitären Regimes dazu bringen, daß sie es freiwillig anerkennen und daß sie seine Werte zu ihren eigenen machen.

Um die Natur und die psychologische Anziehungskraft des Totalitarismus von heute zu begreifen, sollten wir herausfinden, inwiefern er sich von früheren Formen der Gewaltherrschaft unterscheidet. Ähnlich wie die totalitären Systeme eines Stalin, Mussolini, Franco oder Hitler gestatteten auch die despotischen Systeme der Vergangenheit weder Widerstand noch Opposition; diejenigen, die das Regime bekämpfen, wurden vernichtet. Doch war es in der Vergangenheit andererseits so, daß der Gewaltherrscher von seinen Untertanen die Identifizierung mit seinen Überzeugungen und Methoden entweder gar nicht erst forderte, oder aber er vermochte diese Forderung nicht durchzusetzen. Jeder sollte dem Tyrannen gehorchen; war dies der Fall, so kümmerte es den Gewaltherrscher in der Regel wenig, wie seine Untertanen über ihn dachten, so lange sie diese Gedanken für sich behielten. Ein Grund dafür kann natürlich der sein, daß der Gewaltherrscher keine Möglichkeit hatte, das, was die Leute wirklich dachten, herauszufinden, denn jedes Überwachungssystem besaß damals – im Vergleich zu den heutigen Abhörgeräten zum Beispiel – eine nur sehr begrenzte Effektivität. In den totalitären Staaten von heute sorgen die Massenmedien für fast unbegrenzte Möglichkeiten zur Beeinflussung des Denkens. Darüberhinaus vereinfachen die neuen Technologien die Überwachung sogar der privatesten Handlungen. Diese und andere Gründe erlauben es einem totalitären Regime, von dem Standpunkt auszugehen, daß der Bürger zwar eigenständig denken soll – vermutlich weil die komplizierten Technologien und die Massengesellschaft ein solches Denken in vielen Tätigkeitsbereichen erfordern –,

---

* Diese Abhandlung mit dem Originaltitel *Remarks on the Psychological Appeal of Totalitarianism* ist ein erheblich veränderter Nachdruck einer früheren Arbeit, die im *American Journal of Economics and Sociology* 12 (Oktober 1952), Seite 89–96 erschien. Dazu gekommen sind auch Teile aus einem Nachwort zu Charlotte Beradts *The Third Reich of Dreams* (Chicago: Quadrangle Books, 1968), S. 149–170.

um sich jedoch gleichzeitig genau die Überzeugungen anzueignen, die der Staat von ihm verlangt.

Während also unter einem Gewaltregime der Vergangenheit ein Regimegegner innerhalb des Systems auch dann überleben konnte, wenn er an einem erheblichen Maß an Gedanken-, ja sogar Handlungsfreiheit festhielt, um sich so seine Selbstachtung zu bewahren, ist es im totalitären Staat von heute nicht mehr möglich, sich diese Selbstachtung zu erhalten und im inneren Widerstand gegen das System zu leben.[1] Jeder Nonkonformist sieht sich heute diesem Dilemma gegenüber. Er kann sich als Feind des Regimes exponieren und demzufolge verfolgt und umgebracht werden. Oder er kann sich in aller Öffentlichkeit zu Überzeugungen bekennen, die er insgeheim heftig verurteilt und verachtet. So aber kommt es, daß in einem totalitären Staat der Regimegegner sich selbst betrügt, daß er nach Entschuldigungen und Ausflüchten sucht. Dadurch verliert er genau die Selbstachtung, die er sich erhalten möchte und die er um seiner inneren Autonomie willen dringend benötigt. Ein hervorragendes Beispiel, wie dieser Mechanismus funktioniert, ist der Hitlergruß. Diesen Gruß hat man damals mit Vorbedacht eingeführt, um überall dort, wo Leute zusammenkamen – sei es nun im privaten Bereich oder im öffentlichen Rahmen von Restaurants, Omnibussen, Büros, Fabriken oder auch auf der Straße – sofort zu erkennen, ob jemand seine Freunde oder Bekannte auf alte »demokratische« Weise begrüßte. Den Anhängern Hitlers vermittelte der oftmals am Tag abgegebene Hitlergruß das Gefühl der Selbstbestätigung und der Macht. Der überzeugte Nazi wurde jedesmal, wenn er den Gruß ausführte, in seinem Ich bestärkt. Für den Regimegegner sah die Sache genau umgekehrt aus. Er machte jedesmal, wenn er jemanden in aller Öffentlichkeit auf diese Weise begrüßte, die Erfahrung, daß sein Ich erschüttert und seine Integration geschwächt wurde. Wäre es lediglich das Über-Ich gewesen, das sich gegen den Gruß sträubte, die Sache hätte sich einfacher angelassen; doch dieser Gruß spaltete den Regimegegner mittendurch.

Nach der psychoanalytischen Theorie besteht die Aufgabe des Ich darin, das innere und äußere Wohlbefinden der Person und vor allem ihr Überleben dadurch zu gewährleisten, daß es zwischen Außen- und Innenwelt vermittelt und die beiden immer wieder in Einklang miteinander bringt.

Das Ich des nazifeindlichen Deutschen unterstützte seinen Wunsch, sich der Früchte der Freiheit zu erfreuen – das aber bedeutete, daß dieses Ich gegen alles war, was Hitler darstellte oder verkörperte, und daß es mit dem Über-Ich die Überzeugung teilte, wonach jeder Totalitarismus ein verabscheuenswertes System ist, das man bekämpfen muß. Das aber war nur ein Teil der Ichfunktion. Denn Tag für Tag mußte sich dieses Ich viele Male gegen einen Widerspruch zur Wehr setzen, um seine Hauptaufgabe – Schutz seiner Person vor Vernichtung (durch die Gestapo) – zu erfüllen. Dieser Widerspruch bestand darin, daß die Person einerseits die Nazis verabscheute, andererseits aber den Hitlergruß ausführte.

Der Gegner des totalitären Regimes, der ein starkes Ich brauchte, um in einer feindlichen Gesellschaft überleben zu können und an seinen Überzeugungen festzuhalten, obwohl er von den Massenmedien unablässig mit gegenteiliger Propaganda bombardiert wurde – dieser Regimegegner also geriet immer wieder in Situationen, die seinem Ich schadeten. Denn dieses Ich mußte an zwei Fronten zugleich kämpfen: es mußte seine Freiheit behaupten und sich davor schützen, daß der Staat es wegen seiner Regimefeindlichkeit zerstörte. Der Hitlergruß ist nur ein kleines Beispiel, um zu veranschaulichen, wie schwierig es ist, sich das Ideal von der persönlichen Freiheit, der eigenen inneren Integrität und die Kraft zum Widerstand zu bewahren, wenn man in einem totalitären System lebt. Wenn sich ein Regimegegner durch die Situation gezwungen sah, den Hitlergruß auszuführen – das heißt seinen rechten Arm zu heben und »Heil Hitler« zu sagen und so seine Treue und Bewunderung für einen Mann zu äußern, den er in Wirklichkeit haßte –, dann fühlte er sich sogleich als Verräter an den Idealen, die ihm am teuersten waren. Der einzige Ausweg war, daß er sich selbst einredete, daß dieser Gruß ja nicht zählte und daß es eben die Realität war, die diesen Gruß unerläßlich machte, es sei denn, man wollte von der Gestapo verhaftet werden. Doch die eigene Integration hängt stets davon ab, ob das eigene Handeln mit den eigenen Überzeugungen übereinstimmt. So aber konnte sich der Betroffene seine eigene Integration nur dadurch erhalten, daß er seine Überzeugung, wonach dieser Gruß etwas Schlechtes war, änderte.

Diese Änderung wurde indirekt auch dadurch erzwungen, daß der einzelne den Hitlergruß x-mal am Tag ausführen mußte, und zwar nicht nur gegenüber Beamten wie zum Beispiel Lehrern, Polizisten, Briefträgern usw., sondern auch gegenüber den nächsten Freunden. Natürlich konnte man annehmen, daß ein Freund genauso dachte wie man selbst (obwohl das nie völlig sicher war), doch gab es immer die anderen, die, wenn sie sahen, daß man den Gruß nicht ausführte, dies weitermelden konnten und oft auch taten. Der Mensch kann ab und zu, wenn ihn die Notwendigkeit dazu zwingt, gegen seine eigenen Überzeugungen handeln und trotzdem durch inneren Vorbehalt einen Anschein von Integrität vor sich selbst bewahren. Doch diese Selbsttäuschung gestaltet sich äußerst schwierig, wenn man sie ständig wiederholen muß. Außerdem würden die meisten von uns zögern, wegen so alltäglicher, weil so häufiger Handlungen ein Aufsehen zu machen – und die

Weigerung, den Hitlergruß auszuführen, hätte zweifelsohne Aufsehen erregt. Überdies ist es so, daß keiner durch sein abweichendes Verhalten gern andere in Verlegenheit bringt. So aber wurde die Weigerung zu grüßen auch noch dadurch erschwert, daß man nicht nur sein eigenes, sondern auch fremdes Leben gefährdete, denn Pflicht des Nichtbegrüßten war es, diese Nichtbeachtung des Führers der Obrigkeit zu melden. So mußte also der Nazigegner viele Male pro Tag entweder zum Märtyrer werden und gleichzeitig den Mut und die Überzeugungen des nächsten prüfen, oder aber er verlor die Achtung vor sich selbst.

Eine junge deutsche Psychologin erzählte, wie sich dieser Mechanismus in ihrem Leben auswirkte. In den ersten Jahren des Hitlerregimes war sie noch ein Kind gewesen. Ihr Vater, den sie liebte und dessen Wertvorstellungen sie teilte, war ein überzeugter Gegner der Nazibewegung. Das Mädchen aber mußte zur Schule gehen und dort mußte sie dem Führer Treue schwören und viele Male am Tag den Hitlergruß ausführen – so zum Beispiel, wenn sie ihre Klassenkameradinnen traf oder auch zu Beginn einer jeden Stunde, wenn der Lehrer ins Klassenzimmer kam. Einige Zeit lang versuchte das Mädchen im Geist die Finger zu kreuzen. Und zu sich selbst sagte sie, daß der Schwur und der Gruß nicht zählten, weil sie sie ja nicht ernst meinte. Doch als sie sich zum Selbstschutz so verhielt, da verabscheute sie sich selbst, und es fiel ihr immer schwerer, sich ihre Selbstachtung zu bewahren und gleichzeitig den Schein aufrechtzuerhalten. Das ging so weit, daß sie am Ende ihre inneren Vorbehalte aufgab und nun, anstatt fort und fort zu lügen, den Schwur und den Gruß ausführte wie alle anderen auch.

Andere ältere Menschen waren sich damals schmerzhaft bewußt, daß das System in ihrem Seelenleben nicht zu steuernde Konflikte entstehen ließ, und daß in diesem Kampf zwischen moralischer Überzeugung und Selbsterhaltung am Ende die Seite gewinnen würde, die leben wollte, das heißt, sie würden Grundsätze aufgeben und sich mit dem System arrangieren. So war zum Beispiel der Theologe Paul Tillich, bevor er Deutschland 1933 verließ, in seinem Bewußtsein der Überzeugung, daß er mit dem Nationalsozialismus niemals seinen Frieden machen würde. Doch Jahre später stellte er fest: »Mein Unbewußtes wußte es besser.« Das aber war der Grund, weshalb er Deutschland zur rechten Zeit verließ – er wollte verhindern, daß sein Unbewußtes mit der Zeit seine bewußten Überzeugungen besiegte.[2]

Wenn unser Bewußtsein mit unserem Unbewußten einen Konflikt austrägt, so läßt sich dieser am ehesten am Inhalt unserer Träume ablesen. Ein typisches Beispiel ist der Mann, der in der ersten Zeit des Naziregimes einen Traum hatte, in dem er beschloß, in aller Öffentlichkeit gegen die Aktionen der Nazis zu protestieren. Er gehorchte also im Traum dem, was er in seinem Bewußtsein für seine moralische Verpflichtung hielt und machte sich an die sorgfältige Abfassung eines Protestschreibens. Doch bevor er den Brief abschicken wollte, entdeckte er, daß er ein völlig weißes Blatt Papier in den Umschlag schob, den er daraufhin zuklebte. Dieser Mann beging in seinem Traum nicht nur eine typische Freudsche Fehlleistung, indem er aufgrund seiner berechtigten Angst den eigenen bewußten Absichten zuwiderhandelte, sondern sein Traum offenbarte auch, daß seine Angst – oder sein Selbsterhaltungstrieb – am Ende stärker sein würde als seine Überzeugungen, genau wie Tillich es für sich selbst vorausgeahnt hatte. Dieser Mann erkannte sogar im Schlaf, wie zerstörerisch sich solche inneren Konflikte und die Lösungen, die die Realität einem aufzwingt, auf die Selbstachtung auswirken können. In seinem Traum war er zunächst sehr stolz darauf gewesen, daß er es wagte, den Protestbrief zu schreiben, doch später, als er es dann doch nicht getan hatte, schämte er sich zutiefst. Und am Ende ließ ihn der Traum mit einem Gefühl der Entmutigung und der Niederlage zurück.

Viele Deutsche gerieten wegen des Hitlergrußes damals in Konflikt mit sich selbst, und dieser Konflikt fand in vielen Träumen, die sie hatten, ihren Niederschlag. Hier als Beispiel einer dieser Träume. Kurz nachdem Hitler an die Macht gelangt war, träumte einem Fabrikbesitzer, daß Goebbels ihn in seiner Fabrik besuche. »Ich stand vor meinen Arbeitern und mußte den Arm zum Hitlergruß heben. Ich brauchte eine halbe Stunde, bis ich den Arm, Zentimeter um Zentimeter, oben hatte... Und da stand ich nun, in meiner eigenen Fabrik, inmitten meiner eigenen Arbeiter, ich stand wie am Pranger. Und so stand ich, bis ich erwachte.«[3] Dieser Mann, der den Nationalsozialismus zutiefst verabscheute, befaßte sich in seinem Traum mit einem Problem, das ihn auch in seinem Bewußtsein beschäftigte: würde oder sollte er seine Überzeugungen um seiner Fabrik willen opfern? (Zu Beginn des Hitlerregimes bedeutete die Verweigerung des Hitlergrußes keine Gefährdung des Lebens, aber immerhin des Lebensunterhaltes.) Dieser Traum zeigte, wie die Entscheidung des Mannes – und sei sie noch so widerwillig – wahrscheinlich ausfallen würde. Der innere Konflikt dieses Menschen fand seinen visuellen und zeitlichen Ausdruck in dem langen und schwierigen Kampf gegen das Armheben zum Hitlergruß. Er vermochte im Traum seinen Arm nur sehr langsam zu heben, und er brauchte eine halbe Stunde, bis er ihn gehoben hatte. Doch als der schicksalhafte Entschluß einmal gefaßt war, konnte er ihn nicht mehr rückgängig machen; deshalb stand er in seinem Traum so lange mit erhobenem Arm, bis er erwachte. Dieser Traum lieferte in bezug auf die moralische Existenz dieses Mannes sogar eine noch klarere Aussage. Denn der Mann erzählte, daß ihm dieser Kampf, den Arm zu heben, im Traum »das Rückgrat brach«. Ein starkes Rückgrat zu haben bedeutet in der Umgangssprache so viel wie feste Überzeugungen haben und nach ihnen zu handeln. So aber zeigte dieser Traum, daß der Mann wußte: kein Regime, sondern nur er selbst, würde sein moralisches Rückgrat brechen können. Es war nicht Goebbels, der ihn zum Hitlergruß zwang, sondern er selbst war es, der auf diese Weise versuchte, einem offenen Bekenntnis gegen das Regime aus dem Weg zu gehen. Die Tatsache, daß dieses Regime die Menschen dazu zwingen konnte, sich solche Dinge selbst anzutun, zeigt, wie schrecklich effektiv das System war. Da unsere Träume den Dingen, die in uns vor sich gehen, Gestalt geben, könnte man Vermutungen darüber anstellen, wie dieser Traum wohl ausgesehen haben würde, wenn der Mann im Innersten nicht gewußt hätte, daß er sich durch seinen unbewußten Wunsch, auf Nummer Sicher zu gehen, gezwungen sehen würde, gegen seine Überzeugungen zu handeln. Wäre er davon überzeugt gewesen, daß er seine Standpunkte klar und deutlich durchsetzen würde, so hätte er zum Beispiel träumen können, daß er zusammen mit seinen ihm ergebenen Arbeitern Goebbels aus seiner Fabrik hinauswerfen würde.

Oder er hätte träumen können, daß er sich weigerte, den Hitlergruß auszuführen, um statt dessen – bewundert von seinen Arbeitern – stolz den Raum zu verlassen. Die Träume der Leute, die das System aktiv bekämpften und daher keine inneren Konflikte auszutragen hatten, sahen anders aus. Zwar waren diese Menschen keineswegs ohne Angst, denn ihre Träume handelten zum Beispiel davon, daß sie von der Gestapo verhaftet und gefoltert wurden – eine Angst, die durchaus begründet war –, doch hatten sie auch andere Träume, in denen sie den Nazis Niederlagen beibrachten. Keiner unter ihnen träumte jedoch, daß er sich selbst zwinge, dem Feind zu gehorchen und die eigenen Überzeugungen zu verraten.

Was für den Hitlergruß galt, traf natürlich auch auf alle anderen Merkmale des Naziregimes zu. Die Macht des modernen totalitären Staates ist in seiner Fähigkeit zu suchen, auch in unbedeutende und private Aktivitäten des einzelnen einzugreifen. Dies gelingt ihm mittels der Massenmedien und anderer Aspekte der technologischen Gesellschaft von heute. Ein weiteres Beispiel ist die Erfahrung, die die zuvor bereits erwähnte Schülerin machen mußte. Eines Tages wurden die Mädchen ihrer Klasse aufgefordert, bei der Durchführung einer Volkszählung mitzumachen. Hätte sich das Mädchen geweigert, so hätte es wieder einmal das Wohlergehen seiner Familie gefährden können. Auch schien diese Bitte um aktive Teilnahme eine völlig harmlose zu sein. Doch bei der Durchführung selbst hatte das Mädchen plötzlich mit einer jüdischen Familie zu tun, die sie befragen mußte. Sie entdeckte, daß diese Juden sie haßten, denn in ihren Augen war sie eine Vertreterin des Systems; genau das aber nahm das Mädchen den Juden übel. Doch schließlich entdeckte sie, daß das Regime diesen Konflikt herbeigeführt hatte, und sie entdeckte die Macht, die dieses Regime besaß, Gefühle in ihr zu erzeugen, die sie gar nicht haben wollte. Diese Entdeckung bewirkte, daß sie sich selbst verachtete. Ja, sie haßte sich sogar, weil sie an der Volkszählung, die sich gegen die Juden richtete, teilgenommen hatte. Natürlich haßte sie das Regime, das sie in solche Zwangslagen brachte, doch am Ende haßte sie sich selbst noch viel mehr. Und während ihr Haß auf das Regime ohnmächtig war und zu ihrer eigenen Ohnmacht noch beitrug – was wiederum ihre Integration stark beeinträchtigte –, war ihr Selbsthaß so mächtig, daß er auch noch ihre Selbstachtung zerstörte.

So erfindet das totalitäre System beinahe täglich Aufgaben, die der einzelne, will er sein Leben nicht aufs Spiel setzen, bewältigen muß. Die meisten Regimegegner, die sich auf ein solches Verhalten einlassen, hassen am Ende nicht nur das System, sondern auch sich selbst. Sie geraten schon sehr bald in einen gravierenden inneren Konflikt, bei dem es um die Frage geht: Soll man zu seinen Überzeugungen stehen und die entsprechenden Risiken eingehen oder soll man auf Nummer Sicher gehen und sich wie ein Feigling fühlen, wie ein Verräter an seinen höchsten Wertvorstellungen? Während das Regime trotz des Hasses, der ihm entgegengebracht wird, blüht und gedeiht, leiden diese Menschen ernsthaft an dem Zwiespalt zwischen dem, was sie nach außen hin tun, und dem, was sie innerlich dabei denken. Auf diese Weise zerstört das Regime nach und nach ihre innere Integration und – da sie entgegen ihren Überzeugungen handeln – ihre Selbstachtung. Selbstachtung und Integration aber sind, das muß hier hervorgehoben werden, die einzigen psychologischen Stützen, die den Menschen wirklich zusammenhalten und ihm die Kraft geben, in einer Welt zu bestehen, die ihn die ganze Zeit mit Zerstörung bedroht.

In den meisten Fällen vermochte der Regimegegner nicht einmal im Schoß seiner eigenen Familie aufzuatmen. Nur sehr selten bestand eine ganze Familie aus Nazigegnern. Vor allem die Kinder waren empfänglich für die Indoktrination, denen man sie in der Schule, in der Hitlerjugend und in anderen Jugendorganisationen aussetzte. Und sie wurden dazu angestiftet, ihre Eltern zu bespitzeln und notfalls anzuzeigen. Nicht viele Kinder gingen so weit. Doch wurden die Kinder, deren Eltern Nazigegner waren, in einen schweren Gewissenskonflikt gestürzt, weil sie nicht wußten, ob sie nun ihren Eltern gegenüber aufrichtig sein sollten oder gegenüber dem Staat, der sie mit der Überzeugung indoktriniert hatte, daß es ihre Pflicht sei, Nazigegner zu denunzieren. Solche Konflikte reißen ein Kind innerlich entzwei, und es haßt diejenigen, durch die es in diese Sackgasse geraten ist. In den meisten Fällen kam es schließlich dazu, daß das Kind die politischen Ansichten des Vaters oder der Mutter, ja vielleicht sogar diese selbst, zu hassen begann, denn von hier gingen die Probleme aus, die man ihm auflud. Der Vater, die Mutter oder beide wußten andererseits, welcher Druck auf ihr Kind ausgeübt wurde, und so mußten sie ihre wahren Überzeugungen vor dem eigenen Kind verbergen, aber nicht nur, um nicht verraten zu werden, sondern auch um zu verhindern, daß das Leben für das Kind allzu schwierig wurde. So war also für viele selbst das Zuhause und die Familie nicht der Freiraum, wo sie auf Verstellung und Heuchelei hätten verzichten können – selbst in den eigenen vier Wänden, in der eigenen Familie wurde man davon beherrscht.

Die Schwierigkeiten, mit denen sich ein Regimegegner in bezug auf seine Kinder konfrontiert sah, erstreckten sich auch auf seinen Ehepartner, auf seine Verwandten und Freunde. Auch wenn beide, Ehemann und Ehefrau, gegen das Naziregime waren, war es doch so, daß jeder von ihnen andere Lebenserfahrungen hinter sich hatte und in der Gesellschaft eine andere Rolle spielte, das heißt jeder von ihnen war über einen anderen Wesenszug des Regimes am meisten empört, während er sich mit anderen Eigenschaften arrangiert hatte. So aber pflegten Meinungsverschiedenheiten darüber aufzutauchen, wo und wie man Widerstand leisten sollte und was man hinnehmen und welche Risiken man eingehen sollte. Das aber beraubte sie eines großen Teils der Unterstützung, die sie sich bei einer grundsätzlichen Einigung wechselseitig hätten angedeihen lassen können.

Die überzeugten Nazis dagegen waren sich in allen entscheidenden Punkten einig; das war ein starkes zusätzliches Band, das die Familien der Anhänger des Systems noch fester zusammenschloß. Im Gegensatz dazu kämpften die Regimegegner in den meisten Fällen nicht nur gegen das System, sondern auch noch gegeneinander – und wenn es dabei nicht um Prinzipielles ging, dann doch um die Art des Vorgehens. Dabei bestand ständig das quälende Problem, wie man Widerstand leisten konnte, ohne sich selbst und die ganze Familie in Gefahr zu bringen; und zu diesem Problem gesellte sich die tief beunruhigende Frage, ob man überhaupt das Recht hatte, aufgrund der eigenen politischen und moralischen Überzeugungen die Freiheit, den Lebensunterhalt, ja die Existenz selbst des Ehegefährten und der gemeinsamen Kinder aufs Spiel zu setzen.

Eine solche innerfamiliäre politische Opposition eignete sich hervorragend zur Veräußerlichung und Rationalisierung all jener innerfamiliären Konflikte, die ursprünglich mit Politik gar nichts zu tun hatten, zum Beispiel

Schwierigkeiten zwischen den Ehepartnern, aber auch zwischen Eltern und Kindern und Verwandten. So war zum Beispiel die Ehefrau eines hohen Regierungsbeamten eine entschiedene Nazigegnerin. Dieser Beamte selbst war ein ehrbarer Mann, der viele Dinge, die er von Amts wegen zu tun gezwungen war, verurteilte. Aber er hatte keine andere Wahl, wenn er seine Stellung behalten wollte. Seine Frau konnte es sich leisten, die meiste Zeit zu Hause zu verbringen und ging auf diese Weise dem Hitlergruß oder auch den zahllosen Parteiveranstaltungen aus dem Weg, auf denen sich zeigte, wie stark Gesellschaft und Partei bereits miteinander verquickt waren. Diese Veranstaltungen mußte ihr Mann nicht nur besuchen, sondern er mußte dabei auch noch so tun, als ob er dem System blind ergeben sei. Keines der Familienmitglieder wollte wirklich, daß dieser Mann seine Position aufgab, denn damit hätte er die Familie in tiefe Armut gestürzt. Dazu kam die Wahrscheinlichkeit, daß die gesamte Familie geächtet und zum Teil regelrecht verfolgt worden wäre, wenn der Vater – sagen wir durch seinen Rücktritt – seine Vorbehalte öffentlich bekanntgemacht hätte. Doch während die Frau die Bequemlichkeiten, ermöglicht durch die politische Willfähigkeit ihres Mannes, wenn nicht genoß, so doch insofern nutzte, als sie kaum je ausgehen und den Hitlergruß ausführen mußte, sah sie ihren Mann gleichzeitig mit sehr kritischen Augen. Aber nicht, weil er ihr die Möglichkeit gab, ihren eigenen Wertvorstellungen gemäß weiterzuleben, sondern weil er selbst nicht seinen Überzeugungen gemäß lebte. Dazu kam noch, daß sich nun alte Ehekonflikte wieder einstellten, die die eheliche Beziehung der beiden noch unerquicklicher gestalteten, bis es schließlich so weit kam, daß sich dieser Mann und diese Frau, wenn irgend möglich, aus dem Weg gingen.

Der Mann nahm es seiner Frau übel, daß sie ihn kritisierte und sich von ihm distanzierte, was zur Folge hatte, daß er sich gegen ihre antinazistische Einstellung wandte. Die Angst davor, daß diese Einstellung bekanntwerden und sie alle gefährden könnte, lieferte ihm einen weiteren Grund dafür, daß er ihre Einstellung und ihr Verhalten verurteilte, zumal dadurch die ganze Familie isoliert und die offiziellen Verbindungen zu Amtskollegen des Mannes kompliziert wurden. Dieser Mann, der zu Hause als ein politischer Mitläufer behandelt wurde, während er durch seine scheinbare Billigung des Regimes berufliche Anerkennung fand, gab seine inneren Vorbehalte gegen das System langsam aber sicher auf, denn er sah, daß ihm daraus zu Hause wie in der Arbeit nur Schwierigkeiten erwuchsen. Dadurch, daß er – freilich voller Unbehagen – mit dem Regime am Ende seinen Frieden machte, kam er in die Lage, nunmehr seinen Wertvorstellungen ebenso treu zu bleiben wie seine Frau den ihren, und etwas in dieser Art hatte sie ja ständig von ihm gefordert. Nun brauchte er sich seiner Frau gegenüber, die ihren Wertvorstellungen gemäß lebte, nicht mehr minderwertig zu fühlen, ja im Gegenteil, er konnte nun – was seine Frau bislang immer getan hatte – eine gewisse moralische Überlegenheit herauskehren, denn schließlich war sie es, die seine politischen Ansichten verurteilte und gleichzeitig von seinem Tun profitierte.

Die Kinder hielten einmal zu dem einen, einmal zum anderen. Die Söhne freilich waren schon seit längerem überzeugte Nazis, und so konnte sich der Vater, dessen Einstellung bislang von seiner Frau und seiner Tochter abgelehnt worden war, nunmehr der vollen Unterstützung seiner Söhne erfreuen. Und so fühlte er sich jetzt in seiner Familie nicht mehr isoliert. Die Söhne mochten die Einstellung ihrer Mutter nicht, doch sie beachteten sie schließlich gar nicht mehr, denn in ihren Augen war diese Frau ein seltsames, uninformiertes und altmodisches Geschöpf. Als die Tochter noch ein Kind war, hatte sie immer wieder heftig für ihre Mutter Partei ergriffen – aber weniger, wie sie später meinte, aus Opposition gegenüber dem Vater als aus Rivalität gegenüber den Brüdern, und nicht zuletzt auch deshalb, weil die Wertvorstellungen und die konsequente Haltung der Mutter einen tiefen Eindruck auf sie machte.

Als das Mädchen in die Pubertät eintrat, begann sie zu erkennen, daß der politische Konflikt zwischen ihren Eltern seinen Ursprung zum großen Teil in alten Eheproblemen hatte. Dieser Elternkonflikt peinigte sie sehr, denn sie wünschte sich ein friedliches Zuhause. Es vergällte ihr jegliche Politik, und sie gelangte zu der Auffassung, daß politische Auseinandersetzungen immer nur ein Vorwand sind, um andere Zerwürfnisse austragen zu können. Auch fühlte sie sich durch die Politik genau des Familienlebens beraubt, das sie sich so sehr wünschte. So aber kam es dazu, daß sie ihre nazifeindlichen oder prodemokratischen Überzeugungen einfach aufgab, weil sie alles, was mit Politik zu tun hatte, für schlecht hielt.

Der einzige Wunsch der Tochter war ein friedliches Familienleben ohne zankende Eltern. Im Verlauf der Pubertät entdeckte sie, daß ein solches Familienleben aufgrund der Überzeugungen der Mutter nicht möglich war, denn die Folge wäre gewesen, daß man ihren Vater aus dem Amt gejagt hätte, was wiederum darauf hinausgelaufen wäre, daß weder sie noch ihre Brüder die Universität hätten besuchen können, usw. Zu jener Zeit bewunderte sie ihre Mutter noch wegen ihrer konsequenten Haltung, aber gleichzeitig haßte sie sie, weil sie den Zusammenhalt der Familie zerstört hatte. So aber erzeugte der bereits vorhandene Elternkonflikt einen zweiten tiefen Konflikt in diesem Kind.

Als das Mädchen älter wurde und lernte, Situationen realistischer einzuschätzen, entdeckte sie, daß ihre Mutter jegliche Kontakte zur Außenwelt abgebrochen hatte und in ihrem eigenen Heim nunmehr völlig isoliert lebte, nur weil sie zu ihren Überzeugungen stand. Gleichzeitig fiel es dem Mädchen immer schwerer, sich von ihren Altersgenossen abzusondern, und schließlich wurde auch sie zu einem Nazi. Indem sie nun alles ablehnte, wofür ihre Mutter eintrat, entledigte sie sich jenes inneren Konfliktes zwischen der Bewunderung, die sie dem Mut ihrer Mutter entgegenbrachte, und dem Groll darüber, daß die gleiche Frau die innerfamiliären Beziehungen so stark geschädigt hatte. Doch auch jene Bewunderung hatte nun, da sie die politischen Ansichten ihrer Mutter nicht mehr teilte, erheblich nachgelassen. Gleichzeitig befreite sich das Mädchen durch diese Kehrtwendung von einem weiteren Konflikt – dem Konflikt zwischen ihren eigenen Wertvorstellungen und den Wertvorstellungen der Gesellschaft. Durch die Zurückweisung der politischen Einstellung ihrer Mutter, die sich für sie und ihre übrige Familie so schmerzhaft ausgewirkt hatte, konnte sie sich nun mit um so größerem Eifer dem Nationalsozialismus verschreiben. Zum ersten Mal fühlte sich dieses Mädchen innerlich wohl, denn es hatte sich fürs erste von seinen inneren Konflikten befreit. Doch schrieb sie diese neugewonnene Fähigkeit, das Leben zu genießen, nicht der Beseitigung eines alten Konfliktes zu, sondern sie sah darin die Folge jener positiven Lebenseinstellung, die sie durch den Nationalsozialismus gewonnen hatte – ein weiterer Grund, diese Ideologie voll zu akzeptieren.[4]

Grob gesehen besteht die Korruption durch den Totalitarismus auf einer äußerlichen Ebene darin, daß der Betroffene, der das totalitäre System anerkennt, die – ihm ansonsten versperrte – Möglichkeit erhält, mit Gleichaltrigen und der übrigen Umwelt zu verkehren und nicht mehr als Ausgestoßener zu gelten. Auf einer inneren und höheren Ebene ist die Korruption durch den Totalitarismus darin zu suchen, daß der Betroffene, der sich schließlich zum totalitären System bekennt, seine eigene Integrität fürs erste wiederherstellen kann, die dadurch, daß er seinen Überzeugungen entgegen handelte, gefährdet war. Bei manchen Menschen aber wurde der Druck, den diese Konflikte auslösten, so stark, daß sie Selbstmord begingen. Andere lieferten sich selbst durch ihr eigenes unachtsames Verhalten der Gestapo aus – sie wurden, da sie ihre inneren Konflikte nicht mehr ertragen konnten, unbewußt von dem Wunsch getrieben, alledem ein Ende zu machen, und sei es auch im Konzentrationslager.

Die große Mehrzahl der einstigen Nazigegner gab den Kampf auf und machte ihren Frieden mit dem System. Zwar traten sie nicht in die Partei ein, und sie akzeptierten auch nicht alle Wertvorstellungen der Partei, doch entdeckten sie nun so manche positiven Züge am System, was natürlich nicht verhinderte, daß sie andere Merkmale nach wie vor sehr skeptisch beurteilten. Trotzdem gelangten sie zu der festen Überzeugung, sie müßten mit und in dem System leben. Um sich nicht als Feigling vorzukommen, um nicht in der Überzeugung zu leben, die eigenen Wertvorstellungen verraten zu haben, um mit der eigenen Familie und den Nachbarn in Frieden zu leben und um sich – das war ein wichtiger, wenn auch häufig gern übersehener Punkt – nicht von der Geheimpolizei bedroht zu fühlen, sondern zu nutzen, was das System seinen Anhängern zu bieten hatte – um all dieser Dinge willen akzeptierten die meisten den größten Teil des Systems.

Der Hitlergruß, ein verhältnismäßig unbedeutendes Merkmal des Systems, war, obwohl er gelegentlich entscheidenden Einfluß ausübte, eine Äußerlichkeit, und das gleiche läßt sich vom Hitler- und natürlich auch vom Stalinporträt an der Wand behaupten. Enorm wichtig wurden diese Attribute des Systems erst dadurch, daß sie den Nichtangepaßten jede Minute seines bewußten Lebens daran erinnerten, daß er es sich nicht leisten konnte, in Übereinstimmung mit seinen inneren Überzeugungen zu leben. Obwohl diese Mechanismen, psychologisch gesehen, eher grobschlächtig wirken, sollten wir nicht verkennen, daß sie äußerst effektiv waren.

Doch es gab noch andere feinere Mechanismen. Ich habe das Beispiel eines freiheitsliebenden Menschen geschildert und erörtert, der in einem totalitären Staat lebt und sich täglich, ja stündlich des Konfliktes bewußt ist, bei dem es einerseits um die eigenen Wertvorstellungen und andererseits um das eigene Überleben geht. Hier möchte ich hinzufügen, daß die totalitäre Macht, die einen so schwerwiegenden Konflikt in ihm auslösen und ihn sogar dazu zwingen kann, entgegen seinen Neigungen und Überzeugungen zu handeln, einen gewaltigen Druck auszuüben vermag. Dadurch, daß der Mensch einer so starken, äußeren, kontrollierenden Macht unterworfen ist, werden in ihm infantile Gefühle und Einstellungen reaktiviert. Nur in der frühen Kindheit haben andere Menschen – gemeint sind die Eltern – eine solche Macht über uns, daß sie uns, wenn sie gegen unsere Wünsche sind, in schreckliche innere Konflikte stürzen können.

Es ist weniger die tatsächliche Macht der Eltern, die diesen in den Augen des Kindes eine Allmacht verleiht. Das Kind wird zunächst recht ungezwungen Kekse aus der Keksdose oder Geld aus dem Geldbeutel der Mutter nehmen oder sich sexuell betätigen. Die Eltern können zwar all diese Dinge verbieten, doch das Kind kann fortfahren, sie heimlich zu tun. Nur wird es eines Tages plötzlich entdecken, daß die Eltern, selbst wenn sie abwesend sind, durch ihre früheren Verbote einen beinahe unerträglichen Konflikt in ihm erzeugen können: den Konflikt zwischen seinen Wünschen und dem elterlichen Verbot. Ab diesem Punkt erscheinen die Eltern dem

Kind als allmächtige, ja gottähnliche Gestalten, die wegen ihrer potentiellen Zerstörungskraft gefürchtet werden. Auf diese Weise ist nun das Kind einer Disziplinierung unterworfen worden.

Ähnlich kann die Macht des totalitären Systems nicht mehr zu bewältigende Konflikte bei den Betroffenen erzeugen. Ursprünglich widerstand das Kind – wie auch der Regimegegner – der Macht, die es oder ihn zu kontrollieren versuchte. Doch ist diese Macht so stark, daß sie auch eine große Anziehungskraft ausübt, zumal ja nichts so erfolgversprechend ist als der Erfolg der anderen. Das aber führt dazu, daß das Kind – oder wer auch immer – diese Macht als eine Über-Ich-Funktion verinnerlicht.

Nun könnte man argumentieren, dies treffe nur auf das Kind zu, denn nur das Kind sei biologisch wirklich hilflos. Wenn das Kind einmal erwachsen sei und seine Ich- und Über-Ich-Funktionen angemessen funktionierten, könne keine äußere Macht mehr eine solche Faszination auf es ausüben. Doch dieses Argument setzt sich über die Essenz des Totalitarismus selbst hinweg – die Essenz nämlich, die in der Absicht besteht, nicht nur das unabhängige Ich, sondern auch das unabhängige Über-Ich zu zerstören. Die Eltern (oder besser die Mutter) scheinen allmächtig zu sein, weil sie über die Macht verfügen, dem Kind die Substanz des Lebens selbst vorzuenthalten – sie können ihm das Essen verweigern. Das totalitäre System verfügt über genau die gleiche Macht; der Regimegegner, der in einer derartigen Gesellschaft lebt, muß nicht nur befürchten, daß man ihn des Lebensunterhalts, sondern auch des Lebens selbst beraubt. So wie die Eltern die Bewegungsfreiheit ihres Kindes einschränken können, kann auch die totalitäre Gesellschaft ihre widerspenstigen Opponenten einschränken.

Ein wichtiger Unterschied zwischen diesen beiden Lebenslagen besteht darin, daß zum Beispiel – im Gegensatz zu einem Kind – ein Arbeiter gewisse geistige Fähigkeiten braucht, um an seinem Arbeitsplatz Entscheidungen treffen zu können. Das heißt auf einen Arbeiter kann weniger Außenkontrolle ausgeübt werden als auf ein Kind. Dieses Problem hat man dadurch gelöst, daß man Arbeiter, die sich ihr unabhängiges Ich und Über-Ich bewahrt hatten, in die Lager schickte, wo sie nur die gewöhnlichsten Hilfsarbeiten verrichten durften. Sie wurden erst dann entlassen und in ihre Fabriken zurückgeschickt, wenn sie das totalitäre Über-Ich verinnerlicht hatten.

Wenn wir uns nun das deutsche System der Kindererziehung in der Zeit vor Hitler ins Gedächtnis rufen – es war ein System der zwar sichtbaren, aber nicht hörbaren Kinder – dann können wir verstehen, weshalb das totalitäre Naziregime auf die deutsche Jugend von damals eine so starke Anziehungskraft ausübte. In fast allen Gesellschaften leiden die Kinder unter dem restriktiven Einfluß der Erwachsenen. Das totalitäre System läßt diese jungen Menschen zunächst einmal frei laufen, es fordert sie auf, sich ungeniert zu äußern und gleichzeitig ihre Eltern dahingehend zu überwachen, ob sie dem System zuwiderhandeln oder zuwiderdenken. Wie unsere Beispiele gezeigt haben, wird dadurch in dem Kind, dessen Elternhaus mit dem System nicht einverstanden ist oder das selbst systemkritische Einstellungen entwickelt hat, ein weiterer heftiger Konflikt erzeugt. Nun prallen zwei verschiedene Über-Ich- und Wertsysteme aufeinander. Welchem System soll das Kind gehorchen: dem Über-Ich-System, das es von seinen Eltern mitbekommen hat, oder dem System, das vom Staat stammt?

Wir dürfen nicht vergessen, daß totalitäre Systeme vor allem in solchen Gesellschaften entstanden sind, die sich durch eine ausgeprägte hierarchische Organisation auszeichneten. Wenn sie nicht direkt feudalistisch strukturiert waren, so doch zumindest patriarchalisch. Der Herrscher des betreffenden Landes, die Polizei, das Militär, die Lehrer usw., sie alle hatten stark patriarchalische Züge oder – anders ausgedrückt – sie funktionierten als Über-Ich-Surrogate. Bei solchen Über-Ich-Surrogaten handelt es sich stets um Autoritätspersonen, die von den Kindern, psychologisch gesehen, mit ihren Eltern identifiziert werden und deren Befehle deshalb wie die verinnerlichten Befehle der Eltern (oder des Über-Ich) befolgt werden.

Der Glaube an die Macht und Gerechtigkeit der Polizei war in den Vernichtungslagern häufig so stark, daß die Gefangenen an ihre ungerechte Verurteilung nicht glauben mochten. Statt dessen suchten sie in sich selbst nach Schuldgefühlen. Der innere Wunsch, vom Über-Ich geliebt zu werden, ist ungemein stark, und je schwächer das Ich wird, desto stärker wird dieser Wunsch. Da im totalitären System die mächtigsten Über-Ich-Surrogate die Herrscher und ihre Repräsentanten sind, die wiederum das System selbst verkörpern, kann man Anerkennung seitens dieser Über-Ich-Surrogate nur dadurch finden, daß man mit dem System konform geht.

Ein Über-Ich, das persönliche Verantwortung und Entscheidungsfreiheit für einen fordert, kann unangenehme, ja bedrohliche Züge annehmen, da man sich nie völlig sicher sein kann, ob man das Richtige tut. So aber entsteht der Wunsch, daß einem gesagt wird, was man tun soll. Befehlsgehorsam enthebt einen der inneren Entscheidung, die zu Konflikten führen könnte und später entweder verinnerlichte Schuldgefühle oder aber – in einem totalitären Staat – die reale Gefahr der eigenen Vernichtung nach sich ziehen kann. Wenn wir dagegen lediglich Forderungen erfüllen, die uns von außen auferlegt werden, können wir uns frei von Schuld und sicher fühlen. Es ist sehr schmerzhaft, immer nur in sich selber Zuflucht suchen zu müssen und unablässig mit einem persönlichen Über-Ich zusammenzuleben, das

die Handlungsweisen der Gesellschaft, in der man notgedrungen lebt, immer wieder kritisiert. In der Regel ist ein solches Zusammenleben nur möglich, wenn alternative Über-Ich-Bilder vorhanden sind. Für Amerikaner ist das manchmal deshalb schwer zu verstehen, weil sie in einer freien Gesellschaft heranwachsen und in diesem Rahmen von einer Vielzahl von Über-Ich-Bildern zehren können. So gibt es in der amerikanischen Gesellschaft zum Beispiel die widersprüchlichen Über-Ich-Vorstellungen vom Puritaner und vom Genußmenschen, vom Mann im grauen Anzug und vom Cowboy, usw. Im Nazi-Deutschland dagegen waren alle Über-Ich-Vorstellungen ineinandergekoppelt, und so war es damals äußerst schwierig, ein von der existierenden Gesellschaft abweichendes und sehr persönliches Über-Ich zu entwickeln oder aufrechtzuerhalten.
Wie wir bereits festgestellt haben, fordert der heutige totalitäre Staat, im Gegensatz zu den Tyranneien der Vergangenheit, im Bereich aller Lebensaktivitäten, also auch im privatesten Bereich, die spontane Zustimmung und totale Anpassung des einzelnen. Es ist relativ einfach, den Mund zu halten. Wesentlich schwieriger ist es, in einem System, das man verurteilt, gesellschaftliche Prozesse mitmachen zu müssen und dabei immer so zu tun, als sei man mit ihnen einverstanden.
Kehren wir noch einmal kurz zu den bereits erwähnten Träumen von Nazigegnern zurück: Träumen zu müssen, daß man sein eigenes Rückgrat bricht und daß man sich etwas zu tun zwingt, wofür man sich selbst haßt (ein Beispiel war der Hitlergruß), das ist eine der qualvollsten Erfahrungen, die man sich vorstellen kann. Derartiges zu träumen ist nicht nur schrecklich beunruhigend, sondern auch ein überzeugender Beweis dafür, daß das Regime die Macht besitzt, sogar in die privateste Sphäre des Menschen einzudringen und seinen innersten Bereich zu beherrschen – denn die Traumwelt ist ein solcher Bereich.
So konnte sich also der Regimegegner – übrigens bereits in den Anfängen des Nationalsozialismus – nicht einmal im Schlaf von der permanenten Bedrohung der eigenen Person erholen. Und genausowenig enthob ihn der Schlaf des ständigen Konfliktes, bei dem es darum ging, ob er seinen eigenen Überzeugungen gemäß handeln oder auf Nummer Sicher gehen sollte. Dieser Konflikt verfolgte ihn bis in sein vermeintlich sicheres Zuhause, bis in sein Bett, bis in seinen Schlaf. Sein Unbewußtes, das ihn in seinen Träumen bearbeitete, überzeugte ihn am Ende, daß er wirkliche Sicherheit nur dann erlangen könne, wenn er das tat, was das Regime von ihm forderte. Manche träumten sogar, daß man verbotene Gedanken nicht denken dürfe, so zum Beispiel der Mann, der im Traum einen Protestbrief schrieb und statt dessen ein weißes Blatt Papier abschickte. Andere Träume gingen

noch weiter, indem sie dem Träumenden zu verstehen gaben, daß er es nur ja nicht wagen solle, das zu träumen, was ihm zu denken verboten war. Das sollen zwei weitere Träume veranschaulichen, die ebenfalls aus den Anfängen der Hitlerzeit stammen. In dem einen Traum sah sich eine Frau die *Zauberflöte* an. Da sie wußte, daß in dieser Oper eine Gestalt vorkommt, die für den Teufel gehalten wird, kam ihr im Traum der Gedanke, daß Hitler genau wie dieser Teufel sei. Doch dafür, daß sie dies dachte, wurde sie auf der Stelle verhaftet.

Ein Mann träumte von einem Atlas, den er betrachtete, wobei er mit dem Gedanken spielte, in ein freies Land zu emigrieren – der Atlas wurde von der Polizei sofort beschlagnahmt. Solche Träume veranschaulichen den Konflikt, in dem die Regimegegner lebten. Die Vernunft, unterstützt vom Über-Ich, vertritt den Standpunkt, daß Hitler wie ein Teufel ist und daß es darum geht, in ein freies Land zu fliehen; das Unbewußte meint dagegen: du darfst solche Gedanken nicht denken (oder träumen), sonst wirst du vernichtet. Sogar im Traum noch fühlte sich das Ich hin- und hergerissen zwischen seinem Wunsch, dem Über-Ich dadurch zu gehorchen, daß es richtig (also gegen das System) handelte, und seinem entgegengesetzten Wunsch, sich dem System selbst im privatesten Denken noch zu unterwerfen, um nur ja nicht das eigene Leben zu gefährden.

Diese Träume zeigen zur Genüge, daß die Regimegegner in totalitären Gesellschaftssystemen in der ständigen Angst leben, sie könnten einen Fehler begehen, sie könnten ihre innersten Gefühle verraten und dadurch Gefahr laufen, allein oder zusammen mit ihren Familien vernichtet zu werden. Daher müssen Regimegegner zu perfekten Schauspielern werden. Aber um ein perfekter Schauspieler zu werden, muß man in der Rolle nicht nur agieren, sondern auch in ihr handeln, in ihr fühlen.

Nur indem man zum gehorsamen, zum beflissenen Diener des totalitären Staates wird, kann man sichergehen, daß man alle Befehle, alle Verordnungen befolgt und daß einem keiner das Gegenteil nachweisen kann.

So aber entdecken wir nun, daß die Korruption durch den Totalitarismus in der Hoffnung besteht, man könne dadurch sowohl seinen inneren wie seinen äußeren Frieden zurückgewinnen – den inneren Frieden, der dadurch entsteht, daß man schwerwiegende innere Konflikte gelöst hat, und den äußeren Frieden, der im Gefühl der eigenen Sicherheit wurzelt. Doch leider bezahlt der Mensch, der ursprünglich ein Gegner des totalitären Systems war, diesen Frieden mit einem teuren Preis – er verliert seine Autonomie, seine Selbstachtung, seine menschliche Würde. Es ist viel Wahres an der Bemerkung, daß der Friede, der in einer totalitären Gesellschaft herrscht, mit dem Tod der Seele erkauft wird.

Deutsch von Edwin Ortmann

1 Mit diesem Unterschied hat sich zum Beispiel Robert Waelder in folgender Arbeit auseinandergesetzt: »Authoritarianism and Totalitarianism«,: Wilbur und Muensterberg (Hg.) *Psychoanalysis and Culture* (New York: International Universities Press, 1951), Seite 185–195.

2 *New York Times,* 23. Dezember 1965.

3 Diese beiden und viele ähnliche Träume, darunter auch der zum Schluß dieses Essays geschilderte, finden sich bei Beradt, *op. cit.*

4 Natürlich darf man erwarten, daß eine derart oberflächliche Lösung eines so tiefgreifenden Problems, wie es die wechselseitig konflikthafte Einstellung der eigenen Eltern ist, nur von kurzer Dauer sein kann. Außerdem kann eine solche Lösung nur solange aufrechterhalten werden, so lange der starke Druck und die massive Beeinflussung von außen anhalten. Als das Dritte Reich zu Ende ging und sich herausstellte, wie bösartig das Naziregime gewesen war, kehrte dieses Mädchen, nun eine junge Frau, zu ihren ursprünglichen Wertvorstellungen zurück, und es quälten sie schwere Schuldgefühle, weil sie diese Vorstellungen aufgegeben hatte. Sie widmete einen großen Teil ihres späteren Lebens einer Art von Wiedergutmachung, obwohl ihre Beteiligung an den Naziverbrechen wirklich unerheblich gewesen war. Ihre Schuldgefühle veranlaßten sie, mir ihre Geschichte zu erzählen, in der unausgesprochenen und wahrscheinlich unbewußten Hoffnung, ich könnte ihr aufgrund meiner eigenen Erfahrungen helfen. Da ich meinte, daß sie zu sich selbst eine allzu kritische Einstellung hatte, versuchte ich sie dahingehend zu überzeugen, daß sie in Zukunft weniger hart zu sich selber sein sollte.

Entfremdung und Autonomie*

Autonomie ist ein griechisches Wort, das soviel wie Freiheit, Unabhängigkeit und Selbständigkeit bedeutet. *Entfremdung* bezeichnet dagegen einen Zustand des Entfremdetseins, der Selbstentäußerung oder Selbstentfremdung. Wenn die Begriffe so definiert werden, wer möchte da nicht autonom sein und wer möchte nicht der Entfremdung entgehen? Aber die Dinge liegen nicht ganz so einfach – diese beiden Ausdrücke stehen auch hinter zwei modernen Begriffen: dem Zustand der Innenlenkung im Gegensatz zu dem der Außenlenkung.

Diese beiden verschiedenen Grundbedingungen menschlichen Daseins wurden nicht von Gott oder dem Teufel, sondern von uns selbst geschaffen. In der Theorie sind ihre Ziele einander antipodisch entgegengesetzt. Und in der Praxis möchte der Mensch sowohl durch die sublimsten individuellen Errungenschaften der Kultur bereichert werden als auch alle Vorteile genießen, die eine unpersönliche technologische Massengesellschaft mit sich bringt, möchte also sowohl innenorientiert (selbstbestimmt) leben als auch dem anderen verbunden sein. Was sich in diesen beiden Wörtern als Dichotomie darstellt, ist in Wirklichkeit eine Frage der richtigen Mischung. Es ist das uralte Problem, was und wieviel man dem Kaiser geben soll.

Die Europäer waren gewöhnt, ihre alte Kultur von oben herab mit der vermeintlich öden technischen Zivilisation Amerikas zu vergleichen. Aber die alten europäischen Länder können heute nicht mehr so ohne weiteres in Abrede stellen, daß sie selbst auch großen Wert auf all den Komfort und die Annehmlichkeiten des Lebens legen, wie sie die moderne Massenproduktion ermöglicht. Während einige Länder wohlhabender werden und damit

* Dieser Vortrag wurde ursprünglich als sechste der Monday Lectures 1966/67 an der University of Chicago gehalten. Er wurde später in eine Sammlung dieser Vorlesungen aufgenommen: Ben Rothblatt (Hrsg.), *Changing Perspectives on Man*, (Chicago: University of Chicago Press, 1968), Seite 149–71. Er ist hier in leicht veränderter Fassung wiedergegeben.

auch mit Anomie mehr Bekanntschaft machen, wächst bei ihnen die Einsicht, daß es bislang unmöglich scheint, die Vorteile des einen zu genießen, ohne das andere erdulden zu müssen. Ein Erlebnis, das ich kürzlich hatte, führte mir dies plastisch vor Augen.

Ich hielt mich gerade in Europa auf, als 1965 die Krawalle im Stadtteil Watts in Los Angeles ausbrachen. Ich verfolgte mit angespanntem Interesse die Berichte darüber in den europäischen Blättern, und dabei fiel mir die nüchterne, verständnisvolle Haltung gegenüber unseren Schwierigkeiten auf, die von den Zeitungen eingenommen wurde. Auf früheren Reisen hatte ich festgestellt, daß innere Probleme der USA in Europa Herablassung ausgelöst hatten; es war, zumal in liberalen Kreisen, ein beliebter Zeitvertreib gewesen, uns Amerikaner damit hochzunehmen, wie wir mit unserem schwarzen Bevölkerungsteil umgingen. Demgegenüber hatte sich die Einstellung der Europäer nun merkwürdig verändert. Der Tenor der Berichte war: »Was können die Amerikaner denn anderes erwarten? Wenn bei ihnen der Staat die größten Anstrengungen unternimmt, den entfremdeten Gruppen ihre Entfremdung von der Gesellschaft bewußt zu machen, wenn er in ihnen Hoffnungen weckt, die er im Augenblick beim besten Willen nicht erfüllen kann, dann muß es zwangsläufig zu Unruhen kommen.« Dieser Wandel ist sicherlich auf die Schwierigkeiten zurückzuführen, denen sich seinerzeit die europäischen Großstädte ausgesetzt sahen. Genau gleichzeitig mit den Krawallen in Los Angeles gab es in Stockholm an sechs aufeinanderfolgenden Tagen Unruhen, die für zwei Tage sogar auf Oslo übergriffen. Sie flackerten auf, als die Stockholmer Polizei zwei einander bekämpfende Gruppen trennen wollte, die dann gemeinsam gegen die Polizei Front machten und randalierend durch die Straßen zogen. Es gibt also jetzt auch in Europa große Gruppen, die entfremdet sind und durch diesen Zustand zu explosiven Reaktionen getrieben werden.

Es scheint, daß es einen Ausweg gibt, doch wird er kaum je diskutiert oder im Prinzip als Ausweg anerkannt – ganz gewiß nicht in den Vereinigten Staaten. Er beruht im wesentlichen auf dem Gedanken, daß Autonomie nur für einige wenige da sei – die Auserwählten – und daß man für die Massen im besten Fall nur soviel tun kann, sie vor der Erfahrung der Entfremdung und die Gesellschaft vor deren Konsequenzen zu bewahren. Dies, so glaubt man, sei damit zu erreichen, daß man die Dinge so regelt, daß »die unteren Klassen« wissen, welcher Platz ihnen zukommt, und sich danach richten, in der Familie wie in der Gesellschaft, sozial, politisch und wirtschaftlich. Ihre Kinder sollten von Anfang an lernen, zu gehorchen und sich damit abfinden, daß andere über sie bestimmen.

Wieder einmal wird also vorgeschlagen, die Philosophen sollten die Herrscher sein. Das bedeutet, daß »die oberen Klassen«, aber nur sie, dazu erzogen werden müssen, nicht den Gefahren eines entfremdeten Daseins zu erliegen. Es bedeutet, daß sie nicht nur zu Autonomie, sondern mehr noch zur Verantwortung, zum Bewußtsein ihrer selbst und zu verfeinerter Sensibilität erzogen werden müssen. Dies war tatsächlich die recht einfache Methode, nach der das mehr oder minder klassenorientierte europäische Bildungswesen mit dem Problem der Entfremdung der Massen fertigzuwerden versuchte. Aber wie man an den Stockholmer Unruhen sieht, die bestimmt nicht von den Jugendlichen ausgelöst wurden, die wir als College-Jugend bezeichnen würden, funktioniert das System nicht mehr so richtig.

Offenbar ist die Auffassung weit verbreitet, der Mensch habe sich in früheren Zeiten größerer Autonomie erfreut, sei im allgemeinen selbstbestimmt gewesen und habe erst in jüngerer Zeit unter Entfremdung zu leiden begonnen. Angesichts dieses Irrtums ist es vielleicht angebracht, einige wohlbekannte historische Tatsachen in Erinnerung zu rufen. Erstens hat es Aufruhr in allen Epochen der Geschichte gegeben. Und wenn es zweitens einmal längere Zeit keinen gab, so nicht deshalb, weil die potentiellen Aufrührer autonom oder selbstbestimmt gewesen wären, sondern weil sie gewaltsam unterdrückt wurden und weil ihnen harte Arbeit und Versagung so zusetzten, daß sie nicht die Kraft aufbrachten, aufrührerisch zu werden, oder gar nicht auf den Gedanken kamen, daß auch sie ein Anrecht auf einen Platz an der Sonne hatten oder, falls ihnen der Gedanke doch kam, jedenfalls nicht imstande waren, ihrer Überzeugung gemäß zu handeln. Solange der Mensch vor allem ein Teil seiner Familie oder Sippe war, als sein ganzes Leben sich innerhalb des Dorfes, der Kirche, seines Bauernhofes oder seiner Zunft abspielte, war ihm durch die Tradition vorgeschrieben, was er mit seinem Leben anfangen konnte, dachte sein Priester für ihn und zwang ihm der Lehnsherr seinen Willen auf. Fest in seiner engeren Umgebung verwurzelt, war der Mensch zwar nicht entfremdet, aber gewiß auch nicht autonom. Wenn man sich überlegt, wie das Leben unter diesen Umständen für die allermeisten Menschen gewesen sein muß, könnte man zu dem Schluß kommen, daß es keine Entfremdung gibt, wo es keine Autonomie gibt. Aber wären wir bereit, diesen Preis dafür zu zahlen?

Ohne diesen Gedanken aus den Augen zu verlieren, wollen wir einmal einen kurzen Blick auf einige der Lebensbedingungen jener Zeiten werfen. Historiker versichern uns, daß in Frankreich – dem damals fortschrittlichsten Land der westlichen Welt – auf den Dörfern, wo im 18. Jahrhundert die meisten Menschen lebten, das mittlere Heiratsalter höher lag als das mittlere Sterbealter. Die durchschnittliche Lebenserwartung war vielleicht ein Drittel von dem, was sie heute bei uns beträgt, und bei Frauen wegen der vielen Todesfälle im Kindbett erheblich niedriger als bei Männern. In manchen Jahren starb die Mehrzahl der Einwohner ganzer Gemeinwesen Hungers, und das war offenbar kein seltenes Vorkommnis; nur eine dünne Oberschicht blieb am Leben.

In Schweden, einem Land, in dem heute die gesamte Bevölkerung wenn nicht Autonomie, so doch ein annehmbares Maß an sozialer Sicherheit genießt, kam, neuen Forschungsergebnissen zufolge, in früheren Jahrhunderten nach einem Hungerjahr oft ein Jahr der Seuchen, die dann die Jungen, die Alten und die Schwachen hinwegrafften. Tawney schrieb über das England des vorigen Jahrhunderts: »Das Entscheidende ist nicht, daß die eine Klasse reich ist und die andere arm, sondern daß die eine Klasse lebt und die andere stirbt.«

Die Zustände, von denen hier die Geschichtsforschung berichtet, herrschen heute noch in den größten Teilen Afrikas, Asiens und Lateinamerikas. Die unbequeme Wahrheit ist, daß die überwältigende Mehrheit der Weltbevölkerung immer noch in dürftigsten Verhältnissen lebt. Diese Menschen kennen weder eine Privatsphäre noch Kultur noch Autonomie. Entfremdung wäre in ihren Augen fürwahr ein geringer Preis für den Zugang zu einigen der sozio-ökonomischen Vorteile, der zwischenmenschlichen Erfahrungen – einschließlich der entfremdeten –, deren sich viele von uns heutzutage erfreuen.

Will ich also damit dagen, daß Entfremdung der notwendige Preis ist, wenn mehr Menschen ein gewisses Maß an Autonomie bekommen sollen? Möglicherweise ja, aber wir formulieren die Frage noch viel zu sehr im Sinne von entweder – oder. Leider wird sie auch von vielen so gestellt, die erkannt haben, daß die Vorteile der Industrialisierung unvermeidlich mit Entfremdung einhergehen und die deshalb versuchen, ihrer relativen Entfremdung zu entgehen, indem sie sich in solipsistische Isolation flüchten. Reaktionen solcher Art findet man bei denjenigen, die der Meinung sind, da der moderne Mensch offenbar ohnehin in einem Zustand relativer Entfremdung leben müsse, sei es besser, ihn von Anfang an in einer totalen Isolation einer Skinner-Box zu halten oder ihn mit Lernmaschinen zu erziehen anstatt durch menschlichen Kontakt und Erfahrung.

Das andere Extrem bilden jene, die sich hemmungslos abartigem Sex, der Gewalt oder durch Drogen hervorgerufenem Wahnsinn ergeben. Sie geben sich dem Selbstbetrug hin, sie würden schon allein zur Autonomie gelangen, weil sie diese Dinge aus eigenem Antrieb tun. Beides sind keine echten Lösungen – weder ein selbstgewähltes, von Maschinen beherrschtes Dasein, noch die Flucht in eine Aufpeitschung der Sinne, die letztlich nur zu deren Abstumpfung führt.

Es ist ein Fehler, aus der Entfremdung etwas Gutes machen zu wollen, indem man alle Aspekte des menschlichen Daseins über jedes vernünftige Maß hinaus technisiert, um größere materielle Vorteile zu erlangen. Es ist auch ein Fehler, der Entfremdung dadurch begegnen zu wollen, daß man der Welt überhaupt entsagt, weil es so schwierig ist, sie zu nehmen wie sie ist und trotzdem selbstbestimmt zu bleiben. Das eigentliche Problem ist: Wie erreicht man das optimale Gleichgewicht zwischen relativer Entfremdung und relativer Autonomie – zwischen Selbstbestimmtheit und Abhängigkeit vom andern? An den Unruhen von Watts, Berkeley und Stockholm waren Gruppen mit höchstem und niedrigstem Bildungsstand, wenn nicht auch sozialem Status, beteiligt. Aber diese Gruppen leiden gleichermaßen unter Entfremdung und streben gleichermaßen nach Autonomie.

Deshalb lautet meine These, daß im Gegensatz zur landläufigen Meinung diese beiden, Entfremdung und Autonomie, obzwar als Begriffe antithetisch, in Wahrheit in einem korrelativen Verhältnis zueinander stehen: je mehr von dem einen vorhanden ist, um so mehr kann auch von dem anderen da sein, und wo zum Beispiel wenig Autonomie ist, dort gibt es im allgemeinen auch wenig Entfremdung. Unser derzeitiges Dilemma ist, daß erst dieser Zusammenhang zwischen beiden erkannt werden muß, bevor auch nur der Versuch unternommen werden kann, das eigentliche Problem anzugehen. Autonomie und persönliche Entfremdung sind schließlich und endlich beides nicht nur korrelative, sondern auch relative Begriffe.

Wir glauben alle zu wissen, was wir meinen, wenn wir von Entfremdung reden: Anomie oder emotionale Störung. Aber diese Worte haben keinen Sinn, wenn wir sie nicht komparativ gebrauchen; zu welchen Begriffen bringen wir sie also in Gegensatz? Lassen Sie mich für die Zwecke dieser Erörterung davon ausgehen, daß persönliche Integration das Gegenteil sowohl von Entfremdung als auch von emotionaler Störung ist und daß sie die notwendige Vorbedingung für Autonomie ist. Und lassen Sie mich des weiteren davon ausgehen, daß eine gerechtfertigte Selbstachtung, wahrhafte Selbstbestimmung und die Fähigkeit, sinnvolle und dauerhafte persönliche Beziehungen einzugehen, in ihrer Kombination soviel wie Autonomie bedeuten. In einer solchen Definition deutet sich das janushafte Wesen der Entfremdung an: Sie ist eine Entfremdung von der Welt, in der wir leben, und von unserem inneren Leben; sie ist auch die Unfähigkeit, Harmonie in uns selbst und zwischen unserem inneren Selbst und unserem Leben in der Welt herzustellen.

So gesehen hängt der Grad der persönlichen Integration – und damit der Autonomie –, den ein Mensch erreicht haben muß, um dadurch zuverlässig vor Entfremdung bewahrt zu werden, davon ab, wie gravierend die Auswirkung der Entfremdung ist, der er unterworfen ist, und wie sehr er durch emotionale Störungen aufgrund seiner inneren Konflikte bedroht ist. Da unsere inneren Konflikte und unsere Fähigkeit, sie zu integrieren, beide ihren wesentlichen Ursprung in den Erfahrungen unserer frühen Entwicklung haben, hängt das Ausmaß unserer Fähigkeit, persönliche Integration zu erlangen und zu bewahren, großenteils davon ab, welchen entfremdenden Erfahrungen wir im Säuglingsalter und in der Kindheit in unserer Familie und später in der Gesellschaft ausgesetzt waren.

Die Psychoanalyse sieht überwiegend das früheste Kindesalter als eine Zeit äußerster Passivität, in der andere sich um sämtliche Bedürfnisse des Säuglings kümmern und er selbst weder etwas tun möchte noch zu tun braucht. Im Gegensatz dazu bin ich der Meinung, daß der Säugling enorm aktiv ist, zumal im Hinblick darauf, was für ihn die zentralen Ereignisse seines Lebens sind, wie beispielsweise das Stillen. Er hat dabei zwar sicherlich nicht das Gefühl, daß er Berge versetzt, aber doch immerhin, daß er sie aussaugt. Eine solche Erfahrung als absolut passiv zu betrachten, widerspricht der eigenen Erfahrung des Kindes, nämlich der, daß es eine ungeheure Anstrengung unternimmt. Zum Glück setzt sich diese Ansicht nach und nach sowohl in der Psychoanalyse wie in der akademischen Psychologie immer mehr durch.

Niemand ist weniger autonom, weniger integriert oder sich selbst und der Gesellschaft mehr entfremdet als das Kind, das unter jener Störung leidet, die als infantiler Autismus bezeichnet wird, wie einige der Kinder, mit denen wir an der Orthogenic School arbeiten. Als wir diese Kinder näher kennenlernten, stellten wir fest, daß die Ursache ihrer Störung nicht in erster Linie in einem Mangel an passiven Befriedigungen lag. Solche Befriedigungen konnten wir ihnen leicht verschaffen; manche autistische Kinder nahmen die angebotene Befriedigung an und blieben so autistisch wie zuvor. Andere lehnten sie ab, aber keines überwand aufgrund solcher Befriedigungen seinen Autismus. Das taten die Kinder nur, wenn es uns gelang, sie zu aktivieren.

Viele dieser autistischen Kinder hatten sich offenbar bis zum Alter von achtzehn bis vierundzwanzig Monaten mehr oder minder normal entwikkelt. Das ist das Alter, in dem das Kleinkind noch immer viele Bedürfnisse hat, die es nicht selbst befriedigen kann, wo es aber schon laufen und sprechen kann und deshalb erste Versuche unternimmt, sich selbst zu verschaffen, was es haben möchte. Unseren Untersuchungen zufolge hatten diese Kinder in dem Bestreben, die Außenwelt zu beeinflussen, damit begonnen, normale Sprechfähigkeit und andere Fertigkeiten zu entwickeln, diese Versuche dann aber aufgegeben, als sie das angestrebte Ziel nicht erreichten.

Das Kind zieht sich nicht einfach deshalb zurück, weil seine Bedürfnisse nicht angemessen erfüllt werden, obwohl auch dies mit Sicherheit die Entwicklung seiner Persönlichkeit beeinträchtigt. Es verzichtet sozusagen aufs Weiterleben, wenn es bei seinen Versuchen, die Außenwelt aktiv zu beeinflussen, durch zu wenig Reaktionen oder zu viele falsche Reaktionen frustriert wird. Es zieht sich zurück, wenn es feststellt, daß es nach seinen ersten eigenen Versuchen, Beziehungen herzustellen, die Außenwelt noch weniger beeinflussen kann als zuvor. Wenn das Kind sich angewöhnen soll, von sich aus die Initiative zu ergreifen, muß es auch zu der Überzeugung gelangen, daß solche Initiative den gewünschten Erfolg bringt. Daß es ein kritisches Alter gibt, in dem dieser Prozeß sich abspielen muß, gilt wahrscheinlich genauso für den Menschen, wie es offenbar für die Prägung bei einigen Vögeln und Säugetieren bereits nachgewiesen ist.
Das ist der Grund, weshalb von der Uhr bestimmte Fütterungszeiten ein Kleinkind entmenschlichen können. Es liegt weniger daran, daß künstliche Fütterungszeiten dem natürlichen Rhythmus des Körpers widersprechen oder daß sie eine mechanische Ordnung der Zeit und der Mutter-Kind-Beziehung beinhalten. Vielmehr ist der Grund darin zu sehen, daß das Kind, um Initiative zu entwickeln, die Erfahrung machen muß, daß sein Schreien nach Essen nach einem eigenen Zeitplan Sättigung zur Folge hat. Dies erst macht das Füttern zu einer sozialisierenden und vermenschlichenden Erfahrung. Und auch schon dadurch, daß das Lächeln des Kindes eine entsprechende Reaktion bei seiner Mutter auslöst, kommt das Kind auf dem Weg zur Autonomie ein Stück voran, weil es dadurch das Gefühl vermittelt bekommt, daß sein eigenes Handeln die Veränderung hervorruft. Umgekehrt wird das Kind, das häufig die Erfahrung machen muß, daß sein Handeln – Schreien oder Lächeln – keine Veränderung bewirkt, dadurch auf den Weg der Entfremdung gedrängt.
Wie bereits erwähnt, ist richtige Prägung bei Tieren im wesentlichen eine Frage des Zeitpunktes. Für ein Tier, das die richtige Erfahrung nicht im rechten Augenblick macht, sondern zu einem früheren oder späteren Zeitpunkt seiner frühen Entwicklung, hat dies ernste Folgen. Dasselbe gilt für den Menschen, obwohl hier der Spielraum erheblich größer ist: Wir müssen alle ungefähr zum richtigen Zeitpunkt die richtigen Erfahrungen machen. Das Streben des Jugendlichen nach Autonomie bleibt uns nicht verborgen – wir erleben seinen inneren Aufruhr mit, seine Konflikte, sein Ringen um eine eigene Gegenwelt zu der Welt der Erwachsenen. Noch dramatischer und weitaus folgenschwerer ist der Kampf des Kleinkinds, den es ausficht, um aus den kläglichen Bausteinen, die seine Wirklichkeit ihm zur Verfügung stellt, seine eigene Welt aufzubauen. Die elterliche Ermahnung an das

frustrierte Kind, »Wenn du einmal größer bist, wirst du alles verstehen und dein Leben meistern«, ist keine große Hilfe. Das Kind möchte nicht irgendwann in der Zukunft selbstbestimmter Mensch werden, sondern jetzt sofort einer sein. Und es kämpft mit Recht: Jahrelange Erfahrungen mit dem Leben bei gleichzeitigem Fehlen von Autonomie können das Selbstvertrauen eines Menschen zerstören, und dieser Verlust ist noch verhängnisvoller als der des Vertrauens in andere Menschen.

Eben dieses Problem der frühen Autonomie im Gegensatz zu der Auffassung von der totalen Abhängigkeit des Kleinkinds von der Mutter bewog mich, im Jahre 1964 nach Israel zu gehen, um die Kindererziehung im Kibbuz zu studieren.[1] In den Kibbuzim werden die Säuglinge vom vierten Lebenstag an nur noch zum Teil von ihren Müttern betreut, und vom dritten Monat an spielt die Mutter eine noch geringere Rolle in ihrem Leben. Unseren Theorien zufolge müßte dies zu extremer Entfremdung führen. Das ist aber nicht der Fall. Das junge Kibbuz-Kind entwickelt Autonomie in seinen Interaktionen mit anderen und in seiner Beherrschung der menschlichen und physischen Außenwelt, und dies zu einem erheblich früheren Zeitpunkt und in einem größeren Ausmaß als in unserer Gesellschaft. Die Kibbuz-Gesellschaft ist relativ frei von entfremdenden Einflüssen. Man findet dort fast kein sexuelles Ausagieren oder sexuelle Abartigkeit, fast keine infantile Psychosen, keinerlei Kriminalität und keine Drogensucht, und die Ehen sind bemerkenswert stabil.

Die israelische Gesellschaft ist der unseren sehr ähnlich. Die Kinder, die auf die beschriebene Weise in den Kibbuzim großgezogen werden, wachsen zu in sich gefestigten, tüchtigen Erwachsenen heran. Wie das zugeht, ließe sich nur sehr ausführlich beschreiben, weshalb ich hier lediglich feststellen möchte, daß meine Erfahrungen im Kibbuz mich zu der Überzeugung brachten, daß zwar in der Tat jedes Kind ein »Zentrum« in seinem Leben braucht – einen Leitstern –, daß dies aber nicht seine Mutter zu sein braucht. Der Leitstern kann, um im Bild zu bleiben, durch ein Sternbild ersetzt werden, unter der Voraussetzung allerdings, daß der Verlust an Intensität durch wiederholte klare Zielsetzungen wettgemacht wird.

Es stimmt zwar, daß dem Kibbuz-Kind nur begrenzter Spielraum zur Verfügung steht, sich auf seine individuelle Weise diesen Zielsetzungen anzupassen, aber seinen körperlichen und sonstigen triebhaften Bedürfnissen wird großzügig entsprochen, und es ist im frühen Kindesalter nur geringem Druck ausgesetzt, diese Triebe zu beherrschen. Zusammen mit optimalen Bedingungen für Autonomie im Kindesalter trägt dies offenbar viel zum Ausgleich eventueller Defizite selbst in der frühesten Betreuung des Kindes durch die Mutter bei.

Auf ihre Weise spiegelt die Kibbuz-Erziehung offenbar viele Bedürfnisse des modernen Menschen im Hinblick auf die Beziehungen zwischen Erwachsenen und Kinder wider. Sie verkörpert eine mögliche Art der Behandlung solcher Beziehungen, die voraussetzt, daß die Tradition unbeachtet bleibt und die Methoden rein nach pragmatischen Gesichtspunkten ausgewählt werden. Im Kibbuz wird nichts dagegen unternommen, daß ein Kind sich gänzlich zu einer, wie Riesman es nennt, »außenorientierten« oder an der *peer group* orientierten Person entwickelt. Und eigenartigerweise hat man im Kibbuz Erfolg damit; diese außengelenkten Kinder sind nicht entfremdet, sondern fest in ihre Gesellschaft integriert – natürlich zu einem Preis, auf den ich noch zu sprechen komme.

Das Zusammenleben in Altersgruppen von Geburt an gibt allen Kibbuz-Kindern das Gefühl, Geschwister zu sein. Die engsten emotionalen Beziehungen bestehen zur eigenen Altersgruppe, und an zweiter Stelle stehen alle anderen Kibbuz-Kinder. Zusammen mit allen Erwachsenen des Gemeinwesens bilden sie eine einzige große Familie. Sicherlich gibt es Ausnahmen, aber die positiven oder negativen emotionalen Reaktionen eines solchen Kindes auf seine Eltern sind viel weniger stark ausgeprägt als die eines durchschnittlichen Kindes aus der amerikanischen Mittelschicht. Das emotionale Defizit auf dem Gebiet der positiven Bindung an die Eltern, wenn ein solches überhaupt vorliegt, findet einen angemessenen Ausgleich in den weniger intensiven, schwächeren, aber dennoch sehr realen emotionalen Bindungen zu allen Mitgliedern des Kibbuz. Und da das Kibbuz-Kind weniger an seine Eltern gebunden ist, hat es auch viel weniger Grund, sie abzulehnen.

Im Kibbuz-Alltag herrscht wenig Entfremdung zwischen Kind und Erwachsenem, weil die Welt der Kinder und die der Erwachsenen viel mehr gemeinsam haben als bei uns. Die Haupteinnahmen des Gemeinwesens stammen aus dem Anbau von Nahrungsmitteln. Das wird schon den ganz kleinen Kindern klar – sie wissen, welche Arbeit das mit sich bringt, warum diese Arbeit notwendig ist und wer sie tun muß. Genauso wichtig und in ihrer Wichtigkeit anerkannt sind die Zubereitung des Essens in der Gemeinschaftsküche, die Arbeiten in der Wäscherei, das Bauen von Häusern und das Anfertigen von Möbeln. Kleine Kinder sind oft für die Aufzucht von Tieren mitverantwortlich, und vom Grundschulalter an bewirtschaften sie ihre eigenen Farmen. So wird schon das Kind mit fast allen Aufgaben des Erwachsenenlebens vertraut gemacht. Es kennt alle Dinge, die in seiner Welt wichtig sind. Dadurch verstärkt sich das Gefühl des Kindes enorm, ein integrierter Bestandteil seiner Gesellschaft zu sein und einen bedeutenden Anteil an deren Aufgaben zu erfüllen; dies wiederum führt zu einem Gefühl der Tüchtigkeit, der Geborgenheit und des Wohlbefindens. So verhütet die Verteilung der Alltagsarbeit alle Entfremdung und vermehrt eine begrenzte Autonomie, vorausgesetzt, daß dadurch kein Konflikt mit dem Gruppenzusammenhalt entsteht.

In diesem Zusammenhang sollten wir uns daran erinnern, daß der Begriff Entfremdung, der hier verwendet wird, sich von Marx' Begriff der Entfremdung der Proletarier von den Produktionsmitteln herleitet und welche Folgen diese für die Entwicklung der Persönlichkeit hat. Entfremdung von den Produktionsmitteln existiert im Kibbuz nicht, und das ist sicher einer der Gründe für das Fehlen von Entfremdung. Umgekehrt ist dort, wo die Kinder allem entfremdet sind, was mit ursprünglicher, dem Lebensunterhalt dienender Arbeit zusammenhängt, wie es in den Vereinigten Staaten weitgehend der Fall ist, diese Tatsache sicherlich eine Ursache ihrer sozialen wie persönlichen Entfremdung. Oscar Lewis hat von dem Mythos der Arbeit gesprochen, der in Castros Kuba herrsche. Es ist aber nicht der Mythos der Arbeit, der im Leben der puertorikanischen Familien in New York fehlt, die in der von ihm geschilderten »Kultur der Armut« leben. Was diesen Menschen fehlt, ist sinnvolle Arbeit, und ihre Entfremdung von der Arbeit macht sie so unglücklich, nicht das Fehlen eines Mythos der Arbeit.

Was sind davon abgesehen die anderen wesentlichen Unterschiede in der Persönlichkeitsentwicklung zwischen dem amerikanischen und dem Kibbuz-System? Bei dem Versuch, sie aufzuzählen, werde ich Eriksons revidiertes psychoanalytisches Modell verwenden, demzufolge menschliche Persönlichkeiten sich dadurch entwickeln, daß sie eine Reihe innerer und zwischenmenschlicher Kämpfe oder Krisen durchmachen und bestehen.[2]

Das entscheidende Problem, das in der ersten dieser psychosozialen und psychobiologischen Krisen auftritt, ist der Widerstreit zwischen Vertrauen und Mißtrauen. Je nach den frühen Lebenserfahrungen des Kindes und seinen Reaktionen darauf, ist das Ergebnis dieser Krise, daß das Kind zu einem Menschen heranwächst, der entweder sich selbst und anderen traut oder sich selbst und anderen stets mit Mißtrauen begegnet. Schon in diesem frühesten Stadium sind die Voraussetzungen für das Kind im Kibbuz ganz anders als in der amerikanischen Mittelschicht, weil Vertrauen im Kibbuz weniger von der Mutter alleine als von mehreren verschiedenen Personen aufgebaut wird, die für die Betreuung des Kindes verantwortlich sind. Das Kibbuz-Kind wird also nicht von einer Einzelperson betreut, die gleichzeitig absolute Gewalt über es hat und entweder sehr intensiv auf es eingehen oder aber sein Todfeind sein kann oder irgendwo zwischen diesen beiden Extremen steht. In unserer Gesellschaft muß sich das Kind dagegen auf eine bestimmte Person und deren Eigenheiten und Charakterzüge einstellen.

Noch ausgeprägter sind die Unterschiede offenbar in der zweiten Krise, die zeitlich mit dem Laufenlernen und der sogenannten »Sauberkeitserziehung« zusammenfällt. Im Mittelpunkt dieser Krise steht das Streben nach Autonomie durch Selbstdisziplin; wenn einem das nicht gelingt und man sich schmutzig macht, wird man von seinen Eltern getadelt, und das wiederum führt zu Selbstzweifeln. Im Kibbuz setzt dagegen die Sauberkeitserziehung recht spät ein und wird sehr zwanglos gehandhabt. Andere Aspekte der Erziehung zur Reinlichkeit, wie zum Beispiel Tischmanieren und Pflege der Kleidung, spielen eine viel geringere Rolle als bei uns. Da an die Kinder auf diesen Gebieten im Kibbuz viel geringere Anforderungen gestellt werden, zweifeln sie auch viel seltener an sich selbst. Da sie so sehr sich selbst überlassen werden, erlangen sie gleichzeitig schon in einem viel früheren Alter viel größere Autonomie.

Während in der Gesellschaft der amerikanischen Mittelschicht die *peer group* bis zum Schulalter keinen wesentlichen formativen Einfluß darstellt, spielt sie im Kibbuz schon im zweiten Entwicklungsstadium, dem des Gehenlernens, wenn nicht sogar schon früher, eine wichtige Rolle. Und weil ein Kibbuz-Kind einen so großen Teil seiner Erziehung von Gleichaltrigen erhält, bestimmt die Gruppe, was man tun darf und was nicht, während es bei uns die Eltern bestimmen. Dank der viel geringeren Zahl der Gebote und Verbote und einer viel zwangloseren Sauberkeitserziehung ist das Über-Ich des Kindes weniger streng. Aber gleichzeitig ist das Gewissen des Kindes nicht so sehr die verinnerlichte Stimme eines Elternteils, sondern in viel größerem Ausmaß die Stimme der Gruppe, die das Verhalten des Kindes beeinflußt.

Im Mittelpunkt der dritten Krise des Heranwachsens, die etwa mit dem Vorschulalter zusammenfällt, steht das Bestreben, Initiative zu entwickeln und Schuldgefühle zu vermeiden. Aber Schuldgefühle sind im Kibbuz von ganz anderer Natur. Auch sie sind nicht die Folge der Übertretung eines von den Eltern aufgestellten Gesetzes, sondern eines Verstoßes gegen die Wertvorstellungen der Gruppe. Solch eine innere Haltung würden wir als außengelenkt oder gar entfremdet bezeichnen. Im Kibbuz dagegen bedeutet sie, daß das Kind sowohl in sich selbst als auch in der Gesellschaft gut integriert ist. Auch wird im Kibbuz körperliche Initiative bei der Arbeit, beim Spiel und beim Erkunden der Umwelt viel stärker gefördert, weil die Kinder innerhalb eines Gemeinwesens, das ihnen vertraut ist und in dem sie sich gefahrlos bewegen können, weitgehend für sich selbst sorgen.

Der zentrale Konflikt der Latenzzeit liegt darin, daß man entweder fleißig werden oder unter Minderwertigkeitsgefühlen leiden muß. Erikson sagt darüber: »Alle Kinder brauchen zu allen Zeiten ab und zu die Einsamkeit, um alleine zu spielen, aber sie werden alle früher oder später unzufrieden und verstimmt, wenn sie nicht das Gefühl haben, sich nützlich machen zu können, das Gefühl, etwas Brauchbares machen und es gut machen zu können.«

Diese Feststellung macht wiederum deutlich, wie sehr sich die Verhältnisse bei uns von denen im Kibbuz unterscheiden. Das Kibbuz-Kind ist nie alleine. Wenn es einmal ein paar Augenblicke etwas für sich allein macht, wird es sofort von einem anderen Kind oder einem Erwachsenen dabei gestört, weil im ganzen Kibbuz das Vorherrschen der Außenlenkung und der Gruppen-Aktivitäten einen Mangel an Respekt für die Privatsphäre mit sich bringt, was auch für das Kind in hohem Maße zutrifft, weshalb es den Eingriff in seine Privatsphäre als gerechtfertigt und in Einklang mit den Sitten und Gebräuchen seiner Gesellschaft stehend ansieht.

Andererseits gelangt das Kibbuz-Kind schon lange vor der Latenzperiode dazu, praktische Arbeit, Fleiß und das Zusammenarbeiten mit anderen bei der Herstellung nützlicher Dinge sehr hoch zu bewerten. Von einem sehr frühen Alter an hat es gelernt, seinen Beitrag zur Wirtschaft des Kibbuz zu leisten, und vom ersten Schultag an arbeitet es auf der Kinderfarm, und zwar gerne und fleißig. Das ist ein wichtiges Beispiel dafür, wie ein relativ niedriges Niveau persönlicher Integration ausgeglichen wird durch den höheren Grad an Autonomie und Selbstachtung, der dem Kind aus seiner sinnvollen Arbeit erwächst.

Dasselbe Beispiel zeigt, wie stark der Zeitplan im Kibbuz für die Erfahrungen, die für die Entwicklung des Menschen entscheidend sind, von dem der amerikanischen Mittelstandsgesellschaft abweicht. Einsamkeit ist für das Kibbuz-Kind nicht erreichbar, ehe es nicht ins Jugendalter kommt, und auch dann nur selten und für kurze Zeitspannen und mit dem Risiko, trotzdem gestört zu werden. Und während der starke Wunsch des amerikanischen Kindes, sich nützlich zu machen, überwiegend auf Ablehnung stößt, wird dieses Bedürfnis beim Kibbuz-Kind voll befriedigt, da es ständig Dinge tun kann, die ihm konstruktiv erscheinen und die von der ganzen Gemeinschaft gewürdigt werden, weil sie unmittelbar zu ihrem Wohlergehen beitragen. Das bedeutet, daß das Kind Leistungen vollbringt, die in der Gegenwart einen Wert besitzen, und nicht auf Dinge hinarbeitet, die sich erst in ferner Zukunft als wertvoll erweisen werden, wie das Erzielen guter Schulnoten oder das Bestehen von Prüfungen. Das Kibbuz-Kind arbeitet nicht für Belohnungen, die lange auf sich warten lassen, sondern es arbeitet an Dingen, die unmittelbaren Wert besitzen; und es ist genau dieselbe Arbeit, die auch seine Eltern und alle anderen Erwachsenen tun.

Im Grunde genommen wird vom Kibbuz-Kind schon sehr früh ein viel höherer Grad an Tüchtigkeit verlangt, später jedoch nicht sehr viel mehr. Es hat sogar den Anschein, daß die psycho-soziale Entwicklung ihre Ziele schon erreicht hat, wenn der Kibbuz-Jugendliche die Fähigkeit erworben hat, seine Erfüllung in nützlicher Arbeit zu finden, die er zusammen mit allen anderen Angehörigen seines Kibbuz verrichtet.

Erikson zufolge müssen Amerikaner noch mindestens vier weitere Krisen bewältigen, um zu vollständiger persönlicher und sozialer Integration als autonome Person zu gelangen. Im Kibbuz lebt es sich leichter. Beispielsweise wird ein im Kibbuz aufgewachsener Mensch nie mit der letzten und achten von Eriksons Krisen konfrontiert: Ich-Integrität kontra Verzweiflung. Im Kibbuz ist kein Raum für die existentielle Verzweiflung, die dem Menschen der westlichen Gesellschaft offenbar so sehr zu schaffen macht. Aber dieses Verschontbleiben hat seinen Preis. Im Sinne von Eriksons Modell ausgedrückt, bleiben dem Kibbuz-Angehörigen Anomie und Entfremdung auf Kosten einer Schwächung persönlicher Identität, intimer Gefühlsbeziehungen und individueller Leistung erspart; an deren Stelle treten Identifizierung mit der Gruppe, emotionale Beziehungen zu vielen anderen und die Leistung der Gruppe. Was Autonomie und Selbstbestimmung anlangt, so sind diese auf den meisten Lebensgebieten auf die Entscheidung beschränkt, ob man Mitglied des Kibbuz bleiben will oder nicht. Bleibt man im Kibbuz, werden die meisten wichtigen Entscheidungen – für welche Art von Arbeit man seine Zeit verwendet, wo man wohnt, wie man ißt, wie man das Geld ausgibt, das man durch seiner Hände Arbeit verdient – nicht vom Individuum, sondern vom Kibbuz getroffen; das kann der einzelne ohne Schaden für seine Selbstachtung akzeptieren, da er ja als Mitglied des Kibbuz an allen Entscheidungen der Vollversammlung beteiligt ist.

Das Beispiel des Kibbuz ist deshalb relevant, weil es sich hier um eine Gesellschaft handelt, die sich zwar grundlegend von der unseren unterscheidet, aber aus Menschen besteht, die uns sehr ähnlich sind. Das Erziehungssystem des Kibbuz gewährleistet seinen Mitgliedern angemessene Integration, aber nicht durch das Streben nach der höchsten Form von Autonomie, sondern durch das Verhüten von Entfremdung – Entfremdung sowohl von der Gruppe als auch von der Arbeit. Und der Kibbuz erreicht dies, indem er nur in relativ geringem Maße das anstrebt, was wir persönliche Autonomie nennen würden. Er kann sich das leisten, weil er den Menschen von einem sehr frühen Alter an ein unglaublich hohes Maß an Selbstverwirklichung durch Arbeit ermöglicht, weil er das Kind von Geburt an in seine Gruppe integriert, in der es keine Rivalität um gute Noten oder sonstige Leistungen gibt, und weil das Kibbuz-System so wenig gegen die Selbstbestimmung des Kindes über seinen eigenen Körper verstößt.

Zurückkommend auf meine eingangs getroffene Feststellung, Autonomie und Entfremdung seien nicht gegensätzliche, sondern korrelative Begriffe, möchte ich hinzufügen, daß sie nicht nur im Hinblick auf das Verhältnis des einzelnen zur Gesellschaft in Korrelation stehen, sondern auch im Hinblick auf den Menschen im Verhältnis zu sich selbst und seinem Körper. Vielleicht spricht aus der Faszination an Sex, Gewalt und Wahnsinn, die ich bereits erwähnte und der offenbar viele unserer entfremdeten jungen Menschen erliegen, deren unbewußte Erkenntnis, daß das Gebiet, auf dem sie am stärksten unter Entfremdung leiden und Autonomie am meisten entbehren, ihre Beziehung zu ihrem eigenen Körper ist. Sie lassen das nicht ins Bewußtsein dringen, indem sie sich und anderen einreden, der Fehler liege in einer Gesellschaft, in der Entfremdung verbreitet und alltäglich sei, und diese Gesellschaft hindere sie daran, Autonomie zu erlangen.
Wie das Beispiel des Kibbuz zeigt, sind Nebensächlichkeiten wie Reinlichkeit, Ordentlichkeit und gute Tischmanieren nur sehr kleine Schritte in Richtung auf die Sozialisierung des Kibbuz-Kindes, das ganz gut ohne sie zurechtkommt. Aber wenn diese Nebensächlichkeiten zu wichtigen erzieherischen Geboten gemacht werden, werden daraus große Schritte in Richtung auf die Entfremdung des Kindes von seinem Körper, weil dann nicht mehr es selbst, sondern seine Eltern darüber bestimmen, was es mit seinem Körper machen darf und was nicht. Die Kontrolle über unsere Körperausscheidungen macht uns zum Beispiel nicht in dem Sinne frei, daß wir nun nie mehr unseren Darm zu entleeren brauchten. Autonomie setzt nur voraus, daß wir, und niemand anders, bestimmen sollen, wann wir ihn entleeren, und wie und wo. Sie kann nicht den Anspruch stellen, ihn auch dann nicht zu entleeren, wenn unser Körper den Drang dazu verspürt.
Auch unsere Emotionen müssen, genau wie der Darm, die Freiheit haben, ihr Recht auf Entlastung und Bedürfnisbefriedigung zu behaupten. Autonomie setzt nicht voraus, daß wir sie total, sondern nur, daß wir sie hinreichend unter Kontrolle haben. Obwohl andere Menschen durchaus einen Einfluß ausüben können, müssen wir sicherlich unsere Emotionen, vor allem unsere Aggressivität, so weit beherrschen, daß sie uns nicht veranlassen, uns selbst oder anderen Schaden zuzufügen.
Nun ist zuviel oder zuwenig Kontrolle bei den Verdauungsfunktionen nur innerhalb sehr enger Grenzen möglich. Für unsere Emotionen gilt das jedoch nicht. Unsere Wünsche können sehr leicht über jedes vernünftige Maß hinaus aufgepeitscht werden, seien es nun Wünsche nach materiellem Besitz oder nach emotionalen oder sexuellen Erfahrungen. Selbst unsere Wünsche nach geistigen oder sozialen Leistungen und Erfolgen können übersteigert sein. Wenn dies geschieht, dann wird es viel schwieriger, einen

solchen Grad an innerer Integration zu erlangen, und diese Wünsche so weit im Zaum zu halten, daß wir uns nicht zu ihren Sklaven machen. Lassen wir uns doch von ihnen versklaven, dann sind emotionale Störungen die Folge; daher meine Bemerkung weiter oben, Autonomie sei das Gegenteil einer emotionalen Störung. Hier fällt es dem Kibbuz-Kind erheblich leichter, seine persönliche Integration zu wahren, obwohl seine soziale Autonomie viel geringer sein kann als unsere. Seine Wünsche nach materiellen Gütern, nach sozialem Erfolg und nach sinnlichen Erfahrungen sind von unserem Standpunkt aus zu schwach entwickelt. Es läßt sie nicht zu solcher Intensität anwachsen, aber dafür leidet es auch nicht so sehr darunter, daß sie frustriert werden.

Ich bin überzeugt, daß die amerikanischen Jugendlichen auch künftig unter ihrem Ungleichgewicht zwischen Autonomie und Entfremdung leiden werden, wenn keine tiefgreifenden Änderungen eintreten, denn im Augenblick übersteigern wir ihre Wünsche und frustrieren sie gleichzeitig, indem wir ihre Autonomie über ihren eigenen Körper beschneiden. Wir halten unsere Kinder dort, wo es darauf ankäme, von Arbeitsleistung entfremdet und frustrieren sie mit vorgeblicher Autonomie, indem wir sie selbst die Art ihrer Ausbildung bestimmen lassen, nur um ihnen dort, wo es darauf ankäme, Autonomie zu entziehen, indem wir sie in ein erklärtermaßen auf Konkurrenzdenken beruhendes Bildungs- und Sozialsystem zwängen. Wir können nicht bessere Leistungen und höhere innere Integration verlangen und die jungen Menschen gleichzeitig ihrem Triebleben entfremden. Wir können nicht einerseits von ihnen erwarten, daß sie Spaß am Lesen von Büchern haben, und ihnen andererseits schon als Kleinkinder einschärfen, daß sie diese wertvollen Bücher nicht schmutzig und kaputt machen dürfen, indem sie zum Beispiel Häuser aus ihnen bauen.

Obwohl Freud sich nur selten über den Menschen in der Gesellschaft äußerte, vermittelte er uns bei den wenigen Gelegenheiten, wo er es doch tat, wichtige Einsichten. Als er schrieb: »Die Schicksalsfrage der Menschenart scheint mir zu sein, ob und in welchem Maße es ihrer Kulturentwicklung gelingen wird, der Störung des Zusammenlebens durch den menschlichen Aggressions- und Selbstvernichtungstrieb Herr zu werden.«[3] dachte er an die Beherrschung der Aggression, nicht an ihre Verdrängung. Doch gerade Verdrängung schreibt die moderne Gesellschaft ihren Kindern vor, anstatt ihnen bei der Bewältigung ihrer Aggressionen zu helfen.

Warum spreche ich ausgerechnet von Verdrängung, wo doch die meisten Kinder in vieler Hinsicht früher viel strenger, mit viel weniger Autonomie erzogen wurden als heute? Gewiß, vor fünfzig Jahren durfte das Kind seiner Mutter nicht widersprechen. Aber das war eine Mutter, die es in seinen ersten Lebensjahren gestillt hatte; und sie hatte es nicht auf die antiseptische Art getan, wie heute Säuglinge gestillt werden. Wenn vor noch gar nicht so langer Zeit eine Mutter (oder Amme) einen Säugling stillte, schmiegte sich das Kind mit einem großen Teil seines nackten Körpers an die entsprechend ausgedehnte Fläche des entblößten Körpers der Mutter, so daß viel direkter Hautkontakt vorhanden war. Der Körper der Mutter wärmte das Kleine; ihr Herzschlag war der Rhythmus – oder die Musik –, dem es lauschte, während es seinen Körper direkt aus ihrem nährte. Es ist noch gar nicht lange her, daß ein Kind nicht bloß die sechs Monate oder weniger gestillt wurde, wie es heute üblich ist, wo man schon sehr bald mit der künstlichen Zusatzernährung beginnt, sondern zwei Jahre und länger. So wurde das Kind in den ersten beiden Lebensjahren nicht nur aus dem Körper seiner Mutter ernährt, sondern hatte auch mehrmals täglich längere Zeit Hautkontakt mit ihr. In diesem Zusammenhang sollte man sich erinnern, daß beim Füttern, während der Säugling am Körper seiner Mutter seinen Hunger stillt, gleichzeitig auch die Mutter vom Druck der Milch befreit wird, die sich in ihrer Brust gesammelt hat. Die angenehme Empfindung des Körperkontakts wird so noch durch den Abbau von Spannung vertieft – im Magen des Kindes durch Hunger und in der Brust der Mutter durch die Milch hervorgerufen –, so daß ein gegenseitiges Geben und Nehmen stattfindet.[4] Unbewußte Erinnerungen an solche Intimität in den ersten Lebensjahren werfen im späteren Leben ihren Abglanz auf die zwischenmenschlichen Beziehungen und können spätere entfremdende Erfahrungen erträglicher machen. So ging in früheren Zeiten lang andauernde Triebbefriedigung am Beginn des Lebens den späteren Einschränkungen der Autonomie voraus. Außerdem verbrachte das Kind später einen großen Teil seiner Zeit mit Arbeit im Haus und Hof oder in der Werkstatt des Vaters, wodurch sich die Chance für menschliche Nähe zwischen Eltern und Kindern ergab und Entfremdung von Arbeit oder Familie vermieden wurde.

Nun da dies alles anders geworden ist, ist ein völlig neues Gleichgewicht zwischen vorhandener Autonomie und erlittener Entfremdung notwendig – weil sich im Hinblick auf dieses Gleichgewicht die Situation in der westlichen Welt in den letzten Generationen grundlegend gewandelt hat. Ein Beispiel aus dem täglichen Leben soll dies verdeutlichen.

In einer Reihe von Gesprächen mit Müttern aus Vorstädten stellte sich heraus, daß eine von ihnen sich große Sorgen darüber machte, welche Folgen es später haben würde, daß sie ihr Kind immer dann geschlagen hatte, wenn es in die Hose gemacht hatte. Als ich mit ihr darüber sprach, warum sie das so beunruhigte, sagte sie mir: »Vielleicht kommt die Angst daher, daß wir soviel über Jugendkriminalität hören – wozu die jungen Leute heutzutage fähig sind! Die sind heute nicht mehr damit zufrieden, Klohäuschen umzustürzen. Das ist heute viel ernster geworden, mit den Aufputschmitteln und all dem Zeug.« Was diese Mutter da sagte, faszinierte mich, denn welches Kind in einer Stadtrandsiedlung kann heute noch ein Klohäuschen umstürzen? Es gibt keine Klohäuschen mehr, und diese Mutter brachte unbewußt dieses jetzt nicht mehr verfügbare Ventil mit Aufputschmitteln in Verbindung.

Das bringt uns zurück zu der Art, wie sie ihren Sohn zur Sauberkeit erzog. Was sich geändert hat, ist nicht, daß er einen Klaps auf den Po bekam; das war sicher auch früher so. Der Unterschied ist, daß das Kind heute, wenn es einmal zwölf ist, sich nicht dafür rächen kann, indem es das Häuschen im Freien umstürzt, ohne für kriminell zu gelten. Natürlich haben die Eltern die Kinder früher auch nicht dazu ermuntert, das Klohäuschen umzuwerfen. Aber wenn die Kinder so etwas machten, dann ging deshalb nicht gleich die Welt unter. Man tat so etwas als Dummejungenstreiche ab.

Wie man hört, gibt es heute Teenager in den Vorstädten, die Antennen von Autos abknicken, und in anderen Vorstädten verzieren sie die Bäume mit Girlanden aus Toilettenpapier. Aber die Einstellung zu solchen Streichen hat sich gewandelt. Wir sind heute höchst indigniert, wir machen uns Sorgen um die Zukunft von Kindern, die solche Streiche verüben, weil wir fürchten, sie könnten zu Verbrechern werden, ja wir holen sogar die Polizei. Wir haben viele Reaktionsmöglichkeiten unterbunden, die es noch vor zwei Generationen gab. Damals konnte ein Junge noch viele Stunden angeln oder mit seinem Hund durch den Wald streifen oder einfach am Fluß sitzen. Heute muß er daheim bleiben und seine Schularbeiten machen.

Ich will damit sagen, daß alles, was uns geschieht, später einmal Folgen hat. Aber wie es uns beeinflußt, das hängt weitgehend davon ab, ob es später eine Möglichkeit gibt, diese Folgen auszudrücken, oder nicht. Als ein zum Jugendlichen herangewachsenes Kind noch die Möglichkeit hatte, den ganzen Tag mit seinem Hund durch den Wald zu streifen, konnte man sich eine strenge Sauberkeitserziehung noch leisten. Es gab andere Dinge zum Ausgleich, und das eine wog das andere auf. Nun da wir dem Kind diese Möglichkeit genommen haben und es nicht mehr mit seinem Hund auf die Jagd gehen kann, wirken sich diese frühen Kindheitserfahrungen viel stärker auf seine gesamte Autonomieerfahrung aus.

Was meiner Ansicht nach not tut, wenn wir in einer modernen Gesellschaft richtig funktionieren sollen, ist eine Überprüfung dieses verschobenen Gleichgewichts zwischen Autonomie und Entfremdung. Wenn eine problemlose Abfuhr nicht mehr möglich oder erwünscht ist, braucht das Kind von Anfang an viel mehr Autonomie und eine Chance, zu wahrer Beherrschung seines Körpers zu gelangen. Es braucht ein viel geringeres Maß an Entfremdung von seinem eigenen Körper und dessen Funktion. Es braucht auch mehr Intimität, was das Gegenteil von Beliebtheit ist, in seinen Beziehungen zu den wenigen Menschen, die ihm auf den verschiedenen Altersstufen am nächsten stehen sollten.

Nur dann kann der junge Mensch übermäßiger Verkrampfung durch das Gefühl der Entfremdung entgehen, das eine moderne Industriegesellschaft ihren Bürgern aufzwingt. Nur dann wird er, in jedem Alter, imstande sein, die vielen Vorteile wirklich zu genießen, die die moderne Gesellschaft denen zu bieten hat, die sich genügend innere Autonomie und Freiheit bewahrt haben, um die Ansprüche ihres Körpers zu nutzen und zu befriedigen. Und nur dann wird er die Fähigkeit zu intimen Beziehungen erlangen, weil er eine wahrhaft autonome Person sein wird, selbst in einer modernen Massengesellschaft. Wie ich zu skizzieren versuchte, ist dieses Ziel durchaus zu erreichen; aber wir werden einiges dafür tun müssen.

Deutsch von Rudolf Hermstein

1 Die Ergebnisse dieser Studie habe ich in *Die Kinder der Zukunft* vorgelegt. Die folgenden Seiten bringen zum Teil Wiederholungen dessen, was ich in diesem Buch geschrieben habe. Seit dessen Erscheinen, und in gewissem Grade aufgrund der darin enthaltenen Berichte, hauptsächlich jedoch wegen der wirtschaftlichen Veränderungen in Israel hat sich die Kibbuz-Erziehung dahingehend geändert, daß den jungen Leuten weit mehr Autonomie bei der Gestaltung ihres Lebens zugestanden wird.

2 Erik Erikson, *Identität und Lebenszyklus,* (Frankfurt: Suhrkamp Verlag, 1966).

3 Sigmund Freud, Das Unbehagen in der Kultur, *Gesammelte Werke* (London; wieder abgedruckt durch den S. Fischer Verlag, Frankfurt 1969–75, Band XIV, Seite 557.

4 Die Brustfütterung als Grundlage für die Entwicklung des Vertrauens in sich selbst – und damit der Autonomie – sowie für die Fähigkeit, positive Beziehungen zu entwickeln, wird etwas ausführlicher in *Die Geburt des Selbst* dargestellt.

Überlegungen zur Privatsphäre*

Wenn ich mir vor Augen halte, welche Probleme sich erheben, da staatliche Behörden, private Organisationen und die Massenmedien immer häufiger, umfassender und zudringlicher in das Privatleben eingreifen – ganz zu schweigen von allen möglichen Umfragen nach Betätigungen, Meinungen und Vorlieben –, fühle ich mich motiviert von meinem eigenen großen Bedürfnis nach Privatraum, meinem Gefallen daran und meinem Ärger, wenn er gestört wird. Ich habe sogar eine sehr starke Abneigung gegen scheinbar harmlose Übergriffe auf meine Privatsphäre, wenn ich nicht zufällig gerade in einer Stimmung bin, in der es mir nichts ausmacht. So bin ich gelegentlich geradezu erzürnt, wenn ich in einem Aufzug oder Flugzeug mit Musik berieselt werde, weil sie nicht zu meiner augenblicklichen Stimmung paßt, weil sie es mir unmöglich macht, privaten Gedanken nachzuhängen, oder weil sie ein Gespräch unterbricht. Solche Zwischenfälle sind zwar unerheblich, deuten aber auf ein viel größeres Problem hin: Mir wird das Recht entzogen, selbst zu entscheiden, ob und wo ich Musik hören will und welche Musik dies sein soll. Daß es eine anonyme Organisation ist, die diese Entscheidungen für mich trifft, macht die Sache nur noch schlimmer; während ich einerseits als Einzelperson betroffen bin, gibt es andererseits keine Einzelperson, bei der ich mich über die Musik beschweren oder um Änderung bitten könnte.

Was mich aufbringt, ist nicht die Musik an sich; obwohl ich mich von ihr gestört fühle, muß ich anerkennen, daß die Anlage eingerichtet wurde mit der guten Absicht, mich zu unterhalten, solange ich gezwungen bin, an einem langweiligen Ort zu sein. Was mich beunruhigt, ist vielmehr die stillschweigende Annahme, daß ich keine privaten Gedanken habe, denen ich ungestört nachhängen möchte, oder daß meine Gedanken der Stimmung der

---

* Dieser zuvor unveröffentlichte Aufsatz wurde 1966 bei einem Symposion der Universität Chicago über Privatheit und ihren Schutz vorgelegt.

Musik leicht angepaßt werden können, oder – was mich am meisten beleidigt – daß mein Wunsch, mich mit eigenen Gedanken zu beschäftigen, nicht berücksichtigt zu werden braucht.
Ich nenne ein banales Beispiel, weil ich das Recht auf die Privatsphäre als unteilbar ansehe. Der Grundsatz, daß sie geachtet und nicht verletzt werden sollte, muß gleicherweise in geringfügigen Dingen wie der Musikberieselung in Aufzügen und in wichtigen Bereichen wie dem Berufsleben angewandt werden. Als Psychoanalytiker erhalte ich streng vertrauliche Mitteilungen über die intimsten Angelegenheiten – und nicht nur von Patienten, die an schweren psychischen Störungen leiden. Oft werde ich aufgefordert, diese Informationen preiszugeben. Ich lehne solche Ansinnen ab, aber dies wird mir häufig sehr schwer gemacht. Insgesamt vertrete ich beharrlich den Standpunkt, daß die Privatsphäre unter allen Umständen geschützt werden muß, besonders vor Übergriffen der Staatsmacht. Diese Überzeugung wird durch meine Erfahrungen mit totalitären Systemen bestärkt.
Allerdings ist mir bewußt, wie stark meine Einstellung in einer bestimmten Zeit – der spät- und nachviktorianischen Ära – geprägt wurde und wie sehr sich die Dinge seither verändert haben. Wenn ich mir überlege, wie die Dinge heute liegen, fühle ich mich nicht nur alt, sondern geradezu archaisch. Ich mußte einsehen, daß Zurückgezogenheit nicht allgemein erwünscht ist und daß sie auch nichts absolut Gutes ist, wie ich gern geglaubt hätte. Ihr hoher Stellenwert hängt sehr stark von einem bestimmten Lebensstil und einer historischen Zeitspanne ab, er ist kennzeichnend für gewisse Gesellschaftsschichten und damit kulturgebunden.
Wie unangenehm diese Veschiedenheiten in der Einstellung sind, ging mir langsam auf, als ich den ersten Entwurf dieses Aufsatzes schrieb – in der Einsamkeit, bei geschlossenen Türen und in der Stille der Nacht, der Zeit, in der ich am liebsten und am besten arbeite, weil keine unerwarteten Unterbrechungen meine Konzentration stören. Als die Schreibmaschine eifrig klapperte, schweifte mein Blick zu einem Bild an der Wand über meinem Schreibtisch, und ich mußte über mich selbst lachen. Bei dem Bild handelt es sich um eine Kopie eines berühmten Gemäldes von Pieter Breughel d. Ä., einem Meister, den ich sehr bewundere. Dieses Gemälde gefällt mir besonders gut, weil ich den Eindruck habe, es feiere das Leben, wie es wirklich ist, und nicht, wie es zu sein vorgibt und oft in Bildern geschildert wird. Es zeigt eine Welt, wimmelnd von Menschen, die alles mögliche tun. Allein oder in Gruppen gehen sie sorglos, ja glücklich in aller Öffentlichkeit dem nach, was ich aus meiner ganz anderen Sicht als ihre Privatangelegenheiten bezeichnet hätte. Für sie waren aber solche Angelegenheiten keineswegs privat – im Gegenteil. Sie waren sich völlig bewußt, daß sie ihre menschli-

chen Kontakte in die Öffentlichkeit trugen; sie alle wollten von Nachbarn und Fremden gesehen werden, und sie handelten freudiger, weil es in Gegenwart anderer war, die auf die Ereignisse, die sich vor ihren Augen zutrugen, reagierten. Ich hatte dieses und andere Gemälde der holländischen Meister, die vielfach höchst »private« Aspekte des Lebens in die Öffentlichkeit verlegten, bewundert und mich daran gefreut, ohne zu bemerken, daß meine Bewunderung mit meiner Einstellung zum Wunsch nach Zurückgezogenheit unvereinbar war. Dieses Gemälde und viele andere aus späteren Epochen weisen darauf hin, daß sich unser Bedürfnis nach Privatleben erst vor kurzer Zeit herausgebildet hat, und beim Nachdenken wurde mir klar, daß dieses Bedürfnis möglicherweise schon jetzt wieder aus unserem Leben verschwindet.

Schon während meiner Jugend mußte beim Lernen meine Zimmertür geschlossen sein; alles mußte still sein und war still. Nur dann konnte ich mich auf meine Gedanken und meine Arbeit konzentrieren – unter Ausschluß aller anderen Ablenkungen. Doch schon meine Kinder, die im und nach dem Zweiten Weltkrieg geborene Generation, konnten am besten bei offenen Türen und dröhnender Schallplatten- oder Radiomusik arbeiten; unter diesen grundlegend anderen Umständen lernten sie ebensoviel und ebensogut wie ich. Warum brauche ich dann immer noch ein hohes Maß von Ungestörtheit und kann nur in stiller Konzentration arbeiten oder ziehe dies wenigstens bei weitem vor; und warum verlangen sie wie die Menschen auf dem Gemälde von Breughel danach, in ständiger enger Berührung mit ihren Altersgenossen zu sein (wenigstens symbolisch durch das gemeinsame musikalische Interesse), wenn sie sich auf eine geistig anstrengende Aufgabe konzentrieren wollen?

Vielleicht liegt die Antwort darin, daß wir unsere Fähigkeiten am besten einsetzen können, wenn wir uns mit dem verbunden fühlen, was unsere höchsten persönlichen Werte symbolisiert. Ich als Kind des viktorianischen Zeitalters mußte mir einen Rahmen schaffen, der Zurückgezogenheit, persönliche Einmaligkeit und individuelle Entwicklung betonte, ehe ich mich auf eine Lernaufgabe konzentrieren konnte, deren Ziel es war, den höchstmöglichen Grad der Individuation zu erreichen, ob ich mir dessen bewußt war oder nicht. Meine Kinder mußten, um gut arbeiten zu können, das Gefühl haben, daß sie den Kontakt mit den Gleichaltrigen nicht verloren hatten. Nichts und niemand zwang sie, das Eindringen der Musik in ihre privaten Gedanken hinzunehmen. Wir als Eltern und »Autorität« im Haus hegten große Zweifel, ob sie überhaupt lernen könnten, wenn sie von den Songs der Beatles abgelenkt wurden – wenigstens meinten wir, diese laute Musik müsse sie ablenken.

In Wirklichkeit war es alles andere als eine Ablenkung. Die Musik verhalf meinen Kindern zur Konzentration, weil sie ihnen den Trost und die Sicherheit vermittelte, daß sie den Kontakt mit dem, was sie am meisten brauchten, nicht verloren hatten. Sie flößte ihnen das Gefühl ein, daß sie selbst dann, wenn sie ins Lernen vertieft waren, immer noch irgendwie mit ihrer Altersgruppe, die in ihrem Leben einen hohen Stellenwert einnahm, in Verbindung standen. Diese Verbindung steigerte für sie das Leben in allen Unternehmungen, auch beim Lernen.

Je einsamer sie sich fühlten, um so mehr hatten diese Kinder das Bedürfnis, ihre Absonderung zu verdrängen und mit der Lautstärke der Musik zu übertönen. Die Musik äußerte an ihrer Statt ihren Zorn, ihre Sehnsüchte, sogar ihre Einsamkeit. Damit leistete die Musik für sie, wozu sie sich selbst unfähig fühlten: ihre Emotionen einigermaßen in Ordnung zu bringen, sie in einen Rahmen zu stellen, damit sie soweit übersichtlich wurden, daß sie sich äußern konnten. Dabei ging es um Emotionen, die sonst viel zu chaotisch gewesen wären, als daß sie in irgendeiner Weise hätten bewältigt werden können. Dieser stellvertretende Ausdruck ihrer Gefühle durch die Musik ermöglichte es den Kindern, die kaum zuhörten, sondern sich davon umhüllen ließen, mit ihren Studien fortzufahren; der Druck dieser Gefühle hätte sie sonst daran hindern können. Dies vermochte die Musik für sie zu leisten, weil sie wußten, daß ihre Altersgenossen, die von ähnlich überwältigenden Emotionen zerrissen waren, dieselbe Musik hörten. Selbst in ihrem Zorn, ihrer Entfremdung und ihrer Einsamkeit stellte so die Musik eine unsichtbare – ich bin versucht zu sagen: eine hörbare – imaginäre Bindung zwischen ihnen und jenen anderen her, zu denen keine reale Bindung bestand.

Als ich vor etwa dreißig Jahren nach Amerika kam, berührte mich vieles als anders und deshalb seltsam, darunter auch die Sitte, die Jalousien an den Fenstern praktisch immer halb heruntergezogen zu lassen. Die heruntergelassene Jalousie verkörperte den Wunsch, für sich zu sein, während die offengelassene Hälfte des Fensters zum Ausdruck brachte, daß kein Wunsch und keine Notwendigkeit bestand, das, was im Zimmer hinter dem Fenster vorging, zu verbergen. Dies schien mir eine merkwürdige Ambivalenz hinsichtlich des Wunsches nach Privatraum zu verraten. Die halb heruntergezogenen Jalousien sind heute mehr oder weniger verdrängt vom Aussichtsfenster, das dem prüfenden Blick von außen viel mehr von dem offenbart, was innen vorgeht, während gleichzeitig die Menschen im Zimmer vieles von den Vorgängen draußen beobachten können.

Im Vergleich dazu erinnere ich mich, wie dasselbe Problem – durch ein Fenster sehen und gesehen werden – in meiner Geburtsstadt Wien und in vielen anderen europäischen Ländern oft angegangen wurde. In der Generation meiner Großeltern war in vielen Häusern vor einem der Wohnzimmerfenster ein Außenspiegel angebracht, und zwar in einem bestimmten Winkel, so daß jemand, der auf einem eigens zu diesem Zweck aufgestellten Sessel im Zimmer saß, das Kommen und Gehen auf der Straße im Spiegel beobachten konnte, ohne selbst gesehen zu werden.

Unwillkürlich drängte sich mir der Gedanke auf, daß eine Situation, in der jemand im Halbdunkel verborgen dasitzt und das Verhalten anderer beobachtet, ihre Ähnlichkeit zur psychoanalytischen Sitzung aufweist, wo die Dinge höchst privat und äußerst vertraulich abgehandelt werden. Wenn dies so ist, könnte der halbprivate und halböffentliche Charakter der teilweise heruntergezogenen Jalousie und das durch Aussichtsfenster bedingte weitaus öffentlichere Ausgesetztsein mit der Gruppentherapie oder mit Selbsterfahrungsgruppen verglichen werden, wo die Patienten und der Therapeut einander in gleicher Weise ausgesetzt sind und die Dinge kaum privat oder vertraulich behandelt werden können. Vielleicht gab es tiefere Gründe dafür, daß ein Hintergrund, der in typisch viktorianischer Weise den Nachdruck auf die völlige Wahrung der Privatsphäre und Vertraulichkeit legte, zum Aufkommen der Psychoanalyse und damit zur Befreiung von der viktorianischen Heuchelei führte.

Wie sehr haben sich die Dinge verändert, seit Freud seine Gründe für die Entwicklung des besonderen äußeren Rahmens für die psychoanalytische Behandlung darlegte! Er schuf diesen Rahmen, weil er von den Patienten nicht erwarten konnte, daß sie über sexuelle oder andere »private« Dinge sprachen, solange sie sich bewußt waren, daß jemand ihr Gesicht beobachtete. Der Rahmen schützte aber den Analytiker ebenfalls: Hinter der Couch zu sitzen, wo der Patient ihn nicht beobachten konnte, war unbedingt notwendig, wenn er imstande sein sollte, sich ganz auf den Patienten und dessen Worte zu konzentrieren, ohne beim Anhören der Enthüllungen des Patienten auf seinen *eigenen* Gesichtsausdruck achten zu müssen.

Seit Freuds Zeit und in erheblichem Maß aufgrund seines Einflusses ist aber das, was früher privat war, öffentlich geworden – oft, wie ich entschuldigend meine, aus einer gewissen Rachsucht heraus. Gefühle und Handlungen, über die ein Patient nur in der sorgfältig gewahrten Privatheit des Behandlungszimmers mit dem Analytiker, dem er vertraute, sprechen konnte, werden heute in der Öffentlichkeit vor Fremden und in Zufallsumgebungen dargelegt. Fragen, die der Patient einst seinem Analytiker nur mit großer Angst vortrug, werden jetzt in weithin und wahllos verteilten Fragebogen gestellt und bereitwillig beantwortet, obwohl sie Dinge berühren, die am besten privat bleiben sollten, wie ich immer noch glaube. Angelegenheiten, die früher als höchst intim galten, werden heute in Illustrierten, im Fernsehen oder im Kino in allen Einzelheiten behandelt.

Diese größere Offenheit beispielsweise in sexuellen Dingen ändert nichts an der Tatsache, daß heute wie zu Freuds Zeit viele Menschen sich nicht mitteilen, wenn sie nicht ganz sicher sind, daß ihre vertraulichen Aussagen geheimgehalten werden; verändert hat sich aber das, was im privaten Bereich bleiben muß. Früher äußerten sich die Menschen zum Beispiel über ihre – normalen oder abwegigen – sexuellen Vorlieben gewöhnlich nur, wenn völlige Verschwiegenheit gewährleistet war; heute reden viele Menschen ungezwungen in der Öffentlichkeit über solche Dinge. Was in unserer Zeit geheimgehalten wird, sind oft die wahren Gefühle eines Menschen hinsichtlich eines Verhaltens, das er nach außen hin preist; diese Gefühle können denen entgegengesetzt sein, die zu hegen er behauptet, denn er schämt sich vielleicht insgeheim dessen, wozu er sich offen bekennt, oder er ist möglicherweise im Gegensatz zu seinen Versicherungen gar nicht fähig, überhaupt etwas zu fühlen.

Wenn sich die Menschen dessen schämen, was sie zu enthüllen haben, legen sie heute wie in Freuds Zeit Wert darauf, daß die Dinge vertraulich behandelt werden und privat bleiben. Was die Scham verursacht, verändert sich grundlegend im Lauf der Zeit und von Ort zu Ort. Damit erhebt sich das psychologische Problem, ob diese Scham – und mit ihr das Verlangen nach privater und vertraulicher Behandlung - wünschenswert und wohltuend ist oder ob sie unser Wohlbefinden als Einzelpersonen und das Wohl des Menschen in der Gesellschaft beeinträchtigt. Ist es besser für uns, wenn wir das, worüber wir uns schämen, verbergen und geheimhalten können, oder wäre es vorzuziehen, dies nach außen zu offenbaren und zu akzeptieren?

Hier verfängt sich der Psychoanalytiker wie alle anderen Menschen in seinen eigenen Widersprüchen. Er versichert seinen Patienten, es gebe nichts, dessen sie sich schämen müßten in ihren Phantasien und Gefühlen, ganz zu schweigen von Träumen und Tagträumen, da dies alles aus der gesamten Lebensgeschichte, aus den Zufallserlebnissen und aus den eigenen Reaktionen entspringe. Meist spiegelten sich darin frühe Kindheitsereignisse und -reaktionen und die damalige unreife Weltdeutung wider, und es gebe für niemanden den geringsten Grund, sich solcher Dinge zu schämen. Wenn aber derselbe Patient aufgrund dieser Phantasien in der Gesellschaft ein zu offenes Verhalten an den Tag legt, wenn er damit Dinge öffentlich bekanntgibt, vor denen er anweisungsgemäß nicht zurückschrecken sollte, wird der Psychoanalytiker höchstwahrscheinlich diese Offenheit als ein falsches Umsetzen in die Tat von seiten des Patienten und als verantwortungs-

loses, selbstzerstörerisches Verhalten ansehen – was es durchaus sein kann. Wir alle stecken offenbar in dem Zwiespalt zwischen unserer eigenen Moral und der Meinung der Gesellschaft zu dem, was privat bleiben sollte und was nicht. So hängen wir schließlich alle einer doppelten Moral an. Freud hat jedoch bewiesen, daß eine doppelte Moral – eine zum Vorzeigen in der Öffentlichkeit und eine andere für das private und in gewisser Weise anstößige Handeln – nur zu Neurose und Hysterie führt. Vielleicht wird unser derzeitiges Dilemma hinsichtlich dessen, was in den Privatbereich und was in die Öffentlichkeit gehört, obwohl es sich von der doppelten Moral zu Freuds Zeit unterscheidet, doch von gleich schweren, ungelösten inneren Konflikten im Blick auf das, was richtig und was falsch ist, verursacht.
Als Freudscher Psychoanalytiker kann ich einen weiteren Gedanken nicht unterdrücken: Die Genitalien nennt man auch Schamteile, und Toiletten sind abschließbar. Hinter dieser Scham steht ein Unbehagen über natürliche Funktionen, ein Mißtrauen gegenüber gewissen Körperteilen und eine Unsicherheit, wie andere zu solchen Dingen stehen – kurz: ein tiefer innerer Konflikt. Vielleicht sind viele Forderungen nach Privatheit darauf begründet.
Lewis Mumford schreibt: heute werde die Herabsetzung des inneren Lebens dadurch symbolisiert, daß der einzige vor Eindringlingen sichere Ort die Toilette sei.[1] In diesem Zusammenhang sei erwähnt, daß Organisationen, die das Individuum entindividualisieren wollen, den Gebrauch von Gemeinschaftstoiletten zur Pflicht machen, beispielsweise im Heer oder bei Sommerlagern, wo erstrebt wird, daß alle sich einander zugehörig fühlen. Dies unterstreicht die Beziehung zwischen Individualismus und Privatraum einerseits und zwischen Gemeinschaftsgefühlen und fehlendem Privatraum andererseits. (Absichtlicher Entzug jeglichen Privatraumes kann nicht nur für Zwecke der Entindividualisierung, sondern auch der Entwürdigung und Entpersönlichung wie in den Konzentrationslagern dienen.)
Die Herabwürdigung des inneren Lebens, von der Mumford spricht, kann zweierlei Deutung erfahren. Die eine ist der Gedanke, den Mumford im Sinn hatte: daß in unserem Leben leider zu wenig so privat und vor unerwünschten Störungen sicher ist, wie wir es auf der Toilette sind. Ist es aber nicht auch entwürdigend, daß natürliche Körperfunktionen, Ausscheidungsfunktionen, ohne die wir nicht leben können, als so schamerregend gelten, daß sie vor anderen versteckt und im Gespräch umschrieben werden müssen?
Gerade unsere Gefühle im Zusammenhang mit der sogenannten Analität, das heißt mit allem, was die Ausscheidungsorgane betrifft, werden oft zur Hauptursache neurotischer Ängste; unsere überkommene Scham zwingt

uns zuweilen, Scham- und Schuldgefühle geheimzuhalten und vor anderen zu verbergen, und dies verursacht unabsehbare Leiden. Zugleich ist diese Scham aber eine der Grundlagen unserer westlichen Kultur, wenn sie auch das von Freud beschriebene Unbehagen mit sich brachte, das den modernen Menschen quält.

Auch auf anderen Gebieten hat sich das Verlangen nach Privatheit stark gewandelt. Wenn meine viktorianischen Eltern zum Essen ausgingen, bevorzugten sie ein geräumiges Restaurant, in dem ihr Tisch weit vom nächsten Tisch entfernt stand. Gespräche konnten dann nicht mitgehört werden, und ihre Aufmerksamkeit wurde nicht vom Bewußtsein der unmittelbaren Nähe anderer beeinflußt oder abgelenkt. Heute drängen sich unsere Jugendlichen in kleinen Diskotheken eng zusammen, ganz zu schweigen von den Hippies, die zu vielen in einem Zimmer schlafen. Zum größten Teil fühlen sie sich so verzweifelt allein und von den anderen abgeschnitten, daß sie nach körperlichem Kontakt verlangen, um diese Kluft zu überbrücken. Damit stellt sich die Frage, ob die Eltern in ihrer Forderung nach Ungestörtheit und in ihrem Zwang zur Privatheit nicht zu weit gegangen sind. Als ganze Familien in einem Raum leben mußten, hatte niemand einen Privatbereich. Gewisse Dinge konnte man nicht unter den Teppich kehren, weil es einen solchen nicht gab. Die Rekonstruktion des Lebens zur Zeit der Besiedlung Amerikas erweist, daß Eltern und Kinder nicht nur eng beisammenwohnten, sondern auch kaum ein Privatleben führen konnten. Eine Familie mußte schon ziemlich wohlhabend sein, um sich getrennte Schlafzimmer – das heißt eines für die Eltern und eines für die Kinder – leisten zu können. Heute gilt es offenbar als Ideal, daß jedes Kind ein eigenes Zimmer mit Bad hat. Aber die Kinder, die in dieser geräumigen Absonderung aufwachsen, sind sehr oft diejenigen, die dann, wenn sie endlich selbständig werden, mit vielen anderen in einen einzigen winzigen Raum zusammenziehen.

Unsere westliche Gesellschaft ist weit vorangeschritten in ihrem Streben nach Privatheit und in ihrem Bemühen, die Nachteile übergroßer Nähe auszuschalten – wenigstens im Idealfall, denn viele arme Leute können sich den Luxus der ersehnten Privatheit nicht leisten. Andererseits leiden viele, die sich Privatheit leisten können, unter zu großer Distanz und unter Isolierung. Vielleicht hat das, was wir heute als Übergriffe auf die Privatsphäre ansehen, etwas zu tun mit dem Versuch, die Waage wieder ins Gleichgewicht zu bringen. Mumford schreibt:

> Der erste radikale Wandel, der auch die Gestalt des mittelalterlichen Hauses veränderte, war die Entwicklung eines Gefühls für Privatsphäre.

> Sie bedeutete, daß man sich jederzeit von dem gemeinsamen Leben und den gemeinsamen Interessen seiner Mitmenschen zurückziehen konnte. Für sich schlafen, für sich essen, für sich religiösen und gesellschaftlichen Pflichten nachkommen, schließlich auch für sich denken... Das Verlangen, für sich zu sein, kennzeichnet den Anfang jener neuen Klassenschichtung, die dann zu dem erbarmungslosen Klassenkampf und der Selbstbehauptung des einzelnen führen sollte... In den Schlössern des 13. Jahrhunderts fällt einem auf, daß es ein privates Schlafzimmer für die adlige Herrschaft gibt; nicht weit davon findet man über dem Burggraben eine private Toilette... Ein Bett für sich zu haben und allein zu sein, erreichte zuerst die Oberschicht in Italien... Das Verlangen danach scheint jedoch ebenso langsam gekommen zu sein wie die Möglichkeiten, es zu befriedigen. So schlief Michelangelo gelegentlich mit seinen Arbeitern zu viert in einem Bett.

Aus diesen Worten geht hervor, daß der Mangel an Privatheit schöpferische Leistungen, die selbst wir Heutigen als Ausdruck seltenster Einmaligkeit ansehen, nicht zu verhindern brauchte und nicht verhinderte. Ebenso wird aber deutlich, daß alle Körperfunktionen, einschließlich Sexualität und Ausscheidung, solange sie mehr oder weniger öffentlich waren, nicht mit großer Scham verknüpft waren. Erst als sie immer mehr in einen privaten Raum verwiesen wurden, lernten wir Schamgefühl wegen unseres Körpers und seiner Funktionen. Tragisch ist, daß Entfremdung vom eigenen Körper zu Entfremdung von sich selbst und von anderen führt. Und sobald wir uns in Gegenwart anderer nicht mehr wohl fühlen, verlangen wir danach, für uns zu sein. Was fehlt, ist vielleicht die richtige Ausgewogenheit zwischen Nähe und Distanz, zwischen öffentlichem und privatem Bereich.

Bei dem Begriff Privatheit denken wir an den Wunsch nach Ungestörtheit und Selbständigkeit im Denken, Fühlen und Erleben, das uns ausschließlich zu eigen sein sollte. Niemand darf das Recht haben, in diese inneren Vorgänge einzudringen; sie sollten für andere nur zugänglich sein, wenn wir den Wunsch haben, uns mitzuteilen. Sonst sollten sie unsere »Privatangelegenheit« sein und bleiben.

Das Verlangen nach Privatheit ist eng mit dem zunehmenden Anspruch auf Privatbesitz in immer umfassenderen Lebensbereichen verknüpft. Mein Heim soll die Festung sein, in der ich vor dem Eindringen Fremder in meinen Privatbereich geschützt bin. Mein Heim ist aber nur dann meine Festung, wenn es mein Privatbesitz ist. Verständlicherweise war es der Burgherr, der als erster Privatraum für sich und seine Beschäftigungen verlangte. Von Anfang an war also die Forderung nach Privatheit mit dem Privatbesitz verbunden. Wer kein Haus besaß, hatte auch keinen Privatraum, und daran hat sich bis heute nicht viel geändert. Privatbesitz ist aber praktisch von der Klassenstruktur nicht zu trennen.

Erst im 17. Jahrhundert beispielsweise hörte der gemeinsame Eßtisch auf, für alle Mitglieder des Haushalts, Herren und Knechte, gemeinsam zu sein; damals wurden beim Essen keine Privatgespräche geführt. Je stärker die Klassenstruktur einer Gesellschaft sich herausbildet, um so mehr Privatraum verlangen ihre privilegierten Mitglieder. Es wundert deshalb nicht, daß eine Gesellschaft, die die Klassenstruktur aufzuheben trachtet, auch die Privatheit abschaffen will und fordert, daß immer größere Lebensbereiche öffentlich werden.

Weniger leicht ist folgende Tatsache einzusehen: Solange jeder von allen anderen alles wußte, brauchte man keine Informanten, keine ausgeklügelten Spionagesysteme und keine Abhörgeräte, um zu wissen, was die Leute taten, sagten und dachten. Dabei tritt uns vor Augen, daß die israelischen Kibbuzim keine Verbrechen und Vergehen und kein sonstiges asoziales Verhalten kennen. Es gibt dort keine Polizei, weil eine polizeiliche Überwachung nicht notwendig ist. Die Menschen leben weitaus gemeinschaftlicher und offener miteinander als bei uns, und somit beaufsichtigt praktisch jeder jeden. Der Privatraum ist gering, und jeder weiß sozusagen alles von den andern. Mich selbst bedrückte der Mangel an Privatraum, als ich eine Zeitlang in einem Kibbuz lebte. Trotzdem war ich nicht blind für dieses erstaunliche Fehlen jeglichen asozialen Verhaltens in der Kibbuzgemeinschaft, das wohl dem Mangel an Privatheit zuzuschreiben ist – oder der Tatsache, daß sich alles im öffentlichen Bereich abspielte.

Servan-Schreiber bemerkt in seinem Vergleich zwischen Amerikanern und Franzosen, daß »Frankreich ein Land ist, in dem das Mißtrauen gegenüber dem Mitmenschen noch vorherrscht. Es beruht auf der Überzeugung, daß die Menschen von Natur aus feindselig und egoistisch sind. Deshalb schützt sich einer vor dem anderen mit einem komplexen Netz von Gesetzen, und diese Komplexheit entspricht der Tendenz der Franzosen, alle Aspekte des menschlichen Lebens sorgsam abzugrenzen und zu definieren. Die Zwangsjacke, die natürlicherweise daraus entsteht, verhindert jegliche Veränderung.«[2] Es stimmt, daß das Verlangen nach Privatraum das Mißtrauen gegenüber anderen in sich schließt.

Und wo stehe ich nun? All meinen Erkenntnissen zum Trotz ist mir der Privatraum so teuer wie zuvor, und ich ärgere mich über jedes unberufene Eindringen.

Mir ist klar, daß die moderne Anomie und Entfremdung, ja sogar ein großer

Teil des modernen Lebensüberdrusses, darauf beruhen, daß die Menschen auf Distanz voneinander leben. Die meisten unserer sozialen Probleme – Mißtrauen einer Gruppe gegenüber der anderen, Rassendiskriminierung oder Klassenhaß, das Überhandnehmen von Verbrechen und Vergehen – spiegeln lediglich diese Entfremdung wider. Die beste, vielleicht sogar die einzige Möglichkeit, sie aus der Welt zu schaffen, wären echte Gemeinschaften. Man kann aber nicht wahrhaft gemeinschaftlich leben und dabei große Lebensbereiche privat für sich selbst beanspruchen. Viele unserer Gesetze, die uns vorschreiben, was wir tun und lassen sollen, und die sogar in unser Privatleben eingreifen, verfolgen die Absicht, unsere Gesellschaft gerechter zu machen.

Wenn der Konsensus sich nicht aus dem gemeinschaftlichen Leben, aus der Achtung vor denselben Werten und aus denselben Anliegen ergibt, muß er von außen aufgezwungen werden. Dann leidet aber der Individualismus, den ich persönlich unter dem Zwang meiner Erziehung so hoch einschätze. Damit verfange ich mich in meinen eigenen Widersprüchen als echtes Kind unserer Übergangszeit. Vorläufig sehe ich keine Möglichkeit, alles Erstrebenswerte auf einmal zu erreichen: eine wahre Lebensgemeinschaft und einen durch Privatraum gewährleisteten Individualismus. Ich möchte deshalb mit einigen Gedanken zu den psychologischen Dimensionen des Problems schließen.

Beruflich werde ich jeden Tag mit den Leiden emotional gestörter Kinder konfrontiert, die in Verhältnissen aufgewachsen sind, in denen großer Privatraum zu völliger Isolierung von anderen und damit vom eigenen Selbst ausartete. Diese Kinder sind deshalb von verzweifelter Furcht und Scham vor jeglichen Beziehungen mit anderen Menschen und jeglicher Vertrautheit mit dem eigenen Körper erfüllt. Der kommenden Generation bleibt als Aufgabe, ein Modell der Privatheit zu entwerfen, das nicht auf Verdrängung begründet ist, auf Scham wegen des eigenen Körpers, wegen seiner Funktion des Ausscheidens und wegen seines Verlangens nach verschiedenen Formen der sexuellen Befriedigung. Vielleicht liegt die Lösung in einer weitaus besseren Ausgewogenheit zwischen jenen Bereichen, die privat bleiben sollten, und jenen, deren Übergang in die Öffentlichkeit vorzuziehen wäre. Ohne jeden Zweifel ist eine Privatsphäre vonnöten, die unsere Fähigkeit zu wahrer Intimität mit denen, die uns am nächsten stehen sollten, nicht verstümmelt, sondern steigert.

Zu den ungelösten Problemen des heutigen Stadtlebens gehört die Furcht auf der Straße. Ich möchte etwas ganz anderes empfehlen als den Umbau unserer Städte oder eine unvorstellbare Ausweitung der Polizeimacht. Wir müssen, wie ich meine, zu viel kleineren, in sich selbst geschlossenen Kommunen zurückkehren, in denen ein Großteil dessen, was heute privat ist, öffentlich werden kann, in denen wir das Leben der anderen besser kennen und mehr teilen, in denen wir uns um den anderen kümmern bis hin zum gegenseitigen Schutz von Leib und Leben, Hab und Gut. Schließlich wird so manches Verbrechen verhindert und mancher Verbrecher gefaßt, wenn die Nachbarn aufpassen und ihre Beobachtungen der Polizei melden. Kurz: Was wir brauchen, ist eine Privatsphäre, die sich nicht auf Schamgefühl gründet oder auf Furcht vor dem, was andere uns antun oder von uns denken könnten, sondern einzig auf dem Wunsch nach Alleinsein.

Vielleicht müssen wir eine Lebensweise anstreben, in der wir eher den Wunsch haben, weitaus mehr miteinander zu teilen, weil wir dem anderen mehr vertrauen können als heute. Die Gemeinschaft darf ihren Mitgliedern jedoch keine Regeln im Denken, im Fühlen und in der Lebensgestaltung auferlegen, wie es üblich war, ehe die Anonymität des Großstadtlebens Schutz bot gegenüber solchen Einschränkungen der Möglichkeiten des einzelnen, seine Selbstverwirklichung auf eigenen Wegen zu finden. Dann behielte man etwas im Privatbereich, weil es wertvoll ist, und nicht, weil es Anlaß zur Scham sein könnte. Und wenn, wie im Kibbuz, weniger Wert auf den Privatbesitz gelegt würde, müßte nicht mehr in erster Linie der Privatbesitz, sondern nur das private Gefühlsleben und die private Erfahrung geschützt werden. Wenn der Privatbesitz keinen so hohen Stellenwert mehr hätte, würde er weniger Schutz erfordern und bei den Besitzlosen nicht mehr so stark den Wunsch erwecken, ihn den Besitzenden wegzunehmen; dann könnten wir soweit kommen, daß wir die private Erfahrung viel höher einschätzen. Aufgrund des hohen Werts, den wir unserer eigenen Privaterfahrung beimessen, würden wir dann auch den Privatraum anderer achten.

Das Zeitalter des Weltfriedens ist zwar noch fern, aber es besteht die begründete Hoffnung, die moderne Technologie werde die notwendigen Arten von Besitz so allgemein zugänglich machen, daß sie nicht mehr ängstlich gehütet zu werden brauchen. Unsere Einstellung zu unserem Körper und zu den Funktionen, die verborgen werden müssen, weil sie Scham erregen, wandelt sich. Wir sind noch weit davon entfernt, unseren Körper und seine Funktionen in Freiheit zu akzeptieren, aber vielleicht kommt doch die Zeit, da der Wunsch nach Privatraum nicht mehr daraus entsteht, daß wir die als schamerregend empfundenen Körperfunktionen verbergen wollen. Je weniger wir uns unseres Privatlebens schämen, um so weniger Neugier weckt in uns das Privatleben anderer. Der heimliche Beobachter, der Voyeur, weiß selbst so wenig von seinem Körper, seinen Emotionen und seiner Sexualität, daß er aus Angst und Unsicherheit insgeheim andere ausspäht; er selbst ist so verwirrt von seinen triebhaften Sehnsüchten, daß er in der Beobachtung anderer Befriedigung sucht.

Wenn wir alle unseres Körpers sicherer würden und wirtschaftlich, gesellschaftlich und sexuell mehr Sicherheit hätten, wären wir imstande, anderen große individuelle Freiheit zu gewähren, sowohl weil wir diese Freiheit für uns selbst wünschen, als auch weil wir uns nicht für fremdes Privatleben interessieren.

Jedes krankhafte Interesse am anderen ist die Folge eines Gefühls eigener Unzulänglichkeit – deshalb sind wir so darauf versessen, zu erfahren, wie andere die Dinge meistern. Wenn wir alle fähig wären, unser eigenes Leben zu gestalten, hätten wir wenig Grund, das Leben anderer ordnen zu wollen. Weder das Fehlen jeglicher Privatsphäre wie im Mittelalter noch ein Ausspähen durch den Großen Bruder, das unser ganzes Leben in die Öffentlichkeit zerrt, ist das Richtige. Wir müssen wie so oft und in so vielen anderen Dingen das richtige Gleichgewicht suchen zwischen dem, was in unserem Leben als privat geachtet und geschützt werden soll, und dem, was unserem mehr oder weniger öffentlichen Gemeinschaftsleben zugewiesen werden kann. Dann ist das Heim weder Festung noch Marktplatz, sondern ein echtes Heim.

Deutsch von Brigitte Weitbrecht

1 Lewis Mumford, *The City in History,* (New York: Harcourt, Brace, Jovanovich, 1961. Deutsche Ausgabe: *Die Stadt.* Geschichte und Ausblick, Köln, Berlin: Kiepenheuer & Witsch, 1961).

2 Jean-Jacques Servan-Schreiber, *Le Défi américain,* (Paris: Denoël, 1967. Deutsche Ausgabe: *Die amerikanische Herausforderung,* Hamburg: Hoffmann und Campe, 1968).

Nachbemerkung

Die Essays, die in diesem Buch zusammengestellt sind, wurden im Laufe der letzten siebenunddreißig Jahre geschrieben. Einige davon sind bereits veröffentlicht worden – zum Beispiel, wenn der Wunsch bestand, Vorlesungen, die ich gehalten hatte, einem breiteren Publikum zugänglich zu machen. Einige entstanden auf Grund bestimmter Ereignisse. Und noch andere wurden speziell für dieses Buch geschrieben und sind überhaupt noch nicht erschienen – dieser Teil macht ungefähr ein Fünftel des Buches aus.

Viele der Beiträge, die hier wieder gedruckt werden, erschienen ursprünglich in Veröffentlichungen, die nur einem begrenzten Leserkreis zugänglich waren. Als ich diese älteren Aufsätze überarbeitete, schien es mir richtig, Wiederholungen zu streichen, die sich aus den ähnlich gelagerten Themen einzelner Essays ergaben. Aber es ist nur natürlich, daß aus einigen Themen, mit denen ich mich zuerst in diesen Essays auseinandergesetzt hatte, Bücher entstanden sind, oder auch, daß ich einige der Essays in meine Bücher aufnahm. So mag dem Leser manches schon bekannt sein: Teile eines Aufsatzes, ein Themenkreis oder sogar ein ganzer Essay. Für diese Art der Wiederholung muß ich um Nachsicht und Verständnis bitten.

Besonders in den Arbeiten, die sich mit den deutschen Konzentrationslagern befassen, waren Wiederholungen nicht zu vermeiden. Nachdem sie bereits veröffentlicht waren, übernahm ich einen großen Teil davon in mein Buch »Aufstand gegen die Masse«. Das gleiche gilt für »Schizophrenie als Reaktion auf Extremsituationen«, ein Essay, den ich in mein Buch »Die Geburt des Selbst« eingearbeitet habe.

Die Entscheidung, diese Arbeiten, die ebenfalls ungefähr ein Fünftel des Buches ausmachen, noch einmal zu veröffentlichen, traf ich erst nach vielem Überlegen, und ich habe noch jetzt einige Zweifel, ob sie richtig war.

Die Achtung vor den Lesern meiner früheren Bücher verlangte es, daß man ihnen nicht zumutete etwas zu lesen, was sie schon kannten. Doch die Achtung vor den Lesern dieses Buches erforderte, daß ich ihrer kritischen Aufmerksamkeit die wichtigsten grundlegendsten Einflüsse aufdeckte, die mein Denken über die Jahre hinweg geprägt hatten, und daß ich erklärte, warum und wie ich reagiert hatte. Das aber bedeutete zweierlei: zu zeigen, wie ich mich zuerst mit dem Thema auseinandergesetzt hatte und zu zeigen, was später, in erweiterter Form, daraus geworden war.

Die Achtung vor dem Leser dieses Buches verlangte aber etwas, was noch wichtiger war: Das Buch sollte keine schwerwiegenden Lücken enthalten, die man nur mit Hinweisen auf meine anderen Bücher hätte füllen können. So schien es das beste zu sein, das zu wiederholen, was im Zusammenhang dieses Buches nicht fehlen durfte.

Die Neuauflage dieser älteren Arbeiten erlaubte es, Änderungen vorzunehmen, um die Texte verständlicher und lesbarer zu machen, und Irrtümer zu korrigieren – ohne dabei Wesentliches zu verändern. Ich hoffe nur, daß ich nicht zu viele neue Irrtümer hinzugefügt habe in dem Versuch, die alten zu verbessern. Wenn Arbeiten bereits an anderem Ort erschienen sind, wird jeweils in einer Fußnote darauf verwiesen. In den Anmerkungen am Ende der einzelnen Essays finden sich die bibliographischen Hinweise und Hinweise darauf, was ich für die Neuauflage verändert habe. Diese teilweise sehr weitgehenden Hinzufügungen, Auslassungen und anderweitigen Änderungen sind im Text nicht angezeigt, um das Lesen nicht zu erschweren. Wenn ich aber zu einer Arbeit eine neue Einleitung geschrieben habe, wird dies durch Kursivschreibung hervorgehoben.

Viele haben zu diesem Buch beigetragen. Einige, indem sie mir zuhörten und mich damit ermutigten, das in Worte zu fassen, was mich beschäftigte. Andere, indem sie Fragen stellten und Anregungen gaben. Wieder andere haben mich durch scharfe Kritik dazu veranlaßt, meine Gedanken niederzuschreiben, um sie so zu prüfen und zu korrigieren.

Was man schreibt, ist immer eine Synthese aus eigener Lebenserfahrung und aus dem, was man von anderen gelernt hat. Ich habe so viel von anderen Menschen gelernt, daß ich sie unmöglich alle hier namentlich erwähnen kann. Und einigen unter ihnen Dank zu sagen und andere nicht zu erwähnen wäre Willkür. So bleibt mir, wenigstens jenen zu danken, die unmittelbar dabei geholfen haben, dieses Buch zuwege zu bringen. An mehreren

Stellen komme ich darauf zu sprechen, wie weitgehend das Schicksal eines Überlebenden davon abhängt, welche Unterstützung er von den Menschen erhält, die ihm am nächsten stehen. Ich danke es meiner Frau und meinen Kindern, daß ich hierin großes Glück hatte, mehr Glück als die meisten. Meine Frau und meine Kinder waren es auch, die mir nahelegten, meine Lebensgeschichte niederzuschreiben. Sie fanden, ich hätte genügend und genügend Verschiedenartiges erlebt, daß ein interessantes Buch daraus entstehen könnte. Aber ich bin ein Mensch, von Natur aus oder weil ich so erzogen wurde, der nicht viel redet, und so fühle ich mich außerstande, mehr zu schreiben als das, was in diesem Buch steht. Da ich nicht mehr tun kann, um ihrem Wunsch zu entsprechen, widme ich dieses Buch, als kleines Zeichen meiner Liebe, meiner Frau und meinen Kindern.

Psychologie

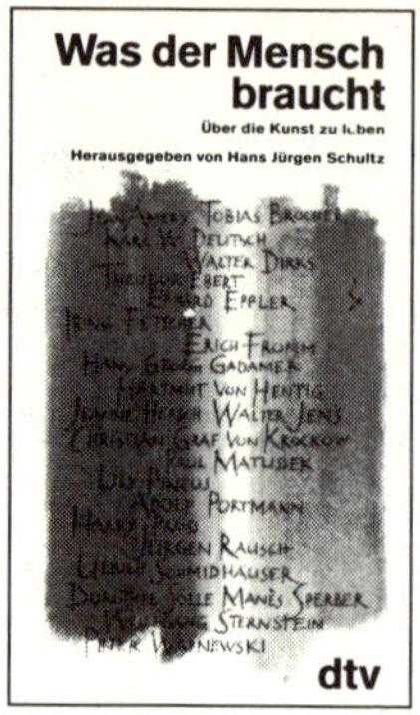

Detlef Berthelsen:
Alltag bei
Familie Freud
Die Erinnerungen
der Paula Fichtl
dtv 11130

K. R. Eisler:
Goethe
Eine psycho-
analytische Studie
1775 - 1796
2 Bände
dtv 4457

Viktor E. Frankl:
... trotzdem Ja zum
Leben sagen
Ein Psychologe erlebt
das Konzentrations-
lager
dtv 10023

Nancy Friday:
Eifersucht
Die dunkle Seite
der Liebe
dtv 11020

Werner D. Fröhlich:
Angst
Gefahrensignale und
ihre psychologische
Bedeutung · dtv 4395

Bernt Hoffmann:
Handbuch des
autogenen Trainings
Grundlagen, Technik,
Anwendung · dtv 11045

Jacques Lusseyran:
Das wiedergefundene
Licht
Die Lebensgeschichte
eines Blinden im fran-
zösischen Widerstand
dtv/Klett-Cotta 11141

Psychobiologie
Wegweisende Texte
der Verhaltens-
forschung von Darwin
bis zur Gegenwart
Herausgegeben von
Klaus R. Scherer,
Adelheid Stahnke
und Paul Winkler
dtv 4452

Horst-Eberhard
Richter:
Die Chance des
Gewissens
Erinnerungen und
Assoziationen
dtv 10970

Horst-Eberhard
Richter:
Leben statt Machen
Einwände gegen das
Verzagen
Aufsätze, Reden,
Notizen
dtv 11282 (August 1990)

L. Joseph Stone/
Joseph Church:
Kindheit und Jugend
Einführung in
die Entwicklungs-
psychologie
dtv 4299/4300

Was der Mensch braucht
Über die Kunst zu
leben
Herausgegeben von
Hans Jürgen Schultz
dtv 11142